KB008639

周易

주역

소통의 인문학

上

周易, 소통의 인문학 上

발행일 2014년 3월 14일 초판
2021년 9월 17일 4쇄
지은이 김재홍
발행처 상생출판
발행인 안경전
주소 대전시 중구 선화서로 29번길 36(선화동)
전화 070-8644-3156
팩스 0303-0799-1735
출판등록 2005년 3월 11일(175호)
홈페이지 www.sangsaengbooks.co.kr

ISBN 978-89-94295-75-6
978-89-94295-77-0 (세트)

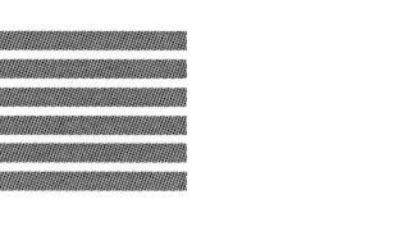

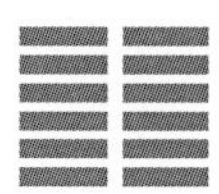

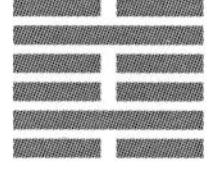
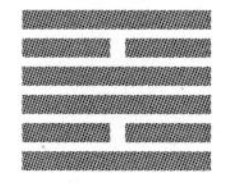

주역

소통의 인문학

上

김재홍 지음

상생출판

| 책을 발간하면서 |

오랫동안 소망했던 『주역』공부에 몰입할 수 있게 됨을 감사드린다. 『주역』의 가치와 의미를 많은 사람들과 공유하고자 하는 성급한 열정만으로 2008년부터 시작한 '덕중주역교실'에서 어설픈 강의를 5~6년간 들어주신 덕중역학 제1반의 교수님들, 제2반, 제3반, 제4반의 도반道伴 여러분에게 부끄럽고 진심으로 감사하다. 이 수많은 도반들과 같이 주역공부를 하기 위해 선유先儒들의 주석註釋, 관중 유남상 선생님을 비롯한 여러 선생님들의 주역강의 내용, 각종의 참고서적 등을 바탕으로 한 '주역 필기 노트'와 수업준비물을 함께 정리하여 그동안 제본교재로 만들어 사용하면서 6년간의 강의 도중 수없이 수정 보완한 교재를 부끄러움을 무릅쓰고 2014년 5월에 초판을 출판하였고, 다시 독자들의 성원으로 2018년 5월에 감사하고 두려운 마음으로 제2판을 다음과 같이 출판하게 되었다.

첫째, 본 서書의 『주역』 경문 해석과 설명 내용은 필자가 각득覺得한 것이 아니라 선유先儒들의 주석註釋, 전국 여러 선생님들의 강의내용과 저서, 각종의 자료, 강의내용 등을 십여년 동안 정리한 내용임을 밝혀둔다.

둘째, 본 서書는 상수역학象數易學이나 의리역학義理易學 등 어느 한 쪽으로 편중되지 않고 비교적 객관적으로 정리하기 위해 노력하였다. 또한 『주역』 십익十翼의 내용을 바탕으로 이전해경以傳解經, 이경해경以經解經의 관점에서 괘·효사의 본래적 의미와 가장 적합하다고 생각되는 다양한 논거를 바탕으로 그 경문經文의 근원적인 의미를 드러내고자 노력하였다.

셋째, 본 서書의 구성은 일반적인 『주역』책과는 달리 그 동안 주역수업에 사용하였던 강의록을 위주로 편집이 되어 크게 상·하권으로 나누었다. 먼저 상권上卷에는 제I부에 『주역』의 개론서인 「계사 상·하」편을 두었고, 제II부에는 『주역』의 「상경上經」인 중천건괘重天乾卦에서 중화리괘重火離卦로 편집하였다. 다음으로 하권下卷에는 제III부로 『주역』의 「하경下經」인 택산함괘澤山咸卦에서 화수미제괘火水未濟卦로 편집하였고, 제IV부에는 「설괘說卦」편, 「서괘序卦」편, 「잡괘雜卦」편으로 편집하였다. 그리고 제V부에는 부록으로 마무리를 하였다.

『주역』은 하늘의 뜻을 자각한 성인지도聖人之道를 표상하고 이것을 군자가 실천토록 하여 우리가 나아가야 할 길을 제시하고 있다. 『주역』에서 드러난 군자지도의 실천은 개인적으로는 진정한 삶의 의미와 가치가 무엇인가를 알려주어 행복할 수 있는 힘을 길러주며, 나아가 아름다운 세상을 이루는데 필요한 근원적인 원리를 제시하고 있다.

필자가 『소통의 인문학-주역』을 출판하고자 하는 의도는 『주역』 철학을 통해 물질만능에 빠져 있는 세상에서 돈보다 더 소중한 가치가 있음을 논의하고, 이것을 세상과 소통해보고자 하는 소망이 있었기 때문이다.

이 책을 발간하면서 아직도 부족한 공부에 송구스럽다. 그러나 "사람들이 한번으로 능할 때 나는 백번을 행하고, 사람들이 열 번으로 능할 때 나는 천백을 행한다(人一能之 己百之, 人十能之 己千之)."는 마음으로 더욱 더 열심히 공부에 정진하겠다는 약속으로 그 부끄러움을 대신하고자 한다. 선배 제현들의 질정叱正을 삼가 부탁드린다.

어리석은 제자에게 역학에 관한 고귀한 가르침을 주신 관중 유남상 선생님과 많은 가르침을 주신 이평래 교수님, 남명진 교수님, 황의동 교수님, 이종성 교수님 그리고 역학공부에 많은 도움을 주신 김만산 교수님, 이현중 교수님께 진심으로 감사드린다.

만학도의 대학원 석·박사과정 전 학기 등록금을 부담해주신 대전지역 학원계 선후배분들과 2008년에 발병한 직장암 치료를 위해 기도해주신 이기복감독님과 성도여러분, 그리고 수술과 치료로 완치시켜주신 서울대 병원 박재갑 교수님, 충남대 병원 김삼용 교수님께 이 지면을 빌어 진심으로 감사드린다.

지난 10년간의 '덕중주역교실'에 버팀목이 되어주신 김 교수님, 황기철 선생, 그리고 그 동안의 덕중주역교실' 운영에 물심양면으로 많은 배려를 해주신 김승영 박사에게 고마움을 전한다.

못난 동생을 늘 감싸주신 이영철 형님과 용렬한 오빠와 형 때문에 늘 마음 졸이는 동생 김영옥·곽명섭 지사장, 김재상 상무 내외에게도 감사드린다.

못난 남편을 두어 고생하는 이옥주 권사, 아들 영호와 구호, 며느리 혜영, 그리고 늘 티 없이 밝은 모습으로 힘들 때마다 온 집안을 행복하게 만들어 주었던 미나, 현수, 준수에게 공부를 한다는 명분으로 못난 모습을 감추려고 한 남편과 애비의 작은 위선에 대한 사죄와 함께 고마운 마음을 전하면서 이 책을 바친다.

끝으로 이 책의 출판을 허락해주신 상생출판사의 사장님과 편집을 맡아 고생하신 강경업 팀장님께 감사한 마음을 전한다.

2018년 2월

김재홍 드림

| 범례凡例 |

1. 본 저著에서는 보편적인 『주역』의 편재와는 달리 책을 상·하권으로 편집한 관계로 책의 분량 조절을 위해 부득이 「계사상·하」편을 『주역』 상경上經 앞 부분에 편집하였다.

2. 본 저著에서는 『주역』공부에서 계사상편 10장의 성인의 뜻은 '상사변점象辭變占(수數)' 통해서 드러난다는 내용에 따라 육효사六爻辭를 공부하면서 효변爻變에 대한 편리함을 도모하고자 64괘의 각 괘마다 첫 장에 「잡괘雜卦」, 「상하교역괘上下交易卦」, 「음양대응괘陰陽對應卦」, 「호괘互卦」, 「변괘變卦」 순으로 도식화하여 초보자들도 이해하기가 쉽도록 편집하였다.

3. 육효사六爻辭를 설명하면서 「효사爻辭」의 말미末尾에 효변爻變에 대한 괘명卦名을 괄호안에 기록하고, 괘상卦象을 표기하였다.

4. 본 저著에서는 64괘에 대한 설명은 먼저 괘명卦名, 괘의卦意, 괘서卦序,괘상卦象 순으로 전체적인 요지를 설명하였다. 다음으로 「괘사卦辭」와 「단사彖辭」, 「대상사大象辭」를 설명하고, 마지막으로 「육효사六爻辭」와 「소상사小象辭」의 내용을 설명하였다.

5. 본 저著는 『주역』의 저자에 대해서는 사마천의 『사기史記』의 내용을 기준으로 하였다. 또한 '성경현전聖經賢傳'의 원칙에 따라 「설괘說卦」전傳을 「설괘說卦」편篇으로, 「서괘序卦」전傳은 「서괘序卦」편篇으로, 「잡괘雜卦」전傳은 「잡괘雜卦」편篇으로, 「단전彖傳」과 「상전象傳」은 「단사彖辭」와

「상사象辭」로 호칭하였다.

6. 괘효사를 설명하면서 필요한 선유先儒들의 주석註釋중 『주역본의周易本義』, 『이천역전伊川易傳』, 『래주역경도해來註易經圖解』, 『주역절중周易折中』, 『주역천견록周易淺見錄』 등에서 필요한 참고내용을 주註로 표기하였고, (관중觀中)으로 표기된 주註 내용은 관중 유남상선생님의 견해를 별도로 처리하여 참고가 되도록 하였다. 단, 이것은 강의내용과 CD의 내용을 기록한 것으로 필기가 잘못되어 그 뜻이 제대로 전달되지 못한 부분에 대해서 전적으로 필자의 책임임을 미리 밝혀둔다.

1. 주역의 성격

많은 사람들이 『주역』에 대하여 들어보지 않은 사람은 없다. 그러나 『주역』의 내용이 무엇인가를 정확히 아는 사람은 드물다. 『주역』에 대한 무지와 편견, 고의적 악용사례가 안타까울 뿐이다. 한마디로 말하면 『주역』은 사람들의 길흉을 점치는 책이라 아니라, 성인聖人이 하늘의 뜻을 자각하고, 그 진리의 말씀을 괘효사를 통하여 인간의 길흉화복과 험이險易을 밝히고, 나아가 우리의 행할 바를 천명한 군자지도의 도덕서이요, 동양철학의 근원적인 원리를 표상한 철학서이다.

2. 『주역』의 의 어원상 의미

먼저, 주周는 ①『역경易經』이 만들어진 시기가 주周나라 때라는 시대적인 의미가 있고, ②두루 주 周 자로서 시간과 공간을 포함한 상하上下·사방四方의 보편적인 의미를 가지고 있다.
다음으로, 역易은 ①천지만물은 고정불변이 아니라 변變한다는 의미가 있고, ②역易=일日+월月로서 일월지도日月之道 혹은 음양지도陰陽之道로서 천지만물은 음양陰陽의 변화와 조화를 이루고 있다는 의미가 있다.

3. 『주역』의 저자

『주역』의 저자에 대해서는 의견이 분분하다. 먼저, 팔괘, 64괘 및 괘효사에 대하여 사마천司馬遷은 『사기史記』에서 팔괘八卦는 복희伏羲가 만들고, 64괘 괘효사는 문왕文王이 작역作易했다고 한다. 마융馬融은 「괘사」는 문왕文王이 짓고, 「효사」는 주공周公이 지었다고 한다. 왕필王弼은 괘효사 전부를 문왕文王의 작이라고 말한다. 다음으로 십익十翼은 「단사彖辭」 상上·하편下篇, 「상사象辭」상·하편, 「계사」상·하편, 「문언」편, 「설괘」편, 「서괘」편, 「잡괘」편을 말한다. 십익에 대해서도 공자의 작이냐 공자 제자들의 작이냐를 두고 의견이 분분하다. 그러나 본 저著에서는 『주역』경문의 내용에 따라서 ①팔괘八卦는 복희伏羲씨, ②64괘 괘사卦辭는 문왕文王, ③384효사爻辭는 주공周公, ④십익十翼은 공자孔子(BCE 551~BCE 479)의 작이라는 일반적인 견해를 따르고자 한다.

4. 『주역』의 구성

- **괘사卦辭** 문왕文王께서 천도天道를 자각하여 64괘에 말을 맺어 그 뜻을 설명한 것이다.
- **단사彖辭** 단사彖辭는 공자孔子께서 괘사卦辭의 내용을 풀이한 것이다.
- **대상사大象辭** 공자께서 괘상卦象을 풀이하여 실천적인 덕목을 것을 말한다.
- **효사爻辭** 주공周公께서 육효六爻의 효爻마다 말을 달아놓은 것을 말한다.
- **소상사小象辭** 공자孔子께서 효사爻辭를 풀이한 것이다.
- **계사繫辭** 계사편은 공자께서 설명하신 주역의 해설서요, 개론서로서 역학적 원리와 내용을 설명한 것이다. 천도天道를 자각한 성인聖人의 말씀을 「괘卦 · 효사爻辭」를 통해서 지도地道와 인도人道로 드러낸 것이다.
- **설괘說卦** 괘卦를 통해서 말씀을 드러낸 것이다.
- **서괘序卦** 64괘 배열(괘서卦序)과 연결에 대한 이유를 말하고 있다.
- **잡괘雜卦** 잡괘雜卦는 서괘序卦와 달리 그 순서에는 규칙은 없고 다만 64괘를 32짝으로 나누어 음양교역陰陽交易의 착종錯綜원리로써 괘卦의 뜻을 설명하고 있다.

차례

二. 상경 上經 245

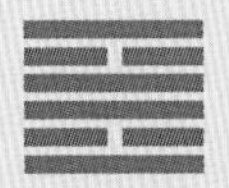

周易
계사편
繫辭篇

▣ 「계사繫辭」편 서설序說 ▣

1. 「계사繫辭」의 어원語原

「계사繫辭」의 어원은 맬(繫, 계), 말씀(辭, 사)이니 말을 맨다는 의미이다. 즉 천지지도天地之道를 자각한 성인聖人의 말씀을 「괘卦·효사爻辭」를 통해서 인도人道로 드러낸다는 것이다.

2. 「계사繫辭」편의 내용

「계사繫辭」편은 역학의 입문서로서 역易의 철학원리를 설명하고 있다. 즉 역학을 이해하는데 있어서 역학의 개념과 내용이 무엇인가를 밝히고 있다.[1]

첫째, 역학의 학문적 탐구과제인 역도易道의 철학적 내용이 무엇인가?

둘째, 역도易道를 드러내어 밝힌 성인聖人은 어떠한 존재인가?

셋째, 성인聖人이 왜 역易의 저작著作했는가? 즉 저작 의도는 무엇인가?

넷째, 군자는 어떠한 존재이며, 사명은 무엇인가? 등 역학의 근본적인 문제를 모두 거론하고 있다.

3. 「계사繫辭」의 구성

「계사」편은 상·하편으로 「건乾·곤坤」을 위주로 구성되어 있다. 그러므로 건곤乾坤을 이해하면 『주역』을 다 이해한 것이나 마찬가지라고 하는 것이다.[2] 왜냐하면 64괘를 집약하면 건곤乾坤으로 되어 있기 때문이다. 바꾸어 말하면 64괘의 전체를 집약해서 천지天地의 성정性情을 건곤乾坤으로부터

---

1 역도易道를 천명한 성인聖人의 일을 말하고 있으며, 존재원리의 구명이 역학易學의 핵심核心이다.

2 건곤乾坤은 천지天地의 성정性情으로 인격성을 표상한다. 따라서 인격적으로 부父(천天), 지地(모母)를 표현한다

만물이 성장하고 도덕적인 존재로 변화된다는 것이다.[3]

「계사편」의 구성을 요약하면 다음과 같다.

첫째, 「계사상·하」편은 각각 12장으로 구성되어 있다. 그러나 「계사繫辭」 전체는 하나의 논문처럼 전체로 연결되어 있다.

❶ 「상편」 1장 ~ 7장은 서론緖論이다.

❷ 「상편」 8장 ~ 「하편」 7장은 본론本論이다.

❸ 「하편」 8장 ~ 12장까지가 결론結論이다.

둘째, 「계사상」편은 '**圖書象數易學**(도서상수역학)' 위주로서 천도天道를 중심으로 역도易道를 표상하며, 「계사하」편은 '**卦爻易學**(괘효역학)' 위주로서 지도地道를 중심으로 역도易道를 표상하고 있다.

4. 주역과 계사편의 연원

『주역』에 의하면 복희伏羲씨가 음陰과 양陽의 두 획을 그었고, 여기에서 출발하여 음양陰陽은 사상四象을, 사상四象에서 팔괘八卦가 나오고, 팔괘八卦를 내괘內卦와 외괘外卦로 조합組合하여 64괘가 나오게 되었다.

❶'문왕文王'이 64괘에 「괘사卦辭」를 달고, ❷'주공周公'이 「효사爻辭」를 달았다고 한다. 괘卦에 말을 맨 것이 「괘사卦辭」이고, 각 효爻마다 말씀을 맨 것이 「효사爻辭」이다. 다시 말하면 「괘사卦辭」는 괘卦의 「계사繫辭」이며, 「효사爻辭」는 효爻의 「계사繫辭」라 할 수 있다. '문왕文王'과 '주공周公'에 이어 ❸ '공자孔子'가 『주역』을 총망라하여 십익十翼을 만들면서 「계사」편이 탄생하게 되었다고 한다.[4]

---

3 「계사」편은 건乾·곤坤의 원리를 구명하고 있다. 역도易道가 건곤지도乾坤之道로써 건곤乾坤의 합덕으로 나타난다.

4 본 저著에서는 십익과 공자에 관한 설에 관해서는 사마천의 『사기』의 근거에 따라 공자의 작作으로 이해하고자 한다.

▢ 계사상繫辭上 편 ▢

요지要旨

「계사상」편은 주역周易 상경上經에 대한 개론서로서 천지지도, 역도易道, 성인지도의 표상방법인 도서역학圖書易學에 대한 근원과 군자지도에 대한 내용을 설명하고 있다.

○제1장

제1장은 역학의 핵심과 역도易道를 천명한 성인지도聖人之道를 밝히고 있다.[5] 1장은 「계사」편의 서론으로서 천지天地의 인격적 성정인 건곤지도乾坤之道를 설명하고 있다. 또한 건곤지도乾坤之道는 천지지도天地之道요, 이간지도易簡之道이며, 변화變化는 시간을 통해서 이루어짐을 말하고 있다.

天尊地卑하니 乾坤이 定矣오
천존지비 건곤 정의

卑高以陳하니 貴賤이 位矣오
비고이진 귀천 위의

動靜有常하니 剛柔ㅣ 斷矣오
동정유상 강유 단의

方以類聚코 物以群分하니 吉凶이 生矣오
방이유취 물이군분 길흉 생의

在天成象코 在地成形하니 變化ㅣ 見矣라.
재천성상 재지성형 변화 현의

---

5 (觀中) 시간원리의 주제자인 신神(천天)과 만물의 관리자管理者인 인간人間의 관계를 구명究明하고 변화지도를 밝히고 있다.

❍ 天(하늘 천) 尊(높을 존) 地(땅 지) 卑(낮을 비) 乾(하늘 건) 坤(땅 곤) 定(정할 정) 矣(어조사 의) 高(높을 고) 以(써 이) 陳(늘어놓을 진) 貴(귀할 귀) 賤(천할 천) 位(자리 위) 動(움직일 동) 靜(고요할 정) 常(항상 상) 剛(굳셀 강) 柔(부드러울 유) 斷(결단할 단) 方(모방) 以(써 이) 類(무리 류) 聚(모일 취) 物(만물 물) 群(무리 군) 分(나눌 분) 吉(길할 길) 凶(흉할 흉) 在(있을 재) 象(코끼리 상) 成(이룰 성) 形(모양 형) 變(변할 변) 化(될 화) 見(나타날 현, 볼 견)

하늘은 높고 땅은 낮으니, 건乾과 곤坤이 정해짐이오, 낮은 것과 높은 것이 배열(진열)되니 귀천貴賤이 (각각의 위치에)자리하고, 움직임(동動)과 고요한(정靜)이 항상(일정함, 일정한 법칙)함이 있으니, 강유剛柔가 판단(구분, 결단)됨이오, (만물은) 성향이 유사한 것끼리 모이고, 만물은 무리로써 나뉘니, 길흉吉凶이 생기는 것이오, 하늘에 있어서는 상象이 이루어지고 땅에 있어서는 형체形體가 이루어지니, 무궁한 변화가 나타난다.

개요概要

역학의 학문적 탐구과제인 역도易道가 건곤지도乾坤之道임을 밝히고 있다. 천존지비天尊地卑 및 귀천의 지위, 강유剛柔 · 동정動靜 · 한서寒暑 · 왕래往來를 밝히고, 더불어 건곤乾坤 이간簡易의 덕德을 표상하고 있다. 성인聖人은 이를 법 받아 능히 천하의 이치를 보았다는 것이다. 그러므로 건乾과 곤坤은 역易의 문호이다. 하늘의 높음과 땅의 낮음을 밝혀 건곤乾坤의 근본을 규정하였다. 따라서 우주의 법칙을 근거로 하여 역할의 분담에 따른 인간의 행위규범을 삼고자 하는 것이다.

각설

천존지비天尊地卑 건곤정의乾坤定矣 존비尊卑는 역도易道의 인격적인 상하관계이며, 공간적으로 내외관계, 체용体用의 관계임을 말한다.[6] 건곤乾

6 천지의 본성이 인격성임을 천명하고 있다. 이것은 단순히 고저高低가 아니라 존귀尊貴 · 비천卑賤함은 인격적 존재에게 사용하는 것이다.

坤은 천지天地의 인격적 표현이며, 인격적 존재인 건곤乾坤은 형이상적 존재이다. 건곤乾坤이 정定해졌다는 것은 건곤乾坤을 정한 주체가 성인聖人임을 알 수 있다.[7] 또한 천지天地와 건곤乾坤의 관계를 나타내는 것이다. 천지가 하늘과 땅의 형이하학적인 개념이라면, 건乾 · 곤坤은 형이상학적인 개념이다.[8]

비고이진卑高以陳 고비高卑라 하지 않음은 존비귀천尊卑貴賤이라고 함은 낮은 곳인 땅에서 시작하여 하늘에서 펼쳐지기 때문이다. 비卑는 땅의 본질本質이 낮고 아래임을 말하는 것이고, 고高는 하늘의 본질이 높고 위가 됨을 말한다. 비고卑高로써 이미 펼쳐서 나열하면 만물萬物의 귀하고 천함이 그 지위를 얻는다.[9](역할의 분담)

귀천위의貴賤位矣 귀천은 음양陰陽으로서 역할의 차이이다. 그리고 음양陰陽은 고정된 것이 아니다. 『갑골문』에서 존尊은 나무로 만든 술 주전자, 술통인 준(樽)을 말하고, 비卑는 나무로 만든 술잔인 배(杯)를 말한다. 따라서 존비, 귀천은 기능과 역할의 차이이다.

전체적으로 보면 낮고 높음에 대한 자세한 뜻이다. 천존지비天尊地卑의 뜻이 이미 성립됨을 비고이진卑高以陳으로 해석하였다. 비고이진卑高以陳은 현상적인 표현이다. 이는 곧 만물로까지 미치는 귀천의 지위가 분명

---

7 「계사상」편 제2장, 「하편」 제2장과 「설괘說卦」 제1·2장에서 성인의 우환의식에 따른 작역作易의 목적과 '유만물지정類萬物之情'을 통하여 역도를 밝혔음을 알 수 있다.

8 (觀中) 건곤乾坤은 천지天地의 작용이요, 천지의 체體가 아니다. 지금 건곤乾坤의 체體라고 말하는 것은 작용하는 바의 근본이라는 것이다. 다시 말하면 건乾은 굳셈으로써 근본根本이 되고, 곤坤은 유순柔順함으로써 근본이 된다는 것이다. 그러므로 건곤乾坤의 체體라고 말한다. 건乾의 굳셈은 하늘 즉 양陽과 더불어 같고, 곤坤의 유순柔順함은 땅의 음陰과 더불어 같다. 그러므로 건곤이 정해진다고 하였다. 만약 하늘이 강剛·양陽이 되지 못하고 땅이 유柔·음陰이 아니면 건곤의 체體가 정해짐을 얻지 못하게 된다. 이는 하늘과 땅의 덕德을 밝힌 구절이다.

9 위 아래가 이미 어지럽다면 만물이 귀천에 있어서 그 마땅함을 얻지 못한다. 이는 천지의 본질을 밝힘이니 천지의 본질을 밝힘은 만물의 실상으로까지 그 뜻은 미쳐간다. 여기서 귀천은 총체적으로 만물을 겸하여 하늘과 땅의 귀천에 국한되지만은 않는다. 먼저 낮을 비卑를 말함은 문장의 편리함 때문이다.

하다고 하는 것은 귀천이 자리함을 의미하는 것이다.[10]

동정유상動靜有常 천天 · 지地는 음陰과 양陽의 기운이 형체화된 실상이다. 그리고 건乾 · 곤坤은 역易 가운데 순음純陰 순양純陽으로 이루어진 괘卦의 명칭이다. 비고卑高는 천지天地 만물의 높고 낮은 자리이고, 귀천貴賤은 역易 가운데 괘효卦爻의 위 아래 자리를 나타낸다. 동動은 양陽의 항구한 속성이며, 정靜은 음陰의 항구적인 속성을 말한다. 이것은 모든 사물에 통용된다. 무극无極이 극極하면 태극太極이 도道이며, 태극太極이 극極하면 무극无極이 되는 것이 바로 동정유상動靜有常이다. 그리고 인간의 동정動靜은 오상五常이다.

강유단의剛柔斷矣 ❶강유剛柔는 시간의 세계, 건곤의 합덕, 음양지도를 공간으로 드러낸 것이다.[11] ❷단斷은 분分이다. 즉 의義와 불의不義를 분명하게 구분하는 것이다.[12]

방이류취方以類聚 도덕적 기준인 예禮의 분류로 인해 길흉이 생긴다는 것이다.[13] 방方이란 동서남북 등 방소方所를 의미하며, 의義나 인도人道에 따른 대분류를 말한다.

---

10 위에서는 이미 천존지비天尊地卑로 말하고, 여기서 또 귀천貴賤으로 말함은 곧 귀천貴賤이 오직 하늘과 땅만이 아니고 만물의 귀천貴賤을 겸하고 있음을 밝히고 있다.

11 『주역본의周易本義』에서는 "강剛과 유柔는 역易 가운데 괘효卦爻의 음陰·양陽의 명칭이다. 방향은 사정事情의 향하는 바를 이르니 사물의 선善·악惡이 각기 유類로써 나뉘어짐을 말한 것이요. (剛柔者, 易中卦爻陰陽之稱也. 方, 謂事情所向, 言事物善惡, 各以類分.)"라고 하였다.

12 『주역절중周易折中』에서는 "단이라는 것은 확연하게 구분하여 서로 섞이지 않는 뜻을 가지고 있다.(彖者, 有判然混淆之意)"라고 하였다.

13 『주역정의周易正義』에서 "방유류方有類라 말하는 것은 방方은 기호와 취향에 따른 성질性質과 법도法度다. 그러므로 『춘추春秋』에서도 자식을 마땅한 이치理致와 방도方道로써 가르친다고 하여(교자이의방教子以義方) 방에 대한 주석을 길道로 표기하였으니 이는 기호와 취향에 따른 성질과 법도를 일컫는다. 말하자면 방方은 비록 류類로써 모이나 또한 류類가 아니라도 모임이 있다. 만약 음陰이 양陽을 구하고, 양陽이 음陰을 구하는 측면에서 보면 이는 류類가 아니지만 모이는 것이다. 만약 사람과 금수禽獸를 놓고 보면 곧 이는 류類가 아니다. 비록 남자와 여자의 관계에서 보면 둘은 서로 같지 않지만 사람의 류類가 되므로 이는 또한 류類로써 모이는 것이다. 그러므로 말하기를 같은 류類에 순응하면 길吉하고 나가는 바에 어긋나면 흉凶하다."라고 하였다.

물이군분物以群分[14] 곤괘坤卦의 예禮를 바탕으로 만물은 무리를 지어 나뉜다. 즉 조수류, 어패류 등으로 나뉘고, 사람마다 종種과 족族이 다름을 말한다.(소분류)[15] 달리 말하면 분합分合의 원리로 현상에서는 사물, 인간에게는 길흉으로 드러난다. 인간의 문제로서 가치 차원이다. 그러므로 길흉이 생한다고 한 것이다. 인간 본래성의 내용인 인예의지仁禮義智 사덕四德에서 ❶방方은 사事이며,[16] ❷류類는 예禮를 나타내며,[17] ❸물物은 이물利物이며, ❹군群은 의義를 나타낸다.[18]

길흉생의吉凶生矣 처處해 있는 방소와 나누어진 종류에 따라 - 있을 곳에 있는가 아닌가에 따라 - 길吉과 흉凶이 달라진다. ❶도덕적 인격적으로 시의성時宜性에 맞으면 길吉, 안 맞으면 흉凶하다. ❷인도人道의 길흉吉凶이란 예禮로 행하면 길吉하고, 예禮를 행하지 않으면 흉凶하다는 것이다.

재천성상在天成象 재지성형在地成形 천지자연의 자연스런 이치로 괘卦를 그리기 전의 역易, 즉 '천역天易(자연지역自然之易)'을 설명한 것이다. 그리고 천역天易의 체體는 '상象과 형形'이다. 천지자연의 역易을 보고 성인聖人들이 역易(서역書易)이라는 틀 속에 그 이치와 상象을 담았다.[19] ❶천天은 시

---

14 길흉吉凶의 원리를 설명하고 있다. 현상적인 분류로 인해서 길흉이 생生한다. 길흉은 인간의 문제로서 대개 군자는 길吉을 취하고, 소인小人은 흉凶을 취한다. 또한 물건이 모이고 나눠지는데서 길흉이 생生하는 것이다.

15 『주역』의 괘卦 배열도 순양괘純陽卦인 건乾과 순음괘純陰卦인 곤坤을 처음에 놓고, '방이류취方以類聚, 물이군분物以群分'이 가장 잘된 기제旣濟와 미제未濟를 끝에 놓았다.

16 방方은 곤坤의 예禮를 바탕으로 한 현상적인 분류이다.

17 '예禮'는 귀천貴賤·상하上下 등을 구분하여 합덕하려는(분합원리 : 分 ⇨ 合) 것으로 합덕이 전제된 것이다. '예禮'는 인격적인 관계 맺음의 원리로서 신神과 인간, 인간과 인간 관계의 원리인 것이다. 즉 이러한 '예禮'는 시간에 부합되어야 하는 것으로 이에 따라 길흉吉凶이 생生하는 것이다.

18 '의義'는 다 자라 열매가 맺어진 것을 의義와 불의不義(합분원리 : 합合 ⇨ 분分)로 가르는 것이다. 즉 '의義'는 계절적으로 가을을 상징하는데 가을의 '추상秋霜'은 봄과 여름에 자란 열매를 알곡과 쭉정이로 가르는 것이다. 따라서 '의義'는 의롭게 물物을 다스리는 원리로 물物을 용도에 맞게 나누어 사용하는 원리로 예禮를 사물에까지 확장한 것이다.(「설괘」 제4장 참조.)

19 주자朱子는 『주역본의周易本義』에서 "상象은 일日·월月·성신星辰의 등속이고, 형形은 산

간성을 내용으로 하는 삼극지도三極之道로서 상象(형이상자인 도道)를 완성하여, 천문天文의 세계가 드러난다. 즉 성상成象은 시간의 세계, 하늘의 도道 그 자체가 드러난 것이다. ❷지地는 공간성空間性이며, 삼재지도三才之道로 형形(형이하자인 기器)을 완성한다. 지도地道는 인문人文의 세계이며, 하늘의 뜻을 이어받아 인간에 의해서 대행되어 전개되는 도덕적인 세계이다. 그러므로 천하가 도덕적인 세계로 화성化成되는 것이다.[20]

❸인간(성인聖人 · 군자)의 입장에서 살펴보면, 성인聖人은 천도天道를 입상立象하여[21] 천도天道의 내용을 표상하는 과정이며,[22] 군자는 성인지도를 주체적으로 자각하여 지地에서 삼재지도三才之道를 구체적으로 실천하는 것이라고 볼 수 있다. ❹상象은 일월성신日月星辰을 말하고, 형形은 산천초목山川草木 등을 말한다. 상象을 갖추어 궤도를 따라 운행함이 밝고 어둠을 이루며, 산과 못이 기운을 통하여 구름이 일어나고, 비가 뿌려지는 까닭에 천지의 변화가 나타난다.

변화현의變化見矣 하늘에는 일월성신日月星辰이 각기 도수度數에 따라 운행하는 변화가 있고, 땅에는 봄, 여름, 가을, 겨울의 변화가 있다. 변화에서 '변變'은 음陰이 양陽이 되는 과정으로 나아가는 것이고, '화化'란 양陽이 음陰이 되는 과정으로 물러나는 것을 뜻한다. (陰變陽化 음변양화)

❶변화變化란 무엇인가? 천변인화天變人化이다.[23] 변화를 객관적인 천지

山·천川·동動·식植의 등속이며, 변變과 화化는 역易 가운데 시책蓍策과 괘효卦爻가 음陰이 변하여 양陽이 되고 양陽이 화하여 음陰이 되는 것이다.(象者, 日月星辰之屬, 形者 山川動植之屬, 變化者 易中蓍策卦爻, 陰變爲陽, 陽化爲陰者也)"라고 하였다.

20 건곤의 작용차원에서 밝히고 있다. 천天은 체體로서 용구用九작용, 지地는 작용으로 용육用六작용이다.

21 (觀中) 형이상의 천지지도天地之道를 현상의 여러 가지 이치로 해부한 것이다. 이는 성인聖人의 심성내면에 성인聖人의 뜻으로 들어있다는 것이다. 이것을 구체화하였을 때 하도·낙서가 되며, 괘효가 된다

22 『주역』, 「계사상」편 제12장

23 변화란? ❶하늘의 뜻을 상象으로 완성해 땅에서 형체로 나타내고 있다. ❷천도天道에 입

만물의 측면에서는 형이상적 존재로 있던 '로고스'가 자기의 뜻에 의하여 하늘의 뜻이 일월日月의 운행을 통해서 우주만물이 드러남으로써 존재자들이 존재하게 하는 것을 말하기도 한다. ❷천지인天地人의 관점에서 보면, ①재천성상在天成象 ⇨ 천天 ②재지성형在地成形 ⇨ 지地 ③변화현의變化見矣 ⇨ 인人이다. 견見은 현顯이다. 천도天道를 지도地道의 원리에 부합시키기 위해서 강유剛柔로 표시하여 태극太極속에 음양陰陽을 표출한다.(剛柔相摩 강유상마)

是故로 剛柔ㅣ 相摩하며 八卦ㅣ 相盪하야
시고 강유 상마 팔괘 상탕

❍ 是(옳을 시) 故(옛 고) 相(서로 상) 摩(갈 마) 卦(걸 괘) 盪(섞을 탕, 씻을 탕)

이런 까닭으로 강剛과 유柔가 서로 마찰하며, 팔괘八卦가 서로 섞이며,

개요概要

강유剛柔의 변화로 팔괘八卦와 64괘가 드러남을 말한다.

각설

강유상마剛柔相摩[24] 강유가 상마相摩한다는 것은 음양陰陽이 시간적으로 질운迭運작용을 한다는 것이며, 음양의 질운작용을 통해서 만물이 작용하게 되는 것이다. '일음일양지위도一陰一陽之謂道'하는 것을 상마相摩로

각하여 군자의 도덕원리와 왕도정치 원리로 표상됨을 말한다. ❸형이상학 ⇨ 형이하학, 천지지도天地之道 ⇨ 건곤지도乾坤之道로 드러남을 의미한다.

24 (觀中) 강유상마剛柔相摩라 함은 양陽은 강剛이라는 실체로 작용하고, 음陰은 유柔라는 실체實體로 작용한다. 즉 태극太極에서 음양陰陽이 나온 후 서로 부딪쳐서 사상四象, 팔괘八卦, 64괘로 분화하는 것이다. 강剛은 양효陽爻를 말한다. 유柔는 음효陰爻를 말한다. 강剛과 유柔의 두 개체個體는 음양陰陽 두 효爻를 말하고 이들이 서로 섞여서 8괘를 이루니 이는 번갈아 서로 밀치고 요동하는 모습이다.

표현하였다. 음양陰陽의 변화를 통해 형체形體가 드러난다. 곧 양陽이 극極하면 변하여 음陰이 되고, 음陰이 극極하면 화化하여 양陽이 된다. 즉 양陽은 굳세고 음陰은 유순柔順하므로 굳셈과 유순함이 서로 부딪치고 사귀어 다시 차례를 따라 변화한다는 것이다.

팔괘상탕八卦相盪 군자지도의 생성원리와 만물의 생성변화를 설명하고 있다. 그리고 팔괘八卦가 작용하여 섞이므로서 64괘가 형성됨을 말하고 있다.

❶팔괘상탕八卦相盪은 서로 밀치고 요동하는 것이다. 운행하면서 나타나는 추이를 말한다. ❷팔괘八卦와 64괘의 생성원리를 말하고 있다. 태극생양의太極生兩儀는 시간적인 생성론이 아니라 논리적 생성론으로 보아야 한다. ❸탕盪은 이행移行, 음양陰陽의 상탕相湯, 강유剛柔가 팔괘八卦로 드러남을 말한다.[25]

鼓之以雷霆하며 **潤之以風雨**하며 고 지 이 뇌 정 　 윤 지 이 풍 우	
日月이 **運行**하며 **一寒一暑**하야 일 월 　 운 행 　 일 한 일 서	

○ 鼓(북 고) 雷(우레 뢰뇌) 霆(천둥소리 정) 潤(젖을 윤) 風(바람 풍) 雨(비 우) 運(돌 운) 行(갈 행) 寒(찰 한) 暑(더울 서)

우레와 번개로써 고동시키고, 바람과 비로써 적시며, 해와 달이 운행運行하여 한번 춥고 한번 더웠다 하야,

개요概要

세상은 계속하여 변화한다. 이러한 변화는 우뢰와 천둥소리로 고동鼓動 진

25 음양陰陽 ⇨ 사상四象 ⇨ 팔괘八卦 ⇨ 64괘

작시키고, 적셔서 불어나고, 해와 달이 교대하고, 추웠다 더웠다하는 현상으로 나타나는데, 이를 본떠서 팔괘八卦의 상象을 그린 것이다. 우뢰와 번개로써 맥박치듯 살아나게 하고(鼓動), 바람과 비로써 적셔주며, 해와 달이 운행하고, 한 번 춥고 한 번은 더우며,

각설

고지이뇌정鼓之以雷霆 윤지이풍우潤之以風雨 뇌정雷霆은 뇌화풍괘雷火豐卦의 의미로써 천도天道의 변화현상을 나타내고 있다. 천도天道의 고동, 성인지도聖人之道의 고동을 말한다. 풍우風雨는 하늘에서 중정지기中正之氣를 내려준다는 의미이다.

일월운행日月運行 ❶일월운행日月運行은 「계사상」편 4장에 '陰陽之義(음양지의) 配日月(배일월)'에서 음양陰陽은 천도天道로써 일월日月에 그 상象을 드러내고 있는 것이다.[26] ❷일한일서一寒一暑는 시간의 생성을 밝히고 있다. 「계사하」편 제5장에서도 "日月相推而明生焉(일월상추이명생언), 寒暑相推而歲成焉(한서상추이세성언)"라고 하여 한서寒暑의 작용을 통해서 시간이 운행됨을 밝히고 있다. 또한 일한일서一寒一暑에 의해서 사시四時가 운행됨으로써 생명生命이 생성生成된다. 그리고 성남成男 성녀成女로 표현되고 있다. 따라서 사시四時변화는 일한일서一寒一暑의 현상적인 표현이다.

> **乾道ㅣ 成男하고 坤道ㅣ 成女하니**
> 건도 성남 곤도 성녀
>
> **乾知大始오 坤作成物이라.**
> 건지대시 곤작성물

○ 知(알 지, 주관할 지(主)) 始(처음 시), 作(만들 작, 작품 작, 담당할 작))

26 『설괘』 제2장, "하늘의 도를 세움은 음과 양이요(입천지도왈음여양立天之道曰陰與陽)"

건乾의 도는 남자가 되고, 곤坤의 도는 여자가 되니, 건乾은 큰 시작을 주관하고, 곤坤은 만물을 이루어 내는 일을 한다.

개요概要

천지지도天地之道 입장에서 보면 건도乾道는 천도天道이며, 곤도坤道는 지도地道이다. 천인天人 관계로 보면, 천지가 창조한 만물을 성인聖人과 군자君子가 도덕적인 존재로 완성하는 것이다. 인간의 성정性情 입장에서 보면 건곤지도乾坤之道를 표현한 것이다.

각설

건도성남乾道成男 곤도성녀坤道成女[27] 건도乾道는 역사적인 뜻만 전하고(성인지도聖人之道), 크게 시작함을 고지告知한다. 이것이 체십體十 용구用九 작용이다. 성남成男은 건도乾道의 인격적 표현이다. 천지지도天地之道가 작용으로 드러난 것이 도道이다. 남男은 성인, 여女는 군자로서 인격적 존재원리로 표현한 것이다. 반면에 곤도坤道는 군자에 의해 실천(군자지도)되며, 만물이 완성되고, 인성人性이 형성된다. 체오體五 용육用六작용이다. 성녀成女는 곤도坤道의 인격적 표현이다.

건지대시乾知大始 건지乾知의 ❶건乾은 태초太初의 완성이고, 대시大始는 무극无極의 경지이다.[28] ❷지知는 주장主張, 주관한다는 뜻이다. 그러므

---

27 (觀中) 음양으로 보면 성남成男의 남男은 양陽이고, 성여成女의 여女는 음陰이다. 남녀男女는 음양의 인격적 표현으로 천도天道는 남男을 완성하기 때문에 "본호천자本乎天者 친상親上"라고 하여 성인을 나타내며, 지도地道는 여女를 완성하기에 "본호천자本乎地者 친하親下" 군자를 나타낸다. 음양이나 성인·군자를 남녀로 표현하는 것은 시생始生의 측면에서 나타낸 것이라면, 부부夫婦는 완성 즉 합덕을 인격적으로 표현한 것이다. 남녀의 생리적인 현상과도 일치한다. 건乾은 노양괘老陽卦이고, 곤坤은 노음괘老陰卦로 각기 음양을 대표代表하며, 건곤乾坤의 조화로 만물이 나오는 것이다. 또 만물의 대표로써 사람을 들어 남男과 여女로 나눈 것이다. 음양지도陰陽之道는 양陽은 시작始作하고 음陰은 마치는 것이며, 양陽은 베풀며 음陰은 그것을 이어 행함을 말한다. 자연적인 음양관계를 남녀로 표상한다.

28 (觀中) 체용體用의 논리로 보면 건乾이 위대한 시초始初를 안다고 하는 것은 '체體'이며, 곤坤이 물物의 완성完成함을 작作한다는 것은 '용用'이다. 즉 건乾이 시작始作을 하면 곤坤은 완

로 건지대시乾地大始에 대하여 "大哉, 乾元, 萬物資始"[29]라고 하였으
대재 건원 만물자시
니 건乾은 시작을 주관하는 것이고, 곤작성물坤作成物은 "至哉, 坤元,
지재 곤원
萬物資生"[30]이라 하였으니 곤坤은 건도乾道를 이어 만물을 길러내는 것
만물자생
을 의미한다. ❸시始는 시간성이며, 만물의 근원이다. 일태극一太極 중심을 의미한다.

곤작성물坤作成物 사물의 완성을 공간으로 드러내는 것이다. 물物은 공간성이다. 곤坤의 작용성으로 체오용육體五用六 원리이다.

> 乾以易知오 坤以簡能이니 易則易知오 簡則易從이오
> 건이이지 곤이간능 이즉이지 간즉이종

❍ 易(쉬울 이, 바꿀 역) 簡(대쪽 간) 則(법칙 칙, 곧 즉, 본받을 측) 從(좇을 종)

건은 쉬움으로써 주장하고, 곤은 간단함으로써 능하나니, 쉬우니 쉽게 알고 간단하니 쉽게 따름이오

개요概要

건곤乾坤의 합덕, 현인賢人의 덕업을 말한다, 즉 건곤지도乾坤之道 = 이간지도易簡之道, 이지간능易知簡能은 괘효역학적인 표현이다.

❶천역天易, 서역書易에 이어서 인역人易을 말한 것으로, 사람이 역易을 배워서 실천하는 문제를 말했다. 건乾이 쉬움으로써 주장하여 시작하면, 곤坤은 간단함으로써 이를 받아들여 이룬다. 즉 음양陰陽의 도道는 배움으로써 이

성을 하는 것이다. 그러므로 곤괘坤卦에서도 '무성이대유종无成而大有終'이라고 하여 곧 이것이 '처도妻道 · 지도地道 · 신도臣道'를 의미한다. 군자 역시 곤도坤道를 이어받았기 때문에 마침이 있는 것이다.

29 『주역』, 건괘乾卦 『단사彖辭』

30 『주역』, 곤괘坤卦 「단사彖辭」

루어지는 것이 아니고, 저절로 알아지는 자연스러운 것이다.

『주역』은 이간지학易簡之學, 1이易은 역의 이치가 쉬움을 말하고,(하늘, 성인) 2간簡은 역의 이치는 간단하게 이룸을 말한다.(땅, 군자)

❷이간易簡은 학문연구에 있어서도 중요하다. 건곤乾坤과 이간易簡에서 시작하여 현인賢人의 덕업德業으로 맺은 것은, 성인聖人이 만든 이것을 배움으로써 누구나 건곤乾坤의 '시성始成'하는 도道를 할 수 있다는 의미이다.[31]

각설

건이이지乾以易知 곤이간능坤以簡能 ❶건이이지乾以易知는 건乾은 원리문제이고, 지知는 지적문제이다. ❷곤이간능坤以簡能은 곤坤은 실천實踐문제로서 능能을 사용한다. 행行의 문제이다.

이즉이지易則易知 간즉이종簡則易從 이종易從은 능能과 동일한 의미하다, 간즉이종簡則易從은 음양陰陽으로 설명하고 있다. 따르기가 쉽다는 것은 곤坤의 수동적 본성으로 "후後하면 득得한다."라고 하였다. 학문하는 입장으로 ❶이易는 천도天道이며, ❷이지易知는 인간이 쉽게 아는 것이다. ❸간簡은 지도地道이며, ❹이종易從은 인간이 쉽게 따르는 것이다.[32]

---

31 이 내용을 도식화하면 다음과 같다.

> ❶ 건지대시乾知大始 ⇨ 이지易知 ⇨ 이지易知 ⇨ 유친有親 ⇨ 가구可久 ⇨ 현인지덕賢人之德(형이상적)
> ❷ 곤작성물坤作成物 ⇨ 간능簡能 ⇨ 이종易從 ⇨ 유공有功 ⇨ 가대可大 ⇨ 현인지업賢人之業(형이하적)

✐ 현인賢人의 덕德과 업業을 내외內外로 보면, 안으로는 덕을 쌓고 밖으로는 구체적인 사업을 이루는 것을 말한다.

32 역易은 불역不易, 변역變易, 이간易簡으로 세 가지 뜻을 밝히고 있다. 『주역정의周易正義』에서는 '정현鄭玄'의 말을 인용하여 "역易은 하나의 이름으로 세 가지 뜻을 갖는다."라고 하였다. 세 가지의 뜻이란 이간易簡과 변역變易, 불역不易이 그것이다. 이것을 구체적으로 정리하면 다음과 같다.

易知則有親이오 易從則有功이오 有親則可久ㅣ오
이 지 즉 유 친 이 종 즉 유 공 유 친 즉 가 구

有功則可大오 可久則賢人之德이오 可大則賢人之業이니
유 공 즉 가 대 가 구 즉 현 인 지 덕 가 대 즉 현 인 지 업

❍ 功(공 공) 久(오랠 구) 賢(어질 현) 業(업 업)

알기 쉬우면 친함이 있고, 따르기 쉬우면 공功이 있으며, 친함이 있으면 오래할 수 있고, 공功이 있으면 크게 할 수 있으며, 오래할 수 있으면 현인의 덕이요, 크게 할 수 있으면 현인의 업이니,

개요概要

성인聖人에 대한 설명이다.

각설

이지즉유친易知則有親 '건도乾道'는 크게 시작하니, 알기가 쉽고, 알기가 쉬우면 건도乾道에 접근하기가 쉽다는 것이다. '有親(유친)'은 천도를 깨우쳐 하나가 됨을 말한다. 또는 인간의 심성내면에서 주체적으로 자각되어야

이간 易簡	알기 쉽고, 좇기 쉽고, 간단 명료하다는 뜻이다. 「계사」에 "건乾은 쉬움으로써 만물을 냄을 주관하고, 곤坤은 간략함으로써 만물을 이룬다.(乾以易知 坤以簡能)"고 하였다. 건乾은 하늘로 아버지에 해당하고, 곤坤은 땅으로 어머니에 해당한다. 건곤乾坤은 역易의 수괘首卦이고, 천지天地는 만물의 원조元祖이다. 팔괘를 거듭한 64卦로써 천지만물을 설명함은 가장 간단명료한 방법이다. 해는 동쪽에서 떠올라 서쪽으로 지고, 낮은 밝고 밤은 어두우며, 봄엔 꽃이 피고 겨울엔 눈이 내린다. 어버이는 자식을 사랑하고 자식은 어버이를 따른다. 이것보다 간단하고 쉬운 일은 없다. '역易'은 이러한 천지의 법칙을 나타낸 것이므로 이를 '역易'라고 이름 지은 것이다.
변역 變易	우주의 삼라만상은 한 순간도 변화하지 않는 것이 없다. 구름은 하늘로 떠가고 물은 쉬지 않고 흐르며, 더위가 가면 추위가 온다. 이것은 모두 변화이다. 그러므로 우주의 일체 현상을 가리켜 '변역變易'이라고 규정한 것이다.
불역 不易	무궁무진한 변화의 현상 속에서 변하지 않는 일정한 법칙이 있다. 일월성신의 운행과 춘하추동의 대사 등은 항상 변화하지만, 운행과 대사의 법칙으로 말하면 일정불변하여 억만년이 지나도 바뀌지 않는다. 이것이 불역不易이다.

가능하다는 것이다.[33]

이종즉유공易從則有功 곤도坤道의 사명을 다해서 건도乾道의 종자種子를 받아 심으면 좋은 결실을 얻는다. 쉽게 따르니 건도乾道를 실천하는 공功이 있는 것이다.

유친즉가구有親則可久 유공즉가대有功則可大 '구久'는 시간적으로 오래됨으로 건도乾道이며, '대大'는 『주역』에서 대부분 건도乾道의 상징적 표상으로 사용되고 있으나, 이 구절에서는 구久는 상대적으로 사용되었기 때문에 공간적으로 크다, 혹은 크게 드러난다는 뜻으로 곤도坤道를 상징한다고 본다.

가구즉현인지덕可久則賢人之德 가대즉현인지업可大則賢人之業 덕업德業은 이간지도易簡之道의 결과이다. 현인賢人은 선천先天의 군자로서 학역學易하는 때의 호칭이다. 건곤乾坤이 체용體用관계이듯이, 덕德은 체體이며, 업業은 용用이다. 그리고 공간에 드러난 업적이 바로 왕도정치(업業)이다.

易簡而天下之理ㅣ 得矣니 天下之理ㅣ
이 간 이 천 하 지 리 득 의 천 하 지 리

得而成位乎其中矣니라.
득 이 성 위 호 기 중 의

○ 易(쉬울 이) 簡(대쪽 간) 理(다스릴 리) 得(얻을 득)

쉽고 간략함에 천하의 이치가 얻어지니, 천하의 이치가 얻어짐에 (천지의) 그 가운데에 자리를 이루는 것이다.

33 『논어』의 '약지이예約之以禮'도 자신의 본성인 예禮로써 요약한다는 것이다. 즉 주체화시킨다는 것이다.

개요概要

제1장에서는 역도易道가 건곤지도乾坤之道이며, 성인聖人이 군자를 위해서 건곤지도乾坤之道(성인지도)를 밝혔다.[34] 역 철학의 근본문제는 천도의 원리를 통해 인간 삶의 방향을 제시한다. 즉 중정지도中正之道를 밝히고 있다. 세상의 어느 것도 시공時空을 떠나서 존재할 수는 없다. 모든 것은 변화하면서 존재한다. 만물은 생生·장長·성成의 시간속에서 변화의 과정으로 드러난다. 시간과 공간은 현상에서 실제로 구분되는 범주가 아니다.[35]

각설

이간易簡 이간易簡은 인역人易의 체體이다. 그러므로 군자의 역할은 천지인天地人 삼재三才의 합덕合德 ⇨ 인도人道의 자각 ⇨ 이간지도易簡之道의 자각이다.[36]

천하天下 천지의 물리적 세계가 아니라 인격적 세계를 표상하기 위해 사

---

34 천도표상의 방법
❶천도天道를 부호(象)로 표상하면 ⇨ 괘효, 팔괘, 64괘
❷천도天道를 말씀(辭)으로 표상하면 ⇨「계사」,「괘·효사爻辭」,「단·상사」
❸천도天道를 변變으로 표상하면 ⇨ 음양변화, 효변爻變
❹천도天道를 수數(점占)로 표상하면 ⇨ 역수曆數, 하도·낙서

35 존재의 기본구조는 시간과 공간이다. 시간은 우리의 의식속에서의 원리로서 공간과는 별도로 의식되어 진다. 단, 시간이 우선한다. ❶시간의 성격 : 일음일양지위도一陰一陽之謂道로서 운행되어진 과정으로서 원리적인 성격을 가짐. ❷시간성 : 시간의 운행원리로서 운행의 의도(意志), 뜻(情意)이다. 主宰者(天)의 의도 내지는 뜻에 의해서 전개되는 철학적인 원리. ❸시간성의 원리 : 천도(하늘의 뜻, 하늘의 시간의식)요, 천天의 심성이다.

36 (觀中) 삼재사상三才思想
❶삼재사상 : 음양적 작용원리가 내재 ⇨ 천도적 개념이면서 인도人道와 지도地道를 포함한다.
❷사람이 천지의 가운데 위位를 얻어 당당히 삼재三才의 일원이 되었으니, 천지와 더불어 만물을 경영하는 것이다. (여천지합기덕與天地合其德) 즉 하늘이 위에서 한 위位가 되고, 땅은 아래에서 한 위位가 되며, 사람이 그 가운데서 한 위位를 이루는 것이니, 사람이 하늘과 땅의 이간易簡의 도道를 체득하여 천지의 도道에 참여함으로써, 비로소 삼재三才의 도道가 이루어지는 것이다. 『중용中庸』의 "치중화致中和, 천지위언天地位焉, 만물육언萬物育焉."와 상통한다.

용한 것이다.

성위成位 인격적 존재의 위치가 성립되었다는 것이다. 건곤지도乾坤之道가 이간지도易簡之道라고 하는 것은 인격적 표현이다. 즉 인격적인 입장에서 보니 건도乾道는 통일성으로 쉬우며, 곤도坤道는 건도乾道에 순응하기 때문에 간단하다고 한 것이다.

기중其中 이러한 이간지도易簡之道를 깨우친 사람은 역학에서 성인과 군자의 본성으로 결국 건곤지도乾坤之道는 인간의 문제로 돌아오는 것이다. 역학의 천지인天地人 삼재지도三才之道가 모두 드러나게 되는 것이다.

○제2장

요지要旨

성인聖人과 군자의 역할을 밝히고 있다.[37] 즉 성인聖人이 성인지도를 밝히신 과정과 뜻을 설명하고 있다. 2장에서는 군자의 덕업을 깨우치는 방법이 상象과 사辭임을 나타내고 있다.[38]

> 聖人이 設卦하야 觀象繫辭焉하야 而明吉凶하며
> 성 인　설 괘　관 상 계 사 언　이 명 길 흉

❍ 設(베풀 설) 卦(걸 괘) 觀(볼 관) 象(코끼리 상) 繫(맬 계) 辭(말 사)

성인이 괘를 베풀어서(지어서), 형상을 보고 말을 매어 (붙여서) 길흉吉凶을 밝히며,

개요概要

성인聖人이 괘卦를 베풀고, 상象을 관觀(깨달음)하여 말을 묶어 길흉吉凶을 밝힌다는 것이다. 즉 군자지도와 소인지도를 밝혀 군자지도로 나아가게 한 것이다. (괘체卦體의 입장)[39]

---

37 인간의 본성 = 지성智性 + 인성人性이다. 인仁은 지성知性으로 아는 것이며, 내 자신에 내면화한 것이다. 성인은 역리易理를 밝히며, 군자는 학역學易의 사명이 있다.

38『정역』의 관점에서 보면, 존재론적 차원에서는 천도天道는 형이상학적 존재로서 천도天道의 변화는 역수변화원리이며, 지도地道의 변화가 사력四曆변화원리로써 공간적으로 드러남을 밝히고 있다.

39 문자文字가 없었던 시대에 성인聖人의 역易의 작용으로 설괘設卦란 복희伏羲씨가 자연의 상象을 본받아 괘卦를 그렸다는 것이다.

각설

성인설괘聖人設卦 설괘設卦는 역리易理를 가르치기 위해서 만들어진 것이다. 왜냐하면 64괘를 통해서 길흉吉凶을 밝히고 있기 때문이다.

관상계사언觀象繫辭言[40] 관상觀象은 괘상卦象, 재천성상在天成象의 상象이다. 우주의 본체로서 시간이 드러나는 의미이다. 관상觀象을 괘卦의 입장으로 본다는 것(관觀 · 견見)은 심성心性의 눈으로 보는 것이 아니라 깨닫는 것이다(자각). 그리고 계사繫辭의 말은 효爻의 입장이다.

명길흉明吉凶 길흉을 밝히는 것은 시의성時宜性에 따른 행동에 대한 결과이다. 길흉吉凶으로 판단하는 것으로 선후천先后天에 대한 군자의 대응 결과에 따라 ❶육갑六甲의 입장 ❷인간人間의 가치문제, 군자지도로 표상된다. 다시 말하면 길吉한 상象을 보고는 길하다고 말을 매서 나아가도록 알리고, 흉凶한 상象을 보고는 흉凶하다고 하여 피하게 하니, 성인聖人이 역易을 지으신 뜻은 흉凶을 피하고 길吉을 취하게 (避凶取吉 피흉취길) 하려는데 목적이 있는 것이다.

> 剛柔ㅣ 相推하야 而生變化하니
> 강유 상추 이생변화

○ 剛(굳셀 강) 柔(부드러울 유) 相(서로 상) 推(옮을 추) 變(변할 변)

강과 유가 서로 밀어서 변화를 생하니,

---

40 (觀中) '문왕文王'과 '주공周公'이 괘상卦象을 보고 각기 「괘사卦辭」와 「효사爻辭」를 지었다. 건괘乾卦를 예로 들면 하늘의 둥글고 자강불식自强不息하는 성정性情을 보고 복희伏羲씨가 건괘乾卦를 짓고, 건괘乾卦의 상象에서 '원형이정元亨利貞'이라는 말을 문왕文王이 붙였다. 또 건초구乾初九의 상象에 '잠용물용潛龍勿用'이라는 말을 '주공周公'이 붙였는데, 건괘乾卦의 획을 그린 것은 '성인설괘聖人設卦'이고, '원형이정元亨利貞, 잠용물용潛龍勿用'의 말을 붙은 것은 '관상계사언觀象繫辭言'에 해당한다.

개요概要

성인聖人의 작역作易 목적과 길흉의 방법론을 말하고 있다. 효용爻用의 작용이란? 강유剛柔는 음양陰陽의 용用으로써 서로 밀고 당기는 교대 작용으로 변화가 생生하는 것이다.[41] 이 때 변화란? 역易의 교역交易과 변역變易을 말한다.[42]

각설

강유상추剛柔相推 이생변화而生變化 강剛과 유柔가 서로 밀쳐냄으로써 음양이 교대하는 변화가 있는 것이다. 즉 강剛이 유柔를 밀치면 유柔가 밀려나가는 것을 변變이라 하고, 유柔가 강剛을 밀치면 강剛이 밀려 나가는 것을 화化라고 하니, 밤이 낮이 되고 낮이 밤이 되는 현상이다. 강유剛柔는 시간의 물질적인 현상을 드러낸 것이고, 상추相推는 음진양퇴陰進陽退을 말한다. (낮 ↔ 밤) 이생변화而生變化란 지도地道작용에 의해 변화가 나타난것이다. 변화에는 ❶천도天道가 강유剛柔로 나타나는 변화. ❷음양陰陽이 강유剛柔로 작용하는 변화. ❸천지지도天地之道가 드러나는 변화 등이 있다.

---

41 교역交易은 괘卦가 형성된 연유를 말하므로, 易에서 일반적으로 동動이라고 표현하는 것은 변역變易을 의미한다.

42 태괘兌卦(䷹)에서 고괘蠱卦(䷑)가 되듯이, 초구初九 강剛이 위로 올라가 상육上六 유柔를 밀어내고, 상육 유는 아래로 내려와 초구 강을 밀어내는 경우와 (강상이유하剛上而柔下), 비괘否卦(䷋)에서 수괘需卦(䷄)가 되듯이, 상구 강剛이 아래로 내려와 초육初六 유柔를 밀어내고, 초육初六 유柔는 위로 올라가 상구上九 강剛을 밀어내는 경우(강래이하유剛來而下柔)는 괘안에서 변화하는 교역변화交易變化하는 건괘乾卦(䷀)의 초구初九 양陽을 음陰이 밀어내면 구괘姤卦(䷫)가 되고, 곤괘坤卦(䷁)의 초육初六 유陰을 양陽이 밀어내면 복괘復卦(䷗)가 되는 경우와 같이 괘卦밖에서 변화가 오는 것이 변역變易이다.

是故로 吉凶者는 失得之象也ㅣ오
시고 길흉자 실득지상야

悔吝者는 憂虞之象也ㅣ오
회린자 우우지상야

○ 失(잃을 실) 得(얻을 득) 悔(뉘우칠 회) 吝(아낄 린) 憂(근심할 우) 虞(헤아릴 우)

이런 까닭에 길흉이라는 것은 (군자지도君子之道를) 잃고 얻음이요, 후회하고 인색한 것은 근심하고 헤아리는 상이다.

개요概要

인간의 길흉吉凶과 역易의 관계를 말하고 있다.

각설

길흉자吉凶者 실득지상야失得之象也 길흉吉凶이라는 것은 성인지도聖人之道를 잃으면 흉凶하고, 지키면 길吉하다는 것이다. 다시 말하면 이간지도易簡之道나 시의성의 실득失得을 의미한다.[43] 길흉吉凶이란 ❶소인지도 거去 ⇨ 군자지도 득得 ⇨ 길吉하고, ❷군자지도 실失 ⇨ 소인지도 득得 ⇨

43 (觀中) '육효지동六爻之動 삼극지도야三極之道也'라고 하여 시간성의 차원에서 시의성時義性에 맞으면 길吉이오 그렇지 않으면 흉凶인 것이다. 여기서 者는 현대적인 용어는 (이)라는 것은'으로 표현된다. 즉 '길흉'이라는 것은 '실득失得'을 상징적으로 나타낸 것이다. '회린悔吝'은 근심하는 것을 상징적으로 표현한 것으로 회悔는 흉凶에서 길吉로 되는 것이며, 인吝은 길吉이 흉한 방향으로 나가는 것이다. 길흉의 방법론을 말한 것이다. 길吉은 중中, 정正, 응應, 비比등을 얻은 상象을 뜻하고, 흉凶은 얻지 못한 것을 뜻한다.

✎ 회悔와 린吝

❶ 회悔 ⇨ 우憂 ⇨ 길吉 : 회悔는 잘못한 것을 두려워하며 후회하여, 뉘우침이 행동으로 표현되므로 길하게 될 가능성이 많다. (자흉이추길自凶而趍吉)

❷ 린吝 ⇨ 우憂 ⇨ 흉凶 : 인吝은 인색하다는 뜻으로 (吝은 '文 + 口'로 글 또는 입으로만 걱정하는 것), 실질적으로 고치지 않고 헤아리기만 하니 흉하게 될 가능성이 많다. (자길이향흉야自吉而向凶也)

흉凶하다고 할 수 있다. 그러므로 득실得失은 ❶실失은 군자지도를 잃고 소인지도를 좇는 것으로 흉凶이다. ❷득得은 군자지도를 얻는 것으로 길吉이 되는 것이다.

회린자悔吝者 우우지상야憂虞之象也 회린悔吝은 개介의 결과로써 내가 뉘우침과 후회하는 마음을 가지면 길吉하고, 인색한 마음을 가지면 흉凶하다는 것을 말한다. 그러므로 길흉은 인간의 가치적 문제로서 내 마음에 달려 있는 것이다. 그래서 불가佛家에서는 심즉불心卽佛이라고 하는 것이다. 역易은 개과천선의 학문으로, 옳은 것이면 굳게 지켜야 하나, 조금이라도 그른 것이 있으면 이를 바로 고쳐야 됨을 가르치고 있다.[44]

變化者는 進退之象也ㅣ오 剛柔者는 晝夜之象也ㅣ오
변화자 진퇴지상야 강유자 주야지상야

六爻之動은 三極之道也ㅣ니
육효지동 삼극지도야

○ 進(나아갈 진) 退(물러날 퇴) 晝(낮 주) 夜(밤 야) 極(다할 극)

변하고 화하는 것은 나아가고 물러가는 형상이오, 강과 유는 낮과 밤의 형상이오, 육효의 동함은 삼극의 도이니,

개요槪要

성인이 설괘設卦하여 말씀을 통해 삼극지도三極之道를 표상하고 있다. 육효지동六爻之動은 삼재지도三才之道가 아니라 삼극지도三極之道라고 표시한 것은 삼극지도가 괘효역학卦爻易學의 근거가 됨을 입증하는 것이다. 결론

44 지금 얻지 못해서 흉凶하지만 이를 고쳐 옳게 될 가능성이 있는 것을 회悔라 표현하고, 지금 조금 얻어서 길吉하다 하더라도 지킬 것만 욕심慾心하여 고치는 것을 꺼려하는 것을 인吝이라고 하는 것이다.

은 성인聖人의 작역作易과 삼극지도三極之道의 변화를 말한다.[45]

각설

변화자變化者 변화란 강유剛柔의 상추相推이다. 강유剛柔가 서로 미는 것이다. 즉 음양(일월)이 서로 교대로 작용하는 것으로 시간이 생성되는 것이다.

진퇴지상야進退之象也 진퇴進退는 하루로 보면 주야晝夜, 음양陰陽변화를 의미한다 변變 이란 원리, 시간의 변화로서 진퇴로 드러난다. 즉 변화變化의 변變은 진進(음陰 ⇨ 양陽), 화化는 퇴退(양陽 ⇨ 음陰)이다. 「서괘」에서는 나가는 괘卦와 들어오는 괘卦의 시의성을 나타내고 있다. 그러므로 육효 중괘에서도 진퇴進退가 있다.

강유자剛柔者 주야지상야晝夜之象也 강유剛柔는 시간時間이 천지 음양으로 드러난 음양지도를 상징적으로 말한다. 다시 말하면 강유剛柔는 낮과 밤을 상징적으로 드러낸 것으로 일월日月의 운행에 의해서 시간성이 시간으로 드러나는 것을 강유剛柔로 표현하였다. 즉 시간성의 작용원리를 강유剛柔로 나타낸 것이다. 육효六爻의 움직임은 음효陰爻 양효陽爻가 서로 작용하는 것이며, 『주역』의 육효중괘는 변화지도인 삼극지도三極之道를 드러내는 것이다.[46] ❶강유剛柔 음양陰陽의 공간적 · 지도적地道的인 표현

---

45 (觀中) 성인聖人의 작역作易 목적에 대하여 밝히고 있다. 첫째, 성인聖人은 역도易道를 자각하여 말씀으로 전하는 사명을 가지고 있는 존재로 「계사하」편 제2장에서는 성통聖統을 밝히고 있다. 「계사하」편의 성통聖統원리에서 '복희씨伏羲氏'의 부분에서 구체적으로 드러내고 있다. 즉 작역作易의 과정을 구체적으로 밝히고 있다. 또한 「계사상」편 제12장에서 성인聖人은 역도易道를 자각하여 천명한 존재로서 성인聖人이 역도易道를 자각한 것은 단순한 물리적 현상을 보고 인식한 것이 아니라 '이통신명지덕以通神明之德'하여 신명神明한 덕德에 감통感通함으로써 역도易道를 자각할 수 있었으며, 이러한 자각을 통해 '이유만물지정以類萬物之情'한 것이다

46 (觀中) 군자가 할 일은 [1]삼재三才의 합덕, [2]인도人道의 자각이다. 무극지도无極之道는 드러난 현상(卦爻)에 내재되어 있다. 그러므로 괘효원리에는 역수원리가 내포되어 있다.
❶ 괘효역은 지도地道가 위주이다. 왜냐하면 육효로 되어 있기 때문이다. ❷삼극지도는 도

이다. [1]강剛 낮의 형상(활동), 군자 상象(退極以進 퇴극이진)이고 [2]유柔 밤의 형상(휴식), 소인의 상象(進極以退 진극이퇴)이다. ❷주야晝夜 강유剛柔는 천도天道의현상적인 표상이다.

육효지동六爻之動 삼극지도야三極之道也 본래 천 · 지 · 인의 삼재三才를 표상한 삼획괘三劃卦이나, 각기 음양의 양극이 있음으로 여섯 효가 된다. 육효지동六爻之動은 삼재지도三才之道가 아니라, 삼극지도三極之道로 표시한 것은 삼극지도三極之道가 괘효 역학의 근거가 됨을 증명 한 것이다.[47] 천지인天地人과 삼극 관계의 표현이며. 삼극지도三極之道의 공간적인 방법을 말한다.[48] 『정역正易』에서는 삼극지도三極之道를 태극太極, 황

서역圖書易을 의미하고, 삼재지도三才之道는 괘효역卦爻易을 의미한다.
❸삼극三極과 삼재三才는 본질적으로 같으나. 그 쓰임(용用)에서 차이가 있다. 왜냐하면 삼재三才는 천·지·인이지만, 삼극三極은 태극太極과 황극皇極 그리고 무극无極으로 표현하며. 천도天道와 지도地道를 시간성으로 표현하고 있기 때문이다. [1]『주역』에서는 '태극太極'은 한번 언급 됨. [2]사상四象이 되어도 태극은 없어진 것이 아니다. 정신으로 내포되어 있다. [3]태극생양의太極生兩儀의 양의兩儀는 음양陰陽으로 일태극一太極이 내포됨. [4]팔괘八卦는 구九를 근거로 한 팔八이다. 왜냐하면 일一을 계산하지 않았기 때문이다. 그러므로 八로 끝난다. ⇨ 하도·낙서원리에 의해서 사상四象의 두 번이 팔八이다. [5]1·2·3은 오五를 향한 지상의 물리적 성장단계이다. 6·7·8·9는 정신적 성장단계이다. 왜냐하면 하늘의 뜻에 통해야 하기 때문이다. [6]『주역』에서는 삼극三極은 언급하나 태극太極 이외에는 보이지 않는다. 따라서 한대 이후의 학자들 특히, 정주역학程朱易學에서도 일태극一太極을 각각 3단계로 해석했다. 더 갈데가 없는 역易이 무극无極이다.
❹도서역圖書易은 일태극一太極과 오황극五皇極, 십무극十无極으로 수數로써 표상한다.
<1·9(태양), 4·6(태음)> 하도낙서작용원리가 육六 (순역順逆원리)
[1]하나님의 말씀은 곧 하나님이다. 확고한 신념을 가지기 위해서 천도天道의 논리를 믿어야 한다.(信) 그러므로 『주역』은 도덕 교과서가 아니다. 득의망상得意忘象이 아니라 상象을 똑바로 보아야 한다. [2]천도天道를 표상한 것은 건괘의 「괘사」이다. 원형이정은 사상四象원리이다.

47 (觀中) 삼극지도는 ❶육효지동의 원리적 근거이며, ❷삼극지도는 시간원리가 위주이다. ❸삼극의 개념은 『주역』에서는 「계사상」 11장에서 태극太極만 언급하고 있다. 그리고 황극皇極은 『홍범구주洪範九州』에서 「오황극五皇極」을 언급하고 있으며, 무극无極은 『정역』에서 도덕적 원리적 근원으로 표상하고 있다. 그러므로 '삼극三極'은 태극·황극·무극으로 시간의 존재 근거가 되는 시간성 원리의 체體가 되는 것이다.

48 전체를 요약하면 하늘에는 음양의 변화(음양지도陰陽之道)가 있고, 땅에는 강유剛柔의 진퇴進退(강유지도剛柔之道)가 있으며, 사람에게는 인의仁義의 득실得失(인의지도仁義之道)이 있다. 음양이 변화하고, 강유剛柔가 진퇴하여 낮과 밤 그리고 사시四時의 변화가 있듯이, 사람에게도 인의仁義의 얻고 잃음에 따라 군자가 나오는 치세治世와 군자가 물러나는 난세

극皇極, 무극无極으로 규정하고 있다.[49]

是故로 君子ㅣ 所居而安者는 易之序也ㅣ오
시고 군자 소거이안자 역지서야
所樂而玩者는 爻之辭也ㅣ니
소락이완자 효지사야

○ 所(바 소) 居(있을 거) 安(편안할 안) 易(바꿀 역) 序(차례 서) 所(바 소) 樂(즐길 락) 玩(완미할 완) 爻(효 효) 辭(말씀 사)

이런 까닭에 군자가 (집에) 거처하며, 편안 자는 역의 차례를 알고 살아가는 것이요, 즐거운 바를 완미하는 자는 효의 말씀을 잘 살펴서 이에 응해 살아가는 것이니,

개요概要

군자의 역학공부와 즐거운 마음으로 진리에 머무는 것을 결부시켜 말하고 있다.

각설

소거이안자所居而安者 거居하는 것이 편안한 것은 군자가 자신의 본성을 주체적으로 자각했을 때 가능한 것이다.[50] ❶거居는 현실참여가 아니라

亂世가 있게 되는 것이다. 역易은 바로 이러한 천·지·인 삼재가 항상 변하는 삼극三極의 도道를 편 것이다. 삼극三極의 도道를 아는 군자가 『주역』을 공부하는 자세를 말한 것이다. 즉 먼저 상象을 보고 후에 사辭를 보라는 뜻이다. 각 효의 처한 상象을 보고, 그 입장에 순응하여 망동妄動하지 않고 안주安住하는 것이다. 또 효爻는 그 처處해 있는 상황 (중中, 정正, 응應, 비比 등)에 따라 각기 '주공周公'이 매어 놓은 말이 다르니, 길흉회린 등의 말을 의미하며, 그 깨달음에 즐거워하는 것이다.

49 (집설) ❶ 『주역본의』에서는 "삼극지도를 천天(음陰, 양陽), 지地(강剛, 유柔), 인人(인仁, 의義)의 지극한 이치이다.(삼극三極, 천지인지지리天地人之至理.)"고 하였다. ❷ 『황극경세서』에서는 "태극이 무극이다(태극이무극太極而无極)"라고 하였다.

50 (觀中) 군자의 거락居樂을 역易과 결부하여 말씀하였다. 사락私樂과 낙천樂天을 상세히 보거나 가지거나 완미玩味하는 자는 역易을 깊이 탐구한다. '거居'는 처한 상황, 즉 여섯 효 의

진리속에 거居하는 것이다. ❷안安은 심心의 안정, 순順, 천리天理를 의미한다.

역지서야易之序也 서序는 서괘序卦원리이다. 역학의 서괘원리는 선후천后天변화원리와 성인聖人 · 군자합덕원리를 밝히고 있다.

소락이완자所樂而玩者 완玩은 원래 여자의 아름다움을 형용하는 말이나, 이 문장에서는 음미한다는 의미이다.

효지사야爻之辭也 ❶효爻는 괘효지사卦爻之辭이고, ❷사辭는 「계사繫辭」이다. 「효사爻辭」에는 길흉의 내용이 들어 있다. 그러므로 길흉吉凶을 완미할 수 있는 것이다.[51] 성인聖人이 삼극지도三極之道, 즉 시간성의 원리를 드러낸 이유가 바로 군자에게 진리를 전달하기 위한 것임을 알 수 있다. 성인이 밝혀놓은 괘효와 언사를 근거로 해서 살아가는 존재가 군자이다.[52] ❶효爻는 괘효원리 길흉제시, 군자지도와 소인지도를 표상하며, ❷사辭는 천도天道에 대한 상象, 변變을 기록한 것이다.

是故로 君子ㅣ居則觀其象而玩其辭하고
시고 군자 거즉관기상이완기사

動則觀其變而玩其占하나니
동즉관기변이완기점

是以로 自天祐之하야 吉无不利니라.
시이 자천우지 길무불리

○ 玩(완미할 완) 祐(도울 우)

위를 말하는 것이고, '안安'은 처한 상황에 순응하여 망동하지 않는 것이다. '서序'는 효의 차서次序를 뜻한다. 또는 역易의 괘서卦序를 뜻한다.

51 작괘作卦를 하여 괘卦가 완성됨에, 그 동효動爻를 보고 즐거움을 느끼며 매인 말을 음미하는 것이다.

52 (觀中) 군자의 학문방법을 제시하는 것으로 군자가 편안하게 거처해야 할 곳이 『주역』의 육십사괘 서괘원리이며, 즐기고 놀아야할 것은 『주역』의 「괘효사卦爻辭」이다. 즉 성인聖人이 밝혀놓은 역도를 익혀서 실천해야하는 사명이 군자에게 주어져 있는 것임을 알 수 있다.

그러므로 군자는 거하면 그 상을 보고 그 말을 살펴보며, 움직이면 그 변화함을 보고 그 점을 살펴본다. 이 때문에 하늘로부터 도움이 있어 길하여 이롭지 않음이 없는 것이다

개요概要

군자지도에 대하여 말하고 있다. 즉 길흉원리를 구명究明하여 군자가 나아가야 할 바를 제시하고 있다.

각설 53

거즉관기상이완기사居則觀其象而玩其辭 그 말씀을 완미한다(玩其辭 완기사)는 것은 군자지도와 소인지도의 구별을 의미한다.

동즉관기변이완기점動則觀其變而玩其占 역리를 탐구하여 그 변變을 통해 길흉을 판단하여 모든 것을 알고 행行할 수 있다. 즉, 순천順天은 홍興하고 역천逆天은 망한다는 것이다. 점占은 장차 도달해야할 목표를 완미한다는 것이다. 군자가 살아가야할 목표는 군자의 사업과 학역學易의 길이다.

그러므로 일이 있어 점占을 했을 때는 변한 효爻를 보고 그 가르치는 점占(미래를 판단)을 음미하는 것이다.

자천우지自天祐之 길무불리吉无不利 천명天命에 순응하니 하늘로부터 도움이 있어 길吉하여 이롭게 된다.[54]

---

53 『주역본의周易本義』에서 "상象·사辭·변變은 이미 위에 보인다. 무릇 변變만을 말한 것은 화化가 그 가운데 들어 있다. 점占은 그 만난 바의 길吉·흉凶을 결단함을 말한 것이다. (象辭變, 已見上, 凡單言變者, 化在其中, 占, 謂其所値吉凶之決也.)"라고 하였다.

54 군자는 성인聖人이 밝혀놓은 괘상원리를 관觀(자각)하고, 언사言辭를 가지고 놀고, 움직이면 변화지도를 관觀하여 점占을 가지고 노니 이런 까닭에 하늘로부터 도와서 길吉하여 이롭지 않음이 없는 것이다. 점占을 가지고 논다는 것은 존재의 차원에서 시비是非의 문제가 인간의 문제로 넘어오면 길흉吉凶이 드러나면서 이해가 발생하는 것이다. 그러므로 「계사상」편 제5장에서 '극수지래지위점極數知來之謂占'라고 한 것이 아닌가 한다.

○제3장

요지要旨

제3장은 성인지언의 언言(길흉회린으로)을 중심으로 군자가 학문하는 방법을 설명하고 있다.[55] 다시 말하면 성인聖人이 말씀(言)으로 밝힌「괘효사卦爻辭」에서 담긴 뜻이 무엇인가를 밝히고 있다. 이것은 성인聖人의 사명이 역도를 자각하여 하늘의 뜻을 전함에 있음을 의미하는 것이다. 그러므로 언言이 계속 등장하는 것이다.[56]

彖者는 言乎象者也ㅣ오
단 자 언 호 상 자 야

爻者는 言乎變者也ㅣ오
효 자 언 호 변 자 야

吉凶者는 言乎其失得也ㅣ오
길 흉 자 언 호 기 실 득 야

悔吝者는 言乎其小疵也ㅣ오
회 린 자 언 호 기 소 자 야

无咎者는 善補過也ㅣ니
무 구 자 선 보 과 야

○ 疵(흠 자) 无(없을 무) 咎(허물 구) 善(잘할 선) 補(고칠 보, 기울 보) 過(지날 과, 과실 과)

'단'은 형상을 말함이오,

'효'는 변하는 것을 말함이오,

55 군자의 덕업을 상象과 사辭로 표상하고 있다.

56『아산주역亞山周易』에서는 ❶ 오언五言(언단言彖, 언변言變, 언실득言失得, 언소자言小疵, 언과言過) ❷ 오존五存(존인存仁, 존괘存卦, 존사存辭, 존개存介, 존회存悔)라 하였다.

'길과 흉'은 그 득실을 말함이오,

'회와 린'은 그 조그만 병폐를 말함이오,

'무구'는 허물을 잘 고친다는 것이니,

개요概要

이 절은 성인聖人이 말씀으로 밝힌 「괘효사卦爻辭」에서 담긴 뜻이 무엇인가를 밝히고 있다. '길흉'이라는 것은 그 실득失得을 말씀한 것이고, '회린'이라는 것은 작은 허물을 말씀한 것이고, '무구无咎'라는 것은 허물을 잘 보완하는 것이라 말한다.

각설

단자彖者 언호상자야言乎象者也 이때 「단彖」은 괘卦 전체의 총체적으로 설명한 「괘사」를 말한다. 괘상을 보고 해석한 것이므로 '言乎象者(언호상자)'라고 한 것이다.[57] ❶언言은 진리의 실존적인 언어 ⇨ 진리의 말씀, 성인의 말씀이며, ❷사辭는 문장화된 글을 말한다.

효자爻者 언호변자야言乎變者也 「효사爻辭」를 말하며, 구이九二 또는 육삼六三 등 효를 지칭했을 때는 이미 그 효가 변했다는 뜻이다. 따라서 '言乎變子(언호변자)'라고 하여 괘가 변한 상태를 말한 것이다.[58] 「효사爻辭」는 변화지도(變卦(변괘), 變爻(변효))이다. 효爻의 변화는 음陰 ⇄ 양陽(예 : 건괘(䷀) 초효初爻가 변화하면 구괘姤卦(䷫))이다.

---

57 『주역본의』에서 "단彖은 괘사卦辭를 이르니 문왕文王이 지으신 것이요, 효爻는 효사爻辭를 이르니 주공周公이 지으신 것이다. 상象은 전체를 가리켜 말한 것이요, 변變은 일절一節을 가리켜 말한 것이다.(彖, 謂卦辭, 文王所作者, 爻, 謂爻辭, 周公所作者, 象, 指全體而言, 變, 指一節而言.)"라고 하였다.

58 건괘乾卦에서 '초구'는 하고 말했을 때는 초구初九가 동動해서 (음이 되어) 구괘姤卦가 되었다는 뜻으로, '건지후乾之姤(건乾이 구姤로 갔다)'라고도 한다. 물론 건乾의 초구初九와 구괘姤卦 초육初六과 같다는 뜻은 아니다.

길흉자吉凶者 언호기실득야言乎其失得也 '失得'(실득)이라는 것은 각기 악惡과 선善을 행해서 이미 화禍(흉凶)와 복福(길吉)이 판별된 것을 뜻한다.[59] 길흉吉凶은 성인지도聖人之道의 득실得失에 관한 상象이다. ❶언言은 성인의 말씀(성인의 명命 ⇨ 언言, 군자의 명命 ⇨ 행行이다) ❷실득失得은 심성心性의 인격적 결과가 길흉을 변화시킨다.

회린자悔吝者 언호기소자야言乎其小疵也 소자小疵는 선善과 악惡이 이루어지기 전前의 기미(조짐)와 같은 것이다. 소자小疵는 작은 병폐(길흉의 원인=介)를 말한다.[60] 즉 회린에 따라 길흉이 결정되는 것이다.

무구자无咎者 선보과야善補過也 선보과는 허물이 있었던 것을 잘 처리하여 평상의 상태로 만들었다는 뜻이니 '무구无咎'가 된다. 즉 도덕적인 허물을 잘 보완(반성과 성찰)하는 것이 무구无咎이다. 『주역』은 무구无咎가 목적이다. 허물이 없는 삶이 군자적인 삶이요, 역易의 목적이며, 현실적인 목표이다.

> 是故로 列貴賤者는 存乎位하고 齊小大者는 存乎卦하고
> 시고 열귀천자 존호위 제소대자 존호괘
>
> 辯吉凶者는 存乎辭하고 憂悔吝者는 存乎介하고
> 변길흉자 존호사 우회린자 존호개
>
> 震无咎者는 存乎悔하니
> 진무구자 존호회

---

59 『이천역전伊川易傳』에서는 "그러므로 길吉·흉凶이 생기고 회悔·린吝이 드러나는 것이다.(是故, 吉凶生而悔吝著也.)"라고 하였다.

60 『주역절중周易折中』에서는 '장진연'의 말을 인용하여 "'실득失得'은 때에 소식이 있는 것이고, 위位에는 당위當位와 부당위不當位가 있는 것을 말하는데 '소자小疵'는 두 가지 뜻을 겸하고 있다. 얻는 것을 향하고 있으나 아직 얻지 못한 것은 여전히 작은 하자가 있음이 '회悔'이다. 잃는 것을 향해서 가나 아직 잃어버리지 않고 이미 작은 하자가 있으면 '인吝'이다. ("失得"指時有消息, 位有當否說, "小疵"兼兩意, 向于得而未得, 向于"小疵"則悔, 向于失而未失, 已有"小疵"則吝)"라고 하였다.

○ 列(벌일 열(렬)) 貴(귀할 귀) 賤(천할 천) 存(있을 존) 位(자리 위) 齊(가지런할 제) 辯(분별할 변(辨)) 憂(근심할 우) 悔(뉘우칠 회) 吝(아낄 린인) 介(사이 개, 끼일 개) 震(벼락 진)

이런 까닭에 귀·천을 진열함은 위位에 있고, 소小·대大를 정함은 괘卦에 있고, 길吉·흉凶을 분변함은 말씀에(「사辭」, 「괘사」, 「효사爻辭」) 있다 하고, 회린을 근심하는 것은 경계에 있고, 움직여서(진震=동動) 허물이 없다는 것은 뉘우침에 있다하니,

개요概要

길흉을 분별하는 것은 「효사爻辭」에 있고, 회린을 근심하는 것은 길흉의 사이에 있고, 무구无咎에 나아가는 것은 후회後悔(흉凶 ⇨ 길吉)에 있다는 것이다.

각설

열귀천자존호위列貴賤者存乎位[61] 귀貴는 오효五爻, 천賤은 이효二爻이다. 변辯은 성인의 말을 의미한다. 그러므로 귀천(존재가치)을 배열하는 것은 시위時位(효위爻位)에 있다는 것이다. 존호위存乎位란 소대小大를 가지런히 하는 것은 괘상卦象에 있다. 시위時位에 따라 귀천이 나누어짐을 알 수 있다. 즉 귀천貴賤(존재가치)은 음양陰陽으로서 효爻의 위치位置에 따라 달라진다.[62]

제소대자齊小大者 존호괘存乎卦 소小는 내면적인 일로써 군자가 학문을 하는 것이며, 대大는 외면적인 일로서 군자가 행도行道하는 것을 말한다. 따라서 소小는 대大에 내포되어 있는 것이다. 그러므로 대大를 통해서 소

61 열귀천자列貴賤者는 음양의 인격적 표현이다.

62 인사적으로는 남편은 양陽이고, 부인은 음陰이다. 그러나 어머니는 양陽이고, 아들은 음陰의 위치이다. 그러므로 음양은 위位에 따라 다른 것이지 고정된 것이 아니다.

小가 드러나게 되는 것이다.[63] 소대小大는 소축小畜 · 대축大畜, 소과小過 · 대과大過 등과 연계되기도 한다.

변길흉자辯吉凶者 존호사存乎辭 ❶변辯이란 성인의 말씀으로 판별判別한다. 가른다(변辨)는 의미이다. ❷사辭는 괘의 「효사爻辭」로서 길흉을 판별해 놓은 것이다.[64]

우회린자憂悔吝者 존호개存乎介 ❶우회린자憂悔吝者는 회悔는 길吉로 가는 길목이며, 인吝은 흉凶으로 가는 길목이다. ❷존호개存乎介는 개介는 사이 개介, 쪼갤 개介로 나누다, 분별하다는 의미이다. 그러므로 길흉吉凶의 사이를 의미하며, 길흉으로 나누어지는 분기점이다. 즉 길흉판단의 기점을 말한다.[65]

진무구자震无咎者 존호회存乎悔 진震은 진동震動으로 적극적으로 가는 움직임이다. 움직여서 허물이 없는 것은 뉘우침이 있기 때문이다.

> 是故로 卦有小大하야 辭有險易하니
> 시고 괘유소대 사유험이
>
> 辭也者는 各指其所之니라.
> 사야자 각지기소지

○ 卦(걸 괘) 辭(말 사) 險(험할 험) 易(바꿀 역, 쉬울 이) 指(손가락 지, 가리킬 지)

---

63 대소를 아래와 같이 구분할 수 있다.
❶ 대大 : 심성의 외면적 실천, 음양의 인격적 표현(「계사」1장), 왕도정치
❷ 소小 : 심성의 내면적 일, 인격수양, 학문자세, 내외(음양)의 합덕.

64 (觀中) 길흉회린은 상호윤회한다. 동전의 양 잎과 같은 것이다. 따라서 인간의 길흉은 회悔하면 길吉한 것이요, 인吝하면 흉凶한 것이다. ❶길과 흉은 얻고 잃음에 달려 있는데, 이에 대한 판단은 「괘사」와 「효사爻辭」에 길흉회린 등으로 말했다. ❷'개介'란 선악이 나눠기 전의 경계를 말하는 것으로, 조그만 기미가 있을때 걱정을 하여 '회悔'로 나아가느냐, '인吝'으로 나아가느냐 하는 경계가 되는 것이다. ❸'진震'은 움직이되 위엄과 두려움으로 움직이는 것을 말하니, 움직였는데도 허물이 없는 것은 스스로 뉘우치는 마음이 있기 때문이다. ❹존호회存乎悔 : 후회를 얼마만큼 하느냐에 달려 있음 (개과천선)

65 뇌지예괘에서 보인다. 미래를 판단한다는 의미이다.

이런 까닭에 괘卦에는 작고(小) 큰 것이(大) 있으며, 말씀속(괘사)에는 험하고 평탄함(쉬움)이 있으니, 괘사이라는 것은 각기 그 향하는 바를 가리킨 것이다.

개요概要

괘卦에 소대小大가 있고, 말씀에는 군자지도와 소인지도를 험이險易로 나누어 군자지도로 나아갈 바를 밝히고 있다. 즉 인도人道의 원리를 밝히고 있다.

각설

괘유소대卦有小大 치세治世에는 대인지도大人之道가 성盛하고, 난세亂世는 소인지도小人之道가 성盛한다는 것이다. 괘효卦爻로 보면 지천태地天泰의 시대는 군자는 득세하고, 소인은 사라지며, 천지비天地否의 시대에는 군자는 은둔하고 소인이 득세한다.

사유험이辭有險易 중中 · 정正 · 응應 · 비比를 제대로 갖춘 길한 효이니 그 말은 간단하고 평이하다. 그러나 이를 갖추지 못하면 흉한 효爻이니 그 말이 많고 험하다는 것이다.

각지기소지各指其所之(行) 사람들의 갈 길을 가르쳐 주는 것이 『주역』이다. 즉 「괘사」나 「효사爻辭」에서 상象과 사辭를 통해서 그 처한 상황을 설명하고, 그 행할 바를 가르쳐 준다는 것이다.

○제4장

요지要旨 66

역의 범위와 능력에 대하여 말하고 있다. 즉 역도가 광대하여 천지만물과 음양의 이치를 관통하고 있음을 의미한다.

易이 與天地準이라, 故로 能彌綸天地之道하나니
역 여천지준 고 능미륜천지지도

○ 準(범 준, 고를 준, 평평할 준) 故(옛 고) 能(능할 능) 彌(얽을 미, 두루 미) 綸(씨 윤, 짤 윤, 낚싯줄 륜윤)

역은 천지와 더불어 같은지라 그러므로 천지의 도를 미륜하나니,

개요概要

역易의 지위와 능력을 말하고 있다. 역易의 원리는 천지지도天地之道와 같다는 것이다. 그러므로 역易이 천지의 도를 미륜한다고 한 것이다.

각설 67

역易 여천지준與天地準 역의 우주관, 천지의 이치와 일치한다는 의미의 준

---

66 (觀中) 역도의 근본내용을 천지지도天地之道의 문제로 제기 ⇨ 일월지도, 일월변화원리(왕도정치)로 역도를 구명하기 위해 역도가 천지지도天地之道에 준거準據를 제공하며, 천지지도天地之道는 천도天道와 지도地道로 나누어 설명되며, 다시 천도天道와 지도地道가 합덕된 신도神道의 세계世界를 밝히고 있다. 제4장은 역도로 시작하여 역도의 근거인 신도를 밝히고, 역도로 마감하고 있다. 역도를 자각하는 것은 인간이므로 천·지·인 삼재지도가 일관되게 드러나고 있음도 알 수 있다.

67 (觀中) 역이 역도임을 주장하고 있다. 역이 천지에게 기준을 제공하는 것으로 역도에 의해서 천지가 이루어진 것이다.(시간적 차원) 그러므로 능히 천지지도天地之道를 천존지비天尊地卑로 기강紀綱과 경위經緯를 세우며, 천지지도天地之道가 세상에 가득 차서 얽어매고 있다.(공간적 차원)

準이다. 하늘과 땅의 도道에 한 치의 어긋남도 없다는 것이다.[68] 천지는 현상적으로 드러난 지도地道이다. 건곤乾坤은 천도天道 · 지도地道를 포함한 인격성의 뜻이다.

능미륜천지지도天地之道能彌綸天地之道 천지의 도가 괘卦와 효爻속에 씨줄와 날줄로 베를 짜듯 다 들어 있다는 것이다. ❶미彌는 모든 것을 다 엮어 포함하지 않음이 없이 크다는 것이다. ❷륜綸은 경륜과 조리條理라는 뜻이다.

仰以觀於天文하고 俯以察於地理라
앙 이 관 어 천 문 부 이 찰 어 지 리

是故로 知幽明之故하며 原始反終이라
시 고 지 유 명 지 고 원 시 반 종

故로 知死生之說하며 精氣爲物이오 游魂爲變이라.
고 지 사 생 지 설 정 기 위 물 유 혼 위 변

是故로 知鬼神之情狀하나니라.
시 고 지 귀 신 지 정 상

○ 仰(우러를 앙) 俯(구푸릴 부) 察(살필 찰) 幽(그윽할 유) 始(처음 시) 終(끝날 종) 精(근본 정, 쓿은 쌀 정) 氣(기운 기) 游(헤엄칠 유) 魂(넋 혼) 鬼(귀신 귀) 狀(형상 상)

우러러 봄에는(위로는) 하늘의 문채를 관찰하고, 구부려 봄에는(아래로는) 땅위의 이치를 살핌이라. 그러므로 어둡고 밝음의 까닭을 알며, 시작을 근원하여 마침을 돌이켜 살핌이라. 이러한 까닭에 삶과 죽음의 이치를 알며, 정기精氣가 물건物件이 되고, 혼이 돌아다녀 변이 됨이라. 이 때문에 귀신의 정황을 안다 하니라.

개요概要

주역의 종시終始원리를 통해서 생사生死의 이치와 만물의 변화 이치 및 귀신의 정상을 알수 있음을 말하고 있다.

68 준準은 평등, 일치라는 의미도 있다.

각설[69]

앙이관어천문仰以觀於天文 (시간성원리) 물리적인 천체의 변화를 보고 형이상의 천도天道를 자각한다는 것이다. ❶앙仰은 유학의 종교성을 표상한다. 자각을 통한 명명덕明明德이다. ❷관觀은 거리에 관계없이 마음으로 밝게 보는 것이다.

부이찰어지리俯以察於地理 (공간성원리) 찰察은 가까운 거리에서 자세히 살펴보는 것이다. 그러므로 하늘은 밝고 일월성신의 무늬가 있으므로 '관문觀文'이라 하고, 땅은 그윽하면서 산천 등 맥락의 이치가 있으므로 '찰리察理'라 하였다.[70]

시고是故 지유명지고知幽明之故 유명지고幽明之故를 안다는 것은 음양의 천도天道를 말한 것이다.[71] 왜냐하면 유명지고幽明之故는 땅 속의 이치(속에 보이지 않은 음陰)와 하늘의 이치(겉에 환하게 나타난 양陽)가 그렇게 된 이유를 말하고 있기 때문이다.[72]

---

69 『주역본의周易本義』에서는 "차此는 이치를 궁구하는 일이다. 이以는 성인聖人이 『주역』책을 이용하는 것이다. 역은 음·양일 뿐이니, 유幽·명明, 사死·생生, 귀鬼·신神은 모두 음陰·양陽의 변變이고 천지의 도이다. 천문은 주晝·야夜와 상上·하下가 있고, 지리는 남·북과 고高·심深이 있다. 원原은 앞에 미룸이요, 반反은 뒤에 맞춰보는 것이다. 음陰의 장精과 양陽의 기氣가 모여서 물건을 이룸은 신神의 펴짐이요, 혼魂이 돌아다니고 백魄이 내려와서 흩어져 변變이 됨은 귀鬼의 돌아감이다.(此窮理之事, 以者, 聖人以易之書也, 易者, 陰陽而已, 幽明死生鬼神, 皆陰陽之變, 天地之道也, 天文則有晝夜上下, 地理則有南北高深, 原者, 推之於前, 反者, 要之於後, 陰精陽氣, 聚而成物, 神之伸也, 魂游魄降, 散而爲變, 鬼之歸也.)라고 하였다.

70 '이以'자를 특별히 넣은 것은 「계사하」 2장 (앙즉관상어천仰則觀上於天 부즉관법어지俯則觀法於地)과는 달리 '『주역』으로써'라는 뜻을 말한 것이다.

71 지유명지고知幽明之故는 산 세계와 죽은 세계, 미지의 세계와 현실의 세계의 연고를 안다는 것으로 해석할 수도 있다.

72 천문지리天文地理를 역易으로써 관觀하고 찰察하면, 그 안에 담긴 유명幽明의 연고를 알게 된다는 것이다.

❶ 유幽 : 시간성원리, 천도원리, 일월지도, 천지지도天地之道.

❷ 고故 : 원리, 연고를 말한다.

1 성인중심 ← 지성 중심의 자각

2 군자중심 ← 인성 중심의 자각

유幽	명明
과거, 미래의 인간세계	현재의 인간세계
귀신의 세계	인간세계

원시반종原始反終 사물의 시작을 근원으로 하여 마침을 돌이켜 궁구한다는 뜻으로 종시終始원리를 말한다.[73]

종시終始를 유형별로 살펴보면 다음과 같다.

❶ 생사生死로 보면 생生은 시始이고, 사死는 종終이다.

❷ 괘효卦爻로 보면 초효初爻가 시始이고 상효上爻가 종終이다.

❸ 계절로 보면 봄이 시始이고 겨울은 종終이다. 이는 겨울(종終)이 다하면 봄이 오는 것이니(시始), 즉 죽으면 살고, 살면 죽는 이치理致이다.

❹ 음양으로 보면 양陽이 시작해서 종終하게 되면 음陰이 시始한다.[75]

지사생지설知死生之說 사생지설死生之說을 안다는 것은 유명幽明이 지도地道의 측면으로 변화된 것으로 종시終始원리이다. 이것은 죽고 다시 태어나는 원리로서 형이상의 생명으로 거듭나야 한다는 것이다.

정기위물精氣爲物 정수精髓한 기氣가 물物을 이룬다는 것이다. 왜냐하면 정精은 음陰이고, 기氣는 양陽으로, 정精과 기氣가 합하여 만물萬物이 되기 때문이다.[75]그러므로 귀신의 정상精狀을 알 수 있다는 것이다.

---

73 원시반종은 영원성을 의미한다. '종즉유시終則有始 천행야天行也'고 하여 시간성의 세계를 밝힌 것이다.

74 음이 시작해서 종하게 되면 음은 사라지고 양이 시始하는 음양소식의 이치를 앎으로써 사람이 생(始)하면 사(終)하는 이치를 알게 되는 것이다. 즉 시작을 생각하고, 끝남을 돌이키면 음양이 순환하는 이치를 알게 된다는 것이다. 다시 말하면 지사생지설知死生之說로서 음양의 순환하는 이치를 안다는 뜻이다. 음양陰陽과 괘효卦爻를 결부시키면 복復이 양陽의 시始이고, 건乾이 양陽의 종終이며, 구姤가 음陰의 시始이며, 곤坤이 음陰의 종終이다.

75 (觀中) ❶ 정기위물精氣爲物에서 정精과 기氣에는 '미米'자가 들어 있는데, 미米는 알 찬 것,

유혼위변游魂爲變 혼魂은 심心이 인격성을 근거로 하는 변화지도이다. 그러므로 혼魂이 떠돌아 다니면서 변화를 이룬다고 하는 것이다..

지귀신지정상知鬼神之精狀 역도易道의 신명성을 드러낸 것으로 역도易道의 전모가 밝혀지는 것이다. ❶'신神'은 양陽이니 밝은 곳으로 오는 것(伸)이다. ❷'귀鬼'는 음陰이므로 어두운 곳으로 돌아가는(귀歸) 것이다. ❸'정情'은 실정이니 이치이다. ❹'상狀'은 모양이니 형체를 뜻한다.

(易)與天地相似ㅣ라
역 여천지상사

故로 不違하나니 知周乎萬物而道濟天下ㅣ 故로 不過하며
고 불위 지주호만물이도제천하 고 불과

旁行而不流하야 樂天知命이라 故로 不憂하며
방행이불류 낙천지명 고 불우

安土하야 敦乎仁이라. 故로 能愛하나니라.
안토 돈호인 고 능애

❍ 似(같을 사) 過(지날 과) 旁(두루 방) 憂(근심할 우) 敦(도타울 돈)

(역이) 천·지와 더불어 서로 같음이라, 그런 까닭에 어기지 아니하나니, 지혜가 만물에 두루하고, 도로써 천하를 가지런히 함이라, 그런 까닭에 지나치지 않으며, 사방으로(두루) 행하되 흐르지 아니하여 천리를 즐거워하고 천명을 아는 것이라, 그런 까닭에 근심하지 않으며, 자리에 편안하여 인을 돈독히 함이라, 그런 까닭에 능히 사랑할 수 있는 것이다.

속 내용, 핵심의 뜻이 있다. '정기위물'은 물적인 측면을 말한다, 정기精氣가 합하면 물건이 되어 살지만, 인간은 혼魂이 떠나면 죽는다. 혼백중에서 혼魂은 기氣와 마찬가지로 양陽이므로 죽게 되면 하늘로 올라가고, 혼魄은 정精과 마찬가지 음陰이므로 죽게 되면 땅으로 내려간다. ❷ 유혼위변游魂爲變은 심적인 측면, 귀신鬼神의 신명성의 인격적 표현으로 나타난다, 역도易道는 귀신지도鬼神之道, 신도神道에 근거하여 원리적인 측면을 이理, 작용적 측면을 기氣로 밝혀짐을 알 수 있다.

개요概要

역易은 성인聖人이 주체적으로 자각한 역도로서 그 공능功能을 말하고 있다.[76]

각설

(역)여천지상사(易)與天地相似 여천지상사與天地相似는 「상사象辭」 앞 귀절 '여천지준與天地準'의 '준準'과 같은 뜻이다.

고불위故不違 불위不違는 '불과不過, 불류不流, 불우不憂, 능애能愛' 의미로 어긋나지 않는다는 것이다.

지주호만물이知周乎萬物而 도제천하道濟天下 고불과故不過 역학의 궁극적 사명은 천하를 도道로써 구제하는 것이다. ❶제濟는 기제旣濟에서 미제未濟로 건너주는 것이다. ❷지知는 만물의 모든 일을 포괄하므로 모든 것을 두루 안다. ❸ 도道는 만물을 두루 아는 까닭에 천하를 다스릴 수 있다. 그러므로 지知는 '주호만물周乎萬物'하고, '도道'는 '제천하濟天下'하므로 어긋남(불과不過)이 없는 것이다.[77]

방행이불류旁行而不流 낙천지명樂天知命 고불우故不憂 역학易學의 이치를 알고 확신을 가지면 천명天命을 알아서 군자는 근심하지 않고 즐겁게 행한다.

방행이불류란 사방으로 두루 행하여도 중정지도中正之道로서 잡되게 흐르지 않는 것이다. 그러므로 천지지도天地之道와 역도易道가 일치함으로 믿고 즐겁게 따를 수 있는 것(낙천지명樂天知命)이다.[78]

---

76 『주역』의 이치와 천지의 이치가 동일하다는 것이다. 왜냐하면 『주역』이 천지와 기준하여 미륜彌綸을 하였으므로, 성인聖人이 『주역』을 공부하여 천지와 그 덕德이 같아지니, '선천先天이천불위先天而天弗偉, 후천이봉천시後天而奉天時'(건괘, 「문언」 구오「효사爻辭」) 하게 되는 것이다.

77 위에서 나타난 '불위不違', '불과不過', '불우不憂'는 『논어論語』 「자공子罕」편과 「헌문憲問」편에서는 "지자불혹知者不惑, 인자불우仁者不憂, 용자불구勇者不懼"에 등장한다.

78 방행方行은 대로가 아닌 옆길, 가까운 길로 가는 것, 정正道가 아닌 사도邪道로 가는 것이다.

안토돈호인安土敦乎仁 고능애故能愛[79] 토土는 자기自己가 있는 곳으로, '안토安土'는 자신이 있는 곳에서 편안히 머물고 있다는 뜻이다. '인仁'이란 하늘로부터 품부稟賦받은 본연本然의 덕德이다. 안토安土할 수 있으므로 토土의 후중後重한 덕德을 본받아 '돈인敦仁'할 수 있게 된다. 따라서 '안토돈인安土敦仁'함으로써 나와 남을 사랑할 수 있는 것이다.[80] 역도易道를 자각한 사람은 자신이 처한 곳에 편안히 거居하면서 다른 사람에게 인仁과 사랑을 베푸는데 극진하다.

(易)範圍天地之化而不過하며 曲成萬物而不遺하며
역 범 위 천 지 지 화 이 불 과 곡 성 만 물 이 불 유

通乎晝夜之道而知라 故로 神无方而易无體하니라.
통 호 주 야 지 도 이 지 고 신 무 방 이 역 무 체

❍ 範(법 범) 圍(둘레 위) 遺(끼칠 유, 남길 유) 曲(곡진할 곡)

(역은) 천지天地의 조화를 범위範圍하여 지나치지 않으며, 만물萬物을 곡진히 이루어 빠뜨리지 않으며, 주晝·야夜의 도道를 겸하여 앎이라. 그러므로 신묘한(神) 변화는 일정한 방향과 장소가 없고 역易의 변화는 일정하고 고정된 형체가 없다 하니라.

개요概要

천지天地의 이치와 역易의 이치가 같음을 말하고 있다.

---

79 토土는 곤도坤道를 나타냄으로써 ❶인성人性이 되는 것이다. 그리고 ❷지성知性은 천도天道로 상징한다.

80 (觀中) 토土(무토戊土 오五, 기십己土 십十)는 오행원리에서 십오十五 천지지도天地之道가 합덕한 것을 상징하는 것으로 천지지도天地之道에 편안하게 하는 것으로 천지지도天地之道가 인간의 주체성으로 내재화됨으로써 인仁(사덕四德)이 되기 때문에 도道 자체가 일관함(주체화됨)으로써 인간의 덕이 된다는 것이다. 도道가 이미 인간의 덕이 되었기 때문에 고로 능히 사랑하고 살아가는 것이다. '인민이애물仁民而愛物'하는 것으로 애물愛物(이물利物)의 원리는 의義로써 인간 본래성인 사덕四德을 함축적으로 모두 드러내고 있다.

각설

(역易)범위천지지화이불과範圍天地之化而不過[81] 역易은 천지 조화의 범위를 지나치지 않는다. 혹은 벗어나지 않는다는 것이다. ❶'범範'은 모범이라는 뜻이고, '위圍'는 주위周圍라는 뜻이니, '범위천지範圍天地'란 천지의 조화를 모두 포함한다는 뜻이다. ❷'불과不過'는 여기에 조금도 지나치거나 모자람이 없음을 말한다, 즉 천지의 도道와 일치한다는 뜻이다.

곡성만물이불유曲成萬物而不遺 만물을 곡진히 이루어 빠뜨리지 않는 것이며, 이 때 '곡성만물曲成萬物'은 '범위천지範圍天地'한 역도를 응용해서 만물을 다스린다는 뜻이며, '불유不遺'는 하나도 빼놓지 않는다는 뜻이니, 64괘 괘효사卦爻辭에 모든 것을 다 담았다는 뜻이다.

통호주야지도이지通乎晝夜之道而知 '유명幽明, 사생死生, 귀신鬼神'의 도道를 통칭하여 '주야지도晝夜之道'라 하였으니, 이것은 음양지도에 통해서 천지지도天地之道를 알게 되는 것이다. 다시 말해서 역易의 이치가 천지의 이치와 일치한다는 것이다.

신무방神无方 신무방神无方의 신神은 음양변화의 불측함에 따라 수시로 변하므로, 양陽이나 음陰이 일정한 방소方所에 거처하고 있는 것이 아닌 신묘한 변화라는 뜻이다. 방方은 방식이나 방향을 말한다.

역무체易无體 양陽이 변해 음陰이 되고, 음陰이 변해 양陽이 되는 것이므로, 역易이 일정한 형체나 고정된 형식이 없다는 이치를 말한다. 즉 '신무방神无方'은 천지의 이치를 '역무체易无體'는 역의 이치를 말한 것이다.[82]

---

81 (觀中) 천지 변화의 범위範圍를 지나치지 않으며, 만물을 곡진하게 완성하여 버리지 않으며 주야지도晝夜之道(일월역수원리日月曆數原理, 시간성원리)에 통하여 지혜로운 지라 '고故로 신명神明하여 신神은 방소方所가 없고' '역도는 일정한 형체가 없는 것이니라' 하였다. 군자는 화성化成천하 하는 것이다. '주야지도晝夜之道'는 시간성의 원리이다. '신무방이역무체神无方而易无體'는 천지지도天地之道의 특성으로 연결된다. 즉 신도神道와 역도로 밝혀진 것을 의미한다, 그리고 '신神'은 공간적 방소가 없다는 것은 형이상적 존재로 음양불측지위陰陽不測之謂 신神인 것이다. 신의 작용성이 역으로 드러나기 때문에 역은 고정된 형체가 없는 것이다.

82 신神에 방소方所가 있고, 역易에 일정한 체가 있다면 '범위천지範圍天地 곡성만물曲成萬物'

○제5장

요지要旨

제5장은 음양변화법칙, 도道의 의미와 작용을 위주로 설명하고 있다. 제4장의 주야지도晝夜之道를 받아서 도서원리, 괘효원리, 인간본래성의 차원에서 태극太極과 음양陰陽 관계를 일음지一陰之 일양지一陽之의 운행변화의 이치로 보고 양陽으로 진進(시간적)하고, 음陰으로(공간적)나아감을 설명하고 있다. 이것은 『주역』을 공부하는 것은 천지변화를 파악하는 것임을 천명하고 있다.

一陰一陽之謂ㅣ道ㅣ니
일 음 일 양 지 위 도

繼之者ㅣ 善也ㅣ오 成之者ㅣ 性也ㅣ라.
계 지 자 선 야 성 지 자 성 야

○ 繼(이을 계) 善(착할 선) 成(이룰 성) 性(성품 성)

한 번 음하고 한 번 양하는 것을 일러 도라고 함이니, 잇는 자는 선이요, 이루는 자는 성이라.

하여 '불不과, 불유不有'하지 못한다는 뜻이다. 그러므로 방方과 체體는 수시 변역變易하되 그 흐름에 있어 일정한 도道(典常)가 있는 것이며, 이 도道가 '신神'이며 '역易'인 것이다. 「계사하」편, 8장에서 "역의 글됨이 멀리하지 못할 것이요, 도됨이 여러번 옮김이라. 변동해서 거하지 아니하여, 육허에 두루해서 오르고 내림에 항상함이 없으며, 강과 유가 서로 바뀌어 전요를 삼지 못함이요, 오직 변해서 가는 바이니.(역지위서야易之爲書也, 불가원不可遠, 위도야爲道也, 누천屢遷, 변동불거變動不居, 주류육허周流六虛, 상하무상上下无常, 강유상역剛柔相易, 불가위전요不可爲典要, 유변소적唯變所適.)"라고 하였다.

개요概要

일음일양지위一陰一陽之謂 도道를 철학의 명제로 삼고 있다.[83]

각설[84]

일음일양지위一陰一陽之謂 도道 한번은 양陽으로 작용하고 한번은 음陰으로 작용하는 음양 작용원리를 '도道'라고 하며, 이러한 음양작용을 '선성善性'이라 한 것이다.[85] 즉 음양陰陽 ⇨ 도道 ⇨ 선성善性 ⇨ 인지지성仁知之性이다.

계지자繼之者 선야善也 ❶계繼는 생生한다, 발용發用한다, 작용한다, 잇는

---

83 주역의 건곤적 세계구조를 나타내고 있다. ❶건곤은 상황적 조화의 성격性格이다. ❷건곤천지는 만물생성변화 ⇨ 천지의 항구성은 종終과 시始의 맞물림 (종즉유시終卽有始의 종시론終始論) 무궁한 변화속에서도 변화하지 않는 불역不易을 추구하는 소이所以가 된다. ❸종시성終始性이 따라서 역易의 변화는 건곤(음양)의 상보성, 동動과 정靜, 대대待對와 통일統一(合一)을 말한다.

84 (觀中) "일음지一陰之 일양지一陽之"하는 것이다. 이것을 일러 '도道'라고 하니, 이른 사람이 성인聖人임을 알 수 있다. '음양'은 태음태양으로 태음과 태양에 의해서 운행되어지는 일월日月의 운행 즉 역수원리曆數原理를 도道라고 하는 것이다. 첫째, 괘효원리적 측면에서 일음一陰은 곤괘를 일양一陽은 건괘를 나타낸다. 둘째, 일음일양지위도一陰一陽之謂道이다.
❶ 도의 개념 : 천의 의도, 천의 뜻, 천의 원리, 일월역수원리
1모든 변화가 일어난다. 2음양陰陽중에서 음이 먼저 나오는 것은 언어의 관습이 아니다. 음陰에서 양陽이 생生해 나옴을 나타내는 것이다. 3일월역수원리에서 일월현상은 지도地道현상이다. 그러나 일월日月의 교체가 음양陰陽이고, 음양은 시간율동의 시간성원리이다.
❷ "일음일양지위도一陰一陽之謂道의 철학적 의미가 생생지위生生之謂 역易으로 드러남," 이때 1전자의 생生은 육신의 생명의 탄생을 의미하고, 2후자後者의 생生은 형이상的인 생명의 탄생 즉 도덕적인 생명의 자각을 의미한다.
❸ 시간적인 지평에서 생성의 변화, 도의 객관화, 생성종시입장에서 말씀하고 있다.

85 (집설) 도道에 대하여 ❶ '웅십력'은 『독경시요讀經示要』 권卷一에서 "음양이라 하는 것은 도체道體의 발용이나 도체道體가 음양은 아니다. 일부에서는 도道를 일러 음양이라 하고, 음양이 도道이다."라고 하였다. ❷『주역절중周易折中』에서는 '이천伊川'의 말을 빌려 "음양이 도가 아니라 일음일양의 소이가 도이다.(離了陰陽, 使无道, 所以陰陽者, 是道也.)"라고 하였다. 음양 자체가 도道가 아니라는 것이다. 즉, 무극의 기운을 가지고 태극으로 나아가고, 태극은 양의를, 양의는 사상등의 음양 변화의 소이연所以然을 도道라고 규정한다. ❸ '주자朱子'는 『주역본의周易本義』에서 "음陰·양陽이 번갈아 운행運行함은 기氣이고, 그 이치는 이른바 도道라는 것이다.(陰陽迭運者, 氣也, 其理 則所謂道.)"라고 하였다.

다는 의미이다. 이때 지之는 대명사로써 도道이다.[86] 인지지성仁知之性(선성善性)으로 주어졌다는 것이다. 즉 천지지도天地之道의 인간 주체화를 말한다.[87] ❷선야善也는 천지지도天地之道를 계승하면 선善이고, 아니면 악惡이다.[88]

성지자成之者 성야性也 성지成之는 열매상태이다, 일음일양一陰一陽의 전체가 태어남을 성性이라고 한다. 이 때의 성性을 자의字意로 보면 날(출생) 때의 마음(忄+ 生 = 性)이다. 성性은 현상에서 구체화되어 드러난다는 것이다.[89] 현상의 세계에서 드러난 것이 인간의 본성이다.

> 仁者ㅣ 見之에 謂之仁하며 知者ㅣ 見之에 謂之知오
> 인자 견지 위지인 지자 견지 위지지
> 百姓은 日用而不知라 故로 君子之道ㅣ 鮮矣니라.
> 백성 일용이부지 고 군자지도 선의

○ 仁(어질 인) 姓(성 성) 謂(이를 위) 鮮(드물 선, 고울 선)

어진 자는 그것(道)을 보고 어질다 하고, 지혜로운 자는 그것을 보고 지혜롭다고 하는데, 일반 백성들은 매일 (도를) 쓰면서도 그것이 무엇인지를 알지 못함이라, 그러므로 군자의 도는 (아는 사람들이) 드무니라.

---

86 이러한 음양작용은 음양으로 나누어 규정할 수 없는 음양합덕체인 신의 자기自己 전개작용이다. 그런데 신神의 자기 전개작용은 항구하여 그침이 없다.

87 천지의 음양지도가 인간에 내재화됨으로써 인간 본래성을 구성한다. 이것도 변화의 원리로서 천변인화天變人化하는 원리이다.

88 (觀中) 맹자의 성선설의 근거가 이것이다. '선善'은 존재론에서는 진眞의 세계이자 미美의 세계이다. 참된 진리의 세계는 선한 세계이자 아름다운 세계이다. 가치의 세계에서는 불선不善에 대비되는 선善이다.

89 인간 본성으로 천지지도天地之道의 완성, 형이상학적 표현으로 성선설의 근거이며, 인간의 마음씨가 성性이다. 그러므로 하늘의 마음씨가 분화分化되는 것을 천명지위성라 할 수 있다.

개요概要 [90]

체용體用은 같은 것인데 다만 변화의 과정에서 서로 달리 보인다는 것이다. 인지仁知는 씨와 열매, 음陰과 양陽, 성인聖人 군자君子의 관계이다. 이것은 성인지도聖人之道는 체體로써 감추어져 있고, 다만 군자지도로 드러난다.

각설

인자견지仁者見之 위지인謂之仁 인자仁者는 군자君子이며, 견見이란 육신의 눈으로 보는 것을 의미하지만 자각의 측면에서 볼 때는 마음으로 보는 심안心眼이 전제되어 있다. 그러므로 단순히 보는 것은 아니다.

지자견지知者見之 위지지謂之知 지자知者는 도道를 보면 지知라고 말한다.

백성百姓 일용이불지日用而不知 음양의 도道를 보고 이용하면서 도道가 무엇인지 모른다는 것이다.

---

90 (觀中) ❶ '인간 본래성'을 인仁과 지知로 나눈 것은 천도天道의 음양으로 나누어진 것으로서 인仁이 음이라면 지知는 양이다. 천지도 음양의 관계이듯이 본래성은 음양의 합덕체이지만 음양작용으로 드러난다. 즉 인간도 천적인 존재와 지적인 존재로 나누어진다. 따라서 천적天的인 존재인 성인聖人은 도道를 깨달아서 드러내야 하는 사명을 가지고 있다. 지적地的인 존재는 군자는 실천의 주체로 인적仁的인 존재이다. 원래는 인간 본래성을 인지仁知로 나누어지는 것은 아니다. 다만 성인聖人과 군자의 역사적 사명을 나누어 설명하기 위해서 인仁·지知로 나누어 설명한 것이다. '백성은 일용이불지日用而不知'라고 하여 백성이 무지하고 도덕성이 없다는 것이 아니라. 인간 본래성의 자리는 성인聖人·군자·백성이 모두 같지만 다만 주어진 역사적 사명에 따라 나누어지는 것이다. 즉 주어진 역사적 사명을 밝히기 위해서 성인聖人과 군자 그리고 백성을 나누는 것이다. 역사적 사명은 사업으로 주어지는 것이다. 그러므로 군자의 사업은 역도를 자각하여 왕천하 사업을 하는 존재이다. 그러나 백성이 없으면 군자나 성인聖人은 존재 의미가 없어지는 것이다. 어진 자는 생하고 생하는 면만을 보아 역을 인仁이라 하고, 지혜로운 자는 성품을 이루고 또 때가 되어 수장하는 것을 보고는 역을 지知라고 하며, 백성은 『주역』속에 살건만 『주역』의 인仁도, 지知도 알지 못하니, 인仁도 알고 지知도 알아 음양陰陽의 도道에 통한, 즉 『주역』을 체득한 군자는 드문 것이다.
❷ 군자는 백성을 인격적인 세계로 인도하는 존재로 선천先天에서 후천后天으로 건너 주는 존재이다. 따라서 인류는 모두 군자가 되어야하는 것이다. 먼저 깨달은 자가 군자이며, 선각자는 후각자를 위해 노력해야한다. 『서경書經』「이훈伊訓」에서도 설명하고 있다.

顯諸仁하며 藏諸用하야 鼓萬物而不與聖人同憂하나니
현 저 인　장 저 용　고 만 물 이 불 여 성 인 동 우

盛德大業이 至矣哉라.
성 덕 대 업　지 의 재

○ 顯(나타날 현) 諸(모든 제, 모를 저, 많을 저) 仁(어질 인) 藏(감출 장) 鼓(북 고) 憂(근심할 우) 盛(성할 성, 담을 성) 哉(어조사 재)

저 인仁을 드러내며, 저 용用을 간직하야 (천지는) 만물을 고동하되 성인과 더불어 근심하지 아니하나니, (천지天地의)성盛한 덕과 큰 업이 지극함이라.

개요概要

인仁을 주체로 해서 실천하는 존재가 군자이다. 즉 도道가 군자를 매개로 해서 도덕의 세계가 드러난다는 것이다.[91] 천지지도天地之道는 체體로써 드러나지 않기 때문에 지知는 드러나지 않고 용用인 인仁이 드러나는 것이다. 용用에서 감추어지는 것은 지知로써 이것은 성인聖人과 군자의 관계를 나타내고 있다고 할 수 있다.[92] 그러므로 군자는 후천后天적인 존재로 선천先天에 성인聖人이 밝혀놓은 경전을 통해 깨달아서 자신의 사명을

91 (집설) ❶『이천역전伊川易傳』에서는 "천지天地는 마음이 없으나 조화造化를 이루고, 성인聖人은 마음이 있으나 위함이 없다. (天地, 无心而成化, 聖人 有心而无爲.)"라고 하였다. ❷『주역본의周易本義』에서는 "현顯은 안으로부터 밖에 나옴이요, 인仁은 조화의 공功을 이르니 덕德의 발로이다. 장藏은 밖으로부터 안으로 들어감이요, 용用은 기함機緘의 묘妙를 이르니, 업業의 근본이다.(顯 自內而外也, 仁 謂造化之功, 德之發也, 藏 自外而內也, 用 謂機緘之妙, 業之本也.)"라고 하였다.

92 앞에서 군자지도를 밝혔기 때문에 여기서 주체는 군자임을 알 수 있다. 군자는 만물을 고무하여 생명을 북돋워 주는 것이다. 즉 형이하의 세계에서 형이상의 인격적 세계로 나아가라고 북을 쳐 고무시켜주는 것이다. 성인聖人처럼 근심하지 않는다. 성인聖人은 과거의 존재로 미래의 세계를 이치로 밝혀놓았기 때문에 '우천하래세憂天下來世'하는 존재이다. 성인聖人은 우환의식에 의해서 경전을 저작하여 후세 군자들이 인격적인 세계로 나아가기를 근심하는 것이다. 그러므로 「계사하」편 제7장에서는 "작역자作易者 기유우환호其有憂患乎인더"라 하여 성인聖人의 우환의식을 밝히고 있다.

알아야 한다는 것이다.[93] 땅속에 있던 인仁이 봄을 맞아 밖으로 나와 자라서(현저인顯諸仁, 내內 ⇨ 외外) 열매 맺고, 다시 땅속으로 감춰지고(장저용藏諸用, 외外 ⇨ 내內) 하는 음양의 조화를 말한다.

각설

현저인顯諸仁 인仁은 조화 속에 물건을 생生하는 마음이고, 용用은 물건을 이루는 공을 뜻한다. 인仁은 본래 감춰져야 하는 씨앗과 같은 것이지만, 봄이나 치세治世가 되면 나타난다. 다시 말하면 씨앗이 땅속에 있다가 봄에 밖으로 나오면(內⇨外) 가을에 결실을 거둔다는 것이다.[94]

장저용藏諸用 용用은 본래 써야 하는 것이지만, 가을이나 난세가 되면 감춰지는 것이다.

고만물이불여성인동우鼓萬物而不與聖人同憂 하늘은 만물을 고동진작시켜 ‘**顯諸仁**(현저인), **藏諸用**(장저용)’하도록 하되 무심無心으로 하는 것이고, 성인聖人은 이것이 잘 되도록 늘 상 걱정하는 것이니, 하늘과 성인聖人이 같이 걱정하는 것은 아니다. 즉 천지天地는 무심하므로 근심하지 않고, 성인聖人은 하고자 하는 일이 있으므로 근심하는 것이니, “천지天地는 하고자 하는 마음이 없되 조화를 이루고, 성인聖人은 하고자 하는 마음이 있되 사사로이 움직이지 않는다.(**天地無心而成化**(천지무심이성화), **聖人有心而無爲**(성인유심이무위))”와도 통通한다고 할 수 있다.

---

93 (觀中) 시간이 다르다는 것은 그 사람에게 주어진 역사적 사명이 다름을 알 수 있다. 선천先天의 성인聖人과 후천后天 군자의 사명이 다른 것이다. 때에 맞는 의미가 다르기 때문에 살아가는 때에 맞는 사명을 실천해야한다. 여기서는 선후천先后天의 시간적 차이差異에 따라 성인聖人과 군자를 엄격하게 구분하여 설명하고 있다. 일반적으로 성인聖人과 군자에 대한 이해를 못하고 있다. 성인聖人과 군자는 역사적 사명이 다르기 때문에 성인聖人과 군자의 존재론적인 차이를 명확하게 이해해야 한다.

94 『주역절중周易折中』의 ‘유염’의 말을 참조함. 그리고 현저인顯諸仁은 ❶ 내부에서 외부로 나타나서 내재화된 성性이 드러남 ❷ 감추어진 인仁의 씨앗이 땅에 뿌리박고 세상에 나온다. ⇨ 군자 ⇨ 비인격적 세계⇨인격적 세계로 1 현顯 : 춘하春夏(양陽) 2 인仁 : 씨앗 (생장수장生長收藏의 원리) ❸ 만물화육의 이치

성덕대업지의재盛德大業至矣哉 천지天地는 성덕成德으로 일월日月을 운행하는 대업大業을 이루고, 성인聖人은 성덕成德으로 천지天地의 일을 본 따 백성을 양육하는 대업大業을 이룬다.

현저인顯諸仁(체體) ⇨ 성덕盛德	─┐	
		지의재至矣哉
장저용藏諸用(용用) ⇨ 대업大業	─┘	

富有之謂ㅣ 大業이오
부 유 지 위 대 업

日新之謂ㅣ 盛德이오 生生之謂ㅣ 易이오.
일 신 지 위 성 덕 생 생 지 위 역

○ 富(부유할 부, 가멸 부) 有(있을 유) 之(갈 지) 謂(이를 위) 大(큰 대) 業(업 업) 日(해 일) 新(새 신) 盛(성할 성, 담을 성) 德(덕 덕) 生(날 생) 易(바꿀 역)

부유한 것을 대업이라 하고, 날로 새로운 것을 성한 덕이라 이름이오. 생하고 생함을 이르되 역이오.

개요概要

이 구절은 성덕대업盛德大業을 설명한 글이다.

각설 95

부유지위富有之謂 대업大業 건도乾道의 대업大業이 공간으로 드러남을 의

---

95 (觀中) 백성을 인격적인 존재로 변화시킬 뿐만 아니라 군자 자신도 인격적 존재로 변화되는 것이다. 재생하는 것이다. 다시 태어나는 것으로 물리적인 몸이 재생하는 것이 아니라 자신의 인격적 생명을 얻음을 易이라고 하는 것이다. 이것의 변화는 물리적인 변화가 아니라 인격적인 변화지도를 밝히고 있는 것이다. 물리적인 변화는 물리적인 시간이 흘러가는 것으로 형이상적 존재인 역도가 아니다. 역 변화원리의 근거이다.

미한다.[96] ❶부유지위富有之謂은 하늘은 만물을 포함하고 있으니 부유富有이다. ❷대업大業의 업業은 공간적인 표상으로 부유해지는 것이고, ❸덕德은 시간으로 날로 새로워지는 것이다.

일신지위성덕日新之謂盛德 인仁을 나타냄에는 끊임없이 새롭게 하여야 성덕盛德이라 할 수 있으며, 시간적인 형이상의 의미를 가지고 있다.[97]

생생지위生生之謂 역易 『주역』의 우주론을 밝히고 있다. 전자前者의 생生은 물리적 존재, 육신의 생명을 의미하고, 후자後者의 생生은 시간적 존재, 형이상의 생명이다. 그러므로 생생生生함이 하늘의 뜻이며, 영원성을 의미한다. 음陰은 양陽을 생生하고, 양陽은 음陰을 생生하여, 끊임없이 반복反復(생성 · 변화)하는 것이 역易의 이치이다. 역易에서는 태극太極 ⇨ 양의兩儀 ⇨ 사상四象 ⇨ 팔괘八卦 ⇨ 64괘로 만물이 생生한다.

成象之謂ㅣ 乾이오 效法之謂ㅣ 坤이오
성상지위 건 효법지위 곤

○ 成(이룰 성) 象(코끼리 상) 謂(이를 위) 效(본받을 효) 法(법 법)

상을 이룸을 건이오, 법을 본받음이 곤이오,

개요概要

성인聖人의 작역作易원리로서의 건곤乾坤을 말한다. 「계사상」편 제1장의 "在天成象 在地成形 變化見"의 구체적인 내용으로 밝혀진 것이다.[98]
재천성상 재지성형 변화견

---

96 덕德과 업業도 시간과 공간으로 건도와 곤도로 각각 대응되는 체용적 관계임을 알 수 있다.

97 우번은 『주역집해周易集解』에서는 "사물은 갖추지 않는 것이 없기 때문에 부유하다고 말하고, 변화함이 쉼이 없기 때문에 '일신日新'이다.(物無不備, 故曰富有, 故曰日新)"라고 하였다.

98 (觀中) '상象'은 괘상卦象과 소상小象이다. 좁은 의미에서 괘상이다. 그러나 단순히 상象은 괘효만 의미하는 것이 아니라 역수를 포함하는 것이다. 상징적인 체계인 역수도 자체를 상징적으로 드러낸 것이다. 이 세계는 나타난 상象의 세계이므로 현상現象이라고 한다. 여기서

하늘에 일월성신日月星辰의 형상이 있어 굳건하게 운행하여 쉬지 않는 것을 건乾이라 하고, 땅이 지극히 순하게 하늘의 법칙을 이어 본받은 것을 곤坤이라고 하니, 건곤이 역易의 문이 되는 것이다.

각설

성상지위成象之謂 건乾 도道를 깨달아 상象으로 천명하는 것이 성인聖人의 사명이다. 성인聖人이 천지지도天地之道를 주체적으로 자각하여 인도人道를 천명하는 것을 일러 건乾이라고 하는 것이다.[99] 성인聖人의 작역作易 과정으로도 볼 수 있다. 「설괘」에서 입상立象은 「계사繫辭」하는 과정이다.

효법지위效法之謂 곤坤 이 절은 성인지도와 군자지도의 문제를 건곤乾坤에 비겨서 설명하고 있다. 효법效法이란 상象으로 드러난 성인지도를 따르거나 모방함을 의미한다. 즉 성인聖人이 상象을 통해서 밝힌 인도人道를 통해서 그것을 본받아 법칙으로 실천하는 것이 곤坤(군자지도)이다. 곤괘坤卦「문언」에서 밝히고 있는 곤도坤道의 성격을 알 수 있다.

상象은 그 내용인 뜻을 드러낸다. 상象이 형形으로 드러난 것이다. 그리고 도道는 이기理氣와 신명神明이 있다. 원리적인 측면을 이理, 작용적인 측면을 기氣이다. 그 근저에는 도덕성인 신명성이 있는 것이다. 신명성이 근원적으로 존재하기 때문에 자연과학적 법칙이나 물리적 에너지와는 차원이 다른 것이다. 그러나 도道를 논리적으로 설명하기 위해서는 이치로 해부하기 때문에 법칙으로 착각하기 쉬운 것이다.

99 (觀中) '상象'을 이룬다는 것은 성인聖人의 측면에서 이루지는 것으로 천지지도天地之道를 주체적으로 자각하여 구체적인 현상사물에 비겨서 상징적으로 드러내는 것이 건乾으로 시초始初작용이다.

極數知來之謂ㅣ 占이오 通變之謂ㅣ 事ㅣ오
극 수 지 래 지 위 점 통 변 지 위 사
陰陽不測之謂ㅣ 神이라.
음 양 불 측 지 위 신

○ 極(다할 극) 數(헤아릴 수, 셀 수) 知(알 지) 來(올 래내) 通(통할 통) 事(일 사), 測(잴 측)

수數를 지극히 하여 미래를 앎을 점占이라 하고, 사물의 변화에 통함을 일이라 하고, 음양의 변화를 헤아릴 수 없는 것을 신神이라 한다.

개요概要

수를 궁구하여 다가옴을 미리 헤아림에 대한 설명이다.

각설 100

극수지래지위점極數知來之謂占 통변지위사通變之謂事 수數를 지극히 하여 미래를 아는 것이 점占이다. 즉 변화의 원리를 밝히는 것이다. 음양의 변화를 통하여 변화變化를 아는 것이 사事이다.

---

100 (觀中) 점은 수數를 지극한 데까지 추연推衍하여 미래의 시간을 알았다는 것으로 역수원리의 십무극十无極을 깨달음을 말하는 것이다. 즉 '점占'은 시간의 원리인 시간성을 자각하여 형이상의 변화원리에 통하는 것으로 개인의 일상적인 미래를 점치는 것이 아니라 우주변화원리를 밝혀내는 일임을 알 수 있다. 따라서 변화원리에 통하여 형이하의 사事를 추진한다는 것이다. 미래성 즉 시간성의 변화원리에 통하여 매 시간에 맞는 일을 하는 것이 사事이다.
❶ 사事는 도道와 관계되지 않은 것은 하나도 없다. 돈 버는 사업 등의 일을 이야기하는 것은 아니다. 물리적인 모습의 변화에 따른 물리적인 시간의 변화 따라 돈을 번다 혹은 건강하다 등의 미래를 점치는 것이 아니다. 경전에서는 시간의 근거가 되는 시간성의 차원에서 인격적인 변화의 원리를 밝히고 있기 때문이다.
❷ 일상적으로 점占을 이해할 때 술수術數로 전락시키는 것은 이 세계가 뜻(인격성, 역사)을 가진 세계가 아니라 물리적인 시간이 흐르는 기계적인 세계관을 가지고 있기 때문이다. 즉 물리적 시간의 근거가 되는 시간성을 자각하지 못하고, 시간을 물리적으로 과거에서 미래에 흐르는 것으로 이해한 결과이다. 따라서 '사事'는 군자지사君子之事인 것이다. 수'數'를 미루어 미래를 알았다는 것은 그 세계가 음양불측지위의 세계임을 자각했다는 것이다.

음양불측지위陰陽不測之謂 신神[101] 제5장의 첫 귀절인 '일음일양지위一陰一陽之謂 도道'에 대한 말이다. 도道란 음양陰陽을 주재하며, 신神이란 음양의 묘용妙用을 뜻하나, 이는 궁극적으로 같은 말이다. '음양불측陰陽不測'은 항시 순환하기 때문에 '이것이 양陽이다, 또는 음陰이다.'라고 말할 수 없다는 것이다. 즉 음陰이 신神인가 하면 어느덧 변해서 양陽이 되고, 양陽이 신神인가 하면 변해서 음陰이 되니, 신神은 일정한 방소方所가 없고, 음양불측陰陽不測하다는 뜻이다.

---

101 (觀中) 신의 세계는 인간 본래성에서 밝혀지는 것이다. 제5장은 일음일양의 천지지도天地之道에서 출발하여 인간 본래성의 세계를 설명하고 다시 음양이 합덕된 신의 세계로 마치는 것이다. 신은 대상적인 신이 아니라 인간 본래성의 자각을 통해서 밝혀지는 존재가 참된 신이며 참된 존재이며 참된 사물이다. 음양불측지위은 형이상적인 구조원리, 존재원리(河圖)이며, 신神은 음양합덕의 체體, 신묘지덕神妙之德, 삼재합덕세계三才合德世界이다.

○제6장

요지要旨

건곤乾坤의 시간성과 공간성 특징, 체용體用, 음양陰陽, 동정動靜의 관계를 설명하고 있다.

夫易이 廣矣大矣라 以言乎遠則不禦하고
부 역 광 의 대 의 이 언 호 원 즉 불 어

以言乎邇則靜而正하고 以言乎天地之間則備矣라.
이 언 호 이 즉 정 이 정 이 언 호 천 지 지 간 즉 비 의

○ 廣(넓을 광) 遠(멀 원) 禦(막을 어) 邇(가까울 이) 靜(고요할 정) 備(갖출 비)

무릇 역易이 넓고 큼이라. 먼 것으로 말하면 다함이 없고, 가까움을 말하면 고요하여 바르고, 천天·지地의 사이를 말한즉 (모든 것이) 갖춤이라.

개요槪要[102]

역易은 하늘과 땅같이 크고 넓어서, 멀리는 이르지 않는 데가 없고, 가까이는 고요해서 전혀 느끼지 못하는 곳까지 미치니, 천지 사이의 모든 이치와 상象을 다 갖추었다.

---

102 (觀中) 광廣은 곤도의 특징이요, 대大는 건도의 특징이다. ❶부역夫易은 건곤이 합덕된 상태에서 이야기를 풀어가고 있음. ❷'원遠'은 외外로 밖의 세계로서 형이하의 세계로 불어하여 한정됨이 없다. 공간적 표현 ❸'근近(이邇)'은 내內로 안의 세계로서 형이상의 세계로 정靜은 중中과 같다. '중정中正'은 현상적 삼재의 세계를 초월한 존재인 동시에 삼재의 근원이 되는 근원적 존재이다. 따라서 역도는 삼재를 일관하는 중정지도中正之道라고 하는 것이다. 중체정용中體正用이다.(화和는 정正이다) 그러므로 중정지도中正之道에는 천지지도天地之道가 모두 갖추어져 있다. 역도易道에 인도人道와 만물이 모두 들어있다는 것이다. 천지의 합덕원리 속에 만물의 생성원리가 포함된 것이 역도易道이다.

각설

불어不禦 역도易道가 미치지 않는 곳은 없다는 것이다. 넓고 크다는 것이다.[103]

정이정靜而正 주변의 다른 것과 교감하지 않아 그 영향을 받지 않으니, 치우치지 않아 바른 상태를 말한다. 즉 아직 발하지 않아 하나로 그쳐 있는 중中의 상태를 뜻한다.

夫乾은 其靜也ㅣ 專하고 其動也ㅣ 直이라 是以大ㅣ 生焉하며
부건 기정야 전 기동야 직 시이대 생언
夫坤은 其靜也ㅣ 翕하고 其動也ㅣ 闢이라 是以廣이 生焉하나니
부곤 기정야 흡 기동야 벽 시이광 생언

❍ 靜(고요할 정) 專(오로지 전) 動(움직일 동) 直(곧을 직) 翕(합할 흡) 闢(열 벽) 廣(넓을 광)

건乾은 고요할 때는 한결같고, 그 움직일 때는 곧으니, 이로써 큰 것을 생하며, 곤坤은 고요할때는 닫히고, 움직일 때는 열림이라, 이로써 넓음이 생긴다 하나니,

개요概要

건곤乾坤을 상징하는 음양陰陽의 성질에 대한 설명이다.

각설

부건기정야전夫乾其靜也專 기동야직其動也直 시이대생언是以大生焉 정靜은 체體, 동動은 용用이다.[104] 건도乾道의 특징은 전일專一하고 직直하다. 천

---

103 『주역본의』에서는 "'불어不禦'는 다함이 없음을 말한 것이다. 고요하여 바름은 일에 나아감에 이치가 있음을 말한 것이다. 비備는 있지 않은 바가 없음을 말한 것이다.(不禦, 言无盡, 靜而正 言卽物而理存, 備 言无所不有.)"라고 하였다.

104 대大는 시간의 세계, 합덕과 분생의 원리로 천天의 권능을 말한다.

도天道의 운행현상이 항구하여 그침이 없음을 직直이다. 이로써 대大가 생生하는 것이다.[105]

부곤기정야흡夫坤其靜也翕 기동야벽其動也闢 시이광생언是以廣生焉 곤도坤道는 공간성으로 그 특징이 건도乾道에 순승順承한다. 흡翕은 받아들이고, 벽闢은 완성한다. 이로써 광廣이 생生하는 것이다.

廣大는 配天地하고 變通은 配四時하고
광대 배천지 변통 배사시
陰陽之義는 配日月하고 易簡之善은 配至德하니라.
음양지의 배일월 이간지선 배지덕

○ 廣(넓을 광) 配(아내 배, 짝 배) 變(변할 변) 通(통할 통) 易(쉬울 이, 바꿀 역) 簡(대쪽 간) 至(지극할 지, 이를 지)

광대는 천지에 짝하고, 변통은 사시에 짝하고, 음양의 뜻은 일월에 짝하고, 쉽고 간단한 선은 지극한 덕과 짝하니라.

개요概要

건곤乾坤이 물리적인 천지天地로 드러나는 것이다. 물리적인 천지天地의 성정性情이 건곤乾坤이다. 건곤乾坤의 변통이 사시四時로 드러난 시간의 현상적인 변화를 말한다.

각설[106]

광대廣大 배천지配天地 변통變通 배사시配四時 역易의 광대함은 천지의 광

105 직直은 건도乾道로서 하늘과 인간이 통함이다.

106 (觀中) 서양에서는 존재론적 근거를 밝히지 못하고 있다. 왜냐하면 인간 당위의 문제와 천지의 존재문제를 분리해서 보기 때문이다. 그러므로 존재의 명제에서 당위의 명제를 도출하지 못하고 있다. 반면에 동양은 존재의 세계가 당위의 세계이다. 즉 천지가 존재의 세계로 천지에는 인간도 포함되는 것으로 천지와 인간이 별도로 있는 것이 아니다. 왜냐하면 천지지도天地之道를 주체적으로 자각하면 인도人道가 되는 것이다.

대함에 짝하고, 역易의 변통함은 사시四時의 순환에 짝하며, 역易의 음양은 해와 달과 짝한다. ❶광대廣大는 역도易道인 도덕성(공간성)이 나타난 것이다. 건곤지도乾坤之道의 광대함을 말한다. ❷배사시配四時는 건곤지도乾坤之道의 광대함이 천지와 짝하는 것이다.

음양지의陰陽之義 배일월配日月 음양의 원리가 일월日月원리이다. 사시四時와 일월日月은 모두 천도天道를 중심으로 밝히고 있다. 배일월配日月은 시간성의 원리, 일월지도를 의미한다.

이간지선易簡之善 배지덕配至德 역易의 이간易簡은 천지의 지극한 건덕健德, 순덕順德에 짝하는 것이다.[107] ❶이간易簡이라는 건곤乾坤의 본성이다, 천지天地의 선善함을 밝히고 있다. ❷배지덕配至德은 최상의 지극한 덕德이다. 그러므로 천지의 선善과 최상의 덕德이 짝할 수 있는 것이다.

---

107 역도易道가 광대하여 포함하지 않음이 없음을 말하였다.

○제7장

요지要旨

제7장은 계사편 본론의 시작으로서 역易과 천天, 역易과 성인聖人사이에 역易의 이치가 인간의 덕德과 업業에 어떻게 작용하고 있는가를 보여주고 있다. 천지만물의 생생生生에 대해 건곤乾坤의 문제를 재론再論하고 있다.

子曰 易이 其至矣乎ㄴ뎌
자 왈 역 기 지 의 호

夫易은 聖人이 所以崇德而廣業也ㅣ니
부 역 성 인 소 이 숭 덕 이 광 업 야

知는 崇코 禮는 卑하니 崇은 效天하고 卑는 法地하니라.
지 숭 예 비 숭 효 천 비 법 지

○ 至(이를 지) 矣(어조사 의) 所(바 소) 以(써 이) 崇(높을 숭) 德(덕 덕) 廣(넓을 광) 業(업 업) 卑(낮을 비) 效(본받을 효) 法(법 법)

공자가 이르기를, 역은 그 지극함인져. 대저 역은 성인이 (그것을 이용하여) 덕을 높이고, 사업을 넓히는 것이니, 지혜는 숭고함에 있고, 예법은 낮추는 것이니, 숭고한 것은 하늘을 본받고, 겸손하게 낮추는 것은 땅을 본받는다 하니라.

각설 108

---

108 (觀中) ❶ 6장의 건곤의 문제를 재론한 것이다. 지知가 아니면 숭덕崇德은 불가능하다. 군자는 실존적인 삶의 주체이며, 효천效天이란 진리를 숭상하는 성인聖人이다. 법法이란 노자의 '상선약수上善若水'와 동일한 의미 ❷ 지知는 성性이고, 예禮는 용用이다. 성인聖人과 군자

성인聖人 소이숭덕이광업야所以崇德而廣業也 소이所以의 '역易'은 '역易으로써'라는 뜻이다. '숭덕崇德'은 하늘을 본받아 덕을 높이고(숭덕崇德, 천天, 지地, 숭崇), '광업廣業'은 땅을 법法으로 삼아 업業을 넓히는 것이다 (광업廣業, 지知, 예禮, 비卑) 이때 ❶덕德은 건乾(체體), 숭덕崇德은 천天 중심의 명덕明德이고, ❷업業은 곤坤(용用), 광업廣業은 지地 중심이 예의禮義이다.

지숭知崇 예비禮卑 하늘의 주장함에 군자의 예禮는 낮춤으로서 빛이 나니 비卑라고 한 것이다. ❶기독교는 낮은 곳으로 임하고. ❷불교는 자신을 논파하는 것을 의미한다고 할 수 있다.

숭효천崇效天 비법지卑法地 '지知'는 양陽에 속하니, 높고 밝음을 귀貴하게 여기므로 숭崇이며, 이는 하늘보다 더 높은 것이 없으니 하늘을 형상形象한다는 뜻으로 '효천效天'이라고 하였다. 그리고 효천效天의 천天은 예禮로 성인聖人과 선왕先王을 말하고, 법지法地의 지地(비卑)는 겸謙으로 현인賢人과 군자를 의미한다. '예禮'는 음陰에 속하니, 겸손하고 물러나는 것을 귀貴하게 여기므로 비卑이며, 이는 땅보다 더 낮은 것이 없으니 땅을 본받는다는 뜻으로 '법지法地'라고 하였다. 바꾸어 말하면 하늘의 뜻과 땅의 법칙에 따라 행한다는 것이다. 법칙대로 행行함에 질서가 있어야 되니 이것이 예禮이다.

를 나눈 것이다. 지적知的인 존재는 성인聖人이며, 행적行的인 존재는 군자로 예禮로써 행行하는 것이다. 역도易道에서 성인聖人은 자기 덕德의 근거인 천도天道를 숭상하는 것이고, 군자는 성인聖人이 밝힌 법法을 본받아 자신을 낮추어서 진리를 실천 구현하는 것이다. ❸ 천지지도天地之道가 천지지덕이 되며 천지지도天地之道를 인간이 주체적으로 자각하였다는 것은 자신의 덕으로 내면화되었다는 것이다. ❹ 자왈子曰의 문구를 두고 청나라의 일부 고증학자들과 일본의 학자들에 의한 언해적諺解的 해석으로 십익十翼이 '공자孔子'의 저서著書가 아니라는 주장의 근거로 삼고 있다. 이것은 잘못 견해이다. 왜냐하면 자왈子曰은 첫째, 철학적으로는 하늘의 말씀을 성인聖人이 전하는 형식의 의미를 말한다. 둘째, 자子는 성인자체를 말하다. 다시 말하면 '자왈子曰'은 「계사」편이 공자의 작作이므로 하느님의 아들, 스스로의 칭함이라는 의미라고 할 수 있다. 셋째, '자왈子曰'이라고 한 것은 주공周公의 「효사爻辭」와 구별하기 위한 공자 자신의 표현이기 때문이다.

天地ㅣ 設位어든 而易이 行乎其中矣ㅣ니
천지 설위 이역 행호기중의
成性存存이 道義之門이라
성성존존 도의지문

○ 設(베풀 설) 性(성품 성) 存(있을 존) 門(문 문)

하늘과 땅이 자리를 베풀면 역이 그 가운데서 행해지니, 이루어진 본성을 간직하고 보존하는 것이 도의에 들어가는 문이라.

개요概要

이 장은 역易을 지극히 공부하는 이유가 '숭덕광업崇德廣業'에 있다는 것을 밝힌 것이다. 하늘이 준 본성本性으로 귀일歸一하고, 본성本性으로 돌아가는 것이 도의지문道義之門이다. 즉 역易으로 문門으로 들어가면 도의지문道義之門으로 나온다.

각설 109

성성존존成性存存[110] '성成'은 본래성의 완성, 이미 이루어진 본성을 의미

---

109 (觀中) 성인聖人·군자가 숭덕광업崇德廣業하니 천지가 제 자리를 잡는 것이며, 역도易道가 천지 가운데에서 인간 본래성에서 행해지는 것이다. 천지지도天地之道를 보존하고 또 보존하는 것이 도의의 문에 들어갈 수 있는 것이다. 즉 자신의 본래성을 보존하고 보존하는 것이다. 도의 세계를 이야기하고 성인·군자를 이야기하여 괘효로 표상되는 도의 세계, 사덕의 세계를 다음에서 밝히고 있다. 역학이 지향하는 것은 지천태地天泰, 삼재三才가 합덕되고 성덕成道된 세계인 후천后天의 세계이다. ❶ 성성존존成性存存에서의 성성成性은 순역順逆의 원리로 보면 1도생역성倒生逆成의 관점에서는 이루어진 성成이요, 2역생도성逆生倒成의 관점에서는 성性을 이루는 것이다. ❷ 성성成性은 이루어진 성性이냐? 이루어지는 성成이냐? 1 이루어진 성性을 보존保存하는 것이 도의지문道義之門이다. 2이루어지는 성成이란? 성性을 이루고 보존할 것을 보존해간다는 의미이다. ❸ 본성本性을 씨와 열매의 관계로 보면 1열매는 완전하고, 2씨는 不완전하다. 성성成性의 성性은 체體이고, 존존存存이란 본래성을 보존하는 것이다.

110 『주역본의周易本義』에서는 "천지天地가 자리를 베풀면 변화가 행해짐은 지智와 예禮가

한다. '존존存存'은 끊임없이 함양보존의 의미이다.

도의지문道義之門 도의道義는 역易을 통과하는 문門이며. 천도天道의 인간 주체적 자각 원리를 말한다. 역易이 이치대로 이루어진다는 것이다. 이루어지는데도 천도운행절차에 적합해야 되며, 그 방법론이 예禮이다.

성性에 보존되어 도의道義가 나오는 것과 같은 것이다. '성성成性'은 본래 이루어진 성性이요 '존존存存'은 보존하고 또 보존함을 이르니, 그치지 않는 뜻이다.(天地設位而變化行, 猶知禮存性而道義出也, 成性, 本成之性也, 存存, 謂存而又存, 不已之意也.)"라고 하였다.

○제8장

요지要旨

「계사繫辭」의 본론 시작이다. 성인·군자지도에 대한 역학의 체계를 구체적으로 설명하고 있다. 군자지도의 기준이 「괘효사卦爻辭」를 통한 성인지도聖人之道에 있음을 7개의 「효사」를 통해서 설명하고 있다. 그 이면에는 지뢰복괘地雷復卦의 원리를 깔고 있다.

聖人이 有以見天下之賾하야
성인 유이견천하지색

而擬諸其形容하며 象其物宜라
이의저기형용 상기물의

是故謂之象이오 聖人이 有以見天下之動하야
시고위지상 성인 유이견천하지동

而觀其會通하야 以行其典禮하며 繫辭言하야
이관기회통 이행기전례 계사언

以斷其吉凶이라 是故로 謂之爻이니
이단기길흉 시고 위지효

○ 賾(깊숙할 색) 擬(헤아릴 의) 宜(마땅할 의) 典(법 전) 禮(예도 례) 繫(맬 계) 以(써 이) 斷(결단할 단)

성인聖人이 천하(천하)의 그윽하고 지극한 이치를 보고서 그 형용形容에 모의模擬하고 그 물건에 마땅함을 형상함이라. 이러므로 상象이라 이름이오. 성인聖人이 천하 (만물의) 움직이는 것을 봄에 있어서, 그 모이고 통通하는 바를 보고(자각하고), 그 전례典禮로써 행行하며, 이것을 글로 표현하여 그 길吉과 흉凶을 판단判斷함이라, 이를 효爻라고 이름이니,

개요 概要

성인聖人이 상象과 효爻를 지었음을 밝히고 있다.

각설 [111]

유이견천하지색有以見天下之賾 색賾은 본래성이요, 근원적인 존재로서 심오한 진리 그 자체를 의미한다.[112]

이의저기형용而擬諸其形容 이의而擬는 헤아려 본다는 것이요, 형용形容은 만물의 생긴 모습을 말한다. 그러므로 형形은 정靜이요, 용容은 동動이다.

상기물의象其物宜 상象은 괘상을 말하며 시간의 의미를 나타내고 있다. 존재원리(시간性)의 마땅한 의미를 상象으로 표상하고 있다. 이때 물物이란 존재론적인 현상론現象論을 의미하는 것이지 물상적인 표현이 아니다.

성인聖人 유이견천하지동有以見天下之動 문왕文王의 「괘사」와 주공周公의 「효사爻辭」를 말하는 것으로, 그 동효動爻로 길흉吉凶을 판단한다. 변화는 현상 가운데에서 변하지 않는 원리를 보았다(견見=각覺). 즉 천지天地의 작용원리(용구용육用九用六원리)를 자각하여 인간이 살아가는 법칙이 되는 것이다.

관기회통觀其會通 회통會通은 이견천하지색以見天下之賾에서의 색賾의 의미로 근원적인 존재로서 깊은 진리 그 자체를 의미한다. ❶회會란 이치가 하나도 남김없이 모이는 것이요, ❷통通이란 막힘없이 행行해지는 것이다.

---

111 (觀中) '賾'은 깊을색으로 현상 사물의 근저에 있는 것으로 은미하다, 깊다 등은 도道 자체를 나타내는 것이다. '색賾'은 도서원리측면에서는 십오十五원리를 상징하고, 삼재의 세계에서는 천지지심을 상징한다. '의擬'에서 扌(手)는 손으로 비겨서 드러낸 것이다. 성인聖人이 천지지도天地之道를 주체적으로 자각하여 형용形容(本性)을 이리저리 원리적 측면에서 이치로 해부한 것이다. 사물의 본질을 상징적으로 나타낸 것이다.

112 (집설) ❶ 공영달孔穎達은 '진묘眞妙'라고 하고, ❷ 정자程子는 '심원心元'이라 하고, ❸ 주자朱子는 '잡란雜亂'이라고 했다.

이행기전례以行其典禮 전례典禮는 사덕四德의 예禮로서 인도人道 중심이며, 길흉을 판단하는 기준이 되는 상규常規, 일정한 법칙을 말한다.[113]

계사언繫辭言 이단기길흉以斷其吉凶 '이以'는 '역易으로써, 64괘와 384효로써'라는 뜻이다. '효爻' 자字에는 교통한다는 뜻과 예지叡智와 총명聰明하다는 뜻이 있다. 구체적인 삶의 원리를 밝히고 있는 것이 효爻이다. 효爻의 내용은 길흉吉凶의 결단으로서 예의禮義를 통해서 길흉吉凶을 밝히고 있다. 즉 예의에 맞으면 길吉이고, 맞지 않으면 흉凶인 것이다.

> 言天下之至賾호대 而不可惡也ㅣ며 言天下之至動호대
> 언천하지지색 이불가오야 언천하지지동
>
> 而不可亂也니 擬之而後에 言하고 議之而後에 動이니
> 이불가란야 의지이후 언 의지이후 동
>
> 擬議하야 以成其變化하니라.
> 의의 이성기변화

❍ 賾(깊숙할 색) 亂(어지러울 란), 惡(미워할 오), 擬(헤아릴 의) 議(의논할 의)

천하의 지극히 심오한 것을 말하되 싫어하지 못하며, 천하의 지극히 동함을 말하되 어지럽지 아니하니, (마땅한 이치에) 헤아린 후에 말하고, (괘효사爻辭의 말씀에) 의논한 후에 움직이니, 헤아리고 의논한 후에 이로써 그 변화를 이룬다 하니라.

개요概要

「괘卦 · 효사爻辭」의 말씀은 심오한 역易의 이치이니 이를 통해서 드러난 성인지도聖人之道를 자각自覺하고, 의의擬議한 후에 실천하라는 말이다.

113 극기복례克己復禮란 나를 파하고, 본성의 세계로 나아감을 말한다.

각설 [114]

불가오不可惡 역易속에서 이치를 깨달아 근원적인 진리를 말했기 때문에 미워할 수 없는 것이다.

불가란不可亂 천하의 지극히 큰 움직임을 말하였지만, 이치에 정확히 들어맞아 예의로 드러났으므로 어지럽힐 수 없는 것이다.

의지이후擬之而後 **언**言 비긴다 함은 마땅한 이치에 견주어 헤아린 다음 말하는 것이다.

의지이후議之而後 **동**動 『주역』의 「괘효사爻辭」 말씀과 의논한 후에 움직인다는 것이다.

의의擬議 신명원리神明原理, 괘효원리의 구명究明하여 성인지도聖人之道에 비기고 의논함을 말한다.

이성기以成其 **변화**變化 역易의 변화를 이룬다. 천지지도天地之道를 표상하는 도서圖書원리에 의해 변화가 완성된다는 것이다. 변화란 나 자신부터 수신修身 ⇨ 제가치국평천하齊家治國平天下 한다는 것이다.

---

114 (觀中) 말(言)에는 미래지향적이고 진리가 담겨져야 하고, 행동(動)에는 말속에 담긴 진리를 담아야한다. '의擬'는 의심을 푼다는 뜻으로 수手가 붙은 것은 도서원리가 손 도수(수지상수手指象數)로 드러나기 때문이다. 도서에 담긴 역수원리에 근거하여 말해야 하는 것이다. 도서원리에서 의해서 말하고, 괘효원리에 근거하여 행하는 것이니 의의擬議했을 때 변화지도가 완성되는 것이다. 괘효원리를 이야기했기 때문에 다음은 괘효에 담긴 뜻이 무엇인가를 밝히고 있는 것이다. 괘효에 담긴 뜻은 군자지도이며, 괘효에 들어 있는 군자지도를 언행으로 표상하였다. 즉 군자는 언행을 통해서 백성을 지선至善(인격적)의 세계로 인도해야하는 것이다. 성인聖人의 뜻을 헤아려 군자의 학역學易(擬之而後)한 후 행(動)한다.

鳴鶴이 在陰이어늘 其子ㅣ 和之로다
명학 재음 기자 화지

我有好爵하야 吾與爾靡之라하니
아유호작 오여이미지

子曰 君子ㅣ 居其室하야 出其言애 善이면
자왈 군자 거기실 출기언 선

則千里之外ㅣ 應之하나니 況其邇者乎여
즉천리지외 응지 황기이자호

居其室하야 出其言애 不善이면
거기실 출기언 불선

則千里之外ㅣ 違之하나니 況其邇者乎여
즉천리지외 위지 황기이자호

言出乎身하야 加乎民하며
언출호신 가호민

行發乎邇하야 見乎遠하나니 言行은 君子之樞機니
행발호이 현호원 언행 군자지추기

樞機之發이 榮辱之主也ㅣ라
추기지발 영욕지주야

言行은 君子之所以動天地也ㅣ니 可不愼乎아
언행 군자지소이동천지야 가불신호

○ 鳴(울 명) 鶴(학 학) 我(나 아) 有(있을 유) 好(좋을 호) 爵(잔 작) 吾(나 오) 與(줄 여) 爾(너 이) 靡(함께할 미, 쓰러질 미) 應(응할 응) 況(하물며 황) 邇(가까울 이) 違(어길 위) 見(나타날 顯) 樞(지도리 추) 機(틀 기) 榮(꽃 영) 辱(욕되게 할 욕)

"우는 학이 그늘에 있거늘 그 자식이 화답하도다. 내가 좋은 벼슬이 있어 너와 더불어 함께 얽힌다"하니, 공자가 이르기를, "군자가 그 자기집에 거해서 그 말에 나감에 선하면 천리 밖에서 응하나니, 하물며 그 가까운데서랴! 그 실에 거해서 그 말이 나감에 불선하면 천리 밖에서 어기나니, 하물며 그 가까운데서랴! 말이 몸에서 나와 백성에게 더하며, 행실이 가까운데서 발해 먼 곳에서 나타나나니, 언행은 군자의 추기니, 추기의 발함이 영욕榮辱의 주主가 되느니라. 언행은 군자가 이로써 천지를 움직이는 바이니 가히 삼가하지 아니하랴!"

개요概要

풍택중부괘風澤中孚卦(䷼) 구이九二「효사爻辭」설명으로 군자지도를 표상하고 있다. 군자의 존재 근거가 성인聖人에 있음을 말한다.

각설

명학재음鳴鶴在陰 기자화지其子和之 성인聖人과 군자를 상징한다. 성인과 군자의 합덕이다. 형이상과 형이하, 체용體用관계로 볼 수 있다. ❶ 명학鳴鶴은 성인지언聖人之言, 하늘의 말씀, 성인지도聖人之道를 의미하고, ❷ 기자其子는 군자를 상징한다.

아유호작我有好爵 오여이미지吾與爾靡之 호작好爵이란 천지지도天地之道를 주고받고, 진리를 공유한다는 의미이다. 미靡는 함께할 미로서 성인과 군자의 합덕, 음양합덕, 진리와 함께함을 말한다.

추기樞機 근본이 되는 기틀로 그 핵심인 중中을 말한다. 여닫는 동작動作을 제어하는 중심으로 추樞는 문門의 지도리(運行基準)를 의미하며, 기준基準, 주축점主軸點이다. 다시 말하면 문門의 축軸으로 도道의 문門으로 들어가느냐? 마느냐?을 결정決定하는 것이다.

선善 불선不善 선善은 존재진리를 구명究明(가치문제가 아니다), 본성이 그대로 드러남을 의미한다. 불선不善은 존재진리를 구명究明하지 않는다.

영욕지주야榮辱之主也 영욕榮辱은 군자 자신의 내면적 문제로 군자지도를 따르라는 것이다. 주主는 주요한 원인을 말한다.

同人이 先號咷而後笑ㅣ라하니
동인 선호도이후소

子曰 君子之道ㅣ 或出 或處 或默 或語ㅣ나
자왈 군자지도 혹출 혹처 혹묵 혹어

二人이 同心하니 其利ㅣ 斷金이로다
이인 동심 기리 단금

同心之言이 其臭ㅣ 如蘭이로다.
동심지언 기취 여란

○ 同(한가지 동) 號(부르짖을 호) 咷(울 도) 後(뒤 후) 笑(웃을 소) 處(살 처) 默(묵묵할 묵) 斷(끊을 단) 金(쇠 금) 臭(냄새 취) 蘭(난초 란난)

"동인이 먼저는 부르짖어 울고 뒤에는 웃는다"하니, 공자께서 이르시기를, "군자의 도가 혹 나가기도 하고 혹 처하기도 하고 혹 침묵하고 혹 말하기도 하나, 두 사람의 마음이 같으니 그 날카로움이 쇠를 끊도다. 같은 마음의 말은 그 향기가 난초와 같음이로다."

개요概要

천화동인괘天火同人卦(䷌) 구오효九五爻에 대한 해설이다. 성인 · 군자지도의 합덕, 진리와 내가 하나가 되는 주체적 자각을 통한 군자의 언행을 말한다.

각설 115

혹출혹처혹묵혹어或出或處或默或語 동인괘同人卦(䷌) 구오九五가 동動하면 외호괘外互卦가 태兌(☱)가 되니, 상괘上卦로 나와서(혹출或出) 말하는(혹

115 (觀中) 구덕괘와 용구용육원리이다. 인간사는 항상 천도天道에 바탕을 두고 일어난다. 성인지도와 합덕되면 소笑의 세계이며, 되기 전에서는 호도號咷의 세계이다. 성인聖人의 마음과 하나가 되었다는 것은 군자의 언행이 시의성에 맞게 드러나는 것이다.

어或語) 상象이고, 육이六二 효가 동動하면 중천건괘重天乾卦(☰)가 되니 아래에 잠겨서(혹처或處) 침묵하는(혹묵或默) 것이다.

기리단금其利斷金 구삼九三과 구사九四는 외호괘 건乾을 이루고 있으니 금金(건도乾道)의 상象이고, 구오九五 성인聖人과 육이六二 군자가 한마음으로 움직이면 호괘互卦가 쾌夬의 상象이니 '단금斷金(건도乾道의 깨우침)' 하는 것이다.

기취여란其臭如蘭 구이九二는 내호괘 손巽(☴)(음목陰木)으로 처하여 침묵하나 난초(음목陰木)의 향기가 나고, 구오九五는 외호괘 태(☱)兌로 나가서 말하는 것이다. 구오九五 성인聖人과 육이六二 군자君子가 합덕하면 난초의 향기와 같이 멀리 퍼지고 또 먼저 부르짖으며 울고, 나중에는 웃는다.[116]

初六은 藉用白茅ㅣ니 无咎ㅣ라하니
초육 자용백모 무구

子曰 苟錯諸地라도 而可矣어늘 藉之用茅하니
자왈 구조저지 이가의 자지용모

何咎之有리오 愼之至也ㅣ라
하구지유 신지지야

夫茅之爲物이 薄而用은 可重也ㅣ니
부모지위물 박이용 가중야

愼斯術也하야 以往이면 其无所失矣리라.
신사술야 이왕 기무소실의

❍ 藉(깔개 자) 白(흰 백) 茅(띠 모) 苟(진실로 구) 錯(둘 조(措), 섞일 착) 何(어찌 하) 愼(삼갈 신) 薄(엷을 박) 斯(이 사) 術(방법 술, 꾀 술) 往(갈 왕)

116 야野는 군자가 행위하는 장소이고, 전田은 군자가 치세治世하는 곳이며, 교郊는 성인聖人과 군자가 일치하는 곳이다.

"초육은 자리를 까는데 흰 띠를 쓰니 허물이 없다" 하니, 공자가 이르기를, "진실로 저 땅에 두더라도 괜찮커늘 띠플을 까는데 쓰니 무슨 허물이 있으리오, 삼가함의 지극함이라. 무릇 띠의 물건 됨이 박하나 쓰는 것은 중히 여기니, 이 방법과 같이 삼가함으로써 가면 그 잃는 바가 없으리라."

개요概要

택풍대과괘澤風大過卦(䷛) 초육初六으로 군자의 겸손에 대하여 말하고 있다.

각설 117

자용백모藉用白茅 흰 띠풀로 깔고 앉는다. 이것은 지극히 삼가는 것이다.
신지지愼之至 '불신不愼'이 '신지지愼之至'로 바뀐 것이다. 군자는 모든 일에 공경하고 삼가하라는 말이다.[118]

띠풀

117 『대학』, 「경문」 제1장, "'물유본말物有本末(1 ⇨ 10), 사유종시事有終始(10 ⇨ 1), 지소선후知所先後, 즉근도의則近道矣."라고 하였다.

118 택澤의 물질문명이 최고도에 이르러 범람하는데, 목도木道가 오히려 물속에 빠져 뿌리째 썩고 있는 형상이다. 또 본本(초효初爻)과 말末(상효上爻)이 약해 뒤집어지는 때이므로, 제사를 지내어(하느님을 믿고 정성을 드려) 안전하게 하려는 것이다. 그냥 지내도 정성스러운 것인데 더구나 밑에 흰 띠를 두어 깨끗이 하였으니 아무런 허물이 없는 것이다. 띠라는 것은 하찮은 것이나 정성을 다하는데 써서 허물이 없게 하였으니, 그 쓰임이 소중한 것이다. 이러한 방법으로 삼가해서 세상을 살면 실수가 없게 된다는 것이다.

勞謙이니 君子ㅣ 有終이니 吉이라하니
노겸 군자 유종 길

子曰, 勞而不伐하며 有功而不德이 厚之至也ㅣ니
자왈 노이불벌 유공이부덕 후지지야

語以其功下人者也ㅣ라 德言盛이오 禮言恭이니
어이기공하인자야 덕언성 예언공

謙也者는 致恭하야 以存其位者也ㅣ라.
겸야자 치공 이존기위자야

❍ 勞(일할 로) 謙(겸손할 겸) 終(끝날 종) 伐(칠 벌) 厚(두터울 후) 至(지극할 지) 功(공 공) 盛(담을 성) 恭(공손할 공) 致(보낼 치)

"수고로운 겸손이니 군자가 마침이 있으니 길하다" 하니, 공자 이르기를, "수고로워도 자랑하지 아니하며, 공이 있어도 덕으로 하지 아니함이 후함의 지극함이니 그 공으로써 남의 아래함을 말함이라. 덕은 성함을 말하는 것이고 예는 공손함을 말함이니, 겸손이란 공손함을 이루어서 그 자리를 보존하는 것이다."

개요 槪要

지산겸괘地山謙卦(䷎) 구삼효九三爻로 군자의 겸양지덕에 관한 말이다.[119]

각설

노겸勞謙 공로功勞와 덕德, 남과 사회를 위해서 수고하는 겸손이다.

노이불벌勞而不伐 **유공이부덕**有功而不德 도움을 주고 받는 것은 삶에 있어

119 겸괘謙卦의 군자지도와 지천태地天泰

곤괘坤卦 용육用六원리를 기본으로한 겸괘 군자지도君子之道 ─┐
상응합덕이 지천태의 세상을 이룬다(相應合德而爲地天泰也)
건괘乾卦 용구用九원리를 근원한 삼진구덕괘 성인지도成人之道 ─┘

서 지극히 당연한 것인데 무엇을 했다고 말하겠는가?[120]

어이기공하인자야語以其功下人者也 수고하고도 겸손한 군자는 비록 공功이 있으나 다른 사람의 공에 비해 아래로 여기면서 겸손해 하는 것이다.

이존기위자야以存其位者也 육효중괘로 보면 삼효三爻의 위位가 선후천先后天의 위치라 더욱 겸양해야 한다.(건괘乾卦 구삼九三「효사爻辭」 참조)

亢龍이니 有悔라하니 子曰 貴而无位하며 高而无民하며
항 용 유 회 자 왈 귀 이 무 위 고 이 무 민

賢人이 在下位而无輔ㅣ라 是以動而有悔也ㅣ니라.
현 인 재 하 위 이 무 보 시 이 동 이 유 회 야

○ 亢(목 항) 龍(용 룡용) 悔(후회할 회) 貴(귀할 귀) 賢(어질 현) 在(있을 재) 位(자리 위) 輔(도울 보) 動(움직일 동)

"높은 용이니 뉘우침이 있다"라 하니, 공자가 이르기를, "귀해도 위가 없으며, 높아도 백성이 없으며, 어진 사람이 아래에 있어도 도움이 없음이라. 이로서 동함에 후회함이 있느니라."

개요概要

중천건괘重天乾卦(☰) 상구효上九爻에 대한 말이다. 교만으로 언행言行이 지나쳐 이미 돌이킬 수 없는 지경에 처했음을 말한다.

각설

항룡유회亢龍有悔 시의성에서 벗어난 교만한 존재가 소인임을 지적하고 있다. 노겸군자勞謙君子에 대한 경계의 말이다.

120 불가佛家에서도 삼륜三輪이 청정삼륜清淨三輪한다면 너와 나 그리고 물物이 없어야 함을 밝히고 있다.

이동이유회야以動而有悔也 건괘乾卦 상구효上九爻의 항룡亢龍은 너무 높이 올라갔으므로 돕는 이가 없어 후회 막심한 자리이다. 이러므로 움직일수록 후회만 쌓이는 것이다. 이것은 겸손이 군자의 아름다운 미덕임을 말하는 것이다.

不出户庭이면 无咎ㅣ라하니
불출호정 무구

子曰, 亂之所生也ㅣ 則言語ㅣ 以爲階니
자왈 난지소생야 즉언어 이위계

君不密則失臣하며 臣不密則失身하며
군불밀즉실신 신불밀즉실신

幾事ㅣ 不密則害成하나니
기사 불밀즉해성

是以 君子ㅣ 愼密而不出也하나니라.
시이 군자 신밀이불출야

○ 戶(지게 호) 庭(뜰 정) 亂(어지러울 란) 階(섬돌 계) 密(빽빽할 밀, 비밀히 밀) 失(잃을 실) 幾(기미 기) 害(해칠 해) 愼(삼갈 신) 出(날 출)

"호정을 나가지 않으면 허물이 없다"라 하니, 공자가 이르기를, "어지러움이 생하는 바는 언어로써 단계가 되는 것이니, 인군이 빈틈없이 하지 못하면 신하를 잃으며, 신하가 사려깊게 하지 않으면 몸을 잃으며, 기밀한 일을 빈틈없이 하지 아니하면 해를 이루나니, 이로써 군자가 삼가하고 빈틈없이 해서 나가지 아니하나니."

개요概要

수택절괘水澤節卦(䷻) 초구효初九爻에 대한 말로 군자는 언행言行을 삼가하고, 사려깊게 처신해야 한다는 말이다.

각설

난지소생야亂之所生也 즉언어이위계則言語以爲階 절괘節卦의 초구初九가 태兌의 처음에 있기 때문에 언어言語로써 말하였다. 언어는 바로 몸(신身)의 호정戶庭이며, 모든 어지러움과 환란患難이 언어로부터 나오니, 삼가하고 치밀하게 사용해야 하는 것이다. 계階는 섬돌(계)로 단초, 원인의 의미이다.

불출호정不出戶庭 무구无咎 선천先天에는 운둔하라는 의미이다. 시의성을 알아서 밖으로 나가지 않음을 말한다.

기사幾事 어떤 일에 대한 기미를 말한다.

불밀不密 시의성에 맞지 않은 것이나 사려깊지 못함을 말한다.

子曰, 作易者ㅣ 其知盜乎ㄴ뎌
자왈 작역자 기지도호

易曰, 負且乘이라 致寇至라하니
역왈 부차승 치구지

負也者는 小人之事也ㅣ오
부야자 소인지사야

乘也者는 君子之器也ㅣ니 小人而乘君子之器라
승야자 군자지기야 소인이승군자지기

盜ㅣ 思奪之矣며 上을 慢코 下를 暴ㅣ라
도 사탈지의 상 만 하 폭

盜ㅣ 思伐之矣니 慢藏이 誨盜ㅣ며 冶容이 誨淫이니
도 사벌지의 만장 회도 야용 회음

易曰, 負且乘致寇至라하니 盜之招也ㅣ라
역왈 부차승치구지 도지초야

○ 作(지을 작) 盜(훔칠 도) 負(질 부) 且(또 차) 乘(탈 승) 致(보낼 치) 寇(도둑 구) 奪(빼앗을 탈) 慢(교만할 만, 게으를 만) 暴(사나울 폭, 햇볕 쪼일 폭) 伐(칠 벌) 藏(감출 장) 誨(가르칠 회) 冶(불릴 야, 꾸밀 야) 容(얼굴 용) 淫(음란할 음) 招(부를 초)

공자께서 이르시기를, "역을 지은 자 그 도둑을 아는 것인져!" 역에 말하기를 "(등에) 져야 할 것이 또 (마차에) 타니라. 도적을 이르게 한다"고 하니, "(등에) 지는 것은 소인의 일이요 (수레에) 타는 것은 군자의 그릇이니, 소인이 군자의 그릇을(수레를) 탐이라. 도적이 빼앗을 것을 생각하며, 윗사람에게 거만하게 하고, 아래(사람에게는)를 사납게 하느니라. 도적이 칠 것을 생각함이며, 감춤(보관)을 게을리 함은 도적을 부르는 것이며, 얼굴을 다듬은 것이 음탕함을 부른 것이니, 역에 말하기를 '(등에)져야 할 것이 또 (수레에)타고 도적을 이르게 한다'고 하니, 도적을 불러들이는 것이라."

개요概要[121]

뇌수해괘雷水解卦(䷧) 육삼효六三爻에 대한 말이다. 형이상의 도덕성인 군자지도를 능멸하고 부당하게 이익을 취한 소인小人을 또 다른 소인이 빼앗으려고 하는 것이다. 그러므로 소인지도가 소인을 부르는 것이다. 군자지도와 소인지도는 본인의 마음과 언행에 있다. 지는 것은 소인의 일이요, 타는 것은 군자의 그릇이니(小人而乘君子之器), 위를 거만하게 하고 아래를 사납게 하느니라(上慢下暴). 감춤을 게을리 함이 도적을 부르는 것이며(慢藏), 얼굴을 다듬은 것(冶容) 스스로 도적을 부르는 것이니, '역을 지은 자 그 도둑을 앎 인져(作易者, 其知盜乎') 라고 한 것이다. 또 나라에 기강이 바로 선다면 소인이 위와 같이 도적 부르는 일을 감히 하지 못할 것이다.

각설[122]

---

121 『역학계몽易學啓蒙』에서 "「계사」 제1장에서 건곤으로 시작하여 제8장까지는 괘효를 이야기하며, 괘효원리의 내용은 군자지도이다"라고 밝히고 있다.

122 (觀中) 뇌수해괘雷水解卦 육삼효에 대한 말로, 자신의 잘못으로 인해 화를 부르는 것을 비유해서 한 말이다. 이 장은 성인聖人이 상象을 짓고 말을 맨 뜻 (특히 언행)과, 이를 공부하는 법을 일곱 예문을 들어 설명했다. 이 장에서는 『주역』 본문중 일곱 괘를 인용하였다. 이

작역자作易者 작역자作易者는 복희伏羲, 문왕文王, 주공周公을 칭하나, 여기서는 주로 문왕文王을 말한다.

치구지致寇至 도적盜賊을 이르게 한다는 뜻으로, '치致'는 인위적으로 이르게 한다는 뜻이고, '지至'는 자연스럽게 이른다는 뜻이다. '만장慢藏'이라는 인위적인 잘못에 의해 도적이 이르게 한 것이다.

상만하폭上慢下暴 군자는 자기의 직분을 지켜 윗사람에게는 도리를 다하고, 아랫사람에게는 관대하여야 함에도 소인은 윗사람에게는 거만하고 아랫사람에게는 사납게 하니 세상 사람이 가만두지 않는 것이다.

장藏 곳집은 창고를 말하며, 여기서는 속에 감추어진 것을 말한다.

는 '칠일래복七日來復'의 뜻과 관련이 있다고 볼 수 있다. 앞의 여섯 예문例文에서는, 본문 인용(주공周公의 「효사爻辭」)이 먼저 나오고 공자의 글(子曰)이 뒤에 나오나, 여기서는 강조하기 위해 그 순서가 뒤바뀌었다. 이 뒤바뀜으로 인해 후학자들 간에 다른 章에 있어야 할 예문이라는 착간의 논란이 있어 왔다.

○제9장

요지要旨[123]

제9장은 천지지수절天地之數節, 대연지수절大衍之數節을 통해 하도·낙서 원리를 설명하고, 나아가 괘효원리卦爻原理의 근거가 도서원리圖書原理임을 밝히고 있다.[124] 진리의 깨달음을 언어로 표현한 것이 수數이다.

---

123 (觀中) 간지도수(육갑원리) ⇨ 도서圖書원리 ⇨ 괘효원리
❶ 제9장의 요지는 하락상수원리와 천지대연지수를 정역원리의 근거를 제시하고 있다.
❷ 괘효원리의 근거가 도서원리임을 설명. 천지지수가 하도낙서임을 체계화하였다. 이 장에서는 도서圖書가 합덕된 육갑원리까지 들어 있다. ❸ 천지의 수에 바탕하여 미루어(衍) 한테 모아(聚) 이치에 집약된 괘를 지어 성문화하고 행귀신行鬼神한다. 역은 음양의 변화이고 음양의 변화는 신神이 주관한다. ❹ 시간성원리(역수원리)를 표상하는 이수理數로서 천수와 지수로 나누어짐을 밝히고 있다.

✐도서원리는 천수와 지수의 결합에 의해서 밝혀짐(하도의 수).
❶'기수奇數'는 생성生成원리로 상대적 작용과 體를 나타내며, 절대적 세계, 낙서, 양효陽爻.
❷'우수偶數'는 합덕合德원리로 상대적 작용을 나타내며, 상대적 세계, 하도, 음효陰爻.
1)천지도덕의 원리
2)천지의 기본수
·생수生數(1·3·5·7·9), 성수成數(2·4·6·8·10)
·1·2·3·4는 사상四象의 자리가 되고, 6·7·8·9는 사상四象의 수數가 된다.
③도역생성倒逆生成의 원리와 관련성
❸하도에서는 십수十數를 전제로 오수五數가 완성됨을 표상하고 있다. 이때 오五는 인간 본래성이고, 십十은 무극无極으로서 천天을 의미한다. 오五를 중심으로 십十을 나누면 (1·9), (2·8), (3·7), (4·6)으로 낙서에서 나누어진다. ❹「계사」9장의 주자주朱子註에서 '소小'에서 '노老'로 가는 것은 성장을 의미한다. '남녀'는 사물의 세계는 형이하의 세계요, 선천先天의 세계지만, '부부夫婦'는 형이상적인 후천后天의 도덕 세계이다. ❺'극기복례위인克己復禮爲仁'에서 '기己'는 육신의 세계(선천先天)이다. 예禮와 인仁은 본성의 세계(후천后天)이다. 이것은 종시終始원리와 선후천后天변화원리를 표상하고 있다.

124 수數 자체가 철학이다. 수數가 나타내는 모든 상象은 허상虛象이 아니고, 실상實象이다. 다시 말하면 만물은 그 본질대로 상象을 나타내고, 상象에는 반드시 그 상象의 내용인 바의 수數가 있다는 것을 의미한다.(한동석, 『우주변화원리』 179쪽)

天一地二天三地四天五地六天七地八天九地十이니
천 일 지 이 천 삼 지 사 천 오 지 육 천 칠 지 팔 천 구 지 십

천수는 일이요, 지수는 이요, 천수는 삼이요, 지수는 사이요, 천수는 오이요, 지수는 육이요, 천수는 칠이요, 지수는 팔이요, 천수는 구이요, 지수는 십이니,

개요概要

천지의 수를 말한다. 1 · 3 · 5 · 7 · 9는 천수(기수奇數 · 양수陽數)이며, 2 · 4 · 6 · 8 · 10은 지수地數(우수偶數 · 음수陰數)이다. 그러므로 수數의 기우奇遇의 원리를 설명하고 있다. 기수奇數는 천도天道의 작용원리를 표상하는 생성이 중심이다. 우수偶數는 지도地道의 작용원리를 표상하며 땅은 합덕을 의미하므로 합덕원리가 중심이다. 이 때 '수數'는 이수理數로서 '시간'을 표상한다. 그리고 하도 · 낙서를 수數로서 표상하는 근거는 천간天干에 있다.[125]

---

125 『주역본의』에서 "이 쪽[죽간竹簡]은 본래 제10장의 처음에 있었는데, 정자程子가 "마땅히 여기에 있어야 한다." 하였으니, 이제 그 말씀을 따른다. 이는 천지天地의 수數에 양陽의 기수奇數와 음陰의 우수偶數를 말한 것이니, 곧 이른바 하도河圖라는 것이다. 그 위치가 1·6은 아래에 있고 2·7은 위에 있고 3·8은 좌左에 있고 4·9는 우右에 있고 5·10은 중앙에 있으니, 이 장章을 가지고 말하면 중앙의 5는 대연大衍의 어머니가 되고 다음의 10은 대연大衍의 자식이 되며, 다음의 1·2·3·4는 사상四象의 자리가 되고 다음의 6·7·8·9는 사상四象의 수數가 된다. 두 노老[노양老陽 · 노음老陰]는 서西 · 북北에 위치하고, 두 소少[소양少陽 · 소음少陰]는 동東·남南에 위치하며, 그 수數는 각기 그 유類에 따라 밖에 교차한다.(此簡, 本在第十章之首, 程子曰 宜在此, 今從之, 此 言天地之數, 陽奇陰偶, 卽所謂河圖者也, 其位, 一六居下, 二七居上, 三八居左, 四九居右, 五十居中, 就此章而言之, 則中五爲衍母, 次十爲衍子, 次一二三四 爲四象之位, 次六七八九 爲四象之數, 二老, 位於西北, 二少, 位於東南, 其數則各以其類, 交錯於外也.)"라고 하였다.

天數ㅣ 五ㅣ오 地數ㅣ 五ㅣ니 五位相得하며 而各有合하니
천 수　오　지 수　오　오 위 상 득　이 각 유 합

天數ㅣ 二十 有五ㅣ오 地數ㅣ 三十이라
천 수　이 십 유 오　지 수　삼 십

凡天地之數ㅣ 五十有五ㅣ니
범 천 지 지 수　오 십 유 오

此ㅣ 所以成變化하며 而行鬼神也ㅣ라.
차　소 이 성 변 화　이 행 귀 신 야

○ 位(자리 위) 相(서로 상) 得(얻을 득) 各(각각 각) 合(합할 합) 數(셀 수) 行(갈 행) 鬼(귀신 귀) 神(귀신 신)

하늘 수가 다섯이요 땅의 수가 다섯이니, 다섯 위가 서로 얻으며 각각 합함이 있으니, 천수는 이십오이오 지수는 삼십이라. 무릇 천지의 수가 오십오이니, 이것이 변화를 이루는 소이이며, 귀신을 행함이라.

개요概要

천지지수절이다. 이는 천지지도天地之道를 전제로 인도人道를 설명하고 있다. 그러므로 오五를 중심으로 하고 있고, 천인합일天人合一을 의미한다.[126]

각설

오위상득五位相得 기수 1·3·5·7·9(양陽의 오위五位)와 우수 2·4·6·8·10(음陰의 오위五位) 가 동류하여 1·2, 3·4, 5·6, 7·8, 9·10을 서로 얻는 것을 말한다.[127]

---

126 오五의 인격적인 세계가 1의 비인격적인 세계와 합덕하므로서 6의 인격적인 세계世界로 변화한다.

┌→ 6 → 7 → 8 → 9 (인격적인 도덕세계)
〈五〉
└→ 1 → 2 → 3 → 4 (인격성이 배제된 사물의 세계)

127 세상의 사물은 위가 어긋나는 경우가 많다. 양위陽位지만 음陰의 자리이고, 음위陰位이지만 양陽이 자리할 수 있다. 육십사괘 중에서 정위正位로 이루어 진 것이 수화기제괘水火旣濟卦뿐이다. 부정위不正位로 이루어진 것이 화수미제괘火水未濟卦이다.

각유합各有合 서로 합한다는 것은 1 · 3 · 5 · 7 · 9와 2 · 4 · 6 · 8 · 10을 각각 두 개씩 합하는 것을 말한다.

변화變化 음양변화를 말한다. ❶변變은 양陽 (1 · 3 · 5 · 7 · 9)이고, ❷화化는 음陰 (2 · 4 · 6 · 8 · 10)이다. 예를 들면 일一이 변하여 수水를 생生하면 육六이 화化를 이룬다는 것이다,

행귀신行鬼神 귀신은 음陰일때는 귀鬼하고, 양陽일때는 신神하므로, '행귀신行鬼神'이라고 한다. 즉 한 번 양陽하고 한 번 음陰하는 것을 수數로써 표현하면 한 번 천수天數하고 한 번 지수地數하는 것이며, 이를 자세히 나누면 천수天數에도 생수生數와 성수成數가 있고, 지수地數에도 생수生數와 성수成數가 있어 오행五行을 따라 행하는 것이다.[128]

> 大衍之數ㅣ 五十이니 其用은 四十有九ㅣ라
> 대연지수 오십 기용 사십유구
>
> 分而爲二하야 以象兩하고 掛一하야 以象三하고
> 분이위이 이상양 괘일 이상삼
>
> 揲之以四하야 以象四時하고 歸奇於扐하야 以象閏하나니
> 설지이사 이상사시 귀기어륵 이상윤
>
> 五歲에 再閏이라 故로 再扐而後에 掛하나니라.
> 오세 재윤 고 재륵이후 괘

○ 衍(넘칠 연) 兩(두 양량) 掛(걸 괘) 揲(셀 설) 歸(돌아갈 귀) 奇(기이할 기) 扐(손가락 사이 륵늑) 閏(윤달 윤) 歲(해 세)

---

128 간지干支와 오행五行및 사방四方과 오색五色

갑甲·을乙	병丙·정丁	무戊·기己	경庚·신申	임壬·계癸
삼三·팔八	이二·칠七	오五·십十	사四·구九	일一·육六
동東	남南		서西	북北
목木	화火	토土	금金	수水
춘春/진震	하夏/이離		추秋/태兌	동冬/감坎
청靑	주朱	황黃	백白	현玄

크게 넓힌 수가 오십이니 그 씀은 사십구라. 나누어 둘로 해서 양의를 형상하고, 하나를 걸어서 삼재를 형상하고, 넷으로 셈으로써 사시를 형상하고, 나머지를 손가락 사이에 끼움으로써 윤달을 형상하나니, 오년에 두번 윤달이라. 그러므로 다시 끼운 후에 거느니라.

개요概要[129]

대연지수절을 통해서 낙서洛書원리, 육효중괘六爻重卦원리, 설시법[130]을 밝

---

129 (觀中) ❶ 귀기어륵歸奇於扐 : 이때의 '귀歸'는 귀공歸空이며, 귀공歸空은 돌려서 본체도수本體度數로 삼는다는 말이다. '존공尊空'은 높힌 말이고, '귀공歸空'은 평상말이라 '존공尊空'과 '귀공歸空'은 결국 같은 말이다. 남은 시초를 3째, 넷째손가락에 끼우라고(들어가게) 함. ❷ 대연지수大衍之數는 음양분생陰陽分生원리를 표상하고 있다. ❸ 오세五歲는 오수五數까지 귀공歸空을 하면 45가 남는다. 그럼으로 대연연지수절大衍之數節이 낙서원리에 기인함을 알 수 있다. ❹ 낙서洛書의 사상四象작용원리를 표현. 합덕원리의 내용은 분생分生원리이다. '연衍'은 閏과 같다. 수手(扌)와 관련關聯된 괘掛, 설揲, '륵扐'는 수지상수적 표상이다. '귀歸'는 귀체歸體이다. 대연지수大衍之數 오십五十은 십十과 오五의 상승합덕相乘合德된 수數이다. 대연지수大衍之數는 크게 불어났다는 것으로 음양陰陽작용의 기준이 된다. 천도天道가 오십五十이 되고 지도地道도 오십五十이 된다. 따라서 천지天地의 합合은 백수百數가 되는데 백수百數는 하도河圖와 낙서洛書를 더한 수數로 일원수一元數라고 한다. 도서圖書원리의 내용으로써의 작용원리 즉 음양분생陰陽分生원리를 표상表象하고 있는 것이 대연지수大衍之數라고 할 수 있다. [1]오세五歲 : 오수五數로 말함. [2]재윤再閏 : 윤력閏曆변화 구성원리 낙서의 사력변화원리. [3]재륵이후再扐而後 : 수지상수手支象數에서 펼 때의 수數는 육六이며, 용육用六이요 십오합덕성도十五合德成道원리를 표현하고 있다.

130 설시법 ❶대연지수大衍之數 오십五十 기용사십구其用四十有九 : 대연지수는 50은 태극太極은 사용치 않으므로 시초蓍草 50개 중 하나를 뽑아서 가로로 놓고, 49만을 사용한다. ❷분이위이分而爲二 이상양以象兩 : 나머지 시초蓍草 49를 임의로 둘로 나누는 것으로 이는 태극太極에서 음양陰陽(양의兩儀)이 생生하는 것을 상징한다. 왼손에 쥔 시초蓍草는 양陽으로 하늘의 의미로써 천책天策이며, 오른손의 시초蓍草는 음陰으로 땅의 의미로 지책地策이다. 지책地策(오른손에 쥔 시초蓍草)만 상위에 내려놓는다. ❸괘일掛一 이상삼以象三 : 지책地策은 음陰(땅)을 상징하므로, 땅에서 만물이 생生하는 이치에 따라, 지책地策에서 시초蓍草 하나를 뽑아(인책人策) 왼손 네째와 다섯째 손가락 사이에 낀다. 왼손에 들고 있는 천책天策, 상 위에 내려놓은 지책地策, 지책地策에서 하나를 뽑아 왼손에 낀 '인책人策'은, 천天·지地·인人 삼재三才를 상징하므로 '이상삼以象三'이라고 하였다 (삼재三才). ❹설지이사揲之以四 이상사시以象四時 : 천책天策(왼손)을 오른손으로 넷씩 세는 것은, 춘하추동春夏秋冬 사시四時의 변화를 상징한다(사시四時). ❺귀기어륵歸奇於扐 이상윤以象閏 : 천책을 오른손으로 세고 남은 나머지를, 1년 사시를 돌고 남은 것이라 해서, 왼손 세 째와 네 째 손가락 사이에 끼워서 윤달을 상징한다 (윤월). ❻오세재윤五歲再閏 고재륵이후故再扐而後 괘掛 : 상 위에 내려놓았던 지책地策을 다시 오른손에 들고, 왼손으로 넷씩 세어서 남은 나머지를, 왼손 둘째와 세째 손가락 사이에 끼

히고 있다.[131]

각설

대연지수大衍之數 오십五十 기용其用 사십유구四十有九 분이위이分而爲二 대연지수大衍之數는 큰 변화 원리, 근원적인 존재원리를 표현한다. 오십五十은 천지합덕으로 체體가 된 수數를 말한다.

워서 재윤再閏을 상징한다. 왼손의 손가락 사이에 세 번에 걸쳐 끼워 놓은 시초蓍草를 합하여, 처음에 하나를 뽑아서 상 위로 가로로 놓았던 시초(태초太極)의 왼쪽위에 세로로 걸쳐 놓는다. 따라서 50개의 시초蓍草(대연지수大衍之數 50)로 행한 지금까지의 과정을 일변一變이라 한다.(오세재윤五歲再閏). '괘일卦一'은 '괘卦'는 손가락에 지책地策 중 한 개를 끼워 놓는다는 뜻이고 '재륵이후再扐而後 괘卦'의 '괘卦'는 상위에 내려놓는다는 뜻이다. 이 때 천책天策의 나머지와 지책地策의 나머지, 그리고 새끼 손가락에 끼워 두었던 인책人策을 합치면 그 수는 반드시 오五 아니면 구九가 된다.(第一變) ❼이렇게 해서 얻은 오五 또는 구九를 따로 내놓고 나머지 점대를 동일한 방법으로 사영四營을 되풀이 하면 사四 아니면 팔八이 된다.(第二變) ❽사四 또는 팔八을 따로 내놓고 또 나머지 점대를 동일한 방법으로 되풀이 하면 사四 아니면 팔八이 된다.(第三變) ❾이렇게 세 번을 되풀이 하면서 얻은 점대를 합合하면 이십오二十五, 이십일二十一, 십칠十七, 십삼十三 중에 어디 하나에 해당한다, 그것을 태극太極을 제외한 나머지 수 사십구四十九에서 빼면 이십사二十四, 이십팔二十八, 삼십이三十二, 삼십육三十六 중에 어느 하나가 될 것이다. 이것을 사四로 나누면 얻어지는 수가 육六이면 노음老陰(태음太陰), 칠七이면 소양少陽, 팔八이면 소음少陰, 구九이면 노양老陽(태양太陽)이라(사상四象) 비로소 초효初爻가 결정된다. 여섯 효爻를 얻으려면 열 여덟번을 되풀이 해야 하므로 십유팔변이성괘十有八變而成卦라고 한 것이다.

131 『주역본의』에서는 "대연大衍의 수數가 50이라는 것은 하도河圖의 중궁中宮에 있는 천수天數 5를 가지고 지수地數 10을 승乘하여[곱하여] 얻은 것이요, 점占을 치는 데에 사용함에 이르러는 또 다만 49를 쓰니, 이는 모두 이치와 형세의 자연스러움에서 나온 것이요, 사람이 지혜와 힘으로 손익損益[가감加減]할 수 있는 것이 아니다. 양兩은 천지天地를 이른다. 괘掛) 그 시초 하나를 왼손의 작은 손가락 사이에 다는 것이다. 삼三은 삼재三才이다. 설揲은 사이를 띄워 셈이다. 기奇는 넷으로 세고 남은 것이다. 륵扐은 왼손의 가운데 셋째 손가락의 두 사이에 끼는 것이다. 윤閏은 달의 남은 날을 모아 달을 이룬 것이니, 5년 사이에 두 번 날을 모아 두 번 달을 이루므로 5년 가운데 무릇 두 번 윤달이 있은 뒤에야 별도로 적분積分[여분]을 일으키니, 이는 마치 한 번 건 뒤에 좌左·우右의 시초를 각기 한 번씩 세고, 한 번 륵扐하는 것과 같다. 그러므로 다섯 번 가운데 무릇 두 번 륵扐함이 있은 뒤에 별도로 한 번 걺을 일으키는 것이다.(大衍之數五十, 蓋以河圖中宮天五, 乘地十而得之, 至用以筮, 則又止用四十有九, 蓋皆出於理勢之自然而非人之知(智)力所能損益也, 兩 謂天地也, 掛 懸其一於左手小指之間也, 三 三才也, 揲 間而數之也, 奇 所四數之餘也, 扐 勒於左手中三指之兩間也, 閏 積月之餘日而成月者也, 五歲之間 再積日而再成月, 故五歲之中, 凡有再閏然後別起積分, 如一掛之後, 左右各一揲而一扐, 故五者之中, 凡有再然後別起一掛也.)"라고 하였다.

이상양以象兩 **이상삼**以象三 ❶이상양以象兩은 음양을 의미하고, ❷이상삼以象三은 삼재三才를 의미한다. 삼재三才원리로 천지인天地人 다음에 만물이 드러남을 말한다.

설지이사揲之以四 천책天策을 네 개씩 헤아림은 사상四象변화의 원리를 의미한다

이상사시以象四時 곤책坤策을 네 개씩 헤아리는 것은 사시四時변화를 의미로써 만물의 원리를 깨달음 말한다.

귀기어륵歸奇於扐 남은 시초를 3째를 넷째손가락에 들어가게 한다.

이상윤以象閏 윤달원리와 괘의 관계를 언급하고 있다. 시생始生원리를 밝히고 있다.

오세五歲 **재윤**再閏 오년에 윤달이 두 번 있다는 것이다.

> 乾之策이 二百一十有六이오 坤之策이 百四十有四ㅣ라
> 건지책 이백일십유육 곤지책 백사십유사
> 凡三百有六十이니 當期之日하고
> 범삼백유육십 당기지일

건의 책수가 216이요, 곤의 책수가 144이다. 그러므로 모두 360이니 기년의 일수에 해당하고.

개요概要[132]

건곤책수절을 통해서 건지책乾之策 216은 시간성을, 곤지책坤之策 144는

---

132 (觀中) 건지책과 곤지책은 '공자'가 1년간의 정력기수正曆朞數(360)를 밝히고 있는 것이다. 이것을 일부一夫선생이 계승하여 375(360+15)로 본체도수와 작용도수를 합하여 밝힌 것이다. 기수를 말할 때 역이라고 말하는 것이다. 『정역』의 원리가 나타남을 말한다. 괘효원리의 근거가 도서원리임을 말한다.

공간성를 표상하고 있다. 따라서 건곤책수절乾坤策數節은 시간성과 공간성를 표상하고 있다.

각설

범삼백육십凡三百有六十 당기지일當期之日

360수數 산출방식[133]: 360 = 216(건책수) + 144(곤책수)

❶양효陽爻 : 9×4(사상수四象數) = 36 × 6효 = 216(건책수乾策數)

❷음효陰爻 : 6×4(사상수四象數) = 24 × 6효 = 144(곤책수坤策數)

二篇之策이 萬有一千五百二十이니 當萬物之數也하니
이 편 지 책 　만 유 일 천 오 백 이 십 　당 만 물 지 수 야

상하 두 편의 책수가 11,520이니 만물의 수에 해당하니

개요概要

만물지수절을 통해서 만물 생성의 이치를 밝히고 있다.

각설

당만물지수當萬物之數 11,520책

11,520책 = 6,912책(건지책乾之策)+4,608策(곤지책坤之策)

❶ 64×6효 = 384효 이므로, 양효가 192, 음효가 192가 된다.

❷ 192(양효陽爻) ×36(4×9/노양책수老陽策數)= 6,912책(건지책乾之策)

❸ 192(음효陰爻) ×24(4×6/노음책수老陰策數)= 4,608책(곤지책坤之策)

133『정역』에서의 대일원수大一元數와 무무위수无无位數
❶대일원수大一元數 : 100(일원수一元數) × 삼재三才 = 300(대일원수大一元數)
❷무위수无位數 : 하도낙서河圖洛書 수의 중심수의 합인 15 + 5 = 20을 말한다.
❸무무위수无无位數 : 20(무위수无位數) × 삼재三才 = 60이다.
❹일원수一元數 : 작용수(하도낙서의 합수) 100(일원수)

是故로 四營而成易하고 十有八變而成卦하니
시고 사영이성역 십유팔변이성괘

이런 연고로 네 번을 경영하여 역易을 이루고, 18번을 변하여 괘卦를 이루니

개요概要

대연지수를 통한 육효중괘六爻重卦 형성원리를 밝히고 있다.

각설

사영이성역四營而成易 시초蓍草를 할 때, 대연지수 50에서 하나를(태극太極) 빼는 것을 제외한 나머지 과정을 말한다. 즉 ❶시초 49개를 임의로 나눈다.(陰陽 음양) ❷지책地策 중에서 인人을 취한다.(三才 삼재) ❸천책을 넷씩 센다.(四時 사시, 潤月 윤월) ❹지책地策을 넷씩 센다.

십유팔변이성괘十有八變而成卦 설시를 하여 작괘作卦를 할 때 한 효를 이루기 위하여 삼변三變의 과정을 거쳐야 함으로 여섯 효의 한 괘를 얻기 위해서는 18번變 (3×6 = 18)의 과정을 거쳐야만 한다는 것이다. (18서법筮法).[134] 이것이 육효중괘六爻重卦 형성원리이다.

---

134 (觀中)『정역』의 관점에서 보면 사영四營은 낙서의 사역변화이며, 역수曆數가 네 번 운용되어 역易이 완성된다는 것은 사력변화원리로 보면 '용구用九 원력原曆' ⇨ '용팔用八 윤역閏曆' ⇨ '용칠用七 윤역閏曆' ⇨ '용육用六 정역正曆'이 완성되는 것이다. 즉 사상四象변화에 의해서 음양이 합덕된 중정역中正曆인 정역正曆이 생성生成된다. '역수曆數'에 의해서 정역正曆이 생성되는 원리에 의해서 괘가 형성되는데 이것이 하도의 본체수 십十에서 음양사상陰陽四象이 팔八(사상四象의 수數)이 되어 괘가 형성되는 것이다. 십오十五 천지의 음양 사상四象에 의해서 괘가 형성되는 것으로 도서圖書원리에서 괘효원리가 완성됨을 밝히고 있다. 또한『주역』의 원리는 정역正曆의 원리임을 알 수 있다. 천도天道인 도道를 성인聖人·군자지도 즉 인도人道를 표상하기 위해서 괘효로 표상한 것이다. 십유팔변이성괘十有八變而成卦는 ❶십무극十无極(체體) 음양사상陰陽四象작용 ❷역수원리 = 괘효원리

是故로 八卦而小成하야 引而伸之하며 觸類而長之하면
시고 팔괘이소성 인이신지 촉류이장지

天下之能事ㅣ 畢矣리니
천하지능사 필의

❍ 卦(걸 괘) 小(작을 소) 成(이룰 성) 引(끌 인) 伸(펼 신) 觸(닿을 촉) 類(무리 류유) 長(길 장) 能(능할 능) 事(일 사) 畢(마칠 필)

이런 까닭에 이끌어 펴며, 팔괘八卦로 작은 괘를 이룬다 하여 무리에 따라 확장하면 천하의 일을 능히 마치리니

개요概要

사상수四象數의 작용 이해 ⇨ 역도易道의 완성 ⇨ 십무극十无極을 체體로 하여 일一에서 구九까지의 음양사상陰陽四象 작용에 의해 표상되는 사상四象작용의 원리의 근거로 육효중괘六爻重卦를 구성됨을 말한다.

각설

팔괘이소성八卦而小成 팔괘八卦는 소성小成으로 각각 음괘陰卦와 양괘陽卦가 서로 만나 상하上下로 겹쳐짐에 중괘重卦가 형성되어 천하의 이치理致를 밝힌다는 것이다.

인이신지引而伸之[135] 인이신지는 대성괘大成卦를 이룸을 말한다. 일정팔회의 방법으로 하나의 소성괘小成卦(삼효단괘) 위에 여덟 개의 소성괘小成卦를 차례로 놓는 방법으로 늘려서 64(8×8)괘를 만드는 것이다.

촉류이장지觸類而長之 모든 만물의 종류에 가서 부딪쳐 길어나가는 것이다. 8괘가 64괘가 되듯이 계속 변화하여 나갈 수 있음을 말한다.[136]

---

135 (觀中) 인이신지引而伸之는 중괘重卦는 팔괘八卦를 겹치는 것이다. 구九에서 십十으로 즉 낙서洛書에서 하도河圖로 완성하는 것으로 인간의 문물제도와 합덕하여 사랑으로 가득 차는 것을 의미함

136 선후천先后天 변화원리이다. 성인지도의 완성으로 군자지도를 실현한다.

천하지능사필의天下之能事畢矣 인이신지引而伸之와 촉류이장지觸類而長之의 이치를 알면 천하의 모든 일을 다 마칠 수 있다는 것이다.

> 顯道하고 神德行이라 是故로 可與酬酌이며 可與祐神矣니
> 현도 신덕행 시고 가여수작 가여우신의

○ 顯(나타날 현) 道(길 도) 神(귀신 신) 德(덕 덕) 行(갈 행) 可(옳을 가) 與(줄 여) 酬(술잔 수) 酌(술따를 작) 祐(도울 우)

도道를 드러내고, 덕행을 신묘하게 한다. 이 때문에 더불어 수작할 수 있으며 더불어 神을 도울 수 있는 것이다.

개요概要

도道가 드러나고 신묘한 덕을 행하는 고로 육효중괘六爻重卦를 통해서 하늘의 이치를 주고받을 수 있다는 것이다.

각설

현도顯道 **신덕행**神德行 도道가 밝혀진 것은 도道가 드러나는 것이며, 신묘한 덕을 행하는 것이다. ❶현도顯道는 음양법칙을 밝혀 진리를 알고, 도의 실천 및 천 · 지 · 인 삼재사상을 역易속에서 펼쳐 놓았다. ❷신덕행神德行은 역도易道를 드러내고 신명한 덕을 행하여 왕도정치를 실현하는 것이다.

가여수작可與酬酌 신명神明에게 물어 보기 위해 시초를 뽑는 것이 '수酬'[137]이요, 괘卦로써 답을 하여 따르게 하는 것이 '작酌'[138]이다. 즉 『주역』의 괘효를 통하여 신神과 인간 사이에 말과 뜻이 오고 간다는 뜻이다.[139]

---

137 수작할 수로 주인主人이 객客에게 술을 권함을 말한다.

138 수작할 작으로 객客이 주인主人에게 술을 답함을 말한다.

139 가여수작可與酬酌은 ❶성인聖人과 군자이다. ❷천지가 서로 대응하는 것이다. ❸시초의

가여우신의可與祐神矣 신神이 인간을 위해 가르쳐 주고 싶어도 표현할 방법이 없던 것을 괘卦를 통해서 가르쳐줄 수 있으니 신神을 돕는 것이며, 또 신神이 하고자 하는 의도를 괘卦를 해석함으로써 따르니 역시 신神을 돕는 것이다. 시초蓍草가 인간과 신神까지 도울 수 있다는 것이다. 그러므로 역易은 신神이 하는 바를 알 수 있다는 것이다.

子曰 知變化之道者ㅣ 其知神之所爲乎ㄴ뎌
자 왈 지변화지도자 기지신지소위호

○ 化(될 화) 道(길 도) 者(놈 자) 其(그 기) 知(알 지) 神(귀신 신) 所(바 소) 爲(할 위)

공자가 이르기를, 변화의 도를 아는 자가 신의 하는 바를 앎인져.

개요概要

계사상편 제9장의 결론이다.

각설

지변화지도자知變化之道者 변화지도를 아는 것이 신神이 하는 바를 아는 것이다.[140]

기지신지소위호其知神之所爲乎 신神의 소이所以가 드러남을 의미한다. 변화원리는 신神을 의미한다.

위력이나 주역속의 이치와 응대하고 답하는 것과 같다.

140 사상수四象數가 갖는 철학적 의미는? 시간성의 원리를 드러내고 있는 사상원리가 객관화된 시간의 측면으로 드러날 때 상징적인 의미를 가지게 되는 것이다. 삼팔목三八木이 동東쪽에 있다고 하는 것은 삼팔三八이 시간적으로 봄에 해당하는 것을 상징적으로 동쪽에 놓은 것이다.

○제10장

요지要旨

성인지도의 사언四焉(사辭 · 변變 · 상象 · 점占)을 말하고 있다.

易有聖人之道ㅣ 四焉하니
역 유 성 인 지 도 사 언

以言者는 尙其辭하고 以動者는 尙其變하고
이 언 자 상 기 사 이 동 자 상 기 변

以制器者는 尙其象하고 以卜筮者는 尙其占하나니
이 제 기 자 상 기 상 이 복 서 자 상 기 점

○ 尙(숭상할 상) 變(변할 변) 器(그릇 기) 象(코끼리 상) 卜(점 복) 筮(점대 서) 占(점 점)

역易에 성인의 도가 네 가지 있으니, (역易) 말하는 자는 그 말을 숭상하고, (역易) 동動하는 자는 그 변變을 숭상하고, (역易) 기물器物을 만드는 자는 그 상을 숭상하고, (역易) 복서卜筮하는 자는 그 점占을 숭상하나니.

개요概要[141]

역도易道 표상방법 4가지에 대하여 밝히고 있다.

각설

사辭 좁은 의미에서 「계사상繫辭上 · 하下」, 넓은 의미에서 「괘효사爻辭卦爻辭」와 「십익十翼」 모두를 포함한다. 그리고 '언言'은 생각을 말로 나

---

141 『주역본의』에서는 "네 가지는 모두 변화의 도道이니, 신神이 하는 것이다."(四者, 皆變化之道, 神之所爲者也.)라고 하였다.

타내는 것이며, '사辭'는 생각을 글로 나타내는 것이다.

변變 효爻로 표현된다. 행동함에 있어 음양변화원리를 깨달아 길흉을 판단한다.

상象 문물제도와 기구器具를 만드는 것은 괘상卦象원리를 통하여 드러난 성인지도를 근거해야 하는 것이다.(「계사하」편 제2장, 참조)

점占 수數를 추연하는 것은 변화지도를 알고자 하는 것이다.[142]

是以로 君子ㅣ 將有爲也하며 將有行애 問焉而以言하거든
시이 군자 장유위야 장유행 문언이이언

其受命也ㅣ 如嚮하야 无有遠近幽深히 遂知來物하나니
기수명야 여향 무유원근유심 수지래물

非天下之至精이면 其孰能與於此ㅣ리오
비천하지지정 기숙능여어차

○ 將(장차 장) 爲(할 위) 行(갈 행) 焉(어찌 언) 受(받을 수) 命(목숨 명) 如(같을 여) 嚮(향할 향) 遠(멀 원) 近(가까울 근) 幽(그윽할 유) 深(깊을 심) 遂(마침내 수, 드디어 수, 이를 수) 來(올 래) 物(만물 물) 非(아닐 비) 精(쌀 정) 孰(누구 숙) 能(능할 능) 與(줄 여) 此(이 차)

이러므로 군자君子가 장차 일을 함에 있거나, 장차 행함에 있어 물어서 말하려하거든 그 명命을 받음이 메아리와 같이 멀고 가까운 것과 그윽하고 깊은 데까지 남김없이 이 일을 알려주는 것이니 마침내 미래의 일을 아니 천하의 지극한 정精이 아니면 그 누가 이에 참여參與하리오.

---

142 (觀中) 극수지래지위점極數知來之謂占은 도道를 자각하는 것이다. 즉 십무극의 원리를 밝힘으로써 내가 어떻게 살 것인가를 자각하게 되는 것이다. 복서卜筮에서 '복卜'은 짐승의 뼈(獸骨), 거북이 등껍질 등으로 점을 치는 것이며, '서筮'는 시초로 점을 치는 것으로 복서의 근거가 점에 있다는 것은 지래知來(역수변화원리)를 알고자 점을 치는 것이지 개인의 이익이나 운명을 알고자하는 것이 아니다. 군자의 입장에서 점은 경전을 연구하여 성인의 말씀을 통해서 군자지도를 자각하여 미래를 아는 것이다. 역수원리 측면에서 '복서'는 하도와 낙서로 도서원리를 알고자 하는 자는 육갑원리를 알아야 하는 것이다.

개요 概要

성인지도聖人之道 4가지 중에서 상기사尙其辭에 대한 말이다.

각설

군자장유위야君子將有爲也 장유행문언이이언將有行問焉而以言 성인聖人에게 묻는 것은 바로 경전經典을 공부하는 것이며, 장차 행함에 있어 의문이 있어 역易에 물으면 그 대답은 말로서 한다는 것이다. ❶장유위야將有爲也는 형이상학적 생각, 구상을 의미하고, ❷장유행將有行은 형이하학적 행동, 일용생활의 전부를 말한다.

기수명야其受命也 여향如嚮 명命을 받는 것은 심성내면에서 이루어지는 것이다. 그러므로 미래에 일어나는 사건(物)을 안다는 것이다.(遂知來物)[143] 여향如嚮은 형이상학적 생각을 말한다.

수지래물

무유원근유심无有遠近幽深 수지래물遂知來物 역학易學은 멀고, 가깝고, 은밀하고, 깊숙함에 구별없이 천도天道를 드러낸다는 것이다.

비천하지지정非天下之至精 정精은 엑기스로서 천도天道의 지극至極한 정情을 말한다.

기숙능여어차其孰能與於此 유정유일惟精惟一하고 윤집궐중允執厥中한 도통의 경지가 아니면 능히 알 수 없으며, 「주역」의 이치가 아니면 능히 알 수 없다는 것이다.

---

143 상기의 내용은 문언問言과 지래知來로 요약이 가능하다.

參伍以變하며 錯綜其數하야
삼 오 이 변　　착 종 기 수

通其變하야 遂成天地之文하며
통 기 변　　수 성 천 지 지 문

極其數하야 遂定天下之象하니
극 기 수　　수 정 천 하 지 상

非天下之至變이면 其孰能與於此ㅣ리오
비 천 하 지 지 변　　기 숙 능 여 어 차

○ 參(석 삼, 간여할 참) 伍(대오 오) 變(변할 변) 錯(섞일 착) 綜(모울 종) 通(통할 통) 變(변할 변) 成(이룰 성) 文(무늬 문) 極(다할 극) 數(셀 수) 遂(마침내 수)

삼과 오를 세어 변變하며, 그 수數를 섞고 종합하며, 그 변화를 통하여 드디어 천지의 문체를 이룬다고 하며, 그 수를 궁구하여 드디어 천하 만물의 상을 정하니 천하의 지극한 변이 아니면 그 누가 능히 여기에 참여하리오.

개요概要

성인지도 4가지 중에서 상기상尙其象과 상기변尙其變에 대한 설명이다.

각설

삼오이변參伍以變[144] 삼三 · 오五는 십오十五로 천지天地에서 모든 변화가 일어난다는 것이다.[145] 이것을 설시揲蓍의 과정으로 말하면 괘卦를 구하

144 주자朱子는 삼오이변에 대하여『주역본의周易本義』에서 "이는 상(象)을 숭상하는 일이니, 변變은 상象이 아직 정해지지 않은 것이다. 삼參은 삼三으로 셈이요 오伍는 오五로 셈이니, 이미 삼三으로 세어 변하고 또 오五로 세어 변하여 한 번 먼저하고 한 번 뒤에 하여 번갈아 서로 상고해서 많고 적음의 실제를 살피는 것이다. 착錯은 사귀어 서로 함이니 한 번 왼쪽으로 하고 한 번 오른쪽으로 함을 이르며, 종綜은 총괄하여 셈이니 한 번 낮추고 한 번 높임을 이르니, 이 또한 모두 시초蓍草를 세어 괘卦를 구하는 일을 말한 것이다. (此 尙象之事, 變則象之未定者也, 參者, 三數之也, 伍者, 五數之也, 旣參以變, 又伍以變, 一先一後, 更相考, 以審其多寡之實也. 錯者, 交而互之, 一左一右之謂也. 綜者, 總而之, 一低一昻之謂也. 此亦皆謂蓍求卦之事)"라고 하였다.

145 '상병화'는 "삼오이변參伍以變은 삼재三才와 오행五行원리로 말한다."라고 하였다.

는 과정으로 먼저, 삼參은 삼변이성일효三變而成一爻하는 삼변三變을 말한다. 다음으로 오伍는 설시의 과정에서 ❶천책(왼손) ❷지책(오른손) ❸인책(괘일책掛一策) ❹천책의 설揲 ❺지책의 설揲을 말한다.

착종기수錯綜其數 삼오이변參伍以變의 방법으로 반복하여 그 수數를 섞고 뒤짚어 모으는 것을 말한다. 그 결과 노양수老陽數(9), 소음수少陰數(8), 소양수少陽數(7), 노음수老陰數(6)를 얻는다. 이로써 삼효단괘의 팔괘八卦를 얻어 변화의 수를 알고 64괘와 384효가 형성되는 것이다.

통기변通其變 수성천지지문遂成天地之文 앞 문장의 '이동자以動者 상기사尙其辭'를 다시 설명한 말이다. 삼오이변參伍以變의 '변變'에 통通한다는 말로 작괘作卦하여 나온 괘의 변함을 통하여 천지의 문채를 이룬다는 것이다. 다시 말하면 작괘作卦하여 나온 괘상卦象속에 천지의 모든 형상이 들어있다는 것이다. 천지, 천둥과 바람, 물과 불, 산과 못이 천지天地의 문채文彩(삼효단괘三爻單卦)를 이루어 아름다움을 완성한다는 것이다. 문文은 삼효단괘三爻單卦로 이것이 천지의 아름다음을 완성하는 것이다.

극기수極其數 수정천하지상遂定天下之象 수數의 변화를 궁구하여 천지변화의 형상을 결정할 수 있다는 것이다.

易은 无思也하며 无爲也하야 寂然不動이라가
역 무사야 무위야 적연부동

感而遂通天下之故하나니
감이수통천하지고

非天下之至神이면 其孰能與於此ㅣ리오
비천하지지신 기숙능여어차

❍ 无(없을 무) 思(생각할 사) 爲(할 위) 寂(고요할 적) 然(그러할 연) 不(아닐 불) 動(움직일 동) 感(느낄 감) 遂(이를 수) 通(통할 통)

역은 생각이 없고 함이 없어 적연히 동하지 않다가 감동하여 마침내 천하의 원인을 통하니 천하의 지극히 신묘한 자가 아니면 그 누가 이에 참여하리오.

개요概要

신神과 일치하는 방법, 상기점尙其占과 관련하여 천지天地가 하나가 되는 방법을 설명하고 있다. 신인합일神人合一과 역도易道의 자각을 위해서는 사특한 생각과 작위가 없는 무심의 경지를 말한다.[146]

각설

역무사야易无思也 무위야无爲也 역易속에 진리를 알아내려는 근본적인 마음가짐이다. 사심私心이 없이 이루어짐을 말한다. 지선至善의 원점으로 들어가는 것이다. 무심无心으로 돌아간다는 의미한다.

적연부동寂然不動 『중용中庸』에서는 '성誠'으로 표현하며, 불교佛敎에서의 '허무적멸虛無寂滅'과 같은 의미라고 할 수 있다.

감이수통천하지고感而遂通天下之故 ❶감통感通은 인격적인 존재가 하나되는 것이다. ❷연고緣故는 선후천先后天변화의 연고變故이다. 여기서 역易과 지신至神이 같은 것으로 역도易道가 인격적 존재라는 것을 알 수 있다. 따라서 인간이 자신의 심성내면에 본래성으로 가지고 있는 지신至神함을 자각할 때 역도易道를 깨달을 수 있다.

비천하지지신非天下之至神 천하의 지극히 신묘한 자가 아니면..

146 『황극경세서』에서는 "일이관지(一以貫之)"로 설명하고 있다.

夫易은 聖人之所以極深而研幾也ㅣ니
부역 성인지소이극심이연기야

(易)唯深也故로 能通天下之志하며
역 유심야고 능통천하지지

(易)唯幾也故로 能成天下之務하며
역 유기야고 능성천하지무

(易)唯神也故로 不疾而速하며 不行而至하나니
역 유신야고 부질이속 불행이지

子曰, 易有聖人之道四焉者ㅣ 此之謂也ㅣ라.
자왈 역유성인지도사언자 차지위야

❍ 極(다할 극) 深(깊을 심) 硏(갈 연) 幾(기미 기) 深(깊을 심) 志(뜻 지) 幾(기미 기) 務(일 무) 神(귀신 신) 速(빠를 속) 至(이를 지) 焉(어찌 언) 此(이 차) 謂(이를 위)

역易은 성인聖人이 깊고 그윽한 것을 다 함으로써 기미를 살피는 것(연구하는 것)이니, (역은) 오로지 깊기 때문에 능히 천하의 뜻을 통하며, (역은) 오로지 기미이기 때문에 능히 천하의 일을 이루며, (역은) 오로지 신묘神妙하기 때문에 빠르지 않으면서도 속速하며, 행行하지 않으면서도 이른다. 공자가 이르기를, "역易에 성인聖人의 도道가 네 가지가 있다는 것은 이것을 이름이라."

개요概要

지정至精과 지변至變, 지신至神 이루어진 것이 역易이다. 그러므로 역은 이 세 가지를 궁구하는 것이다.[147]

각설

성인지소이극심이연기야聖人之所以極深而硏幾也 성인聖人의 지극히 심오한

---

147 성인聖人이 역易으로써 ❶문언이이언文言而以言하고 ②통기변通其變, 극기수極其數를 거쳐 ❸감이수통천하지고感而遂通天下之故 함으로써 ❹천하의 이치를 깨닫는 것이다.

형이상의 세계, 즉 심성내면의 세계, 본래성의 세계에서 깊은 이치를 알아내는 것을 말한다. 연기研幾란 미세한 이치를 연구하는 것으로 사물에 깊이 은폐되어 있는 이치나 드러나지 않는 이치를 연구하는 것이다. ❶기幾는 도道 자체가 구체적으로 드러나지는 않았지만 장차 드러날 선단先端이다.[148]

유심야고唯深也故 **능통천하지지**能通天下之志 형이상의 세계에 도달했기 때문에 천하의 뜻과 통하는 것이다. '천하'란? 물리적인 천지가 아니라 도덕적 인문세계이다.

유기야고唯幾也故 **능성천하지무**能成天下之務 기미를 연구하기 때문에 천하의 일을 군자에 의한 왕도정치로 완성한다.

유신야고唯神也故 **부질이속**不疾而速 **불행이지**不行而至 신神은 형이상의 세계는 빠르지 않아도 빠르며, 행行하지 않아도 이루어진다는 것이다.

성인지도사언자聖人之道四焉者 넷이란 ❶상사尙辭, ❷상변尙變, ❸상상尙象, ❹상점尙占이며, 이를 '극심極甚(깊은 이치를 알아냄)'하고 '연기研幾(미세한 이치를 연구함)'하여 신神에 들어가는 것이 성인지도聖人之道인 것이다.[149]

---

148 기미幾微는 ❶사물事物의 현상이 겉으로 나타나기 전前의 기밀 ❷기미幾微는 도道를 자각해야 알 수 있는 것으로 변화지도를 자각하지 못하면 기미幾微를 알 수 없다. 그러므로 기미는 성인지도聖人之道의 자각을 의미하는 것이다.

149 『중용』, 제13장에서는 "군자의 도는 네 가지인데 나는 그 중에 한 가지도 능하지 못하니, 자식에게 바라는 것으로서 부모를 섬김에 능치 못하고, 신하에게 바라는 것으로서 군주를 섬김에 능하지 못하며, 아우에게 바라는 것으로서 형의 섬김에 능히 하지 못하며, 붕우에게 바라는 것을 내가 먼저 베풂을 능히 하지 못한다. 떳떳한 덕을 행하며 떳떳한 말을 삼가 (行에) 부족한 자가 있으면 감히 힘쓰지 않을 수 없고, (언言이) 유여有餘하면 감히 다하지 못하여 말은 행실을 돌아보며 행실은 말을 돌아보아야 하니 군자는 "어찌 조조(독실)하지 않으리오(君子之道四, 丘未能一焉. 所求乎子, 以事父, 未能也. 所求乎臣, 以事君, 未能也. 所求乎弟, 以事兄, 未能也. 所求乎朋友, 先施之, 未能也. 庸德之行, 庸言之謹, 有所不足, 不敢不勉, 有餘, 不敢盡, 言顧行, 行顧言, 君子胡不慥慥爾.)"라고 하여, 효孝, 충忠, 경敬(제悌), 신信에 대하여 말한다.

○제11장

요지要旨[150]

성인지도聖人之道가 괘상과 「괘효사爻辭」를 통해서 길흉을 드러남을 말하고 있다. 다시말하면 도서圖書원리를 통해 괘효원리가 드러남을 밝히고 있다.

子曰, 夫易은 何謂者也오
자왈 부역 하위자야

夫易은 開物成務하야 冒天下之道하나니
부역 개물성무 모천하지도

如斯而已者也ㅣ라
여사이이자야

是故로 聖人이 以通天下之志하며 以定天下之業하며
시고 성인 이통천하지지 이정천하지업

以斷天下之疑하나니라.
이단천하지의

○ 何(어찌 하) 謂(이를 위) 者(놈 자) 開(열 개) 物(만물 물) 成(이룰 성) 務(일 무) 冒(무릅쓸 모, 덮을 모) 道(길 도) 如(같을 여) 斯(이 사) 已(이미 이) 故(옛 고) 通(통할 통) 志(뜻 지) 業(업 업) 斷(결단할 단) 疑(의심할 의)

공자가 이르기를, "역은 어찌하여 만든 것인가? 역은 사물을 열어주고 일을 이루어 천하의 도를 포괄하니, (다른 것이 아니라) 이와 같을 뿐이다. 이러므로 성인聖人이 역易으로써 천하의 뜻과 통하며 천하의 업을 정하며, 천하의 의심을 결단하니라."

150 (觀中) 공자의 역에 대한 이해. 하락합덕원리 위주, 성인지도 중심으로 각 장이 모두 천도天道와 인도人道를 같이 밝히고 있으며, 이 장 또한 천도天道와 인도人道 즉 도서원리와 괘효원리를 함께 밝히고 있다.

개요概要

천지가 만물을 생하여 인격적인 세계로 완성하는 것은 성인 · 군자이다. 천인합덕은 역도易道에 의해서 개물성무開物成務하는 것으로 역도易道가 천하지도를 덮는 것이다.[151]

각설

개물성무開物成務 ❶개물開物은 시생始生이요, 하늘이며, '성무成務'는 일의 완성이요, 그러므로 '**以通天下之志**(이 통 천 하 지 지)'이라, 사람의 미개발된 지혜를 열어주는 것, 즉 시초점하여 '**知來物**(지 래 물) (천도天道, 미래사를 앎)'하는 것을 말한다. ❷성무成務는 '**以定天下之業**(이 정 천 하 지 업)'이니 사람이 마땅히 해야 할 사업을 정해주는 것, 즉 괘를 판단하여 천하의 일을 이루게 하는 것을 말한다.

모천하지도冒天下之道 모천하지도冒天下之道는 '**以斷天下之疑**(이 단 천 하 지 의)'이니 개물성무開物成務하여 '통지通志 · 정업正業'한 것을 포함하는 것이다.[152]

여사이이자야如斯而已者也 이와 같을 뿐이다. 역의 또 다른 일면에 대한 해설이다.

성인聖人 이통천하지지以通天下之志 이정천하지업以定天下之業 이단천하지의以斷天下之疑 성인聖人이 천하의 미래를 알아서 천하의 사업을 정해주어 천하의 의문을 해결해주는 것이다. 즉 천하의 의혹됨을 판단하여 밝혀주는 것이다.[153]

---

151 제4장의 '능미륜천하지도能彌綸天地之道'에서 역도易道가 천지의 준거로 천지지도天地之道를 가득 채워 얽어매는 것이다.

152 즉 시초점蓍草占을 하여 얻은 상象과 그 점占풀이를 하여 '통천通天하자고 (천하의 변화하는 이치에 통함)'하는 것을 말한다. 또한 천하의 도道에 어긋남이 없다. 천하의 도道에 알맞게, 역리易理를 알면 모든 것을 알 수 있다는 것이다.

153 ❶이통천하지지以通天下之志 : 용구用九, 통지通志 ❷이정천하지업이정천하지업 : 용육用六, 정업定業

是故로 蓍之德은 圓而神이오 卦之德은 方以知오
시고 시지덕 원이신 괘지덕 방이지

六爻之義는 易以貢이니 聖人이 以此로 洗心하야
육효지의 역이공 성인 이차 세심

退藏於密하며 吉凶에 與民同患하야 神以知來코
퇴장어밀 길흉 여민동환 신이지래

知以藏往하나니 其孰能與於此哉ㅣ리오
지이장왕 기숙능여어차재

古之聰明叡知神武而不殺者夫ㄴ뎌
고지총명예지신무이불쇄자부

❍ 是(옳을 시) 蓍(시초 시) 德(덕 덕) 圓(둥글 원) 神(귀신 신) 卦(걸 괘) 方(모 방) 貢(바칠 공(=告)) 此(이 차) 洗(씻을 세) 退(물러날 퇴) 藏(감출 장) 密(빽빽할 밀) 與(줄 여) 同(한가지 동) 患(근심 환) 來(올 래내) 藏(감출 장) 往(갈 왕) 孰(누구 숙) 能(능할 능) 與(줄 여) 古(옛 고) 聰(귀 밝을 총) 明(밝을 명) 叡(밝을 예) 知(알 지) 神(귀신 신) 武(굳셀 무) 不(아닐 불) 殺(어길 쇄, 심판 쇄, 죽일 살)

이런 까닭에 시초蓍草의 덕德은 원만하고 신묘神妙하며, 괘卦의 덕德은 방으로써 알려주고, 육효六爻의 뜻은 변하고 불변하는데서 (길흉吉凶을) 예지할 수 있게 하니, 성인聖人이 이로써 마음을 깨끗이 씻어 은밀함에 물러가 간직해 두며, 길흉간吉凶間에 백성과 더불어 근심을 함께 하여 신묘함으로써 미래를 알고, 지혜智慧로써 지나간 일을 간직하는 것이니, 그 누가 능히 이에 참여하겠는가. 옛날에 총명聰明하고 예지叡智하며, 신비로운 무용으로써 어기지 않는 자 인져(자者일 것이다).

개요概要

역도易道가 도서원리를 통해 이통以通, 이정以定, 이단以斷을 괘효원리로 밝히고 있다.

각설

시지덕蓍之德 원이신圓而神 시초의 덕은 둥글어서 신비스럽다. 윗 귀절의 개물開物(형이상, 천天)에 해당한다. 하늘의 둥근 것을 상징한다.[154] ❶시지덕蓍之德은 신물로써 시초점, 도서원리의 본성을 의미하며, ❷원이신圓而神은 도道는 둥글고, 원만하고 신묘하다는 의미이다.

괘지덕卦之德 방이지方以知 위 절의 성무成務(형이하)에 해당한다. 괘卦는 팔괘八卦를 말하며, 8은 음수이며, 땅에 해당하니 모난 것을 상징한다. 공간空間으로 드러난다는 것이다. 8×8= 64괘가 이에 해당한다.[155] 또한 지知라고 한 것은 이미 괘가 정해졌기 때문이다. ❶괘지덕卦之德은 괘효卦爻를 통해서 표상되어진 괘효원리의 본성을 말하고, ❷방이지方以知는 공간空間으로 드러낸다는 것이다. 지도地道와 연결된다.

육효지의六爻之義 역이공易以貢 육효六爻의 변화원리에 의해서 역도易道가 모두 드러나게 된다는 것이다.[156] 윗 구절의 '모천하지도冒天下之道'에 해당한다(작용). 육효六爻가 변역變易, 교역交易등의 변화로써 이치와 길흉을 사람에게 구체적이고, 자세하게 가르쳐 준다는 것이다.[157]

---

154 설시법의 측면에서 보면, 원래의 시초蓍草는 일곱 가닥으로 자라는데, 7은 양수陽數이며, 천수天數이므로 둥근 것을 상징한다. 7×7= 49 (기용其用은 49)가 이에 해당한다. 또한 동서남북東西南北 상하上下 (육허六虛)에 중앙을 더하면 7이 되어 하늘의 둥근 것을 상징한다. 신神이라고 한 것은 삼오이변參五以變하여 어떤 괘卦가 나올지 모르기 때문이다.

155 64방方으로 길흉·회린·무구등을 말해주고 있다는 것이다.

156 이것을 구체적으로 설명하면 ❶성인聖人이 역도易道로 마음을 닦아서 근원적인 세계에 도달하여 성덕된 결과로서의 길흉에 대하여 백성과 더불어 근심하는 것이다. 따라서 성인聖人이 역도易道를 자각하는 것은 후세의 백성을 걱정하는 우환의식임을 알 수 있다. ❷도, 원리는 미래적 존재로 미래를 근거로 하여 과거를 이해해야하는 것이다. 이러한 원리를 근거로 하지만, 군자의 구체적인 삶은 지이장왕을 통해서 신이지래神以知來하는 것이라고 할 수 있다.

157 (아산주역亞山周易) 괘지덕卦之德 방이지方以知에서 세분하여 육효로서 우리에게 보여주고 있다는 것이다. 또 효가 변하는 것과 변하지 않는 것으로써 더 구체적으로 우리에게 가르쳐 주는 것이다. 마치 임금에게 공물을 바치듯 육효로서 우리에게 세밀하게 일깨워주고 있다는 것이다.

성인聖人 이차세심以此洗心 현인지덕賢人之德으로 마음을 수양한다는 뜻이다.

퇴장어밀退藏於密 길흉여민동환吉凶與民同患 은밀하게 물러나 감추지만 길흉과 같이 일이 있을 때는 백성과 더불어 하는 것이다. 그러므로 '여민동환與民同患'이라고 말하였다. 근심에는 즐거움도 포함되어 있다.

신이지래神以知來 역도易道의 신묘함으로써 미래를 안다는 것이며, 앞의 일을 예측하는 것이다. 원이신圓而神의 신神이다.

지이장왕知以藏往[158] 방이지方以知의 지知이며, 과거의 전상典常과 예의禮義를 간직한다는 뜻이다. 다시 말하면 그 괘상卦象 또는 「괘사卦辭」에 따른 전례를 지혜롭게 간직하는 것이다.

고지총명예지古之聰明叡知 역易의 이치를 깨닫고 슬기롭게 선용善用하는 것을 말한다.

신무이불쇄자부神武而不殺者夫 신묘한 무용으로 잘못된 세상을 바꾸나, 사람을 강제하는 것이 아니라 성인지도聖人之道를 어기지 않고 그 뜻에 소인小人을 교화敎化하여 군자로 인도引導한다는 것이다.

> 是以明於天之道而察於民之故하야 是興神物하야
> 시 이 명 어 천 지 도 이 찰 어 민 지 고 　 시 흥 신 물
>
> 以前民用하니 聖人이 以此齋戒하야 以神明其德夫ㄴ뎌.
> 이 전 민 용 　 성 인 　 이 차 재 계 　 이 신 명 기 덕 부

❍ 察(살필 찰) 民(백성 민) 故(옛 고) 興(일 흥) 齋(재계할 재, 상복 자) 戒(경계할 계)

개요概要

역易을 공부하는 방법에 대한 설명이다.

---

158 공자가 후천后天에 자신의 도를 펴려고, 『주역』에 모든 것을 감추어 놓고 간다는 뜻이 있다.

하늘의 도에 밝고 백성의 연고를 살펴서 이에 신물을 일으켜 백성들의 씀을 앞서서 개발하니, 성인聖人이 이로써 재계하여 그 덕을 신묘하게 밝힘인저.

각설

명어천지도이찰어민지고明於天之道而察於民之故 하늘의 도(하늘의 원리, 시간)를 밝게 하고, 백성의 연고緣故(인간의 삶, 공간)를 살펴서 미래를 예지叡智한다는 것이다. '민지고民之故'는 백성의 길흉화복은 하늘의 법칙에 결부되어 있다.

시흥신물是興神物 시초蓍草를 말하고, 하도 · 낙서원리를 자각이며, 신물神物을 보여주는 징조이다. 신물은 하도, 낙서, 시초蓍草 등을 말한다.

이전민용以前民用 성인聖人이 백성들을 인도하여 그 길흉을 가르쳐 준다는 것이다. 이때, 전前은 동사動詞로 인도한다는 의미를 갖는다.

성인聖人 이차재계以此齋戒 재계齋戒는 몸과 마음을 단정히 하는 것이다.[159] ❶재심齋心은 형이상학적. 내적. 체體 (정심正心)의 의미이고, ❷재계齋戒는 형이하학적, 외적, 용用 (수신修身)을 의미한다.

이신명기덕부以神明其德夫 신명神明은 신비스럽고 밝은 것을 말하며, 기덕其德은 신물神物의 무사무위한 덕이다. 성인聖人이 이를 백성을 위해 사용함으로써 그 덕을 '**圓而神**하고, **方以知**'하게 나타내는 것이다.
원이신 방이지

---

159 지선至善의 경지, 내적으로는 제齊하고, 외적으로는 계戒하라는 것이다. 세심과 동일한 의미라고 할 수 있다.

是故로 闔户를 謂之坤이오 闢户를 謂之乾이오
시고 합호 위지곤 벽호 위지건

一闔一闢을 謂之變이오 往來不窮을 謂之通이오
일합일벽 위지변 왕래불궁 위지통

見을 乃謂之象이오 形을 乃謂之器오
현 내위지상 형 내위지기

制而用之를 謂之法이오
제이용지 위지법

利用出入하야 民咸用之를 謂之神이라.
이용출입 민함용지 이지신

○ 一(한 일) 闔(닫을 합) 闢(열 벽) 往(갈 왕) 來(올 래내) 不(아닐 불) 窮(다할 궁) 見(나타날 현) 乃(이에 내) 謂(이를 위) 象(코끼리 상) 形(모양 형) 器(그릇 기) 制(마름질할 제) 用(쓸 용) 法(법 법) 利(이로울 리이) 出(날 출) 入(들 입) 咸(다 함)

그러므로 문을 닫는 것을 곤이라 하고, 문을 여는 것을 건이라 한다. 한 번은 한 번 닫고, 한 번 여는 것을 변變이라고 하고, 왕래하여 다함이 없는 것을 통通이라고 한다. 드러남을 상象이라 하고, 형체가 나타남을 기器라 이르고, 만들어 씀을 법法이라 이르고, 씀을 이롭게 하여 나가고, 들어와서는 백성들이 모두 사용하는 것을 신神이라.

개요概要

역易의 의의와 건곤乾坤의 이치를 설명하고 있다.

각설

합호闔户 위지곤謂之坤 벽호闢户 위지건謂之乾 문을 닫는 것과 같이 만물의 완성작용을 하는 주체를 곤도坤道라 하며, 문門을 여는 것과 같이 만물을 시생始生하는 작용의 주체를 건도乾道라 한다. 건곤乾坤으로 말한 것은 음양陰陽의 대표적인 성정性情을 지녔기 때문이다.[160] 이것은 제5장에서 말한 '장저용藏諸用'하는 뜻이고, '벽호闢戶를 위지건謂之乾'은 '현저용顯著仁'의 뜻이다. ❶합호闔戶는 완성작용(곤작성물坤作成物), 형이하의 유형지문, 종終 의미이고, ❷벽호闢戶는 시초의 주관(건지대시乾知大始). 형이상의 무형지문, 시始를 말한다.

일합일벽一闔一闢 위지변謂之變 한번은 곤도坤道에 의해 완성完成작용이 이루어지고, 한번은 건도乾道에 의해 시생始生작용이 이루어지는 것이 변變이다. 다시 말하면 음양이 일음일양一陰一陽하는 것이 바로 '일합일벽一闔一闢'이다. 왜냐하면 합闔(음陰)이 변해서 벽闢(양陽)이 되고 벽闢(양陽)이 변해서 합闔(음陰)이 되니 이것이 변變'이다. 일합일벽(일음일양, 음양변화)하여 드러난 것이 상象이다.

왕래불궁往來不窮 위지통謂之通 그 작용이 왕래하며 다함이 없는 것을 통通이라고 한다. 즉 음양변화, 건곤변화, 사물의 변화에 통通하면 왕래에 막힘이 없다는 것이다.[161]

현내위지상見乃謂之象 형내위지기形乃謂之器 건곤지도乾坤之道인 변화원리를 상징적으로 드러낸 것이 상象 즉 괘상卦象이다. 구체적인 형체로 드러났을 때 기器(괘卦)가 된다. 그것이 구체적인 물상을 이룬 것이 기器이다.

❶현見은 현상적으로 나타난 형이하학적 계시啓示로서의 현顯이다.

❷상象은 심적心的으로 나타난 형이상학적 계시, 재천성상在天成象이다.

❸형形의 기준은 인간 본래성이다. 기器는 물적으로 재지성형在地成形이다.

---

160 천지의 성정을 표상하는 건곤은 천지의 위대한 본성이 만물을 낳고 길러주는 생생지위역生生之謂易의 호생지덕好生之德을 하는 것이다.

161 「계사상」편 「제5장」이 도道를 중심으로 논하였다면, 여기서는 백성과 현상성을 중심으로 전개하는 동일한 구조이다. 앞의 신물원리에 근거하여 건곤원리가 성립되기 때문에 건곤지도乾坤之道를 밝힌 것이다.

제이용지制而用之 **위지법**謂之法 상象과 기器를 마름질하여 질서에 맞게 하는 것이다. 이 상象과 기器를 잘 다스려 법도에 맞게 쓰는 것을 법法이다. **민함용지**民咸用之 **위지신**謂之神 사람들이 모두 사용하는 것을 신神이라고 한다. 즉 신神의 공능功能이 현상적으로 드러난 것이 백성들의 삶이라는 것이다. '합호벽호闔戶闢戶'[162]를 왕래불궁하게 하여 백성이 모두 쓸 수 있도록 하는 것을 신神이다.[163]

> 是故로 易有太極하니 是生兩儀하고
> 시 고　역 유 태 극　　시 생 양 의
>
> 兩儀ㅣ 生四象하고 四象이 生八卦하니
> 양 의　생 사 상　　사 상　생 팔 괘
>
> 八卦ㅣ 定吉凶하고 吉凶이 生大業하나니라.
> 팔 괘　정 길 흉　　길 흉　생 대 업

❍ 極(다할 극) 兩(두 양량) 儀(거동 의) 四(넉 사) 象(코끼리 상) 八(여덟 팔) 卦(걸 괘) 定(정할 정) 吉(길할 길) 凶(흉할 흉) 業(업 업)

그러므로 역에 태극이 있으니, 태극이 양의를 낳고, 양의가 사상을 낳고, 사상이 팔괘를 낳고, 팔괘는 길흉을 낳고, 길흉은 대업을 낳는다.

개요概要

64괘 형성形成원리와 길흉吉凶에 대한 설명이다.

---

162 일설에 의하면 '합호벽호闔戶闢戶'를 '합호'를 정적인 것으로 시초蓍草를 합하는 것으로 보고, '벽호闢戶'는 동적인 것으로 시초蓍草를 나누는 것으로 보기도 한다.

163 신神을 먼저 말한 것은 태극太極이 정靜했다가 동動하여 나오는 뜻을 살린 것이며(유정이동야有靜而動也), 합벽闔闢은 바로 동정動靜의 기틀(합벽闔闢은 동정지기야動靜之機也)이므로 건곤의 대표적인 성정이 된다.

각설 164

역유태극易有太極 시생양의是生兩儀 괘효원리의 구체적인 생성방향은 ❶ 태극太極으로 시작 ❷양의兩儀는 음양작용 ❸대업大業은 왕천하사업(『주역』 384효爻의 변화와 조화의 세계)을 말한다.[165]

팔괘정길흉八卦定吉凶 길흉생대업吉凶生大業 팔괘八卦 속에 길흉이 판단判斷되어 있고 길흉이 이로부터 정定해진다. 팔괘八卦가 이미 정해진 후에 64괘 384효가 나옴으로써, 천하의 업業을 정하는 것이다. 군자적인 삶이 당위원리로 대업大業은 모든 만물을 인격적 세계로 만들어 가는 사업이다. 그러므로 괘효원리는 왕도정치원리이며, 군자지도이다.

是故로 法象이 莫大乎天地하고 變通이 莫大乎四時하고
시고 법상 막대호천지 변통 막대호사시

懸象著明이 莫大乎日月하고 崇高ㅣ 莫大乎富貴하고
현상저명 막대호일월 숭고 막대호부귀

備物하며 致用하며 立成器하야
비물 치용 입성기

以爲天下利ㅣ 莫大乎聖人하고
이위천하리 막대호성인

探賾索隱하며 鉤深致遠하야 以定天下之吉凶하며
탐색색은 구심치원 이정천하지길흉

成天下之亹亹者ㅣ 莫大乎蓍龜하니라.
성천하지미미자 막대호시귀

○ 法(법 법) 莫(없을 막) 乎(~보다 호) 變(변할 변) 通(통할 통) 懸(매달 현) 象(코끼리 상) 著(분명할 저) 崇(높을 숭) 富(가멸 부) 貴(귀할 귀) 備(갖출 비) 致(이룰 치) 成(이룰 성) 器(그릇 기) 利(이로울 리이) 探(더듬을 탐, 찾을 탐) 賾(깊숙할 색) 索(찾을 색, 동아줄

164 효의 음양작용이 사상四象으로 드러나며, 용구용육用九用六의 구체적인 사상四象작용을 드러내기 위해서 팔괘八卦가 생성되고 길흉이 정해진 것이다. 따라서 효爻에 의해서 군자지도와 소인지도를 나누어 길흉을 드러낸 것이다.

165 태극太極은 만물생성의 근원인 본체本體를 말한다.

삭) 隱(숨길 은) 鉤(갈고랑이 구) 深(깊을 심) 致(보낼 치) 遠(멀 원) 亹(힘쓸 미) 蓍(시초 시) 龜(거북 귀)

이런 까닭에 본받을 상은 하늘과 땅보다 큰 것은 없고, 변통은 사계절 보다 더 큰 것은 없고, 상을 매달아 밝음을 나타내는 것은 해와 달보다 더 큰 것은 없고, 숭고함은 부귀보다 더 큰것은 없고, 물건을 구비하며 씀을 지극히 하며, 기물을 이루어 천하를 이로움 하는데는 성인聖人보다 더 큼이 없고, 정미한 것을 탐색하여 은밀한 것을 찾으며, 깊은 것에 있는 것을을 찾아내고 먼 것을 이르게하여 천하의 길·흉을 정하며, 천하의 (사람들이)힘써야 할 일을 이루는 것은 시蓍·귀龜보다 더 큰 것이 없다.

각설 166

법상막대호천지法象莫大乎天地 변통막대호사시變通莫大乎四時 상象을 법法받는 것이 천지보다 큰 것이 없고, 변變해서 통하는 것은 사시四時가 가장 전형적인 것이다. 그러므로 사시四時를 통해서 시간적인 변화원리를 알아야 한다. 음양변화에 따라 사시四時의 순환이 계속됨(통通)을 뜻한다.

현상저명懸象著明 막대호일월莫大乎日月 천지天地 다음에 사시四時이다. 수택절괘에서 '**天地節**이 **四時成**하니'(천지절 사시성)라 함은 천지의 마디가 사시四時라는 것이다. 마디를 짓는 역할을 하는 것이 일월日月이다. 즉 현상저명懸象著明이 일월日月보다 큰 것이 없는 것이다. 천지의 정기를 받은 것이 일월日月이다. 일월日月은 천도天道(일월日月)와 인도人道(사시四時)의 문제 언급하고 있다.

숭고막대호부귀崇高莫大乎富貴 성인聖人의 부귀를 뜻한다.[167] (부귀 ⇨ 덕)

---

166 (觀中) '법상法象이 막대호천지莫大乎天地라' 함은 하늘은 상象을 드리우고 땅은 그를 본받은(法한) 것이다. 아래로 '막대호시귀莫大乎蓍龜'까지 각기 음양의 이치와 그것이 가장 잘 드러난 상象과 비유比喩하여 말한 것이다.

167 부귀도 숭고해야 옳은 부귀이며, 인색하게 축적함이 부가 아니고, 또 권력이나 누리려고 함이 귀貴함이 아니라는 것을 천명한 것이다.

비물치용備物致用 기구器具를 만드는 것이 '비물備物'이고, 이를 바르게 사용함이 '치용致容'이다. 비물備物은 존재원리이다.

탐색색은探賾索隱 그윽하고 깊은 것을 더듬어 찾으며, 숨어 있는 것을 찾아내는 것을 말한다. 즉 진리를 탐구하는 방법이다.

구심치원鉤深致遠 깊숙이 있는 역도易道를 갈구리질을 하여(연구하여) 멀리까지 이르게 함을 말한다. 이치가 아무리 깊고 먼 곳에 있어도 시초蓍草가 우리에게 다 가르쳐 준다는 의미이다.

이위천하리以爲天下利 **막대호성인**莫大乎聖人 천하의 이로움을 성인聖人이 이룬 것을 말한다.

성천하지미미자成天下之亹亹者 **막대호시귀**莫大乎蓍龜 거북점보다 큰 것이 없음을 말한다. ❶미미亹亹는 군자가 도덕적 세계 구현을 위해 힘쓰고 힘쓰는 모양이고, ❷시구蓍龜는 하도 · 낙서와 시초점蓍草占, 거북점을 말한다.[168]

---

168 『서경』 「주서·홍범」편, 제7에서 "계의는 복서할 사람을 가려 세우고서야 이에 명하여 복서한다. 비오는 듯함과 개임과 몽매함과 끝어짐과 이김이며, 정과 회이다. 무릇 일곱 가지는 거북점에는 다섯 가지를 쓰고, 시초점에는 두 가지를 쓰니, 잘못됨을 추측하여 아는 것이다. 이 사람을 세워 복서를 하되 세 사람이 점을 치면 두 사람의 말을 따른다. 너는 큰 의심이 꾀함을 너의 마음에 미치고, 경사에 미치고, 서인에 미치고, 복서에 미쳐라. 네가 따르고 거북점이 따르고 시초점이 따르고 경사와 서민이 따르면 이것을 대동이라 하나, 몸이 강강(康彊) 자손이 길함을 만날 것이다. 네가 따르고 거북점과 시초점이 따르며, 경사가 거스르고 서민이 거슬러도 길할 것이다. 경사가 따르고 거북점과 시초점이 따르며, 네가 거스르고 경사가 거슬러도 길할 것이다. 서민이 따르고 거북점이 따르며, 시초점이 따르고 네가 거스리고 경사가 거스러도 길할 것이다. 네가 따르고 거북점이 따르고 시초점이 거스르고 경사가 거스르고 서민이 거스리면 안의 일을 하는 것은 길하고, 밖의 일을 하는 것은 흉할 것이다. 거북점과 시초점이 모든 사람과 위배되면 정함에 사용함은 길하고, 동함에 사용함은 흉할 것이다. (七, 稽疑, 擇建立卜筮人, 乃命卜筮. 曰雨, 曰霽, 曰蒙, 曰驛, 曰克, 曰貞, 曰悔. 凡七, 卜五, 占用二, 衍忒. 立時人作卜筮, 三人占, 則從二人之言. 汝則有大疑, 謀及乃心, 謀及卿士, 謀及庶人, 謀及卜筮. 汝則從, 龜從, 筮從, 卿士從, 庶民從, 是之謂大同, 身其康彊, 子孫其逢, 吉. 汝則從, 龜從, 筮從, 卿士逆, 庶民逆, 吉. 卿士從, 龜從, 筮從, 汝則逆, 庶民逆, 吉. 庶民從, 龜從, 筮從, 汝則逆, 卿士逆, 吉. 汝則從, 龜從, 筮逆, 卿士逆, 庶民逆, 作內吉, 作外凶. 龜筮共違于人, 用靜吉, 用作凶.)"라고 하였다.

是故로 天生神物이어늘 聖人이 則之하며 天地變化ㅣ어늘
시고 천생신물 성인 칙지 천지변화

聖人이 效之하며 天垂象하야 見吉凶이어늘
성인 효지 천수상 현길흉

聖人이 象之하며 河出圖하며 洛出書ㅣ어늘
성인 상지 하출도 낙출서

聖人이 則之하니 易有四象은 所以示也ㅣ오
성인 칙지 역유사상 소이시야

繫辭焉은 所以告也ㅣ오 定之以吉凶은 所以斷也ㅣ라.
계사언 소이고야 정지이길흉 소이단야

○ 神(귀신 신) 物(만물 물) 則(본 받을 칙) 效(본받을 효) 垂(드리울 수) 見(나타날 현) 河(강 이름 하) 圖(그림 도) 洛(강 이름 락낙) 書(쓸 서) 象(코끼리 상) 示(보일 시) 繫(맬 계) 辭(말 사) 告(알릴 고)

이런 까닭에 하늘이 신비로운 물건을 낳음에 성인이 그것을 본받고, 천지가 변함에 성인聖人이 그것을 본받으며, 하늘이 형상을 드리워서 길흉을 나타냄에 성인이 그것을 형상하며, 하수에서 그림이 나오고, 낙수에서 글이 나옴에 성인이 그것을 법하니, 역에 사상이 있는 것은 보이는 바요, 말을 매어 놓은 것은 알려주는 바요, 이로써 길흉을 정함은 (이 속에 길흉이) 판단하는 이치이라.

개요概要

위 내용을 천도天道의 표상 방법과 결부해보면,

❶천생신물天生神物 성인칙지 聖人則之 ⇨ 점占,

❷천지변화와 성인효지聖人效之 ⇨ 변變,

❸천수상天垂象 현길흉見吉凶 성인상지聖人象之 ⇨ 상象,

❹하출도河出圖 낙출서洛出書 성인칙지聖人則之 ⇨ 사辭를 뜻한다.

따라서 이상 네 가지 (상象, 사辭, 변變, 점占)가 성인聖人이 역도易道를 드러내는 방법을 말한다.

각설

천생신물天生神物 성인칙지聖人則之 ❶하늘이 신물을 내니 성인聖人이 본받았다는 것이다. ❷도서원리圖書原理안에 괘효卦爻원리가 포함되었음을 밝히고 있다. 다시 말하면 천도天道에 인도人道가 내포되어 있다는 것이다. 하도 · 낙서원리가 밝혀졌다는 것은 천도天道가 밝혀졌다는 것이다.

천지변화天地變化 성인효지聖人效之 성인聖人이 자각한 천지변화원리가 군자의 행동원리가 된다. 즉 爻에 나타난 길흉이 군자의 언행원리이다.

천수상天垂象 현길흉見吉凶 하늘이 상象으로 길흉을 드러냈다는 것이다.

하출도河出圖 낙출서洛出書 성인칙지聖人則之 하도河圖와 낙서洛書가 출현함에 따라 천지만물의 생성生成과 생장生長원리가 드러나게 되었고, 이것을 성인聖人이 자각自覺하여 본 받았다는 것이다.

역유사상易有四象 역유사상易有四象은 11장 제일 앞의 구절에 대한 결론적 설명이다.

소이시야所以示也 시示란 칠七(소양少陽), 팔八(소음少陰), 구九(노양老陽), 육六(노음老陰)을 통해 괘상卦象을 보여 주는 것이다. 시示는 계시이다.

계사언繫辭焉 소이고야所以告也 괘상을 「괘사」, 「효사爻辭」로써 고告하여(풀이하여) 각자가 그 행할 바를 가르쳐 준다.(**通天下之知, 定天下之業.**)
통천하지지 정천하지업

정지이길흉定之以吉凶 소이단야所以斷也 괘효에 길흉을 정함으로써 판단하여 준다.(**以斷天下之擬**)
이단천하지의

☯하도와 낙서

	河圖	洛書
	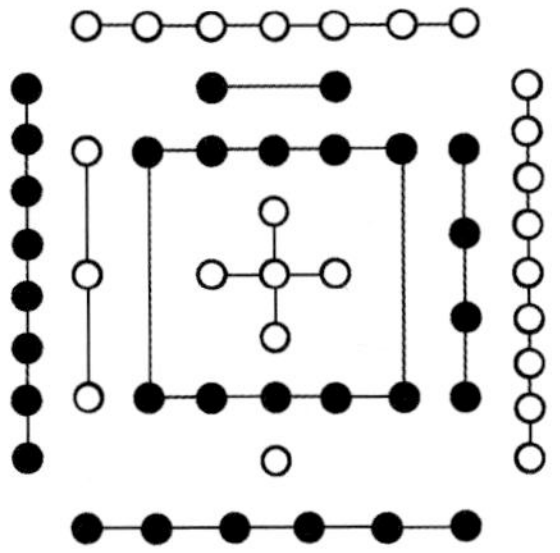	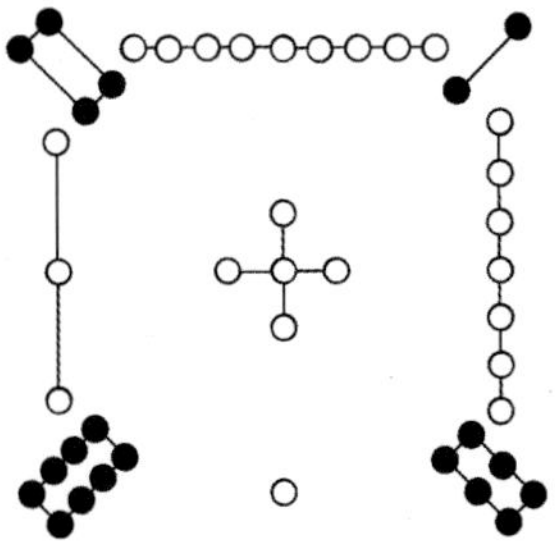
1	천지만물의 도道에 있어서 천도天道를 상징 ⇨ 체십용구작용, 음체양용의 건도乾道 표상 ⇨ 천도天道를 상징 양수25+ 음수30 = 55수	천지만물의 도에 있어서 지도地道를 상징 ⇨ 체오용육작용, 양체음용의 곤도坤道 표상 ⇨ 지도地道를 상징 양수(25) + 음수(20) = 45수
2	중심본체수 십十과 오五(十五) 일一에서 십十까지의 십수十數 도형 십무극十无極이 나타남(낙서의 체오용육의 역할을 포함)	중심본체수 오五 일一에서 구九수까지의 구수九數 도형 생성의 과정만 표상
3	하도는 중심본체수가 십十과 오五로 인도人道를 포함하며, 인간의 궁극적인 존재원리인 천도위주의 역도를 표상 인간의 존재법칙인 하도적 신명원리 표상	낙서는 중심본체수 五로서 인도人道 중심으로 역리를 표상⇨ 인간의 실존적 삶 방식과 실천적 삶의 원리 표상 낙서의 실천적인 원리는 하도의 신명원리에 근거
4	상생相生질서 논리	상극相剋질서 논리
5	(1·6), (2·7), (3·8), (4·9) 음양의 결합 ⇨ 음양조화합덕 0 ⇨ 만물창생(씨)과 존재의 궁극적인 자기완성(열매)을 표상	(1·9), (2·8), (3·7), (4·6) 음음, 양양의 결합 ⇨ 음양합덕× ⇨ 만물창생(씨) ×

6	천지만물의 생성生成원리 표상	천지만물의 생장生長원리 표상
7	체體로서 순작용 ⇨ 9·8·7·6의 체감遞減작용 미래적시간에서 현재를 조명	용用으로서 역逆작용 ⇨ 1·2·3·4의 체증遞增작용 현재 시간에서 미래를 향해서
8	삼극지도(태극, 황극, 무극) 표상	삼재지도(천, 지, 인) 표상
9	10과 5를 중심으로 생수(1, 2, 3, 4)와 성수(6, 7, 8, 9)가 2개의 원주상으로 배열	생수生數와 성수成數의 일렬적 배열
10	하도河圖에는 「계사상」편 9장의 천지지수(10개)를 모두 사용하여 일정한 체계를 이루고 있다. 각 수의 위치는 그 배열이 생수와 성수, 음수와 양수의 음양합덕 구조를 이루고 있다. 전체적으로는 천도天道의 오행적 구조를 표상하고 있다.	낙서洛書는 「계사상」편 9장의 천지지수(10개)중에서 9수만 표상하고 있다. 수의 공간적인 배치가 내외를 이루지 못하고, 수의 배열 위치가 일렬로 배열되어 生成數는 갖추고 있으나 음양수는 이루지 못하여 천도天道를 창생시킬 수는 없다. 전체적으로는 오행적 구조를 갖추고 있으나 하도에 비해 금金·화火의 위치가 바뀌어 있다.
11	낙서의 중심수 5와 마주한 생·성수를 합치면 15가 되는 이는 하도의 본체수 15와 일치한다. 따라서 천도의 존재원리를 표상하는 하도 중심수 15가 본체가 되어 지도地道의 변화법칙을 상징하는 낙서의 수 15로 작용되는 것이다. 이것을 체용體用의 입장에서 보면 체하도體河圖 용낙서用洛書의 구조를 갖는다고 할 수 있다.	

○제12장

요지要旨[169]

「계사상」편의 총결론이다. 성인지도의 주체적 자각을 통해 역도易道의 이치를 이해함을 말한다. 또한 도기道器와 변통變通의 문제를 거론하고 있다.

易曰, 自天祐之라 吉无不利라하니
역왈 자천우지 길무불리

子曰, 祐者는 助也ㅣ니
자왈 우자 조야

天之所助者ㅣ 順也ㅣ오 人之所助者ㅣ 信也ㅣ니
천지소조자 순야 인지소조자 신야

履信思乎順하고 又以尙賢也ㅣ라
이신사호순 우이상현야

是以自天祐之吉无不利也ㅣ니라.
시이자천우지길무불리야

❍ 自(~~부터 자) 祐(도울 우) 无(없을 무) 助(도울 조) 所(바 소) 順(순할 순) 信(믿을 신) 履(행할 리이) 思(생각할 사) 又(또 우) 以(써 이) 尙(오히려 상) 賢(어질 현)

역에 이르기를 하늘로부터 도움이 있어 길吉해서 이롭지 않음이 없다고, 하니 공자께서 이르시기를 보우한다는 것은 도와주는 것이니, 하늘이 도와주는 것은 순종하기 때문이오, 사람이 도와주는 것은 믿음(신실)이니 믿음

169 9장에서는 괘효원리의 근거인 도서원리를 밝혔고, 제10장에서는 군자가 괘효로 표상된 역도易道를 어떻게 자각하는가를 밝혔으며, 제11장에서는 도서와 괘효의 내용과 도서원리와 괘효원리의 관계, 성인聖人과 군자의 관계 등을 밝히고 있다. 이 章에서는 역도易道는 군자지도임을 밝히고, 성인聖人에 의해서 역도易道가 경전으로 천명되어지는 과정을 밝히고 있다. 성인聖人이 밝힌 역도易道는 건곤지도乾坤之道로 집약이 되며, 이 건곤지도乾坤之道는 형이상자이며, 형이상자인 역도易道를 상징적으로 표상한 것이 괘효원리이며, 괘효로 표상되는 것은 군자의 덕행임을 마지막에서 밝히고 있다.

(신실)함을 이행하여 순종할 것을 생각하고, 또 그것으로 어진 이를 숭상함이라. 이로써 하늘로부터 도움이 있어 길해서 이롭지 않음이 없느니라.

개요概要[170]

위의 절은 화천대유괘(☲☰) 상구효上九爻에 대한 말로서 성인지도聖人之道에 대한 순종과 진실을 말하고 있다.

각설

천지소조자순야天之所助者順也 인지소조자신야人之所助者信也 하늘이 돕는 것은 천명天命에 순종하기 때문이며, 사람이 돕는 것은 신信(신실함)을 지키기 때문이다.

이신사호순履信思乎順 믿음을 가지고, 천명天命에 순종할 것을 생각한다는 것이다. 성인聖人의 말씀을 자각하여 하늘에 따를 것을 생각한다. 즉 군자가 '순천응인順天應人'하는 것이다. 다시 말하면 역도易道란 천도天道를 믿고, 가슴으로 깨닫는 것이다.(성인지언聖人之言의 자각)

우이상현又以尙賢 현인賢人으로 숭상한다.[171] 역易을 통하여 표현된 역도易道를 깨달아서 인도人道를 실천 구현한다는 뜻을 세우는 것이다.

---

170 (觀中) 위의 절은 군자의 학문하는 방법을 설명하면서 역도易道는 군자지도임을 밝히고 있다. 또한 '자왈子曰'에 대한 해석은 '불초자不肖子'로 본 것이다. 천天은 부모이며 성인聖人은 자식(不肖子)으로 문답을 하는 형식이다. 공자孔子가 아니면 누가 글을 쓰겠는가? 작역作易의 주체는 성인聖人임을 「설괘說卦」에서 밝히고 있다.

171 성인聖人과 역도易道의 관계를 통해서 역도易道를 자각하여 살아간다. 성인聖人에 의해 역도易道가 드러나고 이것을 주체로 살아감을 말한다.

子曰, 書不盡言하며 言不盡意니
자 왈 서 불 진 언 언 불 진 의

然則聖人之意를 其不可見乎아
연 즉 성 인 지 의 기 불 가 견 호

子曰, 聖人이 立象하야 以盡意하며 設卦하야
자 왈 성 인 입 상 이 진 의 설 괘

以盡情僞하며 繫辭焉하야 以盡其言하며 變而通之하야
이 진 정 위 계 사 언 이 진 기 언 변 이 통 지

以盡利하며 鼓之舞之하야 以盡神하니라.
이 진 리 고 지 무 지 이 진 신

○ 書(쓸 서) 不(아닐 불) 盡(다될 진) 言(말씀 언) 意(뜻 의) 然(그러할 연) 象(코끼리 상) 設(베풀 설) 盡(다될 진) 情(뜻 정) 僞(거짓 위) 鼓(북 고) 舞(춤출 무) 盡(다될 진)

공자가 이르기를, 글은 말을 다하지 못하고, 말은 뜻을 다하지 못함이니 그런 즉 성인聖人의 뜻은 가히 볼 수 없는 것인가? 공자가 이르기를, 성인이 (역 속에)상象을 세워서 뜻을 다하고, 괘를 베풀어서 참과 거짓을 다하며, 말을 매어서 그 말을 다하며, 변變하고 이것을 통通하게 하여 (만민萬民의) 이로움을 다하며, 이로서 (백성의 마음을) 두드리고 춤추게 하여 신묘함을 다 하니라.

개요概要

성인聖人이 어떻게 역易을 저작했는가? 역에서 드러낸 역도易道의 공능功能은 무엇인가? 세상의 우환을 근심하는 성인聖人의 마음을 어떻게 볼 수 있는 것인가?

각설

서불진언書不盡言 **언불진의**言不盡意 뜻을 다 말로 표현할 수는 없고, 말을 다 글로 표현할 수는 없다는 것은 언어와 문자에 국한된 의미가 아닌 존재론적 의미를 말과 글로 표현하기에는 한계가 있다는 말이다.[172] 왜냐하면 문자란 무형의 말을 볼 수 있도록 공간화 한 것이며, 언어란 볼 수도 들을 수도 없는 사람의 심리작용을 시간화한 것이기 때문이다.

연즉성인지의然則聖人之意 의意란 성인聖人에 의해 깨달아진 역도易道를 말한다. 인간의 마음이 없으면 도道는 드러나지 않는다. 다시 말하면 인간의 마음 세계를 떠나서 도道는 존재하지 않는다는 것이다. 성인聖人의 뜻은 인간 본래성을 깨달아서 살아가도록 하는 것이다.

입상立象 이진의以盡意 입상立象은 도道를 이치로 해부하여 도서圖書 · 괘상卦象의 상象을 세웠다는 것이다.[173] 음양의 상象을 세워 우주와 인간사의 이치를 다 표현한 것이다. 따라서 상象이란? 역도易道를 자각하는 방법이며, 실천하는 근거가 되는 것이다. 즉 변화막측한 성인聖人의 뜻을 상象으로써 다 표현한 것이다. 상象이란 괘상원리, 상징원리, 도서원리, 근원적 존재원리를 말한다.

설괘設卦 이진정위以盡情僞 설괘設卦는 뜻을 표상하는 과정에서 참과 거짓을 구체적으로 드러내는 것이다.[174] 바꾸어 말하면 존재원리를 모두 드러낸 것이다. 괘효卦爻에는 강剛 · 유柔, 정正 · 부정不正, 득중得中 · 부득중不得中의 정위正位가 있고, 사람에게는 선善 · 악惡의 정위正位가 있다. 따라서 괘卦를 지음으로써 사람의 정正과 위位를 다 표현할 수 있다는 것이

---

172 (觀中) '서불진언書不盡言, 언불진의言不盡意'은 '노장老莊'의 관점과 유사한 면이 있으나 자각론, 초월론을 염두에 두고 이해해야 한다. 서불진언書不盡言, 언불진의言不盡意'는 자각이다. 역생도성逆生倒成의 관점이기 때문이다. 노장사상老莊思想은 근본적인 문제를 초월한 초월론이다. '왕필'은 득의망상得意忘象과 관련하여 '망상忘象이 안 되면 득의得意도 안 된다'라고 한다. 이때의 도는 성인지도가 아니다. 언어 자체보다는 언어의 존재론적 의의를 통해서 밝히고 있다. 언어와 도道의 관계를 구명究明하고 있다. 단, 언어의 한계를 말함은 아니다.

173 심성내면에서 이루어짐

174 (觀中)『주역』은 괘효역학의 입장이다. 그러나 성인聖人의 뜻이 괘효사爻辭의 언사를 통해서만 역도易道가 드러난다고 생각해서는 곤란하다. 언사의 한계점을 극복하기 위해 상象과 수數로써 역도를 표상하고 있다. 이런 관점에서 보면 '왕필王弼'의 '득의망상得意忘象'은 잘못된 이해라고 할 수 있다. 왜냐하면 물상론에 대한 내용을 노장사상으로 대신했기 때문이다.

다. ❶정情은 자기분수와 위치를 지키며, 진실을 말한다. 괘卦에서는 득중得中, 득위得位로 표현한다. ❷위僞 는 경거망동하며, 거짓을 말한다. 괘卦에서는 부정不正, 부득중不得中의 실위失位로 표현한다.

계사언繫辭焉 이진기언以盡其言 「계사繫辭」는 말씀으로 군자지도와 당위원리를 말하고 있다. 「계사繫辭」를 통해 길흉吉凶을 판단함을 밝히고 있는 것이다.[175] 그러므로 말 속에는 길흉이 있는 것이다.

변이통지變而通之 이진리以盡利 건곤乾坤의 작용을 통하여 변통變通이 이루어지기 때문에 변화원리에 통하여 만물이 생성하는 이로움을 다하는 것이다.[176] ❶변이통지變而通之는 변變은 만물의 생성원리이요, 음양陰陽의 변화원리이다. ❷이진리以盡利는 성인지도의 구명하여 천하 사람들의 이로움을 다한다.

고지무지鼓之舞之 이진신以盡神 성인聖人이 밝힌 역도易道 안에서 모든 것이 인격적 완성을 이루는 것이다. 그래서 신神이라고 하는 것이다.[177] 따라서 백성을 격려하고, 고무시켜 천도天道 변화의 신묘함을 온전히 파악할 수 있는 지혜를 가질 수 있도록 한다는 것이다.[178] ❶고지무지鼓之舞之는 성인聖人의 뜻을 다 알게 되면, 고지무지하여 심열心悅이 외부外部로 나타나게 된다. 또한 생명을 고무시켜주는 것으로 변이통지와 같은 의미로 역의 공능이다. ❷이진신以盡神은 결론으로 역도易道 자체를 다 드러냈다고 볼 수 있다.(生生之易 생생지역)

---

175 『주역』, 「계사상」편 제8장, "계사언繫辭言, 이단기길흉以斷其吉凶"

176 인간의 입장에서는 이물利物은 사물事物을 의義롭게 다스린다는 것이다. 즉 사물을 용도성에 맞게 다스리는 것이다.

177 (觀中) 인격적 존재인 신神이 만물을 화육하는 것을 '민함용지民咸用之 위지도謂之神(상편 제11장)'이라고 하였다. 이것은 역도易道를 자각한 군자에 의해서 왕도정치가 이루어지는 것으로 백성들에게는 신묘함으로 나타나는 것이다. 즉 군자의 왕천하 사업이 백성에게는 신神으로 드러나는 것이다.

178 엄연식 『주역』 (하), 을유문화사, 2011, 596쪽.

乾坤은 其易之縕耶ㄴ뎌
건곤 기역지온야

乾坤이 成列而易이 立乎其中矣니
건곤 성열이역 입호기중의

乾坤이 毁則无以見易이오
건곤 훼즉무이견역

易을 不可見則乾坤이 或幾乎息矣리라.
역 불가견즉건곤 혹기호식의

○ 乾(하늘 건) 坤(땅 곤) 易(바꿀 역) 縕(헌솜 온) 耶(어조사 야) 成(이룰 성) 列(벌일 열렬) 毁(헐 훼) 幾(기미 기) 息(숨 쉴 식)

건과 곤은 역을 쌓아놓은 것인저! 건과 곤이 (분해하여) 열을 이루니 역이 그 가운데 있는 것이니, 건곤이 훼손되면 이로써 역을 볼 수 없을 것이요, 역을 가히 보지 못한 즉 건곤이 거의 쉬게 되리라.(멸식/종식되리라)

개요概要

건곤乾坤이라는 음양陰陽에서 만물이 나오므로, 만물萬物은 건곤乾坤이고, 건곤乾坤은 만물이라는 뜻을 표상하고 있다.

각설

건곤乾坤 기역지온야其易之縕耶 건곤이 역易의 온축蘊蓄이란 말은 건乾은 양陽의 쌓임이고, 곤坤은 음陰의 쌓임이다. 그러므로 건곤乾坤은 음陰과 양陽의 변화로 이루어지므로 역易의 심오한 뜻이 쌓인 바탕이라 할 수 있다. 온蘊은 쌓을 온으로 함의, 내용, 심오한 뜻으로 바탕이 되는 곳, 쌓여 있는 곳, 모이는 곳 등을 말한다.

건곤성열이역乾坤成列而易 입호기중의立乎其中矣 건곤乾坤에 64괘에 다 들어 있다. 그러므로 건곤乾坤은 역의 쌓임이다. 이것이 나머지 62괘에 고루 퍼져서 각기 만물을 구성하고 있으므로 '성열成列'이라고 하였다.

건곤乾坤 훼즉무이견역毁則无以見易 건곤乾坤이 나누어져 역易을 지었으므로, 건곤乾坤이 훼손되어 없어지면 역易을 볼 수 없다는 것이다. 이는 천지天地가 무너졌다는 것이 아니라, 천지天地와 만물 사이의 관계를 설명한 것이다.

불가견즉건곤不可見則乾坤 혹기호식의或幾乎息矣 건곤乾坤의 작용은 만물 즉 역易으로 나타난다. 따라서 역도易道를 가히 볼 수 없다면 건곤乾坤의 작용은 볼 수 없다는 것이다.[179]

是故로 形而上者를 謂之道ㅣ오 形而下者를 謂之器오
시 고 형 이 상 자 위 지 도 형 이 하 자 위 지 기
化而裁之를 謂之變이오 推而行之를 謂之通이오
화 이 재 지 위 지 변 추 이 행 지 위 지 통
擧而措之天下之民을 謂之事業이니라.
거 이 조 지 천 하 지 민 위 지 사 업

○ 形(모양 형) 道(길 도) 器(그릇 기) 化(될 화) 裁(마를 재) 變(변할 변) 推(옮을 추) 通(통할 통) 擧(들 거) 措(둘 조) 事(일 사) 業(업 업)

이런 까닭으로 형용하여 위의 것을 도道라고 하고, 형용하여 아래 것을 기器라고 하고, (음양질운작용으로) 변화하여 제재制裁하는 것을 변變한다 하고, (음양변화법칙을) 추진하여 운행하는 것을 통通이라 하고, (이 이치를)들어서 천하의 백성에게 실행하는 것을 사업(왕도정치)이라 이름이니라.

개요概要

형이상자인 역도易道를 중심으로 도기道器를 구분하여 밝히고 있다.

179 역도가 없다면 천지의 이치가 존재할 수 없다는 것이다.

각설 180

형이상자위지도形而上者謂之道 형이하자위지기形而下者謂之器 '도기道器'를 구분하는 것으로 형形의 세계를 초월한 자를 '도道'라고 하고, 형상을 갖고 있는 것을 '기器'라고 한다. 도기道器는 개념적으로 구분하지만 본질적으로는 분리될 수 없다. 왜냐하면 기器는 천도天道가 현상적으로 드러난 것으로 볼 수 있기 때문이다. ❶도道는 기器안에 들어 있는 진리(시간성)이고, ❷기器는 천도天道가 드러난 장소, 그릇이다. 인간 본래성은 성명지리를 통해 사덕원리가 제도와 문물로 드러난다. 이 제도와 문물이 기器이다.[181] 즉 「홍범구주」를 통해서 천도天道의 원리가 제도와 문물, 정치로 드러난 것이다.

● **인간존재원리의 실천 : 왕도정치 실현**

인간 존재성의 발현 ⇨ ○	인간 본래성의 왜곡 ⇨ ×

제도와 문물

화이재지위지변化而裁之謂之變 화化나 재載는 모두 변하는 것이니, '화지化之'는 양陽에서 음陰으로, '제지裁之'는 음陰에서 양陽으로 변하는 것이

180 (觀中) ❶형이상자는 무형이고 형이하자는 유형으로 구별하지만, 무형이라도 마음속의 사유작용과 물리적인 시간 등은 무형적이지만 형이상자 즉 도道는 아니다. 또한 도道는 원리성을 가지고 있다. 그러나 자연과학적 법칙은 도道라고 하지 않는다. 이에 근본적 차이는 신명성(도덕성, 인격성)이 있다. 형이상의 세계는 유형의 세계를 벗어나 있는 도덕적인 세계이다. 따라서 형이상자는 무형적 존재이자 원리적 존재로 인격성(도덕성)을 본성으로 하는 존재이다. ❷형이하자는 형이상의 도道 자체가 이하而下한 것으로 형이하로 내려온 것이다. 형이하적 존재는 현상 사물이지만 역학에서의 형이하자는 현상적 사물이 아니라 형이상의 신명성이 인간 본래성으로 내재화된 '성명지리'이다. 인간 본래성으로서 성명지리는 천지지도天地之道가 드러나 밝혀지는 장場인 동시에 역도易道가 행해지는 매개체이다. 그래서 기라고 하는 것이다. ❸변화는 형이상의 도 자체가 자기전개의 작용이 만물의 생성으로 드러나는 것을 이른다. 이것을 미루어 행하는 것을 통이라고 하는 것 즉 도 자체의 자기전개 작용이 끊임없이 이루어지는 것이 통이다.

181 주자의 견해는 이理 ⇨무형, 기氣⇨ 유형이라고 한다. 이러한 견해는 자연과학의 법칙과 구분이 모호한 문제점이 있다는 비판이 있다.

다.[182]

추이행지위지통推而行之謂之通 '화이재지化而裁之'하는 것을 미루어서, 그에 따라 행行하는 것이다. (효爻에 따라 행동).

거이조지천하지민擧而措之天下之民 변통의 원리를 들어서 백성들의 삶의 원리로 드러내는 것이 군자의 사업인 것이다. ❶'거擧'는 '고지무지'하는 것을 말하고, ❷'조지措之'는 역도易道에 둔다는 것이다. 그러므로 역도易道(도기道器, 변통變通의 원리)를 천하의 백성에게 베풀어 고무 진작시키는 것이 사업인 것이다.

是故로 夫象은 聖人이 有以見天下之賾하야
시고 부상 성인 유이견천하지색

而擬諸其形容하며 象其物宜ㅣ라 是故謂之象이오
이의저기형용 상기물의 시고위지상

❍ 賾(깊숙할 색) 擬(헤아릴 의) 諸(모두 저) 容(얼굴 용) 宜(마땅할 의) 象(코끼리 상)

이런 까닭으로 대저 상象은 성인聖人이 천하의 잡란함(그윽하고 깊이 가려져 있는 역의 이치) 을 보고서 (그것을) 그 형체에 비기며, 그 물건에 마땅함을 형상한 것이다. 이런 까닭에 상象이라 이름이오,

개요概要

이 절에서 상象이란 형이상자를 상징적으로 드러낸 것을 말한다. 즉, 역도易道를 괘효원리로 표상한 것임을 밝히고 있다.[183]

---

182 공영달은 『주역정의』에서 "음양의 전환을 미루어 행하도록 작용을 발휘하는 것을 통通이다."라고 하였다.

183 제8장(선천적 관점)에서도 나오는 내용이지만 부상夫象(후천적 관점)의 입장에서 다시 한번 그 의미를 밝혀놓은 것이라 할 수 있다.

각설

부상夫象 괘상卦象을 의미한다.

유이견천하지색有以見天下之賾 도道가 드러나는 비유를 나타내고 있다. ❶견見은 색賾의 깨달음을 의미하고, ❷심深은 모두 도 자체를 의미한다.

상기물의象其物宜 존재진리의 마땅함을 말한다. 사물에 마땅한 바를 상징적으로 드러낸 것이다.

聖人이 有以見天下之動하야 而觀其會通하야
성인 유이견천하지동 이관기회통

以行其典禮하며 繫辭焉하야 以斷其吉凶이라
이행기전례 계사언 이단기길흉

是故謂之爻ㅣ니 極天下之賾者는 存乎卦하고
시고위지효 극천하지색자 존호괘

鼓天下之動者는 存乎辭하고
고천하지동자 존호사

○ 會(모일 회) 通(통할 통) 典(법 전) 禮(예도 례예) 斷(결단할 단, 끊을 단) 極(다할 극) 賾(깊숙할 색) 鼓(북 고) 辭(말 사)

성인이 천하(만물)의 움직임을 보고서 그 막히고 통함을 본다 하야 이로써 그 전례를 행하고 말을 묶어서 그 길하고 흉함을 결단함이라. 이런 까닭에 효라고 이르니 천하의 지극히 깊숙한 것은 괘에 있고, 천하를 고동시켜 움직이는 것은 말씀에 있다.

개요概要

괘상卦象속에는 근원적인(지극한) 도道가 담겨져 있고, 「계사繫辭」에는 생명을 고동시키는 원리가 들어 있다. 따라서 효爻를 통하여 길흉을 나눈 것은 길吉을 좇아서 생명을 고동시켜주라는 의미를 가지고 있다.

각설

유이견천하지동有以見天下之動 천하의 지극한 움직임을 보고서

관기회통觀其會通 모이고, 통함을 보고서

전례典禮 괘체효용卦體效用의 전례 글, 일정한 상규常規를 의미한다.

극천하지색자極天下之賾者 색賾은 도리道理, 존재진리를 말한다.

고천하지동자鼓天下之動者 존호사存乎辭 '觀其會通 以行其典禮'하여 각 효爻마다 말을 달아서 그 길흉을 결단하였으니, 성인聖人의 말씀속에 (「괘효사」, 「단 · 상사」, 「계사」 등) 그 동動함이 다 표현되어 있다는 뜻이다.
(관기회통 이행기전례)

化而裁之는 存乎變하고 推而行之는 存乎通하고
화이재지 존호변 추이행지 존호통

神而明之는 存乎其人하고 黙而成之하며
신이명지 존호기인 묵이성지

不言而信은 存乎德行하니라.
불언이신 존호덕행

❍ 化(될 화) 裁(마름질할 재) 存(있을 존) 推(옮을 추) 通(통할 통) 黙(묵묵할 묵)

(음양 질운작용) 변화하여 제재함은 변變에 있다 하고, (이러한 음양변화법칙을) 미루어(추리하여) 행함은 통通에 있다 하고, (역의 이치를) 신묘하게 밝히는 것은 그 사람에게 있다 하고, 묵묵한 가운데 이룬다 하여, 말하지 않아도 (모든 사람이)믿음은 덕德을 행行하는데 있다 하니라.(덕德≠덕행德行)

개요概要

변통變通의 원리를 통하여 통신명지덕通神明之德의 행行함을 말한다.

각설

화이재지化而裁之 **존호변**存乎變 화化는 심心이요, 재裁는 물物이다. 그러므로 심물心物의 조화는 모두 변하는데 있으며, 역리易理의 모든 것이 음변양화陰變陽化하는 이치에서 나온다고 할 수 있다. 따라서 재지裁之하는데는 질서와 법칙을 어기지 아니하면서 행한다.

신이명지神而明之 **존호기인**存乎其人 신령스럽게 그것을 밝히는 것은 인간(성인 · 군자)에게 있다. 신이명지神而明之는 시간성의 원리, 변동의 원리를 말하고, 존호기인存乎其人의 '기인其人'은 성인聖人을 뜻한다.

묵이성지黙而成之 **불언이신**不言而信 묵묵히 완성하며, 말하지 않아도 믿는 것은 군자의 덕행에 있다. 성인聖人의 덕이 군자의 덕행으로 이루어지는 것이다. 하려고 하지 않아도 이루는 것이 '默而成之(묵이성지)'이며, 말로 표현될 것을 기다리지 않고도 믿는 것이 '不言而信(불언이신)'이니, 제11장에서 '无思也(무사야) 无爲也(무위야)'라고 말한 시구蓍龜의 덕德이며, 정情, 변變하여 신神에 들어간 경지이다.

존호덕행存乎德行 군자의 덕행을 말한다.

□ 계사하繫辭下 편 □

요지要旨[184]

상편은 도서원리를 통해 천도天道 · 성인지도를 표상하고 있고, 하편은 괘효원리를 통해 인도人道 · 군자지도를 표상하고 있다. 「계사상 · 하」편 모두 각 제12장으로 구성되어 있다.

○제1장

八卦成列하니 象在其中矣오 因而重之하니 爻在其中矣오
팔 괘 성 열 상 재 기 중 의 인 이 중 지 효 재 기 중 의

○ 八(여덟 팔) 卦(걸 괘) 成(이룰 성) 列(줄 렬열) 象(코끼리 상) 在(있을 재) 其(그 기) 中(가운데 중) 矣(어조사 의) 因(인할 인) 而(말 이을 이) 重(무거울 중)

팔괘八卦가 열列을 이루니 상象이 그 가운데 있고, (팔괘로) 인하여 거듭(중

184 (觀中) 「계사상·하」편은 각 12편으로 구성되어 있는데 이는 1년이 12개월, 1일이 12시간(자시子時에서 해시亥時)이 되는 이치와 같다. ❶상편은 형이상학적, 본체론적으로 선천先天의 의미, 역수원리에 근거하여 괘효원리가 성립되었음을 논증하고 있다. ❷하편은 형이하학적, 실용론적으로 후천后天의 의미, 괘효원리 위주로 군자의 사덕을 논함. ❸「계사하」편은 천도天道가 육효중괘에 의해 작용원리로 드러난 것이다. 다시 말하면 괘효원리를 中心으로 인도人道, 성명지리를 드러낸 것이다. 즉, 육효중괘의 괘효원리를 통하여 사덕원리를 밝히고 있다. ❹전체는 육효중괘의 구성원리를 설명하고 있다. 괘효역을 본격적으로 설명하고 있다. ❺도서원리가 공간에서 괘효원리로 드러남을 말한다. 육효중괘를 공부함에 있어서 변괘, 대응괘, 도전괘, 상하교역괘, 잡괘(괘의 성정) 등 여러 관점에서 보아야 한다. 그 다음 육갑원리를 적용해서 보아야한다. 그래야 통관할 수 있다. ❻팔괘가 열列을 이루는 방법은 육십사중괘와 삼역팔괘도이다. 괘는 팔괘(소성괘)를 말한 것이고, 효爻는 팔괘八卦가 거듭하여 육효중괘 (대성괘)를 이룸을 말한다. 즉 역易에서 상象이라고 하면 소성괘의 여덟 상象을 말하는 것이다. 즉 일건천부터 팔곤지까지 소성괘가 각각 하늘부터 땅까지의 형상을 이루고 있으며, 팔괘가 각각 여덟괘씩 늘어(8×8=64)64괘 (대성괘)를 이루니 (64×6효=384)384효가 된다.

重)하니 효爻가 그 가운데 있다.

개요概要

제1장 전체는 육효중괘의 구성원리 설명하고 있다. 다시 말하면 괘효역을 본격적으로 설명하고 있다.

각설

팔괘성렬八卦成列 **상재기중의**象在其中矣 일건천一乾天(☰) · 이태택二兌澤(☱) · 삼리화三離火(☲) · 사진뢰四震雷(☳) · 오손풍五巽風(☴) · 육감수六坎水(☵) · 칠간산七艮山(☶) · 팔곤지八坤地(☷)의 여덟괘 속에 만물을 대표하는 상(만물의 상징)이 들어 있다.[185] 팔괘성열八卦成列이란 팔괘八卦로 분리하여 소성괘小成卦가 생성되고, 64괘로 배열. 팔괘八卦가 열列을 지었다는 것은 팔괘八卦가 중첩되는 것이며, 중첩되어 효爻가 그 가운데 있다는 것이다. 그러므로 효爻는 반드시 팔괘八卦가 중첩된 육효六爻밖에 될 수가 없다.

인이중지因而重之 **효재기중의**爻在其中矣 육효중괘六爻重卦인 대성괘大成卦를 이룬 후 비로소 효爻를 그 가운데 있다는 것이다. 즉 효爻를 통해서 길흉吉凶을 결단한다는 것이다.

> 剛柔相推하니 變在其中矣오
> 강 유 상 추 변 재 기 중 의
>
> 繫辭焉而命之하니 動在其中矣라.
> 계 사 언 이 명 지 동 재 기 중 의

○ 剛(굳셀 강) 柔(부드러울 유) 相(서로 상) 推(옮을 추) 變(변할 변) 其(그 기) 繫(맬 계) 辭(말 사) 焉(어찌 언) 命(목숨 명) 動(움직일 동) 在(있을 재)

185 부록의 64괘 서차도 참고.

강과 유가 서로 미루니 그 변함이 그 가운데 있고, 말을 달아 명(고告)하니 움직여 그 가운데 있음이라.

개요概要

앞 절의 육효중괘六爻重卦 의미를 구명究明에 이어 효爻의 내용인 강유剛柔를 밝히고 있다.[186] 괘효卦爻를 통해 중정지도中正之道를 드러내고자 한 것이다.(군자의 사덕원리四德原理)

각설

강유상추剛柔相推 음양의 합덕작용이 공간에서는 강유剛柔작용으로 나타난다. 그 가운데 변화가 있음을 「설괘」 제2장에서 밝히고 있다. 강유剛柔란 음양의 지도地道적 · 공간적 차원이다. 강유剛柔(음양)가 교체하여 64괘가 생성되며, 모든 것이 음양의 변화속에 이루어진다. 그러므로 역은 음양의 조화라고 할 수 있다.

변재기중의變在其中矣 변變은 형이상학적 원리로 드러남을 말한다.

계사언이명지繫辭焉而命之 동재기중의動在其中矣 성인聖人이 「괘효」를 통해 말을 묶어 명命하니 그 가운데 군자의 행동원리가 있다는 것이다. ❶명命은 성인聖人의 명命, 말씀으로 성性(체體) 명命(용用) 의미하고, ❷동動은 군자적 삶의 원리를 제시, 인간 행동의 원리를 말한다.

---

186 (觀中) 『주역』은 지도地道의 입장이므로 강유剛柔의 입장에서 역리를 전개되고 있다. 「계사하」편 제6장에서 "강유剛柔가 서로 밀고 당기는 질운迭運작용을 한다는 것(음양합덕陰陽合德 이강유유체而剛柔有體)"은 음양이 합덕되었기 때문에 강유剛柔작용이 일어나는 것이다. 그러므로 그 가운데 변화가 있음을 밝히고 있다. 성인聖人이 괘효와 사辭를 엮어 명령하니 그 가운데 동動(군자의 행동원리)이 있는 것이다. 즉 괘효원리卦爻原理를 통해 성인聖人이 밝히고자 한 것은 인도人道인 군자의 사덕원리四德原理임을 알 수 있다.

吉凶悔吝者는 生乎動者也ㅣ오
길 흉 회 린 자 생 호 동 자 야

剛柔者는 立本者也ㅣ오 變通者는 趣時者也ㅣ라.
강 유 자 입 본 자 야 변 통 자 추 시 자 야

○ 吉(길할 길) 凶(흉할 흉) 悔(뉘우칠 회) 吝(아낄 린인) 剛(굳셀 강) 柔(부드러울 유) 立(설 립) 本(밑 본) 變(변할 변) 通(통할 통) 趣(달릴 취, 따를 추) 時(때 시)

길하고 흉하고 뉘우치고 인색한 것은 동動하는 데서 생하고, 강유剛柔는 근본을 세우는 것이요, 변變과 통通은 때에 따르는 것이라.

개요概要[187]

군자의 행동, 움직임에 따라 길흉회린이 생한다는 것이다.

각설

길흉회린자吉凶悔吝者 인간의 마음과 행동(군자지도, 소인지도)결과로 드

---

187 (觀中) ❶변화는 무엇인가? '변화'는 시간의 흐름으로 드러나는 것이다. 천지가 합덕되지 않으면 시간이 섭리 주재되지 않는다. 천지의 합덕체로써 인격적 존재인 신神에 의해서 시간이 攝理 주재되어진다는 것은 시간이 흐른다고 하는 것인데 이것은 물리적인 생명의 현상을 주재한다는 것이다. 이는 형이상적 존재인 신神이 자신의 인격성을 분여分與해주는 현상이 물리적 시간으로 나타나는 것이다. 즉 물리적인 생명체에 시간이 주어지는 것이다. 따라서 시간의 흐름은 생명의 끊임없는 생성이며, 생명의 창조와 화육으로 나타난다. 생명의 생성은 그것이 변화로 창조와 진화가 계속해서 일어나는 것이다. 시간에 따라서 생명현상이 끊임없이 전개되어지는 것이다. 도道(천도天道, 존재론적) 자체로 보면 그렇다. 호생지덕好生之德을 '인간의 입장'에서 보면 물리적인 생명은 시간으로 주어지고, 물리적인 생명의 근거로써 형이상적인 생명은 본래성으로 주어져 있다. 즉, 인간 본래성으로 성性이자 명命인 성명지리이다. ❷성명지리性命之理는 무엇인가? 본성과 역사적 사명이 근거가 되어 본성이 주어지고, 본성이 발현되어 역사적 사명이 완성되어지는 것이 바로 성명지리이다. [1]시간에 있어서 물리적 시간과 시간의 근거인 시간성이 인간에게 있어서는 '시간'은 물리적 생명이 되고, [2]시간성은 성명지리가 된다. 후천后天이봉천시後天而奉天時하는 존재가 군자로 천도天道의 시간성이 시간으로 드러나는 시의성을 알아서 봉행을 해야하는 것이다. 따라서 형이상의 시간성을 자각하여 자신의 성명지리를 완성함으로 물리적 생명에 주어진 사명을 다하게 되는 것이다. ❸본本은 체體를 세운다는 것이고, 시時는 시의성(시간성 원리)을 말한다.

러난다.

강유자剛柔者 강유剛柔작용을 통해서 음양이 드러나는 것이다. 바꾸어 말하면 인도人道를 자각함으로써 천도天道가 드러나는 것이다.

입본자야立本者也 음양과 강유剛柔가 괘卦를 세우는 근본이다.

변통자變通者 군자 입장에서 시의성時宜性에 맞게 행동하는 것이 변變과 통通이다.[188] 변통이란 생성변화의 원리이다. ❶변變은 음양작용이고, ❷통通은 시의성, 인도人道 를 말한다.

추시자야趣時者也 시의성, 시간성을 따르는 것이다. ❶시時는 시중, 시의성, 시간성이며, ❷간間은 공간성이다.

吉凶者는 貞勝者也ㅣ니 天地之道는 貞觀者也ㅣ오
길흉자 정승자야 천지지도 정관자야

日月之道는 貞明者也ㅣ오 天下之動은 貞夫一者也ㅣ라.
일월지도 정명자야 천하지동 정부일자야

○ 吉(길할 길) 凶(흉할 흉) 貞(곧을 정) 勝(이길 승) 觀(볼 관) 貞(곧을 정) 者(놈 자) 也(어조사 야) 動(움직일 동) 夫(지아비 부)

길흉은 항상 이기는 것이니, 천지의 도는 항상 보여 주는 것이오. 일월日月의 도는 항상 밝은 것이오, 천하의 움직임은 성인지도(뇌풍항괘에서 항상한 것이다.)에서 바르게 하는 것이라.

개요概要

중정지도를 말한다. 천도天道가 인도人道의 근원이 된다는 밀이다.

188 '변통變通'은 시간에 따라 이루어지는 것으로 변變은 음양의 질운작용이며, '통通'은 끊임없는 음양의 작용이다. 인간이 매 시간의 의미인 시의성에 맞게 행동하는 것이 변통이다. 실존적으로는 봄이 변하여 여름으로 통하고, 여름이 변하여 가을로 통한다.

각설

길흉자吉凶者 정승자야貞勝者也 정貞은 정正으로 항상 바르다는 뜻이다. 천지天地는 항상 바름을 보이고, 일월日月은 때와 장소를 가리지 않고 항상 바르게 밝히고 있으니, 천하의 동動함은 정도正道로 오직 하나일 따름이다.

❶정貞은 길吉이며, 정貞 ⇨ 정正, 항상이다. 길吉은 정도正道이다. 그러므로 정貞은 바름이요, 통상함이니 정貞을 항상됨으로 해석한다.

❷정승貞勝은 항상 올바름(正)과 길吉한 것이 이긴다는 것이다.[189]

천지지도天地之道 정관자야貞觀者也 천지지도天地之道는 근원적인 존재로써 바르게 보아 깨우쳐야 한다.

일월지도日月之道 정명자야貞明者也 천지일월이 사상四象으로 천지의 합덕체가 일월日月로 운행되며, 항상 밝음으로 인도人道의 근거가 된다.

천하지동天下之動 정부일자야貞夫一者也 항이일덕恒以一德의 원리로 성인지도聖人之道로 하나가 되는 것이다. 다시 말하면 하나의 근원에서 이루어진다는 것이다. 하나의 근원이란 회통처會通處로써의 성인지도聖人之道이다.

❶정부일자야貞夫一者也의 부夫는 어於이다. 일一은 하나의 통일된 법칙이다. 일자一者(성인지도, 뇌풍항괘, 진리)에서 바르게 하는 것이다.[190]

❷인간의 영생은 마음, 형이상적 차원에서 이루어진다.[191]

---

189 길吉과 흉凶중에서 길吉이 이기면 길吉이 되고, 흉凶이 이기면 흉凶이 된다는 의미이다. 이를 음양작용으로 보면 음이 성하면 음의 세상이 되고, 양이 성하면 양의 세상이 된다는 뜻이니, 음양의 순환과 주야 및 계절의 변화가 이 원리에 따른다는 것이다.

190 『서경』의 "인심은 위태하고 도심은 적으니 정일精一하여야 진실로 그 중中을 잡으리라." (『서경』「대우모편」, "인심유위人心惟危, 도심유미道心惟微, 유정유일惟精惟一, 윤집궐중允執厥中")고 함과 같은 뜻이다. 천지는 끊임없는 운행을 보이고 해와 달도 항상하게 밝힘이니, 이는 모두 정일精一한 정성을 다하는 것이다. 즉 천하의 모든 움직임은 지극한 정성 하나로 귀일歸一하는 것이다.

191 고회민은 '일一을 태극太極'으로 해석하였다.

夫乾은 確然하니 示人易矣오 夫坤은 隤然하니 示人簡矣니
부건 확연 시인이의 부곤 태연 시인간의

爻也者는 效此者也ㅣ오 象也者는 像者也ㅣ라
효야자 효차자야 상야자 상자야

○ 夫(지아비 부) 乾(하늘 건) 確(굳을 확) 然(그러할 연) 示(보일 시) 隤(순할 퇴, 부드러울 퇴, 막힐 퇴) 然(그러할 연) 簡(대쪽 간) 效(본받을 효) 此(이 차) 象(코끼리 상) 像(형상 상)

건乾은 굳세니 사람에게 쉬움으로 보여주고, 곤坤은 순하니 사람에게 간략함을 보여주니, 효爻는 이것을 본받음이요, 상象은 이것을 형상화 한 것이라.

개요概要

건곤지도乾坤之道가 이간지도易簡之道임을 천명한「계사상」편 1장을 보완하고 있다.[192] '확연確然'은 하늘의 강건한 모습이고, '퇴연隤然'은 땅의 유순한 모습이다. '시示'는 앞 귀절에서 말한 '관觀'을 뜻하니, '**天地之道**(천지지도) **貞觀者也**(정관자야)'를 이어서 설명하고 있다.

각설

부건확연夫乾確然 시인이의示人易矣 하늘은 잠시도 쉬지 않고 한 치의 오차도 없이 강건하게 운행되니 '확연確然'하다. 따라서 주야晝夜의 변화는 항상 일정하게 운행되니 사람이 볼 때는 쉬운 것이다.

부곤퇴연夫坤隤然 시인간의示人簡矣 땅은 하늘의 '자강불식自强不息'하는 것을 그대로 따라 본받아 따르니 사람들이 볼 때 간단하게 보여 '퇴연隤然'한 것이요.[193] 따라서 건곤지도乾坤之道는 이간지도임을 설명하고 있

192『주역』,「계사상」편 제1장, "건지대시乾知大始, 곤작성물坤作成物, 건이이지乾以易知, 곤이간능坤以簡能"

193 곤坤은 공간성空間性의 세계로 퇴연하니 보는 사람이 간단하다.

다.[194]

효야자爻也者 효차자야效此者也 '효爻'라는 것은 차此(이간지도易簡之道)를 본받은 것이다. 양효陽爻는 체십용구體十用九이고, 음효陰爻는 체오용육體五用六으로서 양효陽爻는 사람에게 쉽게 드러내어 보이고, 음효陰爻는 간단한 것이다.[195] ❶효차자야效此者也는 건곤지도乾坤之道, 이간지도易簡之道 를 말하고, ❷차此는 역도易道 그 자체를 말한다.

상야자象也者 상차야像此也 '상象'이라는 것은 이간지도易簡之道를 인간의 심성心性에서 군자지도를 상징적으로 나타낸 것이다. 상차자야像此者也는 건곤乾坤의 소식消息을 형상한 괘상卦象을 뜻하기도 한다. ❶상象(형이상)은 마음으로 보고 느끼는 것, 인간의 심성心性을 상징하고, ❷상像(형이하)은 이간易簡의 방법을 육안으로 볼 수 있는 형상으로 나타낸다.[196] (예를 들면, --, —) 즉, 만물의 형形을 상像한 것이다. 형상화는 인성과 지성知性(인간 본래성)을 통해서 상징화한다.

> 爻象은 動乎內하고 吉凶은 見乎外하고 功業은 見乎變하고
> 효상 동호내 길흉 현호외 공업 현호변
> 聖人之情은 見乎辭하니라.
> 성인지정 현호사

○ 象(코끼리 상) 動(움직일 동) 乎(어조사 호) 吉(길할 길) 凶(흉할 흉) 外(밖 외) 功(공 공) 業(업 업) 見(볼 견, 나타날 현) 變(변할 변) 情(뜻 정) 辭(말 사)

---

194 천지지도天地之道의 주체화 ⇨ 인간의 삶으로 형성된다.
❶군자지도를 [1]개인의 측면 ⇨ 성명지리 [2]국가의 측면 ⇨ 왕도정치 [3]공간적 측면 ⇨ 사덕원리, [4]우주적 측면 ⇨ 성경의 역사 [5]인간 개체적 측면 ⇨ 학문이다.
❷이간지도易簡之道가 인간에게는 [1]'이易'는 지성知性되고 [2]'간簡'은 인성仁性으로 내재화되는 것이다.(『주역』「계사상」편 제6장, "이간지도易簡之道, 배지덕配至德")

195 효차자야效此者也는 건곤乾坤의 이간易簡하는 이치를 본받는 것을 말한다. 즉 효爻라는 것은 건乾의 강건剛健하여 쉬운 이치와 곤은 유순하여 간단한 이치를 각기 본받는다는 것이다. ☯효는 괘의 여섯효를 뜻하며, 건곤乾坤의 '확연, 퇴연'하는 것을 본받는 것이다.

196 천지지도天地之道, 일월지도, 천하지동의 모든 것이 구체화 된 것을 형상이라 한다.

효爻와 상象은 (괘)안에서 움직이고, 길吉과 흉凶은 밖에서 나타난다. 공功과 업業은 (괘상과 효상이) 변하는 데서 나타나고, 성인聖人의 뜻은 말씀에서 드러난다 하니라.

개요概要

효상爻象의 변화에 따라 길흉吉凶이 드러나고, 괘상卦象의 변화에 따라 공업功業이 드러나고 성인聖人의 심정心情은 말에서 나타남을 밝히고 있다.

각설

효상爻象 인간의 마음 안에서의 움직임이다. 그리고 음양陰陽이 변하여 길흉吉凶이 밖으로 나타난다는 것이다.

길흉吉凶 괘변卦變을 통한 「괘사」에 길흉이 나타나 있고, 이것이 인간의 행동이 드러날 때 생긴다.

공업功業 공업功業은 변화에서 현상적으로 나타난다, 인간의 심성心性이 행동으로 드러난다.[197]

성인지정聖人之情 성인聖人의 뜻은 천하 백성을 사랑하는 마음으로 「효사爻辭」나 「십익」 등의 말씀에 구체적으로 드러나 있다.

---

197 천지의 위대한 덕성으로 만물은 낳고 길러주는 것이 변화를 통해서 드러나는 것이 천지의 사업이며, 군자의 왕천하 사업도 천하의 백성들을 인격적인 존재로 변화시켜 완성시켜 주는 것이다.

天地之大德曰生이오 聖人之大寶曰位니 何以守位오
천 지 지 대 덕 왈 생　　성 인 지 대 보 왈 위　　하 이 수 위

曰仁이오 何以聚人고
왈 인　　하 이 취 인

曰財니 理財하며 正辭하며 禁民爲非ㅣ 曰義라.
왈 재　　이 재　　정 사　　금 민 위 비　　왈 의

○ 德(덕 덕) 曰(가로 왈) 聖(성스러울 성) 寶(보배 보) 位(자리 위) 何(어찌 하) 守(지킬 수) 聚(모을 취) 財(재물 재) 理(다스릴 리) 辭(말 사) 禁(금할 금) 爲(할 위) 非(아닐 비)

천지의 큰 덕을 가로되 생生이오, 성인의 큰 보배를 가로되 위位니, 어떻게 위를 지킬 수 있는가? 가로되 인仁이요, 어떻게 (천하의)사람들을 모으는가? 가로되 재물財物이니, 재물을 다스리고, 말을 바르게 하며, 백성의 잘못됨을 금하는 것을 가로되 의義라.

개요概要

인의지도仁義之道와 성명지리性命之理에 대해서 말한 것이다.

각설 198

천지지대덕天地之大德 왈생曰生 천지天地의 큰 덕德을 생生이라고 하고, 성인聖人 큰 보배를 위位라고 하여 그 지위를 인仁으로 지킨다.

성인지대보聖人之大寶 왈위曰位 천지天地의 큰德(본성本性)은 만물을 낳고 길러주는 생生이다. 성인聖人의 위대한 보물寶物은 위位(존위尊位, 덕위德

198 천지天地의 위대한 덕德(본성本性)은 만물을 낳고 길러주는 생生이다. 성인聖人의 위대한 보물은 위位(존위尊位, 덕위德位)이다. 어떻게 덕위德位를 지키는 것인가? 인仁이다. 의義는 입으로 음식이 들어가는 데 소화되어 말이 나오는 것이다. 즉 형이하의 사물이 인간의 몸을 통해서 형이상의 진리가 나오는 것이다. 여기서도 천지로 시작하여 성인聖人에서 군자의 성명지리인 인의로 결론을 짓고 있다. 따라서 『주역』이 궁극적으로 지향하는 것이 군자의 성명지리를 실천 구현하고자 하는 것을 알 수 있다.

位)이다. 그러므로 천지지도天地之道를 인간이 주체적 자각했을 때 인간의 덕德이 되는 것이다. 보寶는 성인聖人을 내려 보낸 것이다

하이수위何以守位 왈인曰仁 어떻게 덕위德位를 지키는 것인가? 진리구명, 인仁이다. 인仁이 체體가 되어 예禮로 드러남으로써 인격적인 세계가 열리는 것이다. 인仁이 드러난 세계가 바로 도덕적 세계이다.[199]

하이취인何以聚人 왈재曰財 이재理財 정사正辭 금민위비禁民爲非 왈의曰義 무엇으로 사람을 모으는가? 재물(문물제도)이다. 재물을 다스리고 말을 바르게 하며, 비행非行을 금禁함을 의義라고 한다. 재물財物이란 형이하자(문물제도)로써 이를 통해서 모운다 ❶취인聚人은 사람을 모으는 것으로 예禮로서 관계 맺어지는 세계로 사람이 모이는 것이다.[200] ❷재물(문물제도)을 다스리고 말을 바르게 하며 백성들에게 비인격적인 행위를 금禁하는 것을 의義라고 하는 것이다. 재물財物이란 백성에게 인仁을 베푸는 데는 위位와 재財가 필요하나, 재물은 욕심을 불러와 죄를 짓기가 쉽다. 따라서 의義롭지 아니하면 취하지 않음을 말한다. ❸정사正辭는 교육을 통하여 언사言辭를 바르게 한다는 것이다. 즉 형이상학적 도덕성, 인의仁義, 왕도정치, 예禮를 바탕으로 한 군자를 말한다. ❹금민위비禁民爲非의 비非는 시비지심是非之心으로 도덕성을 말한다. ❺왈의曰義이란 왕도정치의 실현, 의義는 원리적 표현으로 사물을 올바로 다스리는 원리가 의義이다.

✎ 이 장은 괘효와 길흉의 뜻을 경륜하고, 인의仁義를 말하여 군자의 사명을 밝혔다.

199 인仁(사랑)은 상대방을 살리고, 나를 불태우는 것이다. 진리의 내용은 모두 사랑이다.

200 『대학大學』 제10장에서 "인자仁者, 이재발신以財發身, 불인지不仁者, 이신발재以身發財"라고 하여, 재물은 예禮의 세계를 위해서 쓰여져야 하는 것으로 밝히고 있다.

○제2장

요지要旨[201]

천지지도天地之道와 64괘의 연관성을 밝히고 있다. 단지, 13괘로 설명한 것은 12달+윤달=13과 관련이 있다고 할 수 있다.[202]

古者包犧氏之王天下也에 仰則觀象於天하고
고 자 포 희 씨 지 왕 천 하 야　앙 즉 관 상 어 천

俯則觀法於地하며 觀鳥獸之文과 與地之宜하며
부 즉 관 법 어 지　관 조 수 지 문　여 지 지 의

近取諸身하고 遠取諸物하야 於是에 始作八卦하야
근 취 저 신　원 취 저 물　어 시　시 작 팔 괘

以通神明之德하며 以類萬物之情하니
이 통 신 명 지 덕　이 류 만 물 지 정

○ 古(옛 고) 包(쌀 포) 犧(희생 희) 仰(우러를 앙) 則(법칙 칙, 곧 즉, 본받을 측) 觀(볼 관) 象(코끼리 상) 俯(구푸릴 부) 鳥(새 조) 獸(짐승 수) 文(무늬 문) 與(줄 여) 宜(마땅할 의) 近(가까울 근) 取(취할 취) 諸(모든 제) 身(몸 신) 遠(멀 원) 物(만물 물) 是(옳을 시) 通(통할 통) 神(귀신 신) 明(밝을 명) 德(덕 덕) 類(나눌 류, 무리 류) 萬(일만 만) 情(뜻 정)

옛날에 포희씨가 천하의 왕도를 베풀 때 우러러 하늘의 상을 관찰하고, 굽어 땅의 법을 관찰하며, 새와 짐승의 문체와 천지의 마땅함을 관찰하며 가

---

201 (觀中) 성통聖統을 밝히고 있다. 성인지도의 전수계통을 성통이라고 한다. 성통이 이어짐으로 천지지도天地之道가 전승되는 것이다. 천지지도天地之道를 드러내어 밝히기 위해서 성통이 전개된 것이다. 도가 형이상자라고 할 때 원리적인 측면만 있는 것이 아니라 근원적인 것은 인격성·신명성이라고 하여, 도道를 자각하는 것을 '통신명지덕通神明之德'이라고 하는 것이다.

202 중국철학에서 말하는『십팔사략』의 기록을 기준으로 14성인은 삼황三皇(복희伏義, 신농神農, 황제黃帝)과 오제五帝(소호少昊, 전욱顓頊, 고신高辛, 제요帝堯, 제순帝舜), 우禹임금, 탕湯임금, 문왕文王, 주공周公, 기자箕子, 공자孔子를 말한다.

까이는 자신에게서 취하고 멀리는 물건에게서 취하여, 이에 비로서 팔괘를 만들어 신명의 덕을 통하고, 이로써 만물의 뜻을 나눔이라.

개요概要

복희씨의 팔괘八卦 작역作易과정을 밝히고 있다.

각설 203

고자포희씨지왕천하야古者包犧氏之王天下也 복희씨가 처음 팔괘를 만들면서 자신이 깨달은 이치를 기록했다는 것이다. 역도易道를 도덕원리적 측면에서 깨달았다는 것이다.

앙즉관상어천仰則觀象於天 부즉관법어지俯則觀法於地 하늘의 일월성신은 상을 드리운 것이므로 '상象을 관찰한다.'고 하였고, 땅의 산천동식山川動息은 천문天文을 본받아 질서 있게 형체를 나타낸 것이므로 '법法(본받을 법)을 관찰한다.'고 하였다. 구부려서 땅에서 법을 깨달았다는 것이다. 즉, 천지지도天地之道를 깨달았다는 것이다. 그러므로 관상觀象을 통해서 천도天道를, 관법觀法은 괘효원리를 통해서 왕천하지도를 깨달았다는 것이다. ❶'仰則觀象於天(앙즉관상어천)'은 천문天文은 시간성으로 물상적인 것이 아니며, ❷'俯則觀法於地(부즉관법어지)'는 만물의 생성원리를 말하고 있다. 관觀은 형이하의 현상사물을 보고 형이상의 원리를 볼 수 있다는 것으로 가장 근원적인 세계 즉 삼재지도三才之道의 세계를 관觀한다는 것이다. '관觀'은 그

---

203 (觀中) ❶복희괘는 천지인 삼재三才의 틀안에서 만들어 진 것이다. 64괘는 문왕괘를 근거로 작성된 것이다. 그리고 역도易道가 체계적인 내용을 구체적으로 오묘하게 감상하는 것이 서괘원리이다. ❷역학사의 문제점은 먼저, '소강절邵康節'은 복희괘伏羲卦를 중심으로 역리易理를 구명한 한계가 있다. 다음으로 송대역학宋代易學의 한계는 이로서 만족을 했다는 것이다. '주자朱子' 또한 『역학계몽易學啓蒙』을 통해서 역도易道를 구명한 것에 만족하므로서 송대宋代 성리학性理學까지 한계를 유발했던 것이다. "천지역수재이궁天地曆數在爾躬하니 윤집궐중允執闕中하라는" 의미를 '관통貫通하지 못하고, 역수曆數원리를 이해하지 못하여 역수원리가 역도易道의 근본이요, 원리임을 망각한 것이다.

냥 보는 것이 아니라 자각하는 것이며, 또한 '通神明之德'하여 덕德(인
통신명지덕
격성人格性)에 통했음을 밝히고 있는 것이다.[204] 존재근거로서 역도易道를 자각하는 것이다. 그러므로 과학적 실험이나 관찰이 아니다.[205]

관조수지문觀鳥獸之文 여지지의與地之宜 양陽의 기운이 많은 날짐승(천天, 양陽)과 음陰의 기운이 많은 길짐승(지地, 음陰)의 모양과 땅의 마땅한 형세(지세地勢)를 살피는 것이다. 문文과 의宜 등은 인간의 세계에서 이루어지는 것이다. 여기서는 겉으로 하늘의 조수鳥獸와 땅의 현상들을 관찰함으로써 팔괘八卦를 세상 만물을 추상화시켜 말한 것이다.[206]

❶조鳥는 시간성, 천도天道, 대인大人을 상징하고, ❷수獸는 공간성, 지도地道, 군자君子를 상징한다.

근취저신近取諸身 팔괘八卦의 상을 가까이는 몸에서 취한다.[207]

원취저물遠取諸物 멀리는 물건(이때 물物은 형이하, 형이상 모두를 의미)에 취한다.[208]

시작팔괘始作八卦 '앙즉관상어천仰則觀象於天'부터 '원취저물遠取諸物'까지 하여 '건乾 · 곤坤 · 진震 · 손巽 · 감坎 · 리離 · 간艮 · 태兌'의 팔괘八卦

---

204 (觀中) 자연과학 법칙의 근저에 있는 원리를 자각했다고 하는 것이다. 자연과학적 법칙은 인식했다고 하지 자각했다고 하지는 않는다. 역도易道는 자연과학적 법칙과 다른 것은 인격성의 세계로써 자연과학의 근거가 되는 형이상의 세계이다. 인간의 본래성을 통해서만 천지오부터 부여 본성本性으로 천지의 성정性情을 깨달을 수 있는 것이다. 즉 자신의 본래성의 자각과 그것과 일체화된 천지지도天地之道를 깨닫게 되는 것이다. 이것이 천지지도天地之道의 인간 주체적 자각원리이다.

205 (觀中) 『주역』에서 대명종시大命終始하고 한 것이다. 천문天文을 바라보고 천지역수를 천문天文현상에서 또한 땅에서 만물이 자라나는 것을 보고 천지지도天地之道를 직접 깨달을 수 있는 사람은 성인聖人에 한한다.

206 『주역』에서 간지도수干支度數를 동식물로 표상하나 여기서는 하도낙서원리를 깨달았다는 것이다. 여지지의與地之宜의 '지地'는 땅위에 있는 구체적인 만물과 생명을 가진 실존적인 존재를 말한다.

207 「설괘」편, 제9장, "건위수乾爲首, 곤위복坤爲腹, 진위족震爲足, 손위고巽爲股, 감위이坎爲耳, 이위목離爲目, 간위수艮爲手, 태위구兌爲口."

208 「설괘」편, 제8장, "건위마乾爲馬, 곤위우坤爲牛, 진위용震爲龍, 손위계巽爲鷄, 감위시坎爲豕, 이위치離爲雉, 간위구艮爲狗, 태위양兌爲羊."

를 지었다는 뜻이며, 팔괘八卦에는 64괘가 포함된 말이다.

이통신명지덕以通神明之德 **이류만물지정**以類萬物之情 군자의 삶은 신명하고 밝은 덕으로 주체적 자각을 통해 만물의 뜻을 나누어 실천을 하는 것이다.

❶통신명지덕通神明之德은 성인聖人에게 주어진 사명을 말한다. 그리고 주체적 자각과 신명神明의 덕德에 통한다는 의미로서 역작易作의 근거이다. 또한 형이상학적인 표현으로 건乾(☰)은 건장하고, 곤坤(☷)은 유순하다 등의 뜻으로 팔괘八卦로써 만물의 덕德 즉 성질에 통달한다는 것이다. ❷류만물지정類萬物之情은 진震(☳)은 우뢰의 상象이고, 손巽(☴)은 바람의 상象이라고 하듯이 팔괘八卦로써 만물의 형상形象을 나눈다는 뜻이다.

作結繩而爲網罟하야 以佃以漁하니 蓋取諸離하고
작 결 승 이 위 망 고　이 전 이 어　개 취 저 리

○ 作(지을 작) 結(맺을 결) 繩(줄 승) 網(그물 망) 罟(그물 고) 佃(밭갈 전, 사냥할 전) 漁(고기 잡을 어) 蓋(대개 개, 덮을 개) 離(떼놓을 리이)

노끈을 맺어 그물을 만들이서 사냥을 하고 고기를 잡으니, 리괘離卦에서 취하고

개요概要

수렵어로생활에 비유하여 진리의 자각에 대한 설명하고 있다. 괘상卦象으로는 리괘離卦(䷝)의 하괘下卦(☲)는 산에 치는 그물(망網)이고, 상괘上卦(☲)는 물속에 치는 그물(고罟)이다. 내호괘內互卦는 손목巽木(☴)이니 숲에 들어가 걸리는 것이다. 왜냐하면 내호괘內互卦 손巽은 노끈, 실, 줄 (음목陰木이므로 껍질을 벗겨서 만든다)이 되므로, 노끈(목도木道)을 엮어서 그물

을 만드는 것이다. 외호괘外互卦는 태택兌澤(☱)이니 물속의 투망投網이 된다는 것이다. 리離의 괘덕卦德과 괘상卦象이 그물을 만들어 수렵하는 것과 일치一致하므로 리괘離卦에서 취했다고 한 것이다.

각설

작결승이위망고作結繩而爲網罟 그물을 만들기 위해서 진리의 말씀으로 결승結繩을 한 것이다. ❶'망網'은 산짐승을 ❷'고罟'는 물고기를 잡는 그물이다. ❸'전佃'은 군자가 사냥을 하는 것이요, ❹'어漁'는 군자가 백성인 물고기를 잡는 것이다. ①승繩 은 진리, 왕도정치원리, 하도·낙서, 「괘효사卦爻辭」등을 말한다. 즉 진리의 끈으로 결승하다는 의미이다. ②망고網罟는 물속의 고기와 육지의 동물을 잡는 그물 ⇨ 사물의 세계, 시간과 공간의 세계.

이전이어以佃以漁 **개취저이**蓋取諸離 ❶이전이어以佃以漁의 전佃은 전田으로 군자가 백성을 상대로 왕도정치를 행하는 것이다. ❷개취저이蓋取諸離는 리離는 중화리괘, 잡괘원리로는 성인聖人이다.

> 包犧氏沒커늘 神農氏作하야 斲木爲耜하고 揉木爲耒하야
> 포희씨몰 신농씨작 착목위사 유목위뢰
>
> 耒耨之利로 以敎天下하니 蓋取諸益하고
> 뇌누지리 이교천하 개취저익

○ 包(쌀 포) 犧(희생 희) 沒(가라앉을 몰) 神(귀신 신) 農(농사 농) 斲(깎을 착) 耜(보습 사) 揉(휠 유, 주무를 유) 耒(쟁기 뢰) 耨(김맬 누, 호미 누) 敎(가르침 교) 益(더할 익) 作(일어날 작)

포희씨가 몰커늘 신농씨가 작하야 나무를 깎아 쟁기를 만들고 나무를 휘어 쟁기자루를 만들어서 쟁기와 호미의 이로움으로 천하를 가르쳤으니 풍뢰익괘에서 취하였고

개요概要[209]

신농씨神農氏는 풍뢰익괘風雷益卦(䷩) 상象을 응용하여 땅을 쟁기로 갈아 농사를 짓는 농경사회를 비유하여 말한다. 나무는 목도木道이다. 하괘下卦(☳)는 강한 나무로(양목陽木 · 진동震動)) 보습(사耜)을 만들고, 상괘上卦(☴)는 부드러운 나무니 (음목陰木 · 손입巽入) 구부려 쟁기(누耒)를 만들었다. 보습(사耜)으로 내호괘內互卦인 땅(☷)을 파고, 파인 흙은 다시 밑으로 들어가니, 쟁기로 갈아 농사를 짓는 상象이다.

각설

착목위사斲木爲耜 나무를 깍는다는 것은 신도神道(목도木道)의 원리를 말한다. 풍택중부괘風澤中孚卦 「단사彖辭」에서 "乘木舟虛(승목위허)"라고 하고, 풍뢰익괘風雷益卦에서 "木道乃行(목도내행)"라 한 것은 모두 신도神道(목도木道)를 의미한다.

뇌누지리耒耨之利 **이교천하**以敎天下 신농씨의 목도木道원리를 이용하여 천하를 교화했다는 것이다. 그 근거가 풍뢰익괘風雷益卦이다. 왜냐하면 익益은 하늘의 은총을 의미하고, 천도天道에 입각한 왕도정치王道政治를 행하는 것을 의미하기 때문이다.

> 日中爲市하야 致天下之民하며 聚天下之貨하야
> 일중위시 치천하지민 취천하지화
>
> 交易而退하야 各得其所케하니 蓋取諸噬嗑하고
> 교역이퇴 각득기소 개취저서합

○ 市(저자 시) 致(보낼 치) 聚(모일 취) 貨(재화 화) 退(물러날 퇴) 得(얻을 득) 所(바 소) 蓋(덮을 개) 諸(모든 저) 噬(씹을 서) 嗑(말 많을 합)

---

209 농사시대를 말한다. 익괘는 신도神道가 성인聖人에 의해서 밝혀짐을 의미한다. 즉 천지의 은택이 성인聖人을 매개로 해서 땅에 내려지는 것이 익益이다. 인간을 이롭게 하는 것 중에서도 가장 귀중한 것은 인격적인 세계로 이끌어 주는 것이다.

한낮에 시장을 만들어 천하의 백성들을 오게 하고 천하의 재화를 모아서 교역을 하고 물러가 각각 제 살 곳을 얻게 하였으니 서합괘噬嗑卦에서 취하고

개요概要[210]

화뢰서합괘火雷噬嗑卦(☲☳)은 물물교환을 위한 교역사회에 비유하여 각자가 필요한 바를 얻고 있음을 말한다.

각설

일중위시日中爲市 치천하지민致天下之民 리괘離卦(☲)는 태양이며, 진괘震卦(☳)는 동動이므로 태양 아래 사람들이 분주히 움직임을 상징한다. 그러므로 리괘(☲)와 진괘(☳)의 상象을 응용하여 시장을 형성되었다는 것이다.

취천하지화取天下之貨 교역이퇴交易以退 교역사회는 농경사회의 형성 결과 자신이 먹고 남은 물건을 다른 사람과 바꿔야 하는 교역이 필요하게 되었다. 백성들이 자신의 남는 물건을 필요한 물건으로 바꾸어 서로간의 이익을 본다는 것이다.

각득기소各得其所 개취저서합蓋取諸噬嗑 화뢰서합괘火雷噬嗑卦(☲☳)는 진리眞理(도道)의 자각과 이를 통한 왕도정치의 실현 및 교화가 쉽지 않음을 설명하고 있다. 서합噬嗑(☲☳)은 천지지도天地之道를 깨우침으로써 일중위시日中爲市의 때가 되면 극極을 이룬다는 것이다, 이를 바로잡기 위한 아름다운 규제를 '이용옥利用獄'이라고 하는 것이다. 왜냐하면 형벌을 사용하는 원리를 중심으로 인격적인 생명을 키우는 것으로 형벌은 덕德을 생명生命으로 베풀어주는 수단手段이기 때문이다.

---

210 『주역본의』 "한낮에 시장을 만듦은 위는 밝고 아래는 동動함이요, 또 서噬를 가차하여 시市로하고 합嗑을 합合한 것이다.(日中爲市, 上明而下動, 又借噬爲市, 嗑爲合也.)"라고 하였다.

神農氏沒커늘 黃帝堯舜氏作하야 通其變하야 使民不倦하며
신농씨몰 황제요순씨작 통기변 사민불권

神而化之하야 使民宜之하니 易이 窮則變하고
신이화지 사민의지 역 궁즉변

變則通하고 通則久ㅣ라.
변즉통 통즉구

是以自天佑之하야 吉无不利니 黃帝堯舜이
시이자천우지 길무불리 황제요순

垂衣裳而天下治하니 蓋取諸乾坤하고
수의상이천하치 개취저건곤

❍ 農(농사 농) 黃(누를 황) 帝(임금 제) 堯(요임금 요) 舜(순임금 순) 作(일어날 작) 通(통할 통) 使(하여금 사) 倦(게으를 권) 宜(마땅할 의) 窮(다할 궁) 變(변할 변) 久(오랠 구) 吉(길할 길) 无(없을 무) 利(이로울 리) 垂(드리울 수) 衣(옷 의) 裳(치마 상) 治(다스릴 치)

신농씨가 몰하자 황제와 요순이 나오시어, 그 변變을 통하여 백성으로 하여금 게으르지 않게 하며, 신묘하게 화化하여 백성들로 하여금 마땅하게 하니, 역易이 궁하면 변하고 변하면 통하며 통하면 오래하니라. 이로써 하늘로부터 도와서 길하며 이롭지 않음이 없으니, 황제씨 요임금 순임금이 의상을 드리우고 천하를 다스리니 대개 저 건곤괘에 취하고,

개요概要[211]

중천건괘重天乾卦(䷀)와 중지곤괘重地坤卦(䷁) 원리를 의상사회衣裳社會에 비유한 설명이다. 상고시대 식량의 자급자족 이후 의복생활에 접어들면서 건괘乾卦(☰)의 둥근상을 취해 윗도리를 해 입고, 곤괘坤卦(☷)의 갈라진 상象을 취해 아랫도리는 갈라지게 만들었다는 것이다.[212]

211 (觀中) 건곤괘의 원리속에 화천대유괘의 원리가 들어 있다는 말이다. 수垂는 하늘이 내린 역수원리이다. 의衣는 건괘이며, 상裳은 곤괘이다.

212 곤괘坤卦「문언文言」 상육上六 '천지현황天玄地黃' 상의上衣는 검은색으로 하의下衣는 누

각설

통기변通其變 실존적인 사회가 수렵사회 ⇨ 농경사회 ⇨ 교역사회로 변화해 왔다. 따라서 그 시대의 변천에 따라 변하여 통通하는 것이다. 사시四時의 변화에 따라 봄에 씨앗을 뿌리고, 여름에 김매고 가꾸며, 가을에 거두고, 겨울에는 곡식을 수장하듯이, 그 시대가 변할 때마다 그에 따라 모든 일에 통해 나가야 하는 것이다.[213]

사민불권使民不倦 모든 변화에 통하여 정성으로 백성을 가르치니, 백성이 게으름을 모르고 열심히 사는 것이다.[214]

신이화지神而化之 **사민의지**使民宜之 백성이 열심히 살게 되니 이것이 "鼓之舞之(고지무지) 以盡神(이진신)"[215]하는 것이다(神而化之(신이화지)). 따라서 백성이 스스로 신명이 나서 그 마땅하고 옳은 일에 안주하게 되는 것이다(使民宜之(사민의지)).

통즉구通則久 역易의 이치란 한 곳에 머물지 않은 것으로, 궁窮하면 변變하고 변하면 통通하는 것이다. 이렇게 변화하여 순환하는 것이 통通이니, 통하면 오래가는 것이다.

刳木爲舟(고목위주)하고 剡木爲楫(염목위즙)하야 舟楫之利(주즙지리)로 以濟不通(이제불통)하야 致遠以利天下(치원이리천하)하니 蓋取諸渙(개취저환)하고

○ 刳(가를 고) 舟(배 주) 剡(날카로울 염, 깎을 염) 楫(노 즙) 致(보낼 치) 遠(멀 원) 蓋(덮을 개) 渙(흩어질 환)

런색으로 하였다고 한다. 이것은 천지지도天地之道, 중정지도中正之道를 말한다.

213 복희씨가 괘를 그물을 뜨고, 신농씨가 농기구를 만들기 이전은 미개했을 때이고, 문자는 물론 괘도 없었다.

214 계절의 변화에 통하여, 봄의 때에는 씨를 뿌리게 하고 가을에는 거두게 하니 '사민불권使民不倦'이다.

215 「주역」 「계사상」편 제12장

나무를 쪼개서 배를 만들고, 나무를 깎아 노를 만들어, 배와 노의 이로움으로써 통하지 못함을 건너서, 먼 곳에 이름으로써 천하를 이롭게 하니, 대개 저 환괘에서 취하고,

개요概要[216]

풍수환괘風水渙卦(䷺)는 진리의 확산을 승선사회에 비유하여 말하고 있다. 농경사회와 의상사회를 이어서 먼 곳으로 교역통상을 하는 승선사회가 되었다. 배를 만들어 물을 건너는 것을 흩어진다는 풍수환괘風水渙卦(䷺)에서 취하였다. 사람들이 가지 못하는 곳에 나무(목도木道)를 이용하여 상호 연결해 주는 진리의 확산, 지혜의 확산을 의미한다.

각설

고목위주刳木爲舟 **염목위즙**剡木爲楫 목도木道로 배와 노를 만든다는 것이다.

주즙지리舟楫之利 **이제불통**以濟不通 **치원이리천하**致遠以利天下 목도木道원리를 확산하여 통하지 않는 곳까지 진리를 전파하여 사람들을 교화시킴으로써 천하를 이롭게 한다는 것이다.

> 服牛乘馬하야 引重致遠하야 以利天下하니 蓋取諸隨하고
> 복우승마 인중치원 이리천하 개취저수

○ 服(복종할 복, 옷 복) 乘(탈 승) 引(끌 인) 重(무거울 중) 致(보낼 치) 遠(멀 원) 隨(따를 수)

소를 길들이고 말을 타서, 무거운 것을 이끌고 먼 곳을 이름으로써 천하를 이롭게 하니, 저 수괘에서 취하고,

---

216 (觀中) 우禹임금의 치산치수의 공적을 서괘원리에 맞추어서 말하고 있다.

개요概要[217]

택뢰수괘澤雷隨卦(䷐)의 상象을 취한 승마사회를 비유한 설명이다.

각설

복우승마服牛乘馬 인중치원引重致遠 인력의 한계로 인해 무거운 짐은 소에 싣고, 먼 길은 말을 타고 가는 승마사회에 비유하여 진리에 순종하고 따라가는 수괘隨卦(䷐)의 뜻을 밝히고 있다.[218]

이리천하以利天下 개취저수蓋取諸隨 수괘隨卦(䷐)는 성인聖人이 밝힌 천지지도天地之道를 군자가 따른다는 것이다.

> **重門擊柝**하야 **以待暴客**하니 **蓋取諸豫**하고
> 중 문 격 탁 이 대 폭 객 개 취 저 예

○ 重(무거울 중) 門(문 문) 擊(부딪칠 격) 柝(목탁 탁, 열 탁) 待(기다릴 대) 暴(사나울 포) 客(손 객) 豫(기쁠 예)

문을 거듭하여 목탁을 침으로써 사나운 손(도둑)을 기다리니 (막으니), 대개 저 예괘豫卦에서 취하고,

개요概要[219]

뇌지예괘雷地豫卦(䷏)를 방범사회에 비유하여 우레로써 사람들에게 미리

---

217 (觀中) 소와 말을 길들여 무거운 짐을 끌어서 멀리까지 이르게 하여 천하를 이롭게 하는 것이다.

218 내호괘 간艮(☶·수手) 손으로 외호괘外互卦 손巽(☴·승)끈을 이용해 소와 말을 길들인 후, 하괘下卦 뢰雷(☳)로 동動하여 소와 말이 움직인다. 상괘上卦 택澤(☱)로 사람과 짐이 올라타 출렁이며 기뻐하는 모습으로 우마를 타고 가는 형상이다. 즉 소와 말을 길들여서 사람의 뜻에 따르게 하는 것은 수괘隨卦(䷐)의 뜻이요, 수괘隨卦의 형상대로 소와 말을 길들여서 타는 것은 수괘隨卦의 상象을 취한 것이다.

219 (觀中) 아경의 도道는 도독을 예방한다. 나무로 만든 목탁을 두드려 경종을 울려 대처한다는 것이다. 이 문장은 은말殷末 삼인三人중 하나인 '기자箕子'를 지칭한다. 왕도정치원리라는 낙서원리를 근거로 기자가 체계적으로 말하고 있다. 성인聖人의 덕화로 밝힌 인물이다.

알림을 말하고 있다.[220] ❶예괘豫卦(䷏)는 미리 준비한다, 알린다는 뜻이 있으니, 그 상象과 뜻을 취했다고 볼 수 있다. ❷내호괘 간艮(☶)은 문지기나 간수이다. 상괘上卦를 도전挑戰하면 간艮(☶)으로 문門이 되니, 문지기가 문을 안팎으로 돌면서 목탁木鐸으로 소리를 내면서 야경을 도는 것이다. 그리고 육효중괘의 측면에서 볼 때 하괘下卦는 선천先天이며, 상괘上卦는 후천后天으로 선후천先后天변화의 문(사효三爻 ⇨ 사효四爻)을 두드리라는 의미와 이섭대천利涉大川의 의미도 있다.

각설

중문격탁重門擊柝 험난한 세상, 탁柝은 열 탁으로 딱딱이를 말한다. 목도木道인 딱딱이로 소리를 내어 도둑(소인지도)을 예방하기 위해서다.

이대포객以待暴客 도둑을 기다린다. 심판의 의미를 가지고 있다.

> 斷木爲杵하고 掘地爲臼하야
> 단 목 위 저　　굴 지 위 구
>
> 臼杵之利로 萬民이 以濟하니 蓋取諸小過하고
> 구 저 지 리　만 민　이 제　　개 취 저 소 과

❍ 斷(끊을 단) 爲(할 위) 杵(공이 저) 掘(팔 굴) 臼(절구 구) 濟(건널 제) 過(지날 과)

나무를 끊어 절구공이를 만들고, 땅을 파서 절구를 만들어, 절구와 공이의 이로움(편리함)으로 만민을 구제하니, 저 소과괘小過卦에서 취하고,

---

220 실존적 측면에서는 청동기부터 사유재산이 인정과 빈부격차에 따라 사회질서 확립과 절도 예방의 방법을 뇌지예괘雷地豫卦(䷏)에서 취하였다. 상괘上卦 진震(☳)은 소리로서 하괘下卦 지地(☷)를 지킨다는 것이다.

개요概要[221]

뇌산소과괘雷山小過卦(䷽)의 상象에서 절구와 공이를 만들어 쌀을 도정하는 정미사회를 설명하고 있다. 소과괘(䷽)는 전체 상象이 감坎(구덩이)으로 절구 구臼의 상象이 된다. 즉 위 아래의 네 음효陰爻는 확이 되고, 가운데 두 양효陽爻는 절구 공이가 확을 찧는 상象이 되는 것이다. 소과小過(䷽)는 작은 일 또는 조금 지나치다는 뜻이니, 그 이전에는 곡식을 그냥 먹었던 것을 도정搗精을 해서 먹게 되었다는 것이다. 이것은 자신의 욕구 · 욕정이나 소인지도小人之道를 도정搗精하는 것에 비유하여 설명한 것이다.

각설

단목위저斷木爲杵 '나무를 끊어 절구공이 (저杵 = 木+午)를 만든다'는 뜻은 동방목(진震)의 기운이 다시 번성하여, 곡식이 도정되듯이(만물의 도정搗精, 자신의 도정搗精) 정선된 종자만이 남게 된다는 뜻이 있다.[222]

구저지리臼杵之利 목도木道, 신도神道로 역사의 변화원리를 상징적으로 표현하고 있다. ❶저杵(공이)는 움직여서 조화를 이루고, ❷구臼(절구)는 머물면서 조화를 이룬다.

---

221 도정사회搗精社會는 농사를 지어 얻은 곡식을 방아로 빻아 사람이 먹기좋게 도정을 하는 것을 소과괘(䷽)에서 취하였다. 소과괘(䷽)의 상괘인 진震(☳)은 양목陽木이며, 동動하는 성질이니 위에서 움직이는 저杵(공이, 도곳대)를 형상했고, 하괘인 간艮(☶)은 양토陽土이며, 그치는 성질(지止)이므로 절구(구臼)가 되는 것이다.

222 '소강절'의 『황극경세皇極經世』로 살펴보면 대과大過는 오전午前의 끝이고, 소과小過는 오후午後의 끝이니 대과大過부터 소과小過때까지 만물이 도정되어 알맹이만 남는 것이다.

弦木爲弧하고 剡木爲矢하야
현 목 위 호　　　염 목 위 시

弧矢之利로 以威天下하니 蓋取諸睽하고
호 시 지 리　　이 위 천 하　　　개 취 저 규

❍ 弦(시위 현) 弧(활 호) 剡(날카로울 염, 깍을 염) 矢(화살 시) 弧(활 호) 矢(화살 시) 威(위엄 위) 睽(어긋날 규, 사팔눈 규)

나무를 휘어 활을 만들고 , 나무를 깍아 화살을 만들어, 활과 화살의 이로움으로 천하에 위엄을 보이니 저 규괘에서 취하고,

개요概要

화택규괘火澤睽卦(☲☱)의 흘겨보고, 어긋난다는 규괘睽卦의 뜻과 상象을 취한 것이다. 괘상卦象으로는 태소녀兌少女와 이중녀離中女는 음괘陰卦로 서로 어긋난다. 남녀도 서로 다르니(이異) 탐색이(동同) 필요하다.
이異로 대립과 갈등이 유발된다. 그러나 대립과 갈등을 넘어서서 상생과 소통의 모색을 위한 계기이다. 즉 지금까지의 어긋난 삶의 방식은 종終이고, 새로운 삶의 방식으로 전환하기 위한 모색과 결단이라고 할 수 있다.

각설

현목위호弦木爲弧 봉건사회에서는 나라안의 질서와 외부의 침임을 막기 위하여 목도木道, 신도神道로써 위엄을 보일 필요가 있음을 말한다.

염목위시剡木爲矢 나무를 깎아서 화살을 만들었다.

호시지리弧矢之利 **이위천하**以威天下 활과 화살의 이로움으로써 천하에 위엄을 보였다는 것이다.

上古앤 穴居而野處ㅣ러니 後世聖人이 易之以宮室하야
상고 혈거이야처 후세성인 역지이궁실

上棟下宇하야 以待風雨하니 蓋取諸大壯하고
상동하우 이대풍우 개취저대장

○ 穴(구멍 혈) 處(살 처) 棟(용마루 동) 宇(집 우) 待(기다릴 대) 壯(씩씩할 장)

상고上古시대에는 동굴에 살고 들판에 거처하였는데, 후세 성인聖人(후천后天적 사명을 가진 성인聖人)이 궁실宮室(하느님이 사는 집)로 바꾸어 위에는 들보를 얹고 아래에는 서까래를 얹어 풍우風雨에 대비(풍수환괘風水換卦로)하였으니 저 대장괘大壯卦(문물제도 정비)에서 취하였고

개요概要

농경생활과 더불어 정착을 위한 가옥생활家屋生活에 대한 것이다.

각설

후세성인後世聖人 **역지이궁실**易之以宮室 장괘大壯卦(䷡)의 상象에서 안락한 가옥家屋을 취상하였다.

상동하우上棟下宇 **이대풍우**以待風雨 **개취저대장**蓋取諸大壯 위의 두 음효陰爻는 아래로 내린 서가래의 상象이니 '하우下宇'이고, 아래의 네 양효陽爻는 기둥을 뜻하는 것이니 '상동上棟'이다. 대장괘大壯卦는 아래의 네 양陽이 위로 자라 음陰을 몰아내는 뜻이 있으니, 대장괘大壯卦에서 풍우風雨를 몰아내듯이 막는다는 뜻과 상象을 취하였다. 그러므로 성인聖人이 후천后天의 군자가 행하여할 문물제도를 미리 정해두었다는 것이다.

古之葬者는 厚衣之以薪하야
고 지 장 자 후 이 지 이 신

葬之中野하야 不封不樹하며 喪期ㅣ 无數ㅣ러니
장 지 중 야 불 봉 불 수 상 기 무 수

後世聖人이 易之以棺槨하니 蓋取諸大過하고
후 세 성 인 역 지 이 관 곽 개 취 저 대 과

❍ 葬(장사지낼 장) 厚(두터울 후) 衣(옷 의) 薪(섶나무 신) 樹(나무 수) 喪(죽을 상) 後(뒤 후) 棺(널 관) 槨(덧널 곽) 過(지날 과)

옛적에 장사는 섶나무로써 옷을 두텁게 입혀 들 가운데에 장사 지내서, 봉분하지도 않고 나무를 심지도 않아서 초상을 치르는 기약이 수가 없더니, 후세에 성인이 관곽으로써 바꾸니, 저 대과괘에서 취하고,

개요概要

택풍대과괘澤風大過卦(☱☴)를 매장사회埋葬社會에 비유하여 설명하고 있다.[223] 대과大過는 크게 지나침을 말한다. 큰 어려움과 고난을 극복하는 지혜를 말하고 있다. 대과괘大過卦의 호괘互卦가 건괘乾卦이므로 건도乾道로써 어려움을 극복할 수 있음을 말한다.

각설

장지중야葬之中野 들판에 시체를 갖다 버린다. 이것은 중도中道로써 소인지도小人之道를 버린다는 것을 의미한다.

관곽棺槨 무덤의 내부를 이중二重으로 하여 안에는 나무(목도木道)로, 밖에는 돌로 만들었다. 대과괘大過卦(☱☴) 괘상처럼 안에는 네 겹으로 밖에

223 장례의 방식은 들판(야野)에 송장(시신屍身)을 버리는 방법에서 구덩무덤 ⇨돌널무덤 ⇨ 독무덤에서 목관으로 땅에 묻으니, 크게 지나친 듯하게(훌륭하게) 장사지낸다는 택풍대과괘澤風大過卦(☱☴)에서 취상하여 매장사회가 형성되었다는 것이다.

는 두겹의 흙으로 만들었다는 것이다.

上古에는 結繩而治러니 後世聖人이 易之以書契하야
상고 결승이치 후세성인 역지이서계

百官이 以治하며 萬民이 以察하니 蓋取諸夬니라.
백관 이치 만민 이찰 개취저쾌

○ 結(맺을 결) 繩(줄 승) 契(맺을 계,=刻) 察(살필 찰) 夬(터놓을 쾌, 깍지 결)

상고上古에는 노끈을 맺어 다스렸는데 후세後世의 성인聖人이 글과 문서文書로 바꾸어서 백관이 다스려지고 만민萬民을 살폈으니 저 쾌괘夬卦에서 취하니라.

개요概要

택천쾌澤天夬(䷪)를 문서사회文書社會에 비유하여 결단의 의미를 말하고 있다.「계사하」편 제2장이 13개의 괘로 구성됨은 1년의 12개월과 윤달을 합한 수數를 의미하기도 한다.「계사하」편 제2장을 쾌괘夬卦(䷪)로 끝맺은 것은 선후천先后天변화에 결단을 해야 선천先天이 끝나고 후천后天이 시작됨을 의미한다.

각설 224

결승이치結繩而治 문자가 발생 이전에는 노끈을 이용하여 수량數量과 대소사大小事를 기록했다. 이것은 진리의 줄로 그물을 만들어 백성을 다스리는 왕도정치를 의미한다.

역지이서계易之以書契 계契는 새길(각刻)과 동일한 의미이다. 그러므로 서

224 쾌괘夬卦는 소인지도를 군자지도가 결단하는 것을 밝히는 것이다.

계書契는 죽간竹簡에 칼로 새긴다는 것이다.[225]

백관이치百官以治 하도 · 낙서의 합合인 100을 말한다.[226] 그러므로 천지지도天地之道, 건곤지도乾坤之道, 중정지도中正之道로 백성을 다스린다는 것이다.

225 서書는 낙서원리이며, 계契는 하도원리, 합덕원리를 의미한다고 할 수 있다.

226 일원수一元數, 100 × 100 = 만민, 만물萬物을 말한다.

○제3장

요지要旨[227]

제3장은 성인지도聖人之道가 괘효원리卦爻原理를 통해서 길흉吉凶으로 드러남을 설명하고 있다. 즉 「괘 · 단사彖辭」와 「효사爻辭」를 보면 길흉회린을 알 수 있음을 말한다.

是故로 易者는 象也ㅣ니 象也者는 像也ㅣ오,
시고 역자 상야 상야지 상야

❍ 像(우상 상, 모양 상, 형상 상) 彖(돼지어금니 단) 材(재목 재)

이런 까닭에 역이라는 것은 상이니, 상은 형상(괘상)이다.

개요槪要

『주역』을 통해서 밝혀진 역도易道는 괘상원리이다. '상象'은 작역作易 성인聖人이 천도天道를 자각하여 상징적으로 표현한 것이다. 괘상卦象은 하늘의 뜻을 공간으로 표상하기 위해서이다.

각설

역자易者 상야象也[228] 상야象也는 음양의 원리, 천도의 상징성을 말한다. 상야像也는 성인聖人의 상징적 논리 ⇨ 천지지심天地之心을 표상한다. 즉

227 (觀中) 역易은 괘효원리를 중심으로 성인지도를 말하고 성인지도는 길흉으로 드러난다. [분생分生−낙서洛書, 합덕合德−하도河圖] ⇨ 궁극적으로 같지만 인식 관점이 다르다.

228 『정역』에서는 "역자易者, 역야曆也"라고 하였다.

괘상卦象을 말한다.[229]

象者는 材也ㅣ오 爻也者는 效天下之動者也ㅣ니
단자 재야 효야자 효천하지동자야

是故로 吉凶이 生而悔吝이 著也ㅣ니라.
시고 길흉 생이회린 저야

❍ 效(본받을 효) 悔(뉘우칠 회) 吝(아낄 린{인}) 著(분명할 저)

단彖은 (그 괘의) 재료이오, 효爻는 천하의 움직임을 본받은 것이니 그러므로 길흉이 생기고 회린이 드러나는 것이니라.

개요概要

「계사상」편 12장에 '말을 묶어 길흉을 결단함을 효爻라고 한다.'의 구절과 결부시킬 수 있다. 시의성에 따라 효사爻辭를 통해 길흉이 드러난다는 말이다.

각설

단자彖者 재야材也 「단사彖辭」는 괘상卦象을 풀어서 설명한 「괘사卦辭」를 말한다. 『주역』에서 괘사卦辭를 풀이한 「단사彖辭」가 생기기 이전에는 「괘사卦辭」를 지칭했다. 재야材也는 「괘사」의 재료材料, 재질材質이다. 즉 육효六爻를 말한다.

효야자爻也者 효천하지동자야效天下之動者也 효爻는 천하 만물의 움직임을 본받은 것이니, 시의성時宜性을 말한 「효사爻辭」를 의미한다. 천하의 움직임은 시간과 공간에 따라 그 위位가 다르다. 그러므로 피흉취길避凶取

229 상像(인간 본래성 = 인성 + 지성)과 음양원리(하늘의 존재원리)로 본래성을 드러낸다.

吉도 다르다. 따라서 천하의 움직임에(군자지도의 실천원리) 따라 각기 다르게 본받아야 하므로 '效天下之動者'라고 말한 것이다.
효 천 하 지 동 자

길흉생이회린저야吉凶生而悔吝著也 길흉吉凶은 득실得失로써 이미 결과가 드러난 것이므로 '생生'이라 하였고, 회悔은 아직 일로써 드러나지 않고 (길흉까지 되지 않고) 마음속에 있는 것이므로 '나타난다(저著)'라고 하였다. 효爻속에 길흉회린吉凶悔吝이 판단判斷되어 나타나는 것이다.[230] 즉 반성의 결과로 길흉으로 드러난다.

---

230 이 장은 역의 괘상卦象속에 천하 만물의 재와 동이 모두 포함되어 있으니, 먼저 괘상卦象을 보고 나중에 그에 매인 「상사象辭」와 「효사爻辭」를 보면 길흉회린을 알 수 있다는 것을 밝혔다.

○제4장

요지要旨

하도 · 낙서를 근거로 괘효원리를 설명하고 있다.

陽卦는 多陰하고 陰卦는 多陽하니 其故는 何也오
양괘 다음 음괘 다양 기고 하야

陽卦는 奇오 陰卦는 耦이니라 其德行은 何也오
양괘 기 음괘 우 기덕행 하야

陽은 一君而二民이니 君子之道也ㅣ오
양 일군이이민 군자지도야

陰은 二君而一民이니 小人之道也ㅣ라.
음 이군이일민 소인지도야

○ 何(어찌 하) 耦(짝 우) 奇(기이할 기, 사나울 기, 갑자기 기, 홀수 기)

양괘陽卦는 다음多陰하고 음괘陰卦는 다양多陽하니 그 연고緣故는 어째서인가? 양괘陽卦는 기奇이고 음괘陰卦는 우耦이니라. 그 덕행德行은 어떠한가? 양陽은 한 군주君主에 두 백성百姓이고, 음陰은 두 군주君主에 한 백성이니 소인小人의 도道이라.

개요概要

3장에서 길흉吉凶을, 4장은 팔괘八卦의 음양陰陽을 논함으로써 팔괘八卦의 음양획수를 가지고) 군자지도(길吉)와 소인지도(흉凶)을 구분하여 밝히고 있다.

각설

양괘다음陽卦多陰 음괘다양陰卦多陽 육효중괘를 전제하고 팔괘八卦를 설명하고 있다.[231] 양괘陽卦인 진震(☳) · 감坎(☵) · 간괘艮卦(☶)는 일양이음지괘一陽二陰之卦이고, 음괘陰卦인 손巽(☴) · 리離(☲) · 태괘兌卦(☱)는 일음이양지괘一陰二陽之卦이다. 양괘陽卦는 양효陽爻가 하나이고, 음효陰爻가 둘이니 음陰이 많은 것이고, 음괘陰卦는 양효陽爻가 둘이고, 음효陰爻가 하나이니 양陽이 많은 것이다.[232]

양괘陽卦는 기수奇數를 나타내고, 음괘陰卦는 우수耦數를 나타낸다. 즉 기우지수奇耦之數[233]에 의해 음陰 · 양효陽爻가 생성되었음을 밝히고 있다. 체용體用관계로 보면 ❶양체음용陽體陰用은 양괘陽卦는 작용은 음陰

---

231 양괘陽卦는 진震 · 감坎 · 간艮이며, 건괘乾卦의 초효初爻를 나타내는 것이 진괘震卦이며, 이효二爻를 나타내는 것이 감괘坎卦이며, 삼효三爻는 간괘艮卦로 나타난 것이다. 음괘陰卦는 손巽 · 리離 · 태兌로 곤괘坤卦의 초효는 손괘巽卦, 이효二爻는 리괘離卦, 삼효三爻는 태괘兌卦로 나타나는 것이다.

232 공자가 이르기를, "소인이 불의를 부끄러워하지 않고 불의를 두려워하지 않는다. 이익을 보지 않으면 권면되지 않고 위엄으로 두렵게 하지 않으면 징계懲戒가 되지 않으니 조금 경계하여 크게 징계시킴은 소인의 복이다." 역에 이르기를 "구교屨校는 발을 멸滅함이니 허물이 없다."라고 하였으니 이것을 말함이다.

233 陰陽奇偶數

卦名	一乾天	二兌澤	三離火	四震雷	五巽風	六坎水	七艮山	八坤地
卦象	☰	☱	☲	☳	☴	☵	☶	☷
爻數	3	4	4	5	4	5	5	6
	奇數	偶數	偶數	奇數	偶數	奇數	奇數	偶數
	陽卦	陰卦	陰卦	陽卦	陰卦	陽卦	陽卦	陰卦
	純陽	多陽	多陽	多陰	多陽	多陰	多陰	純陰
	음체양용陰體陽用 / 양체음용陽體陰用							

3	一乾天	☰	陽卦	父	母	陰卦	☷	八坤地	6
5	四震雷	☳	陽卦	長男	長女	陰卦	☴	五巽風	4
5	六坎水	☵	陽卦	中男	中女	陰卦	☲	三離火	4
5	七艮山	☶	陽卦	少男	少女	陰卦	☱	二兌澤	4

으로 한다.(건乾 · 진震 · 간艮 · 감坎) ❷음체양용陰體陽用은 음괘陰卦는 작용은 양陽으로 한다. (곤坤 · 손巽 · 리離 · 태兌)

기고하야其故何也 양괘기陽卦奇 음괘우陰卦耦 그 연고는 양괘陽卦는 기수奇數원리를 나타내고, 음괘陰卦는 우수耦數원리를 나타낸다. 즉 기우지수奇偶耦之數원리에 의해서 음陰 · 양효陽爻가 생성되었음을 밝히고 있다. 기우지수奇偶之數는 천지지수임이 「계사상」편 제9장에서 밝혀졌듯이 기우지수奇偶之數를 통해서 도서원리圖書原理를 표상하며, 도서원리圖書原理는 역수曆數를 표상하기 때문에 역수원리曆數原理에 의해 괘효원리卦爻原理가 드러난 것임을 알 수 있다.[234] ❶양효陽爻는 체십용구體十用九에서 용구用九를 사용하고, ❷음효陰爻는 체오용육體五用六에서 용육用六을 사용함에도 드러난다.

기덕행하야其德行何也 양일군이이민군자지도야陽一君而二民君子之道也 음이군이일민소인지도야陰二君而一民小人之道也 괘卦를 통해서 군자지도와 소인지도를 나누어서 군자지도를 드러내어 밝히고 있음을 알 수 있다. 괘효卦爻를 통해서 성명지리를 밝혀 군자지도와 소인지도를 분별하여 군자지도를 따르라고 한 것이다.[235]

---

234 괘효원리가 도서圖書원리를 바탕으로 하고 있다.

기奇	1·3·5·7·❾ ⇨ 용구用九원리
우耦	2·4·❻·8 ⇨ 용육用六원리

235 「설괘」 제2장에서 성인聖人이 역易을 지은 목적이 장이순성명지리將以順性命之理임을 밝히고 있다. 즉 군자로 하여금 괘상을 통해서 표현된 성명지리에 순응하며 살게 만들기 위해서 괘효를 그은 것이다.

○제5장

요지要旨

도道의 실천과정에서 먼저, 음양조화, 진리와 내가 하나되는 과정이 필요함을 말한다. 제5장에선 함괘咸卦의 '동동왕래'를 남녀간의 사랑에 비유하여 진리와 내가 하나 됨을 설명하고 있다. 이것을 기준으로 군자지도와 소인지도를 말하고 있다.

易曰, 憧憧往來면 朋從爾思ㅣ라하니
역 왈 동 동 왕 래 붕 종 이 사

子曰, 天下ㅣ 何思何慮ㅣ리오 天下ㅣ 同歸而殊塗하며
자 왈 천 하 하 사 하 려 천 하 동 귀 이 수 도

一致而百慮ㅣ니 天下ㅣ 何思何慮ㅣ리오
일 치 이 백 려 천 하 하 사 하 려

○ 憧(그리워할 동) 朋(벗 붕) 從(좇을 종) 爾(너 이) 思(생각할 사) 何(어찌 하) 慮(근심할 려, 생각할 려(여)) 歸(돌아갈 귀) 殊(죽일 수, 다를 수) 塗(진흙 도, 길 도) 致(보낼 치)

역에 이르기를, 그리워하고 그리워하면서 왕래하면 벗이 네 생각을 따를 것이라, 하니 공자가 이르기를, 천하가 무엇을 생각하며 무엇을 근심하겠는가? 천하가 돌아감은 같으나 길은 다르며, 이치理致는 하나이나 생각은 백가지이니, 천하가 무엇을 생각하고 무엇을 근심하겠는가?

개요概要

택산함괘澤山咸卦(䷞) 구사효九四爻에 대한 말이다. 택산함괘는 남하녀男下女하는 원리로 선천先天에 성인聖人이 나와서 후천后天의 군자를 기르는 것이다. 각정성명各正性命의 관점에서 보면 붕朋이 너를 따를 것을 생각한다는 것은 우友의 입장이며, 산택손괘山澤損卦 육삼효六三爻는 붕朋의 입장이다. 붕우朋友가 합덕(동귀同歸 · 일치一致)을 통하여 각자 자신의 명命을 수행해가는(수도殊塗 · 백려百慮) 것이다.[236]

각설

동동왕래憧憧往來 인간적 욕심으로 좇다 보면 이루어지는 것이 없으니, 지공무사하고 무사무위无思无爲한 가운데 통해야 함을 말한다. 또 “言治一也[언치일야](하나를 이룬다)”[237]가 된다고 하였다. 이 아래로 ‘德之成也[덕지성야]’까지는 모두 동동왕래憧憧往來를 말하여 천하의 이치가 하나로 돌아감을 말한 것이다.[238] 동동왕래憧憧往來란? ❶사람의 마음이 일어나는 작용, 길흉吉凶과 선善과 비선非善의 변화원리이며, ❷인사적人事的으로는 남녀의 결합을 말하고, ❸굴신왕래屈伸往來의 자연변화를 말하며, ❹도학적道學的으로는 성인 군자지도의 합덕, 순역順逆원리를 말한다.

붕종이사朋從爾思 성인 · 군자의 합덕이나 음양교합陰陽交合이면 마음의 일치점을 찾는다.

천하하사하려天下何思何慮 ‘하사何思’는 보통 생각(사思는 려慮의 체體)이고 ‘하려何慮’는 염려, 우려, 생각하는 모습(레慮는 사思의 용用)이다.

천하동귀이수도天下同歸而殊塗 돌아가는 귀일점歸一點은 같지만 각각의 길

---

236 함괘咸卦는 크게 보면 감괘坎卦이며, 또 구사九四가 동動하면 상괘上卦와 내호괘內互卦가 중수감重水坎이 된다. 감坎은 물이니 결국 상괘인 태택兌澤으로 흘러들어 가는 것이다. 그러나 하괘下卦인 간艮(경로)의 작은 길과 이를 도전挑戰한 진震(대도大道)의 큰 길 사이에서 감坎의 극심과 심통心統으로 ‘수도殊塗’하며 ‘백려百慮’하는 것이다. 또한 ‘同歸동귀’나 ‘일치一致’하는 것이 자연의 이치이나, 사람의 사욕이 앞서므로 ‘수도殊塗’하고 ‘백려百慮’하는 것이니, 그러므로 공자께서 ‘하사하려何思何慮’를 거듭 말하여 한탄하신 것이다.

237 『주역』 「계사하」 제4장, “삼인행三人行, 즉손일인則損一人, 일인행一人行, 즉득기우則得其友, 언치일야言致一也.”

238 상붕喪朋, 득붕得朋 ⇨ 호시弧矢, 구저臼杵, 주즙舟楫등의 상대적 성격이다. 인사적으로는 남녀를 비유할 수 있다.

(도道)은 다르다. 그러나 천하의 모든 것이 무아지경(성인聖人 · 군자지도君子之道)으로 돌아간다. 음양陰陽으로는 남녀간의 체體는 다르지만 최고의 경지를 느끼는 형이상적形而上的, 성리적性理的인 때에 함께 돌아간다. **일치이백려一致而百慮** 이때 무슨 사려思慮가 있겠는가 백려百慮가 하나로 이루어지는 무아지경의 경지 - 클라이막스 경지, 도통의 경지 - 말한다.

日往則月來하고 月往則日來하야
일 왕 즉 월 래 월 왕 즉 일 래

日月이 相推而明生焉하며 (天)
일 월 상 추 이 명 생 언

寒往則暑來하고 暑往則寒來하야
한 왕 즉 서 래 서 왕 즉 한 래

寒暑ㅣ 相推而歲成焉하니 (地)
한 서 상 추 이 세 성 언

往者는 屈也ㅣ오 來者는 信也ㅣ니
왕 자 굴 야 래 자 신 야

屈信이 相感而利生焉하니라 (人)
굴 신 상 감 이 이 생 언

○ 相(서로 상) 推(밀 추, 옮을 추) 寒(찰 한) 往(갈 왕) 暑(더울 서) 來(올 래{내}) 歲(해 세) 屈(굽을 굴) 信(믿을 신, 펼 신伸)

해가 가면 달이오고 달이 가면 해가 와서 해와 달이 미룸에 밝음이 생기고 추위가 가면 더위가 오고 더위가 가면 추위가 와서 추위와 더움이 서로 미룸에 해가 이루어지니, 가는 것은 굽힙이오, 오는 것은 펴짐이니, 굴신屈伸이 서로 감동感動함에 이로움이 생긴다 하니라.

개요概要

굴신왕래屈伸往來(동동왕래憧憧往來)의 이치로 천지인天地人 삼재지도三

才之道를 설명하고 있다. 모든 진리를 깨우치는 지름길이 왕래往來의 이치이며, 왕래굴신往來屈伸을 거치면서 진리를 이룬다. 음양陰陽이 합덕하여 음양작용이 이루어지며, 만물萬物에서는 생성작용이 이루어지는 것이다. 일월日月이 운행하여 한서寒暑가 생기고, 한서寒暑의 질운迭運작용에 의해서 세歲(시간)이 생성된다는 것이다.[239]

각설

일월日月 상추이명생언相推而明生焉(천天) 해(일日)가 가면 달(월月)이 오고, 달이 가면 해가 오는 것은 천지자연의 정당한 '**憧憧往來**'(동동왕래)이니, 밤에는 달이 비추고 낮에는 해가 비춰 밤낮이 서로 밀쳐 가면서 밝음이라는 '**同歸 · 一致**'(동귀 일치)를 하는 것이다.[240]

한서寒暑 상추이세성언相推而歲成焉(지地) 가을에서 겨울의 추위(한寒)가 가면 봄을 지나 여름의 더위(서署)가 오고, 더위가 가면 다시 추위가 오니 역시 천지 자연의 정당한 '**憧憧往來**'(동동왕래)이다.[241]

굴신屈信 상감이리생언相感而利生焉(인人) '왕往'은 사라지는 것이니 귀鬼(음陰)이며, '래來'는 생겨나는 것이니 신信(양陽)이다. 가는 것은(왕往) 씨앗이 땅속에 있는 것이며, 오는 것은(래來) 싹터 나오는 것을 뜻하니, 씨앗이 떨어지는 것은 굴屈이고, 싹터 나오는 것은 신信이다. 그러므로 굴屈한 것은 신信하는 것을 느끼고, 신信한 것은 굴屈하는 것을 느껴 서로 느끼는 속에서 이로운 것이 나온다는 것이다. 즉 겨울에 땅속에서 굴屈

---

239 (觀中)왕래는 시간개념, 굴신屈伸은 공간개념으로 왕래往來와 굴신屈伸은 음양陰陽의 합덕合德과 작용을 말한다. 일왕즉월래日往則月來는 일월日月의 운행원리를 말한다. 즉 역수원리 전개이다. 『정역』에서는 도역생성倒逆生成작용이 이루어짐으로써 하나가 된다고 말한다.

240 구사九四가 동動하면 상괘는 감坎(월月)이고, 외호괘外互卦는 리離(일日)이니, 해와 달이 서로 밀쳐내며 밝음으로 돌아가는 상象이다.

241 외호괘인 ❶건乾은 서북방으로 추위를 맡아 행하고, 내호괘인 ❷손巽은 동남방으로 더위를 맡아 행하니 추위와 더위가 서로 밀쳐내며 한 해(세歲)를 이루는 상象이다.

했던 것이 봄에 펴서 나옴에 가을의 이利가 있다. 해와 달이 굴신屈伸하는 가운데 '명明'이라는 이利가 생기고, 추위와 더위가 굴신屈伸하는 가운데 '세歲'라는 이利가 생기듯이 천하 만물이 왕래굴신往來屈伸하는 속에서 결실의 이로움이 나오는 것이다. 인간사 동동왕래憧憧往來의 이로움에는 반드시 의義가 있어야 한다는 것이다.[242]

尺蠖之屈은 以求伸也ㅣ오 龍蛇之蟄은 以存身也ㅣ오
척확지굴 이구신야 용사지칩 이존신야

精義入神은 以致用也ㅣ오 利用安身은 以崇德也ㅣ니
정의입신 이치용야 이용안신 이숭덕야

過此以往은 未之或知也ㅣ니 窮神知化ㅣ 德之盛也ㅣ라
과차이왕 미지혹지야 궁신지화 덕지성야

○ 尺(자 척) 蠖(자벌레 확) 屈(굽을 굴) 求(구할 구) 伸(펼 신) 龍(용 용) 蛇(뱀 사) 蟄(숨을 칩) 身(몸 신) 精(정미할 정) 過(지날 과) 此(이 차) 往(갈 왕) 未(아닐 미) 或(혹 혹) 窮(다할 궁) 神(신묘할 신, 귀신 신) 知(알 지) 德(덕 덕) 盛(성할 성)

(자로 재는 듯이 나아가는) 자벌레가 몸을 굽힘은 폄을 구하기 위해서요, 용과 뱀이 칩거하는 것은 몸을 보존하기 위함이오, 뜻(의義)를 정밀하게 (연구)하여 신묘한 경지에 들어감은 쓰임을 이루게(지극히) 하기 위함이오, 쓰임을 이롭게 하여 몸을 편안히 함은 덕德을 높이기 위함이니, 이를(정의와 입신) 지난 이후에 대해서는 혹 알지 못함이니, 신비로움을 궁구하여 변화(조화)를 아는 것은 덕德의 성盛함이라.

개요概要

굴신왕래屈伸往來(동동왕래憧憧往來)의 이치를 사물에 비유해서 설명하고 있다.

---

242 『논어』「헌문」편 "이견사의利見思義"

각설[243]

척확지굴尺蠖之屈 **이구신야**以求信也 자벌레가 굽히는 것은 장차 펴려고 하는 것이다. 이는 몸을 굽히는 것은 폄에 쓰려고 함이라 누구든지 무엇을 시작하는 것은 모두 결과를 이루려고 하는 것이다.(通神明之德 통신명지덕)

용사지칩龍蛇之蟄 용과 뱀이 겨울잠을 자는 것은 봄을 맞아 펴기 위한 것이다. 즉 내년 봄에 다시 나오기 위한 동면冬眠이다.

정의입신精義入神 **이치용야**以致用也 사물의 이치를 정미(상세)하게 궁구하여 신묘함에 통하는 까닭은 세상에 나가서 쓰려고 하는 것이다.

❶정의입신精義入神은 뜻을 정미(상세하게)하게 연구하여 신묘한 경지에 나아간다는 것은 天地의 큰 뜻을 내재화하는 공부를 통해서 입신入神의 경지, 도통의 경지와 하나 됨을 말하고,[244] ❷치용致用은 쓰임을 다한다는 것이다.

이용안신利用安身 **이숭덕야**以崇德也 몸을 망령되게 움직이지 않고 이롭게 사용한다는 것은 자기성찰과 수양으로 그 쓰임을 다하고자 함이니, 이로써 덕德을 숭상하기 때문이다.

과차이왕過此以往 치용致用과 숭덕崇德의 경지를 지나가는 것(형이상의 것)은 혹 알지 못하나 신묘神妙함을 궁구해서 그 변화를 아는 것은 덕德의 성대盛大함이다. 이것은 덕德이 체體가 되어야 궁신지화窮神知化를 할 수 있다는 것이다.[245]

미지혹지야未之或知也 대과괘大過卦(䷛)를 지나서 후천后天이 오는 것을 알지 못한다. 그러나 성인聖人의 겸양으로 노력하고 연마하면 혹 알 수

---

243 (觀中) 일월日月원리와 한서寒暑원리가 모두 음양陰陽원리에 근원하여 이루어지며, 만물의 생성작용이 모두 음양작용임을 밝히고 있다.

244 명명덕明明德 ⇨ 통신명지덕通神命之德 유만물지정類萬物之情이다.

245 「계사상」편 제9장의 '지왈子曰, 지변화지도자知變化之道者, 기지신지소위호其知神之所爲乎'와 반대적 입장이다.

있지 않는가?[246]

궁신지화窮神知化 성인聖人은 신비로운 것을 궁구하여 변화하는 모든 미래를 아는 것이다. 성인聖人은 천명으로 이러한 경지에 도달해 있는 사람이다.

덕지성야德之盛也 덕德을 통하여 신神을 알 수 있다는 것이다. 이에 지혜를 얻는다는 것은 지식을 얻는 것이 아니라 덕德을 쌓아 가는 것이다.[247]

易曰, 困于石하며 據于蒺藜ㅣ라
역왈 곤우석 거우질려

入于其宮이라도 不見其妻ㅣ니 凶이라하니
입우기궁 불견기처 흉

子曰, 非所困而困焉하니 名必辱하고
자왈 비소곤이곤언 명필욕

非所據而據焉하니 身必危하리니
비소거이거언 신필위

旣辱且危하야 死期將至어니 妻其可得見邪아
기욕차위 사기장지 처기가득견야

○ 困(괴로울 곤) 據(걸릴 거, 의거할 거) 蒺(가시 질) 藜(가시 려) 非(아닐 비) 所(바 소) 必(반드시 필) 辱(욕되게 할 욕) 危(위태할 위) 旣(이미 기) 將(장차 장) 邪(간사할 사, 어조사 야)

역에 이르기를, 돌에 곤困하여 가시덤풀에 걸려있음이라, 집에 들어가도 아내를 만나지 못하니 흉하다 하니, 공자가 말하기를 곤困할 봐가 아닌데 곤困하니 이름이 반드시 욕될 것이요, 앉을 곳이 아닌데 앉으니 몸이 반드시 위

246 '과차이왕過此以往, 미지혹지야未之或知也'는 지금까지 말한 자연의 이치 외의 것은 모른다는 뜻이다. 지금까지 자연의 동동왕래를 말하여 '동귀同歸'하고 '일치一致'하는 것을 말했으니, 이것이 자연의 이치의 모든 것이라고 역설적逆說的으로 표현하여 단정한 것이다. 즉 신神을 궁구히 연구해서 만물이 화생化生되어 나오는 것이 덕德의 가장 성盛한 것이다.

247 성인聖人과 같은 사람은 천명天命을 받아 나온 사람이라 자기 스스로 이러한 경지를 포괄하여 덕위德盛의 위位에 있는 사람이라고 할 수 있다.

태로울 것이다. 이미 욕되고 또 위태로워 죽을 시기가 장차 이르니 아내를 볼 수 있겠는가?

개요 概要

택수곤괘澤水困卦(䷮) 육삼효六三爻에 대한 설명이다. 곤괘困卦(䷮) 육삼효六三爻가 동動하면 택풍대과澤風大過(䷛)이다. 대과괘(䷛)는 대들보가 흔들려 크게 지나침을 나타내는 괘이다. '동동왕래憧憧往來'로 인한 체력소진으로 곤困하게 되고, 곤란을 당해 진퇴양난의 형태를 나타낸 것이다. 따라서 동동왕래憧憧往來를 통한 도통의 경지는 고난과 시련의 과정을 거치지 않고서는 이루기가 어렵다는 것을 말하고 있다.

각설

곤우석困于石 곤괘困卦(䷮) 육삼효六三爻는 괘상卦象으로 보아 두 양陽사이에 빠져 있고 상구효上九爻와 상비관계라 곤우석困于石이 된다. '곤困'은 목도木道인 동방東方 '목木'(생명生命)이 울타리안에 갇혀 있는 것이다. 부정위부정不正位不中한 자리이다. 따라서 소인지도를 드러내고 있다. 소인小人(돌과 가시덤불)들이 군자지도를 보지 못하는 것으로 곤궁하고 유종有終이 없다.

비소곤이곤언非所困而困焉 곤난을 겪을 때가 아닌데 겪는다. 소인지도로 혼란된 사회이다.

명필욕名必辱 소인지도 혼란된 사회에서 명성을 높이 가지려다 욕됨이 오고, 몸도 위난에 빠진다.

기욕차위旣辱且危 이미 욕되게 되고 또한 위태로움에 빠진다

사기장지死期將至 욕됨과 위태로움으로 죽음의 때가 이른다.

처기가득견야妻其可得見邪 소인지도에 빠져 자신의 몸도 지탱하기 어려워 아내(군자君子)를 돌볼 수 없다.

易曰, 公用射隼于高墉之上하야 獲之니 无不利라하니
역왈 공용석준우고용지상 획지 무불리

子曰, 隼者는 禽也ㅣ오 弓矢者는 器也ㅣ오
자왈 준자 금야 궁시자 기야

射之者는 人也ㅣ니 君子ㅣ 藏器於身하야 待時而動이면
석지자 인야 군자 장기어신 대시이동

何不利之有ㅣ리오 動之不括이라 是以出而有獲하나니
하불리지유 동지불괄 시이출이유획

語成器而動者也ㅣ라
어성기이동자야

○ 射(쏠 석, 쏠 사, 궁술 사) 隼(새매 준) 墉(담 용) 獲(얻을 획) 禽(날짐승 금) 藏(감출 장) 器(그릇 기) 括(묶을 괄)

역에 이르기를, 공이 새를 높은 담 위에서 쏘아 잡았으니 이롭지 않음이 없다. 하니 공자가 이르기를, "준은 새이고 궁시는 기물이며, 쏘는 것은 사람이니 군자가 기물을 몸에 간직하고 때를 기다려 움직이면 어찌 이롭지 않음이 있어리요. 움직이면 막히지 않음이라. 이 때문에 나가면 얻음이 있는 것이니, 기물을 이루고 움직이는 것을 말하는 것이다."

개요概要

뇌수해괘雷水解卦(䷧) 상육효上六爻로 군자지도를 밝히고 있다. 즉 시의성時宜性에 따라 움직이면 막힘이 없이 자유롭게 행할 수 있음을 말하고 있다.

각설

준금隼禽 역도易道, 성인지도聖人之道를 말한다.

궁시자弓矢者 자신이 정심수양正心修養한 뒤라야 과녁을 맞힐 수 있다. 군자가 덕德을 쌓았다는 것은 천지지도天地之道를 자각했다는 것으로 시의성에 맞게 움직이면 중정지도中正之道를 행할 수 있다는 것이다.

장기어신藏器於身 몸에 그릇을 보관한다는 것은 성인지도를 주체적으로 자각하여 내재화하는 군자의 사명을 상징한 것이다. 군자 스스로 자기 몸에 훌륭한 기器를 간직한다는 것이다.[248]

대시이동待時而動 군자지도로서 시의성에 적합토록 기다려 움직이면 중정지도中正之道를 행할 수 있다는 것이다.

동지불괄動之不括 괄括은 묶는 것이다. 궁시弓矢를 사용할 때 시위가 얽히면 사용이 불가능하다는 것이다. 불괄不括은 구애받거나 막히지 않고 자유로이 움직일 수 있음을 말한다.[249]

출이유획出而有獲 나가서 매(천사)를 잡을 수가 있다.

어성기이동자야語成器而動者也 그릇이 이루어진 다음에 움직이라는 것이다. 즉 성명지리性命之理의 완성을 말한다. 앞에서 말하는 '精義入神 以致用也'(정의입신 이치용야)라는 말이다.

子曰, 小人은 不恥不仁하며 不畏不義라
자왈 소인 불치불인 불외불의

不見利면 不勸하며 不威면 不懲하나니
불견리 불권 불위 불징

小懲而大誡ㅣ 此ㅣ 小人之福也ㅣ라
소징이대계 차 소인지복야

易曰, 屨校하야 滅趾니 无咎ㅣ라하니 此之謂也ㅣ라.
역왈 구교 멸지 무구 차지위야

○ 恥(부끄러워할 치) 畏(두려워할 외) 勸(권할 권) 威(위엄 위) 懲(혼날 징) 誡(경계할 계) 福(복 복) 屨(신 구) 校(학교 교, 형틀 교) 滅(멸망할 멸) 趾(발 지)

248 형이상자形而上者 위지도謂之道, 형이하자形而下者 위지기謂之器.

249 한강백은 "괄括은 결結이다."라고 하였다.

공자가 이르기를, "소인이 불의를 부끄러워하지 않고 불의를 두려워하지 않는다. 이익을 보지 않으면 권면되지 않고 위엄으로 두렵게 하지 않으면 징계懲戒가 되지 않으니 조금 경계하여 크게 징계시킴은 소인의 복이다." 역에 이르기를 "구교屨校는 발을 멸滅함이니 허물이 없다." 하였으니 이것을 말함이다.

개요概要

화뢰서합火雷噬嗑(☲☳) 초구효初九爻로 소인지도에 대한 말이다. 서합괘噬嗑卦은 소인지도를 벌하는 괘卦로서 초구初九는 경범죄인으로 가벼운 형벌인 족쇄足鎖를 사용하고[250] 상구上九인 중죄인에게는 항쇄項鎖를 사용한다.[251]

각설

불치불인不恥不仁 소인은 어질지 못함(불인不仁)을 부끄럽게 생각하지 않는다. 불취는不恥는 본성을 망각한다는 것이다.

불외불의不畏不義 **불견리**不見利 소인은 성인지도聖人之道를 보지 않으면 의義롭지 못한 것(불의不義)을 두려워 하지 않는다. 또한 소인은 이익이 있어야 인仁을 권하고, 형벌을 당해야 그 의義롭지 못한 것을 깨닫는다.

소징이대계小懲而大誡 **소인지복야**小人之福也 소인을 조금 징계하여 큰 잘못을 못하게 하는 것은 일벌백계로써 소인에게 오히려 복이 된다는 것이다.

---

250 이 귀절은 인의仁義에 대한 잘못을 말했는데, 소인小人이 의義에 어긋남은 다음 구절에 나오는 구체적인 죄罪인 악惡을 쌓는데 까지 도달한 것은 아니므로 가벼운 잘못에 해당한다.

251 하교何校는 가추枷杻로 보인다. 가추枷杻는 죄수의 몸에 채우는 형구刑具로 가枷는 마른 나무널판으로 만든 형틀로 죄수의 목에 씌워 보행을 불가능하게 한 것이며, 손에 채우는 수갑 추杻는 발에 채우는 질桎과 한 벌로 되어 있었다고 한다.

善不積이면 不足以成名이오
선부적 부족이성명

惡不積이면 不足以滅身이니
악부적 부족이멸신

小人이 以小善으로 爲无益而弗爲也하며
소인 이소선 위무익이불위야

以小惡으로 爲无傷而弗去也ㅣ라
이소악 위무상이불거야

故로 惡積而不可掩이며 罪大而不可解니
고 악적이불가엄 죄대이불가해

易曰, 何校하야 滅耳니 凶이라하니라.
역왈 하교 멸이 흉

❍ 掩(가릴 엄) 校(형틀 교) 耳(귀 이)

선善이 쌓이지 않으면 이름을 이룰 수 없고, 악惡을 쌓지 않으면 이로써 몸을 상傷하게 되지 아니함이니, 소인小人은 작은 선善을 무익하다 하여 행行하지 않고, 작은 악惡은 상傷하게 됨이 없다하여 버리지 않는다. 그러므로 악惡이 쌓여서 가리울 수 없고, 죄罪가 커져서 풀 수 없으니, 역易에 이르기를 "차고로 매서 귀를 멸하니 흉凶이라" 하니라.

개요概要

서합괘噬嗑卦(☲☳) 상구효上九爻는 중죄인에 대한 형벌에 관한 얘기이다. 이름(명名)을 이루는 것은 선善으로 이루어지고, 몸을 망친다는 것(멸신滅身)은 악행惡行을 저지른 후에 받게 되는 형벌이다. 그러나 소인은 조금 선하게 하고도 '유익함이 없다' 하고, '조금 악행을 해도 별 받지 않으니 계속 행하여 결국은 큰 죄를 짓게 되어 구제받지 못하게 되니 흉하다는 것이다.

각설

하교멸이何校滅耳 중죄인重罪人은 격리隔離시켜 외부의 소식을 못 듣도록 하였다. 이를 항쇄(하교何校)을 씌워 귀를 滅한다고 하였다. 항쇄를 씌워 귀를 가렸다는 것은 하늘의 소리, 진리의 소리를 듣지 못하는 것을 말한다.

선부적善不積 부족이성명不足以成名 명名은 존재원리 자체, 성인聖人이기에 존재원리를 드러내기 위함이고, 또한 군자의 실천원리를 드러냄을 말한다.

악부적惡不積 부족이멸신不足以滅身 내 스스로 가진 덕성에 역도易道를 깨달음이다.

위무익爲无益 익益은 익괘益卦(䷩)를 의미한다.

악적이불가엄惡積而不可掩 악惡이 쌓이면 구제하기 어렵다는 것이다.

죄대이불가해罪大而不可解 악惡이 쌓이고 쌓여 나중에 가서는 해결할 수 없는 것을 말한다.

子曰, 危者는 安其位者也ㅣ오
자왈 위자 안기위자야

亡者는 保其存者也ㅣ오 亂者는 有其治者也ㅣ니
망자 보기존자야 난자 유기치자야

是故로 君子ㅣ 安而不忘危하며
시고 군자 안이불망위

存而不忘亡하며 治而不忘亂이라
존이불망망 치이불망난

是以身安而國家를 可保也ㅣ니
시이신안이국가 가보야

易曰, 其亡其亡이라야 繫于苞桑이라하니라.
역왈 기망기망 계우포상

○ 危(위태할 위) 安(편안할 안) 保(지킬 보) 存(있을 존) 亂(어지러울 란(난)) 治(다스릴 치) 忘(잊을 망) 苞(그령 포, 바가지 포, 더부룩할 포) 桑(뽕나무 상)

공자가 이르기를, 위태로울까 염려함은 그 지위를 편안하게 하는 것이요, 망할까 염려함은 생존을 보존하는 것이다. 어지로울까 염려함은 그 다스림을 가질 수(두게 하는 것) 있는 것이니. 이 때문에 군자는 편안해도 위태로음을 잊지 않고, 보존되어도 망함을 잊지 않고, 다스려져도 어지로움을 잊지 않음이라, 이 때문에 몸이 편안해지고 나라를 보존할 수 있는 것이니, 역에 이르기를, 망할까 망할까하고 두려워하여야 덩굴째 더부룩한 뽕나무에 매어놓은듯 튼튼하다.

개요概要

천지비괘天地否卦(䷋) 구오효九五爻에 대한 설명이다. 비괘否卦 구오九五는 비색한 때를 당해 망할 것을 염려한 대인大人이 천하를 도道에 묶어 영구히 반석위에 올려 놓는 것을 말한다. 뽕나무는 뿌리가 질기고 단단하다. 그러므로 뽕나무 같이 튼튼한 곳에 붙들어 매면 영원히 망하지 않는다는 것이다.[252]

각설

위자危者, 망자亡者, 난자亂者 모든 것이 두렵고 염려스럽게 생각하고, 자신이 망할 우려가 있다고 생각하며, 나라가 어지러울까 염려하는 사람을 말한다.

기망其亡 기其는 의심을 말한다

계우포상繫于苞桑 군자지도에 매여 있어서 그때가 되면 소인을 꼼짝 못하게 되는 쾌괘決卦의 때를 말한다. ❶포苞는 땅위에 나타나 얽매여 있는 것으로 형이하학적 의미이고, ❷상桑은 땅위에 나타나지 않고 얽매여 있는 형이상학적 의미이다.

252 『신약성서』, 「누가복음」 19장 1-10절에서 보이는 삭개오와 뽕나무 구절과 비교

子曰, 德薄而位尊하며 知小而謀大하며
자 왈 덕 박 이 위 존 지 소 이 모 대

力小而任重하면 鮮不及矣나니
역 소 이 임 중 선 불 급 의

易曰, 鼎이 折足하야 覆公餗하니 其形이 渥이라
역 왈 정 절 족 복 공 속 기 형 악

凶이라하니 言不勝其任也ㅣ라.
흉 언 불 승 기 임 야

○ 德(덕 덕) 薄(엷을 박) 尊(높을 존) 謀(꾀할 모) 鮮(고울 선) 及(미칠 급) 鼎(솥 정) 折(꺾을 절) 足(발 족) 覆(뒤집힐 복) 餗(죽 속) 形(모양 형) 渥(두터울 악, 악착할 악) 勝(이길 승)

공자가 이르기를, 덕이 적으면서 지위가 높고, 지혜가 작으면서 꾀함이 크고 힘이 작으면서 짐이 무거우면 화가 미치지 않는 자가 드무니라. 역에 이르기를 솥이 부러져 공상에게 바칠 음식을 엎었으니, 형벌이 무거워 흉하다 하였으니 그 임무를 감당하지 못함이라.

개요概要

화풍정괘火風鼎卦(䷱) 구사효九四爻에 대한 말이다. 성인聖人이 하늘에 제사를 지내고, 음식을 통해 군자를 기르는 것이다. 이때 음식은 성인지도 말하고, 그릇은 역을 의미한다. 이 부족한 사람이 높은 지위와 큰일을 도모하면 화가 미침을 말하고 있다.

각설

선불급의鮮不及矣 소인지도에 미치지 않은 이가 드물다.

정위응명正位凝命 응명凝命은 천명을 실천하는 것이다.

지소이모대知小而謀大 능력의 한계를 벗어나 크게 도모한다는 것이다. 이때 ❶소小는 작은 일(소사小事), 내면적 일이고, ❷대大는 큰 일(대사大

事), 외면적인 일이다.

절족折足 솥의 다리를 꺾는다.

언불승기임야言不勝其任也 그 소임이 무거워 이기지 못함을 말한다.

子曰, 知幾ㅣ 其神乎ㄴ뎌
자왈 지기 기신호

君子ㅣ 上交不諂하며 下交不瀆하나니 其知幾乎ㄴ뎌
군자 상교불첨 하교불독 기지기호

幾者는 動之微니 吉之先見者也ㅣ니
기자 동지미 길지선현자야

君子ㅣ 見幾而作하야 不俟終日이니
군자 견기이작 불사종일

易曰, 介于石이라 不終日이니 貞코 吉타하니
역왈 개우석 부종일 정 길

介如石焉커니 寧用終日이리오 斷可識矣로다
개여석언 영용종일 단가식의

君子ㅣ 知微知彰知柔知剛하나니 萬夫之望이라.
군자 지미지창지유지강 만부지망

❍ 諂(아첨할 첨) 瀆(도랑 독) 幾(기미 기, 조짐 기) 微(은미할 미, 작을 미) 俟(기다릴 사) 介(절개 개, 끼일 개) 寧(편안할 녕{영}, 어찌 영, 차라리 영) 斷(결단할 단, 끊을 단) 識(알 식) 望(바랄 망)

공자가 이르기를, 기미를 앎이 그 신묘한 것이다. 군자는 위로 사귀되 아첨하지 않고 아래로 사귀되 모독하지 않으니, 기미幾微를 아는 것이다. 기幾는 동動함의 은미함으로 길吉함이 먼저 나타난 것이니, 군자는 기미幾微를 보고 일어나서 하루가 마치기를 기다리지 않으니, 역에서 말하기를 절개가 돌과 같으니, 하루를 마치지 않으니, 정貞하고 길吉하다 하였으니, 절개가 돌과 같으니, 어찌 하루를 마치겠는가. 가히 결단함을 알 수 있다. 군자는 은미함을 알고 드러남을 알며, 유柔를 알고 강剛을 아니, 많은 필부들이 우러러 바라봄이라.

개요概要

뇌지예괘雷地豫卦(☳☷) 육이효六二爻이다. 예괘豫卦의 의미는 ❶미리 준비하는 것(예비豫備) ❷기뻐하고 즐거워하는 즐거움(열예悅豫) ❸놀고 즐기고 게으른 것(일예佚豫) 등이 있다. 여기서는 기미에 대한 내용과 많은 사람들이 기뻐하고 즐거움에 빠져 있지만 오직 육이六二군자는 분수를 지키며, 중정中正의 길을 돌과 같이 굳게 지키고 있음을 말하고 있다.

각설

지기기신호知幾其神乎 **신이지래**神以知來[253](「계사상」편 제11장)로 군자가 기미를 보고 전체를 안다는 것이다.

상교불첨上交不諂 **하교불독**下交不瀆 **기지기호**其知幾乎 군자는 그 기미보고 전체를 알기 때문에 위를 사귀되 아첨하지 않고, 아래를 사귀데 모독하지 않는다는 것이다.

기자幾者 **동지미**動之微 **길지선견자야**吉之先見者也 기미는 그 움직임이 은미하다. 이러한 은미하고 미묘한 변화로 통해 길함을 알 수 있다는 것이다.

군자견기이작君子見幾而作 **불사종일**不俟終日 군자는 기미를 보면 일어나 행동하며 하루를 기다리지 않는다는 것이다.

개여석介如石 절개가 돌과 같다는 것은 예괘豫卦(☳☷)의 의미중의 하나인 희열에 빠져 자신의 본분을 망각하지 않는다는 것이다.

단가식의斷可識矣 단斷은 결단과 자각의 의미이다. 이를 통해서 전체를 안다는 것이다.

군자君子 **지미지창지유지강**知微知彰知柔知剛 '미微'는 은미한 것(형이상세계, 미래세계)이고, '창彰'은 드러난 것(형이하세계, 현재세계) 이며, '유강柔剛'을 안다는 것은 음양의 세계를 안다는 것이다.

253『한서漢書』에는 '길지선견자야吉之先見者也'가 '길흉지선견자야吉凶之先見者也'로 '凶'자가 더 쓰였다.

子曰, 顔氏之子ㅣ 其殆庶幾乎ㄴ뎌
자 왈 안 씨 지 자 기 태 서 기 호

有不善이면 未嘗不知하며 知之ㅣ면 未嘗復行也하나니
유 불 선 미 상 부 지 지 지 미 상 복 행 야

易曰, 不遠復이라 无祇悔니 元吉이라하니라.
역 왈 불 원 복 무 지 회 원 길

○ 顔(얼굴 안, 성씨 안) 殆(자못 태, 위태할 태, 가까울 태) 庶(여러 서) 幾(기미 기) 嘗(일찍이 상, 맛볼 상) 復(돌아올 복) 祇(이를 지, 공경할 지) 悔(뉘우칠 회)

공자가 이르기를, "안씨顔氏의 아들은 거의 도道에 가까울 것인져, 불선不善이 있으면 일찍이 모른 적이 없었고, 알면 일찍이 행行하지 않았다." 역왈易曰 '멀리 가지 않고 회복回復하여(돌아와) 뉘우침에 이르지 않으니, 크게 길吉이라' 하니라.

개요概要

지뢰복괘地雷復卦(☷☳) 초구효의 불원복不遠復이다. 『주역』에 등장한 '공자孔子'의 유일한 제자인 '안연顔淵'이다. 호학好學하며 석달을 불인不仁하지 않았던 도道를 자각한 사람이다.[254] 군자가 극기복례를 하여 '**知微知彰知柔知剛**(지미지창지유지강)'하니, 조짐만 보고도 선악善惡을 분별하여 그 옳은 것만을 행行할 수 있는 것이다.

254 안회顔回(BC 521~490)는 공문십철孔門十哲의 으뜸으로 꼽히는 사람, 자는 자연, 노나라 사람. 안빈낙도安貧樂道하는 덕행德行이 뛰어나서 아성亞聖이라고 불린다. 32세에 공자孔子보다 앞서 죽었다. '복성공復聖公'이라고도 불린다. 공자孔子는 안회顔回를 아껴 그가 죽자, "하늘이 나를 망亡하게 하였구나! 하늘이 나를 망亡하게 하였구나! (희噫! 천상여天喪予! 천상여天喪予!)"하고 애통해 하셨다. 또 『논어論語』「선진先進」편篇에서 그 애통해 함을 너무하다고 생각한 제자弟子가 묻자 "저 사람을 위해 애통해 하지 않고 누구를 위해 애통해 하겠는가"라고 하였다.

각설

기태서기호其殆庶幾乎 태殆는 가까울 태이며, 서기庶幾는 '거의 가깝다'는 말이다

무지회无祗悔 지祗는 공경할 지祗로 이를 지至이다

> 天地ㅣ 絪縕애 萬物이 化醇하고
> 천지 인온 만물 화순
>
> 男女ㅣ 構精애 萬物이 化生하나니
> 남녀 구정 만물 화생
>
> 易曰 三人行앤 則損一人코 一人行앤 則得其友ㅣ라하니
> 역왈 삼인행 즉손일인 일인행 즉득기우
>
> 言致一也ㅣ라.
> 언치일야

○ 絪(하늘기운 인 = 氣) 縕(땅기운 온, 헌솜 온, 쌓을 온) 萬(일만 만) 物(만물 물) 化(될 화) 醇(두터울 순, 발효할 순, 진한 술 순, 순수할 순) 構(얽을 구) 精(정밀할 정)

천지의 기운이 얽히고 설킴이 만물이 화化하여 엉기고, (이를 본받아) 남녀가 정精을 맺음에 만물이 화생化生하나니. 역易에 이르기를 '세 사람이 가는데는 한 사람을 덜고, 한사람이 가는데는 그 벗을 얻는다.'이라 하니, 하나를 이루는 것을 말함이라.

개요概要

산택손괘山澤損卦(䷨) 육삼효六三爻에 대한 글이다. 즉 동동왕래憧憧往來 붕종이사朋從爾思를 인사人事로 설명하고 있다.

각설

천지인온天地絪縕 만물화순萬物化醇 '인絪'은 하늘 기운이 쌓인 것을 의미하며, '온縕'은 땅 기운이 쌓인 것이다. 즉 천지가 사귀기를 서로 엉켜있

는 모양을 말한다. 이것은 하늘과 땅의 기운이 서로 교합交合하여 가득 찬 것을 말한다. 바꾸어 말하면 천지天地는 기질로써 만물을 낳는 것이다.[255] 형이상학적인 것을 말한다.

남녀구정男女構精 만물화생萬物化生 천지天地를 남녀로 비유해서 설명하고 있다. 즉 천지지도天地之道 = 인도人道이다. 형이하적인 것을 말한다.[256] 남녀구정構精은 천지가 기질氣質로써 만물을 낳는 것과는 달리 남자와 여자는 정수精髓를 서로 얻어 후손을 잇는 것이다. 남녀로서 만물을 대표하여 썼다.[257]

삼인행三人行 즉손일인則損一人 함괘咸卦(䷞) 구사효九四爻에서 '憧憧(동동) 往來(왕래)'하여 느끼는 것이나, 손괘損卦(䷨) 육삼효六三爻에서 "則損一人(즉손일인), 一人行(일인행), 則得其友(칙득기우)."라고 하는 것이 모두 하나를 이루고자 하는 뜻이다. 삼인행三人行은 산모의 뱃속에 아이를 가짐, 그래서 부父 · 모母 · 자子의 삼인행三人行이다. 여자가 해산할 손損이므로 아이를 낳는 것이 즉손일인則損一人이다.

일인행一人行 즉득기우則得其友 한 사람을 던 사람이 행하니 벗을 얻어서 이인二人이 된다.[258]

언치일야言致一也[259] 하나를 이룬다는 의미이며, 종결에는 각각 하나로 돌

---

255 형이상학적이며 기화적氣化的인 것을 말한다. 천지의 상통은 볼 수도 느낄 수도 없다. 단지 결과로 나타나서 만물이 육성되어 가는 것을 볼 수 만 있을 뿐이다.

256 괘상卦象으로 볼 때 곤坤의 상효上爻에 건乾의 기운氣運이 와서 사귄 것이 艮이고, 건乾의 상효上爻에 곤坤의 기운氣運이 와서 사귄 것이 兌이니, '천지인온天地絪縕' '남녀구정男女構精'의 상象이다.

257 화순化醇 : 화하여 엉긴다. · 화생化生 : 형화形化

258 남녀男女 구정構精원리로 말하면 양陽은 음陰을 얻고, 음陰은 양陽을 얻는다. 두 남녀男女가 결합하여 아들과 딸을 낳고, 아들과 딸이 혼인하여 부부를 이루는 계계승승繼繼承承, 영원불멸永遠不滅의 이치로서 생생지리生生之理라고 할 수 있다.

259 문장 머리에 '자왈子曰' 두 글자가 빠졌다. 이것은 이 장(「계사하」 5장)의 첫 문장(咸卦九四爻)의 뜻(言致一也)을 이어서 쓴 까닭이다.

아간다는 것이다. 부모가 결합하여 삼인행三人行이 되었다가 이것을 분가分家하면 하나로 돌아간다는 것이다. 따라서 언치인야言致一也는 태극太極을 말하며, 부부귀일夫婦歸一의 도통경지를 말한다.[260]

子曰, 君子ㅣ 安其身而後에야 動하며 易其心而後에야 語하며
자왈 군자 안기신이후 동 역기심이후 어

定其交而後에야 求하나니 君子ㅣ 脩此三者故로 全也하나니
정기교이후 구 군자 수차삼자고 전야

危以動하면 則民不與也코 懼以語하면 則民不應也코
위이동 즉민불여야 구이어 즉민불응야

无交而求하면 則民不與也하나니
무교이구 즉민불여야

莫之與하면 則傷之者ㅣ 至矣나니
막지여 즉상지자 지의

易曰, 莫益之라 或擊之리니 立心勿恒이니 凶이라하니라.
역왈 막익지 혹격지 입심물항 흉

○ 脩(닦을 수, 포 수) 與(줄 여) 懼(두려워할 구) 應(응할 응) 莫(없을 막{저물 모, 고요할 맥}) 傷(상처 상) 至(이를 지) 擊(부딪칠 격, 칠 격) 勿(말 물) 恒(항상 항) 易(편안할 이)

---

260 부부귀일夫婦歸一의 도통경지道通境地 : 이것은 상대적이며, 상대성相對性 위에 태극太極의 원리가 내재內在되어 있다. 음양이 합치合致되어 하나를 이룬다는 것이다. 결국 2(음양陰陽)는 1에 내포內包되어 있고, 2는 1에서 시작始作됨을 말한 것이다.

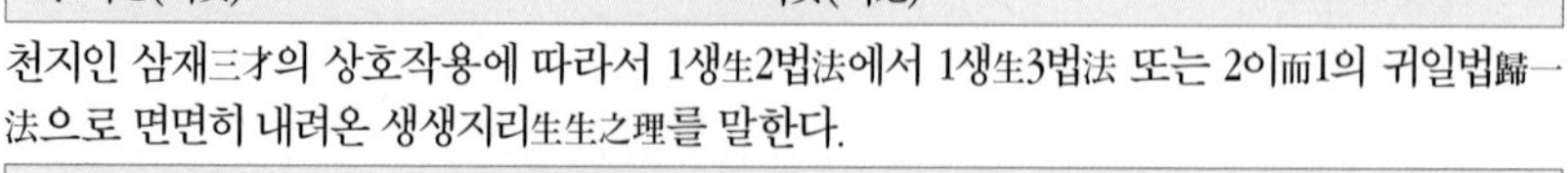

1. 천天(남男) ↘		↙ 남男(천天)
교交(혼인婚姻)	——— 만물화순萬物化醇	
2. 지地(여女) ↗		↖ 여女(지地)

천지인 삼재三才의 상호작용에 따라서 1생生2법法에서 1생生3법法 또는 2이而1의 귀일법歸一法으로 면면히 내려온 생생지리生生之理를 말한다.

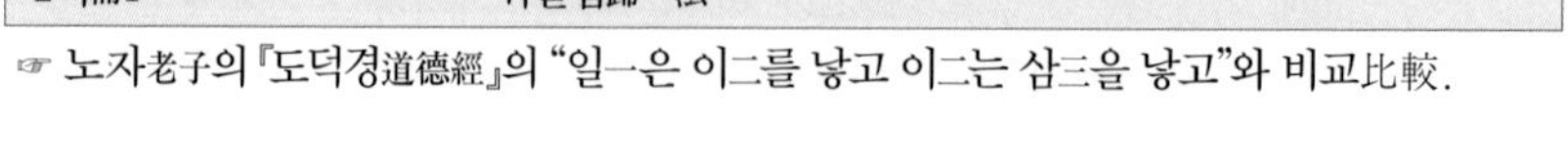

1생生2, 1생生3 ——— 생생지리生生之理 ——┐	
	모든 이치가 이 속에 있다.
2이而1 ——— 귀일법歸一法 ——┘	

☞ 노자老子의 『도덕경道德經』의 "일一은 이二를 낳고 이二는 삼三을 낳고"와 비교比較.

공자가 이르기를, "군자는 그 몸을 편안히 한 뒤에 움지이며, 마음을 화평히 한 뒤에 말하며, 사귐을 전한 뒤 구하니, 군자는 이 세 가지를 닦으므로 온전하나니, (신상에)위태로움으로서 움직이면 백성들이 더불어 하지 않고, 두려워하면서 말하면 백성들이 응하지 않고, 사귐이 없으면서 구한 즉 백성들이 더불어(주지 = 줄 여) 하지 아니하나니, 더불어(함께) 하지 않으면 해롭게 하는 자가 이르게 되는 것이니," 역에 이르기를 "유익만을(구하려 만) 하지 마라, 혹 공격할지도 모르니, 마음을 세움에 항상함이 없으면 흉하니라" 하니라.

개요概要

풍뢰익괘風雷益卦(䷩) 상구上九「효사爻辭」에 대한 설명이다.

위의 내용을 군자와 소인小人으로 구별하면 다음과 같다.

군 자	소 인
안기신이후安其身而後 동動	위이동危以動 즉민불여야則民不與也
역기심이후易其心而後 어語	구이어懼以語 즉민불응야則民不應也
정기교이후定其交而後 구求	무교이구无交而求 즉민불여야則民不與也

각설

군자수차삼자고君子脩此三者故 전야全也 군자가 갖추어야 할 3가지 덕목은 다음과 같다.

❶안기신이후安其身而後에 움직이고,	❷역기심이후易其心而後에 말하며,	❸정기교이후定其交而後에 구求는 것이다.
⬇ 이 세 가지를 완전히 하는 자가 군자이다.		

막지여칙상지자지의莫之與則傷之者至矣 더불어 함께하지 않으면 해롭게 할 자가 이르게 된다는 것이다.

소인은		
❶위이동危以動	❷구이어懼以語	❸무교이구无交而求
⬇ 즉민불여야則民不與也	⬇ 즉민불응야則民不應也	⬇ 즉민불여야則民不與也
⬇ 막지여莫之與		
⬇ 즉상지자則傷之者 지의至矣 한다는 것이다.		

입심물항立心勿恒 흉凶 마음을 세우고도 항상됨이 없으면 흉하다는 것이다.

막익지莫益之 자신에게 이익됨만을 찾지(구하지) 말라는 것이다.

혹격지或擊之 하늘로부터 타격을 받는 것이다. 이 때 혹或은 천天 혹은 신神을 지칭하는 의미이다. 하늘의 응징은 백성의 뜻으로 나타난다.[261]

261 『서경書經』참조.

○제6장

요지要旨

제6장은 역도易道가 건곤지도乾坤之道이며, 건곤지도乾坤之道의 주체적 자각을 통해 류만물지정類萬物之情함으로써 삼재지도三才之道를 밝히고 있다. 『주역』이 밝히고 있는 삼재지도三才之道는 군자지도로 귀결되고 있다. 또한 군자지도를 내용으로 하는 역易의 구성과 내용에 대하여 설명하고 있다.

子曰, 乾坤은 其易之門邪ㄴ뎌
자 왈 건 곤 기 역 지 문 야

乾은 陽物也ㅣ오 坤은 陰物也ㅣ니
건 양 물 야 곤 음 물 야

陰陽이 合德하야 而剛柔ㅣ 有體라
음 양 합 덕 이 강 유 유 체

以體天地之撰하며 以通神明之德하니
이 체 천 지 지 선 이 통 신 명 지 덕

○ 邪(어조사 야, 그러한가 야, 간사할 사) 物(만물 물) 陰(응달 음) 剛(굳셀 강) 體(신체 모양 체, 몸 체) 撰(지을(爲) 선, 법 찬(선), 글 지을 찬) 通(통할 통) 神(귀신 신) 德(덕 덕)

공자가 이르기를, '건곤'은 그 역의 문인가? '건'은 양물이오, '곤'은 음물이니, '음양'이 덕을 합하여 강유剛柔의 체가 있게 되었다. 이로써 (역으로)천지의 일을 체행(체험한다)하며 이로서 신명의 덕을 통하니

개요概要 [262]

262 (觀中) 건곤이 도道의 문으로 역도易道를 통해서 건곤지도乾坤之道가 밝혀진다. 음양합덕은 건곤합덕으로 음양이 체體가 되고, 강유柔剛가 용用이 된다. 용구용육用九用六원리에

건곤乾坤이 진리속에 존재함을 말하고 있다.

각설

건곤乾坤 기역지문야其易之門邪 괘효역학卦爻易學의 입장에서는 천지天地의 변화로부터 만물이 생겨남에 하늘과 땅이 만물의 문門이 되듯이, 62괘가 건곤乾坤 두 괘의 변화로부터 생겨나니 건乾과 곤坤을 역易의 문이라고 하는 것이다.[263]

건양물야乾陽物也 곤음물야坤陰物也 건乾이 순양괘純陽卦이고, 곤坤이 순음괘純陰卦라는 뜻도 되지만, ❶건乾은 구九로 대표되는 양효陽爻이고, ❷곤坤은 육六으로 대표되는 음효陰爻라는 뜻이다.

음양합덕이강유유체陰陽合德而剛柔有體 강유剛柔는 용用이요, 유체有體는 천지지도天地之道를 말한다.

이체천지지선以體天地之撰 천지天地의 일은 구체적이고 형체가 있는 것이므로 '체體'를 쓴다. ❶음양을 체體로 한 도道, 존재원리의 본질을 말한다. 선撰은 천지의 대표적인 물건이나 법칙을 말한다. 『주역』의 이치를 체득하면 모든 이치를 알 수 있다는 것이다. 천지의 조화를 체험한다는 것이다.

❷'선撰'은 지을 선으로 일(사事), 짓는다, 갖추다 (구具)의 뜻이고, '체

의해서 『주역』이 밝혀짐을 분명하게 알 수 있다.(존재론적 언급) ❶'선撰'(근본, 엑기스)은 도道이다. ❷'물物'은 도덕적인 승화昇華를 거친 것으로 존재이다. 천지지도天地之道는 천지의 성정을 나타낸 것이며, 천지지선天地之撰도 천지의 성정을 드러낸 것이다. 인도人道적 입장으로 통신명지덕通神明之德의 덕德은 인격적人格的 문제로서 건곤乾坤도 천지天地의 본성本性을 인격적으로 표상한 것이다. 그로므로 인간의 심성내면적 존재임을 알 수 있다. 따라서 천인합일天人合一이 이루어지는 곳이 인간 심성내면임을 드러나게 된다.

263 양陽은 건의 덕이고, 음陰은 곤의 덕이며, 이 음양의 덕이 합하여 강유剛柔의 형체를 생生하니, 모든 괘卦에는 강剛한 體(양효陽爻 또는 양괘陽卦)와 유柔한 체體 (음효陰爻 또는 음괘陰卦)가 있게 되는 것이다. 이 강체剛體와 유체柔體를 즉 64괘로써 천지의 모든 일을 형용해 갖추며, 신명神明의 그윽한 이치 역시 통通하니, 천지天地는 만물의 문門이고, 부모父母는 자식의 문門이며, 건곤乾坤은 62괘의 문門이다.

體'란 형용해서 본받는다는 뜻이다. 그러므로『주역』64괘로써 천하天下의 모든 일을 형용해서 갖춘다는 뜻이다.

이통신명지덕以通神明之德 역易을 통해서 은미한 곳에 존재하는 이치理致는 물론이고, 모든 사물의 이치를 귀신鬼神처럼 알 수 있어 밝은 덕에 까지 통달할 수 있다는 것이다. '신명지덕神明之德'이란 건乾의 강건한 덕과 곤坤의 유순한 정덕靜德을 뜻하며, 이러한 덕德은 형태가 없으므로 그 이치를 궁구窮究 해서 '통通'한다고 한 것이다. 즉 64괘의 건순동정乾純動靜에 통하면 신명神明의 조화를 모두 알 수 있다는 뜻이다.

其稱名也ㅣ 雜而不越하나
기 칭 명 야　잡 이 불 월

於稽其類앤 其衰世之意耶ㄴ뎌.
어 계 기 류　기 쇠 세 지 의 야

○ 其(그 기) 稱(일컬을 칭) 名(이름 명) 雜(섞일 잡) 越(넘을 월) 於(감탄사 어, 어조사 어) 稽(상고할 계, 머무를 계) 類(무리 류{유}) 衰(쇠할 쇠) 世(대 세) 意(뜻 의) 耶(어조사 야)

(주역의 내용을 살펴볼 때) 그 이름을 칭稱함이 잡란하면서도 어그러지지(넘지) 아니하나, 그 종류를 상고함에는 쇠퇴한 세상의 뜻이 아니겠는가?

개요概要[264]

『주역』의 괘卦 순서가 복희伏羲씨 때의 자연적인 순서로 놓인 것과는 달리 섞어 놓았으나 64괘 밖을 넘어가지 않았고, 그 음양의 섞인 뜻을 상고해 볼 때 은殷나라 말엽의 주왕紂王과 문왕文王의 일을 엮어 놓은 것이다.

---

264 (觀中) 위에서 통신명지덕通神明之德을 했으므로 유만물지정類萬物之情하는 것으로 역易의 저작著作을 통해 64중괘를 밝혀 그 명칭이 섞여 있으나 역도易道(음양원리)를 벗어나지 않고, 그 류類를 상고해봄에 세상이 쇠잔해 가는 뜻인 선후천先后天변화원리로 종시의 시의성을 드러낸 것인져. 第12장에서 밝히고 있다.

각설

기칭명야其稱名也 잡이불월雜而不越 복희伏羲씨 때의 역易은 '一乾天, 二兌澤, 三離火…… 八坤地' 등의 팔괘八卦가 자연적인 순서로 이루어졌고, 또 이를 거듭한 복희伏羲 64괘 역시 자연적인 순서로 되어있으나, 『주역』은 건乾·곤坤·둔屯·몽蒙…의 순서로 섞어 놓았다. 그러나 64괘라는 틀 밖으로는 넘어가지 않았음을 말한다. 또 괘명卦名에 있어 정鼎·정井 등과 같이 사물의 이름으로 표현한 것도 있고, 둔屯·몽蒙등과 같이 일의 변화로써 이름한 것도 있지만, 음양의 덕德이나 강유剛柔에서 벗어나지 않음을 뜻한다. ❶잡雜은 64괘, 건곤지도乾坤之道를 넘지 않는 것이고, ❷계稽(상고할 계)는 64괘, 성인지도를 상고하는 것이다.

기쇠세지의야其衰世之意耶 중국의 역사로 보면 은殷나라가 망할 때의 뜻을 담은 것이다. 즉 제후인 문왕이 은나라의 마지막 황제인 주紂가 폭정할 때에 유리 옥獄에 갇혀 있으면서 작역作易을 하였던 역사적 사실에 비추어 '쇠퇴한 세상'이라고 말했다.

夫易은 彰往而察來하며 而微顯闡幽하며 開而當名하며
부역 창왕이찰래 이미현천유 개이당명
辨物하며 正言하며 斷辭하니 則備矣라.
변물 정언 단사 즉비의

○ 彰(밝을 창) 往(갈 왕) 而(말 이을 이) 察(살필 찰) 來(올 래{내}) 微(작을 미) 顯(나타날 현) 闡(열 천) 幽(그윽할 유) 開(열 개) 當(당할 당) 名(이름 명) 辨(분별할 변) 物(만물 물) 正(바를 정) 言(말씀 언) 斷(결단할 단) 辭(말 사) 則(곧 즉) 備(갖출 비)

무릇 역易은 지나간 것을 밝혀서 오는 것을(미래를) 살피며, 은미한 것을 드러내고, 그윽함을 밝히며, (괘와 효를) 열어서 명칭에 마땅하게 하고, 사물을 분별하며, 말을 바르게 하고 말을 결단(판단)하니 곧(위의 6종류를) 구비한 것이라.

개요概要

역易의 내용은 ❶음양소장하는 천지天地의 이치를 밝혀서 미래의 길흉회린吉凶悔吝을 살피며, 인사人事의 드러나 있는 일이 천도天道의 미미한 조짐에 근본하여 발생한 것이다. 또한 ❷천도天道의 그윽한 조짐에서 앞으로 드러날 일을 밝힐 수 있게 하며, ❸각 효爻위에 해당하는 명칭을 하고, ❹괘상卦象에 해당하는 사물을 분별分别하며, ❺'당명當名' '변물變物'에 따른 상황과 상象을 바로 표현하며, ❻그 길흉을 판단하는 말을 했으니(「단사彖辭」)에 역易에 모든 것이 다 갖추어진 것이다.

각설[265]

창왕이찰래彰往而察來 자신의 타고난 과거적 본성을 깨달아 미래 세계를 자각하는 것이다.

창왕이찰래彰往而察來를 「계사상」 11장의 내용과 비교하면 다음과 같다.[266]

❶창왕彰往 ⇨ 지이장왕知以藏王 명어천지도明於天之道 ⇨ 신명기덕神明其德
❷찰래察來 ⇨ 신이지래神以知來 찰어민지고察於民之故 ⇨ 신명기덕神明其德

미현천유微顯闡幽 ❶미微은 나타나 있는 것의 미세한데까지 아는 것이고, 현顯는 보이지 않는 곳의 이치를 드러내어 밝히는 것이다. ❷역易은 만물의 소이연所以然을 밝히고, 그 변화지도를 알기 위하여 미세微細한 부분

---

265 체용體用원리로 미세한 것을 드러낸다. ⇨ 드러난 것을 체體로 돌리고, ⇨ 그윽한 것(幽體)은 천명하고, '변물辨物' = 이재理財, '정언正言' = 정사正辭요. 비備는 삼재지도가 갖추어짐, 길흉이 갖추어짐으로써 군자지도를 드러낸다는 것이다.

266 먼저, 창왕이찰래彰往而察來의 ❶창彰 ⇨ 순역順逆원리, 미래未來 ❷왕往 ⇨ 과거過去, 인의예지仁義禮智의 도덕성道德性이다. 다음으로 미현천유微顯闡幽는 체용體用원리 ❶유幽 ⇨ 체體 ❷현顯 ⇨ 용用이다.

과 드러나지 않은 내면까지 살펴보아야 한다는 것이다.

개이당명開而當名 역易의 내용을 열어서 그 의미를 분명하게(개開) 제시하여 괘효卦爻의 명칭, 단왈彖曰, 상왈象曰의 마땅한 이름으로 설명한다는 것이다.[267]

변물辨物 물건을 모두 분별하여 상象으로 놓은 것이다.(「설괘」편, 乾謂馬(건위마), 坤謂牛(곤위우)) 사물을 분별하여 자연의 이치에 맞도록 팔괘八卦를 대별大別한 것이다.

정언正言 「괘卦 · 효사爻辭」마다 상황과 상象에 맞게 표현한 것이다.[268]

단사斷辭 길吉과 흉凶을 판단을 한다.

其稱名也ㅣ 小하나 其取類也ㅣ 大하며
기 칭 명 야 소 기 취 류 야 대

其旨ㅣ 遠하며 其辭ㅣ 文하며 其言이 曲而中하며
기 지 원 기 사 문 기 언 곡 이 중

其事ㅣ 肆而隱하니 因貳하야
기 사 사 이 은 인 이

以濟民行하야 以明失得之報ㅣ니라.
이 제 민 행 이 명 실 득 지 보

○ 稱(일컬을 칭) 取(취할 취) 類(무리 류) 大(큰 대) 旨(맛 지, 뜻 지, 아름다울 지) 遠(심오할 원) 辭(말 사) 曲(굽을 곡) 肆(진열할 사, 가게 사, 궁구할 사, 베풀 사, 방자할 사) 隱(숨길 은) 因(인할 인) 貳(의심할 이, 두 이) 濟(건질 제, 건널 제) 民(백성 민) 明(밝을 명) 失(잃을 실) 得(얻을 득) 報(갚을 보, 보고할 보, 알려줄 보)

---

267 경문에는 '이미현천유而微顯闡幽, 개이당명開而當名'으로 되어 있다. 주자朱子는 이에 대해 『주역본의』에서 '이미현천유而微顯闡幽'를 '미현이천유微顯而闡幽'로, '개이당명開而當名'을 '개당명開當名'이라고 고치는 것이 옳다고 하였는데, '개당명開當名'이라고만 하면 뜻과 운이 맞지 않으므로 '개開'자를 마저 소거한다고 하였다.

268 『주역절중周易折中』에서는 "당명當名은 괘卦이고, 변물辨物은 상象이다. 정언正言은 「단사彖辭」이고, 「단사彖辭」는 길흉을 붙힌 것이다."라고 하였다.

(역은) 그 이름을 칭함은 작으나 류를 취함은 크며, 그 뜻이 원대하고 말이 문채하며, 말이 곡진하면서도 (모든 사물에)맞으며, (역이 설명하고 있는) 일이 진열되어 있으면서 (이치는) 은미하니, (이러한) 의문으로 인하여 백성의 행함을 (불선에서) 구제하여 실득의 응보를 밝힘이니라.

개요概要

역易 속에 모든 이치가 들어 있다는 것이다.

각설

기칭명야其稱名也 **소**小 역易의 이름은 간단하지만 그 뜻은 크다. 이름을 일컬음이란 물건 중의 한 예를 들어 설명했다는 것이다.[269] 이름 지어주는 것은 존재의 의미부여와 일치시키는 것이다.

기취유야其取類也 **대**大 그 작은 예例로써 대표되는 류類를 취합하고 보면 천하 이치와 만물이 그 속에 다 들어 있다.[270]

기언곡이중其言曲而中 **기사사이은**其事肆而隱 그 말이 곡진曲盡해서 중도中道에 맞는다.[271] 그 일(사事)은 사肆(드러남)과 은隱(감춤)의 체용體用원리이다.

인이因貳 **이제민행**以濟民行 이貳는 의심이다. 그러므로 백성의 의심나는 것을 풀어줘 올바른 길로 인도引導한다는 것이다.

이명실득지보以明失得之報 길흉원리를 밝힌 것이다. 즉 백성이 선악으로써 행동하면 하늘은 복화福禍로써 응應하여 갚는다는 것이다. 즉 인과응보이다[272]. 이러한 사실을 우리에게 알려준다는 것이다.

---

269 돼지, 물고기, 화살, 진흙, 박달나무 등. 따라서 하나 하나씩은 작음

270 음陰의 종류, 양陽의 종류, 또는 팔괘八卦로 대표되는 종류 등

271 비룡재천飛龍在天, 이견대인利見大人처럼 각각各各의 상황狀況에 따라 이치에 맞게 말했다.

272 이 장은 세상의 모든 이치가 건곤乾坤으로부터 나와『주역』속에 갖추어졌으며, 이러한 이치를 백성에게 가르침으로써 백성에게 일어나는 모든 일에 원인이 있음을 깨닫게 하여,

○제7장

요지要旨

「계사」 제6장의 내용을 실행하기 위해서는 덕德으로써 행하여 한다. 따라서 제7章에서는 64괘 중에서 덕행을 갖추어 모운 것을 3차례를 통해 덕의 특징과 작용과 방법을 설명하고 있다. 그러므로 삼진구덕괘三陳九德卦라고 한다.

건괘乾卦를 기본으로 하여 천도天道인 하도가 구덕괘九德卦(=用九원리)인 낙서원리를 통해서 드러나고 있다. 체십용구體十用九원리이다.[273]

건괘乾卦 삼효三爻에서 사효四爻(선후천先后天원리)로 이섭대천利涉大川하기 위해서는 진덕수업進德修業한 군자만이 후천后天으로 갈 수 있다. 이때는 위험하여 조심해야할 처지이며(이괘履卦), 겸손한 군자(겸괘謙卦)만이 이섭대천利涉大川 할 수 있다는 것이다.

易之興也ㅣ 其於中古乎ㄴ뎌 作易者ㅣ 其有憂患乎ㄴ뎌. 역 지 흥 야 기 어 중 고 호 작 역 자 기 유 우 환 호

○ 興(일어날 흥) 憂(근심할 우) 患(근심 환)

역의 홍함은 그 중고시대인져 역을 지은 자는 어떤 우환이 있었을까?

개요槪要

작역자作易者는 문왕文王과 주공周公을 말한다. 문왕文王이 세상을 근심

올바른 길로 인도하는데 있다는 것을 말하고 있다.

273 체십용구원리로 천도天道의 덕성을 표상하고 있다.

하면서 『주역』을 연역하였으니 우환이 있다고 하였다. 상고上古의 복희伏羲씨 때는 64괘만 있었고 「괘卦 · 효사爻辭」가 없던 것을 문왕과 주공이 「괘사」와 「효사爻辭」를 붙였다.

각설

기어중고호其於中古乎 은말주초殷末周初의 중고中古시대를 의미한다.

작역자作易者 문왕文王, 주공周公을 말한다.

기유우환호其有憂患乎 성인聖人의 우환의식이다. 즉 선천先天에 진리眞理를 모르는 사람들에 대한 우환의식이다. 성인聖人이 역易을 작作하여 군자에게 실천하도록 했다는 것이다.

是故로 履는 德之基也ㅣ오
시고 이 덕지기야

謙은 德之柄也ㅣ오 復은 德之本也ㅣ오
겸 덕지병야 복 덕지본야

恒은 德之固也ㅣ오 損은 德之修也ㅣ오
항 덕지고야 손 덕지수야

益은 德之裕也ㅣ오 困은 德之辨也ㅣ오
익 덕지유야 곤 덕지변야

井은 德之地也ㅣ오 巽은 德之制也ㅣ라.
정 덕지지야 손 덕지제야

○ 履(신 리{이}) 基(터 기) 謙(겸손할 겸) 柄(자루 병) 復(돌아올 복) 本(근본 본) 恒(항상 항) 固(굳을 고) 損(덜 손) 修(닦을 수) 益(더할 익) 裕(넉넉할 유) 困(괴로울 곤) 辨(분별할 변) 井(우물 정) 地(땅 지) 巽(겸손할 손, 손괘 손) 制(마를 제)

이런 까닭으로 이履는 덕의 터요, 겸謙은 덕의 자루요, 복復은 덕의 근본이요, 항恒은 덕의 굳음이요, 손巽은 덕의 닦음이요, 익益은 덕의 넉넉함이요,

곤困은 덕의 분별함이요, 정井은 덕의 땅이요, 손巽은 덕의 지음(裁斷)이라.

개요概要

군자가 실천헤야할 구덕괘九德卦의 특징特徵을 설명하고 있다. 왜냐 하면 우환을 해소하려면 덕이 있어야 하기 때문이다.

각설

이履 덕지기야德之基也 천택이天澤履(䷉)는 예禮를 실천하는 괘卦이다.[274] 예절이 기초가 되어야 다른 활동이 이루어지므로 이履는 덕德의 터가 되는 것이다. 그러므로 덕지기야德之基也란 이괘履卦는 항상 두려워하고 조심, 반성하는 수양하는 뜻을 가지고 있다.

겸謙 덕지병야德之柄也 지산겸地山謙(䷎)은 군자지도를 말하며, 겸덕謙德을 실행하는데는 자루처럼 하라는 것이다. 물건을 잡는데는 그 자루(병柄)를 잡아야 바로 쓸 수 있듯이 군자가 사람이나 일에 있어서 겸손을 잡아야 '칭물평시稱物平施'할 수 있는 것이다.[275]

복復 덕지본야德之本也 지뢰복地雷復(䷗)은 본래성의 회복을 말하며, 덕지본야德之本也란 겸손과 예를 행하여 도道를 회복하다면 덕德의 근본이 된다는 것을 말하는 것이다.

항恒 덕지고야德之固也 뇌풍항雷風恒(䷟)은 항상恒常함을 말하며, 덕지고야德之固也란 항심恒心으로 하면 덕德을 공고히 할 수 있음을 말한다. 즉, 항덕恒德이다.

손損 덕지수야德之修也 산택손山澤損(䷨)이다. 덕지수야德之修也란 수修는 수신이며, 인간육신의 욕구와 욕망을 덜어내는 덕德의 수양을 말한다.

---

274 이괘履卦, 상왈象曰 "상천하택上天下澤 이履, 군자이君子以, 변상하辯上下, 정민지定民志."

275 겸괘謙卦, 상왈象曰 "지중유산地中有山 겸謙, 군자이君子以, 부다익과裒多益寡 칭물평시稱物平施."

익益 덕지유야德之裕也 풍뢰익風雷益(䷩)이다. 덕지유야德之裕也란 위를 덜어 아래가 넉넉해짐을 말한다. 덕德을 실천함에 항상 남에게 유익되기를 힘쓰는 것이다.

곤困 덕지변야德之辨也 택수곤澤水困(䷮)이다. 덕지변야德之辨也란 덕德의 분별이다. 곤궁할 때 사람의 덕德을 잘 분변分辨할 수 있음을 말한다.

정井 덕지지야德之地也 수풍정水風井(䷯)은 낙서원리, 왕도정치이다. '덕지지야德之地也'는 우물이 땅처럼 움직이지 않고 만물을 길러주는 덕德을 말한다.

손巽 덕지제야德之制也 중풍손重風巽(䷸)이다. 덕지제야德之制也란 목도木道원리로 덕德을 마름질함을 말한다. 즉 손巽은 신명행사申命行使의 덕德으로 모든 일을 끝내야함을 말한다.

履는 和而至하고 謙은 尊而光하고
이 화이지 겸 존이광

復은 小而辨於物하고 恒은 雜而不厭하고
복 소이변어물 항 잡이불염

損은 先難而後易하고 益은 長裕而不設하고
손 선난이후이 익 장유이불설

困은 窮而通하고 井은 居其所而遷하고
곤 궁이통 정 거기소이천

巽은 稱而隱하니라.
손 칭이은

○ 和(화할 화) 至(이를 지) 尊(높을 존) 光(빛 광) 小(작을 소) 辨(분별할 변) 物(만물 물) 雜(섞일 잡) 厭(싫을 염) 先(먼저 선) 難(어려울 난) 後(뒤 후) 易(바꿀 역) 長(길 장) 裕(넉넉할 유) 不(아닐 불) 設(베풀 설) 窮(다할 궁) 通(통할 통) 居(있을 거) 所(바 소) 遷(옮길 천) 巽(손괘 손) 稱(일컬을 칭) 隱(숨길 은)

이履는 화和하되 지극하고, 겸謙은 높되 빛나고, 복復은 작되 물건을 분별하고, 항恒은 섞이되 싫어하지 아니하고, 손損은 먼저는 어렵되 나중은 쉽고, 익益은 길고 넉넉하되 베풀지 아니하고, 곤困은 궁하되 통하고, 정井은 그 장소에(거할 바에) 거하되 옮기고, 손巽은 맞추되 (저울질 하되) 숨기니라.

개요概要

군자지도인 구덕괘九德卦의 작용에 대하여 설명하고 있다.

각설

이履 화이지和而至 이괘履卦(䷉)의 화이지和而至는 예禮로써 몸가짐을 조심하기 때문에 남들과 화합和合하고, 이履로서 자기가 지켜야 할 바를 도달할 수 있다.[276] ❶이履는 신神과 인人의 만남의 원리이다. ❷신인神人과 사물事物, 예禮를 확장이다. 화和는 화합和合, 합덕合德을 의미한다.

겸謙 존이광尊而光 겸괘謙卦(䷎)의 존이광尊而光은 남을 존중함으로써 더불어 그 덕德이 빛나는 것이다. 겸괘 「단사彖辭」에서 "**謙 尊而光**(겸 존이광), **卑而不可踰**(비이불가유), **君子之終也**(군자지종야)."라고 한 뜻이 이것이다.

복復 소이변어물小而辨於物 복괘復卦(䷗)의 일양一陽이 시생始生하는 미미한 것이나, 사물을 분별하여 중정지도中正之道를 회복하는 덕이 있다. ❶'복復'은 인간본래성의 회복을 말한다. 소小는 씨를 말한다. ❷'변어물辨於物'은 주체적 자각이며, 형이상 · 하를 다 내포하고 있다. 이때 물物은 = 도道 + 기器이다(형이상 · 하를 전부 말함).[277]

항恒(䷟) 잡이불염雜而不厭 잡란한 것과 서로 섞여 있으나(잡雜 = 착종錯

---

276 『예기禮記』, 「악기樂記」편에서 "예禮가 통하게 되면 다툼이 사라진다.(예지즉불쟁禮至則不爭)"고 하였다.

277 『대학』에서는 '물유본말物有本末'이라고 하였다.

綜 = 합덕合德의미), 이를 싫어하거나 꺼리지 않고 응應하며, 그 속에서도 중정지도中正之道를 지켜 입불역방立不易方한다는 것이다. 외호괘外互卦는 태금兌金이고, 내호괘內互卦는 건금乾金으로 단단한 덕德이 숨어 있다. 일덕一德은 성인지도를 말한다.

손損(䷨) 선난이후이先難而後易 자신을 덜어내며, 덕을 닦는 것은 어렵고 힘든 일이나 (선천先天은 난難), 그 덕이 닦일수록 이치에 순응하여 행동하니 쉽게 되는 것이다 (후천后天은 이易). 덕을 닦아 천명에 순종하는 것이 『단사彖辭』에서 말한 '**損益盈虛 與時偕行**(손익영허 여시해행)'인 것이다.

익益(䷩) 장유이불설長裕而不設 남을 유익하게 하되 함부로 드러내지 않음을 말한다. 그 덕을 넉넉하게 하되, 억지로 베풀지 않는 것이다.

곤困(䷮) 궁이통窮而通 곤困은 곤궁의 극치에 이름을 말하나 변화로 통하는 것이다.[278][279]

정井(䷯) 거기소이천居其所而遷 사람과 물건은 다른 곳으로 옮길 수 있지만 우물은 옮길 수가 없다.[280] 다만, 사람과 만물에 물(진리)을 공급하는 덕을 행한다.

손巽(䷸) 칭이은稱而隱 손巽은 신명神明 · 천명天命의 괘卦로서 사람은 명命에 따라 실천한다는 것이다. 천명天命에 순종하여 매사를 경중소대輕重大小에 따라 저울질하여 시의성에 맞도록 적절한 처리하지만 겸손하여 자신을 드러내지 않고 은밀히 한다는 것이다.[281]

---

278 궁窮은 선천先天의 종終이라는 의미를 가지고 있다.

279 주자는 "몸은 곤궁하나 도는 오히려 형통하다.(신곤이도형身困以道亨)"라고 하였다.

280 그 장소에 있지만 옮겨가는 것은 시간적 의미로 차원의 전환이다.

281 은隱은 체體로서 은밀하게 감추고 있다는 것이다.

履以和行코 謙以制禮코 復以自知코 恒以一德코
이 이 화 행　겸 이 제 례　복 이 자 지　항 이 일 덕

損以遠害코 益以興利코 困以寡怨코 井以辨義코
손 이 원 해　익 이 흥 리　곤 이 과 원　정 이 변 의

巽以行權하나니라.
손 이 행 권

이履로써 행함을 화려하게 하고, 겸謙으로 예를 따르고, 복復으로서 스스로 알고, 항恒으로서 한결같이 하고, 손損으로서 해로움을 멀리하고, 익으로서 이로움을 일으키고, 곤困으로서 원망을 적게하고, 정井으로서 의義를 분별하고, 손巽으로서 저울질하면서 행하니라.

개요概要

군자지도인 구덕괘의 실천 방법을 말한다. 즉 이섭대천利涉大川의 방법을 설명하고 있다.

각설

이이화행履以和行 덕의 기틀인 이履(䷉)가 '和以知'(화이지)하니, 이것이 바로 화합하여 행하는 것이다. 예禮를 행함이 화행和行이다.

겸이제례謙以制禮 덕德의 자루인 겸謙(䷎)이 '尊而光'(존이광)하니, 그 높고도 빛나는 덕德으로 사물事物을 접대하는 예禮를 따른다는 것이다.[282] 겸손함으로 예禮를 따를 수 있다는 것이다.

복이자지復以自知 덕의 근본인 복復(䷗)이 '所以辯於物'(소이변어물)하니, 그 분별하는 덕德으로 하늘로부터 부여받은 성품性品(본래성)을 회복함이 스스로 아

282 『고형주역』에서 제制를 종從으로 해석하였다. 또한 통어한다. 조절한다. 절제한다는 의미가 있다.

는 것이다. 복復은 선한 본성을 자각하는 것이다.

항이일덕恒以一德 덕德의 견고함인 항恒이 섞여서 조화를 이루되 본래의 굳건한 德을 잃지 않아 하나로 보존하는 까닭에 전일全一한 덕德이 되는 것이다. 항괘恒卦(䷟)는 건괘乾卦(䷀)의 대행자이다. 왜냐하면 건乾은 십수十數로서 작용하지 않기 때문이다. 하늘의 덕성은 항괘恒卦(䷟)를 통해서 드러난다. 체십용구體十用九의 바탕이 된다.

손이원해損以遠害 덕의 닦음인 손損이 자신을 닦으니, 덕을 손상시키는 인욕을 멀리할 수 있는 것이다. 즉, 구덕괘로 하여 모든 덕이 갖추어 졌으니, 덕의 지음인 손損(䷨)이 구덕九德의 일을 마무리하는 것이다. 어려움을 헤쳐나가는 아홉 가지 덕德이 이루어짐에, 하늘의 명命을 받아 펼치는 것이 '申命行事(신명행사)'하는 것이다.

익이흥리益以興利 덕德의 넉넉함인 익益(䷩)이 하늘의 덕을 더하여 베푸니 덕의 이익利益인 천리天理를 흥성興盛하게 하는 것이다. 바른 생각과 행동을 할수록 이로움이 생긴다는 것이다.

곤이과원困以寡怨 덕德의 분별함인 곤困(䷮)이 '窮以通(궁이통)'하여 자신의 위치를 잃지 않으니, 낙천지명樂天知命하여 곤궁한 처지에 대한 원망을 적게하는 것이다. 이로써 곤함에서 벗어날 수 있다.

정이변의井以辨義 덕德의 터전인 정井(䷯)이 만물을 끊임없이 기르니, 천리天理의 마땅한 의리義理를 분별하는 것이다. 즉 모든 덕德의 베풂은 정井에서 이루어지니, 음양이 서로 조화하여 만물을 이루어 서로를 이익되게 하는 것이다.

손이행권巽以行權 손巽(䷸)으로써 때를 맞추어 행하는 도道이다. 권權은 저울추로써 저울로 경중輕重을 재는 것처럼 그 마땅함에 벗어나지 않아야 한다는 것이다.[283]

---

283 저울 권權, 저울질 할 권權이다. 저울과 자로써 좇아야할 규칙, 규범, 권도權度를 말한다.

#1 구덕괘九德卦와 체십용구원리

구덕괘는 체십용구體十用九원리로 건乾이 체體가 된다. 구덕九德을 통해서 성인지도, 천도운행원리를 표상한다. 항恒을 바탕으로 성인지도를 밝히고 있다.

이履——겸謙——복復—— 항恒——손損·익益——곤困·정井——손巽

(3宮) ... 항恒 ... (3宮)

(칠일래복七日來復원리)

❶칠일래복七日來復원리 표상表象

❷체십용구體十用九에서는 건괘乾卦가 체體이며, 9괘는 용用이다.

❸ 용구用九원리를 낙서를 통해서 드러냄

#2 구덕괘九德卦의 특징 · 작용 · 방법

	구덕괘의 특징	구덕괘의 작용	구덕괘의 방법
삼궁三宮	이 덕지기야 履(䷉) 德之基也	이 화이지 履 和而至	이이화행 履以和行
	겸 덕지병야 謙(䷎) 德之柄也	겸 존이광 謙 尊而光	겸이제예 謙以制禮
	복 덕지본야 復(䷗) 德之本也	복 소이변어물 復 小而辨於物	복이자지 復以自知
	항 덕지고야 恒(䷟) 德之固也	항 잡이불염 恒 雜而不厭	황이일덕 恒以一德
삼궁三宮	손 덕지수야 損(䷨) 德之修也	손 선난이후역 損 先難而後易	손이원해 損以遠害
	익 덕지유야 益(䷩) 德之裕也	익 장유이불설 益 長裕而不設	익이흥리 益以興利
	곤 덕지변야 困(䷮) 德之辨也	곤 궁이통 困 窮而通	곤이과원 困以寡怨
	정 덕지지야 井(䷯) 德之地也	정 거기소이천 井 居其所而遷	정이변의 井以辨義
	손 덕지제야 巽(䷸) 德之制也	손 칭이은 巽 稱而隱	손이행권 巽以行權

○제8장

易之爲書也ㅣ 不可遠이오 易之爲道也ㅣ 屢遷이라
역지위서야 불가원 역지위도야 루천

❍ 屢(여러 루, 거듭 루, 창 루) 遷(옮길 천)

역易의 글됨은 가히 멀지 아니함이요, (역의) 도道됨이 여러 번 옮김이라(변화지도)

개요概要

「계사」편 전체의 결론부분으로 중도中道를 근거로 육효중괘 형성의 근거를 서술하고 있다. 역도易道와 인간의 관계를 연결한 것이 군자지도이다.

각설 284

역지위서야易之爲書也 **불가원**不可遠 ❶역易의 내용을 보는 방법이다. ❷역도易道와 사람의 관계를 연결한 것이 역리易理이기 때문이다.

위도야爲道也 역도易道, 역리易理, 성명지리性命之理를 말한다.

누천屢遷 역易의 법도가 변화, 변화지도를 말한다.

---

284 (觀中) 역도易道는 변동하여 한곳에 머물러 있지 않고 육허六虛(상하사방上下四方, 육효괘六爻卦)의 세계를 두루 흐르는 것으로 형이상과 형이하의 세계를 도수度數로 출입함을 의미한다. 그러므로 누천屢遷, 변동불거變動不居, 무상无常, 유변소적唯變所適라 하는 것이다. 따라서 역도易道가 변화지도임을 알 수 있다.

變動不居하야 周流六虛하야 上下ㅣ 无常하며
변동불거 주류육허 상하 무상

剛柔ㅣ相易하야 不可爲典要ㅣ오 唯變所適이니
강유 상역 불가위전요 유변소적

○ 變(변할 변) 動(움직일 동) 居(있을 거) 周(두루 주) 流(흐를 류{유}) 虛(빌 허) 常(항상 상) 剛(굳셀 강) 柔(부드러울 유) 爲(할 위) 典(법 전) 要(구할 요) 唯(오직 유) 變(변할 변) 所(바 소) 適(갈 적)

변變하고 움직여서 머물지 않아 여섯 빈자리에 두루하야 오르고 내림에 항상함이 없으며, 강유剛柔가 서로 교역交易하여 전요典要를 삼을 수 없고 오직 변화하여 나아가는 바이니,

개요概要

괘효역학의 측면으로 보면 괘효卦爻가 음陰과 양陽이 변동하여 일정한 자리에 있지 않고, 괘卦의 여섯 자리를 두루 다니며, 혹 오르기도 하고 혹 내리기도 하며, 강유剛柔가 변동하여 바뀌니, 항상恒常하게 구함(일정한 법칙)을 삼지 못하고, 오직 그 변함에 따라 나아갈 뿐이다.

각설

변동불거變動不居 변變이란 모든 사물의 변동(동정유상動靜有常)을 말한다 ❶변동變動은 공간적인 변화원리이고, ❷변통變通은 시간적인 변화원리이다.

주류육허周流六虛 육허六虛란 괘卦의 여섯爻를 뜻한다. 그 자리에 양효陽爻가 올지 음효陰爻가 올지 모르고, 일정한 실상實相이 없으므로 '허虛'라고 하였다. 여섯 위는 사방四方 · 상하上下를 뜻하기도 한다. 즉, 역도易道가 시공時空과 육허六虛속에 흐르고 있다. 류流는 시간, 공간, 육효중괘를 의미한다.

강유상역剛柔相易 강剛이 바뀌어 유柔가 되고, 유柔가 바뀌어 강剛이 되는 변역變易(변동變動)을 말한다. 즉, 강유剛柔의 상호변화이다.

상하무상上下无常 항상함이 없다. 즉 교역交易(불거不居)함을 말한다.

불가위전요不可爲典要 변화원리이다. 다시 말하면 육효六爻가 상잡相雜하여 고정된 목표를 세울 수가 없었다는 것이다.

유변소적唯變所適 「주역」의 이치는 오직 변하여 나아가는 것뿐이다.

其出入以度하야 外內에 使知懼하며 기 출 입 이 도 외 내 사 지 구

❍ 使(하여금 사) 知(알 지) 懼(두려워할 구)

그 나가고 들어오는 것을 (주역의) 법도로서 하여 밖과 안에 (사람으로 하여금) 두려움을 알게 하며,

개요概要

『주역』의 내용과 이치가 고정되어 있지 아니하고, 들어감에 마땅할 때는 들어가고, 나감에 마땅할 때는 나가는 것이다.(道義之門이 易之門이다.)
도 의 지 문 역 지 문

각설

기출입이도其出入以度 외내外內 출입出入은 행동이며, 외外는 행동이고, 내內는 심성내면을 말한다. 육효중괘로 보면 외내괘外內卦를 의미하기도 한다.

사지구使知懼 사람으로 하여금 두려움을 알게 한다. 사효四爻의 위치位置는 삼효三爻 ⇨ 사효四爻로 가는 위치이다. 이는 선후천先后天변화의 위치이며, 종시성終始性의 원리를 나타낸다.

又明於憂患與故ㅣ라 无有師保ㅣ나 如臨父母하니.
우명어우환여고 무유사보 여임부모

또한 우환憂患과 연고(所以然)를 밝힘이라 사보師保가 없다하나, 부모가 임臨한듯하니

개요概要

우환과 연고를 밝힌다는 것이다. 예例를 들면 박괘剝卦 육사六四에 "상牀을 깎아 살갗에 미침이니, 흉하니라.(剝牀以膚, 凶)"[285]고 하였다. 그러므로 우환을 밝히고, 「소상사小象辭」에서는 '剝牀以膚'는 재앙에 매우 가까운 것이다.(剝牀以膚, 切近災也)"[286]라고 하여, 그 연고를 밝혔다는 것이다.

각설[287]

우명어우환여고又明於憂患與故 미래의 근심과 현재의 환란의 까닭을 설명하고 있다. 고故는 우환의 연고를 말한다.

무유사보无有師保 **여임부모**如臨父母 역易은 스승의 교육과 부모의 양육은 없지만, 마치 父母가 사랑하는 자식을 돌보듯이 한다는 것이다.[288] 역易이 부모나 보호자처럼 우리에게 나아갈 바를 알려준다는 것이다.

285 『주역』 박괘剝卦, 육사六四 「효사爻辭」

286 『주역』 박괘剝卦, 육사六四 「소상사小象辭」

287 성인지언을 공부하면 하늘이 가르쳐준다는 것이다.

288 윗 구절의 '두려움을 알게 하며'고 한 구절이 의義를 말한 것이라면 '부모가 옆에 있는 것과 같은 것이다'고 한 구절은 인仁을 말한 것이다.

初率其辭而揆其方컨댄 既有典常이어니와
초 솔 기 사 이 규 기 방　　기 유 전 상

苟非其人이면 道不虛行하나니라.
구 비 지 인　　도 불 허 행

❍ 初(처음 초) 率(거느릴 솔) 辭(말 사) 揆(헤아릴 규) 旣(이미 기) 典(법 전) 常(항상 상) 苟(진실로 구) 非(아닐 비) 其(그 기) 道(길 도) 虛(빌 허) 行(갈 행)

처음에 그 말을 따라 그 방법을(이치를, 도리를) 헤아려 보건데는 이미 일정한(떳떳한) 법칙과 항상함이 있거니와 진실로 그 사람이 아니면 도道가 헛되이 행해지지 않느니라.

개요概要

「괘효사卦爻辭」(기사其辭)에 쓰여 있는 방법, 이치대로 살피면 그 말 자체가 이미 일정한 법칙으로 갖추어져 있음을 알 수 있다는 것이다.

각설 289

초솔기사이규기방初率其辭而揆其方 규揆는 헤아린다는 의미가 있다. 방方의 두 가지 의미는 공간성과 군자지도를 의미한다. 『주역』의 모든 글을 엮어서 방법(道)을 헤아려 알아본다는 것이다. 즉 변역變易, 교역交易된 이치를 알아본다는 것이다.

기유전상既有典常 전상典常은 ❶불역不易의 의미, ❷상도常道가 있다는 것이다.

구비기인苟非其人 그 도를 실천할 사람이란 역도를 자각한 간군자艮君子

289 규揆는 손에 거는 것을 의미하나 마음에 걸면 화택규괘이다.
❶전상典常은 이미 도식화되어 밝혀진 것이 있다는 의미한다.
❷기인其人은 간군자艮君子, 역도易道를 공부하는 사람이다. 선천先天 말엽에 간군자艮君子가 내종유경內終有經한다.

를 말한다.

도불허행道不虛行 전상典常은 있지만 그 사람(군자)이 아니면 도道는 행해질 수 없다는 것이다.

○제9장

요지要旨

역학易學의 여러 측면을 살펴서 『주역』을 보는 관점을 명확히 설명하고 있다. 육효중괘를 시의성時宜性의 관점에서 그 의미를 밝히고 변화지도의 내용을 구체적으로 각 효爻를 들어서 설명하고 있다.

易之爲書也ㅣ 原始要終하야 以爲質也코
역 지 위 서 야 원 시 요 종 이 위 질 야

六爻相雜은 唯其時物也ㅣ라.
육 효 상 잡 유 기 시 물 야

○ 易(바꿀 역) 爲(할 위) 書(쓸 서) 原(근원 원) 始(처음 시) 要(구할 요) 終(끝날 종) 質(바탕 질) 相(서로 상) 雜(섞일 잡) 唯(오직 유) 時(때 시) 物(만물 물)

역易의 글됨이 시始를 근원으로 하여 종終을 요구하야, 이로써(괘의) 바탕으로(괘체卦體)삼고, 육효六爻가 서로 섞임은 오로지 그 때의(시물時物=시의성을 드러내는) 존재(물物)이라.

개요概要

시始(초효初爻, 씨, 과거) 종終(상효上爻, 열매, 미래)에 근원해서 종시終始원리와 육효중괘의 형성근거를 밝히고 있다. 시초蓍草를 근본삼아 깊이 궁구하여 종말에 본질로 삼는다는 것이다. 그러므로 종시終始의 중中을 삼아 괘卦의 본질로 삼는 것을 말한다.

각설

원시요종原始要終 **이위질야**以爲質也 종시성終始性의 원리를 말한다. ❶'원

原'은 근원을 살피는 것으로 시작의 근원을 살피는 것이다. ❷'질質'은 괘효의 바탕(본질)을 말한다.

육효상잡六爻相雜 64중괘重卦로 섞여 있음은 역易의 이치로 알기 위함이다. 그러므로 역易에는 모든 이치를 그 속으로 내포하고 있음을 말한다.

유기시물唯其時物 시時에 따라 만물이 달라짐을 말한다.

其初는 難知오 其上은 易知니 本末也ㅣ라 기초 난지 기상 이지 본말야 初辭擬之하고 卒成之終하니라. 초사의지 졸성지종

○ 初(처음 초) 難(어려울 난) 易(쉬울 이, 바꿀 역) 知(알 지) 本(밑 본) 末(끝 말) 初(처음 초) 辭(말 사) 擬(헤아릴 의) 卒(군사 졸, 끝날 졸) 成(이룰 성) 之(갈 지) 終(끝날 종)

그 처음은 알기 어렵고, 그 상上은 알기 쉬우니, (이것이) 본本과 말末이라, 처음 말은 어떤 사물에 비겨서 설명하고, (상上은) 나중(끝)에는 마치는 것(종終)을 이룬다 하니라.

개요概要

육효六爻중에서 상효上爻와 초효初爻를 설명하고 있다.

각설

기초난지其初難知 기상역지본말야其上易知本末也 처음에는 사물의 기미를 알 수 없으니 그 근본을 알아내기 어렵다는 것을 말하고 있다. 왜냐하면 씨와 뿌리는 땅 속(형이상학)에 있고, 말엽인 나뭇가지와 잎은 눈에 보이기 때문이다. ❶시간은 종시終始이며, 공간空間은 본말本末로 표현한다. ❷초효初爻(본本)에는 알기가 어려우나 상효上爻(말末)가 드러나면 쉽다는 것이다. 기초其初는 초효初爻(본本)이며, 기상其上은 상효上爻(말末)이다.

초사의지初辭擬之 졸성지종卒成之終 초효初爻에는 여러 사물 즉, 건곤乾坤에서는 용龍이나 마馬에 비유比喩했는데 이 취상取象한 사물을 잘 알아낸다면 취상取象의 의미나 방향을 알 수 있다. 의擬는 비길 의로 성인聖人의 말씀을 헤아려 본다는 것이다.

> 若夫雜物과 撰德과 辨是與非는
> 약부잡물 선덕 변시여비
>
> 則非其中爻ㅣ면 不備하리라.
> 즉비기중효 불비

○ 若(만약 약, 같을 약) 雜(섞일 잡) 物(만물 물) 撰(가릴 선, 글 지을 찬) 德(덕 덕) 辨(분별할 변) 與(줄 여) 非(아닐 비) 備(갖출 비)

(처음(始)과 마지막(終)이 중요하다고 생각하나) 만약 무릇 물건의 뒤섞는 일과 (卦)덕을 가리는 것과 (천하의 사물을 모아서) 시是와 비非를 분변分辨하는 것은 중효中爻가 아니면 갖추지(구비하지) 못하리라.

개요概要[290]

육효중괘六爻重卦중에서 이효二爻(군자)와 오효五爻(성인聖人)에 대한 설명이다.

각설

약부잡물若夫雜物 사물이 섞여 있다. 즉, 길흉吉凶 · 회린悔吝, 장단長短 · 흥망興亡 · 성쇠盛衰가 섞여있다는 것이다.

선덕撰德 섞여 있는 사물의 덕을 가려 짝한다는 것이다.

290 육효중괘에 대해 말하고 있다. 잡雜은 합덕合德을 의미한다. 잡물雜物 · 선덕撰德은 이효二爻에서 오효五爻까지를 말한다.

변시여비辨是與非 중간효의 중中과 부중不中, 정正과 부정不正, 당當과 부당不當, 응應과 불응不應, 비比와 불비不比를 말한다.

즉비기중효則非其中爻 **불비**不備 종시終始(초효初爻와 상효上爻)도 중요하지만 중효中爻가 아니면 갖추지 못한다는 것이다. 이때 중효中爻에 대한 주석을 살펴보면 다음과 같다.

❶중간사中間事에서 변화(길흉회린吉凶悔吝, 시비是非)등이 일어날 수 있으니 중간효(이효二爻, 삼효三爻, 사효四爻, 오효五爻)도 중요하다고 한다. ❷ 중효中爻를 이효二爻와 오효五爻인 성인·군자지도로써 인간사의 모든 길흉회린吉凶悔吝, 시비是非에 대하여 부모가 임한 것처럼 우리의 나아갈 바를 가르쳐 주고 있다. 성인·군자지도에 다 갖추어져 있다는 것이다. 따라서 상기의 두 가지 의미중에서 필자는 이전해경以傳解經의 방식에 따라 후자가 전체적 의미에 더 적합하다고 본다.

噫라 亦要存亡吉凶인댄 則居可知矣어니와
희 역요존망길흉 즉거가지의

知者ㅣ 觀其彖辭하면 則思過半矣리라.
지자 관기단사 즉사과반의

○ 噫(탄식할 희) 亦(또 역) 要(구할 요) 存(있을 존) 亡(없을 망) 吉(길할 길) 凶(흉할 흉) 則(곧 즉) 居(있을 거) 可(옳을 가) 知(알 지) 者(놈 자) 觀(볼 관) 彖(돼지어금니 단) 辭(말씀 사) 思(생각할 사) 過(지날 과) 半(반 반) 矣(어조사 의)

아(한숨 섞인 탄식소리), 또한 (모든 사물에 대한) 존망과 길흉을 (알려고) 살피고자 할진댄, 즉 (「괘사」와 「효사」)머물러서 알 수 있으며, 지혜로운 자가 그 「단사」를 보면 곧 생각의 반半은 지나리라.

개요概要

괘卦 · 효사爻辭의 중요성을 말한다. 길흉吉凶, 존망存亡, 성쇠盛衰 등 모든 사물의 이치가 내포되어 있으며, 우리가 행할 바를 제시하고 있다.

각설

역요亦要 요要는 요약해서 요점을 말한다.

즉거가지의則居可知矣 즉거則居는 바로, 당장, 그 자리에서, 거居하고 있는 현재現在의 의미 말한다. 그러므로 길흉존망吉凶存亡을 집에 가만히 앉아서도 괘 · 효사를 음미하면 가히 알 수 있다는 것이다.

지자知者 관기단사즉사과반의觀其彖辭則思過半矣 이때「단사彖辭」는「괘사卦辭」를 지칭하며, 지혜로운 자가「괘사卦辭」를 보면 그 괘의 뜻을 절반은 알 수 있다는 것이다.

二與四ㅣ 同功而異位하야
이 여 사　동 공 이 이 위

其善이 不同하니 二多譽코 四多懼는 近也ㄹ새니
기 선　부 동　이 다 예　사 다 구　근 야

柔之爲道ㅣ 不利遠者컨마는
유 지 위 도　불 리 원 자

其要는 无咎요 其用은 柔中也ㄹ새라.
기 요　무 구　기 용　유 중 야

❍ 與(줄 여) 同(한가지 동) 功(공 공) 異(다를 리{이}) 位(자리 위) 善(착할 선) 多(많을 다) 譽(기릴 예) 懼(두려워할 구) 近(가까울 근) 柔(부드러울 유) 爲(할 위) 道(길 도) 利(이로울 리) 遠(멀 원) 者(놈 자) 要(구할 요) 无(없을 무) 咎(허물 구)

이효二爻와 사효四爻는 공功(작용)이 같으니 자리가 달라 선善함이 같지 않으니, 이효二爻는 명예가 많고, 사효四爻는 두려움이 많음은 (군주君主의 자리와 가깝기 때문이니) 유柔의 도道는 멀리 있는 것이 이롭지 않지만은 그 중요한 요지에 허물이 없음이요, 그 씀은 유柔로써 중中이라.

개요概要

육효중괘六爻重卦중에서 이효二爻와 사효四爻에 대한 설명이다.[291]

각설

이여사二與四 **동공이이위**同功而異位 이효二爻와 사효四爻는 모두 음陰의 자리로 그 작용은 같으나, 인군人君인 오효五爻와 가깝고 먼 원근遠近의 차이를 두고 설명하고 있다. 이효二爻와 사효四爻는 음유陰柔로 그 쓰임은 같지만, 사효四爻는 오효五爻에 가깝고, 이효二爻는 오효五爻에게 멀다. 그러므로 원근遠近에 따라 위位가 다른 것이다.

기선부동其善不同 마음의 작용은 다르다. 그 좋고 나쁨이 같지 않다.

이다예二多譽 이효二爻는 칭찬과 명예가 많다는 것은 이효二爻는 오효五爻에게서 먼 것이 불리하지만 허물이 없고 영예榮譽가 많다는 것은 유순득중柔順得中한 정위正位의 효爻로 중덕中德을 가지고 있기 때문이다.

사다구四多懼 **근야**近也 사효四爻에 두려움이 있어 조심하는 마음이 많다. 왜냐하면 오효五爻인 군위君位가 가까이 있거나, 중덕中德이 없기 때문이다.

유지위도柔之爲道 이효二爻는 유순중정柔順中正의 군자이다.

불리원자不利遠者 오효五爻로부터 멀리 떨어져 있음이 이롭지 않다.

기요무구其要无咎 **기용유중야**其用柔中也 이효二爻가 유순득중柔順得中한 효爻이기 때문에 영예로운 효가 됨을 말하고 있다.

291 (觀中) 이여사二與四는 기우지수奇遇之數는 음양陰陽원리이다. 기우奇偶원리에 의해 짝한다. 기奇는 정령政令작용, 우偶는 율려도수律呂度數이다. 하도河圖·낙서洛書도 마찬가지다. ❶기수奇數 (정령도수政令度數 = 마음의 작용이 행行해지는 것), 9·8·7·6(사력四曆변화)으로 작용. ❷우수偶數 (율려도수律呂度數 = 마음의 작용 = 생수生數)를 말한다. 1·2·3·4로 작용.

三與五ㅣ 同功而異位하야 三多凶코
삼 여 오 동 공 이 이 위 삼 다 흉

五多功은 貴賤之等也ㄹ새니 其柔는 危코 其剛은 勝耶ㄴ뎌.
오 다 공 귀 천 지 등 야 기 유 위 기 강 승 야

○ 功(공 공) 異(다를 리{이}) 位(자리 위) 凶(흉할 흉) 貴(귀할 귀) 賤(천할 천) 等(가지런할 등) 危(위태할 위) 剛(굳셀 강) 勝(이길 승)

삼효三爻와 오효五爻는 공功(작용)이 같으나 위位(자리)가 달라서, 삼효三爻는 흉凶이 많고, 오효五爻는 공功이 많음은 귀천貴賤의 차등이 있음이니, 그 유柔는 위태롭고 그 강剛은 빼어남(이김)인져

개요概要

육효중괘六爻重卦중에서 양효陽爻인 삼효三爻와 오효五爻에 대한 설명이다.

각설

삼여오三與五 동공이이위同功而異位 삼효三爻와 오효五爻는 양효陽爻로써 그 쓰임은 같다. 그러나 삼효三爻는 신하의 자리이고, 오효五爻는 인군人君의 자리이므로 그 지위가 다르다.

삼다흉三多凶 오다공五多功 삼효三爻는 신하의 지위地位로 하괘下卦의 제일 위에 있어 위태롭고 흉凶이 많으며, 오효五爻는 인군人君의 위位로 정위득중正位得中하면 공功이 많다는 것이다.

귀천지등야貴賤之等也 이효二爻와 사효四爻는 유순한 음효陰爻로 오효五爻에 대한 원근遠近의 차이差異로 구분하지만 삼효三爻와 오효五爻는 양강정위陽剛正位한 효爻이므로 귀천貴賤으로 구분하였다.

기유위其柔危 기강승야其剛勝耶 오효五爻가 비록 공功이 많은 자리지만 책임이 막중한 자리이다. 그러므로 부정위不正位면 위태하고, 정위正位면 그 책임을 다할 수 있게 된다는 것이다. 이 때, 승勝이란 이겨낸다, 빼어나다. 비교가 안된다는 의미이다.

○제10장

개요概要[292]

삼재지도三才之道를 다음과 같이 설명하고 있다. 첫째, 천天은 심성과 원리로서의 천이요, 천도天道로서의 천이다. 그러나 삼재三才에서의 천天은 본체적인 천과 현상적인 작용성까지 포함한 것이다.

둘째, 천지天地는 삼재三才에서 작용을 전제로 하는 것이다. 그러므로 삼재三才는 양지兩之작용을 위주로 하는 것이다. 따라서 천天 · 지地 · 인人이 음양으로 드러남이 삼재지도三才之道이며, 나아가 육효중괘 형성원리가 된다.

셋째, 괘효역卦爻易은 공간적인 표상방법으로 군자의 실천을 전제로 한 역易이다. 괘효卦爻은 육효六爻로 구성되어 있으며, 효爻에는 양효陽爻인 구九와 음효陰爻인 육六이 있는데 구九는 현상적으로 드러나지 않는 부분이 있고, 작용은 육六으로 드러난다.

넷째, 도서역圖書易에서는 십수十數까지 등장한다.[293]

---

292 (觀中) 시간성과 공간성을 같이 설명하고 있다. 육효의 요약 설명하고 있다. 역학은 삼재지도학三才之道學이며, 역학이 성학聖學이다. 그러므로 역도와 삼재지도가 중정지도中正之道이다.(역도여지재지도易道與之才之道 = 중정지도中正之道) 삼극三極의 천天과 삼재三才의 천天은 근원적으로는 같으나 삼재三才의 천天은 공간적이고, 현상적現象的인 표현이며, 겸삼재양지兼三才兩地 (천도天道, 지도地道, 인도人道를 말함)는 천지인의 원리로서 작용을 전제로 한 것이다. 지도地道的인 입장이다. 왜냐하면 '무극无極', '인극人極', '지극地極'이 아니다. 다만, 천天의 체도수體度數의 십十數요 '무극无極'이다. 또한 인간의 인도人道의 원리로서의 오수五數는 '황극皇極'이다. '심극三極'은 순수한 천도天道의 성정性情인 시간성의 개념인 역수적曆數的인 입장이다.

293 (觀中) 『정역』에서는 『주역』은 삼재역三才易이고, 삼극三極은 도서역圖書易으로 규정하고 있다. 도서역圖書易도 구九 · 팔八 · 칠七 · 육六을 표상하지만 괘효역은 아니다. 그러므로 "육효지동六爻之動은 삼극지도야三極之道也"라고 하는 것이다. 이것은 육효를 통해서 삼극지도三極之道가 드러난다는 것이다. 시간적인 차원에서 역리易理를 말씀하신 것은 도서역圖書易이고, 공간적인 작용에서 역리易理를 말씀하신 것은 괘효역卦爻易이다. 그러므로 용구用九는 용육用六에서 드러난다. 이것은 구육九六의 합덕을 의미한다. 원리의 측면에서 하

易之爲書也ㅣ 廣大悉備하야 有天道焉하며 有人道焉하며
역 지 위 서 야　광 대 실 비　유 천 도 언　유 인 도 언

有地道焉하니 兼三才而兩之라
유 지 도 언　겸 삼 재 이 양 지

故로 六이니 六者는 非他也ㅣ라 三才之道也ㅣ니
고　육　육 자　비 타 야　삼 재 지 도 야

○ 廣(넓을 광) 大(큰 대) 悉(다 실) 備(갖출 비) 有(있을 유) 天(하늘 천) 道(길 도) 焉(어찌 언) 有(있을 유) 人(사람 인) 道(길 도) 有(있을 유) 地(땅 지) 兼(겸할 겸) 三(석 삼) 才(재주 재) 而(말 이을 이) 兩(두 양{량}) 非(아닐 비) 他(다를 타)

역易의 글됨이 광대하여 (세상의 이치를) 모두를 구비해서 천도天道도 있고 인도人道도 있고 지도地道도 있으니, 삼재三才를 겸兼하여 둘로 하나니라. 그러므로 육六이니, 육六은 다름이 아니라 (천지인天地人) 삼재三才의 도道이니

개요槪要

겸삼재양지兼三才兩之로 보면 육효六爻중에서 ❶초효初爻와 이효二爻는 지도地道. ❷삼효三爻와 사효四爻는 인도人道 ❸오효五爻와 상효上爻는 천도天道이다.[294]

각설

광대실비廣大悉備 유천도언有天道焉 유인도언有人道焉 유지도언有地道焉 천지지도天地之道의 관점에서 보면, 광廣은 지도地道이고, 대大는 천도天道이다. 그리고 천도天道는 시간성원리이며, 인도人道는 도덕원리이다. 광

도河圖의 작용은 구九로, 낙서洛書의 작용은 육六으로 드러나고, 후천后天은 하도河圖원리로 드러난다.

294 『주역집해周易集解』에서 우번은 "일이위一二謂 지도地道, 삼사위三四謂 인도人道, 오육위五六謂 천도天道"라고 하였다.

廣은 지地이며, 대大는 하늘이다.

겸삼재이양지兼三才而兩之 삼재三才 모두가 양지兩之작용을 한다. 양兩은 음양을 말한다. 즉 삼재三才를 겸하여 음양작용을 시킨다는 의미이다. 삼효단괘三爻單卦는 위치이지 작용하는 것은 아니다. 음양이 작용하는 것이다.[295]

천天	⇨ 양지兩之	상上	--	천도 天道	음陰	상효上爻
			—		양陽	오효五爻
인人	⇨ 양지兩之	중中	--	인도 人道	음陰	사효四爻
			—		양陽	삼효三爻
지地	⇨ 양지兩之	하下	--	지도 地道	음陰	이효二爻
			—		양陽	초효初爻

원래의 바탕은 삼재지도三才之道이지만 삼재三才를 겸兼하여 천도天道에는 음양이 있고, 인도人道에도 음양이 있고, 지도地道에도 음양이 있으니, 이러한 양지兩之작용이 합合하여 육효중괘六爻重卦가 생성生成되는 것이다.[296]

道有變動이라 故曰爻ㅣ오 爻有等이라 故曰物이오
도유변동 고왈효 효유등 고왈물

物相雜이라 故曰文이오 文不當이라 故로 吉凶이 生焉하니라
물상잡 고왈문 문부당 고 길흉 생언

○ 道(길 도) 有(있을 유) 變(변할 변) 動(움직일 동) 故(옛 고) 爻(효 효) 等(등급 등, 가지런할 등) 物(만물 물) 相(서로 상) 雜(섞일 잡) 文(문채 문, 무늬 문) 不(아닐 불) 當(마땅할 당)

295 (觀中) 삼천양지三天兩地와 삼지양천三地兩天
❶삼천양지三天兩地 : 1·3·5 (삼천三天)와 2·4(양지兩地)
❷삼지양천三地兩天 : 6·8·10(삼지三地)과 7·9(양천兩天)

296 육효六爻는 삼재지도三才之道가 바탕이 된 것이다.

도道가 변동이 있음이라, 그러므로 가로되 효爻이라, 효爻에도 차등이 있음이라, 그러므로 가로되 물이오, 물物은 서로 섞임이라 그러므로 가로되 문(문채)이오, 문文이 자리에 마땅하지 않음이라 길흉이 생生하니라.

개요概要

효爻의 변동으로 길흉吉凶의 생生함을 설명하고 있다.

각설

도유변동道有變動 고왈효故曰爻 천하의 모든 움직임을 본받은 것이 효爻이다. 삼재지도의 변화. 천도天道의 변화가 공간으로 드러나면 사시四時이다.

효유등爻有等 고왈물故曰物 효爻에는 귀천貴賤 · 원근遠近의 시간적인 차이 혹은 등차等次가 있다.[297] 물物은 음양의 물상物象을 말한다.

물상잡物相雜 고왈문故曰文 양물陽物과 음물陰物, 물건의 귀천貴賤과 원근遠近을 나타낸 것이 '문文'이다 즉, 음물과 양물로 이루어진 다양한 문체를 말한다. (득得 · 실위失位, 정正 · 부정위不正位, 응비應非, 친비親比 관계의 마땅함을 말한다).

---

297 「계사하」 제9장 참조

○제11장

요지要旨 [298]

구체적인 역사적 사실을 통해서 군자지도와 선후천先后天변화를 설명하고 있다.

易之興也ㅣ 其當殷之末世周之盛德耶ㄴ뎌
역지흥야 기당은지말세주지성덕야

當文王與紂之事耶ㄴ뎌.
당문왕여주지사야

是故로 其辭ㅣ 危하야 危者를 使平하고 易者를 使傾하니
시고 기사 위 위자 사평 이자 사경

其道ㅣ 甚大하야 百物을 不廢하나
기도 심대 백물 불폐

懼以終始는 其要ㅣ 无咎ㅣ리니 此之謂易之道也ㅣ라.
구이종시 기요 무구 차지위역지도야

○ 易(바꿀 역) 興(일 흥) 當(당할 당) 殷(성할 은) 世(인간 세) 周(두루 주) 盛(성할 성) 德(덕 덕) 耶(어조사 야) 與(줄 여) 紂(껑거리끈 주) 是(옳을 시) 故(옛 고) 辭(말씀 사) 危(위태할 위) 使(하여금 사) 平(평평할 평) 傾(기울 경) 甚(심할 심) 百(일백 백) 物(만물 물) 廢(폐할 폐) 懼(두려워할 구) 終(끝날 종) 始(처음 시) 要(근본 요, 요체 요, 구할 요)

역易이 일어남이 은말殷末과 주周나라가 덕이 성할 때 해당되는가 보다. 문왕과 주紂의 일에 해당하는 것인가. 그러므로 그 말이 위태로워, 위태롭게 여기

298 주周나라의 마지막 임금인 폭군 주왕紂王과 문왕文王에 대한 역사적 사실을 거론하여 역도易道의 요체인 종시終始의 변화원리를 설명하고 있다. 문왕文王의 이름은 성姓은 희姬이요, 이름은 창昌이다. 서西쪽에 영지領地를 둔 제후諸侯라는 의미로 서백西伯이라고 불렀다고 한다. 그는 주왕紂王의 미움을 받아 서백 땅으로부터 동쪽으로 800키로나 떨어진 오늘날 하남성河南城 탕음시湯陰市에 있는 유리성羑里城안의 있는 감옥에서 7년간 갇혀 있었다고 한다. 이 때 백성들의 나아갈 길을 제시하고자 주역을 연역하였다고 한다.

는 자를 평안하게 하고, 쉽게 여기는 자를 기울어지게 하였으니, 그 도道가 매우 커서 온갖 일을 폐하지 않으나 두려워함으로써 마치고 시작하는 것은 그 요점이(요체가) 허물이 없도록 하는데 있으니, 이것을 일러 역도易道이라.

개요概要

인간에서 있어서는 대표적인 소인小人인 주紂와 성인聖人 문왕文王을 구체적으로 예를 들면서 역易은 모든 것을 다 갖추고 하늘을 두려워하는 마음으로 끝내고(종終) 시작하며(시始), 역도의 요점이 무구无咎에 있음을 밝히고 있다.

각설

기사위其辭危 문왕文王이 후세 사람들을 경계하기 위하여 「괘사卦辭」를 지었으므로 그 말이 위태한 것이다.

위자사평危者使平 이자사경易者使傾 말씀을 두려워하는 자는 평안하게 하고, 쉽게 생각하여 자만하고 경솔한 자는 위태롭게 한다

기도심대其道甚大 백물불폐百物不廢 역도易道는 심히 커서 모든 일을 다 포함하여 버리는 것이 없다. 백물百物은 하도 · 낙서의 일원수一元數말한다.

구이종시懼以終始 두려워하면서 시작始作부터 끝까지 순천順天의 도리道理를 다하면 허물이 없게 하는 것이 역도易道이다

기요무구其要无咎 차지위역지도야此之謂易之道也 기요무구其要无咎는 정도正道로 살아가는 대형이정大亨利貞의 삶이요, 역易의 목표이다. 역도易道의 변화는 종시終始원리이다.

✐이 장은 항상 조심하고 경건한 마음으로 살아가는 것이, 역도易道와 합치合致된다는 것을 밝히고 있다.

○제12장

요지要旨

결론 중의 결론으로 건곤지도乾坤之道를 언급하고 있다.

夫乾은 天下之至健也ㅣ니 德行이 恒易以知險하고
부 건 천 하 지 지 건 야 덕 행 항 이 이 지 험

夫坤은 天下之至順也ㅣ니 德行이 恒簡以知阻하나니
부 곤 천 하 지 지 순 야 덕 행 항 간 이 지 조

○ 夫(지아비 부) 乾(하늘 건) 至(지극할 지) 健(튼튼할 건) 德(덕 덕) 行(갈 행) 恒(항상 항) 易(쉬울 이, 바꿀 역) 以(써 이) 知(알 지) 險(험할 험) 坤(땅 곤) 順(순할 순) 簡(대쪽 간) 阻(험할 조, 막힐 조)

건乾은 천하의 지극히 굳셈이니 덕행이 항상 쉬움으로서 험함을 알고, 곤坤은 천하의 지극히 순順함이니 덕행이 항상 간략함으로서 막힘을 안다.

개요概要

이간지도易簡之道(용구용육用九用六 = 성인聖人 · 군자지도君子之道)와 험조지도險阻之道(=소인지도小人之道)를 말하고 있다. 천도天道가 드러난 입장에서 건곤지도乾坤之道를 말하고 있다. 괘명卦名이 거론될 때는 항괘恒卦(성인지도)의 의미가 내면에 갈려 있다.

효변설爻變說로 살펴보면, 양陽이 처음 나오기 시작하는 복괘復卦(䷗)는 위에 다섯 음陰이 험한 어려움으로 있고, 음陰이 처음 나오기 시작하는 구괘姤卦(䷫)는 위에 다섯 양陽이 험한 어려움에 처해 있다. 이러한 어려움을 알아 망동하지 않고 건도乾道에 순종하는 덕으로 행하면 복괘復卦(䷗)은 건괘乾卦(䷀)(이易)이 되고, 구괘姤卦(䷫)는 곤괘坤卦(䷁)(간簡)이 될 수 있는 것이다.

각설

항이이지험恒易以知險 건도乾道는 항상 쉬움으로써 험함을 안다는 것이다. 험조險阻는 소인지도이다.[299]

항간이지조恒簡以知阻 곤도坤道는 간단함으로써 험함을 안다는 것이다. 항간恒簡은 군자지도를 말한다.

能說諸心하며 能硏諸(侯之)慮하야 定天下之吉凶하며
능열저심 능연저후지려 정천하지길흉

成天下之亹亹者ㅣ니
성천하지미미자

○ 能(능할 능) 說(기쁠 열, 말씀 설) 諸(모든 저) 心(마음 심) 硏(갈 연) 侯(물을 후, 징조 후, 날씨 후, 과녁 후, 제후 후) 慮(생각할 려{여}) 成(이룰 성) 亹(힘쓸 미)

저 마음으로 능히 기뻐하고 저 (징후에 대한) 생각으로 능히 연구하여 천하의 길흉을 정하며, 천하의 노력하고 힘씀을 이루는 것이니,

각설

능열저심能說諸心 (천도天道) 하늘의 일, 형이상학의 마음의 변화를 의미한다.[300] 저 마음으로 능히 기뻐한다는 것은 열說은 태兌(백성百姓)이며, 왕도정치 실현이다.

299 험險은 수산건괘水山蹇卦를 의미한다.

300 주자는 『주역본의』에서 "'능열저심能說諸心'하는 것은 건乾의 일이므로 '정천하지길흉定天下之吉凶'할 수 있고, '능연지려能硏之慮'하는 것은 곤坤의 일이므로 '성천하미미자成天下之亹亹者'할 수 있다."라고 하였다.

능연저能硏諸(후지侯之)려慮 (지도地道)[301] ❶저후지諸侯之를 저 징후에 대한 뜻이나 물음의 의미로 본다면 천지지도天地之道와 천지운행의 모든 징후에 대해(이치를) 능히 궁구하라는 의미로 해석할 수 있다. ❷후지侯之를 연문으로 보면 필자의 소견으로는 능히 연구하라는 의미로 보인다.

정천하지길흉定天下之吉凶 천하는 군자의 세계이다. 천지天地의 이치에 따라 천하天下의 길흉吉凶이 정해짐을 말한다.

성천하지미미자成天下之亹亹者 천하의 모든 사람으로 하여금 노력하고, 힘쓰며, 이루어지게 한다는 것이다.[302]

是故로 變化云爲애 吉事ㅣ 有詳이라
시고 변화운위 길사 유상

象事하야 知器하며 占事하야 知來하나니
상사 지기 점사 지래

○ 是(옳을 시) 變(변할 변) 化(될 화) 云(말할 운) 爲(할 위) 吉(길할 길) 事(일 사) 有(있을 유) 詳(상서로울 상) 象(코끼리 상) 知(알 지) 器(그릇 기) 占(점 점) 來(올 래)

이런 까닭으로 변화(음양변화)하고, 운위云爲(말함과 일함)함에 길한 일에 상서로움이 있다. (어떤)일을 형상하여 기물器物을 알며, (어떤)일을 점쳐서 미래를 안다 하나니.

---

301 주자는『주역본의』에서 "'후지侯之' 두 글자는 연문衍文이다. 마음에 기쁘다는 것은 마음이 이치와 더불어 맞음이니 건乾의 일이요, 생각에 연구한다는 것은 이치가 생각으로 인하여 살펴짐이니 곤坤의 일이다. 마음에 기쁘기 때문에 길흉吉凶을 정할 수 있고, 생각에 연구하기 때문에 힘써야 할 일을 이룰 수 있는 것이다.(侯之二字, 衍 說諸心者, 心與理會, 乾之事也, 硏諸慮者, 理因慮審, 坤之事也. 說諸心, 故有以定吉凶, 硏諸慮, 故有以成.)"라고 하였다.

302 이 내용을 도식화 하면 다음과 같다.

능열저심能說諸心 ——————건지사야乾之事也 – 형이상학적 심心 – 변화變化
능연저(후지)려能硏諸(侯之)慮 ——곤지사야坤之事也 – 형이하학적 사事 – 운위云爲

개요概要

이런 까닭으로 음양陰陽의 변화와 인사人事의 언행에 서로 합치하여 나간다면 길한 조짐이 있을 것이다. 이러한 이치를 괘卦로써 형용形容하여, 그에 해당하는 과거나 현재의 일 또는 사물의 형체를 알며, 일의 조짐을 보고 점占을 하여 미래의 일을 아는 것이다.

각설

변화운위變化云爲 길사유상吉事有詳 변화원리로써 천지중심이다. 천도天道인 음양陰陽에 근거하여 언행을 한다면 길吉하고 상서로움이 있다는 것이다.

❶변화變化는 음양변화현상을 말하며, ❷운위云爲는 말함과 일함(행동)을 의미한다. ❸길사吉事는 성인지도를 밝히므로 상서로움이 있다는 것이다.

상사지기象事知器 상사象事는 형이상학, 괘상원리이다. 괘효卦爻에는 군자의 덕이 들어 있다. ❶'사事'는 시간적 존재로 무형, 상象은 공간적 차원으로 상징한다. ❷'시時'는 형이상학적 표현, 시간은 공간적인 표현이다. 지기知器는 기器는 문물제도를 의미이며, 문물제도는 예禮로서 드러난다.

점사지래占事知來 시초점蓍草占을 쳐서 미래를 안다. 수數로 드러낸다는 의미이다. 점사占事는 시초점, 수를 극한다는 것이다. 그러므로 미래를 안다는 것이다.

변화운위變化云爲 – 상사지기象事知器(중정지도中正之道) 길사유상吉事有祥 – 점사지래占事知來(극수지래지점極數知來之占)

天地設位에 聖人이 成能하니
천 지 설 위　성 인　성 능
人謀鬼謀에 百姓이 與能하나니라.
인 모 귀 모　백 성　여 능

❍ 天(하늘 천) 地(땅 지) 設(베풀 설) 位(자리 위) 聖(성스러울 성) 成(이룰 성) 能(능할 능) 謀(꾀할 모) 鬼(귀신 귀) 謀(꾀할 모) 與(더불어 여)

천지가 자리를 베풂에 성인이 능함을 이루니, 사람에게 도모하고 귀신에게 도모함에 백성이 능히 참여하나니라.

개요概要

괘효卦爻로 말하면, 천지설위天地設位(건乾 · 곤괘坤卦), 성인聖人(진괘震卦), 인모人謀(군자君子 · 간괘艮卦), 귀모鬼謀(신도神道 · 손괘巽卦), 백성百姓(태괘兌卦)이다.

각설

천지설위天地設位 하늘은 위에 있고 땅은 아래에 자리하여 그 위치를 바로 정(천지정위天地定位)함에, 그 상이相異에서 뇌雷 · 풍風 · 수水 · 화火 · 산山 · 택澤이 각기 자신의 자리를 정定한다.[303]

성인성능聖人成能 이것을 성인聖人이 보고 팔괘八卦와 「괘사卦辭」와 「효사爻辭」를 능히 이룬다는 것이다.[304]

인모귀모人謀鬼謀 ❶인모人謨란 사람이 괘卦를 보고 길흉을 알아내는 것이

303 복희괘도는 중中이 없고 인격성이 드러나지 않은 상태이다. 문왕괘도에 중中(오황극五皇極)이 드러난다. 인격성이 드러난다는 의미이다. 후천后天은 성정性情이 드러난다, 성덕成德이 완성된다는 것을 말한다.

304 주자는『주역본의』에서 "천지天地가 자리를 베풂에 성인聖人이 역易을 지어 그 공功을 이루니,(天地設位, 而聖人作易, 以成其功.) 라고 하였다.

고, ❷귀모鬼謨란 성인이 시초점蓍草占을 쳐서 귀신이 하고자 하는 말을 사람에게 고지告知하는 것이다.

八卦는 以象告하고 爻彖은 以情言하니
팔 괘 　이상고 　효단 　이정언

剛柔ㅣ 雜居而吉凶을 可見矣라.
강 유 　잡거이길흉 　가견의

○ 八(여덟 팔) 卦(걸 괘) 以(써 이) 象(코끼리 상) 告(알릴 고) 爻(효 효) 彖(단 단) 情(뜻 정) 言(말씀 언) 剛(굳셀 강) 柔(부드러울 유) 雜(섞일 잡) 居(있을 거) 吉(길할 길) 凶(흉할 흉) 可(옳을 가) 見(볼 견)

팔괘는 상으로써 고告하고, 효와 단은 정情으로써 말하니, 강과 유가 섞이어 거함에 길과 흉을 볼 수 있음이라.

개요概要

팔괘八卦는 각자各者가 형상하는 상象으로써 보이고, 「효사爻辭」와 「괘사」는 그 '험險하다' 혹은 '쉽다'하는 뜻으로써 말하니, 양효陽爻와 음효陰爻가 섞임으로써 길吉하고, 흉凶함이 나타나는 것이다. 진괘震卦는 우뢰의 상象으로 동動하는 성질이고, 간괘艮卦는 산의 형상으로 그치는 성질이라는 등 8괘는 괘상으로써 나타내는 것이므로 보인다는 뜻의 ❶'고告'를 썼고, 「괘사」와 「효사爻辭」는 말로써 길흉吉凶을 맨 것이므로 ❷'언言'이라고 하였다. ❸'상고象告'는 양효陽爻 또는 음효陰爻 등 한 효爻씩으로도 볼 수 있고, 소성괘小成卦 또는 대성괘大成卦로도 풀이가 된다.

각설

팔괘八卦 삼역팔괘도三易八卦圖로 괘상卦象으로 알려주고, 효爻와 단彖은

64괘로 뜻을 말하는 것이니 음陰 · 양효陽爻가 섞여 있음으로 길흉을 볼 수 있는 것이다.

이상고以象告 상象을 통해 – 고告는 – 위에서 아래로 보여준다.

효단爻彖 단彖은 군자 · 소인지도나 길흉회린을 판단

강유잡거이길흉剛柔雜居而吉凶 잡雜은 음양陰陽의 잡雜(합덕合德의미 내포)이다. 강유剛柔가 섞여 거居함에 길흉이 있다.

變動은 以利言하고 吉凶은 以情遷이라
변 동 이 이 언 길 흉 이 정 천

故로 愛惡ㅣ 相攻而吉凶이 生하며
고 애 오 상 공 이 길 흉 생

遠近이 相取而悔吝이 生하며
원 근 상 취 이 회 린 생

情僞ㅣ 相感而利害ㅣ 生하나니
정 위 상 감 이 이 해 생

凡易之情이 近而不相得하면 則凶或害之하며 悔且吝하나니라.
범 역 지 정 근 이 불 상 득 즉 흉 혹 해 지 회 차 린

❍ 變(변할 변) 動(움직일 동) 利(날카로울 리{이}) 言(말씀 언) 吉(길할 길) 凶(흉할 흉) 情(마음 정, 형편 정, 뜻 정) 遷(옮길 천) 愛(사랑 애) 惡(미워할 오) 相(서로 상) 攻(칠 공) 遠(멀 원) 近(가까울 근) 取(취할 취) 悔(후회할 회) 吝(인색할 인) 僞(거짓 위) 感(느낄 감) 害(해칠 해) 凡(무릇 범) 易(바꿀 역) 得(얻을 득) 則(곧 즉) 或(혹 혹) 且(또 차)

변하고 움직이는 것은 이로움으로서 말하고, 길흉吉凶은 효爻가 처해 있는 상황에 따라 옮겨감이라, 이 때문에 사랑함과 미워함이 서로 공격하여 길흉이 생기며, 멀고 가까움이 서로 취하여 뉘우침과 부끄러운 일(회린悔吝)이 생기며, 참됨과 거짓이 서로 교감하여 이로움과 해로움이 생겨나니, 무릇 역의 모든 뜻이 가까우면서 서로가 얻지 못하면 흉하거나 혹은 해害로우며, 후회하고 또 부끄럽다 하니라.

개요概要

역학을 하는 사람의 마음가짐은 성인지도聖人之道를 자각하여 군자지도를 실천하겠다는 뜻을 마음에 새겨야 한다. 역易을 가까이 했으면서도 그 가르침을(하늘과 상득相得히여 중도中道를 얻지 못하면) 따르지 않으면 하늘의 뜻에 거역拒逆하는 것이 되어 해로움이 있게 된다는 것이다.

각설

변동이리언變動以利言 길흉이정천吉凶以情遷 음양이 변화하여 만물이 생기니, 개물성무開物成務의 이치에 통하여 만물을 이롭게 하는 것이다. 이러한 변동(변變은 천天이며, 동動은 인人이다)은 이로움과 해로움에 따라 움직이는 것이니 이로써 말하는 것이고, 길흉吉凶은 이치에 순종하느냐?(길吉) 거역하느냐?(흉凶)에 따라 달라지니, 효爻가 처해진 상황에 따라 뜻의 옮김으로써 나타난다.[305]

애오상공이길흉생愛惡相攻而吉凶生 군자지도를 좋아하고 소인지도를 미워하는 행동에 따라 길흉이 생한다. 상공相攻은 군자지도는 인도引渡이요, 소인지도는 공격攻擊이다.

원근遠近 상취이회린생相取而悔吝生 먼 것을 취하고 가까운 것을 취함에 따라 뉘우침과 인색함이 생긴다는 것이다. 원근遠近은 길흉, 군자지도와 소인지도를 말한다.

정위상감이리해情僞相感而利害 생生 참되고 옳은 것과 (바른 자리) 거짓된 (부당한 자리)에 따라 이해利害가 나타난다.

---

305 천遷은 변화하는 것이다. 정情은 효爻가 처해 있는 상황에 따라 길흉이 변하는 것을 말한다. 이에 대하여 『주역절중』에서는 "사랑하는 것과 미워하는 것이 서로 공격한다는 '애악상공愛惡相攻' 이하는 모두 '길흉이정천吉凶以情遷'에 관한 일을 말하는 것으로 육효의 상황과 「효사爻辭」로 밝히고 있다.(愛惡相攻以下, 皆言, 吉凶以情遷之事, 而以六爻之情與辭明之)"라고 하였다.

범역지정근이불상득凡易之情近而不相得 **칙흉혹해지**則凶或害之 **회차린**悔且吝

『주역』을 가까이 하고도 가르침대로 하지 않는 것이다. 『주역』을 가까이 했으므로, 어떻게 행해야 될지 알면서도 그릇되게 행동하므로 벌을 받는다.[306] 역易의 이치는 가까운데서 서로 얻지 못하면 그 결과가 흉凶하거나 해害하면 뉘우치고, 또 부끄럽기도 한 것이다. 하늘의 뜻에 거역하는 것이 되어 해로움이 있게 되는 것이다

將叛者는 其辭ㅣ 慙하고 中心疑者는 其辭ㅣ 枝하고
장반자 기사 참 중심의자 기사 기

吉人之辭는 寡하고 躁人之辭는 多하고
길인지사 과 조인지사 다

誣善之人은 其辭ㅣ 游하고 失其守者는 其辭ㅣ 屈하니라
무선지인 기사 유 실기수자 기사 굴

❍ 將(장차 장) 叛(배반할 반) 者(놈 자) 辭(말 사) 慙(부끄러울 참) 中(가운데 중) 心(마음 심) 疑(의심할 의) 枝(가지 지) 吉(길할 길) 寡(적을 과) 躁(성급할 조) 多(많을 다) 誣(무고할 무) 善(착할 선) 游(헤엄칠 유) 失(잃을 실) 守(지킬 수) 屈(굽을 굴)

장차 배반할 자는 그 말이 부끄럽고, 중심이 의심스러운 자는 그 말이 산만하고, 길한 사람의 말은 적고, 조급한 사람의 말은 많고, 선을 모함하는 사람은 말이 왔다 갔다 하고, 그 지킴을 잃은 자는 그 말이 비굴하니라.

개요概要

『주역』은 군자지도를 표상하고 있다. 11장의 애오상공 원근성취 정위상감에 따라 길흉화린과 이해가 생김을 말한다. 따라서 군자지도를 표상하고 있는 겸괘謙卦의 의미로 「계사繫辭」 전체를 총정리한 것이다.

---

306 또는 효爻끼리 응應, 정正, 비否관계로 서로 가까우면서도 어긋나는 것에 비유한 것.

각설

장반자將叛者 기사참其辭慙 반叛은 반역이 아니라 진실한 믿음을 버리는 것이다.

중심의자中心疑者 기사지其辭枝 지枝는 말이 혼란하여 일치되지 않는 것을 말한다.

실기수자失其守者 기사굴其辭屈 수守는 지조를 지키는 것이다. 자신의 주관이 없이 필요에 따라 말을 비굴하게 바꾸는 것이다.

✎ 「계사상繫辭上」편은 『주역』 상경上經과 같이 천도天道 (형이상학적)를, 「계사하繫辭下」편은 『주역』 하경下經과 같이 인사人事(형이하학적)를 중심으로 역도易道를 설명하였다.

상경 上經

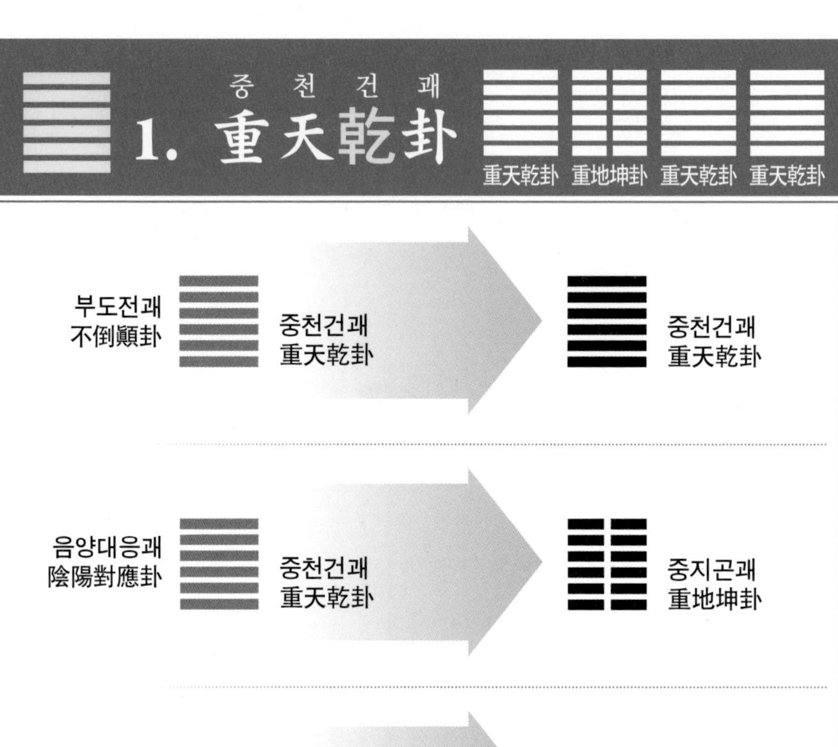

중천건괘
1. 重天乾卦
重天乾卦
重地坤卦
重天乾卦
重天乾卦
부도전괘
不倒顚卦
중천건괘
重天乾卦
중천건괘
重天乾卦
음양대응괘
陰陽對應卦
중천건괘
重天乾卦
중지곤괘
重地坤卦

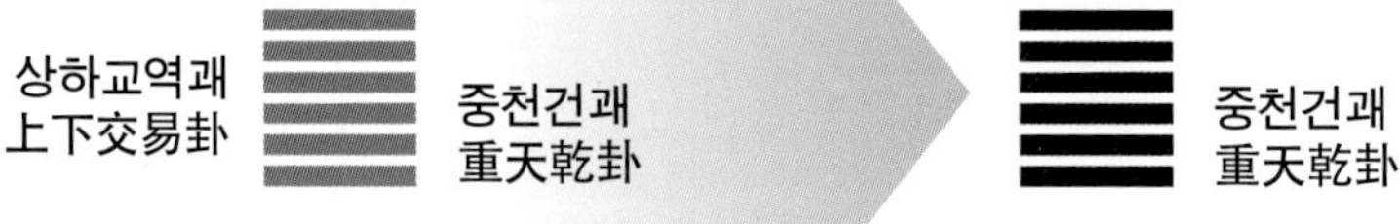

상하교역괘
上下交易卦
중천건괘
重天乾卦
중천건괘
重天乾卦

호괘
互卦
중천건괘
重天乾卦
중천건괘
重天乾卦

효변
爻變
初爻變 而爲姤卦
二爻變 而爲同人卦
三爻變 而爲履卦
四爻變 而爲小畜卦
五爻變 而爲大有卦
上爻變 而爲夬卦
중천건괘
重天乾卦
천풍구괘 天風姤卦
천화동인괘 天火同人卦
천택이괘 天澤履卦
풍천소축괘 風天小畜卦
화천대유괘 火天大有卦
택천쾌괘 澤天夬卦

요지要旨

괘명卦名 이 괘는 상건上乾의 천天(☰) + 하건下乾의 천天(☰)= 중천건괘重天乾卦(䷀)이다.

괘의卦意 건괘乾卦는 음효陰爻가 하나도 섞이지 않는 양효陽爻로만 된 괘卦이다. 양陽은 강강剛强이며 적극적이다. 즉 밤낮 쉬지 않고 활동하며 지칠 줄도 모르고 충실하다. 건괘乾卦에서 천도天道, 성인聖人의 도道를 설명하는데 용龍을 인용하고 있다.

괘서卦序 「서괘」에서 "천지연후에 만물이 생하니(有天地然後, 萬物生焉.)"라고 하였다. 그러므로 맨 먼저 건괘乾卦가 자리하는 것이다.
유천지연후 만물 생언

괘상卦象 건괘乾卦는 상하 모두 건乾(☰)으로 순양純陽이다. 그러므로 강건순수중정剛健純粹中正한 효이다. 육효六爻 모두를 용龍으로 설명하고 있다.

> **乾**은 元코 亨코 利코 貞하니라.
> 건 원 형 이 정

○ 乾(하늘 건) 元(으뜸 원) 亨(형통할 형) 利(이로울 이, 날카로울 리) 貞(곧을 정)

건은 크고, 형통하고, 이롭고, 바르다 하니라.

각설

원형이정元亨利貞[308] 건괘乾卦의 성질을 '건원형이정乾元亨利貞'이라 하였

---

308 (집설) 건乾 원형이정元亨利貞의 현토懸吐에 대해서 ❶'주자朱子'는 건乾은 원형元亨하고 이정利貞하니라"로 읽는 방법이다. "건乾은 원형元亨하고 이정利貞하다"란 말은 건괘乾卦의 기氣가 만물을 발생시키는 근본이며 그 기운이 극히 성대盛大함으로 어느 누구도 이일을 방해할 수 없으며 쉽게 성장 발전해 나간다. 그리고 하는 일은 모두 정도正道에 합당하며 또 정도正道를 굳게 지키고 있음으로 비로소 끝을 잘 맺을 수 있다는 뜻이다. ❷'이천伊川'은 건乾은 원元코 형亨코 이利코, 정貞코로 읽었다. 이것은 원형리정을 건乾의 사덕四德으로 보고 한

다.[2] 건괘乾卦는 사덕四德을 갖추고 있다. 그리고 정貞이 끝나면 다시 원元으로 돌아가서 원형이정元亨利貞은 아래와 같이 반복한다.[309]

❶'원元'(인仁·목木)은 봄이다. 만물이 나기 시작한다. ❷'형亨'(예禮·화火)은 여름이다. 만물이 성장한다. ❸'이利'(의義·금金)는 가을이다. 만물이 열매를 맺는다. ❹'정貞'(지智·수水)은 겨울이다. 성숙한 열매가 여물어져 내년 봄의 씨앗이 된다. 이것은 춘하추동 사계절의 변화원리[310]와 같이 끝없이 순환한다.[311] 인간의 도덕道德인 인仁·예禮·의義·지智 사덕四德을 구비하고 있다고 할 수 있다.[312] 괘효역은 하도·낙서원리와 음양합덕陰陽合德 원리에 의하여 작성되었다. 그러므로 64괘 전체가 육효六爻로 구성된 것이다.

말이다. '건乾'을 천天으로 보면 순수한 양陽으로 우주에 널리 퍼져 있고, 천지가 생기기 이전부터 활동하면서도 지칠줄 모르는 하늘의 큰 기氣의 작용으로 만물이 시작되고 나게 된다. 이것이 원元이다.

309 이 글이 「단사彖辭」이다. '단彖'은 단斷으로 단정한다는 뜻이다. 한 괘의 성질을 단정하고 그 괘의 길흉吉凶을 판단하는 말이다.

310 원형이정元亨利貞 파자해
❶원元 : 二 + 儿 = 위아래 2인의 관계로 하늘과 땅의 인격성의 관계에서 시발점이 된다는 뜻이다. 원元(씨)은 시간적 의미의 처음으로 → 형亨 → 이利 → 정貞
❷형亨 : 亠 + 口 + 了(드러남)
❸이利 : 화禾(벼) + 도刂(낫) = 벼를 낫으로 베는 것 (가을, 추수秋收, 심판審判)
❹정貞 : 복卜(갑골胛骨의 갈라진 모습, 자물쇠, 고정시킴) + 패貝(보물)

311 사상四象과 오행五行및 사덕四德의 도식

구분	원元(인仁)	형亨(예禮)		이利(의義)	정貞(지智)
사계절	춘春	하夏		추秋	동冬 (정고상태 貞固狀態)
오행	목木	화火	토土	금金	수水
오방	동東	남南	중中	서西	북北
오색	청靑	주朱	황黃	백白	현玄
천간 하도	갑삼甲三, 을팔乙八	병이丙二, 정칠丁七	무오戊五, 기십己十	경사庚四, 신구辛九	임일壬一, 계육癸六

312 이천伊川은 건乾은 하늘이고, 하늘은 건乾의 형체이며, 건健은 하늘의 성정이요, 건乾은 도道이다. 나누어서 말하면 ❶형체는 천天, ❷주재主宰는 제帝 ❸공용功用은 귀신鬼神 ❹효용效用은 신神 ❺성정性情은 건健이다.

[初九]는 潛龍이니 勿用이니라. (天風姤)
초구 잠용 물용 천풍구

○ 潛(자맥질 할 잠) 龍(용 룡{용}) 勿(말 물) 用(쓸 용)

초구初九는 잠긴 용龍이니 쓰지 말지니라.

개요概要

건괘乾卦 육효사六爻辭에 대한 첫 번째 설명이다. 초구初九 잠용물용潛龍勿用의 초初는 초효初爻이며, 구九는 양효陽爻를 말한다.[313] 육효六爻의 괘를 천天·지地·인人으로 나누면 아래의 두 효爻가 땅의 자리이고, 중간의 두 효爻가 사람의 자리이며, 위의 두 효爻가 하늘의 자리이다. 초구初九는 땅의 아래이니 땅 밑이 된다. 따라서 초구初九의 용龍은 땅 밑에 깊은 못 속에 숨어 있는 용龍이다. 즉 잠용潛龍이다.

천天	□	- -	상효上爻
		—	오효五爻
인人	□	- -	사효四爻
		—	삼효三爻
지地	□	- -	이효二爻
		—	초효初爻

각설

잠용潛龍 천년동안 못 속에 숨어 있으면서 덕을 쌓고 힘을 기르고 있는 용龍이므로 세상에 나와 일을 하면 안 된다. 그러므로 '물용勿用'이라 하였다. 아직 성장하지 못한 용龍이 밖으로 나와서 움직인다면 아주 위험하다는 것이다.

---

313 '천도天道'란 : 삼경三經 가운데 『서경』 상서商書 「탕고湯誥」편에 "천도복선화음天道福善禍淫"이라는 한 구절만 나오며, 『시경』과 『역경』 원문에는 보이지 않는다. 『좌전左傳』에 내려와야 '천도天道' 및 '천지도天之道'라는 용어가 빈번하게 나타난다.

[九二]는 見龍在田이니 利見大人이니라. (天火同人)
구이 현룡재전 이견대인 천화동인

○ 見(나타날 현) 龍(용 룡{용}) 在(있을 재) 田(밭 전) 利(날카로울 리{이}) 見(볼 견) 大(큰 대)

구이九二는 나타난 용龍이 밭에 있으니 대인大人을 봄이 이로우니라.

각설

현룡재전見龍在田 나타나 있는 용龍이다. 이때 견見을 현顯으로 읽는다. 초구初九 '潛龍(잠룡)'은 못 속에 잠겨 있는 용龍인데 '見龍(현용)'은 지상에 나타난 용龍이다. 이 효爻는 땅의 자리이니 밭이 된다. 못 속에 깊이 숨어서 천년동안 힘을 기르고, 덕을 쌓아 이제 군자의 터전인 지상地上(田)으로 나타나게 되었다.[314]

이견대인利見大人 구이九二 군자는 양강陽剛 중덕中德을 가진 인물이다. 그러므로 성인聖人을 만나 (성인지도聖人之道) 자각을 하면 이롭다는 말이다.

[九三]은 君子ㅣ終日乾乾하야
구삼 군자 종일건건

夕惕若하면 厲하나 无咎ㅣ리라. (天澤履)
석척약 려 무구 천택이

○ 君(임금 군) 終(끝날 종) 日(해 일) 乾(하늘 건) 夕(저녁 석) 惕(삼가할 척, 두려워할 척) 若(같을 약) 厲(위태로울 려, 갈 려{여})

구삼九三은 군자가 날이 마치도록 굳세고 굳세어서 저녁에 두려워하면 위태로우나 허물은 없으리라.

314 『주역천견록周易淺見錄』에서는 "나타난 용이 밭에 있다고 말한 것은 그 혜택이 사람들에게 미침을 의미한다.(今於'見龍'言田者, 言其澤之及人也)"라고 하였다.

개요概要

군자는 종일 쉬지 않고 노력하고 저녁에도 몸을 삼가하며 스스로 근신하면 비록 위태로운 자리이지만 큰 잘못이 없을 것이라 한다.

각설

군자君子 **종일건건**終日乾乾 구삼효九三爻에서는 용龍 대신 군자란 말을 쓰고 있다. '용龍'은 동물 중에 군자君子요 군자는 사람 중에 용龍이니 결국 같은 말이지만 구삼九三은 육효六爻중에서 사람의 자리이므로 군자란 말을 쓰고 있다. 군자는 건덕乾德 즉, 천덕天德을 체득體得한 사람이다. 그러므로 종일은 아침부터 밤까지 쉬지 않는 것을 말한다. 건乾은 건健이며, 건건乾乾은 쉬지 않고 노력하는 것이다.

석척약夕惕若 '척약惕若'은 삼가할 척惕자와 같을 약若자인데, 약若은 조사로 뜻이 없고, 척惕은 깊이 조심하고 스스로 삼가는 것이다.

려厲 **무구**无咎 '려厲'는 구삼九三의 자리가 부중不中으로 하괘下卦 제일 위에 있고, 선천先天의 마지막 위로서 흉凶이 많은 자리이다. 그러므로 구삼九三은 그렇게 어려운 자리이므로 방심하지 말도록 당부하고 있다.

[九四]는 或躍在淵하면 无咎ㅣ리라. 구사 혹약재연 무구	(風天小畜) 풍천소축

○ 或(혹 혹) 躍(뛸 약) 在(있을 재) 淵(못 연)

구사九四는 혹 뛰어 못에 있으면 허물이 없으리라.

개요概要[315]

315 (집설集說) ❶『이천역전伊川易傳』에서는 "구사九四는 혹 뛰어오르거나 연못에 있으면 허

구사효九四爻부터 상괘上卦가 된다. 구사九四의 용龍은 때로는 뛰어 올라 하늘을 나는 일도 있지만 또 못 속으로 내려가 힘을 기르고 덕을 쌓기도 한다. 그러므로 잘못이 없고 허물을 면하게 된다.[316]

각설

혹약재연或躍在淵 무구无咎 구사九四에서 혹或이라 한 것은 불특정의 대상을 지칭하는 것이나 『주역』에서는 대체로 천天을 의미한다. 그러므로 혹약或躍은 하늘을 향해서 높이 뛰어올라 간다는 말이다.[317]

[九五]는 **飛龍在天**이니 **利見大人**이니라. 구오 비룡재천 이견대인	(火天大有) 화천대유

구오九五는 나는 용이 하늘에 있으니 대인을 봄이 이로우니라.

개요概要

「문언文言」에서는 구오九五를 중정지덕中正之德을 가진 성인聖人으로 보고 천하만민이 우러러 보고 존경하는 것이 좋다고 하였다. 현룡재전見龍在田은 군자지도요, 비룡재천飛龍在天은 성인지도聖人之道이다.

물이 없다고 하는 것이다. 혹或은 의문사이니 반드시 하는 것이 아님을 이른다.(淵, 龍之所安也. 或, 疑辭, 謂非必也.)"라고 하였다.

❷『주역본의周易本義』에서는 "혹或은 의심하여 결정하지 못하는 말이다. 약躍은 인연한 바가 없이 땅에서 떠남이니, 다만 날지 못할 뿐이다. 연淵은 위는 비고 아래는 뚫려 있어 깊고 어두워서 측정할 수 없는 곳이다. (或者, 疑而未定之辭, 躍者, 无所緣而絶於地, 特未飛爾, 淵者, 上空下洞, 深昧不測之所.)"라고 하였다.

316 이 효는 하괘下卦를 떠나 상괘上卦 들어가는 위험한 자리에 있지만 조심하고 있음으로 잘못이 없다. 왕자가 왕을 대신해서 일을 하는 수도 잇지만 일이 끝나면 곧 물러나 선생의 가르침을 받는다. 이것이 혹약재연或躍在淵이다.

317 '연淵'은 초구初九 잠룡 때에 있던 곳이다.

각설

비룡재천飛龍在天 이견대인利見大人 구오九五는 천天의 자리다. 그러므로 "飛龍在天(비룡재천)"이라 하였다. '飛龍(비룡)'은 덕德을 쌓아 구름을 타고 하늘에 올라와 있는 용龍이다. 이 효爻는 정위득중正位得中의 효爻로써 중정지덕中正之德을 갖고 있다. 육효六爻중에서 오효五爻는 가장 귀한 성인聖人의 자리이다. 이 효爻는 강건중정剛健中正의 덕을 가진 이상적인 양효陽爻이다.

[上九(상구)]는 亢龍(항용)이니 有悔(유회)리라. (澤天夬(택천쾌))

○ 亢(목 항) 龍(용 룡{용}) 有(있을 유) 悔(후회할 회)

상구上九는 높이 올라간 용이니 후회함이 있으리라.

개요概要

소인지도를 경계한 「효사」이다.

각설

항룡유회亢龍有悔 항亢은 올라가다, 지나치다는 뜻으로 항용亢龍은 지나치게 높이 올라간 용龍을 말한다. 상효上爻는 가장 위位의 효爻로써 나아갈 줄 만 알고 물러 설 줄 모르는 구름위로 올라간 지나친 용龍이다.[318]

318 상효上爻는 天의 윗 부분이다. 이 용龍은 너무 많이 올라가 구름이 없는 곳까지 올라간 용龍이다. 용龍은 구름이 없으면 움직일 수 없다. 이렇게 높이 올라가면 후회하게 된다. 인사적으로는 천자도 오만하게 되면 유능한 신하들이 모두 조정을 떠나고 천자를 도와줄 사람이 없게 된다. 이것은 마치 구름이 없는 곳까지 올라간 용龍이 움직일 수 없는 것과 같다. 이것이 바로 항용유회亢龍有悔이다.

[用九]는 **見群龍**하되 **无首**하면 **吉**하리라.
용구 견군용 무수 길

○ 見(볼 견) 群(무리 군) 龍(용 룡) 首(머리 수)

용구用九는 용龍의 무리를 보되 머리가(머리함이) 없으면 길하리라.

개요概要

여기에서는 머리가 드러나지 말아야 한다. 구름 속에 용의 머리가 속으로 들어가 있으므로 머리가 드러나지 않는 것이다. 용구用九를 하자니까 "見群龍无首(견군용무수)"라고 한 것이다.[319]

각설[320]

용구用九[321] 구九를 사용하는 방법 즉 64괘중 모든 양효陽爻를 사용하는 방법을 말하고 있다. 64괘중 건괘乾卦에만 용구用九가 있고, 곤괘坤卦에는 용육用六이 있다. 용구用九와 용육用六을 통해서 64괘 모든 양효陽爻와 음효陰爻의 사용법을 알수 있다.[322]

---

319 (觀中) 십수원리十數原理는 어디에서 드러나는가? 사람의 마음속에 진리라는 것은 드러나는 것이다. 진리자체는 겉으로 드러나지 않고, 드러나는 것은 사물이다. 겉으로 드러나는 것은 용用이다. 마음속에 드러나는 것이 십수원리十數原理다. 이를 현도顯道라고 하는 것이다. 그런 의미에서 십수원리十數原理는 영원한 은폐적 존재라고 하는 것이다. 십오본체원리十五本體度數는 우주가 끝날 때까지도 겉으로 드러나지 않는다. 이에 우주역사의 중심축을 이룰 수 있는 것이다.

320 (집설集說) 용구用九에 대한 주석註釋
❶『주역본의』에서는 "용구用九는 점을 쳐서 양효陽爻를 얻은 자는 모두 구九를 쓰고 칠七을 쓰지 않으니, 모든 괘卦 192 양효陽爻의 통례이다. (凡筮得陽爻者, 階用九而用七, 蓋諸卦百九十二陽爻之通例)"고, 하였다. ❷『왕필주王弼註』에서는 "구는 천지의 덕이다.(九, 天地德也)"고, 하였다. ❸『이천역전』에서는 "용구用九는 건강乾剛에 대처하는 도道이다.(用九者, 處乾剛之道. 以陽居乾體, 純乎剛者也.)"라고 하였다.

321 (집설集說) ❶정이천은 『이천역전伊川易傳』에서 "구九를 씀은 여러 용龍을 보되 앞장서지 말면 길吉하리라.(見群龍, 謂觀諸陽之義, 无爲首則吉也.)"고 하였다. ❷주자는 『주역본의周易本義』에서 "여러 용龍이 머리가 없음을 봄이니(견군용무수見群龍无首)"라고 하였다.

322 소강절은 『황극경세서』에서 "용구用九의 9는 3×3, 용육用六의 6은 2×3"라고 하였다.

견군용見群龍 무수길无首吉 '群龍(군용)'은 잠용潛龍, 현룡見龍, 비룡飛龍 등이다. 이들 용龍은 머리가 안으로 숨겨지고 밖으로 보이지 않을 때 길吉하다. 즉 용龍이 머리를 구름 속에 숨기고 그 힘찬 모습을 밖으로 나타내지 않으며 겸손할 때 길하다. 모든 양효陽爻는 용龍이 머리를 구름 속에 숨기고 밖으로 나타내지 않는 것처럼 강剛을 숨기고, 유柔를 보이는 것이 좋다. 즉 체體는 드러나지 않아야 한다는 것이다.

[彖曰] 大哉라 乾元이여 萬物資始하나니 乃統天이로다.
단왈 대재 건원 만물자시 내통천

○ 大(큰 대) 哉(어조사 재) 乾(하늘 건) 元(으뜸 원) 萬(일만 만) 物(만물 물) 資(바탕 자, 재물 자) 始(처음 시) 乃(이에 내) 統(다스릴 통, 큰 줄기 통) 天(하늘 천)

단彖에 이르기를, 크도다! 건(하늘)의 원기이여! 만물이 (건의 원기를) 바탕하여 비롯하나니, 이에 하늘(건도)을 섭리함이로다.

개요概要[323]

단彖은 「괘사卦辭」에 대한 해설로써 한 괘 전체를 단정하는 말이다. 그 괘의 뜻이 어떠하며, 또한 길흉화복과 대처하는 방법을 말한 것이다.[324]

"大哉乾元(대재건원) 萬物資始(만물자시) 乃統天(내통천)"라고 한 것은 원元에 대한 설명이다. 천天은 만물을 창조하는 큰 기운을 가지고 있다. 사실은 천도天道와 건도乾道가 같은 것이다. 건乾과 천天은 사람의 몸과 마음처럼 하나이면서 둘로 보일 뿐이다.

---

323 괘사卦辭 공자가 해석한 것을 통틀어 단彖이라고 한다. 단彖은 한 괘卦의 뜻을 말한다. 그러므로 지혜로운 자者가 「단사彖辭」를 살펴보면 생각이 이미 반半은 넘어선 것이라고 한 것이다.

324 건괘乾卦의 단彖은 건원형이정乾元亨利貞이며, 이것을 해석한 것이 「단사」이다. "건乾은 원元코 형亨코 이利코 정貞하니라" 한 것은 건도乾道 자신이 원형이정元亨利貞하는 것을 말한다. 천지만물이 원형이정元亨利貞하는 것은 사실은 건乾이 원형이정元亨利貞하는 것을 말한다.

각설

대재건원大哉乾元 건乾의 원덕元德을 찬탄하는 말이다. 건乾이 천지만물을 창조하는 덕德은 실로 광대무변하다. 만물자시萬物資始의 만물은 천지사이에 있는 유형, 무형의 모든 것을 말한다. '자資'는 건乾 원기의 힘을 바탕으로 한다는 뜻이다. 그러므로 천지만물은 건乾의 원기를 받아 그 힘으로 시작된다.[325]

대재大哉 건괘乾卦의 위대성을 상징하는 말이다. 다시 말하면 크다는 개념으로 위대함을 의미한다.

건원乾元[326] 도道가 기氣를 통해서 자기를 드러낸다는 말이다. "건乾은 시작하고 형통하고 좋고 바르다"로 읽는 것은 건乾 자신이 원형이정元亨利貞하는 것으로 해석한 것이다. 즉 만물이 가지고 있는 양기陽氣는 모두 건乾의 기氣에서 나눈 것으로 만물의 양기와 건乾의 양기를 일체로 본 것이다. 그러나 「단사」에서는 건乾과 만물을 둘로 보고 건乾의 덕德에 의하여 만물이 원형이정元亨利貞하는 것으로 말하고 있다.

만물자시萬物資始 ❶만물萬物은공간적 현상세계, 만물이 가지고 있는 양기陽氣는 모두 건乾의 순수한 기氣에서 나온 것이다. 그러므로 건乾과 만물은 하나이지만 편의상 둘로 보고, 만물이 원·형·이·정하는 것은 건덕乾德이 바탕이 된다고 볼 수 있다. ❷자시資始는 바탕으로 하여 비롯된다는 시간적 원리를 의미한다. 곤괘坤卦의 "萬物資生(만물자생)"과의 관계를 보면, 곤도坤道는 공간적이며, 존재 일반을 말한다. 건괘乾卦의 시始와 곤괘坤卦의 생生이 합하여 시생始生한다는 말이다.[327]

---

325 '대재건원大哉乾元'은 건원乾元이 만물을 시작하는 도道가 큼을 찬양한 것이다. 사덕四德의 원元은 오상五常(인仁·의義·예禮·지智·신信)의 인仁과 같으니 한쪽으로 말하면 한 가지 일이요, 오로지 말하면 네 가지를 포함한다.

326 (집설集說) ❶주자朱子는 "천덕지대시天德之大始."라고 하였다. ❷다산茶山은 "건원자乾元者 복야復也."라고 하였다.

327 시간時間을 규정할때는 시종始終이라고 하고, 본말本末은 공간적인 규정이다. 시간자체

내통천乃統天 건乾의 원기元氣가 우주사이 전체에 퍼져있어 이 원기元氣가 천도天道 전체를 섭리한다는 말이다.[328]

雲行雨施하야 品物이 流形하나니라.
운 행 우 시 　 품 물 　 유 형

○ 雲(구름 운) 行(갈 행) 雨(비 우) 施(베풀 시) 品(물건 품) 物(만물 물) 流(흐를 유{류}) 形(모양 형)

구름이 움직여서 비가 내린다 하니, 만물이 각자의 모습대로 형체를 이룬다 하니라.

개요概要

운행우시雲行雨施 품물유형品物流形은 원형이정의 형亨을 설명한 글이다.[329]

각설

운행우시雲行雨施 ❶운행雲行은 구름이 공중을 돌아다니는 것으로 천도天道가 지도地道로 행하여짐을 말한다. ❷우시雨施는 하늘의 은총으로 비가 내려 땅이 윤택해지는 것이다.

품물유형品物流形 만물萬物은 천지天地간에 수數가 많은 것을 말하고, ❶품물品物은 종류가 많은 것을 말한다. 다시 말하면 품물品物은 종류가 다른 여러 가지 물건들, 즉 풀과 인간·나무·곤충·동물 등을 말한다. ❷유형流形의 유流는 유포流布 즉 퍼지고 번져 있는 것이다. 따라서 우주간에 널리

는 통일적 근거이다. 객관적인 시간도 통일적이다. 공간은 분수적 존재다.

328 (집설集說) 통統에 대하여 ❶주자朱子는 "원위사덕지자이관호元爲四德之者而貫乎, 천덕지시종고왈통天德之始終故曰統天"라고 하였다. ❷래지덕來知德은 "통포괄야統包括也."라고 하였다. ❸다산茶山은 "육양지건차일양위지강기내통천야六陽之乾此一陽爲之綱紀乃統天也"라고 하였다.

329 『주역본의周易本義』에서는 "이는 건乾의 형亨을 해석한 것이다(此, 釋乾之亨也)."라고 하였다.

퍼져 있는 양陽의 기운은 지상에서 증발하여 구름이 되어 공중으로 돌아다니다가 비가 되어 지상으로 내려와 그 은택으로 지상 만물이 생겨 널리 퍼지게 된다.[330]

大明終始하면 六位時成하나니 時乘六龍하야 以御天하나니라.
대 명 종 시　　육 위 시 성　　시 승 육 룡　　이 어 천

○ 明(밝을 명) 終(끝날 종) 始(처음 시) 成(이룰 성) 時(때 시) 乘(탈 승) 龍(용 룡{용}) 以(써 이) 御(어거할 어)

시작과 끝을 크게 밝히면 여섯 자리가 때에 맞추어 이루어지나니, 때로(시간이) 여섯 용龍을 탄다 하야 이로써 건도를 섭리 하나니라.

개요概要

이 구절은 건덕乾德의 작용을 말한 것이다.

각설

대명종시大明終始 육위시성六爲始成 '대명大明'은 크게 밝게 건乾의 덕德을 말한 것이다. '종시終始'는 크게 밝은 건乾의 덕德은 끝났다고 생각하면 또 시작되고 조금도 쉬지 않고 끝도 시작도 없이 계속된다는 것이다. 육효六爻로 보면 건괘乾卦는 3획의 건괘乾卦 위에 또 건괘乾卦가 있어 건괘乾卦가 끝났다고 생각하면 또 건괘乾卦가 있다는 것이다. 육위六位라 함은 건괘乾卦의 육효六爻 즉 초효初爻·구이九二·구삼九三·구사九四·구오九五·상구上九의 자리를 말한다.

시승육룡時乘六龍 이어천야以御天也 시승時乘은 그 때에 알맞은 것으로

330 『주역천견록周易淺見錄』에서는 "품물유형 그 자체가 천도이다.(則'品物流形', 自是天道)"라고 하였다.

이루어지는 것을 말한다.[331] 즉 ❶초구初九는 잠룡潛龍, ❷구이九二는 현용顯龍, ❸구삼九三은 종일건건終日健健의 용龍, ❹구사九四는 혹은 뛰어올라 하늘에 있고 혹은 못에 내려와 있는 용龍, ❺구오九五는 비룡飛龍, ❻상구上九는 항용亢龍이 되어 천天의 도道를 통솔하고 다스린다. 따라서 건乾의 큰 기운은 이와 같은 큰 덕德을 가지고 있음으로 "**時乘六龍(시승육룡), 以御天也(이어천야)니라**"라고 하였다. 그러므로 건乾의 힘으로 때로 육용六龍을 타고 건도乾道를 섭리하는 것이다.[332]

> **乾道變化에 各正性命하나니 保合大和하야 乃利貞하니라.**
> 건도변화 각정성명 보합대화 내이정

❍ 乾(하늘 건) 도道(길 도) 變(변할 변) 化(될 화) 各(각각 각) 正(바를 정) 性(성품 성) 命(목숨 명) 保(지킬 보) 合(합할 합) 和(화할 화) 乃(이에 내) 貞(곧을 정)

건도乾道가 변화하여 각각 성명性命을 바르게 하니, 큰 조화를 보전하고 합하여 마침내 곧으면 이로우니라.

---

331 (觀中) 시時는 시의성, 시간성을 말한다. 육효六爻를 용龍이라고 표상했으니 육갑도수六甲度數에 근거를 둔 별辰字의 진辰은 때(時)을 의미한다. 12지지중地支中에 가장 능력이 있는 것이 진辰이다. 6단계의 시간적원리, 무진戊辰에서 무진戊辰으로, 즉 오五는 종終이지만 다시 무진戊辰으로 시작한다. 따라서 종終의 무진戊辰과 시始의 무진戊辰으로 보아야 한다. 육六은 육효六爻, 육용六龍은 육감도수六甲度數와 관련된다. 우주가 천지를 운행하는 원리가 시간성이다. 승乘은 합덕合德, 묘합妙合을 의미한다.

332(집설集說) ❶『주역본의周易本義』에서는 "시始는 곧 원元이요 종終은 정貞을 말한 것이다. 마치지 않으면 시작할 수 없고 정貞하지 않으면 원元이 될 수 없다. 이는 성인聖人이 건도乾道의 종終과 시始를 크게 밝히면 괘卦의 육위六位가 각기 때로써 이루어져서 여섯 양陽을 타고 천도를 행함을 볼 수 있다고 말한 것이니, 이는 곧 성인聖人의 원元, 형亨이다.(始 卽元也, 終 謂貞也. 不終則无始, 不貞則无以爲元也. 此 言聖人, 大明乾道之終始, 則見卦之六位, 各以時成, 而乘此六陽, 以行天道, 是乃聖人之元亨也.)"라고 하였다. ❷『이천역전』에서는 "'만물자시내통천萬物資始乃統天'은 원元을 말한 것이니, 건원乾元은 하늘의 도道를 통합하여 말한 것이다. 천도天道는 만물을 시작하게 하니, 물건이 하늘에 의뢰하여 시작하는 것이다. (萬物資始乃統天, 言元也, 乾元 統言天之道也. 天道始萬物, 物資始於天也.)"라고 하였다.

개요概要

이 구절은 이정利貞을 설명하는 글이다.[333] 각정성명各正性命은 건도변화乾道變化가 전제前提가 되어야 한다.

각설

건도변화乾道變化 대형이정大亨利貞으로 변화이며, 종시적終始的 변화이다. 변화란[334] 음양陰陽의 변화이다. 변變이란 변하여 가는 과정을 의미하고, 화化는 어떤 상태에서 다른 상태로 변해버린 결과를 말한다.

각정성명各正性命 건도乾道가 변화해야 각정성명各正性命이 이루어진다. '성性'이란 나면서 가지고 있는 '본성本性'이며, '명命'이란 하늘에서 나누어 가진 것을 말한다. 즉 나면서 가지고 있는 것은 성性이며, 하늘에서 받은 것은 '명命'이다. 그러므로 '성명性命'은 만물이 하늘에서 받은 본래本來의 성질이다. 또한 각각各各의 성명性命을 바로 한다는 것은 초목은 초목으로 인간은 인간으로, 짐승은 짐승으로, 남자는 남자로, 여자는 여자대로 타고 난 그 성질대로 나고 자라게 하여 발전시키는 것이다. 모든 만물은 나름대로 정해진 존재 의미를 가지고 있다는 말이다.

보합대화保合大和 도덕원리가 구현된 참다운 인간세계이다. ❶보합保合은 흩어지지 않도록 잘 보존(인간 본래성)하는 것이다. ❷대화大和는 잘 조화된 기氣, 즉 건,乾의 순수한 양기陽氣를 말한다.

내이정乃利貞 이利는 만물이 마땅하고 편리한 곳을 얻고 있는 것이다. 정貞은 바르고 여문 것이다.

---

333 군자지도가 행해지는데 이롭다는 말이다. 군자지도의 목표는 보합대화된 세계를 구현함에 있다. '이利'는 물질적인 양육, '정貞'은 윤리적 완성을 뜻함. 즉 '삶의 목적'은 개인적인 행복에 있는 것이 아니라, 자신의 존재가치구현에 있다. 즉 뜻(義)을 구하는 데 있다. (성리학에서는 의리義利이며, 삶의 목적이다.) 각종 성정을 표현, 심성내면의 문제이다.

334 건도乾道의 변화도 원형이정과 같이 자동적으로도 볼 수 있고, 수동적으로도 볼 수 있다. 건도乾道 그 자신이 변화한다고 보아도 되고, 건도가 만물을 변화시킨다고 보아도 좋다.

首出庶物에 萬國이 咸寧하나니라. [乾,「彖辭」]
수 출 서 물 만 국 함 녕 건 단 사

○ 首(머리 수) 出(날 출) 庶(여러 서) 物(만물 물) 咸(다 함) 寧(편안할 녕{영})

여러 가지 사물중에 으뜸이 드러나니, (이를 본받아) 만국이 함께 편안하나니라.

개요概要

천도天道를 인간사에 적용함을 말한다.

각설

수출서물首出庶物 머리가 만물위에 드러난다는 말이다. 이는 건도乾道·건원지기乾元之氣가 드러났다는 의미이다. 십수원리十數原理가 밝혀졌다는 것이다.

만국萬國 함녕咸寧 왕도王道의 구현, 평천하平天下의 실현으로 천도天道의 궁극적 목표를 실현하는 것이다.

[象曰] 天行이 健하니 君子ㅣ 以하야 自彊不息하나니라.
상 왈 천 행 건 군 자 이 자 강 불 식

○ 自(스스로 자) 彊(굳셀 강) 不(아닐 불) 息(숨 쉴 식)

상象에 이르기를, 하늘의 운행이 굳세니, 군자는 이로써 스스로 쉬지 않고 굳세게 하나니라.

각설

자강불식自彊不息 진리를 탐구하는데 조금도 쉬지 않고 노력한다는 것이다.

潛龍勿用은 陽在下也일새오
잠용물용 양재하야

見龍在田은 德施普也일새오
현용재전 덕시보야

終日乾乾은 反復道也일새오
종일건건 반복도야

或躍在淵은 進이 无咎也일새오
혹약재연 진 무구야

飛龍在天은 大人造也일새오
비룡재천 대인조야

亢龍有悔는 盈不可久也일새오
항용유회 영불가구야

○ 潛(자맥질 할 잠) 용龍(용 룡) 勿(말 물) 用(쓸 용) 양陽(볕 양) 在(있을 재) 見(나타날 현) 龍(용 룡{용}) 田(밭 전) 덕德(덕 덕) 施(베풀 시) 普(널리 보) 終(끝날 종) 反(되돌릴 반) 復(돌아올 복) 도道(길 도) 或(혹 혹) 躍(뛸 약) 淵(못 연) 進(나아갈 진) 飛(날 비) 造(지을 조) 亢(목 항) 悔(후회할 회) 盈(찰 영)

'물속에 잠긴 용이니, 쓰지 않는다' 함은 양陽으로써 아래에 있기 때문이오.

'나타난 용이 밭에 있다'는 것은 덕을 베풂이 넓은 것이오.

'종일終日토록 부지런하다'는 것은 도道를 돌이켜 반복함이오.

'혹 뛰거나 못에 있다'는 것은 앞으로 나가도 허물이 없음이오.

'나는 용이 하늘에 있다'는 것은 대인大人이 하는 일이오. (시작이오)

'높게 있는 용이니 후회함이 있다'는 것은 가득 차면 오래 가지 못함이오.

개요概要

건괘乾卦 육효사六爻辭를 2번째로 설명하고 있다. 소상사小象辭이다.

각설

잠용물용潛龍勿用 양재하야陽在下也 잠용물용潛龍勿用 이하는 소상小象으로 한 효爻의 뜻을 설명하고 있다. 초구初九는 '잠용潛龍'이니 '물용勿用'이라 하였는데, 이것을 '공자'가 「상사象辭」에서 "陽在下也(양재하야)"라고 설명하였다. 양재하야陽在下也란 양陽이 아래에 있기 때문에 불용不用이라는 것이다.

초구初九의 잠용潛龍은 용龍이 천년동안 땅속에 숨어서 덕德을 쌓고 힘을 기르는 시기를 말한다. 제왕帝王에 비유하면 아직 어린 황태자로서 어진 선생 밑에서 공부하고 있을 시기이다. 이런 때에 밖에 나가서 여러 가지 사업을 하여서는 안 된다. 이것이 양재하야陽在下也이다. 양기陽氣가 밑에 있어 밖으로 나올 만큼 성대하지 못하다는 것이다.[335]

현용재전見龍在田 덕시보야德施普也 구이九二에서 나타난 용이 밭에 있다고 하는 것은 군자는 그동안 수양하고 쌓은 덕을 세상 널리 베풀어야 한다는 것이다.

종일건건終日乾乾 반복도야反復道也 구삼九三의 건건乾乾은 조금도 쉬지 않고 부지런히 힘쓰는 것으로 「대상大象」에서 말하는 '自彊不息(자강불식)'과 같다. 구삼九三은 삼획의 건괘乾卦 위에 또 건괘乾卦가 있어 양효陽爻가 중첩되어 있는 모양을 보고 '健健(건건)'이라 한 것이다. 하루 종일 쉬지 않고 열심히 공부하고도 저녁에도 쉬지 않고 조심하면 허물이 없다는 것은 바른 길을 계속 되풀이 행하는 까닭이라 하였다. '自彊不息(자강불식)이나 終日健健(종일건건)'은 결국 '反復道也(반복도야)'와 같은 뜻이다.

혹약재연或躍在淵 진무구야進无咎也 구사九四는 "或躍在淵(혹약재연)하면 无咎(무구)라" 하였다. 용龍이 혹 높이 뛰어 올라 공중으로 올라가지만 다시 못 속으로 돌아와 조심하고 수양함으로 허물이 없게 된다. 즉 조심하고 삼가는 마음만 있으면 때때로 나아가는 일이 있어도 허물이 없다는 것이다.

---

335 이것은 지뢰복괘地雷復卦(䷗)에 해당되는데 일양래복一陽來復의 동지冬至때와 같이 음陰이 가득 찼는데 극히 약弱한 양陽이 지하에 하나 생긴 것을 말한다. 양재하야陽在下也의 하下는 낮은 자리라는 뜻도 되고 힘이 약弱하다는 뜻도 있으며 시기적으로 아직 이르다는 뜻도 있다. 잠용潛龍은 제일 낮은 자리에 있어 힘이 약弱함으로 "양재하야陽在下也"라고 설명하였다.

비룡재천飛龍在天 구오九五는 "**飛龍在天**이니 **利見大人**이라" 하였다. 나는
비룡재천 이견대인
용龍이 하늘에 올라가 있다. 천자天子의 자리에 올라간 것이다.

대인조야大人造也 대인지도大人之道가 드러나는 것이다. 「상사象辭」에 "**大人造**"라고 한 대인大人도 큰 덕德이 있는 구오九五 비룡飛龍을 말한
대인조
다. '조造'는 이룰 조, 시작할 조로서 큰 덕德이 있는 왕자가 임금이 된다는 뜻이다.[336]

항룡유회亢龍有悔 **영불가구야盈不可久也** 상구上九는 "**亢龍有悔**"이다. 용
항룡유회
龍이 너무 올라갔다는 것은 구름이 없는 곳 까지 올라갔다. 이렇게 높이 올라가면 후회할 일이 생긴다. [337]

> **[用九]**는 **天德**은 **不可爲首也**이니라.
> 용구 천덕 불가위수야

용구用九는 천덕은 가히 머리가 될 수 없음이니라.

개요概要 [338]

---

336 조造에 대하여 『이천역전伊川易傳』에서는"대인大人의 함은 성인聖人의 일이다.(大人之爲, 聖人之事也.)"라고 하였고, 주자朱子는 『주역본의周易本義』에서 "조造는 작作(일함)과 같다.(造, 猶作也.)"라고 하였다.

337 꽉 차면 오래가지 못한다. 충분하고 만족스러운 곳은 오래 있을 곳이 아니다. 오래가면 반드시 후회後悔할 일이 생긴다. 너무 성盛하고 만족스러운 것을 경계하고 있다.(지산겸괘地山謙卦 참고參考)

338 (觀中) 용구도수用九度數는 천도운행원리天道運行原理이다. 도수度數로 표현한 것은 간지도수원리干支度數原理이다. 그 근거根據로는 ①풍지관괘風地觀卦의 선갑삼일先甲三日 후갑삼일后甲三日은 "종즉유시천행야終卽有始天行也." ②지뢰복괘地雷復卦의 "칠일래복七日來復은 천행야天行也" 등이 있다.
❶천덕天德 : 천덕天德(首)은 근본원리이기 때문에 用에 있어서는 대상적으로 드러나지 않는다.
❷용구用九 : 십十을 체體로하여 구九로 작용한다는 말이다. '용用'을 하는데 머리로 써서 안 된다는 말이다. 천도天道 자체는 용用에 있어서는 머리로 해서는 안 된다. '천덕天德'은 용用하는데 있어서 머리로 해서는 안 된다. 그래서 아홉을 쓰는 것이다.

용구用九는 64괘卦의 모든 양효陽爻를 쓰는 방법을 말한다.

각설

천덕天德 불가위수야不可爲首也 '군용群龍'이 구름 속에 머리를 숨기고 있으면 길吉하다. 자기 도덕과 재능才能을 자랑하지 않고 숨기고 있으면 길吉하다는 것이다. 하지만, 공자는 천덕天德은 머리가 되어서는 안 된다고 하였다.[339] 왜냐하면 천덕天德은 건괘乾卦의 덕德으로써 몹시 귀貴하고 큰 덕德이지만 남 앞에 나서는 것은 좋지 않기 때문이다.[340]

[文言] 曰 元者는 **善之長也**ㅣ오 **亨者**는 **嘉之會也**ㅣ오
문언 왈 원자 선지장야 형자 가지회야

利者는 **義之和也**ㅣ오 **貞者**는 **事之幹也**ㅣ니
이자 의지화야 정자 사지간야

○ 元(으뜸 원) 善(착할 선) 長(길 장) 亨(형통할 형) 嘉(아름다울 가) 會(모일 회) 利(날카로울 이{리}) 義(옳을 의) 和(화할 화) 貞(곧을 정) 事(일 사) 幹(맡을 간, 줄기 간, 근본 간)

원元이란 착한 것의 어른이요, 형亨이란 아름다운 것의 모임이요, 이利란 의리의 화和함이요, 정貞은 일을 주관(근간)함이니,

개요概要

문언文言이란 말 뜻은 빛나게 꾸며서 한 말이란 설說도 있고, 문장언어文章

---

❸천덕天德에 있어서는 천덕天德이 체體가 되고 아홉으로 작용한다는 말이다. 십수十數는 용用하는데 있어서 머리로 할 수 없기 때문에 용구用九를 한다. 건괘乾卦 자체가 머리(乾爲首)다. 이에 건괘乾卦는 수數로는 십十이다. 천도天道는 머리로 내세울 수가 없다. 그러므로 용구用九다. 십수十數(천덕天德)은 체體이다.

339 인사적으로는 아무리 출중한 재능을 가지고 있어도 남의 재능을 이용하여 뜻하는 바를 이루는 것이 더욱 위대하다. 남의 재능 속에 나의 머리를 묻어두고 내 몸으로 밀고 나가는 것이 용구用九의 요령이다.

340 이것이 양陽을 쓰는 길이며, 건괘乾卦의 도道, 대인지도大人之道, 성인지도聖人之道라고 할 수 있다.

言語를 통해서 역易의 이치를 말한 것이라는 설說도 있다. 「문언文言」은 주로 인간에 절실한 것인 인도人道에 대한 것부터 설명하고 있다.[341]

「단사彖辭」는 주로 「괘사」의 풀이를 통해서 천도天道인 건원형이정乾元亨利貞에 대하여 말하고 있다. 원형이정元亨利貞 넉자는 역易의 덕목德目이다. 역易은 원형이정元亨利貞 이 네 자를 설명하기 위한 책이므로 이 네 자字의 뜻을 정확히 안다면 역易 전체를 다 안다고도 할 수 있다고 한다. 「문언文言」에서는 주로 인도人道에 대한 원형이정元亨利貞을 말하고 있다. 인간이 가지고 있는 원형이정과 성인聖人이 체득하고 있는 원형이정元亨利貞을 설명하고 있다. 인예의지仁禮義智, 즉 원형이정元亨利貞의 사덕四德은 모든 외계外界에 대한 도덕의 내용이며, 이것이 갖추어 있지 않으면 모든 인륜의 도道는 완성되지 않는다. 그러므로 인의예지仁禮義智의 사덕四德은 모든 인륜도덕의 내용으로 군자의 수양적 덕목이다.

각설

원자元者 선지장야善之長也 '원元'은 만물이 나고 시작되고 양육하는 덕이 인仁의 덕德이다. 이것이 선善의 시작이며, 우두머리다.

형자亨者 가지회야嘉之會也 '형亨'은 충분히 자라고 성대한 것이며, 예禮의 덕德이다. 이것은 아름다운 것, 착한 것을 한 곳으로 모아 합쳐놓은 것과 같다.

이자利者 의지화야義之和也 '이利'는 의義가 조화된 것이다. 만물이 각각 그 마땅한 것을 얻고 상호 방해하지 않으며 잘 조화되어 있는 것이 이利이다.

정자貞者 사지간야事之幹也 '정貞'은 만물이 성쇠하여 그 내용이 충실하고 바르고 견고하게 되어 있는 것이며, 인간 사덕四德 중에서 지智의 덕德에 해

341 공자孔子가 건괘乾卦를 중시하여 부언, 공자의 구두적인 의미로 언言이라고 칭함.

당한다. 지智의 덕德으로 모든 일이 잘 처리되며 모든 일의 근간이 된다.

건乾 원형이정元亨利貞 앞서 설명한 바와 같이 '원元'은 건괘乾卦의 원기元氣로 만물이 나고 시작되는 것이며, '형亨'은 점점 성장하여 충분히 자라는 것이며, '이利'는 물건物件마다 그에 알맞은 것을 차지하는 것으로 큰 것은 크게 작은 것은 작게 되는 것이다. '정貞'은 각각 그 마땅한 것을 얻어 바른 자리에서 여물고 굳어지는 것이다.[342]

君子 體仁이 足以長人이며 嘉會 足以合禮ㅣ며
군자 체인 족이장인 가회 족이합례

利物이 足以和義ㅣ며 貞固ㅣ 足以幹事ㅣ니
이물 족이화의 정고 족이간사

君子 行此四德者ㅣ라 故로 曰 乾元亨利貞이라.
군자 행차사덕자 고 왈 건원형이정

○ 體(체득할 체, 몸 체) 仁(어질 인) 長(길 장, 어른 장) 嘉(아름다울 가) 會(모일 회) 合(합할 합) 禮(예도 예) 利(이로울 이{리}) 物(만물 물) 和(화할 화) 義(옳을 의) 貞(곧을 정) 固(굳을 고) 幹(근본 간, 줄기 간) 事(일 사) 君(임금 군) 子(아들 자) 此(이 차) 四(넉 사) 덕德(덕 덕) 者(놈 자)

군자는 인仁을 본받음이 족히 사람의 어른이 되고, 아름다움이 모이면 족히 예禮에 합合하고, 물건物件을 이롭게 하는 것이 족히 의리義理에 화和하고, 바르고 굳음이 족히 일을 처리할 것이다. 군자는 이 네 가지 덕德을 행하는

---

342 원형이정元亨利貞은 춘하추동에 배당하면 '원元'은 봄이고 '형亨'은 여름이고 '리利'는 가을이고 '정貞'은 겨울에 해당한다. 이것을 인간 사회의 인륜·도덕에 배당하면 ❶'원元'은 인仁에 해당한다. 인仁은 만물을 생육하는 덕이다. ❷'형亨'은 예禮에 해당한다. '예禮'는 소위 "예의삼백위의삼천禮儀三百威儀三千"이라 하여 문물 찬연한 여러 제도와 조직을 말한다. 만물이 성장成長하는 여름과 같아 형亨에 해당한다. 예禮의 뜻이 후세에 내려오면서 인사하는 예법禮法으로 줄어졌지만 본뜻은 정치에 관한 법 사회조직에 관한 일등조직과 질서를 정하는 모든 일을 말한다. '효제충신孝悌忠信'은 대인관계를 나타낸 도덕명道德命이고 '인의예지仁義禮智'는 인륜도덕의 내용인데 '인의예지'로써 임금을 섬기면 '충忠'이고 어버이를 섬기면 '효孝'은 형제를 대하면 '제悌', 남과 사귀면 '신信'이 된다.

자이라. 그러므로 건乾은 원형이정元亨利貞이라.

개요概要

이 구절은 군자가 건乾의 원형이정의 덕德, 즉 인예의지仁禮義智의 덕德을 체득한 것을 말한다. 군자가 이 덕德을 체득하면 군자가 바로 건괘乾卦이며, 건괘乾卦가 바로 군자가 되는 것이다. 따라서 천도天道의 운행으로 말하면 원형이정이라 하고, 인간의 도덕으로 말하면 인예의지라 할 수 있다.[343]

각설

군자체인君子體仁 족이장인足以長人 군자가 인仁을 자기 몸으로 한다는 말이다. 다시 말해서 인仁이 바로 자기 몸이고, 자기 몸이 바로 인仁이라는 말이다. 군자는 건원乾元의 덕德, 즉 인仁의 덕德을 몸에 지니고 만물을 포용하고 만물과 일체가 되어 있음으로 사람의 장長이 된다.[344]

가회嘉會 족이합례足以合禮 군자는 건乾의 형덕亨德을 체득하고 있음으로 모든 좋은 것, 아름다운 것이 모여 있고 하는 일이 모두 아름다우며, 법도에 맞음으로 예禮에 합당하다고 할 수 있다.[345]

---

343 인예의지仁禮義智의 인仁은 만물을 육성하는 덕德이며, 그 인仁이 외부로 나타나 자라고 번지고 퍼져나가 아름다운 동작과 질서 있는 조직, 문물제도로 되어 있는 덕德이 예禮이다. 그것이 여물어 마땅한 곳을 얻는 것이 의義의 덕德이며, 더욱 굳어져 차분하게 사물을 관찰하고 바르고 여물게 되어 있는 덕德이 지智이다. 이 지智의 덕德에서 다시 인仁의 덕德이 나타나 끝없이 순환한다.

344 『이천역전伊川易傳』에서는"건乾의 인仁을 체법體法[본받음]함은 바로 군장君長이 될 수 있는 도道이니, 족히 사람의 우두머리가 될 수 있다. 인仁을 체행함은 원元을 체행하는 것이니, 견주어 본받음을 체體라 한다.(體法於乾之仁, 乃爲君長之道, 足以長人也. 體仁, 體元也. 比而效之, 謂之體."라고 하였다.

345 군자는 건乾의 이덕利德을 체득하여 만물을 각각 그 마땅한 곳을 얻게 하고 편리한 곳에 머물게 하니 의덕에 합당하며, 군자는 건乾의 정덕貞德을 체득하여 지혜가 밝고 바르고 견고하며 만사를 잘 성취 시킬 수 있음으로 매사에 근간이 될 수 있다.

이물利物 족이화의足以和義 '이利'는 의義에 배당한다. '의義'는 의宜로써 만물이 모두 좋은 곳 적당한 상태에 있는 것을 말한다. 큰 것은 크게 되어 있는 것이 의義이며, 작은 것은 작게 자리를 차지하는 이利에 배당한다.[346]

정고貞固 족이간사足以幹事 '정貞'은 바르고 견고한 것으로 지智에 해당한다. 지혜가 있어야 비로소 일의 시비是非·선악善惡을 분별할 수 있고 바르고 견고한 상태에 안주할 수 있다. 정고貞固는 극히 냉정한 긴축된 덕德이므로 겨울의 덕德으로 삼는다.[347]

원형이정元亨利貞 천도天道 운행의 원형이정이 천도天道의 인예의지仁禮義智이며, 일년의 춘·하·추·동이 일년의 인예의지仁禮義智라 할 수 있다. 그러므로 인예의지仁禮義智는 하나하나 분리할 수 없는 일체이며, 인仁이 발전되어 예禮가 되고, 그것이 여물어 의義가 되고 더 굳게 되어 지智가 되며, 지智가 있으면 반드시 또 인仁의 덕德이 나타나 일년의 춘하추동처럼 계속 순환한다. '인예의지仁禮義智'는 이와 같이 혼연일체가 되어 '영원永遠'이 이어지는 하나이므로 원元·형亨·이利·정貞이나 춘春·하夏·추秋·동冬과 같이 넷으로 분리할 수가 있다.

---

346 『이천역전伊川易傳』에서는 "의義에 화합하여야 물건을 이롭게 할 수 있으니, 어찌 그 마땅함을 얻지 못하고 물건을 이롭게 함이 있겠는가(和於義, 乃能利物, 豈有不得其宜而能利物者乎.)"라고 하였다.

347 『주역본의周易本義』에서 "정고貞固는 정도正道가 있는 곳을 알아 굳게 지키는 것이니, 이른바 알아서 버리지 않는다는 것이다. 그러므로 일의 근간이 될 수 있는 것이다.(貞固者, 知正之所在而固守之, 所謂知而弗去者也. 故 足以爲事之幹.)"라고 하였다.

[初九]曰 潛龍勿用은 何謂也오
초구 왈 잠용물용 하위야

子曰 龍德而隱者也ㅣ니 不易乎世하며 不成乎名하야
자왈 용덕이은자야 불역호세 불성호명

遯世无悶하며 不見是而无悶하야 樂則行之하고
돈세무민 불견시이무민 낙즉행지

憂則違之하야 確乎其不可拔이 潛龍也ㅣ라
우즉위지 확호기불가발 잠용야

○ 龍(용 룡) 덕德(덕 덕) 隱(숨길 은) 者(놈 자) 易(바꿀 역) 世(대 세) 不(아닐 불) 成(이룰 성) 名(이름 명) 遯(달아날 둔) 世(대 세) 无(없을 무) 悶(번민할 민) 見(볼 견) 是(옳을 시) 樂(즐길 락) 則(곧 즉) 行(갈 행) 憂(근심할 우) 違(어길 위, 버릴 기(棄)) 確(굳을 확) 拔(뺄 발) 潛(자맥질 할 잠)

초구에 물에 잠긴 용은 쓰지 않는다함은 무엇을 말하는가? 공자께서 이르시기를, "용龍의 덕德이 있으면서 숨기는 것이니, 세상을 바꾸려 하지 아니하며, 이름을 이루려고도 하지 아니하야, 세상을 은둔해도 근심하지 아니하여 (세상이) 옳게 봐주지 않아도 근심하지 않는다 하야, 즐거운 즉 (이 도道를) 행하고 근심한 즉 (이를) 피해서(버려서), 그 뜻이 확고하고 움직일 수 없는 것이 바로 잠용이라.

개요概要

'공자孔子'는 다시 건괘乾卦 육효六爻의 뜻을 세 번째로 설명으로 건괘乾卦 초구初九에 대한 설명이다.[348]

각설

용덕이은자야龍德而隱者也 건괘乾卦의 상象을 용龍으로 취한다. 건괘乾卦

348 잠룡을 쓰지 말라는 것은 무슨 뜻인가 하고 묻고, '공자'가 답을 하는 형식이다. 이것은 「문답식 문장」의 시작이다.

의 순수한 양덕陽德을 용덕龍德이라고 한다. 초구初九는 잠용潛龍이다. 신묘한 힘과 위대한 덕德을 가지고 있으면서도 산간벽지에 숨어 있는 자이다. 여기서는 초구初九를 용龍과 같은 위대한 덕을 가지면서도 산속에 은거하여 사는 군자에 비교 하였다.

불역호세不易乎世 **불성호명**不成乎名 초구初九는 큰 덕德이 있는 성인聖人, 군자이지만 깊은 곳에 숨어 세상에 나오지 않으므로 세상의 풍속, 습관, 제도, 문물을 바꾸는 일이 없다. 은자隱者는 사람들에게 알려지지 않는 숨어서 사는 사람이다. 그러므로 '불역세不易世'이다. 세상을 군자지도를 펴서 이름을 드러내고자 하는 일이 없으니 '불성명不成名'이다.

돈세무민遯世无悶 '돈遯'자는 모두 피할 돈遯자로 어지러운 세상을 피하여 은둔하여 숨어 있는 것이다.

불견시이무민不見是而无悶 '불견시不見是'는 옳다고 보아주지 않는 것이다. 다시 말하면 운둔하여 살아도 불평하지 하지 않고 남들이 옳다고 보아주지 않아도 번민하지 않는다는 것이다.

낙즉행지樂則行之 세상이 태평할 때는 군자는 이를 즐기며 세상에 나와 소신대로 일하며, 세상이 어지러우면 걱정하고 물러나 군자의 도道를 세상에 펴려고 하지 않는다.

우즉위지憂則違之 뜻을 버린다. 근심되는 것을 버린다.(어길 위違 = 버릴 사舍)

확호기불가발確乎其不可拔 군자는 어떤 때라도 그 뜻이 확고하며 견고하여 그 뜻을 바꾸지 않는다. 이것이 잠룡이다. [349]

349 『맹자』는 이런 사람을 대장부라고 하였다. 넓은 세상에 살면서 천하의 올바른 자리에 서서 천하의 대로를 걸어가는 것이 대장부이다. 그러나 뜻을 얻지 못하였을 때는 혼자 그 도道를 행하며 부귀도 빈천도 그의 마음을 바꾸지 못하며 무력으로도 그의 마음을 굴복시키지 못하는 그런 사람을 말한다.

[九二] 曰 見龍在田利見大人은 **何謂也**오
구이 왈 현용재전이견대인 하위야

子曰 龍德而正中者也ㅣ니 **庸言之信**하며 **庸行之謹**하야
자왈 용덕이정중자야 용언지신 용언지근

閑邪存其誠하며 **善世而不伐**하며 **德博而化**ㅣ니
한사존기성 선세이불벌 덕박이화

易曰, 見龍在田利見大人이라하니 **君德也**ㅣ라.
역왈 현용재전이견대인 군덕야

○ 見(나타날 현) 龍(용 룡{용}) 在(있을 재) 田(밭 전) 利(날카로울 리) 何(어찌 하) 謂(이를 위) 덕德(덕 덕) 正(바를 정) 中(가운데 중) 庸(쓸 용) 言(말씀 언) 信(믿을 신) 謹(삼가할 근) 閑(막을 한) 邪(사악할 사) 存(있을 존) 其(그 기) 誠(정성 성) 善(잘할 선, 착할 선) 世(인간 세) 不(아닐 불) 伐(자랑할 벌, 칠 벌) 博(넓을 박) 化(될 화)

구이九二는 나타난 용이 밭에 있어니 대인大人을 봄이 이롭다는 것은 무엇을 말함인가? '공자'가 이르기를, "용의 덕이 있으면서 정중正中한 자者이니, 말에 믿음이 있고 행실을 삼가하며, 사념邪念을 막아서 정성스런 마음을 보존하며, 세상을 착하게 하여도 자랑하지 아니 하며, 덕德을 넓혀서 감화시킴이니, 역易에 말하기를 '나타난 용龍이 밭에 있어니 대인大人을 만나보는데 이롭다.' 함은 바로 군자지덕이라."

개요概要

구이九二 효사爻辭를 설명하고 있다.

각설

용덕이정중자야龍德而正中者也 구이九二 「효사」에 '현룡재전이견대인見龍在田利見大人'이라 말한 것은 무엇을 말하는 것인가? 물었더니 공자왈 "**龍德而正中者也**"라 하였다. 이때의 '중中'은 중도中道에 알맞은 것을 말
용덕이정중자야
한다. 역易에서는 하괘下卦의 중中인 이효二爻와 상괘上卦의 중中인 오효

五爻를 중中이라고 한다. 정正은 정위正位를 말한다. 그러나 구이효九二爻는 하괘下卦 중앙으로 중덕中德은 갖고 있지만 음陰의 자리에 양효陽爻가 있음으로 정위正位는 아니다.

용언지신庸言之信 사람은 특별한 때에는 말을 조심함으로 신실信實하게 되지만 평상시에는 방심하기 쉬움으로 흔히 거짓말이 섞이기 쉽다. 그러므로 평상시의 말이 신실하면 그 사람의 말은 항상 신실할 것이다.

용행지근庸行之謹 군자는 항상 행동을 조심하고 삼가한다는 말이다. 구이九二 군자는 평상시에도 항상 조심하고 있다. 그러므로 군자의 말은 언제나 신실하게 하며, 행동은 성실하게 하여 조금도 거짓이 없다.

한사존기성閑邪存其誠[350] 문안에 나무를 가로 놓아 자유로운 통행을 막고 있다. ❶'사邪'는 바르지 못한 것 간사奸邪란 것을 말한다. ❷'존存'은 견고하게 보존하고 잃지 않는 것이다. ❸'성誠'은 마음 가운데 본시부터 가지고 있는 참 마음을 말한다. 간사한 것이 마음 안에 들어오지 못하도록 막고 본래 가지고 있는 성실한 덕德을 잘 보존하여 잃지 않는다.

선세이불벌善世而不伐 구이九二 현인賢人은 세상 사람들이 그의 덕德에 감화되어 풍속이 좋아지고, 세상을 선하게 하는 일이 있어도 스스로 자랑하는 일이 없다.

덕박이화德博而化 구이九二의 도덕이 크고 넓어서 세상 사람들이 자연적으로 감화되는 것을 말한다. 구이九二는 초구初九의 숨어 사는 어진 사람과는 달리 민중속에 나타나 많은 감화를 주는 중덕中德을 가진 현인이다. 역易에 "**見龍在田 利見大人**(현룡재전 이견대인)"이라 한 것은 구이九二가 낮은 자리로 군주는 아니지만 한 나라의 군주로도 충분한 높은 덕德을 가진 사람이란

---

350 고희민은『주역철학의 이해』에서 "존성尊誠은 성성존존成性存存의 공부 중에 성誠으로 ❶한사존기성 閑邪存其誠은 본성 보존에 성실하면 욕심이 생기지 않는다. ❷수사입기성修辭立其誠은 언사를 조심스럽게 닦아서 진실됨을 임한다. 그러므로 언사言辭조심 + 내심內心의 본성本性 = 합일合一이다"라고 하였다.

말이다.[351]

현룡재전見龍在田[352] 전田은 심전心田으로 군자가 행도行道해야 할 인류의 삶의 터전이다.[353]

이견대인利見大人 군덕君德 대인大人은 성인聖人과 같은 의미로 大人·군자와 성인聖人·현인賢人의 관계이다. (天降聖人, 地出君子)
천강성인 지출군자

[九三] 曰 君子 終日乾乾하야 夕惕若하면 厲하나
구삼 왈 군자 종일건건 석척약 려

无咎는 何謂也오
무구 하위야

子曰 君子ㅣ 進德修業하나니 忠信이 所以進德也ㅣ오
자왈 군자 진덕수업 충신 소이진덕야

修辭立其誠이 所以居業也라 知至至之라
수사입기성 소이거업야 지지지지

可與幾也ㅣ며 知終終之라 可與存義也ㅣ니
가여기야 지종종지 가여존의야

是故로 居上位而不驕하며在下位而不憂하나니
시고 거상위이불교 재하위이불우

故로 乾乾하야 因其時而惕하면 雖危나 无咎矣리라.
고 건건 인기시이척 수위 무구의

○ 終(끝날 종) 乾(하늘 건) 夕(저녁 석) 惕(삼가할 척, 두려워할 척) 若(같을 약) 厲(갈 려{여}) 進(나아갈 진) 덕德(덕 덕) 修(닦을 수) 業(업 업) 忠(충성 충) 信(믿을 신) 所(바 소) 辭(말 사) 立(설 입{립}) 其(그 기) 誠(정성 성) 以(써 이) 居(있을 거) 知(알 지) 至(이를 지) 可(옳을 가) 與(줄 여) 幾(기미 기) 知(알 지) 終(끝날 종) 存(있을 존) 義(옳을 의) 上(위 상) 位(자리 위) 不(아닐 불) 驕(교만할 교) 位(자리 위) 憂(근심할 우) 故(연고 고, 옛 고) 因(인할 인) 時(때 시) 雖(비록 수) 危(위태할 위)

351 학역군자學易君子에게 주어진 사명이다.

352 뇌지예괘雷地豫卦를 의미 ⇨ 미래의 세계상을 역경을 통해서 이것을 깨달음으로써 미래를 예견할 수 있다.

353 십十은 천도를 의미하고, 전田는 군자의 터전을 말한다.

구삼九三에 군자가 종일 부지런히 노력하고 저녁에 두려워한다면 위태로울 지경에 있어도 허물이 없다는 것은 무엇을 말함인가? 공자께서 이르시기를, "군자는 덕德에 나아가고 업業을 닦아야 한다. 충신은 덕德에 나아가는 것이고, 말을 공경히 하여 그 성의誠意(참된 마음)를 세우는 것은 업業에 머무는 이치이라, 이를 데를 알아서 이름이라, 함께 기미을 논할 수 있는 것이다. 그칠 때를 알아서 그침이라, 함께 의리를 보존할 수 있는 것이니, 이런 까닭에 웃 자리에 있어도 교만하지 않고, 아랫자리에 있어도 근심하지 아니하나니, 그러므로 굳세게 노력하고 또 때를 따라 삼가하면, 비록 위태로우나 허물이 없으리라."

개요概要

구삼九三「효사爻辭」에 대한 설명이다. 구삼九三의 군자는 노력하는 군자이니 윗자리에 있어도 교만하지 않고 아랫자리에 있어도 높은 자리를 바라거나, 마음 아파하지 않는다. 그러므로 종일 열심히 일하고 또 저녁에는 몸과 마음을 삼가고 조심한다는 것이다. "因其時而惕(인 기 시 이 척)"은 밤낮없이 어떤 시간이라도 항상 조심함을 의미하며. 이렇게 조심하면 비록 위태로운 자리이지만 허물없이 잘 지낼 수 있다.

각설

군자종일건건君子終日乾乾 **석척약려**夕惕若厲 **무구**无咎 **하위야**何謂也 "군자는 아침부터 밤까지 열심히 일하고 저녁에는 몸을 삼가고 조심하니 비록 위태로운 자리에 있지만 잘못이 없고 허물을 면한다고 한 것은 어떤 말입니까." 하고 물으니, 공자 대답이 "군자는 하루 종일 덕德으로 나아가고(진덕進德) 업業을 닦는다.(수업修業) 덕德으로 나아간다는 것은 자기 도덕이 진보되도록 공부하고 수양하는 것이다."라고 밝히고 있다.

군자君子 진덕수업進德修業 하늘의 이치를 심성 내면에서 자각한 것이 덕德이다. 수업修業의 덕德은 자기 하는 일을 말한다. 도덕을 수양하여도 자기 할 일을 하지 않으면 도덕의 공功이 적다. 즉 일을 해도 도덕적 수양(내적內的=진덕進德)이 모자라면 훌륭한 일(외적外的=수업修業) 을 할 수 없다는 것이다.

충신忠信 소이진덕야所以進德也 진덕수업進德修業은 어떻게 이루어지는가? 충신忠信이라야 진덕進德할 수 있다. 마음이 진심이고 말이 신실하여 거짓이 없으면 충忠이 나날이 진보한다. 안으로 마음에 충忠이 없고 밖으로 말이 신실信實하지 못하면 도덕은 퇴보될 수 없다.[354] ❶충忠은 자기 마음 가운데 거짓이 조금도 없는 것이다. ❷신信은 말한 것을 그대로 지키는 것이다. ❸'진덕進德'은 덕德을 行하는 것이요, 정성과 믿음에 의해 덕德에 나아가는 것이다. ❹'수업修業'은 곧 명명덕明明德이니 진덕수업進德修業은 덕德을 행行하여 밝은 덕德을 밝히는 것이니 명명덕明明德하는데 힘을 다한다는 뜻이 된다.

수사입기성修辭立其誠 '수사修辭'란? 말을 닦아 진실함을 세우는 것이다. 사辭란? 성인지언聖人之言을 말한다. 성인지도를 자각하여 마음 가운데 본래부터 갖고 있는 참된 마음을 굳게 지니고 있으면 그 참된 마음이 밖으로 나타나 모든 일이 잘 되고 편안할 수 있다는 것이다. 그러므로 "修辭立其誠 所以居業也"(수사입기성 소거이거업야)라 한 것이다.[355] ❶수사修辭는 「괘·효사」를 닦아서 참된 마음을 세우고 공부를 하는 것이고, ❷성誠은 존재원리, 도덕성, 즉 인간 본래성本來性의 자각이다.

---

354 '충忠'은 마음의 중심이다. 중中 + 심心이 충忠이다. 마음의 중심을 잡고 있는 것이 忠이다. 국가나 민족을 위하여 몸을 바치는 것도 忠이고, 자신에게 거짓 없는 마음으로 신실하게 나아가는 덕德이다.

355 말만 꾸미는 것은 진실이 아니다. 군자는 말을 꾸미면서 마음의 성실함을 굳게 지키고 있음으로 사업이 잘 된다.

소이거업所以居業 업業은 천하지대업天下之大業이다. 이타적인 왕도정치 사업을 말한다.

지지지지知至至之 가여기야可與幾也 '지지지지知至至之'는 진덕進德을 받고 있는 문장이다. 도덕의 수양이 어디까지 가야한다는 것을 미리 알고서 힘을 다하여 그곳까지 도달하면 더불어 기幾를 말할 수 있다는 것이다.

다시말하면 ❶지지지지知至至之는 이를 곳을 알아서 가는 것(미래 지향적)이고, ❷'기幾'는 기미로써 일이 일어나기 전에 나타나는 미묘한 조짐을 말한다. 기미를 본다는 것은 대단히 중요한 일이다. 역易을 배워서 사물의 변화의 이理를 알고저 하는 것은 기幾, 즉 사물의 변화의 시작에서 볼 수 있는 극히 미세한 조짐을 알고저 함이다.[356]

지종종지知終終之 기여존의야可與存義也 지종종지知終終之는 수업修業을 받고 있는 문장이다. '기미幾微'를 알면 일이 어떻게 진전되고 끝나는 가를 짐작할 수 있다. 그러므로 끝까지 열심히 하여 이를 완수하게 되니 이런 사람은 일의 마땅한 곳을 잃지 않고 보존할 의리를 지킬 수 있는 사람이다. 그러므로 윗자리에 있어도 교만하지 않고 아랫자리에 있어도 근심하지 않는다.[357]

---

356 많은 사람들이 예사로 보고 넘기는 극히 희미한 기미를 볼 수 있다면 그 다음의 변화를 미리 알 수 있고 거기 대처하는 방법을 세울 수 있다. 안으로 충직한 마음이 있고 밖으로 말이 신실信實하게 될 때까지 수양하여 도덕이 여기까지 도달한 사람이면 사물의 기미를 알 수 있는 사람이므로 더불어 기미에 대한 말을 할 수 있다. 그러므로 기미가 보이지 않으면 아직 도덕이 부족함으로 진덕進德에 더욱 노력하여야 할 것이다.

357 윗자리는 구삼九三이 하괘下卦의 최상이므로 한 말이며, 또 구삼九三이 하괘下卦이므로 아랫자리라고 하였다.

[九四] 曰 或躍在淵无咎는 何謂也오
구사 왈 혹약재연무구 하위야

子曰 上下无常이 非爲邪也ㅣ며 進退无恒이 非離群也ㅣ라
자왈 상하무상 비위사야 진퇴무항 비리군야

君子進德修業은 欲及時也ㅣ니 故로 无咎ㅣ니라.
군자진덕수업 욕급시야 고 무구

○ 或(혹 혹) 躍(뛸 약) 在(있을 재) 淵(못 연) 无(없을 무) 咎(허물 구) 何(어찌 하) 无(없을 무) 常(항상 상) 非(아닐 비) 爲(할 위) 邪(간사할 사) 進(나아갈 진) 退(물러날 퇴) 恒(항상 항) 離(떼놓을 리{이}) 群(무리 군) 덕德(덕 덕) 修(닦을 수) 業(업 업) 欲(하고자 할 욕) 及(미칠 급) 時(때 시)

구사九四는 혹 뛰거나 물속에 있으면 허물이 없다함은 무엇을 말함인가? 공자께서 이르시기를, "오르고 내리는 것이 상도常道(늘 정해져 있어 변하지 않는 도리道理)없음이 사邪를 하려는 것이 아니며, 나아가고 물러감에 정하여 짐이 없음이 무리를 떠나려는 것이 아님이라. 군자가 덕德에 나아가고 몸을 닦는 것은 때를 당하여 바르게 쓰고자 함이니, 그러므로 허물이 없느니라."

개요概要

구사 九辭 효사爻辭를 설명하고 있다.

각설

혹약재연무구或躍在淵无咎 **하위야**何謂也 구사九四「효사」에 "용龍이 혹은 뛰어올라 하늘에 있기도 하고, 혹은 물러가서 못 속에 숨기도 하니 허물이 없다."고 한 것에 대하여, 공자가 이르기를 "때로는 높은 곳에 올라가 있고 때로는 낮은 곳에 내려와 있어 상하上下 어느 일정한 곳이 없는 것은 사악함을 위하여 편리한대로 움직이는 것이 아니고, 꼭 있어야 할 자리를 찾아가 있는 것이다. 혹약재연或躍在淵은 물속으로 숨는다는 뜻이다. 초효初爻의 뜻은 못 연淵자다. 약躍이 사효四爻, 재연在淵은 초효初爻의 뜻을 가르키는 말이다.[358]

상하무상上下无常 비위사야非爲邪也 때로는 나아가기도 하고 물러서기도 하여 일정一定하지 않는 것처럼 보이지만 이것은 이웃을 버리고 혼자 떨어져 나가는 것이 아니고 마땅히 나아가야 할 때에 나가고 또 물러서는 것이다. 그러므로 "上下无常(상하무상)과 進退无恒(진퇴무항)"은 거의 같은 뜻이다. ❶상하무상上下无常은[359] 오르고 내려옴에 항상됨이 없다는 것이다. ❷비위사야非爲邪也에서[360] 사학邪學은 소인지학小人之學이다. 그러므로 상하무상上下無常이라고 하여 소인이라 오해하지 말라는 것이다.

진퇴무항進退无恒 비리군야非離群也 ❶진퇴무항進退无恒은 현상적 세계에서 나아가고 물러남에 항도恒道가 없다는 것이다. ❷비리군야非離群也는 백성을 버리거나 생각하지 않는 것이 아니다.

군자진덕수업君子進德修業 욕급시야欲及時也 후천后天을 위한 군자적인 삶을 말한다. 군자가 수양으로 덕德을 쌓고 사업을 추진시키며 열심히 노력하는 것은 시대에 뒤떨어지지 않고 기회를 잃지 않으려는 것이니 그러므로 허물이 없고 남의 비난을 받지도 않는다. 이것이 때에 미치고자 하는 "欲及時也(욕급시야)"이다.

---

358 초효初爻에서 사효四爻로 넘어가는 것을 말한다. 초효가 종시終始의 시작 의미를 표상하는 爻라면 사효四爻는 겉으로(물밖으로) 뛰어나오는 것을 표상한다. 초효가 물러서는 것을 의미하는 것이라면 사효四爻는 약진躍進, 진출해 나아가는 뜻을 의미한다.

359 상하上下는 고정된 것이 아니다. 뜻의 만남이다.

360 사악邪惡한 것이 아니다. 소인小人의 문제이다.

[九五] 曰 飛龍在天利見大人은 何謂也오
구오 왈 비룡재천이견대인 하위야

子曰, 同聲相應하며 同氣相求하야 水流濕하며
자왈 동성상응 동기상구 수류습

火就燥하며 雲從龍하며 風從虎ㅣ라
화취조 운종용 풍종호

聖人이 作而萬物이 覩하나니 本乎天者는 親上하고
성인 작이만물 도 본호천자 친상

本乎地者는 親下하나니 則各從其類也니라.
본호지자 친하 즉각종기류야

○ 飛(날 비) 龍(용 룡{용}) 聲(소리 성) 相(서로 상) 응應(응할 응) 同(한가지 동) 氣(기운 기) 相(서로 상) 求(구할 구) 水(물 수) 流(흐를 류) 濕(축축할 습) 火(불 화) 就(이룰 취) 燥(마를 조) 雲(구름 운) 從(좇을 종) 風(바람 풍) 虎(범 호) 萬(일만 만) 物(만물 물) 覩(볼 도) 本(밑 본) 則(곧 즉) 各(각각 각) 類(무리 류)

구오九五에 나는 용이 하늘에 있으니, 대인大人을 만나는 것이 이롭다는 것은 무엇을 말함인가? 공자가 이르기를, "같은 소리끼리 서로 응應하고 같은 기운끼리 서로 추구하여, 물은 습한 데로 흐르고 불은 마른 데로 나아가며, 구름은 용龍을 따르고 바람은 범을 따름이라. 성인聖人이 일어나 만물을 바라본다 하나니 하늘에 근본하는 자는 위에 친親하고, 땅에 근본하는 자는 아래에 친親하나니, 이는 곧 각각 그 류類를 따르는 것이니라."

개요概要

이 절은 큰 덕德이 있는 성인聖人이 천자의 자리를 얻으면 만민이 모두 우러러본다는 것을 말하고 있다. 이것은 물이 축축한 곳으로 흐르고, 불이 마른 곳으로 번져나가며, 구름이 용龍을 따르고, 바람이 범을 쫓아가듯이 만민이 그 광명을 쳐다보는 것이다. 이것이 '飛龍在天 利見大人'(비룡재천 이견대인)의 뜻이다. 하늘을 근본으로 하는 산천초목과 벌레 짐승들은 땅과 친하여 땅위에서 산다. 이들은 모두 같은 류類끼리 따르는 것이다.

각설

동성상응同聲相應 같은 소리는 서로 응한다. 성聲과 음音은 같이 응應하는 것이 화음和音이다. 새벽에 닭 한 마리가 먼저 울기 시작하면 다른 닭들도 같이 따라 운다. 이것을 창화唱和라 한다. '창화唱和'란 한 쪽에선 부르고 한 쪽에선 화답和答하는 것이다.[361] 인사적으로 보면 서로 같이 웃는 것도 서로 응應하는 것이다.

동기상구同氣相求 같은 기氣는 서로 구求한다. 음기陰氣는 음기陰氣 데로 양기陽氣는 양기陽氣 데로 서로 구하는 것이다. 물은 흘러서 못으로 모이면 음陰의 기운으로 구求하고, 못의 물이 뜨거운 태양太陽 열에 의해 증발되어 구름이 되려면, 양陽의 기운을 구求하여야 하는 것이다.[362]

수류습水流濕 물은 습한 데로 흐른다. 물의 성질은 습기가 축축이 있는 곳에 먼저 스며들어 흐르는 것이 이치理致이다.(음의 기운)[363]

화취조火就燥 불길은 마른 데로 좇아가는 것이다. 불의 성질은 마른 곳에 먼저 불이 붙는다.(양의 기운)

운종용雲從龍 구름은 용龍을 따르고, 용龍이 승천하면 구름이(수증기 = 물 = 무리) 일어나는 것이다. 올바른 지도자 아래에는 많은 백성들이 따르게 된다. 용龍은 인군人君이고, 구름은 백성百姓이다.

풍종호風從虎 바람은 범을 따른다. 범이(陰(음)) 빠르게 뛰면 바람이(寒熱空氣(한열공기)) 일어난다. 바람이 범을 따른다는 것은 범이 비호飛虎같아서

---

361 개구리나 개도 마찬가지이다. 자연적으로 보면 산울림도 이와 같다 할 수 있다. 이 쪽에서 소리를 지르면 메아리로 되돌아오는 소리도 서로 응한다고 볼 수 있다.

362 오행五行의 기운도 상생기운에 의해 구해지는 것이다. 같은 기운끼리는 서로 찾게 되는 것이다. 달(月)에 음기陰氣가 차면 조수潮水가 만영滿盈이듯 같은 기운을 찾는 작용이 일어난다.

363 흙에 물이 흐를 때도 젖은 곳부터 먼저 흐르고, 또 비가 오기 전에 습기가 차는 현상도 젖은 곳에 흐른다는 의미이다.

바람이 진동하는 변화작용을 비유한 뜻이다.

성인聖人 작이만물作而萬物 도覩 성인聖人이 세상에 나온다는 것이다. 성인聖人이 일어나는 만물이 우러러 본다는 것이다. 이것은 성인聖人이라야 가능하다. 성인聖人이 일어나는(생겨나는, 나타나는, 작作 = 기야起也) 것은 사람을 포함한 만물이 우러러 보는 것이다.[364][365]

본호천자本乎天者 친상親上 하늘을(陽 양) 근본으로 하여 높은 데와 친하다. 하늘의 법칙에 따르는 사람은 귀한 자이고, 높은 하늘과 친한 것이다. 양기陽氣는 위로 오르는 성질이 있다.[366]

본호지자本乎地者 친하親下 땅을(陰 음) 근본根本으로 하여 낮은 데와 친하다. 땅과 같은 낮은 위치와 친親하다는 것은 식물이 땅에 뿌리를 내리고 살아가는 이치이다. 음기陰氣는 아래로 내리는 성질이 있다.[367]

즉각종기류야則各從其類也 곧 각기 그 류類에 따르는 것이다. 곧 모든 만물은 제각기 그 동류同類에 따르게 되는 것이다. 유유상종이나 각각 그 종류에 따라 모이게 되는 것이다.[368]

---

364 성인聖人이 나타나는 만물(민民)들을 보는 것이다. 만민이 그 성인聖人을 우러러보는 것이다.(성인聖人은 민위치자民爲治者이다. 도覩 = 견見)

365 『주역본의周易本義』에서 "작作은 흥기興起함이요, 물物은 인人과 같다. 도覩는 이견利見의 뜻을 해석한 것이다.(作, 起也. 物, 猶人也. 覩, 釋利見之意也.)"라고 하였다.

366 『주역본의周易本義』에서 "하늘에 근본한 것은 동물을 이르고(本乎天者, 謂動物.)라고 하였다.

367 『주역본의周易本義』에서 "땅에 근본한 것은 식물을 이른다.(本乎地者, 謂植物.)"라고 하였다.

368 『이천역전伊川易傳』에서는 "하늘에 근본한 것은 해와 달, 별과 같은 것들이요, 땅에 근본한 것은 벌레와 짐승, 초목과 같은 것들이다. 음陰과 양陽이 각기 그 유類를 따르니, 사람과 물건도 그렇지 않음이 없다.(本乎天者, 如日月星辰, 本乎地者, 如蟲獸草木, 陰陽, 各從其類, 人物莫不然也.)라고 하였다.

[上九] 曰 亢龍有悔는 何謂也 | 오
상구 왈 항용유회 하위야

子曰 貴而无位하며 高而无民하며
자왈 귀이무위 고이무민

賢人이 在下位而无輔 | 라
현인 재하위이무보

是以動而有悔也 | 니라. [乾, 文言]
시이동이유회야 건 문언

○ 亢(목 항) 용龍(용 룡) 有(있을 유) 悔(후회할 회) 何(어찌 하) 謂(이를 위) 貴(귀할 귀) 高(높을 고) 民(백성 민) 賢(어질 현) 輔(덧방나무 보) 動(움직일 동)

상구上九에 이르기를, 하늘로 높게 올라간 용龍이라, 후회함이 있다. 함은 무엇을 말함인가? 공자께서 이르시기를, "귀하면서도 지위가 없고 높으면서도, 높아도 백성이 없으며, 어진 이가 아랫자리에 있어도 돕는 자가 없음이라. 이러므로 움직이면 후회가 있느니라."

개요概要

건괘乾卦의 상구上九 효사六爻辭를 설명하고 있다.

각설

항용유회亢龍有悔 유회有悔는 과거지향성으로 시간적으로 더 갈 수 없는 상태이다. 교만의 극치를 말한다.

귀이무위貴而无位 무위无位 공간적 실천을 다하지만 덕위德位가 없다.

고이무민高而无民 높으면서도 백성이 없다.

현인賢人 군자君子를 말한다. 성인聖人은 대인大人이다.

재하위이무보在下位而无輔 위位를 탈취한 입장이라 무보无輔이다.

시이동이유회야是以動而有悔也 동이유회야動而有悔也는 지혜의 위치이므로 구체적 행위는 후회後悔를 부른다.

潛龍勿用은 下也일새오 잠용물용 하야	(初九) 초구
見龍在田은 時舍也일새오 현용재전 시사야	(九二) 구이
終日乾乾은 行事也일새오 종일건건 행사야	(九三) 구삼
或躍在淵은 自試也일새오 혹약재연 자시야	(九四) 구사
飛龍在天은 上治也일새오 비룡재천 상치야	(九五) 구오
亢龍有悔는 窮之災也일새오 항용유회 궁지재야	(上九) 상구

○ 舍(쉴 사, 그칠 사, 버릴 사) 躍(뛸 약) 在(있을 재) 淵(못 연) 試(시험할 시) 飛(날 비) 龍(용 룡{용}) 在(있을 재) 天(하늘 천) 上(위 상) 治(다스릴 치) 亢(목 항) 龍(용 룡{용}) 悔(후회할 회) 窮(다할 궁) 災(재앙 재)

'잠룡물용'은 아래함이오,

'현룡재전'은 때로 그침이오,

'종일건건'은 일을 행함이오.

'혹약재연'은 스스로 시험함이오,

'비룡재천'은 위에서 다스림이오,

'항룡유회'는 궁해서 재앙이오,

개요概要

건괘乾卦의 육효사六爻辭를 성인聖人과 군자를 중심으로 설명하고 있다.

각설

잠용물용潛龍勿用 **하야**下也 양陽이 아래에 있다는 것이다. 육효중괘에서 하괘下卦에 속하며, 하괘下卦는 상괘上卦에 비해서 시간적으로 선천先天이다. 선천은 낙서원리에 의하여 섭리된 시기로 음양이 '분리생장分離生長'하는 때이다. 이때는 출사出仕보다 초야에 묻혀 진덕수업進德受業해야 할 때라는 것이다.

시사야時舍也 때를 기다려 시의성時宜性에 맞게 거처居處하는 군자君子의 도리道理이다.[369]

종일건건終日乾乾 **행사야**行事也[370] 종일건건終日健健 진덕수업進德修業의 일을 행한다는 것이다. 삶의 반복 시도로[371] 상하무상上下无常, 즉 위치에 관계없이 최선의 노력하고 있다는 것이다.

혹약재연或躍在淵 **자시야**自試也 군자가 스스로 시험하는 것이다. 사악함에 물들지 않는다는 것이다.

비룡재천飛龍在天 **상치야**上治也 임금의 자리에서, 위에서 하늘의 원리로 다스린다는 것이다. 상치上治는 지도자 위치, 왕도구현王道俱現의 치천하治天下의 위位이다.

항용유회亢龍有悔 **궁지재야**窮之災也 소인지도, 하늘 높은 줄 모른다.[372] '항룡유회'는 그 위位가 사람으로 풀 수 없는 재앙의 극極에 달하여 하는

---

369 (集說) ❶정이천은 『이천역전伊川易傳』에서 "때에 따라 멈추는 것(隨時而止也)"라고 하였다. ❷주자는 『周易本義』에서 "아직은 때가 쓰임이 되지 못하는 것을 말함(言未爲時用也)"라고 하였다. ❸공영달은 『주역정의』에서 "사는 통이다.(舍時通義)"라고 하였다.

370 행사 : 진덕수업, 왕도정치 ⬅ 군자의 실존적인 실천.

371 성인聖人과 천天의 가르침, 진덕수업, 군자가 스스로 노력에 의한 가능성의 시험.

372 (觀中) ❶춘추春秋는 시간성時間性, 심판審判, (춘春 : 사랑, 추秋 : 심판)을 말한다. ❷인간의 본성은 「인지仁智」이다. 인성人性과 지성智性도 인간 본래성이다. 왜냐하면 열매와 씨는 하나이기 때문이다. [1]시간의식으로 주어진 것이 인간의 본래성이다. [2]『맹자』의 성선설의 근거이다. 군자와 백성의 구분은 본래성 자각의 여부이다. [3]후천의 군자의 입장은 '인仁'이다. 성인聖人이 이루어 놓은 세계가 '지智'이다. 그러므로 인仁과 지智는 같은 것이다.

일마다 후회가 있게 되는 것이다. 궁지재窮之災 이란 막다른 상태에서 궁극적으로 재앙이 닥침을 말한다.

乾元 用九는 天下ㅣ 治也이니라. [乾, 文言]
건원 용구 천하 치야 건 문언

'건원용구'는 천하를 다스림이니라.

각설 [373]

건원乾元 용구用九 천하치야天下治也 천도天道의 작용에 의해 천하를 다스린다는 것이다.

潛龍勿用은 陽氣潛藏일새오
잠룡물용 양기잠장

見龍在田은 天下ㅣ 文明일새오
현룡재전 천하 문명

終日乾乾은 與時偕行일새오
종일건건 여시해행

或躍在淵은 乾道ㅣ 乃革일새오
혹약재연 건도 내혁

飛龍在天은 乃位乎天德일새오
비룡재천 내위호천덕

亢龍有悔는 與時偕極일새오
항용유회 여시해극

---

373 (觀中) ❶'잠용물용潛龍勿用, 하야下也'에서부터 여기까지는 무엇을 언급한 것인가? 지상에 나타나는 하나의 성인·군자지도를 중심으로 한 말씀이다. 이 부분 이하는 천도天道를 중심으로 육효六爻「효사爻辭」를 풀이하고 있다. 용구用九는 작용으로서 체體를 내포한다. ❷치治는 천天의 작용으로써 물리적인 힘인 권력과는 다르다. ❸용·육원리用六原理, 시간의식으로부터 생겨난 유한설有限說의 극복을 위한 것이 '본성本性'이다.

○ 潛(자맥질 할 잠) 龍(용 룡) 양陽(볕 양) 氣(기운 기) 藏(감출 장) 與(줄 여) 時(때 시) 偕(함께 해) 行(갈 행) 或(혹 혹) 躍(뛸 약) 在(있을 재) 淵(못 연) 乾(하늘 건) 乃(이에 내) 革(고칠 혁, 가죽 혁) 位(자리 위) 乎(어조사 호) 天(하늘 천) 德(덕 덕) 亢(목 항) 有(있을 유) 悔(후회할 회) 與(줄 여) 偕(함께 해) 極(다할 극)

'잠룡물용'은 양기가 잠겨 감추어짐이오,

'현룡재전'은 천하 문명함이오,

'종일건건'은 때로 더불어 함께 행함이오,

'혹약재연'은 건도가 이에 바뀜이오,

'비룡재천'은 이에 하늘 덕에 자리함이오,

'항룡유회'는 때로 더불어 모두 극함이오,

개요概要

건괘乾卦의 육효사六爻辭를 건도乾道중심으로 설명하고 있다.

각설

잠용물용潛龍勿用 양기잠장陽氣潛藏 초효初爻가 양陽이기는 하나 그 기운을 발휘할 때가 아니다. 인사적으로는 10대이니 함부로 양기陽氣를 사용해서는 안된다는 말이다.

현용재전見龍在田 천하문명天下文明 언어言語와 문자文字로 천하를 문명화시킬 수 있다.(외적) 진리眞理(易道)가 인문人文으로 밝혀진다. 군자의 입장에서 말하면 군자의 내면세계를 말한다

종일건건終日乾乾 여시해행與時偕行 구삼九三의 '終日健健'은 인위人爲로서 '進德修業'하여 일을 행하고, 때로 더불어 함께하는 상象이다.

혹약재연或躍在淵 건도내혁乾道乃革 건도乾道가 합덕됨으로써 건도乾道의 변화가 일어난다. 종시終始로 변화하는 것이 건괘乾卦의 혁革이다.[374]

---

374 澤火革卦를 지칭하는 혁자革字다. 건도乾道가 합덕됨으로써 건도의 변화가 일어난다. 건곤합덕乾坤合德작용에 의하여 성남성녀成男成女가 나온다. 불가佛家의 선남선녀善男善女를

비룡재천飛龍在天 내위호천덕乃位乎天德 천덕天德은 하늘의 은택을 말한다. **항용유회亢龍有悔 여시해극與時偕極** '항룡유회'는 그 위位가 천도天道를 거역함이 궁극에 달하여 하는 일마다 재앙이 있어 후회가 있다는 것이다.[375]

> 乾元 用九는 乃見天則이니라 [乾, 文言]
> 건원 용구 내견천칙 건 문언

○ 乃(이에 내) 見(볼 견) 則(법칙 칙, 곧 즉, 본받을 측)

'건원용구'는 이에 하늘 법을 봄이니라.

각설[376]

건원용구乾元用九 내견천칙乃見天則 천칙은 하늘의 법칙을 말한다. 곧 체십용구體十用九의 (天)원리를 깨닫는 것이다.
천

> 乾元者는 始而亨者也ㅣ오 利貞者는 性情也ㅣ라
> 건원자 시이형자야 이정자 성정야

○ 始(처음 시) 亨(형통할 형) 者(놈 자) 利(이로울 이{리}) 貞(곧을 정) 性(성품 성) 情(뜻 정)

'건원乾元'이라는 것을 시작해서 형통한 것이오, '이정利貞'은 성性과 정情이라.

각설

건원자乾元者 시이형자야始而亨者也 건괘乾卦의 「단사」인 원형이정을 설

말한다.

375 왕필王弼은 『주역주』에서 "시운時運과 함께 끝을 마친다.(與時運俱終極)"라고 하였다.

376 (觀中) 용구용육用九用六 원리를 깨달으면 천칙天則이 드러나게 된다는 말이다. 인간이 천칙天測을 깨달을 수 있다는 것이다. 내견천칙內見天則의 '천칙天則'은 천도天道의 운행도수運行度數를 말하며 육갑원리六甲原理가 밝혀졌다는 말이다. 군자에 있어서는 미래 군자가 깨달은 천칙天則이란 말이다. 십오존공원리十五尊空原理, 사력四曆변화의 원리를 깨달았기 때문에 천칙天則이란 말이 나온 것이다. 역도易道에 근거하여 역사가 변화한다.

명한 글이다. 원元의 덕德은 만물이 시작되고 자라서 성盛해져서 각각 그 마땅한 곳을 얻어 그들이 바른 자리에 안주할 수 있도록 하는 이것이 건乾의 성질이며, 마음이다. 앞에서 원형이정을 나누어 사덕四德으로 보았는데 여기서는 원형이정을 합쳐서 하나로 통일된 건원乾元의 덕德으로 보고 있다. ❶건원乾元의 덕德은 만물이 시작되고(始시) 자라는 것이다.(亨형) ❷천지만물은 '원元'의 힘으로 생성된다. ❸건원乾元의 광대廣大한 기氣에 의해서 만물이 처음으로 생기며(始시), 점점 자라서 성盛해진다(亨형). '이利'는 만물이 각각 그 마땅한 곳을 얻는 것이다. '정貞'은 바른 곳에 견고하게 안주하는 것이다.

이정자利貞者 성정야性情也 성정性情의 ❶'성性'은 움직이지 않고 조용한 것이며(정靜), ❷'정情'은 일하고 움직이는 것이다.(동動) ❸'성性'은 본체本體이며, ❹'정情'은 용用이다. 합쳐서 말하면 마음이 된다.

乾始 ㅣ能以美利로 利天下 ㅣ라 不言所利하니 大矣哉 ㅣ라
건 시 능 이 미 리 이 천 하 불 언 소 리 대 의 재

○ 能(능할 능) 美(아름다울 미) 利(이로울 이{리}) 言(말씀 언) 所(바 소) 哉(어조사 재)

건乾의 비롯함이 능히 아름다운 이로써 천하를 이롭게 함이라 그 이로운 바를 말하지 아니하니 위대하도다.

각설

건시능이미리乾始能以美利 건시乾始란 건乾은 천지만물의 시작이란 의미로 근원자(乾元). 태초의 하느님을 의미한다. 능能은 어떤 경우에도 가능하다는 것이며, 미리美利는 좋고 아름다운 이익이다. 미美는 인격성

(善性, 精, 사랑, 생명력)이 겉으로 드러난 것이다.[377]
선성 정

이천하利天下 의義로써 도제천하道濟天下를 말한다.

불언소리不言所利 대의재大矣哉 건乾이 천하 만물을 성장 발육시키는 것이 곧 천하를 좋고 아름답게 이익이 되도록 하는 것이다. 건乾의 원기는 어느 특정한 것에 이익을 주는 것이 아니고 천하의 모든 것과 모든 곳에서 다 이익을 주는 것이므로 공자께서 '大矣哉'라고 감탄하였다.
대의재

大哉라 乾乎여 剛健中正純粹精也ㅣ오
대재 건호 강건중정순수정야

六爻發揮는 旁通情也ㅣ오
육효발휘 방통정야

時乘六龍하야 以御天也ㅣ니 雲行雨施ㅣ라 天下平也ㅣ라
시승육용 이어천야 운행우시 천하평야

○ 剛(굳셀 강) 健(튼튼할 건) 中(가운데 중) 正(바를 정) 純(순수할 순, 생사 순) 粹(순수할 수) 精(참될 정, 근본 정, 깨끗할 정) 六(여섯 육{륙}) 爻(효 효) 發(쏠 발) 揮(휘두를 휘) 旁(두루 방) 通(통할 통) 情(뜻 정), 時(때 시) 乘(탈 승) 六(여섯 육{륙}) 龍(용 룡{용}) 御(다스릴 어, 어거할 어) 雲(구름 운) 雨(비 우) 施(베풀 시) 天(하늘 천) 平(평평할 평)

크도다! 건이여! 강하며, 건하며, 중하며, 정하며, 순하며, 수함이오, 여섯 효가 발휘하는 것은 두루 뜻을 통함이오, 정미로운 것이오,

때로 여섯 용을 타서 건도를 섭리하니, 구름이 행하고 비가 베풀어지는지라, 천하가 평안함이라.

개요概要

건도乾道의 성정性情에 대하여 말하고 있다.

377 진선미眞善美
❶진眞 : 존재원리가 드러난 참된 세계를 말한다. ❷선善 : 성선설, 존재의 본성이 선善이다. 백성에게 은택으로 드러나는 것이 선善이다. ❸미美 : 미美는 양羊(백성) + 대大(건도) = 건도가 천天의 혜택으로 백성 베풀어져서 아름다운 세상이 이루어진다는 것이다.

각설[378]

강건중정순수정야剛健中正純粹精也 건괘乾卦의 성정性情이다. ❶'강건剛健'이란 어떤 힘으로도 굴복 시킬 수 없는 강한 것으로 쉬지 않고 활동해도 지칠 줄 모르는 것이다. ❷중정中正의 '중中'은 알맞은 것이고, 정正은 바른 것이다. ❸'순純'은 잡것이 섞이지 않는 것이다. 건괘乾卦는 음효陰爻가 한 효爻도 섞이지 않았다. ❹ '수粹'는 쌀을 곱게 찧고 대낀 것과 같이 깨끗하고 아름다운 것이다. ❺ 정精은 생명력生命力이 응축凝縮되어 있는 것. 그러므로 "**乾卦**의 **德**은 **剛健中正**하고 **純粹精也**"라고 극찬하고 있다.
건괘 덕 강건중정 순수정야

육효발휘六爻發揮 방통정야旁通情也 건乾의 육효六爻는 모든 사정을 남김없이 다 통하고 있다. 무수한 종류의 무한한 변화가 육효 중에 나타나 있다. ❶발휘發揮는 발동하는 것이다. ❷방통旁通은 존재원리에 통한다.[379] '방旁'은 널리 남김없는 것이다. 공간적空間的이며, '방통정旁通情'은 하늘의 뜻이 만물까지 통해 있다는 말이다.

시승육룡時乘六龍 '육룡六龍'은, 즉 잠룡潛龍, 현룡見龍, 군자종일건건君子終日健健의 용龍, 혹약재연或躍在淵의 용龍, 비룡飛龍, 항룡亢龍이다. 때가 되면 이 육룡六爻의 용龍을 타고 건도乾道를 섭리한다. 이리하여 구름이 하늘을 돌고 비가 땅에 내려 만물이 모두 나고 자라서 천하가 태평하게 다스려진다. 따라서 천지만물이 모두 건乾의 덕德으로 생성 발육되지 않는 것이 없다는 것이다.[380]

---

378 『주역본의周易本義』에서 "강剛은 체體요, 건健은 용用을 겸謙하여 말한 것이다. 중中은 그 행실이 과불급過不及이 없는 것이요, 정正은 그 섬에 치우치지 않는 것이니 강건剛健중정中正은 네 가지의 乾의 덕德이다.(건健은 천天의 속성이다.) 순純은 음유陰柔가 섞이지 않음이요, 수粹는 사악함이 섞이지 않음이니 강건剛健중정中正함은 지극至極한 것이요, 정精은 순수함이 지극한 것이다. (剛, 以體言, 健, 兼用言, 中者, 其行无過不及, 正者, 其立不偏, 四者, 乾之德也. 純者, 不雜於陰柔, 粹者, 不雜於邪惡, 蓋剛健中正之至極, 而精者, 又純粹之至極也.)"라고 하였다.

379 『이천역전伊川易傳』에서는 "사방에 널리 통한다."라고 하였다.

380 『주역본의周易本義』에서 "방통旁通은 곡진曲盡하다는 말과 같다.(旁通, 猶言曲盡.)라고 하였다.

운행우시雲行雨施 성인聖人·군자지도가 행해져서 천하가 태평해지는 것을 말한다.

君子ㅣ 以成德爲行하나니 日可見之行也ㅣ라
군자 이성덕위행 일가견지행야
潛之爲言也는 隱而未見하며 行而未成이라
잠지위언야 은이미현 행이미성
是以 君子ㅣ 弗用也하나니라. [乾 初九, 文言]
시이 군자 불용야 건 초구 문언

○ 成(이룰 성) 德(덕 덕) 爲(할 위) 可(옳을 가) 潛(자맥질 할 잠) 隱(숨길 은) 未(아닐 미) 見(나타날 현) 成(이룰 성) 弗(아닐 불) 用(쓸 용)

군자가 덕을 이룸으로써 행실을 삼나니, 날로 가히 보는 것을 행함이라. '잠'의 말됨은 숨어서 드러내지 않는 것이며, 행하여 이루지 못함이라. 이러므로 군자가 쓰지 않느니라.

개요概要

건괘乾卦 육효사六爻辭를 여섯 번째 설명하고 있다.

각설

군자君子 **이성덕위행**以成德爲行 성덕成德은 이루어진 성취한 도덕을 말한다. 군자가 일을 하려면 먼저 도덕을 성취하여야 된다. 도덕이 성취된 정도正道는 나날이 그가 행하는 일에서 볼 수 있다. 도덕이 성취된 상태를 날마다 하는 행동에서 명백히 볼 수 있는데 이것을 덕德이다. 초구初九 잠룡潛龍은 낮은 자리 또는 도덕이 충분히 성취하지 못한 숨어사는 사람이다. 도덕이 미숙하여 수양중인 군자는 일을 하지 않는다. '이성덕위행以成德爲行'는 인격적 존재의 존재원리인 도덕원리를 중심으로 설명 하고 있다. 초효初爻는 군자와 소인지도를 갈라 놓기 위해 군자지도를 위주로 설명한 것이 초효初爻이다.

일가견지행야日可見之行也 그 날에 가서는 군자의 덕德이 나타난다는 것이다. 행行은 심心의 행위로 드러나는 행동이다. 그러므로 학문을 하는 군자의 행동이 날로 새로워 진다는 것이다.

은이미현隱而未見 행이미성行而未成[381] 성인聖人·군자君子만이 잠潛이 가능하다. 따라서 성인·군자의 잠潛하는 방법을 말한다.

> 君子 學以聚之하고 問以辨之하며
> 군 자 학 이 취 지 문 이 변 지
>
> 寬以居之하고 仁以行之하나니
> 관 이 거 지 인 이 행 지
>
> 易曰, 見龍在田利見大人이라하니 君德也|라. [乾 九二, 文言]
> 역 왈 현 룡 재 전 이 견 대 인 군 덕 야 건 구 이 문 언

○ 學(배울 학) 聚(모일 취) 問(물을 문) 辨(분별할 변) 寬(너그러울 관) 居(있을 거)

군자가 배워서 취하고, 물어서 판단하며, 관대함으로 (너그러움으로써) 머물고, 어짐으로써 행하나니, 역에 말하길 '현룡재전이견대인'이라하니 군자의 덕이라.

개요概要

구이九二 군자君子는 학문 도덕의 수양이 성취되어 사람들 눈에 뜨이게 되어 있다.

각설

군자君子 학이취지學以聚之 문이변지問以辨之 취지聚之, 변지辨之, 거지居

381 덕성을 이루지 못함, 성덕成德이 되지 못한 상태, 그러므로 학문을 해야할 때이다.

之, 행지行之의 지之는 '중中'이면서 '정正'인 덕德을 말하는 대명사이다. 군자는 ①학문으로 덕德을 모으고, ②의심스러운 것은 선생에게 물어 분별하고 밝히며, ③너그러운 중정中正의 덕德에 거처하며, ④인애仁愛로써 중정中正의 덕德을 행한다.

관이거지寬以居之 인이행지仁以行之 관이거지寬以居之 성인聖人의 뜻을 깨달을 수 있는 경지까지 도달했음을 의미한다. 상효上爻의 자리까지는 차지하고 들어가지 않았다. 성인聖人의 말씀을 매개로 하여 천칙天則의 경지까지 군자가 이르게 된다.

현룡재전이견대인見龍在田利見大人 군덕야君德也 구이효九二爻는 군자의 자리로써 성인지도를 자각하여 성덕이 됨으로써 천하 사람들이 그를 우러러 보게 된다는 것이다.

[九三]은 重剛而不中하야 上不在天하며 下不在田이라
구삼 중강이부중 상부재천 하부재전

故로 乾乾하야 因其時而惕하면
고 건건 인기시이척

雖危나 无咎矣리라. [乾 九三, 文言]
수위 무구의 건 구삼 문언

○ 重(무거울 중) 剛(굳셀 강) 乾(하늘 건) 因(인할 인) 其(그 기) 時(때 시) 惕(삼가할 척, 두려워할 척) 雖(비록 수) 危(위태할 위)

구삼九三은 거듭 강剛하고 중中에 처함이 아니어서, 위로는 하늘에 있지 않고 아래로는 밭에 있지 않음이라. 그러므로 노력하고 노력해서 그 때로 인해 두려워하면 비록 위태하나 허물이 없으리라.

개요概要

구삼효九三爻는 강剛이 겹쳐진 그 위에 있어 강剛이 지나치며, 중中을 얻지

못하고 위로는 천자天子의 자리에도 있지 못하고 아래로는 지상地上의 전田의 자리에도 있지 못해서 정말 위험한 자리에 있다.

각설

중강이불중重剛而不中 '중강重剛'은 양강陽剛한 효爻가 여럿이 겹쳐있는 그 위에 있다는 설과 양효陽爻로써 양陽의 자리에 있어 중강中剛이라 한다는 설이 있다. 그러나 여기서는 강剛이 겹쳐있는 거듭할 중中으로 본다. 구삼九三은 구이九二를 지나쳤음으로 중中이 아니다

상부재천上不在天 **하부재전**下不在田 '천天'은 구오九五를 말하고, '전田'은 군자의 터전으로 구이九二를 말한다.

고건건故乾乾 **인기시이척수위**因其時而惕雖危 **무구의**无咎矣 구삼九三의 군자는 종일 쉬지 않고 일하며, 그때 그때에 잘못이 있어서 안 된다고 스스로 삼가고 조심한다. 따라서 위험한 자리에 있으면서도 허물을 면하게 된다는 것이다.

> **[九四]**는 重剛而不中하야 上不在天하며
> 구사 중강이부중 상부재천
>
> 下不在田하며 中不在人이라 故로 或之하니
> 하부재전 중부재인 고 혹지
>
> 或之者는 疑之也|니 故로 无咎|라. [乾 九四, 文言]
> 혹지자 의지야 고 무구 건구사 문언

○ 或(혹 혹) 者(놈 자) 疑(의심할 의)

구사九四는 거듭 강剛하고 중中이 아니어서 위로는 하늘에 있지 않으며, 아래로는 밭에 있지 않으며, 가운데로는 사람에 있지 않음이라. 그러므로 '혹지'하니 '혹지'란 것은 의심하여 행하는 것이니 허물이 없음이라.

개요概要

구사九四의 「효사」 설명이다.

각설

중강이부중重剛而不中 **상부재천**上不在天 **하부재전**下不在田 **중부재인**中不在人 이 효爻는 강剛이 너무 지나치며, 중덕中德이 부족하다. 구오九五의 천天자리도 아니며, 구이九二는 전田자리도 아니다. 구삼九三과 같이 구사九四는 같은 인人자리이지만 바른 인人자리는 구삼九三이다. 그러므로 구사九四를 인人자리도 아니라고 하는 것이다.

고故 **혹지**或之 **혹지자**或之者 **의지야**疑之也 **고**故 **무구**无咎 구사九四는 구삼九三보다 더욱 위태로운 자리다. 그러므로 혹은 뛰어올라 하늘에 있고 혹은 내려와 못에 내려와 있다고 하였다. 어떻게 하는 것이 좋은지 의심스럽다는 것이다. 이러한 때는 건도乾道를 기준으로 잘 생각하고 그 때에 맞도록 나아갈 때 나아가고 물러설 때 물러서면 잘못을 면하게 된다.

[九五] 夫大人者는 與天地合其德하며
구오 부대인자 여천지합기덕

與日月合其明하며 與四時合其序하며
여일월합기명 여사시합기서

與鬼神合其吉凶하야 先天而天弗違하며
여귀신합기길흉 선천이천불위

後天而奉天時하나니
후천이봉천시

天且弗違온 而況於人乎ㅣ며
천차불위 이황어인호

況於鬼神乎ㅣ여
황어귀신호

[乾 九五, 文言]
건구오 문언

○ 夫(지아비 부) 者(놈 자) 與(줄 여) 天(하늘 천) 地(땅 지) 덕德(덕 덕) 日(해 일) 月(달 월) 明(밝을 명) 四(넉 사) 時(때 시) 序(차례 서) 與(줄 여) 鬼(귀신 귀) 神(귀신 신) 吉(길할 길) 凶(흉할 흉) 先(먼저 선) 弗(아닐 불) 違(어길 위) 后(임금 후) 奉(받들 봉) 時(때 시) 且(또 차) 違(어길 위) 況(하물며 황)

무릇 대인은 천지와 더불어 그 덕을 합하며, 일월과 더불어 그 밝음을 합하며, 사시와 더불어 그 차례를 합하며, 귀신과 더불어 그 길흉을 합해서, 하늘에 앞서해도 하늘이 어기지 아니하며, 하늘을 뒤따라해도 하늘의 때를 받드나니, 하늘도 또한 어기지 아니할진대 하물며 사람에게 있어서며, 하물며 귀신에 있어서랴!

개요概要

이것은 구오九五의 "**飛龍在天 利見大人**"(비룡재천 이견대인)을 설명한 글이다. 이 효爻는 건괘乾卦의 주효主爻이므로 대인大人의 덕德을 찬탄하고 있다. 이 대인大人이 가지고 있는 덕德은 천리天理의 공公이다. 인욕人慾의 사私가 조금도 섞이지 않는다. 극히 공명정대하다는 것이다. 만약에 조금이라도 사사로운 욕심이 섞이면 천지天地, 일월日月, 사시四時, 귀신鬼神과 일체가 될 수 없다.

각설

여천지합기덕與天地合其德 인격적 차원에서 천지와 합덕 됨을 의미한다.

여일월합기명與日月合其明 해와 달이 그 밝은 빛을 비추지 않는 곳이 없는 것과 마찬가지로 대인大人도 그의 밝은 지혜를 만민에게 나누어 준다. 건도乾道를 체득한 '대인大人'은 '강건중정순수정剛健中正純粹精'으로 그 마음이 밝아 만민을 다 비추는 것이 일월日月과 같다.

여사시합기서與四時合其序 일년에는 춘하추동 사계절이 있다. 사계절四季節은 그 순서가 바뀌는 일이 절대로 없다. 대인大人이 일을 하는 데는 일마다 순서가 있다.[382] 대인大人이 일을 하면 그 순서가 적합하여 천지 순

382 『대학』에는 "물物에는 본말本末이 있고, 일에는 선후先後가 있다. 일의 선후先後할 바를

환으로 사계절이 변하는 그 순서와 일치한다. 대인大人은 강건중정순수정剛健中正純粹精의 덕을 체득하고 있음으로 자연히 그렇게 된다.

여귀신합기길흉與鬼神合其吉凶 귀신鬼神과 기길흉其吉凶을 합合한다. '귀신鬼神'은 여러 가지로 해석되는 어려운 말이다.[383] '기氣'는 끊임없이 운동을 계속한다.[384] 운동하는 그 기氣의 바다 속에 있는 한 점을 가정해서 생각한다면 기氣가 그곳으로 오는 신神이고, 돌아가는 것이 귀鬼이다.[385] '대인大人'은 귀신과 길흉화복을 같이 한다. 대인大人은 원래 길흉화복이 없고 귀신에게도 길흉화복이 없다. 그러나 천하의 많은 사람들이 괴로워하며 그들의 고통을 자기 것으로 생각하며, 즐거움도 또한 자기 것을 생각한다.[386]

알면 도道에 가깝다.(物有本末, 事有終始, 知所先後, 則近道矣.)"라고 하였다. 일에는 본말本末과 선후先後가 중요하다는 말이다.

383 (집설集說) ❶'이천伊川'은 귀신鬼神은 천지天地의 공용功用이며, 조화調和의 자취라고 하였다. 공용은 추위가 가고 여름이 오고 해가 지고 달이 뜨고 봄에 만물이 나고 여름에 자라는 것과 같은 것이다. 자취는 바람과 비, 이슬과 서리 해와 달 낮과 밤을 말한다. ❷'주자朱子'는 이기二氣로 말하면 귀鬼는 음陰의 영靈이고, 신神은 양陽의 영靈이다. 일기一氣의 견지에서 보면 다하여 펴는 것(伸)이 신神이고 반대로 돌아오는 것이 귀鬼이다. 그러나 실제는 동일한 것이라 하였다. 이 '주자朱子'의 귀신론을 이해하려면 기氣의 개요를 알아야 한다. '주자朱子'에 의하면 세계는 기氣에 의해 성립成立된다. 존재存在는 전부가 기氣의 응집 결합이다. 기氣를 원자와 같은 미립자로 생각하는 사람도 있지만 기체氣體 모양의 것으로 생각하는 사람이 많다. 이 기체氣體 모양의 기氣는 끊임없이 선회하고 운동을 계속하고 있으며 그 운동이 심한 부분과 완만한 부분이 있다.

384 '기氣'가 심하게 운동하는 상태에 있을 때 그것을 '동動'이라 부르고 상대적으로 운동정도가 약할 때 그 상태를 '정靜'이라고 부른다. 동動의 상태의 기氣를 양陽이라 하고, 정靜의 상태의 기氣를 음陰이라 한다. 이것을 보통 음양이기陰陽二氣라고 부른다. 그러나 사실은 음양이기陰陽二氣가 따로 있는 것이 아니고 기氣의 운동의 강약强弱에 따라 이렇게 나눌 뿐이다.

385 귀신神鬼에 대하여 ❶하루로 보면, 하루의 오전은 '신神'이고 오후는 '귀鬼'이다. ❷한 달의 보름까지는 '신神'이고 보름 후는 '귀鬼'이며, ❸초목草木은 싹이 트기 시작할 때는 '신神', 시들고 마를 때는 '귀鬼', ❹기타로는 '생生'은 신神, '사死'는 귀鬼, ❺'혼魂'은 신神, '혼魄'은 귀鬼, ❻'춘하春夏'는 신神 '추동秋冬'은 귀鬼, ❼'언言'은 신神, '묵默'은 귀鬼, ❽'호呼'는 신神, '흡吸'은 귀鬼 등 만물만사 귀신鬼神아닌 것이 없다. 요약하면 귀신鬼神은 천지天地의 음양陰陽의 신령, 즉 귀鬼는 음陰의 신령이고, 신神은 양陽의 神靈이라 생각한다.

386 대인大人은 사사로운 욕심이 없음으로 극히 공명정대하며 자기의 길흉이 귀신의 길흉과 같게 된다.

선천이천불위先天而天弗違 하늘보다 먼저 하여도 하늘이 알아서 한다. **후천이봉천시**後天而奉天時 하늘보다 뒤에 하여도 천시를 봉행한다는 것이다. (후천을 건너가는 때에) 대인大人이라야 봉천시奉天時를 할 수 있다. **천차불위이황어인호황어귀신호**天且弗違而況於人乎況於鬼神乎 하늘은 천지만물을 덮고 있으면 땅은 만물을 싣고 이것들이 나고 자라도록 돕는다. 대인大人도 천지와 같이 한없이 넓은 도량으로 천하만민을 감싸고 길러낸다. 이것이 천지와 그 덕을 같이 한다는 것이다.[387] 그의 덕이 "剛健中正純粹貞(강건중정순수정)"으로 욕심이 조금도 섞이지 않으면 천지와 같은 덕이 될 것이다. 사사로운 마음이 있음으로 자기 덕이 작아진다. 작아짐으로 내 것과 남의 것이 구분되고 천지와 같은 넓은 덕이 나타나지 않는다.[388]

[上九] 亢之爲言也는 知進而不知退하며
상구 항지위언야 지진이부지퇴

知存而不知亡하며 知得而不知喪이니 其唯聖人乎아
지존이부지망 지득이부지상 기유성인호

知進退存亡而不失其正者ㅣ 其唯聖人乎인뎌 [乾上九, 文言]
지진퇴존망이불실기정자 기유성인호 건상구 문언

○ 亢(올라갈 항, 지나칠 항, 목 항) 爲(할 위) 言(말씀 언) 知(알 지) 進(나아갈 진) 知(알 지) 退(물러날 퇴) 存(있을 존) 亡(망할 망) 得(얻을 득) 喪(죽을 상) 其(그 기) 唯(오직 유) 聖(성스러울 성) 失(잃을 실) 者(놈 자)

'항亢'이라고 한 말은 나아감은 알되 물러남은 알지 못하며, 있는 것은 알되 없어짐은 알지 못하며, 얻음은 알되 잃음은 알지 못하니, 그 오직 성인뿐이

387 대인大人은 때로 천시天時를 앞서 일을 할 때도 있고 혹 천시天時보다 뒤에 할 때도 있지만 천天은 대인大人의 일을 따라 순응해서 운행한다. 천天도 또한 이 대인大人의 하는 일에 순응해서 하늘도 어기는 일이 없는데 하물며 사람이 어길 수 있을 것이며, 귀신이 어길 수 있을 것인가?

388 건乾의 구오九五 대인大人은 천지天地·일월日月·사시四時·귀신鬼神과 일체가 되어 일을 하므로 천하 만민이 모두 우러러 본다.

신가! 진퇴존망을 알아서 그 바름을 잃지 않는 자, 그 오직 성인뿐 이신저!

개요概要

이것은 상구上九의 「효사」 '항룡유회亢龍有悔'를 설명한 글이다. '항亢'은 올라갈 항, 지나칠 항자로 지나치게 높이 올라간 것을 말한다.

각설[389]

항지위언야亢之爲言也 상구上九는 나아갈 줄만 알고 물러설 줄을 모른다. 단지 자기 것을 보존할 줄만 알고 잃어버리고 없어지는 것을 모른다. 그러므로 후회 할 일이 생긴다.[390]

지진퇴존망이불실기정자知進退存亡而不失其正者 그 중정中正을 잃지 않았다고 하는 것은 육효六爻를 통칭하는 말이다. 동시에 이효二爻와 오효五爻에 중점을 둔 말이다. 불실기정不失其正의 주체는 어디까지나 이효二爻의 군자요, 오효五爻의 성인聖人이다. 여기의 득실개념得失概念은 생명을 얻느냐? 잃는냐? 의 문제이다. ❶진進은 알고 퇴退는 모른다. 자각한 사람이 성인聖人이고, ❷정正은 구체적 현상에 대한 것으로 시의성에 적합한 것으로 성인聖人의 목표요, 군자의 결론이다.

기유성인호其唯聖人乎 성인聖人·군자지도를 완전무결하게 판결해 놓은 것이 성인聖人에게 주어진 절대적 사명이다. 역易의 종합적 결론인 동시에 건괘乾卦의 결론이다.

---

389 『이천역전伊川易傳』에서는 "항亢이란 말은 진퇴와 존망의 이치를 알아서 정도正道를 잃치 않는 자는 오직 성인聖人인저(知進而不知退, 知存而不知亡, 知得而不知喪, 其唯聖人乎?)"라고 하고, 궁극함이 심한 것을 항亢이라고 하니, 항극亢極에 이르는 자는 진퇴, 존망, 득상의 이치를 알지 못해서이다. 성인聖人이 이를 알고 대처하여 모두 정도正道를 잃치 않는다. 그러므로 성인聖人은 항극亢極에 이르지 않는 것이다.

390 나아갈 줄 알면서 동시에 물러 설 줄도 알고 얻는 것도 알면서 동시에 잃고 없어지는 것도 알며 좋은 쪽 나쁜 쪽의 양쪽을 다 알고 그 바른 길을 찾아 도道를 잃지 않는 자는 오직 성인聖人이 있을 뿐이다. 사사로운 욕심이 없고 천리天理의 공만을 가지며 극히 공명정대한 성인聖人만이 할 수 있는 일이다.

✐ 건괘乾卦는 64괘의 머리괘이며, 양효陽爻로만 구성된 강건순수剛健純粹한 괘卦이다. 그 성정性情은 자강불식自强不息한 괘로서 밤낮 쉬지 않고 활동活動하며 지칠 줄도 모르고 충실充實하다.

첫째, 『괘사』에서 '건원형이정乾元亨利貞' 이라고, 하였다. 하늘의 법칙인 천도를 표상하고 이것이 인간의 당위인 인의예지의 인도人道로 드러난 것이다.

둘째, 건괘의 육효사는 용龍을 통하여 상징과 비유로써 강건함과 변화를 설명하고 있다.

셋째, 64괘중에서 곤괘坤卦와 더불어 『문언文言』이 있고, 이를 통해서 건괘乾卦 육효사六爻辭를 구체적으로 설명하고 있다.

넷째, 건괘乾卦는 다른 괘와는 달리 육효를 여러 차례 반복해서 설명하고 있다.

다섯째, 용구원리用九原理를 설명하고 있다.

여섯째, '건지대시乾知大始'오, '만물자시萬物資始'고, 건乾은 만물의 크게 시작함을 주관한다고 말한다.

이러한 특징을 가진 건괘乾卦는 곤괘坤卦와 더불어 '역의 문이다.' 고 하였다.

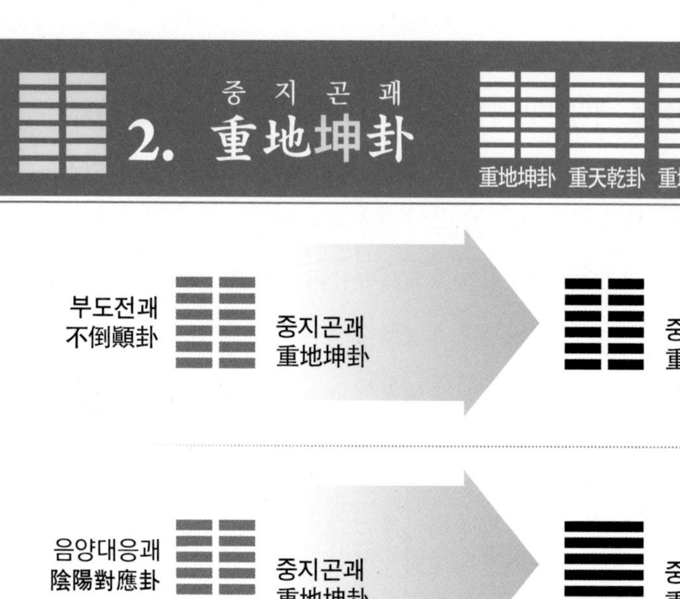

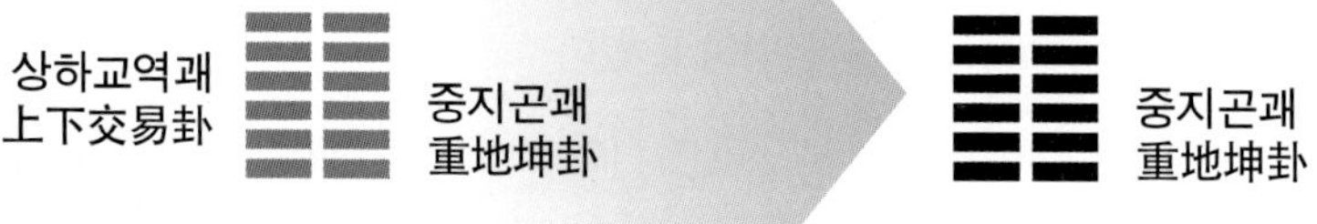

효변 爻變	初爻變 而爲復卦	二爻變 而爲師卦	三爻變 而爲謙卦	四爻變 而爲豫卦	五爻變 而爲比卦	上爻變 而爲剝卦
중지곤괘 重地坤卦	**지뢰복괘** 地雷復卦	**지수사괘** 地水師卦	**지산겸괘** 地山謙卦	**뇌지예괘** 雷地豫卦	**수지비괘** 水地比卦	**산지박괘** 山地剝卦

요지要旨

괘명卦名 이 괘는 상곤上坤의 지地(☷) + 하곤下坤의 지地(☷) = 중지곤괘重地坤卦(䷁)이다.

괘의卦意 이 괘는 건괘乾卦와는 달리 음효陰爻만으로 된 괘卦이다. 양陽은 적극이고 음陰은 소극이다. 건괘乾卦는 순수하며, 적극적인 괘卦인데 곤괘坤卦는 이와 정반대로 순수한 소극적인 괘이다. 약간의 적극성도 없다. 건괘乾卦는 충실한 것으로 꽉 차 있지만 곤괘坤卦는 전혀 공허한 것이다. 여기서 순수한 소극적 의미를 말한다. 이것이 곤괘坤卦이다.

괘서卦序 「서괘」에서 "천지연후에 만물이 생하니(有天地然後(유천지연후), 萬物(만물)生焉(생언).)"라고 하였다. 그러므로 건괘乾卦 다음으로 곤괘坤卦가 자리하는 것이다.

괘상卦象 건괘乾卦를 하늘에 배당한 것처럼 곤괘坤卦는 땅에 배당한다. 땅 자체는 만물을 생성 화육하는 힘이 전혀 없는데 하늘에서 그 힘을 받아 주로 빛과 열을 받아 비로소 생성화육 할 수 있다. 땅이 갖고 있는 힘은 모두 하늘의 기운을 받아들인 것인데 저항이 있을 수 있으나 곤괘坤卦 자신은 아무런 힘도 없음으로 순순히 하늘의 기운을 받아들인다.[391]

기타 체오용육體五用六原理은 하도원리 속에 내포된 낙서원리이다.

---

391 건괘乾卦는 순수한 자력自力이고, 곤괘坤卦는 순수한 타력他力이다. 그러므로 곤괘坤卦를 땅에 배당하며 지도地道를 설명한다. 또 건괘乾卦를 천자天子에 배당한 것처럼 곤괘坤卦를 王后에 배당한다. 천자天子는 양陽이며, 적극이고 강剛한 주동자이지만, 왕후王后는 음陰이며 전혀 힘이 없다. 만약 왕후王后의 힘으로 보이는 것이 있다면 그것은 모두 천자天子의 힘을 받은 것이다. 건괘乾卦를 천자天子의 도道로서 설명한 것처럼 곤괘坤卦에서는 왕후王后의 도道를 말한다. 또 건괘乾卦는 군주君主의 도道를 말하면서 곤괘坤卦는 신하의 도道를 말한다. 군주에게는 절대적인 힘이 있고 신하는 아무런 힘이 없다. 신하의 힘으로 보이는 것은 모두 군주에서 나온 힘이다. 또 건괘乾卦를 남자로 보고 곤괘坤卦를 여자로 보고 건괘乾卦를 남편으로 보고 곤괘坤卦를 아내로 본다. 요컨대 건괘乾卦는 순수한 양陽, 적극, 강綱이고 곤괘坤卦는 음陰, 소극, 유柔이므로 표현하고 있다.

坤은 元亨코 利牝馬之貞이니 君子의 有攸往이니라.
곤 원형 이빈마지정 군자 유유왕

곤坤은 원元하고, 형亨하고, 이利하며, 암말의 곧음이니 군자가 갈 바가 있음이니라.

개요概要

곤坤는 순한 음陰이며 소극이고, 유柔로서 전혀 힘이 없다. 이와 같이 무력한 곤괘坤卦가 일을 시작하고 자라게 하며, 성盛하게 하고 바르고 굳게 시킬 수 있는 덕德이 있을 리가 없다. 그러나 사실은 큰 힘을 가지고 많은 일을 하고 있다. 이들 힘은 모두 건괘乾卦의 덕德을 받아들여서 얻은 것이다. 곤괘坤卦는 소극적이며 유약한 것으로 건괘乾卦의 덕德을 아무런 저항 없이 순순히 받아들여 그것을 자기 것으로 체득體得함으로 원형이정빈마지정元亨利牝馬之貞의 사덕四德이 나오게 된다.[392]

각설

곤坤 원형리빈마지정元亨利牝馬之貞 원형이정은 앞서 말한 바와 같이 ❶ '원元'은 일의 시작이 되는 것이다.[393] ❷'형亨'은 원元에서 시작된 일이 점

392 곤괘坤卦를 공부하는 군자가 어떤 일을 할 때는 주동자가 되어서는 안 된다. 주동자가 되어 앞서 나가면 반드시 길을 잃고 헤매게 된다. 곤坤은 건乾을 앞서 가면 안된다. 건乾을 뒤따라 가야한다는 것이다. 왕후王后는 왕王을 따라 가야한다. 신하는 임금을 따라 가야 한다. 곤도坤道는 앞서가면 안 된다. 남의 뒤를 따라가면 자기를 지도해 줄 사람이 나오게 되어 일이 잘 처리된다. 이것이 곤괘坤卦의 도道이다. 곤괘坤卦 자신은 아무 것도 없다. 아무것도 없음으로 딴 곳의 좋은 것을 순순히 받아들여 자기 것으로 함으로 시작하고 자라게 하며 마땅한 자리를 찾아 바르고 굳게 지킬 수 있게 된다. 이것이 곤괘坤卦의 유순하고 소극적인 것으로 생기는 위대한 힘이다.

393 "지원형이빈마지정地元亨利牝馬之貞"도 건괘乾卦의 원형이정元亨利貞과 같이 읽는 방법이 둘 있다. 그 하나는 곤坤이 원형元亨하고 이빈마지정利牝馬之貞이라 읽고, 다른 하나는 곤坤

점 자라고 성해지는 것이다. ❸'이利'는 자라고 성해진 일들이 여물어지면서 각각 그 마땅하고 편리한 자리를 얻는 것이다. ❹빈마牝馬는 암말로 정貞에 이롭다. 「설괘」에 건乾은 말로 한다고 되어 있으니 곤坤은 암말이 되는 것이다. 암말은 유순柔順하다. 그러므로 '柔順貞(유순정)'을 '牝馬之貞(빈마지정)'이라 하였다. 이쪽에서 작용하는 것이 아니고 저쪽에서 작용해 오는 것을 유순柔順하게 따르며 바르고 굳게 지킨다.

> **先**하면 **迷**하고 **後**하면 **得**하야 **主利**하니라.
> 선　미　후　득　주리
>
> **西南**은 **得朋**이오 **東北**은 **喪朋**이니 **安貞**하면 **吉**하니라.
> 서남　득붕　동북　상붕　안정　길

○ 先(먼저 선) 迷(미혹할 미) 後(뒤 후) 得(얻을 득) 主(주장할 주, 주인 주) 利(이로울 이{리}) 西(서녘 서) 南(남녘 남) 得(얻을 득) 朋(벗 붕) 東(동녘 동) 北(북녘 북) 喪(죽을 상) 安(편안할 안) 貞(곧을 정) 吉(길할 길)

먼저 하면 미혹하고 뒤에 하면 얻는다 하여 이로움을 주장한다. 서남西南쪽은 벗을 얻고, 동북東北쪽은 벗을 잃음이니, 편안하고 바른게 하면 길吉하니라.

각설

군자유유왕君子有攸往 선미후득주先迷後得主 군자는 곤도坤道를 배워서 실천하는 사람이다. 그러나 내 생각으로 어떤 곳으로 가려할 때 앞서 가게 되면 길을 잃고 헤매다가 엉뚱한 곳으로 가게 된다. 그러나 건도乾道를 따라가면 무사히 목적지에 가게 된다.

이 원元코 형亨코 이利코 빈마지정牝馬之貞 이라 읽는다. 이 방법은 '이천伊川'이 읽었던 방법이다.

이서남득붕利西南得朋, 동북상붕東北喪朋 문왕팔괘도文王八卦圖를 기준으로 곤괘坤卦(☷)는 서남西南에 있고, 그 주위에 손장녀巽長女(☴), 이중녀離中女(☲), 태소녀兌少女(☱)가 줄지어 서있다. 그리고 진괘震卦(☳)는 동東에 있고 감괘坎卦(☵)는 북, 간괘艮卦(☶)는 동북東北에 있으니, 양괘陽卦는 모두 동東에서 북北으로 이어져 있다. '동북東北'은 간괘艮卦(☶)가 있는 곳이며, 동쪽에서 북쪽으로 건乾(☰)·부父, 진장남震長男, 감중남坎中男, 간소녀艮少男 등 양괘陽卦 넷이 매여 있고 음괘陰卦는 하나도 없다. 따라서 곤괘坤卦(☷)가 동북東北쪽으로 가면 자기 친구(동류의 친구)가 한 사람도 없어 '동북상붕東北喪朋'이라 하고, '곤坤'은 서남西南에 있으면 친구를 얻어 서남득붕西南得朋이라 한 것이다.[394] 동북상붕東北喪朋이란? 동북東北으로 가서 양괘陽卦의 지역에서 살게 되면 옛 친구들을 잊어버리고 오직 공평정대하게 살아가야 한다는 것을 가르치는 말이다.[395] 그러므로 동북東北으로 가면 친구를 잃는 것이 좋다고 한 것이다.[396]

안정安定 길吉 정貞은 바르고 견고한 것이다. 안安은 그 자리에 눌러 앉아 움직이지 않는 것이다. 바르고 견고한 덕德에 눌러 앉아 움직이지 않고 굳게 지키면 길하다.

---

394 붕朋은 동류同類를 말한다. 동문同門을 붕朋이라 하고, 동지同志를 우友라 한다. '우友'는 붕朋보다 더욱 깊은 뜻을 가지고 있다. 동창 또는 그 밖에 친구들 중에서 뜻을 같이 하고 특별히 깊이 사귄 사람을 우友라고도 한다.

395 『구약성서』「이사야서」 43:18절에서 "친구를 버려라"라고 하였다.

396 곤도坤道를 배우는 군자가 어릴 때는 고향에서 배우고 도덕을 수양하는 것이 좋다. 젊을 때는 자기가 있는 음陰의 자리 서남쪽에 살면서 친구들과 같이 배우고 수양하는 것이 좋다. 그러나 뒷날 과거에 급제하여 동북東北쪽, 즉 간괘艮卦가 있는 높은 산으로 올라 높은 자리에 앉으면 옛날 자기 친구들과 사사로운 정情을 버리고 공명정대하게 일을 처리하는 것이 좋다. ❶왕후가 천자를 섬기는 길, ❷신하가 임금을 섬기는 길, ❸부인이 남편을 섬기는 길, ❹소인小人이 대인大人을 섬기는 것은 모두 '서남西南'은 득붕得朋하는 것이 좋고 '동북東北'은 상붕喪朋하는 것이 이롭다. 이것은 모두 서남西南의 사사로움과 동북東北의 공적公的인 것을 혼동하지 말도록 경고하는 말이며, 이것이 곤坤이 건乾을 섬기는 길이다. 이 일은 마치 시집간 여자가 처녀 시절의 친구들을 버리고 오직 남편에게만 충실하게 순종해야 된다는 것과 같다. 이것이 곤괘坤卦의 도道이다.

[彖曰] 至哉라 坤元이여 萬物이 資生하나니 乃順承天이니
단왈 지재 곤원 만물 자생 내순승천

○ 至(이를 지) 哉(어조사 재) 坤(땅 곤) 元(으뜸 원) 萬(일만 만) 物(만물 물) 資(재물 자) 生(날 생) 乃(이에 내) 順(순할 순) 承(받들 승) 天(하늘 천)

단彖에 이르기를, 지극하도다. 곤원坤元이여, 만물이 여기에서 난다. 곧 하늘에 순응順應하고, 받드는 것이니,

각설

지재곤원至哉坤元 만물자생萬物資生 곤괘坤卦의 크고 넓은 덕德을 찬탄한 말이다. 건괘乾卦의 「단사」에는 대재大哉라 했는데 지재至哉와 비교하면 대재大哉가 약간 크게 들린다. 곤덕坤德은 건괘乾卦와 같이 그렇게 크고 위대하지 못하지만 지극한 곳까지 가 있다.[397] 곤원坤元은 만물이 시작하도록 하는 곤덕坤德이다. 만물은 곤坤의 원덕元德으로 시작되고 자란다. ❶곤원坤元이란 본래는 건乾과의 합덕으로 생긴 땅의 근원, 공간성, 건도乾道의 뜻을 받들어서 만물의 이룸을 담당한다. ❷자생資生은 천시지생天施地生, 실제 형상으로 태어나는 것이다.

내순승천乃順承天 마침내 하늘의 뜻을 순종하고 받드는 것이다. 즉 시간성이 공간성을 우선한다. 곤도坤道의 사명, 군자는 성인지도를 계승한다.

---

397 건괘乾卦의 자시資始와 비교

❶건乾에서는 "만물자시萬物資始"라 하였는데 시始는 기氣의 시작을 말한다.
❷곤坤에서는 "만물자생萬物資生"이라 하였는데 생生은 형形의 시작이다.

만물의 형체는 모두 곤坤 즉 땅에서 생긴다. 이것을 "만물資生"이라 하였다. 이 만물資生의 힘 즉 만물의 형체를 발생시키는 곤坤의 원덕元德은 어디에서 왔을까? '내순승천乃順承天'이 그 답이다. 곤坤은 극히 유순柔順하여 천덕天德을 그대로 받아들이므로 생기는 힘이다. 이때 순順은 곤괘坤卦의 가장 큰 덕목德目이다. 그러므로 '지재至哉라 곤원坤元이여 만물이 자생資生하나니 내순승천乃順承天'이라 한 것은 곤괘坤卦의 「단사彖辭」 '원형이빈마지정元亨利牝馬之貞'의 원元을 설명한 글이다.

坤厚載物이 德合无疆하며
곤 후 재 물　덕 합 무 강

含弘光大하야 品物이 咸亨하나니라.
함 홍 광 대　품 물　함 형

○ 坤(땅 곤) 厚(두터울 후) 載(실을 재) 物(만물 물) 德(덕 덕) 合(합할 합) 无(없을 무) 疆(지경 강) 含(머금을 함) 弘(넓을 홍) 光(빛 광) 品(물건 품) 咸(다 함) 亨(형통할 형)

곤坤의 두터운 덕德이 만물을 실어서 무강无疆한 건乾의 덕德에 합하며, 큰 것을 머금고, 빛을 크게 하니 만물이 모두 형통하나니라.

개요概要

이 네 구절은 모두 형亨을 설명한 글이다.

각설

곤후재물坤厚載物 곤坤은 몹시 두텁다. 괘卦의 모양으로 보아도 여섯 음효陰爻가 겹쳐져 두텁게 되어 있다. 곤괘坤卦의 땅위에 또 땅이 있어 몹시 두텁다. 지덕地德의 광대함은 건乾의 끝없이 넓은 덕德과 합쳐져 일체가 되어 있다.

덕합무강德合无疆 공간적으로 끝없이 펼쳐지는 것이다. 시간적으로 종일건건의 쉼이 없는 세계와 합덕合德한 것이다. 그러므로 지경이 없다.

함홍광대含弘光大 **품물함형**品物咸亨 건도乾道의 선정性情, 곤도坤道를 머금고 건도乾道를 드러내는 것이다. 공간적 성격과 결부된 표현으로 합덕해서 펼쳐간다는 말이다. 현상적 개념으로 함홍광대含弘光大로 표현한 곤도坤道이기에 붙여진 표현이다. 함홍광대含弘光大는 건괘乾卦의 강건중정剛健中正과 대치되는 말이다. ❶함含은 포용하는 것 싸서 넣어 들이는 것이다. ❷홍弘은 광대한 것이다. ❸광光은 덕德의 빛이 밝게 빛나는 것이다. 즉 지地의 덕德은 몹시 두터운 모든 것을 그 위에 싣고 있다. 그의 넓고 큰 덕德은 끝없이 성대한 천덕天德과 일체가 되어 있다. 광光은 덕德의 빛이 크고 넓어 미치지 않는 곳이 없음으로 여러 종류의 만물이 잘 성장한다.

牝馬는 地類ㅣ니 行地无疆하며 柔順利貞이 君子攸行이라.
빈마 지류 행지무강 유순이정 군자유행

❍ 牝(암컷 빈) 馬(말 마) 地(땅 지) 類(무리 류{유}) 行(갈 행) 无(없을 무) 疆(지경 강) 柔(부드러울 유) 順(순할 순) 利(이로울 이{리}) 貞(곧을 정) 君(임금 군) 攸(바 유) 行(갈 행)

암말은 땅의 류類이니 땅 위를 다니는 것은 끝이 없으며, 부드럽고 순하며(유순柔順) 올바르게 함이 이로우니, 군자의 갈 바이라.

각설 [398]

빈마지류牝馬地類 행지무강行地无疆 빈마牝馬는 음陰이다. 즉 지류地類이며, 음류陰類이다. 지류地類는 왕도정치, 땅을 떠나서 존재할 수 없다. 유순柔順하며, 땅위를 끝없이 달린다. 지구가 자전自轉하고 공전하듯이 지치지도 않고 쉬지도 않고 계속 달린다.

유순이정柔順利貞 건도乾道를 따라 쉬지 않고 나아간다. 각각 마땅한 자리를 찾아 바르고 굳게 지키는 것이 곤도坤道를 체득한 군자의 가야할 길

398 (觀中) 행지무강行地无疆은 덕德을 체體로 했을 때, 용用으로 나타난 것을 행行으로 규정한 것이다. 덕德을 겉으로 나타내는데 있어서는 행동으로 나타낼 수 밖에 없다. 덕합무강德合無疆은 무엇인가? 덕德은 체體쪽에서 한 말이다. 덕德을 체體로 하고 있기 때문에 행지무강行地无疆이 가능하게 된 것이다. 그러므로 행지무강行地无疆 원리는 공간적 개념을 기본으로 하여 군자의 행동원리를 설명하고 있다. 시간성의 원리를 공간적인 개념으로 전환을 시켜 군자지도를 표상하고 있다. 군자지도는 합덕원리로 성인지도는 역수원리曆數原理(시간성의 원리, 시간의 선험적 질서)로 표상이 되어 있다. 이에 성인지도는 시간을 통해 후세에 전해진 것이다. 군자지도는 동시에 같은 때에 행해진다.

이다. 이것이 유순柔順한 빈마지정牝馬之貞의 길이다. ❶유순柔順은 곤坤의 성정性情으로 천도天道에 순응하는 것이고, ❷이정利貞은 원형元亨은 건도乾道의 역할을 하는 양陽이라면, 이정利貞은 곤도坤道의 역할을 하는 음陰이다. 유순柔順의 성격이다.

군자유행君子攸行 성인聖人이 제시한 길(柔順利貞 유순이정)로 군자가 실천하는 것이다.

> 先하면 迷하야 失道하고 後하면 順하야 得常하리니
> 선 미 실도 후 순 득상
> 西南得朋은 乃與類行이오 東北喪朋이나 乃終有慶하리니
> 서남득붕 내여류행 동북상붕 내종유경
> 安貞之吉이 應地无疆이니라. (坤彖辭)
> 안정지길 응지무강 곤단사

○ 先(먼저 선) 迷(미혹할 미) 失(잃을 실) 道(길 도) 後(뒤 후) 得(얻을 득) 常(항상 상) 西(서녘 서) 南(남녘 남) 朋(벗 붕) 乃(이에 내) 與(줄 여) 類(무리 류{유}) 行(갈 행) 東(동녘 동) 北(북녘 북) 喪(죽을 상) 終(끝날 종) 有(있을 유) 慶(경사 경) 安(편안할 안) 貞(곧을 정) 吉(길할 길) 應(응할 응) 疆(지경 강)

(양陽보다 음陰이)먼저 하면 미혹하여 도道를 잃고, 뒤에 하면 순탄하여 떳떳함(常)을 얻을 것이니, 서남쪽에서 벗을 얻는다는 것은 마침내 동류와 함께 감(行함)이오, 동북쪽에서 벗을 잃음은 마침내 경사가 있으리니, 편안하고 곧아야 길吉하다는 것은 땅의 무강함에 응應하는 것이니라.

각설

선미실도先迷失道 후득상後得常 이것은 '先迷後得主 선미후득주'를 설명한 글이다. 곤괘坤卦는 건괘乾卦를 따라가야지 건괘乾卦보다 앞서는 일은 없다. 곤도坤道를 체득한 군자는 스스로 앞서는 일이 없으며, 건도乾道를 체득한 성인聖人을 따라간다. 만약 곤坤의 군자가 남보다 앞서 나가 일을 하면 반드시 헤매다가 길을 잃게 된다. 지도地道의 일반적인 법칙을 말하고 있다.

서남득붕西南得朋 서남西南에서 벗을 얻는다는 것은 같은 동류同類의 더불어 행行해지기 때문이다.

내여류행乃與類行 뜻을 같이하는 무리로써 성인聖人의 뜻에 군자君子가 따르는 것이다.

동북상붕東北喪朋 내종유경乃終有慶[399] 시집간 여자(군자)는 옛 친구들을 잊어버리고 오직 남편(성인) 일에만 충실하는 것이 곤괘坤卦의 도道이다. 만약 동북상붕東北喪朋의 가르침을 잊어버리고 시집에서 옛 친구들과 친정 식구들을 생각(인간적인 생각)하면 여러 가지 좋지 못한 일이 생긴다.[400]

안정지길安貞之吉 가인괘家人卦(후천后天), 집안에 있는 여자(군자)가 가도家道를 편안하게 하여 길하다. (萬國咸寧 만국함녕)

응지무강應地无疆 지무강地无疆(곤도坤道의 공능功能)에 응應하는 것이다. 왕도정치를 지키는 것이다.

[象曰], 地勢ㅣ 坤이니
상왈 지세 곤

君子ㅣ 以하야 厚德으로 載物하나니라.
군자 이 후덕 재물

○ 勢(형세 세) 厚(두려울 후) 載(실을 재)

---

399 '내종유경乃終有慶'의 '경慶'은 혼인을 하는 것이다. 남녀의 합덕을 위해 선천과정에 인격을 닦아 부부가 된다는 것이다. 즉 선천종말에 가서 음양이 합덕되어 하도원리로 돌아온다. 칠일래복七日來復과 연관된다.

400 신혼新婚의 첫날밤 이것이 종시원리終始原理이다. 남녀는 끝나고(종終), 부부로 시작한다(시始)

상象에 이르기를, 땅의 형세는 곤坤이니, 군자는 이를 본받아 두터운 덕德으로 만물을 포용하니라.

각설

지세地勢 곤坤 지地의 형세는 곤괘坤卦의 상象이다. 땅의 형세는 땅위에 땅이 몇 겹이나 겹쳐져 있다. 그러므로 그 위에 천지天地 만물을 다 싣고 있다는 것이다. 지세地勢는 공간성의 표현. 물리적, 현상적 표현, 인격성 내포하고 있다.

군자이君子以 후덕재물厚德載物 군자는 이 지세地勢를 보고 곤덕坤德을 배워서 도덕을 두터운 위에 더욱 두텁게 쌓아 만물을 싣고 만민을 포용한다. 가볍고 얇은 덕德으로는 만물을 싣고 만민을 포용할 수 없다. 그러므로 군자는 곤도坤道를 배워 천지만물을 다 실을 수 있도록 도덕을 두텁게 쌓아야 한다는 것이다. 재물載物은 만물을 양육하는 것이다. 만물의 양육의 만물은 인간의 도덕성을 의미하기도 한다. 모든 인격성을 실어야 하는 것이 곤坤의 역할이다. 사물의 수용은 곤坤의 역할이요, 도덕성이다. 그러므로 수레의 특성에 비유하고 있다.

[初六]은 履霜하면 堅氷이 至하나니라. (地雷復)
초육 이상 견빙 지 지뢰복

象曰, 履霜堅氷은 陰始凝也ㅣ니
상왈 이상견빙 음시응야

馴致其道하야 至堅氷也일새니라
순치기도 지견빙야

○ 履(신 리{이}) 霜(서리 상) 堅(굳을 견) 氷(얼음 빙) 霜(서리 상) 堅(굳을 견) 陰(응달 음) 始(처음 시) 凝(엉길 응) 馴(길들 순) 致(보낼 치) 至(이를 지)

초육初六은 서리를 밟으면 굳은 얼음이 이른다 하니라.

상象에 이르기를, '서리를 밟으니 얼음 얼 때가 이른다.'는 것은 음陰이 비로소 엉긴 것이니, 그 도를 따르면 굳은 얼음이 어는 계절에 이름이니라.

개요概要

곤괘坤卦 육효사六爻辭에 대한 설명이다. 초육初六은 가장 아래에 있는 음효陰爻, 즉 처음에 놓인 음효陰爻를 말한다. 음陰이 아직도 약하다. 육이六二·육삼六三·육사六四·육오六五·상구上九로 위로 올라 갈수록 음陰이 쌓이고 성盛해진다. 초구初九는 곤坤의 처음으로 음陰이 아직 미약하다. 이것이 뒤에 점점 성盛해지고 강强해진다.[401]

각설

이상履霜 견빙지堅氷至 '상霜'은 일음一陰의 상象이다. 지금은 이슬이 얼어 서리가 땅위에 깔려 있는 정도로 서리를 밟고 다니는 상태이지만 앞으로 점점 더 추워지면 두꺼운 얼음이 얼게 된다. 서리를 밟는 것은 지금의 상태이고, 두꺼운 얼음이 어는 것은 장차의 일이다. 서리를 밟을 때 조심하지 않으면 장차 두꺼운 얼음이 얼게 되니 미리 조심하도록 경고하는 말이다.[402] 이상견빙履霜堅氷은 음물陰物인 음陰의 변화가 시작하여

---

401 음陰과 양陽은 다 같이 없어서는 안 될 소중한 것들이다. 그들이 각각 제자리를 얻어 알맞게 조화되면 선善이 되는데 그 자리를 얻지 못하면 모두 악惡이 된다. 양陽은 양강陽剛한 악惡이 되고 음陰은 음유한 악惡이 된다. 반드시 양陽이 선善이고 음陰은 악惡이라고 단정할 수 없다. 그러나 일반적으로는 양陽은 강剛이고 음陰은 유柔이며, 양陽은 낮이고 음陰은 밤이며, '양陽'은 밝음이고 '陰'은 어두움이다. 정신이 양陽이면 육체는 음陰이다. 천자天子가 양陽이면 왕후는 음陰이다. 임금이 양陽이면 신하는 음陰이다. 아버지가 양陽이면 아들은 음陰이다. 남편이 양陽이면 아내는 음陰이다. 대인大人이 양陽이면 소인小人은 음陰이다. 따라서 음양陰陽은 서로 상대적으로 볼 수 있다. 만약 몸이 마음의 말을 듣지 않고 몸이 하고 싶은 대로 하면 여러 가지 잘못이 나오게 된다. 양陽이 양陽의 있을 곳에 있고 음陰이 음陰의 있을 곳에 있으면 좋은데, 양陽과 음陰이 제자리를 지키지 못하면 여러 가지 탈이 생긴다. 이러한 관계는 군신, 부자, 부부, 사이에도 마찬가지이다.

402 음陰의 작용으로 군자로서 후천을 예비하는 마음가짐이 필요하다. 형이상학적 존재원리, 공간성의 원리, 물리적인 차원은 아니다.

진척되는 현상이다. 음양陰陽작용으로 군자의 실천원리를 설명하고 있다.[403] 이상履霜은 도道에 순응, 때(시의성時宜性)을 아는 것이다. 이履는 실천의 의미, 곤도坤道가 건도乾道에 순응順應한다.

소상사小象辭

이상견빙음시응야履霜堅氷陰始凝也 서리를 밟는다는 것은 음陰이 처음으로 엉기어 눈에 보이는 서리가 된 것이다.

순치기도馴致其道 도지견빙야道至堅氷也 '순치馴致'는 순차順次와 같은 뜻으로 그 길을 차츰 나아가면 결국 음陰이 몹시 성해져서 두꺼운 얼음이 얼게 되니 일찍이 경계할 것을 당부하고 있다.

[六二]는 直方大라 不習이라도 无不利하니라. (地水師)
육이 직방대 불습 무불리 지수사

象曰, 六二之動이 直以方也ㅣ니
상왈 육이지동 직이방야

不習无不利는 地道ㅣ 光也이니라.
불습무불리 지도 광야

○ 直(곧을 직) 方(모 방) 不(아닐 불) 習(익힐 습)

육이六二는 곧고 법도가 있고 큼이라 익히지 않음이라도 이롭지 아니함이 없느니라.

상象에 이르기를, 육이六二의 움직임은 곧고 법도法度가 있으니(곧음으로써 방정함이니), '익히지 않아도 이롭지 않은 것이 없다.'는 것은 지도地道가 빛남이니라.

403 이괘履卦 참조參照.

개요概要

육이六二는 음효陰爻로서 음陰의 자리에 있으니 정正이고, 하괘下卦의 중앙에 있으니 중덕中德을 갖고 있다. 이 효爻가 곤괘坤卦의 주효主爻로서 중정지덕中正之德을 가지고 있다. 그러므로 이 효爻로서 곤괘坤卦의 덕德을 설명한다.

각설

직방대直方大[404] 직방대直方大는 군자의 중정지도이다. ❶직直은 건도乾道이고, ❷방方은 곤도坤道이다. 건도乾道가 곤도坤道를 감싸고 있는 것이다.[405] 건곤괘乾坤卦가 체體임을 밝히고 있다. 군자의 덕성德性과 모습이다. 군자의 인격성이요, 군자의 모델이다.

첫째, 직直은 똑바로 가는 것을 말한다. 곤괘坤卦가 똑바로 갈 수 있는 것은 건괘乾卦의 원기元氣를 충분히 받아 들여 건괘乾卦의 힘이 움직이는데 따라 곤坤은 자신의 생각은 조금도 보태지 않고 건괘乾卦를 따라 순순히 똑바로 나아가는 것이다.[406] 즉 땅이 하늘의 원기元氣를 받아 조금도 자기 뜻을 보태지 않고 하늘의 원기元氣 그대로 똑바로 나아가는 것이다. 이것이 직直이다. 똑바로 간다는 것은 곤괘坤卦가 건괘乾卦의 가는 길을 따라 조금도 어긋나지 않고 유순柔順하게 따라만 가는 것이다. 곤괘坤卦의 직덕直德은 유순柔順의 덕德에서 그렇게 된다.

---

404 직방대直方大란? 즉 부드럽게 따르면서 바르고 곧으니, 곤坤의 곧은 것(직直)이며, 형태를 갖추어 언제나 그 성정性情(물은 물성物性을 따르고, 사람은 인성人性을 따른다)을 따르니 坤의 법도(방方)이며, 덕德이 무궁하니 곤坤의 큼(대大)이다. 한 마디로 현상계는 모두 네모(ㅁ)라는 말이다. '세상의 모든 이치理致가 그러하다.'라는 말씀이다. 현상계는 음陰으로 천상계의 양陽을 따라 돌기 때문에 곧고 법도가 있고 크다. 상천지도上天之道는 언제나 '한 치의 착오도 없이' 돌아가고 있기 때문에 직방대直方大이다.

405『맹자』의 호연지기浩然之氣의 역학적 근거根據가 된다.

406 신하가 왕의 命을 받아 딴 생각을 하지 않고 그대로 바로 가는 것이다. 아내가 男便의 뜻에 따라 자기 생각을 섞지 않고 곧 바로 나아가는 것이다.

둘째, 방方은 네모꼴로 바른 것을 말한다. 건괘乾卦 원기元氣가 동서남북으로 뻗어 나가면서 똑바로 나가니 방형方形이 된다. '방方'은 바른 각으로 반듯한 방정方正한 것을 말한다 '직直'은 덕德에서 방方의 덕德이 나온다. 똑바로 나아감으로 방方으로 나타난다. ❸'직直'은 마음 가운데 덕德이요 ❹'방方'은 그것이 밖으로 나타난 것이다.

셋째, 대大는 성대盛大한 것을 말한다. 건괘乾卦 원기元氣는 한없이 큰 덕德이다. 곤괘坤卦의 큰 덕德은 건괘乾卦에 순종하므로 생기는 덕德이다[407]

불습무불리不習无不利 곤도坤道를 지켜 건괘乾卦에 순종함으로 지도地道가 충분히 발휘되고, 신하는 신도臣道를 지킬 때 신도臣道가 크게 발휘되며, 아내(군자)는 처도妻道(군자지도)를 지킬 때 처도妻道가 발휘된다. 그렇게 되면 배우지 않고도 이롭지 아니함이 없게 된다. 이것이 불습무불리不習无不利이다.

소상사小象辭

육이지동六二之動 직이방야直以方也 육이효六二爻가 동動하면 직直인 까닭으로 방정方正하게 나타난다는 것이다. 동動은 작용성으로 육이효六二爻가 동動 하는 것이다.

불습무불리不習无不利 지도광야地道光也 건도乾道를 따르기만 하면 배우지도 않고 익히지도 않아도 무엇이든 잘 할 수 있다는 것은 곤도坤道가 넓고 크기 때문이다.

---

407 곤괘坤卦의 직방대直方大의 삼덕三德은 모두 건괘乾卦에 순종함으로 생기는 덕德이다. 곤괘坤卦의 육이효六二爻는 직방대直方大의 삼덕三德을 가짐으로 특별히 배우고 연습하지 않아도 어떤 경우라도 다 잘 된다.

[六三]은 含章可貞이니
육삼 함장가정

或從王事하야 无成有終이니라. (地山謙)
혹종왕사 무성유종 지산겸

象曰, 含章可貞이나 以時發也ㅣ오
상왈 함장가정 이시발야

或從王事는 知光大也이니라
혹종왕사 지광대야

○ 含(머금을 함) 章(빛날 장, 아름다울 장, 글 장) 可(옳을 가) 貞(곧을 정) 或(혹 혹) 從(좇을 종) 王(임금 왕) 事(일 사) 无(없을 무) 成(이룰 성) 有(있을 유) 終(끝날 종)

육삼六三은 아름다움(빛나는 것을)을 간직하고 가히 바르게 하는 것이니, 혹 왕사에 종사하면 이루는 것이 없어도 끝(마침)이 있음이니라.

상象에 이르기를, 아름다움을 간직하고 곧게 할 것이나, 때로는 (능력을)발휘할 것이다. 혹 왕사王事(임금이 나라를 다스리는 일)에 종사하는 것은 지혜가 빛나고도 크기 때문이니라.

개요概要

함장含章으로 지혜를 안으로 숨기고 '무성유종无成有終이라' 자기 힘으로 성취하는 일이 없이 일을 끝내는 것이 곤괘坤卦의 도道이다.[408]

각설

함장가정含章可貞 '장章'은 아름다운 문채文彩, 색채色彩를 말하며, 아름다운 도덕과 재능을 뜻한다. '함含'은 입안에 담고 밖으로 나타내지 않는

408 일설一說에는 '혹종왕사或從王事' 다음에 '무성유종无成有終'을 넣어 혹 왕王의 일을 도와도 자기 힘으로 성취함이 없이 일을 끝내는 것은 지혜가 크고 빛나기 때문이라 해석한다. 지혜가 천박한 사람은 자기 지혜를 나타내기 위하여 일을 하고 싶어 한다고 해석한다.

것이다.

혹종왕사或從王事 무성유종无成有終 높은 자리에 있는 사람은 내 몸에 재능과 도덕이 많이 쌓였어도 그것을 안으로 담고 밖으로 나타내지 않으며, 바른 길을 굳게 지키는 것이 좋다. 때로는 나라 일에 종사하고 천자의 정치를 보좌할 때도 있지만 자기 의견대로 일을 처리하지 않고 오직 천자의 명령만을 순종하도록 노력한다. 따라서 곤도坤道는 자기가 주동하지 않고 하늘의 명령에 순종하는 것이다.[409]

소상사小象辭

함장가정含章可貞 이시발야以時發也 함장含章은 하늘이 준 문채文彩(빛날 장章=건도乾道)를 머금고 있다. 하늘이 준 진리가 빛난다. 자신에게 아름다운 재능 도덕이 있어도 그것을 밖으로 나타내지 않고 바르고 굳게 지킨다는 것은 끝까지 아무 일도 하지 말라는 것은 아니다. 때가 오면 그것을 밖으로 나타내어 크게 써야한다.[410]

혹종왕사或從王事 군자에게 주어진 사명이다. 즉 천명天命에 순종하며 왕천하 사업을 한다는 것이다.

지광대야知光大也 성인聖人의 경지와 맞먹는 인격적 결합, 지혜가 광대하고 지도地道의 광대함을 안다는 것이다.

---

409 인사적으로는 아내가 아름다운 덕德을 머금고 남편을 따라 부도婦道를 다하는 것이 음陰의 도道인 것이다.

410 인사적으로는 때로는 천자天子의 정치를 돕게 되며, 자신의 갖고 있는 지혜가 광대함으로서 밖으로 나타내지 않아도 때가 되면 드러나게 된다는 것이다.

[六四]는 括囊이면 无咎ㅣ며 无譽ㅣ리라. (雷地豫)
육사 괄낭 무구 무예 뇌지예

象曰, 括囊无咎는 愼不害也이니라
상왈 괄낭무구 신불해야

○ 括(묶을 괄) 囊(주머니 낭) 愼(삼갈 신) 不(아닐 불) 害(해칠 해)

육사六四는 주머니를 묶듯이 하면 허물이 없으며, 명예도 없으리라.

상象에 이르기를, '주머니를 묶듯이 하면 허물이 없을 것'이라 함은 (모든 일에) 삼가하면 해로울 것이 없느니라.

개요概要

육사六四는 대신大臣의 자리이다. 임금 가까이에 있는 귀한 자리이다. 그러므로 위험이 많은 자리이다. 육사六四의 대신은 군주의 명령을 유순柔順하게 순종하며, 비록 자기의 재능才能이 많아도 그것을 나타내 보이지 말고 주머니 끈을 묶어 둔 것처럼 숨기고 조심하면 남의 비난을 받을 만한 잘못도 없고 명예도 없다. 그러나 이것이 육사六四 대신大臣의 길이다. '명재상'이란 자랑도 없고 무능한 것처럼 보이는 것이 현명한 대신大臣이다. 특출한 위인이란 명예가 없는 것이 진짜 위인이다. 이것이 곤괘坤卦의 도道이다.

각설

괄낭括囊 무구무예无咎无譽 육사六四는 정위부중正位不中의 효爻이다. 그러므로 육사六四는 주머니의 입을 묶어 둔 것처럼 조심하며, 그의 재능을 숨기는 것이 좋다는 것이다.[411]

---

411 괄括은 도덕적 규범으로 왕사王事의 실천은 신중하게 하는 것이고, 괄약括囊은 상생相生, 반성의 의미이다.

[六五]는 黃裳이면 元吉이리라.　　　　(水地比)
육오　황상　원길　　　　　　　　　수지비

象曰, 黃裳元吉은 文在中也이니라
상왈 황상원길　문재중야

○ 裳(치마 상)

육오六五는 누런 치마이면, 크게 길함이니라.

상象에 이르기를, '누런 치마이면, 크게 길吉하다.' 함은 문채(文彩=아름다운 광채)가 중도中道에 있음이니라.

개요概要[412]

육오六五는 성인聖人이다. 곤괘坤卦이므로 극히 유순柔順한 성인聖人이다.

각설

황상원길黃裳元吉 황상黃裳은 황색黃色의 치마이다. ❶황黃은 곤색坤色이고 중앙색이다. 황黃과 오황극五皇極의 관계로 인간이 천도天道를 깨우쳐 만물을 올바르게 다스리는 것이다. ❷'의衣'는 허리 위에 입는 상의上衣이고, 허리 밑에 입는 것이 상裳이다. 곤괘坤卦 육오六五는 괘卦도 효爻도 모두 음陰으로 유순柔順하며, 중덕中德을 가지고 있음으로 이 효爻를 황상黃裳으로 비유한 것이다. 원길元吉이란 육오六五는 황상黃裳의 덕德, 유순중덕柔順中德을 갖추었으니 크게 길하다.

---

412 '상裳'은 아래 입는 옷, 즉 치마 같은 것. '황黃'은 가운데 색, 즉 중색이다. 그래서 황상黃裳의 의미는 중덕中德, 즉 땅의 덕德을 갖춘 사람이라는 뜻. 한편 땅의 덕德을 갖춘 사람은 강한 정신력을 갖춘 사람이라는 뜻이다. 이미 큰 산(山 = 어려운 시련)을 넘어 많은 깨달음을 얻은 군자라는 것이다. '누런 치마이니, 크게 길吉하다.'고 한 것은 누구든지 고통뿐인 사바 세상에 와서 고생하며 배워 바르게 살아야 결국에는 교역交易도 되고 해탈 성불成佛할 수 있기 때문에 "누런 치마이니 크게 길吉하다고" 한 것이다. 바르게 사는 것이 그렇게 중요하고 또 필요하며 참으로 귀중한 것이다.

소상사小象辭

문재중야文在中也 '문文'은 문채文彩, 아름다운 덕德이다. 중中에 있다는 것은 상괘上卦 중앙에 있다는 말이다. 육오효六五爻에 "黃裳元吉이라" 한 것은 유순柔順하고 아름다운 문덕文德이 있고 중앙에 자리를 잡고 있어 중덕中德을 갖추고 있기 때문이다.

황상원길

[上六]은 龍戰于野하니 其血이 玄黃이로다. (山地剝)
상육 용전우야 기혈 현황 산지박

象曰, 龍戰于野는 其道ㅣ 窮也이니라
상왈 용전우야 기도 궁야

○ 龍(용 룡) 戰(싸울 전) 于(어조사 우) 野(들 야) 血(피 혈) 玄(검을 현) 黃(누를 황)

상육上六은 용龍이 들에서 싸우니, 그 피가 검고 누름이로다.

상象에 이르기를, '용龍이 들에서 싸우는 것'은 그 도道가 궁窮함이니라.

개요概要

초육初六에 "견빙堅氷이라" 한 것은 이 효爻를 말한 것이다. 음陰이 지극히 성盛하면 결국 망亡한다. 그리고 이때 양陽도 약간의 화禍를 면免할 수 없다.[413]

각설

용전우야龍戰于野 음陰이 성盛해져서 용龍과 같이 보이니까 용龍이라 하였으나 정말 용龍은 아니다. 음陰의 세력이 너무 성盛해져서 신하와 군

413 용龍과 같이 보이는 음陰의 피 안에 현玄과 황黃의 두 색이 섞여 있다고 해석하여 음陰이 흘리는 피로 보는 사람도 있다.

주가 교외에서 싸우게 된다. 음陰이 양陽을 무시 소인지도가 군자지도를 무시하는 지도地道의 타락상을 의미한다. 그리고 상육上六은 인간의 극단적인 소인小人의 위位. 즉 소인지도小人之道이다. 건괘乾卦의 상구上九도 '항룡유회亢龍有悔'로 소인지도小人之道이다.

기혈其血 현황玄黃 용龍과 같은 변화와 정말 용龍인 군주가 또는 용龍을 닮은 아내와 정말 용龍인 남편이 드디어 싸우게 된다. 그 싸움으로 피가 흐르는데 피의 색이 현색玄色과 황색黃色이다. 하늘도 상傷하고 땅도 상傷한 것이다.[414] ❶'현玄'은 천天의 색이고, ❷'황黃'은 지地의 색이다.

소상사小象辭

기도궁야其道窮也 음陰이 점점 성盛해져서 그 극極에 달하면 음陰의 도道가 여기서 막히고 멸망하게 된다. 그러므로 처음 음陰이 미약할 때 부터 이것을 경계하여 이와 같은 큰 화禍를 면免하도록 경계하고 있다.[415]

[用六]은 利永貞하니라.
용육 이영정

象曰, 用六永貞은 以大終也이니라.
상왈 용육영정 이대종야

용육用六은 영원히 곧아야 이利롭다.

---

414 임금도 신하도 모두 같이 상처를 입었다. 아내도 남편도 다 같이 피를 흘린다. 성盛한 음陰과 양陽이 싸우면 음陰과 양陽이 다 같이 상傷한다. 큰 불행이다. 대단한 흉사이다.

415 곤괘坤卦의 육효六爻「효사」는 여러 방면에서 보고 말을 걸고 있다. ❶초육初六과 상육上六은 미약한 음陰과 극히 성盛하여진 음陰을 말하면서 여러 가지 가르침을 주고 있다. ❷육이효六二爻는 곤괘坤卦의 주효主爻이므로 곤괘坤卦의 덕德을 찬미하고 있다. ❸육삼六三·육사六四·육오六五의 삼효三爻는 효의 자리에 따라 각각 곤괘坤卦의 도道를 지킬 것을 가르치고 있다. 여러 방면에서 보고 말하고 있는 것은 여기에 적고 있지 않는 일들을 미루어 생각하도록 한 것이다.

상象에 이르기를, 용육用六의 '영원히 곧아야 한다'는 것은 크게 함으로써 끝남이로다.

개요概要

육六을 사용하는 길 즉 음陰을 사용하는 길을 말하고 있다. 이것은 곤괘坤卦만이 아니고 64괘의 모든 음효陰爻의 사용법을 말하고 있다. 음陰을 사용하는 데는 오래 동안 바름(정貞)을 지키는 것이 좋다는 것이다.

각설

용육用六 곤坤의 작용을 말한다. 음효陰爻 구성원리構成原理인 체오용육體五用六이다.

이영정利永貞 「단사」에서 말한 빈마지정牝馬之貞은 바르고 견고한 도道를 오래토록 지키는 것이 좋다는 말이다. 이렇게 오랫동안 바름을 지키면 나중에는 한없이 이롭다는 것이다. 영永이란 건괘乾卦로부터 받은 시간적 영원성, 천도天道의 성정을 말한다.

소상사小象辭

이대종야以大終也 이것을 「단사」에서는 '**含弘光大**(함홍광대)하야 **品物咸亨**(품물함형)'이라 하였으며 여기서는 대大로서 끝난다고 하였다. 그러므로 곤괘坤卦는 유순柔順을 생명으로 한다.

[文言] 曰, 坤은 至柔而動也剛하고 至靜而德方하니
문언 왈 곤 지유이동야강 지정이덕방

後得하여 主(利)而有常하며 含萬物而化光하니
후득 주 리 이유상 함만물이화광

坤道其順乎인뎌 承天而時行하나니라.
곤도기순호 승천이시행

문언文言에 이르기를, 곤坤은 지극히 유柔하면서도 움직임이 강하고 지극히 고요하면서도 덕德이 바르다. 뒤에 가면 얻어서 이利를 주장하며 상도常道가 있다. 만물을 포용해서 덕화德化(덕德으로 교화함)가 빛난다 하니, 곤도坤道는 그 유순柔順함인져, 하늘의 뜻을 이어서 때때로 행行하나니라.

개요概要

곤괘坤卦는 지극히 순順하며 조용하며 부드러운 건괘乾卦를 따라 움직이므로 만물을 포용하여 광대한 덕화德化를 성취한다. 곤괘坤卦는 절대 유순함으로 위대한 일을 성취한다.

각설

지유이동야강至柔而動也剛 지유至柔는 지극한 부드러움을 말한다. 곤坤은 강剛이 조금도 섞이지 않았다. 그러므로 순수한 부드러움이다. 그러나 곤坤이 움직이면 강剛이 된다. 이 강剛은 건乾에서 나온 것이다. 곤괘坤卦 자기 뜻이 조금도 없는 절대소극絶對消極, 절대유순絶對柔順한 것으로 모든 것은 건괘乾卦의 힘을 받아 건괘乾卦의 뜻에 따라 움직이므로 건괘乾卦의 강덕剛德이 그대로 곤괘坤卦의 덕德이 된다. 그러므로 곤괘坤卦가 움직이면 몹시 강건하게 된다.

지정이덕방至精而德方 곤괘坤卦가 만약 유순하지 않고 자기 뜻을 가지고 있다면 건덕乾德을 순순히 그대로 받아들일 수가 없다. 곤坤이 지극히 유순함으로 지극한 덕德이 나오게 된다. 곤괘坤卦는 절대타력이다. 이것이 곤덕坤德이다. ❶곤괘坤卦는 순수한 음陰이며 지극히 정숙하다. 이 곤坤이 사방四方으로 활동하는 건乾의 양강陽剛한 덕德을 그대로 받아 들여 그것으로 만물을 발생시킨다. 그 덕德이 방정方正이다. 만물은 각각 일정한 모양이 있으며 그 모양을 바꿀 수 없다. 모두 바른 모양을 갖추고 있는 이것이 덕방德方이다.[416] ❷곤괘坤卦는 극히 유순柔順하며 극히 안정安定되어 있음으로 건덕乾德을 충분히 받아 들여 그대로 활동함으로 그 덕德이 방정方正하게 된다.

후득주(리)이유상後得主(利)而有常 곤괘坤卦는 절대로 건괘乾卦를 앞서서는 안 된다. 건도乾道를 뒤에서 따라 움직이면 주장하는 바를 얻어 곤坤의 상도常道를 잃지 않는다. 항상 유순하게 건乾을 따라 움직이는 것이 곤坤의 상도常道이다.[417]

함만물이화광含萬物而化光 하늘로부터 받은 덕광德光을 덕화德化하는 것이다. 하늘의 빛이 곤도坤道에 의해 감화되어 드러나는 것이다. 하늘의 인격성을 받아 감화되어 빛이 난다.

곤도기순호坤道其順乎 승천이시행承天而時行 곤괘坤卦의 도道는 모두 유순柔順한 것임을 찬탄하고 있다. 곤괘坤卦의 도道는 유순柔順하여 모든 것을 천덕天德에서 받아 들여 때에 맞추어 움직이고 일을 한다. 절기에 맞추어 모든 일을 그 때 그 때에 알맞게 하는 것을 시행時行이라 한다.

---

416 콩 심은데 콩 나고 팥 심은데 팥 난다.

417 왕후는 천자天子의 뒤에서 천자天子를 따르는 것이 왕후의 상도常道이다. 신하는 임금 뒤에서 임금을 따라 가는 것이 신하의 상도常道이고, 소인은 대인大人을 따르는 것이 소인小人의 상도常道이다. 이와 같이 곤괘坤卦는 건괘乾卦에 순종하고 건괘乾卦의 덕德을 받아 움직이므로 천하 만물을 포용할 수 있다. 곤괘坤卦의 덕화德化는 이와 같이 광대光大하다.

積善之家는 必有餘慶하고 積不善之家는 必有餘殃하나니
적선지가 필유여경 적불선지가 필유여앙

臣弑其君하며 子弑其父ㅣ 非一朝一夕之故ㅣ라
신시기군 자시기부 비일조일석지고

其所由來者ㅣ 漸矣니 由辯之不早辯也ㅣ니
기소유래자 점의 유변지부조변야

易曰, 履霜堅氷至라하니 蓋言順也ㅣ라.
역왈 이상견빙지 개언순야

○ 積(쌓을 적) 善(착할 선) 家(집 가) 有(있을 유) 餘(남을 여) 慶(경사 경) 殃(재앙 앙) 臣(신하 신) 弑(죽일 시) 君(임금 군) 子(아들 자) 父(아비 부) 朝(아침 조) 夕(저녁 석) 故(연고 고) 其(그 기) 所(바 소) 由(말미암을 유) 來(올 래{내}) 者(놈 자) 漸(점점 점) 不(아닐 불) 早(새벽 조) 辯(분별할 변, 말 잘할 변)

'선善'을 쌓은 집에는 반드시 받을 경사가 있고, '불선不善'을 쌓은 집에는 반드시 받을 재앙이 있다. 신하로서 그 임금을 죽이고 아들로서 그 아비를 죽인다는 것이 하루아침이나 하루 저녁의 연고緣故(=까닭, 사유事由)가 아님이니, 그로 말미암은 것이 점차로 이루어 진 것이라. 분별할 것을 일찍(진작) 분별하지 못한 데서 말미암은 것이니, 역에 이르기를, "서리를 밟으면 굳은 얼음이 이른다" 하니 대개 삼가함(순順은 신愼과 통함)을 말함이니라.

개요概要

곤괘坤卦의 육효사六爻辭를 「문언文言」에서 다시 설명하고 있다.

초육初六의 "履霜堅氷"(이상견빙)에 대한 설명한 글이다. 초육初六은 음陰이 아직 미약하다. 이를테면 처음으로 서리가 지상에 내린 것과 같다. 서리를 밟고 갈 때는 아직도 음陰이 미약하지만 그것이 점점 자라서 나중에는 견고한 얼음이 두텁게 얼게 된다. 서리를 밟는 것은 현재의 일이며, 두꺼운 얼음은 미래의 일이다. 처음에는 약한 음陰이지만 뒤에는 점점 강해져서 어떻게도 할 수 없는 상태가 됨으로 빨리 적당한 조처를 하도록 경고하고 있다.

각설

적선지가積善之家 **필유여경**必有餘慶 세상사는 모두 쌓이고 쌓여서 이루어 지는 것이다. 선善을 쌓아둔 집에서는 당사자가 복福을 받을 뿐 아니라 그 나머지 덕德이 반드시 자손에게 미치게 된다.

적불선지가積不善之家 **필유여앙**必有餘殃 악惡을 쌓아 둔 집에서는 당사자가 재앙을 받을 뿐 아니라 그 자손들에게 나머지 재앙이 미치게 된다.

신시기군臣弑其君 **자시기부**子弑其父 **비일조일석지고**非一朝一夕之故 신하가 그의 임금을 시해弑害하고 자식이 그의 아버지를 죽이는 것은 대역무도한 일이지만 이런 일은 하루 아침에 생기는 것이 아니다.

기소유래자점의其所由來者漸矣 **유변지부조변야**由辯之不早辯也 그렇게 된 연고(내력)를 살펴보면 오래 전부터 조금씩 쌓여진 것이다. 임금이나 아버지가 빨리 이것을 분별하여 적당한 조처를 하지 않았기 때문이다. 대역무도한 신하나 아들도 물론 나쁘지만 기미를 알고 변별치 못한 임금이나 아버지도 책임도 있다는 것이다.(시弑≠살殺)

개언순야蓋言順也 순順은 신愼으로 삼가함을 말한다. 대개는 순리에 따름을 말한다는 것이다.

直은 其正也ㅣ오 方은 其義也ㅣ니
직 기정야 방 기의야

君子 敬以直內하고 義以方外하야 敬義立而德不孤하나니
군자 경이직내 의이방외 경의입이덕불고

直方大不習无不利는 則不疑其所行也ㅣ라
직방대불습무불리 즉불의기소행야

○ 履(신 리{이}) 霜(서리 상) 堅(굳을 견) 氷(얼음 빙) 至(이를 지) 蓋(덮을 개) 言(말씀 언)

順(순할 순) 直(곧을 직) 義(옳을 의) 君(임금 군) 敬(공경할 경) 以(써 이) 內(안 내) 義(옳을 의) 敬(공경할 경) 義(옳을 의) 德(덕 덕) 孤(외로울 고) 不(아닐 불) 習(익힐 습) 无(없을 무) 利(이로울 리) 則(법칙 칙{곧 즉, 본받을 측}) 疑(의심할 의) 所(바 소) 行(갈 행)

직은 그 바름이요, 방은 그 의로운 것이니 군자가 공경함으로써 안을 곧게하고 의리로써 밖을 방정하게 해서, 경과 의를 세운 후에 덕이 외롭지 아니하나니, '직방대불습무불리'는, 즉 그 행하는 바를 의심치 아니함이라.

개요概要

육이六二「효사爻辭」, **"直方大 不習无不利."**라고 한 것을 설명한 글이다. 육
직방대 불습무불리
이효六二爻는 이상적인 음효陰爻로써 유순중정柔順中正의 덕德을 가지며, 곤괘坤卦의 주효主爻이므로 곤괘坤卦의 덕德을 설명하고 있다.

각설

직直 기정야其正也 직直은 똑바로 가는 것이다. 땅이 하늘의 원기元氣를 받아 하늘이 움직이는 그대로 따라 움직이는 것이다.[418] 육이효六二爻의 마음의 덕德이 바른 것을 말한다. 사심없이 건乾을 따라 똑바로 가는 것이다. '기其'는 곤坤의 육이효六二爻를 말한다. 직直과 정正은 바른 마음에 대한 말이다.

방기의야方其義也 방方과 의義는 그것이 밖으로 나타난 것에 대한 말이다. 방方은 일정한 모양이 있고 바른 것이다. '의義'는 행동이 마땅한 것이다. 마음이 바르고 곧은 것이 정正이고, 그것이 밖으로 나타나 알맞고 마땅한 것이 의義이다. 건乾의 원기元氣가 동서남북 사방으로 똑바로 뻗어나가는데 곤坤이 그것을 따라 똑바로 가게 됨으로 방형方形이 된다. 사방으로 향하여 똑바로 나아감으로 방方이란 덕德이 생긴다. 모가 반듯하고

418 아내가 남편의 뜻을 따라 똑바로 가는 것이다. 자식이 어버이의 뜻을 받들고 자기 생각을 섞지 않고 똑바로 가는 것이고, 부하가 장군의 뜻을 그대로 따르는 것을 뜻한다.

방정方正한 것이다. 이것도 곤坤이 유순柔順하게 건乾을 따라 똑바로 가기 때문에 생기는 덕德이다. '방方'은 육이효六二爻의 행동이 모두 옳고 바른 것이다.[419]

군자경이직내君子敬以直內 **의이방외**義以方外 군자는 마음 안을 깊이 조심하며 곧고 바르게 하고 용모容貌와 동작動作을 방정方正하게 한다. ❶경敬은 마음 안을 깊이 살피며 조심하는 것이다. ❷공恭은 밖으로 나타난 용모 동작을 조심하는 것이다. ❸경敬은 마음 안을 조심하는 것이다. ❹의義는 정의이며 일을 처리하는데 그 마땅함을 얻는 것이다.

경의입이덕불고敬義立以德不孤 이것은 대大를 설명한 글이다. 덕德은 하나가 있으면 딴 여러 가지 덕德이 보태져서 점점 성대盛大하게 된다. 안으로 경敬의 덕德이 있어 깊이 조심하고, 밖으로 의義의 행동이 있어 하는 일이 모두 옳고 바르면 덕德은 하나로 고립하는 것이 아니고, 여러 가지 덕德이 보태져서 성대盛大한 덕德을 이루게 된다. 경의립敬義立은 내외합덕이다. 인격의 확립이며 (경敬=예禮), 신神과 인간, 인간과 인간의 만남을 말한다.[420]

직방대直方大 **불습무불리**不習无不利 **즉부의기소행야**則不疑其所行也 직방대直方大의 삼덕三德만 있으면 마음은 조금도 사심이 섞이지 않는 순수한 천리天理 그대로이므로 하는 행동은 모두 옳고 바르다. 그러므로 미혹되거나 의심하는 일이 없다. ❶대大는 성대盛大하게 작용하는 것이다. 곤坤의 대덕大德은 건乾의 대덕大德을 순하게 따라감으로 생기는 위대한 덕德이다. 즉 곤坤의 직直·방方·대大의 삼덕三德은 모두 건도乾道를 따라감으로 생기는 위대한 덕德이다.[421]

---

419 직直에서 방方이 나온다. 곤坤이 사방으로 똑바로 가기 때문에 방정한 모양이 밖으로 나타난다. 즉 직直은 마음 안의 덕德이요. 방方은 밖으로 나타난 행동이다.

420 남명南明 '조식'先生의 사상思想이 '경의사상敬義思想'이다.

421 땅의 직直·방方·대大의 덕德은 하늘을 따라감으로 생기는 덕德이다. 인사적으로는 신

陰雖有美나 含之하야 以從王事하야 弗敢成也ㅣ니
음수유미 함지 이종왕사 불감성야

地道也ㅣ며 妻道也ㅣ며 臣道也ㅣ니
지도야 처도야 신도야

地道는 无成而代有終也ㅣ니라.
지도 무성이대유종야

❍ 陰(응달 음) 雖(비록 수) 有(있을 유) 美(아름다울 미) 含(머금을 함) 從(좇을 종) 王(임금 왕) 事(일 사) 弗(아닐 불) 敢(감히 감) 成(이룰 성) 地(땅 지) 妻(아내 처) 臣(신하 신) 地(땅 지) 无(없을 무) 成(이룰 성) 代(대신할 대) 有(있을 유) 終(끝날 종)

음이 비록 아름다움이 있으나 (그 아름다움을) 머금고, 왕(성인)의 일을 좇아서 감히 (스스로)이루지는 못하니, 땅의 도이며, 처의 도이며, 신하의 도이니, 땅의 도는 이룸은 없되 이어서(대신에) 마침은 있음이니라.

개요概要

이 글은 육삼효의 '含章可貞 或從王事 无成有終'을 설명하고 있다.
함장가정 혹종왕사 무성유종

각설

음수유미陰雖有美 함지含之 이종왕사以從王事 불감성야 弗敢成也 육삼六三은 비록 높은 도덕과 비상한 재주를 가졌어도 그것을 안으로 숨기고 밖으로 나타내지 않으며 바른길을 굳게 지키고 있어야 한다. 그리하여 때로는 천자天子의 정치를 보좌하는 일이 있어도 자기 생각을 버리고 오직 천자天子의 명령만을 좇아 일을 처리한다. ❶미美는 장章과 같은 뜻이다. 장章은 아름다운 문채文彩로 훌륭한 도덕과 재능에 비유된다. 또는 미美는 천도天道가 백성들에게 은택이 베풀어지는 모습이 아름답다는 의미도 있다. ❷함含은 입안에 머금고 밖으로 나타내지 않는 것이다. 왕

하의 직直·방方·재大의 덕德은 임금에게 절대 유순柔順함으로 생기는 덕德이다.

사王事 건도지사乾道之事, 왕천하사업인 왕도정치이다.

지도야地道也 처도야妻道也 신도야臣道也 모든 음陰(군자)은 양陽(성인)을 따라야 한다. 음陰은 비록 내부에 재능才能 도덕道德을 갖고 있어도 절대로 밖으로 나타내지 말고 안에다 품고 감추어야 한다. 그리하여 때때로 천자天子의 정치를 도우는 일이 있지만 자기 생각을 섞지 말고 천자天子의 명령을 따라야 한다. 이것이 곤도坤道이며 지도地道이다. 처도妻道이며 신도臣道이다. 지도地道는 스스로 주동자가 되어 일을 하지 않고 천天의 춘하추동의 운행에 따라 하늘을 대신해서 만물을 生成化育한다.

무성이대유종야无成而代有終也 천자天子는 천하를 다스리는 주동자이며 신하는 천자天子를 대신해서 그 일을 완성한다. 이것이 '무성유종无成有終'이다.

天地變化하면 草木이 蕃하고 天地閉하면 賢人이 隱하나니
천지변화 초목 번 천지폐 현인 은

易曰, 括囊无咎无譽ㅣ라하니 盖言謹也ㅣ라.
역왈 괄낭무구무예 개언근야

○ 天(하늘 천) 地(땅 지) 變(변할 변) 化(될 화) 草(풀 초) 蕃(우거질 번) 閉(닫을 폐) 賢(어질 현) 隱(숨길 은) 括(묶을 괄) 囊(주머니 낭) 咎(허물 구) 譽(기릴 예) 盖(덮을 개) 言(말씀 언) 謹(삼갈 근)

천지가 변화하면 초목이 번성하고 천지가 닫히면 현인이 숨나니, 역에 이르기를, '괄낭무구무예'라 하니 대개 삼가함을 말함이라.

개요概要

이 글은 六四(육사)의 "括囊(괄낭), 无咎无譽(무구무예)"라고 한 것을 설명한 글이다. 군자는 삼가하고, 근신하여야 한다. 양陽이 하나도 없는 음陰뿐인 암흑 세상에서 군자가 살아가는 길을 가르치고 있다.

각설

천지변화天地變化 천지변화의 변變은 하늘의 운행을 말하고, 화化는 땅의 화육을 말한다. 천기天氣와 지기地氣가 서로 교감해서 음양陰陽이 화합할 때 만물이 발생하고 초목이 번성한다. 군신상하君臣上下의 뜻이 잘 통하는 태평성대에는 현인賢人이 세상에 나와 그들의 도道가 천하에 행해진다. 변화變化란[422]감응感應되어 커나가는 것으로 64괘 모두가 변화지도이다. 또한 시간성의 원리, 천도天道원리가 시간을 부여해준 것이 변화이다.[423]

초목번草木蕃 초목草木은 신도원리神道原理, 천지변화원리로서 천도天道의 원리가 드러난다. 천지지도의 변화원리는 영원하다.(항괘恒卦)

천지폐天地閉 현인은賢人隱 천지폐天地閉는 천지지도天地之道가 드러나지 않는다. 천지의 기氣가 서로 막혀 교감하지 못하면 만물은 발생하지 못하고 초목草木은 자라나지 않는다. 이와 같이 군신상하君臣上下의 뜻이 서로 통通하지 못하면 세상은 어지러워지고 어진 사람들은 멀리 숨어 나타나지를 않는다. 그러므로 "易(역)에 括囊(괄낭)이면 无咎无譽(무구무예)"라고 하여 삼가도록 한 것이다.[424]

---

422 생성변화는 합덕원리, 음양陰陽변화이며, 인간사로 보면 남녀합덕이다.

423 '합덕合德'이란 하늘의 뜻이 만물에 드러나는 것이다. 하늘의 섭리가 인간을 통해서 드러난다는 것이다. .

424 괄낭括囊이란 본성本性의 주머니를 꽉 묶는다는 의미이다. .

君子 | 黃中通理하야 正位居體하야
군자 황중통리 정위거체

美在其中而暢於四支하며
미재기중이창어사지

發於事業하나니 美之至也이니라.
발어사업 미지지야

○ 君(임금 군) 黃(누를 황) 中(가운데 중) 通(통할 통) 理(다스릴 리) 正(바를 정) 位(자리 위) 居(있을 거) 體(몸 체) 美(아름다울 미) 在(있을 재) 暢(펼 창) 於(어조사 어) 四(넉 사) 支(가를 지) 至(지극할 지, 이를 지)

군자가 황중의 이치를 통해야 바른 자리에 몸을 거하여, 아름다움이 그 가운데 있어 사지에 빛나며, 사업을 발하나니, 아름다움의 지극함이니라.

개요概要

곤괘坤卦 오효五爻가 곤괘坤卦의 핵심이다. "六五 黃裳 元吉"(육오 황상 원길)을 설명한 것이다. 오효五爻는 성인聖人의 자리이다. 곤괘坤卦이므로 유순중정柔順中正한 성인聖人이다.

각설[425]

황중통리黃中通理 황상黃裳을 설명한 것이다. 황黃은 지地의 색이며, 중앙의 색이다. 군자가 땅의 중덕中德을 가진 것을 말한다. 통리通理는 '통하고 다스린다', '이理에 통通한다.'로 읽는다.[426] ❶황黃 중색中色으로 성인

---

425 인예의지와 관계 ❶ 황중통리黃中通理 (인仁), ❷정위거체正位居體 (예禮) ❸창어사지暢於四支 (의義), ❹발어사업發於事業 (지智)

426 '래지덕來知德'은 『래주역경도해來註易經圖解』에서 "통通은 환하게 터져 조리가 서고 사욕이 조금도 끼이지 않는 것이다. '이理'는 조리가 정연하고 사욕이 조금도 끼이지 않는 것이다.(通者, 豁然脈經之貫通. 无一毛慾之塞也)"라고 하였다. 이것은 사물의 조리가 순조롭게 통通하고 잘 정리되어 있는 것을 말한다. '이理'에 통한다고 읽으면 사물의 당연한 사리를 잘 알고 있다는 뜻이 된다.

聖人의 위치 깨달은 위치, 지도地道를 의미한다. ❷중中 본성本性, 중도中道. ❸통通 성명지리性命之理의 통한다. ❹이理 이치理致. 성명지리性命之理 의미한다.

정위거체正位居體 군자의 입장에서 본래성에 거居하는 것이다. 다시 말해 곤괘坤卦의 바른 본체本體 음陰이 있어야 할 본래의 자리에 머물고 있다는 것이다.

미재기중이창어사지美在其中而暢於四支 마음 안에 착하고 아름다운 덕德이 있으면 그것이 몸 전체로 퍼져 손발까지 번지게 된다. 안에 있는 아름다운 덕德이 밖으로 나타나 일거일동에 보이게 된다. ❶'사지四支'는 두 손과 두 발이다. 오五를 체體로하여 사상四象작용, 사방四方를 의미한다.

발어사업發於事業 미지지야美之至也 안에 아름다운 덕德이 있으면 자연스럽게 밖으로 나타나 훌륭한 사업이 되고 하는 일이 모두 크게 성공한다는 말이다. 곤坤의 육오六五 군자는 유순중덕柔順中德을 가지며, 천하만물의 도리를 통달하고, 곤음坤陰으로 음陰의 본체를 지키고 잃지 않는다. 이와 같은 아름다운 덕德이 마음 안에 충만해 있으므로 그것이 자연히 밖으로 나와 일거일동에 아름다운 덕으로 나타나며, 그것이 사업에도 나타나 크게 길吉하게 된다. 이것을 지극히 선미한 "美之至也(미지지야)"라고 하였다.[427]

---

427 요약하면 육오六五의 군자가 크게 길吉함을 얻는 것은 유순柔順하면서 중덕中德을 가지고 있기 때문이다. "황중통리黃中通理"는 황상黃裳의 황黃을 설명한 것이며, "정위거체正位居體"는 황상黃裳의 상裳을 설명한 것이다. 즉 유순柔順하게 건乾을 따르는 것을 말한 것이다. "미재기중美在其中 이창어사지而暢於四支 발어사업發於事業"은 원길元吉을 설명한 글이다. 「상사象辭」의 문재중야文在中也를 더욱 상세히 설명한 것이다.

陰疑於陽하면 必戰하나니 爲其嫌於无陽也ㅣ라
음의어양　필전　위기혐어무양야

故로 稱龍焉하고 猶未離其類也ㅣ라 故로 稱血焉하니
고　칭용언　유미리기류야　고　칭혈언

夫玄黃者는 天地之雜也ㅣ니 天玄而地黃하니라.
부현황자　천지지잡야　천지이지황

○ 陰(응달 음) 疑(의심할 의) 於(어조사 어) 陽(볕 양) 必(반드시 필) 戰(싸울 전) 嫌(싫어할 혐, 염려할 혐) 稱(일컬을 칭) 용龍(용 룡) 焉(어찌 언) 猶(오히려 유) 未(아닐 미) 離(떼놓을 리{이}) 其(그 기) 類(무리 류{유}) 血(피 혈) 玄(검을 현) 黃(누를 황) 雜(섞일 잡)

음陰이 양陽을 의심하면 반드시 싸우나니 그 양陽이 없음에 협의를 갖는지라, 그러므로 용이라 일컫고, 오히려 그 동류를 떠나지 못하는지라 그러므로 혈이라 일컬으니, 무릇 '현황'이라는 것은 천지의 섞임이니 하늘은 검고 땅은 누르다 하니라.

개요概要

상육上六의 「효사」 "龍戰于野 其血玄黃."(용전우야 기혈현황)을 설명한 것이다. 소인小人이 군자지도를 의심한다. 즉 음陰이 너무 성盛하면 양陽을 무시하고 천하가 어지러워진다. 그러므로 음陰이 미약할 때에 충분히 경계할 것이며, 빨리 적당한 조처를 하도록 가르치고 있다.[428]

각설

음의어양陰疑於陽 필전必戰 음의어양陰疑於陽이 음陰인지, 양陽인지? (소인지도인지, 군자지도인지?) 의심된다는 것이다. 상육上六은 음陰의 세勢가

---

428 곤괘坤卦 六爻는 여러 방면에서 보고 말을 걸고 있는데 초육初六과 상육上六은 음陰이 몹시 약弱할 때와 성盛할 때를 말하면서 조심할 것을 가르치고 있으며, 육이六二는 유순중정柔順中正한 곤坤의 주효主爻이므로 곤괘坤卦의 덕德을 찬미하였으며, 육삼六三, 육사六四, 육오六五의 세 효爻는 효爻의 자리에 따라 각각 곤도坤道 유순지도柔順之道를 지킬 것을 가르치고 있다.

몹시 성盛하게 되었다. 원래 음陰은 양陽을 따르도록 되어 있다. 그런데 음陰의 세력이 너무 성盛해져서 양陽과 같이 되면 반드시 싸우게 된다.

위기혐어무양야爲其嫌於无陽也 고故 상육上六을 용龍이라 한 것은 상육上六의 음陰이 그 세勢가 몹시 성盛하여 양陽으로 의심하도록 되어 있다. 이것을 양陽이라고 하였다. 그러나 정말 양陽은 아니다.[429]

칭용언稱龍焉 칭용언稱龍焉은 곤坤이 건도乾道, 성인지도를 칭稱한 것이다.

유미리기류야猶未離其類也 기류其類는 음陰의 류類이다. 소인小人의 류類를 의미한다.[430] 즉 미리기류未離其類란? 소인지도를 떠나지 못한다는 것이다.

고칭혈언故稱血焉 혈血은 감괘坎卦로써 험난함을 의미한다. 상육上六의 음陰은 아직도 그의 류類 즉 음陰의 친구들을 떠날 수 없음으로 혈血이란 말을 쓰고 있다.

부현황자夫玄黃者 천지지잡야天地之雜也 그 싸움으로 흘린 피의 색은 현황玄黃이다.[431] '현玄'은 하늘의 색色이고 '황黃'은 땅의 색色이다. 그러므로 '현황玄黃'은 하늘이 흘린 피와 땅이 흘린 피가 섞인 것을 말한다.[432] 잡雜은 어긋난 싸움으로 질서가 무너짐을 말한다.

천현이지황天玄而地黃 천형이지황天玄而地黃은 다시 질서가 잡힘을 의미한다. 생장生長하는 것이다. 천형이지황天玄而地黃의 '현玄'은 천도天道의 시간성 원리이며, '황黃'은 지도地道의 공간성 원리이다.

---

429 보통 "'위기혐어무양야爲其嫌於无陽也라 고故로 칭용언稱龍焉이라' 하여 양陽자 위에 무无자가 있어 그 양陽이 없는 것 같이 의심된다. 그러므로 용龍이라고 말한다."라고 해석한다.

430 「계사상」편 제1장

431 혈血은 음陰의 계통이다. 신하가 아무리 세력이 강하여도 군주는 될 수 없으며, 아내의 세력이 아무리 강하여도 남편은 될 수 없으며, 역시 신하이요, 아내이다. 음陰의 류이다. 그러므로 그것이 아직도 음陰의 자리를 벗어나지 못하고 음陰의 류類인 것을 나타내기 위하여 혈血이라 하였다.

432 하늘도 상처傷處를 입고 땅도 상처傷處를 받았다. 신하도 상처를 입고 피를 흘리며 군주도 약간의 상처를 받았다. 아내도 남편도 모두 피를 흘리고 있다.

✐ 곤괘坤卦는 건괘乾卦와는 달리 음효陰爻만으로 구성된 괘卦이다. 건괘乾卦는 강건순수剛健純粹 괘卦인데 坤卦는 유순(柔順하고 순수純粹한 괘卦이다.

첫째, 빈마지정牝馬之貞이라, 암말의 유순함으로 건도乾道를 따라야 함을 말한다.

둘째, 건괘乾卦와 더불어 곤괘坤卦도 『문언文言』을 두어 이를 통해 곤괘坤卦 육효사六爻辭를 구체적으로 설명하고 있다.

셋째, 용육원리用六原理를 설명하고 있다.

넷째, '만물자생萬物資生'이라, 만물萬物은 곤坤의 원덕元德으로 시작始作되고 자란며, 곤작성물坤作成物이라 곤坤은 만물의 이룸을 담당한다고 한다.

이러한 특징을 가진 곤괘坤卦와 건괘乾卦를 더불어 '역의 문門이다.'라고 하였다.

수 뢰 둔 괘
3. 水雷屯卦

도전괘
倒顚卦

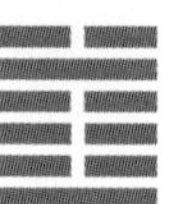

수뢰둔괘
水雷屯卦

산수몽괘
山水夢卦

음양대응괘
陰陽對應卦

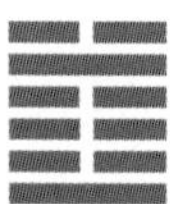

수뢰둔괘
水雷屯卦

화풍정괘
火風鼎卦

상하교역괘
上下交易卦

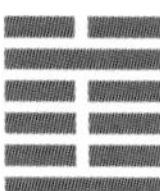

수뢰둔괘
水雷屯卦

뇌수해괘
雷水解卦

호괘
互卦

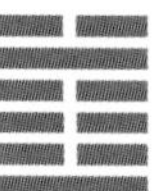

수뢰둔괘
水雷屯卦

산지박괘
山地剝卦

효변 爻變	初爻變 而爲比卦	二爻變 而爲節卦	三爻變 而爲既濟卦	四爻變 而爲隨卦	五爻變 而爲復卦	上爻變 而爲益卦
수뢰둔괘 水雷屯卦	수지비괘 水地比卦	수택절괘 水澤節卦	수화기제괘 水火既濟卦	택뢰수괘 澤雷隨卦	지뢰복괘 地雷復卦	풍뢰익괘 風雷益卦

요지要旨

괘명卦名 이 괘는 상감上坎의 수水(☵)+ 하진下震의 뢰雷(☳) = 수뢰둔괘水雷屯卦(䷂)이다.

괘의卦意 '둔屯'은 어려울 둔屯 자字로 일을 시작할 때에 당하는 어려움을 말한다. 즉 새로운 창조를 위한 껍질이 깨지는 아픔과 나아가기가 어려움에 대한 설명이다.(屯難(둔난)) 설문해자로 보면 둔屯자에서 일一은 땅의 모양을 본뜬 것이다. 나머지 부분은 초목이 굽어진 모양이다. 그러므로 둔屯자는 초목의 싹이 땅을 뚫고 나와 아직 자라지 못하여 굽어진 모양을 나타낸 글자이다. 즉 나무나 풀이 땅을 뚫고 나오면서 안으로는 성장 발육할 기력을 가지고 있으면서도 힘껏 밀고 나올 수 없어 망설이고 있는 모양이다. 이것이 둔屯자의 뜻이다. 둔屯은 시생始生과 만영滿盈이다.

괘서卦序 「서괘」에서는 "천지가 있고 난후에 만물이 생겨나니, 천지 사이가 가득차 있는 것은 오직 만물이다. 그러므로 둔괘屯卦로써 받으니, 둔屯은 가득 찬 것이며, 둔屯은 만물을 처음 낳은 것이다.(**有天地然後(천지연후), 萬物生焉(만물생언), 盈天地之間者(영천지지간자), 唯萬物(유만물), 故 受之以屯(고수지이둔), 屯者 盈也(둔자영야), 屯者 物之始生也(둔자물지시생야).**)"라고 하였다. 64괘卦 중 처음이 건괘乾卦 천天이고, 다음이 곤괘坤卦 지地이다. 하늘과 땅이 있고, 그 다음에 만물이 발생하여 천지에 충만하게 된다. 그러므로 건곤乾坤, 즉 천지의 괘卦 다음에 둔괘屯卦가 놓여 있다는 것이다.[433] 만물에는 인간도 포함된다. 그러므로 하늘과 땅 사이에 인간이 있으니 천天·지地·인人이라고 할 수 있다.

괘상卦象 둔괘屯卦(䷂)는 진하감상震下坎上이다. 진震은 뇌雷이며, 진震은 형이상학적이고, 뇌雷는 형이하학적이다. 그 작용은 '동動'으로 움직

433 둔괘屯卦를 위주로 해서 64괘를 보는 것이 좋다. 둔괘屯卦는 물론 둔난屯難에 대처하는 길을 말하고 있지만, 그와 동시에 다른 63괘의 이법理法도 이 안에 들어 있다. 역易 64괘는 서로가 종행從行으로 연결되어 있어 한 괘를 철저히 알면 다른 괘를 더 잘 알 수 있으며, 또한 괘를 철저히 변화시키면 64괘로 변화한다.

이며 나아가는 것이다. '감坎'은 물이다. 험난해서 건너기 어려운 곳이다. 그 성질은 험險(험난할 험)이다. 물속에 빠져 들어 가는 것이다. ❶둔괘屯卦의 하괘下卦인 진괘震卦는 위를 보고 나아가려 하나 위에는 험난하고 빠지기 쉬운 감괘坎卦이다. 물이 있어 나아 갈 수가 없는 괘卦이다. 이것을 둔난屯難이라 한다. 나아가려 하나 나아갈 수 없다. 무리하게 나아가면 깊은 물속에 빠지게 된다. 만약 이와 반대로 진괘震卦가 위에 있고 감괘坎卦가 아래에 있다면 뇌수해괘雷水解卦가 되어 감괘坎卦의 험난한 곳을 뚫고 나와 진괘震卦가 무사히 위로 올라가게 되어 둔난屯難이 풀리게 된다. ❷하下 진괘震卦는 천둥이고, 상上 감괘坎卦는 물이며, 비이다. 비가 천둥 위에 있다. 만약 반대로 천둥이 위에 있고 비가 아래에 있으면 하늘에는 천둥이 울리고 땅에는 비가 내려서 뇌수해괘雷水解卦가 된다. 그러나 수뢰둔괘水雷屯卦는 물은 하늘 위에 있어 땅에 내리지 않고 천둥은 물속에 갇혀 울리지 않는다. 이것이 둔괘屯卦의 둔난屯難으로 어려움에 처하는 길을 말해주고 있다.

屯은 元코 亨코 利貞하니 勿用有攸往이오 利建侯하니라.
둔 원 형 이정 물용유유왕 이건후

○ 屯(어려울 둔, 진칠 둔) 元 (으뜸 원) 亨(형통할 형) 利(이로울 이{리}) 貞(곧을 정) 勿(말 물) 用(쓸 용) 有(있을 유) 攸(바 유) 往(갈 왕) 建(세울 건) 侯(제후 후)

둔屯은 크게 형통하고 곧으면 이롭다 하니 갈 곳이 있어도 가지 말아야 함이오 임금을 세우는 것이 이롭다 하니라.

각설

둔屯 천지가 생긴 이후 둔난屯難없이 이루어진 것은 없다고 할 수 있다. 그러므로 둔괘屯卦의 눈으로 보면 세상 만물이 둔난屯難과 결부되어 있으므로 이 세상은 바로 둔난屯難의 세계이다. 즉 어려움이 없이 아무 일도 시작할 수 없고, 개혁도 있을 수 없다. 따라서 '둔난屯難'은 일을 시작할 때에 당하는 어려움과 괴로움이다. 둔난屯難은 전화위복의 계기가 될 수 있는 것이다.

'둔난屯難'은 원형이정의 사덕四德을 가지고 있다.[434] 일이 시작되고 그 일이 점점 발전되어 옳고 바른 자리를 차지하며, 결국 바르고 견고한 자리에서 안정을 얻게 된다. 그러나 지금은 앞에 험난한 강물(시련)이 있어 나아갈 수 없음으로 바른 길을 지키고 가만히 있어야 한다. 그리고 위대한 사람을 찾아 제후를 삼고 그의 도움으로 천하를 평정하는 것이 좋다. 이것이 둔난屯難의 시대에 대처하는 길이다.[435]

물용유유왕勿用有攸往 나아가서 일을 하면 안 된다. 둔屯은 원형이정 사덕四德을 가지고 있음으로 나중에는 일이 잘 되겠지만, 지금은 둔난屯難으로 험악한 장애물이 있어 함부로 나아갈 수 없다. 그러므로 지금은 바른 길을 지키면서 조용히 있어야 한다는 것이다.

이건후利建候 후侯는 생명을 길러주는 군자이다. 그러므로 제후를 세우는 것이 이롭다는 것이다. 그러나 바른 길을 지키고 하는 일 없이 가만히 있기만 하면 되는 것이 아니다. 도덕 재능이 높은 사람을 찾아서 제후로

---

434 둔屯 원형이정元亨利貞 이것도 원형이정의 사덕四德으로 보는 설說과 원형元亨코 이정利貞하니라 읽는 두 설說이 있다. 문왕文王의 시대에 역易을 점서占書로 사용할 때에는 '원형元亨코 이정利貞하니라'로 읽었지만, 공자 이후 역易이 점서占書에서 벗어나고 부터는 '원元코 형亨코 이利코 정貞하니라.'로 읽었을 것이다. 둔屯은 일을 하기 위하여 나아가고 싶어도 쉽게 나아갈 수 없는 것이다. 여러 가지 어려움과 괴로움을 극복하면서 일이 시작되고 [원元], 그 일이 발전하며 [형亨], 각각 마땅하고 편리한 곳을 얻고 [이利], 바르고 견고한 자리를 찾아 안정을 얻는다[정貞]. 이와 같이 둔괘屯卦는 원형이정의 사덕四德을 가지고 있다. 일을 시작할 때에 어려움이 없으면 원형이정의 사덕四德은 나오지 않는다.

435 여기서는 천하를 다스리는 길을 말하였지만 다른 일에 대해서도 응용應用할 수 있다. 어떤 일을 시작할 때는 처음에 둔난屯難이 있음으로 쉽게 나아갈 수 없으며, 괴로움을 당한다. 그러한 때에 적당한 길을 따라 나아가면 원형이정으로 일이 잘 진행이 될 것이다. 그러나 초창기에 함부로 나아가면 실패하기 쉬움으로 적당한 사람을 써야 한다. 혼자하는 일이면 그 일의 기초이며, 급소를 적당한 방법으로 잘 처리하여야 한다. 이것이 '이건후利建候'이다.

삼는 것이 좋다. 넓은 천하를 한 사람의 힘으로 다 돌볼 수 없다. 도덕과 재능이 높은 사람을 제후로 삼아 그 사람들의 도움으로 천하를 다스려야 한다.

요컨대, 둔난屯難은 결코 비관적인 것이 아니다. 둔난屯難이 있음으로 해서 큰 사업이 이루어진다. 둔난屯難이 없으면 큰 사업은 없다. 둔난屯難은 큰 사업의 기본이다. 둔난屯難에는 원형이정의 작용이 있다. 창업에는 반드시 둔난屯難이 있다. 그것으로 사업이 시작되고 발전하고 각각 마땅함을 얻어서 결국 바르고 견고한 자리에 안주한다. 그러나 함부로 서둘러 나아가면 좋지 않다. 도덕 재능이 많은 위대한 사람을 제후로 삼아 그들과 같이 천하를 평정해야 한다.

[彖曰] 屯은 **剛柔** ㅣ **始交而難生**하며 **動乎險中**하니
단왈 둔 강유 시교이난생 동호험중

大亨貞은 **雷雨之動**이 **滿盈**이니라.
대형정 뇌우지동 만영

天造草昧에는 **宜建侯** ㅣ오 **而不寧**이니라.
천조초매 의건후 이불녕

○ 剛(굳셀 강) 柔(부드러울 유) 始(처음 시) 交(사귈 교) 難(어려울 난) 生(날 생) 動(움직일 동) 乎(어조사 호) 險(험할 험) 亨(형통할 형) 貞(곧을 정) 雷(우레 뢰{뇌}) 雨(비 우) 滿(찰 만) 盈(찰 영) 天(하늘 천) 造(시작할 조, 갑자기 조, 지을 조) 草(어지러울 초, 풀 초) 昧(어두울 매, 새벽 매) 宜(마땅할 의) 建(세울 건) 侯(과녁 후) 寧(편안할 녕{영})

단彖에 이르기를, 둔屯은 강유剛柔가 비로소 교접해서 어려움이 생기며, 험險한 속에서 움직이니, 곧으면 크게 형통한다는 것은. 우뢰와 비의 움직임이 가득 차고, 천운이 초매草昧(어둡고 어지러움)가 시작될 때 마땅히 제후을 세워야 함이오, 평안하지 않느니라.

각설

강유시교剛柔始交 하下 진괘震卦를 말한다. 강剛·유柔, 양陽·음陰, 즉 건부乾父와 곤모坤母가 처음으로 교접하여 진괘震卦가 되며, 이것이 장남長男이다.[436]

난생難生 상上 감괘坎卦를 말한다. '감坎'은 험난의 뜻이 있다. 강유시교剛柔始交는 진괘震卦를 말하고, '난생'은 감괘坎卦를 말한다. 이것은 상하上下의 괘로써 둔괘屯卦를 설명하고 있다. 양강陽剛 이나 음유陰柔만 가지고도 아무 일도 일어나지 않는다. 그러므로 강剛·유柔, 양陽·음陰이 서로 교접交接해서 여러 가지 일이 생긴다. 또한 여러 가지 일이 생기면 반드시 곤난한 일이 일어난다.[437]

동호험중動乎險中 동動은 하下 진괘震卦를 말한 것이다. 진震의 괘덕卦德은 동動이다. 험險은 상上 감괘坎卦를 말한다. 감坎은 물이며, 험난을 말한다.[438]

뇌우지동雷雨之動 만영滿盈 뇌雷는 하진괘下震卦이고, 우雨는 상감괘上坎卦이다. 지금은 감괘坎卦가 진괘震卦 위에 올라와 있으니 비는 아니고 구름이다. 그러나 언제까지 이대로 있을 것은 아니고 때가 되면 반드시 변화한다. 험난한 중에 있으면서 활동할 기운을 가지고 있으므로 나중에는 결국 변화하게 된다. 언제나 험난중에서도 활발한 기운이 없으면 변

---

436 「설괘」편에 '진震은 일색이득남一索而得男이라 고故로 위지장남謂之長男이라' 하였다.

437 어느 하나만 가지고는 일이 생기지 않는다. 두 가지 물건物件이 접촉해서 비로소 일이 생긴다. 일이 생기면 반드시 곤난한 일이 따라온다. 이렇게 하여 큰 사업이 발전하고 성취된다.

438 둔괘屯卦는 위에 험난한 감괘坎卦가 있고 아래에 움직이는 진괘震卦가 있다. 그러므로 험난한 가운데서 움직인다고 하였다. 이것은 상하上下의 괘덕卦德으로 둔괘屯卦를 설명한 것이다. 험난한 坎이 위에 있어도 조금도 실망하지 않고 활동을 계속한다. 험난한 가운데 있으면서도 활발한 활동의 기운을 가지고 있다. 둔괘屯卦는 건乾·곤坤 즉 강剛과 유柔가 처음으로 만나고 접해서 여러 가지 일이 생기며 그 가운데 많은 곤난이 있다. 하괘下卦 진震은 상괘上卦의 험난을 뚫고 올라가려는 힘이 있지만 지금은 험난 중에 있으므로 바른 길을 지키고 함부로 나아가지 않는다. 그러므로 뒷날 크게 형통하게 성장하고 결국 바르고 견고한 자리에 안정을 얻게 된다.

화하지 않는다. 이것은 험난을 겁내면서 실망하고 낙담하고 있으면 이런 변화는 오지 않는다는 것이다.

천조초매天造草昧 의건후이불녕宜建侯而不寧 천조天造는 천운 또는 시운時運을 뜻하며 그 당시의 세상 모양을 말한다. 초매草昧의 초草는 우거진 잡초와 같이 난잡하고 무질서한 것을 말하며, '매昧'는 어둡고 밝지 않은 것을 말한다. 둔괘屯卦의 시대는 세상이 어지러워 잡초가 무성한 것처럼 난잡하고 질서가 없다. 어둡고 밝지 못하다. 그러므로 도덕이 높고 재능이 많은 사람을 제후로 삼아 그의 도움으로 천하를 안정시키도록 노력하여야 하며, 안심하고 쉬고 있어서는 안 된다. 즉 편안하지 못하여 안심하고 쉴 수 없는 것이다.

[象曰] 雲雷ㅣ 屯이니 君子ㅣ 以하야 經綸하나니라.
상왈 운뢰 둔 군자 이 경륜

○ 雲(구름 운) 雷(우레 뇌{뢰}) 經(날 경) 綸(낚싯줄 륜{윤})

상象에 이르기를, 구름과 우뢰雨雷가 둔이니, (천하天下가 어둡고 어지러우니, 이런 세상이야말로) 군자가 이로써 뜻을 펴서 다스려야 하느니라.

각설

운뢰雲雷 둔屯 운雲은 상上 감괘坎卦이고, 뇌雷는 하下 진괘震卦이다. 진괘震卦의 뇌雷는 감괘坎卦의 구름 아래에 있어 천둥이 울리지 않는다. 아직도 천둥이 울리지 않고 비가 지상으로 내리지 않는다. 이것이 둔괘屯卦의 상象이다.[439]

군자이경륜君子以經綸 군자는 둔괘屯卦의 상象을 보고 천하를 다스리며

439 여기서 상象이란? 한 괘 전체의 상象을 말한 것이므로 한爻의 「소상사小象辭」와 구별하여 「대상大象」이라고 한다.

둔난屯難의 어려움을 구제한다. ❶'경經'은 베를 짤 때에 쓰는 날줄(경사經絲)이며, ❷'륜綸'은 씨줄(위사緯絲)이다. 날줄과 씨줄이 짜여져 베가 된다. 천하를 다스리는 것도 우선 통치의 대강大綱을 정하여 그것을 씨줄로 하고 다음 구체적인 세목細目을 정하여 그것을 날줄로 하여 베를 짜듯이 천하를 다스린다는 것이다.

[初九]는 磐桓이니 利居貞하며 利建侯하니라. (水地比)
초구 반환 이거정 이건후 수지비

象曰, 雖磐桓하나 志行正也ㅣ며
상왈 수반환 지행정야

以貴下賤하니 大得民也ㅣ로다.
이귀하천 대득민야

○ 利(이로울 이{리}) 建(세울 건) 侯(제후 후, 과녁 후) 雖(비록 수) 磐(너럭바위 반, 큰 바위 반, 머뭇거릴 반) 桓(푯말 환, 큰 나무 환, 머뭇거릴 환) 志(뜻 지) 行(갈 행) 正(바를 정) 貴(귀할 귀) 賤(천할 천) 得(얻을 득)

초구初九는 나아가기가 어려워(를 머뭇거리고) 주저함이니, 바르게 머무는 것이 이로우며, 제후諸侯를 세워야 이롭다 하니라.
상象에 이르기를, 비록 반환磐桓하나 뜻은 바르게 행行하며, 귀한 것으로써 천한 곳까지 내려오니 크게 백성의 마음을 얻음이로다.

개요概要

초구初九는 이 괘의 주효主爻로써 중요한 효爻이며, 이 효爻가 둔난屯難을 해결한다. 초구初九는 양효陽爻이므로 밝고 굳센 덕德을 가지고 있다. 양효陽爻로서 양陽의 자리에 있으니 바른 자리이며, 뜻이 바르다. 요컨대, 초구初九는 밝고 굳세고 총명하며 바른 길을 굳게 지키고 있는 위대한 사람이므로 천하의 둔난屯難을 평정할 인물이지만 낮은 신분이라 둔난屯難의 시대에 경솔하게 나아가면 반드시 실패할 것을 알고 큰 바위나 큰 기둥같이 바른 길을 지키고, 힘을 기르며 움직이지 않는다. 이와 같은 사람을 제후로 삼아 힘을 합쳐서 천하天下를 평정하는 것이 좋다는 말이다. 이 초구初九는 낮은 자리에 있지만 천하天下의 둔난屯難을 안정시킬 사람이다.

각설

반환磐桓 반환磐桓의 '반磐'은 큰 바위이며, '환桓'은 큰 기둥이다. 모두 움직이지 않는 것이다.

이거정利居貞 '利居貞(이거정)'은 바른 길을 굳게 지켜 움직이지 않는 것이다. 그러므로 '磐桓(반환)이니 利居貞(이거정)하다'는 말은 「괘사卦辭」의 '勿用有攸往(물용유유왕)'과 같은 뜻이다.[440]

이건후利建侯 '利建候(이건후)'는 이 사람을 제후로 삼는 것이 좋다. 그리하여 이 사람과 같이 천하의 둔난屯難을 평정하는 것이 좋다는 말이다.

소상사小象辭

수반환雖磐桓 지행정야志行正也 초구初九는 양효陽爻이며, 굳세고 밝고 어질며, 천하의 둔난屯難을 평정할 큰 힘이 있는 인물이지만 지금은 큰 바위와 같이, 큰 기둥과 같이 바른 길을 굳게 지키고 가만히 있다. 그러나 천하의 둔난屯亂을 무시하고 일신의 편안을 위하여 피해있는 것이 아니다. 그의 참 뜻은 바른 길을 세상에 펴려는 것이며, '지행정야志行正也' 때를 기다리고 있을 뿐이다.

이귀하천以貴下賤 초구初九는 한 양효陽爻가 두 음효陰爻 아래에 있음으

---

440 「단사」의 '원형이정元亨利貞 물용유유왕勿用有攸往 이건후利建候'는 주로 이 효爻들은 도덕재능이 부족하거나 자리가 나쁜 결점이 있다. 그러므로 그 결점을 지적하고 둔난屯難에 처하는 바른 길을 즉 큰 바위처럼 큰 기둥처럼 바른 길을 굳게 지키고 함부로 나가지 말 것을 가르치고 있다.

로 '이귀하천以貴下賤이라' 하였다. 초구初九는 양강陽剛하며 귀한 도덕재능을 가지면서도 음유陰柔하고 천賤한 사람들에게 겸손하게 머리를 숙이므로 크게 사람들의 마음을 얻을 수 있다.[441]

대득민야大得民也 초구初九는 둔난屯難의 때를 당하여 큰 도덕재능을 가지고 있다. 이것만으로도 많은 사람들이 심복할 것인데 거기에 겸손의 미덕을 겸하였으니 더욱 많은 사람들의 믿음을 얻게 된 것이다.

[六二]는 屯如邅如하며 乘馬班如하니 匪寇ㅣ라 婚媾ㅣ니
육이 둔여전여 승마반여 비구 혼구

女子ㅣ 貞하야 不字ㅣ라가 十年에아 乃字ㅣ로다. (水澤節)
여자 정 부자 십년 내자 수택절

象曰, 六二之難은 乘剛也일새오 十年乃字는 反常也이니라
상왈 육이지난 승강야 십년내자 반상야

○ 屯(진 칠 둔) 邅(머뭇거릴 전) 乘(탈 승) 馬(말 마) 班(나눌 반) 匪(아닐 비) 寇(도둑 구) 婚(혼인할 혼) 媾(화친할 구) 貞(곧을 정) 乃(이에 내) 難(어려울 난) 乘(탈 승) 剛(굳셀 강) 十(열 십) 年(해 년) 乃(이에 내) 字(시집갈 자, 비녀 자, 글자 자) 反(되돌릴 반) 常(항상 상)

육이六二는 주저하는 듯 머뭇거리는 듯이, 말을 탔으나 앞으로 나아가지 않고 머뭇거리니, 도적이 아니라 혼인을 구하는 것이니, 여자가 곧아서 허락하지 않다가 십년만에 시집을 가는 것이로다.

상象에 이르기를, 육이六二의 어려움은 강剛을 타고 있기 때문이요, 10년만에 시집간다는 것은 (초구 때문에 머뭇거리다 마침내) 떳떳함으로(상도常道로)되 돌아옴이니라.

441 양陽은 굳세고 밝은 덕德을 가지고 있음으로 귀하다고 하며, 음陰은 어둡고 부드러움으로 천賤하다고 한다.

개요概要

육이六二는 음효陰爻로써 음陰의 자리에 있으니 자리가 바르고 뜻이 바르다. 그리고 하괘下卦 중앙에 있으니 중中을 얻고 있다. 중정中正을 얻고 있지만 음효陰爻로써 재능이 부족하고 힘이 약弱하다. 그러므로 작은 일만 할 수 있다. 그러나 중정中正의 덕德을 가짐으로 바른 길을 가고 있다.

각설

둔여전여屯如邅如 '둔여屯如'와 '전여邅如'는 가고 싶지만 나아갈 수 없어 망설이고 있는 것이다.

승마반여乘馬班如 '반여班如'는 돌아가는 것이다. 말을 타고 나아가려 하다가 돌아가는 것이다. 나눌 班반 자字이니 말과 마차가 분리되어 나아갈 수 없다고 한다.

비구혼구匪寇婚媾 육이六二는 구오九五와 상응하고 있으며 초구初九와는 상비相比하고 있다. 응應은 비比보다 무겁다. 그러므로 육이六二는 구오九五를 보고 가려한다. 그러나 초구初九 비효比爻가 끌어당기고 있다.

여자정女子貞 **불자십년**不字十年 **내자**乃字 '초구初九'는 양효陽爻이며, 총명하고 굳센 힘을 가지고 있으므로 육이六二는 여기에 끌린다. 육이六二는 말을 타고 나아가려 하다가(구오효九五爻에 가려다가) 초구初九에 끌려 다시 돌아온다. 초구初九가 육이六二를 끌어당기는 것은 육이六二를 적으로 생각하고 싸우려고 하는 것이 아니고, 육이六二와 결혼하여 서로 친親하고 화합하려는 것이다. 그러나 육이六二는 자기의 짝인 구오九五를 생각하며 굳게 정조를 지키고 초구初九와의 결혼을 승낙하지 않는다. '자字'는 결혼을 약속하는 것이다.[442] '자字'를 붙이는 것은 결혼의 약속

442 『예기禮記』「곡예曲禮」에 "여자는 결혼의 약속을 한 후 머리를 짜 올리고 비녀를 꽂고 '자字'를 붙인다."라고 하였다.

을 하고 성인成人이 된 증거이므로 자字를 여기서는 시집갈 자로 해석한다. 그리고 '십년十年'이란 말도 여러 가지 설이 있다. ❶오랫동안, ❷영원히 라는 의미를 갖는다.[443]

소상사小象辭

육이지난六二之難 **승강야**乘剛也 '강剛'은 초구初九의 양효陽爻를 말한다. '승乘'은 역易에서는 음효陰爻가 양효陽爻 위에 있는 것을 말한다. '승강乘剛'은 육이六二 음효陰爻가 초구初九 양효陽爻 위에 있는 것을 말한다. 육이효六二爻가 둔난屯難으로 나아가지 못하고 있는 것은 '둔난屯難의 시대'에 있으면서 더욱이 양효陽爻 위에 타고 있기 때문이다. 초구初九 양효陽爻는 굳세고 어질며 큰 힘이 있는 군자이므로 이 초구初九에 끌려서 자기의 바른 짝을 찾아가기 힘이 든다.

십년내자十年乃字 **반상야**反常也 '반反'은 돌아간다는 뜻이고, '상常'은 일정불변한 상도常道를 말하며, 육이六二가 서로 응應하는 구오九五를 찾아가서 그를 따르는 것이다. 육이六二는 둔난屯難의 시대를 만나 쉽게 상도常道를 지키지 못하다가 십년十年이 지나 천하의 형세가 변하여 정당한 짝을 만나 결합하게 되었으니 일정불변한 상도常道로 돌아가게 된 것이다.

443 일설一說에는 2·3·4爻(내호괘)로 곤괘坤卦가 되는데 곤坤은 토土이며 토土의 수數는 십十으로 이루어진다. 그러므로 십년十年이라 하였다는 것이다. 이것은 둔난屯難의 시운時運이 다하여 변화하는 시간을 말한 것이라고 한다.

[六三]은 卽鹿无虞ㅣ라 惟入于林中이니
육삼 즉록무우 유입우임중

君子ㅣ 幾하야 不如舍ㅣ니 往하면 吝하리다. (水火旣濟)
군자 기 불여사 왕 인 수화기제

象曰, 卽鹿无虞는 以從禽也일새오
상왈 즉록무우 이종금야

君子ㅣ 舍之는 往하면 吝窮也이니라.
군자 사지 왕 인궁야

○ 卽(나아갈 즉) 鹿(사슴 록{녹}) 无(없을 무) 虞(헤아릴 우) 惟(생각할 유) 于(어조사 우) 林(수풀 림) 幾(기미 기) 舍(버릴 사) 往(갈 왕) 吝(아낄 린{인}) 禽(날짐승 금) 往(갈 왕) 窮(다할 궁)

육삼六三은 사슴 사냥을 나갔으나 몰이하는 사람(우인虞人)이 없다. 오직 숲속으로 들어갈 뿐이니, 군자는 기미(조짐)을 보아서 그만두는 것만 같지 못하니, (그만두지 않고) 나가면 인색(후회, 욕됨)할 것이다.

상象에 이르기를, 사슴을 쫓되 우인虞人이 없음은 짐승을 탐내어 쫓았기 때문이오, 군자君子가 버린다는 것은 (녹을 버리지 않고) 그대로 나아가면 인색함에 궁함이니라.

개요 槪要

육삼六三은 음효陰爻이면서 양陽의 자리에 있는 부정위不正位·부중不中한 효爻로써 뜻이 바르지 못하다. 또 하괘下卦의 제일 윗자리에 있으니 중中을 얻지 못하고 지나쳐 있다. 또 하괘下卦는 진괘震卦이며, 진震은 움직이고 나아가는 성능을 가진다. 그러므로 육삼六三은 진괘震卦의 제일 위에 있음으로 몹시 심하게 움직여 나가는 효爻이다. 함부로 나아가 경거망동하는 효爻이다. 육삼六三은 가까이에 있는 육이六二, 육사六四와 서로 음효陰爻로 상비相比하지 못하며 멀리 있는 상육上六도 같은 음효陰爻로 상응相應하지 않는다. 육삼六三은 부정위不正位·부중不中한 음효陰爻로서 유약柔弱하고 도덕과 재능이 부족하며, 뜻이 바르지 않다. 중中을 얻지 못하여 고립되어 도와주는 사람이 없다. 그러면서도 진괘震卦의 상효上爻로서 심하게 움직여 함부로 나아가 경거망동한다. 이러한 육삼六三의 처신은 둔난屯難의 시대에 지혜로운 행동은 아니다.

각설[444]

즉록무우卽鹿无虞 즉록卽鹿의 '즉卽'은 '나아갈 즉卽자字'이다. '록鹿'은 사냥감이다. '우虞'는 산림을 맡아 보는 관리이다. 즉 '우인虞人'의 안내없이 산山으로 들어가면 길을 잃고 위험하게 된다. 그러므로 '무우无虞'는 육삼六三이 응효應爻도 없고 비효比爻도 없이 고립되어 있는 것을 말한다.[445]

유입우임중惟入于林中 육삼六三은 도덕과 재능이 부족하며 둔난屯難을 구제할 성의도 없으면서 오직 사슴을 잡을 욕심만으로 산속에 깊이 들어간다. 사냥을 나가는데 우인虞人의 안내도 없이 혼자 숲속으로 깊이 들어간다. 이렇게 들어가면 사슴도 잡지 못하고 결국엔 길을 잃고 산속에서 나오지 못하게 된다. 육삼六三은 뜻이 바르지 못한 사람이다. '둔난屯難'을 극복할 생각은 가지지 않고 이 기회에 자기 이익과 부귀공명을 얻고자 하는 야심가이다. 수뢰둔괘水雷屯卦의 3·4·5爻(외호괘)는 간괘艮卦가 되는데 간艮은 산山이다. 육삼六三은 산 아래에 있으니 산기슭이다. 육삼六三이 산기슭에 가니 우인虞人이 없다. 그래서 혼자 숲속으로 깊이 들어간다. 이렇게 되면 반드시 길을 잃고 위험하게 된다고 해석한다. 군자는 도덕재능이 있는 사람이다.

---

444 인吝 이란 왕往하면 맺힌다는 것이다. 행行하지 말라는 말이다.

445 '래지덕來知德'은 『래주역경도해來註易經圖解』에서 "'록鹿'자를 '록麓'자로 고쳐야 한다.(鹿當作麓爲是)"라고 하였다.

군자기君子幾 불여사不如舍 왕인往吝 '기幾'는 기미幾微로 겨우 볼 수 있는 조짐을 말한다. '인吝'은 물건物件을 아끼고 버리지 않는 것이다.[446] 군자는 사물의 기미를 보고 빨리 나아가고 물러설 것을 결정하여 노루를 쫓는 것을 단념하고 물러서야 한다. 만약 그대로 나아가면 인색吝嗇하니 경계를 당부하고 있다.

소상사小象辭

이종금야以從禽也 '금禽'은 금수禽獸로서 사냥감을 말한다. 옛날에는 새와 짐승을 모두 금禽이라고 하였다. 안내자도 없이 사슴을 쫓아 나아가는 것은 오로지 사슴을 잡고 싶은 욕심으로 짐승만 보고 따라가는 것이다.

왕린궁야往吝窮也 군자는 일의 기미를 보고 따라가는 것을 중지한다. 왜냐하면 계속 나아가면 인색하다는 말을 듣게 되며, 곤궁하게 길이 막히고 말기 때문이다.

[六四]는 乘馬班如ㅣ니
육사 승마반여

求婚媾하야 往하면 吉하야 无不利하리라. (澤雷隨)
구혼구 왕 길 무불리 택뢰수

象曰, 求而往은 明也이니라.
상왈 구이왕 명야

○ 乘(탈 승) 馬(말 마) 班(나눌 반) 求(구할 구) 婚(혼인할 혼) 媾(겹혼인할 구, 화친할 구)

---

446 역易에는 길흉을 표현하는 말로서 길흉회린의 넷이 있다. ❶길吉은 복을 얻는 좋은 것이고, ❷흉凶은 화禍를 입는 나쁜 것이다. ❸'회린悔吝'은 길흉의 중간에 있는 것으로 '회悔'는 길吉에 가깝고, '인吝'은 흉凶에 가깝다. 그러므로 '회悔'는 반길半吉이라 할 수 있으며, '인吝'은 반흉半凶이라 할 수 있다. 그러므로 '회悔'는 후회하고 반성하면 길吉이 될 수 있는데 '인吝'은 잘못인줄 알면서도 태만하고 방심하다가 흉凶으로 넘어가는 것이다.

육사六四는 말을 타고 머뭇거라니, (초구初九에게) 혼인을 구하여 가면 길吉하고 이롭지 않은 것이 없다 하리라.
상象에 이르기를, "구하여 간다는 것은 현명賢明한 것이니라."

개요概要

육사六四는 부중정위不中正位의 음효陰爻로서 부드럽고 약하며 재능이 많지 않다. 그러나 초구初九의 호걸과 서로 응하여 친親할 수 있는 자리에 있다. 초구初九는 천하의 둔난屯難을 평정할 수 있는 큰 도덕재능을 가진 효爻이다.[447]

각설

승마반여乘馬班如 '반班'은 '서성거릴 반자'이다. 말을 타고 서성거리다가 돌아오고 만다. 자기의 자리가 천하의 어려움을 해결할 재상宰相의 자리이지만 자기 힘이 부족함을 깨닫고 돌아온다.

구혼구왕求婚媾往 길吉 무불리无不利 구혼求婚은 육사六四가 초구初九에 대하여 힘을 합치고자 하는 것이다. 초구初九는 육사六四와 서로 응應함으로 신청을 받아들여 육사六四를 따라간다. 육사六四는 상비相比한 육오六五 성인聖人에게 초구初九를 추천한다. 이와 같은 절차를 밟아 육사六四와 초구初九가 협력하여 성인聖人를 도와서 천하의 둔난屯難을 극복하면 길吉하며 어떤 경우에라도 나쁜 일은 없게 된다.

---

447 초구初九는 훌륭한 도덕과 재능才能을 가지고 있지만 구오九五 천자天子와 응應하지도 비比하지도 않으니 아무런 상관이 없다. 그러나 육사六四의 재상과 서로 응應하고 있는 연고로 육사六四의 추천을 받아 성인聖人와의 관계가 성립이 된다. 육사六四는 초구初九의 호걸을 구오九五 성인聖人에게 추천하는 중개자이며, 이것으로 천하의 어려움이 해결된다. 육사六四가 없다면 초구初九는 초구初九되로, 구오九五는 구오九五되로 서로가 떨어져 천하의 어려움을 해결할 수 없게 된다. 재주 있는 사람을 높은 자리에 있는 사람에게 소개하여 큰일을 이루게 하는 일은 우리들 주변에서도 흔히 볼 수 있는 일이다.

소상사小象辭

구이왕求而往 **명야**明也 육사효六四爻를 설명한 글이다. ❶구이왕求而往은 혼婚를 구求해서 간다는 말이다. ❷명明은 밝은 덕德을 갖고 있는 것이다. 육사六四는 둔난屯難을 해결하고 싶은 뜻은 있지만 자기는 그런 힘이 없음을 알고 초구初九와 마음을 합치고 힘을 합하여 나아가는 것은 사람을 볼 줄 아는 밝은 덕德이 있기 때문이다.

[九五]는 屯其膏ㅣ니
구오 둔기고

小貞이면 吉코 大貞이면 凶하리라. (地雷復)
소정 길 대정 흉 지뢰복

象曰, 屯其膏는 施ㅣ未光也이니라.
상왈 둔기고 시 미광야

○ 屯(어려울 둔, 진칠 둔) 膏(살찔 고) 施(베풀 시) 未(아닐 미) 光(빛 광)

구오九五는 은혜를 베풀기가 어려우나, 작은 일에는 곧으면 길吉하고, 큰일에는 곧아도(고집하면) 흉凶하리라.
상象에 이르기를, '둔기고屯其膏'는 베풂이 빛나지 못함이니라."

개요概要

구오九五는 정위강건득중正位剛健得中한 성인聖人이다. 그러나 지금은 둔난屯難의 세상이며, 주위환경이 좋지 못하다. 상괘上卦 감坎은 험險의 성질이 있다. 오효五爻는 감괘坎卦 중앙에 빠져있어 자유가 없다. 아래에는 서로 응應하는 육이효六二爻가 있지만 음효陰爻로 약弱하여 둔난屯難을 해결할 힘이 없다. 또 육사六四, 상육上六이 상하上下에 있지만 모두 음효陰爻로써 힘이 약하다. 또 아래에 큰 바위와 같은 큰 기둥과 같이 초구初九가 움직이지 않고 있는데 이것은 구오九五와 아무 연락이 없다. 육이六二도 초구初九에 끌리고 있으며, 육사六四도 초구初九와 응應하고 있으니 초구初九는 감괘坎卦의 물속에 빠져있는 구오九五 성인聖人보다 천하의 민심을 더 많이 얻고 있다. 구오九五는 중정中正의 덕德을 가지며, 응효應爻도 있고 비효比爻도 있고 뒤에 천하의 둔난屯難을 평정할 수 있는 좋은 효爻이지만 지금은 세상이 좋지 못하고 환경이 나쁘다. 즉 둔난屯難의 세상이며, 물속에 빠져있다. 그러므로 그의 은택이 널리 천하에 펴지지를 못한다. 시대가 나쁘면 성인聖人도 어찌할 수 없다는 것이다.[448]

각설

둔기고屯其膏 고膏는 기름질(고)이다. 은택恩澤의 뜻이 있다. 둔기고屯其膏는 구오九五 성인聖人의 은택이 둔난屯難을 만나 펴져 나가지를 못하는 것을 말한다.

소정길小貞吉 대정흉大貞凶 이런 때에는 작은 일부터 바른 길을 굳게 지키고 있으면 길吉하다. 그러나 큰일은 때(시의성)가 아니므로 정貞(고집하면)이라도 흉凶하다는 것이다.

소상사小象辭

미광야未光也 구오九五의 은택이 둔난屯難으로 나아가지 못하는 것은 구오九五 덕德이 아직도 광대하게 이행되지 않기 때문이다. 이러한 때에는 파격적인 조처로서 혁신을 꾀할 필요가 있다.

---

448 천하天下의 둔난屯難을 해결하는 큰일을 낮은 자리에 있는 초구初九와 같은 호걸을 보통하는 순서를 밟지 않고 파격적으로 활용하지 않고는 도저히 처리할 수가 없다. 구오효九五爻의 용기있는 결단을 촉구하고 있다.

[上六]은 乘馬班如하야 泣血漣如ㅣ로다. (風雷益)
상육 승마반여 읍혈연여 풍뢰익

象曰, 泣血漣如ㅣ어니 何可長也ㅣ리오.
상왈 읍혈연여 하가장야

○ 乘(탈 승) 馬(말 마) 班(나눌 반) 泣(울 읍) 血(피 혈) 漣(물놀이 련{연}) 如(같을 여)

상육上六은 말을 타고 머뭇거린다 하야, 피눈물이 흘림이로다.
상象에 이르기를, 피눈물을 줄줄 흘리니 어찌 장구히 할 수 있으리오.

개요概要

상육上六은 둔난屯難은 성장하기 위하여 반드시 겪어야 할 어려움이요, 창조를 위해 껍질이 깨지는 아픔에 대하여 말하고 있다.

각설

승마반여乘馬班如 **읍혈련여**泣血漣如 상육上六도 천하天下의 둔난屯難을 구求할 생각으로 말을 타고 나가 보았으나 힘이 부족하고 도와주는 사람도 없으니 말을 돌려 돌아와 피 눈물을 흘리며 걱정하고 슬퍼할 뿐이다. 이대로 나가면 멸망이 있을 뿐이다. 스스로 분발하여 적당한 방법을 강구해야 한다는 것이다. 상육上六은 친비親比한 구오九五에게 권유하여 구오九五와 친비親比한 육사六四로 하여금 초구初九를 중용하도록 길을 마련하여 둔난屯難이 해결된다.

소상사小象辭

읍혈연여泣血漣如 **하가장야**何可長也 단지 슬퍼하기만 하면 멀지 않아 멸망하게 될 것이다. 자기 자신 재능才能도 없고 도와주는 사람도 없어 슬

펴서 피눈물만 흘리고 있다면 그 운명運命은 길지 않을 것이다. 둔난屯難은 초구初九의 큰 힘과 육사六四의 추천과 구오九五의 파격적인 신임으로 해결된다. 수뢰둔괘水雷屯卦는 크게 성장하기 위하여 꼭 겪어야 할 어려움이다. 이 어려움이 있음으로 해서 뒷날 크게 성장하게 된다. 둔괘屯卦는 전도가 유망한 괘이다. 사람의 일생으로 보면 어릴 때의 괘이다. 뒷날 큰 인물이 되겠지만 지금은 어려운 때이다. 피할 수 없는 어려움이다

✐ '둔屯'은 일을 시작할 때의 어려움이다.

그러나 둔난屯難은 결코 비관할 것이 아니다. 둔난屯難이 있음으로 해서 큰 사업事業이 이루어진다. 즉 둔난屯難은 새로운 창조를 위한 아픔이다. 『괘사』에서 둔난屯難에는 원형이정元亨利貞의 작용作用이 있다고 말한다. 그러므로 어려움을 극복하면 각각 마땅함을 얻어 편안함을 얻을 수 있다는 것이다. 그러나 혼자서 경거망동하여 나아가면 안 된다고 경고하고 있다. 현인賢人을 제후 諸侯로 삼아 그들과 같이 나아갈 것을 당부하고 있다.

4. 山水蒙卦
산수몽과

도전괘
倒顚卦

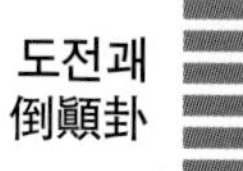

산수몽괘
山水蒙卦

수뢰둔괘
水雷屯卦

음양대응괘
陰陽對應卦

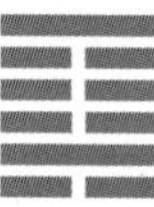

산수몽괘
山水蒙卦

택화혁괘
澤火革卦

상하교역괘
上下交易卦

산수몽괘
山水蒙卦

수산건괘
水山蹇卦

호괘
互卦

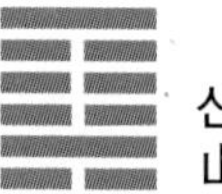

산수몽괘
山水蒙卦

지뢰복괘
地雷復卦

효변 爻變	初爻變 而爲損卦	二爻變 而爲剝卦	三爻變 而爲蠱卦	四爻變 而爲未濟卦	五爻變 而爲渙卦	上爻變 而爲師卦
		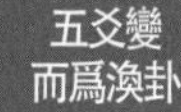				
산수몽괘 山水蒙卦	산택손괘 山澤損卦	산지박괘 山地剝卦	산풍고괘 山風蠱卦	화수미제괘 火水未濟卦	풍수환괘 風水渙卦	지수사괘 地水師卦

요지要旨

괘명卦名 이 괘는 상간上艮의 산山(☶) + 하감下坎의 수水(☵) = 산수몽괘山水蒙卦(䷃)이다.

괘의卦意 몽매蒙昧함을 깨우치는 교육의 원리를 밝히고 있다. 몽蒙은 몽매하고, 어두운 것이다. 몽蒙의 본뜻은 나무가 덩굴 풀에 덮여 보이지 않는 것이다. 여기서 싼다, 덮는다, 어둡다라는 뜻이 나온다. 그러나 아무리 덩굴 풀이 무성하여 나무가 보이지 않아도 나무가 없어지는 것은 아니다. 덩굴 풀을 걷어 내면 나무의 모양이 나타난다. 몽괘蒙卦의 뜻도 이와 같다. 지금은 몽매함으로 덮여 있어 지혜가 밝지 못하고 어둡지만 장차 덮인 것을 걷어내면 밝은 지혜가 드러나게 된다는 것이다. 그러므로 몽괘蒙卦는 몽매蒙昧를 여는 길을 말하고 있다.

괘서卦序 「서괘序卦」에서 둔괘屯卦는 천지天地사이에 만물이 발생하는 卦이다. 그러므로 "만물이 처음 발생하면 반드시 지혜가 어둡고 밝지 못하다. 그러므로 둔괘屯卦 다음에 몽괘蒙卦가 받는다.(物生必蒙, 故受之以蒙.)"라고 하였다.
물생필몽 고 수지이몽

괘상卦象 몽괘蒙卦(䷃)는 간괘艮卦의 산山밑에 감괘坎卦의 물이 있다. 첫째, 산 밑의 물은 흘러가면서 많은 물이 모여 큰 강물이 된다. 그러나 지금은 작은 개울물이고 산속에 옹달샘이다. 이것으로 어리고 어두운 몽괘蒙卦의 상象으로 보았다.

둘째, 간艮은 산山이며, 감坎은 구름이다. 산 밑에 구름이 둘러싸고 있어 산 모양이 가려서 보이지를 않는다. 그러므로 이것도 어두운 몽괘蒙卦의 상象으로 본다.

셋째, 또 감坎의 성질은 험險(험난함)이고 '간艮'은 지止(그치는 것)이다. '감坎'은 험난함을 만나 나아가지 못하고 머물러 있는 것이다. 이것이 몽괘蒙卦

의 상象이다.[449]

괘덕卦德 상上 간괘艮卦는 산으로 무겁고 두터우며 움직이고 흔들리는 일이 없다. 하下 감괘坎卦는 물로서 천하를 두루 돌며 막히는 일이 없다. 산山은 인仁의 덕德이다.[450]

蒙은 亨하니 匪我ㅣ 求童蒙이라
몽 형 비아 구동몽

童蒙이 求我ㅣ니 初筮ㅣ어든 告하고 再三이면 瀆이라.
동몽 구아 초서 곡 재삼 독

瀆則不告하니 利貞하니라.
독즉불곡 이정

○ 蒙(입을 몽, 몽매할 몽) 亨(형통할 형) 匪(아닐 비) 我(나 아) 求(구할 구) 童(아이 동) 初(처음 초) 筮(점대 서) 告(알릴 고, 알릴 곡) 再(두 재) 三(석 삼) 瀆(모독할 독, 도랑 독) 則(곧 즉,) 利(이로울 이{리}) 貞(곧을 정)

몽蒙은 형통하니, 내가 동몽童蒙에게 구求하는 것이 아니고, 동몽童蒙이 내

449 송대宋代에 '양성제楊誠齊'는 "둔屯은 물物의 시始이지 액厄은 아니다. '몽蒙'은 인人의 시始이지 성性의 매昧는 아니다. 구부리고 펴지 않는 것을 둔屯이라 하며, 어려서 미치지 못한 것을 몽蒙이다 한다."라고 하였다. 그러므로 둔괘屯卦는 일의 시작始作이지 재난災難은 아니다. 몽괘蒙卦는 사람이 어리기 때문이지 본성本性이 어두운 것은 아니다. 일을 시작할 때에 구부리고 아직 펴지 못한 때가 둔屯이다. 사람이 어려서 발달하지 못한 것이 몽蒙이란 뜻이다. 또 둔괘屯卦에서는 '이건후利建候'라고 하여 국민을 다스리는 데 임금을 세울 것을 말하였는데 몽괘蒙卦에서는 스승을 세울 것을 말하고 있다.

450 『논어』에도 "인자仁者는 산山을 즐기며 고요하다"고 하였다. 물은 지知에 비유한다. 지자知者는 어떤 경우에도 막히는 일이 없다. 『논어』에 "지자知者는 물을 즐긴다. 지자智者는 동動이라"라고 하였다. 간산艮山과 감수坎水는 인仁과 지智의 덕德을 가지고 있으니 다른 사람을 가르치는 스승은 인仁과 지智를 갖추어야 하며 가르침을 받는 동몽童蒙도 장차 인仁과 지知를 갖출 수 있도록 노력해야 할 것이다. 가르치는 사람은 산山과 같은 인仁의 덕德과 물과 같은 지智의 덕德을 갖추어야 비로소 가르칠 수 있으며, 가르침을 받는 동몽童蒙도 인仁과 지智의 덕德으로 발전될 아름다운 소질을 가져야 가르침을 받을 수 있다. 가르치는 사람이나 가르침을 받는 사람의 마음가짐이 모두 이 괘에 담겨져 있다. 보통은 가르치는 사람과 가르침을 받는 사람이 서로 대對하고 있는 두 사람인데 때로는 자기 자신을 자신이 가르치는 한 사람인 경우도 있다. 이와 같은 일은 다른 괘에서도 볼 수 있다. 둔괘屯卦는 둔난屯難을 일으키는 원인이 둔괘屯卦 속에 있는데, 둔난屯難을 극복하는 힘도 그 안에 있다.

게 구求함이니, 처음에 물으면 알려주고, 두 번 세 번 물으면 모독이라, 모독한 즉 일러주지 않는다 하니, 곧아야 이로우니라.

각설[451]

몽형蒙亨 사람이 어릴 때는 누구나 몽매하며 지혜롭지 못하다. 그러나 배워 익히면 지혜가 밝아지고 덕德이 쌓이게 된다. 그러므로 몽蒙은 반드시 성장 발전한다. 이것이 몽형蒙亨이다.

비아구匪我求 동몽童蒙 동몽구아童蒙求我 동몽童蒙이 배우기 위해서는 가르침을 주는 스승이 있어야 한다. 그 스승을 아我라고 하였다. 동몽童蒙은 가르침을 받는 사람이다. 동몽童蒙이 가르침을 받고 싶다고 원하지도 않는데 스승이 나아가서 가르치는 법은 없다. 동몽童蒙이 가르침을 원할 때에 비로소 가르친다는 것이다.

초서곡初筮告 재삼독再三瀆 독즉불곡瀆則不告 '동몽童蒙'이 참마음으로 가르침을 원할 때는 가르쳐준다. 이것이 '초서곡初筮告'이다. 동몽童蒙이 순수한 참마음으로 열심히 가르침을 받고 싶어 하면 스승은 이를 가르친다. 그러나 만약 동몽童蒙에게 순수한 참 마음이 없고 의심을 품고서 가르침을 받으려 하면 그것은 도道를 모독하고 자신을 모독하는 것이 됨으로 가르치지 않는다.[452]

이정利貞 스승이 학생을 가르치는 것과 학생이 선생한테 배우는 것이 모

---

451 (觀中) 몽괘蒙卦는 "물생필몽物生必蒙"라고 하여 군자는 자라야 한다. 군자지도는 다 자라기 전에 행하기가 어렵다. 선천先天에는 성인·군자지도가 행해지지 못한 것은 자라는 과정이기 때문이다. 교육원리를 말하고 있다.『맹자』의 계발 확충 원리의 증거다. 장차 군자가 성덕成德이 될 수 있는 인간을 지칭하는 것이다. 군자를 상징하는 괘다. 이에 '과행육덕果行育德'이라고 한 것이다. 아직은 성덕成德되지 않은 것이다.

452 고告는 아랫사람이 윗 사람을 가르칠 때는 아뢸 곡으로 읽는다. 또한 서筮를 점을 치는데 사용하는 서죽筮竹으로 본다면, 처음 진심으로 점占을 치면 신神은 길흉화복을 일러준다. 그러나 의심하여 두 번 세 번 점을 치면 신神을 모독하고 자기 자신을 모독하게 되는 것이다. 이렇게 되면 신神은 길흉화복을 일러주지 않는다는 것이다.

두 바른 길을 굳게 지키는 것이 좋다.

[彖曰] 蒙은 山下有險하고 險而止ㅣ 蒙이라.
단왈 몽 산하유험 험이지 몽

蒙亨은 以亨으로 行時中也일새오
몽형 이형 행시중야

匪我求童蒙童蒙求我는 志應也이오
비아구동몽동몽구아 지응야

初筮告은 以剛中也이오 再三瀆瀆則不告은 瀆蒙也일새니
초서곡 이강중야 재삼독독즉불곡 독몽야

蒙以養正이 聖功也이니라.
몽이양정 성공야

○ 蒙(입을 몽) 山(뫼 산) 下(아래 하) 有(있을 유) 險(험할 험) 止(발 지) 行(갈 행) 時(때 시) 匪(아닐 비) 我(나 아) 志(뜻 지) 應(응할 응) 筮(점대 서) 剛(굳셀 강) 告(알릴 고, 알릴 곡) 再(두 재) 瀆(모독할 독, 도랑 독) 聖(성스러울 성) 功(공 공)

단彖에 이르기를, 몽蒙은 산山 아래에 험함이 있고 험하고 그친 것이 몽蒙이라. '몽형蒙亨'은 형통함으로써 그 때를 맞게 중도中道를 행함이오, 내가 동몽童蒙에게 구하는 것이 아니라 동몽童蒙이 나에게 구함은 뜻이 응應함이요, 처음 묻거든 고해줌은 강중剛中이오, 재삼再三 물으면 번독함이니, 번독하면 고해주지 않음은 몽蒙을 번독하게 하기 때문이니, 어릴 때에 바름을 기름이 성인지도聖人之道를 실천함이니라.

개요概要

순수하고 깨끗한 동몽童蒙은 반드시 크게 성장하고 발전한다는 것이다. 학생이 선생에게 가르침을 요구할 것이지 선생이 학생을 권유하여 가르치는 것은 아니다. 학생이 공부할 뜻을 가진 후에 비로소 스승은 이를 가르친다. 학생이 진심으로 가르침을 원할 때에 비로소 가르친다. 그렇지 않으면 도道

를 모독하고 스승을 모독하고 자신을 모독하는 것이다. 이런 사람은 가르치지 않는다. 학생이나 스승이 모두 바른 길을 지켜야 한다는 것이다.

각설

몽蒙 산하유험山下有險 험이지몽險而止蒙 몽괘蒙卦는 상괘上卦는 간괘艮卦 산山이고, 하괘下卦는 감괘坎卦 물이다. 산 아래에 험난한 물이 있으니 건널 수가 없다. 건너기 위해서는 여러 가지 준비가 필요하다. 이것이 몽괘蒙卦의 상象이다. 하괘下卦 감坎의 성질은 험險이다. 상괘上卦 간괘艮卦의 성질은 지止이다. 몽괘蒙卦는 험난으로 쉽게 건널 수 없는 곳에 와서 나아가지 못하고 머물러 있다. 즉 훌륭한 스승을 만나 그의 가르침을 받고 도덕재능을 길러서 험난을 건너서 나아갈 준비를 한다.

몽형蒙亨 이형행以亨行 시중야時中也[453] '몽蒙'이 형통하는 것은 영원히 몽매한 것은 없다. 왜냐하면 스승이 도道로서 학생을 가르치고 지도하기 때문이다. 시중時中은 때에 알맞은 것으로 그 때에 적합한 올바른 가르침이다.

비아구동몽匪我求童蒙 동몽구아童蒙求我 지응야志應也 학생이 선생의 가르침으로 크게 성장하는데 그 가르침은 선행先行해서 구하여 가르치는 것이 아니고 학생이 진심으로 구할 때 비로소 가르치는 것이다. 이것은 선생의 뜻과 학생의 뜻이 서로 꼭 맞기 때문이다. 효爻로서 말하면 구이九二는 아我, 즉 스승이고 육오六五는 가르침을 받을 학생이다. 육오六五와 구이九二가 서로 응應하고 있음으로 교육이 잘 될 수 있다.

초서곡初筮告 이강중야以剛中也 재삼再三 독즉불곡瀆則不告 독몽야瀆蒙也 '고告'는 고할 곡자로 읽는다. 육오六五 동몽童蒙은 구이九二 스승에 대하여 순수한 진심으로 도道를 배우려한다. 그러므로 구이九二가 가르친다.

---

453 '래지덕來知德'은 『래주역경도해來註易經圖解』에서 "내가 먼저 알고 앞서 깨달은 그것으로써 동몽童蒙을 가르친다.(言我先知先覺, 先以亨通矣, 而后以我之亨)"라고 하였다.

구이九二는 강중剛中의 덕德을 가지며 육오六五도 중中을 얻고 있으며 서로 응應한다. 구이九二는 강중剛中의 덕德을 가짐으로 가르칠만한 사람에게 적당한 가르침을 준다. 이것은 가르칠 수 없는 사람을 가르쳐서 도道를 모독하고, 자신을 모독하고, 학생을 모독하는 일은 없다는 것이다.[454]

몽이양정蒙以養正 성공야聖功也 이것은 「단사」의 이정利貞을 설명한 글이다. 학생은 반듯이 바른 길로 가르쳐야 한다. 어릴 때부터 바른 길을 가르쳐서 바른 덕德을 기르도록 하고, 또한 학생도 바른 교육을 받고 바른 덕德을 기르도록 하는 것은 뒷날 성인聖人이 될 수 있는 공부(공功)가 되기 때문이다. 그러므로 선생과 학생은 반듯이 바른 길로 배우고 가르치고 해야 한다는 것이다.

[象曰] 山下出泉이 蒙이니 君子ㅣ 以하야 果行育德하나니라.
상왈 산하출천 몽 군자 이 과행육덕

○ 泉(샘 천) 果(실과 과) 行(갈 행) 育(기를 육) 덕德(덕 덕)

상象에 이르기를, 산山 아래에서 샘물이 나옴이 몽蒙이니, 군자君子는 이로써 행실을 과단성 있게 하며 덕德을 기른다 하니라.

각설

산하출천山下出泉 몽蒙 산山 아래에 흐르고 있는 물은 샘물이다. 산山 아래에 물이 솟아나와 샘이 있는 것이 몽蒙의 상象이다. 이 샘물은 지금은 졸졸 흐르는 개울물이지만 나중에는 큰 강물이 될 것이다. 따라서 몽蒙

---

454 처음 가르침을 받고 스승의 말을 의심하고 재삼 묻고 또 의심을 가지고 그 도道를 모독하는 사람이므로 가르치지 않는다. 만약 그런 사람을 가르치면 도道를 모독하고 자신을 모독할 뿐 아니라 가르침을 받는 학생까지도 모독하게 된다. 뒷날 학생이 도道를 가볍게 보고 선생을 업신여기고 희롱하게 된다. '재삼독再三瀆'은 육삼六三이 가르침을 받을 수 없는 못된 학생인데 육사六四도 또 도道를 모독할 학생이라는 말이다.

은 뒤에는 크게 성장하겠지만 지금은 몽매蒙昧하여 어둡고 밝지 못하다.

군자君子 이以 군자는 산山 아래에서 졸졸 흐르는 샘물의 상象을 보고 자기수양을 하며 자기 할 일을 수행하고 자기 덕을 기른다. 자기 할 일을 수행하는 과행果行은 샘물의 흐름을 보고 한 말이다.

과행육덕果行育德 과행果行은 과감한 행동, 결과를 볼 수 있게 행동하는 것이다. 과단성있게 덕德을 기른다. '육덕育德'은 상上 간괘艮卦에서 나온 말이다. 군자는 동요하지 않고 조용한 산山을 본받아 서둘지 않고 한발 한발 착실히 밟고 나아간다. 이것이 군자가 몽괘蒙卦의 상象을 보고 배우는 마음가짐이다.

[初六]은 發蒙호대 利用刑人하야 用說桎梏이니
초육 발몽 이용형인 용탈질곡

以往이면 吝하리라. (山澤損)
이왕 인 산택손

象曰, 利用刑人은 以正法也이니라.
상왈 이용형인 이정법야

○ 發(쏠 발) 利(이로울 이{리}) 刑(형벌 형) 用(쓸 용) 說(벗어날 탈, 말씀 설) 桎(차꼬 질) 梏(쇠고랑 곡)

초육初六은 몽매한 것을 일깨우되, 형벌을 사용함이 이롭지만, 질곡을 벗겨주는 것이니, 그대로 나아가면 인색하리라.
상에 이르기를, 사람을 형벌함이 이로움은 법法을 바로잡는 것이니라.

개요概要

몽괘蒙卦는 두 양효陽爻와 네 음효陰爻로 되어 있다. 구이九二와 상구上九의 두 양효陽爻는 학생을 가르치는 스승이며, 나머지 음효陰爻들은 가르침을 받는 학생이다.

각설

발몽發蒙 초육初六은 부정위부중不正位不中한 음효陰爻로서 지혜가 밝지 못하고, 초효初爻로서 젊고 자리가 낮고 바르지 못하다. 그러나 이웃에 있는 구이효九二爻가 양강陽剛하며 중덕中德을 가지고, 초육初六과 상비相比하니 구이효九二爻의 힘으로 초육初六의 몽매蒙昧함을 깨우쳐 밝아지게되는 것이다.

이용형인利用刑人 **용설질곡**用說桎梏 **이왕인**以往吝 어린 학생을 교육하는 데 우선 규칙을 명시하고, 여기 따르지 않는 학생은 엄격하게 다스리는 것이 좋다는 것이다. 그러나 먼저 두려워할 것을 반드시 알릴 필요가 있다. 설說은 탈脫과 같은 뜻이다. 죄인을 구속하는 족쇄나 고랑을 벗겨버리고, 너그럽게만 대하면 몽매한 어린 것이 멋대로 굴어 몽매함을 깨우치지 못하고, 결과적으로는 학생과 선생이 다 같이 부끄러움을 당하게 된다.

소상사小象辭

이정법야以正法也 규율을 바르게 다스리기 위함이다. (법法=규율)

[九二]는 包蒙이면 吉하고 納婦ㅣ면 吉하리니
구이 포몽 길 납부 길

子ㅣ 克家ㅣ로다.
자 극가

(山地剝)
산지박

象曰, 子克家는 剛柔ㅣ 接也이니라.
상왈 자극가 강유 접야

○ 包(쌀 포) 納(드릴 납, 바칠 납) 婦(며느리 부) 克(능할 극) 剛(굳셀 강) 柔(부드러울 유) 接(사귈 접)

구이九二는 몽매한 자를 포용하면 길吉하고 아내를 맞아도 길하다. 자식이 집을 잘 다스림이로다.

상象에 이르기를, 자식이 집안 일을 잘 다스림은 강유剛柔가 사귐이니라.

개요概要[455]

구이九二는 강건득중剛健得中한 효爻로서 중덕中德을 가진다. 이 효爻가 몽괘蒙卦의 주효主爻이며, 몽매蒙昧를 계발하는 선생이다. 위의 육오六五는 음효陰爻지만 유순柔順 중덕中德하다. 이것이 가르침을 받는 동몽童蒙의 주효主爻이다. 이 효爻는 교육에 필요한 조건을 말하고 있다. 즉 스승은 모든 학생을 포용할 수 있는 넓은 도량을 가져야하고 또 학생은 스승과 서로 뜻이 맞아야 한다는 것이다.[456]

각설

포몽包蒙 길吉 육오六五와 구이九二는 서로 응應하고 있다. '포包'는 포용하는 것이다. '몽蒙'은 초육初六, 육삼六三, 육사六四, 육오六五의 네 음효陰爻를 말한다. 구이九二는 강명剛明과 중덕中德을 가지며 이들 몽蒙을 모두 포용하여 계발한다. 그러므로 길吉하다. 스승은 모든 학생을 포용할 수 있는 넓은 도량을 가져야한다.

납부길納婦吉 부婦'는 육오六五 음효陰爻를 말한다. 아내와 잘 화합하는 것처럼 구이九二는 육오六五와 잘 응應하여 선도善導하고 계발함으로 길吉하다.

---

455 납부納婦는 아내를 맞이해라. 장가를 가라는 의미이다.

456 「단사彖辭」에 ""비아구동몽匪我求童蒙 동몽구아童蒙求我"라' 한 말과 같이 학생이 진심으로 나에게서 가르침을 받고 싶은 뜻이 있어야 한다. 스승과 학생의 뜻이 진심으로 나에게서 가르침을 받고 싶은 뜻이 있어야 한다. 스승과 학생의 뜻이 마치 금실좋은 부부같이 꼭 맞아야한다. 그렇게 되면 자식이 아버지를 대신해서 그 집을 잘 다스리는 것처럼 신분이 낮은 구이九二가 능히 천하天下를 지도할 수 있게 된다. 구이九二는 중덕中德이 있음으로 이와 같은 큰일을 할 수 있다.

자극가子克家 '자子'는 구이九二를 말한다. 구이九二는 낮은 자리이므로 집에서는 자식이고, 나라에서는 신하가 된다. 낮은 자리에 있는 자식이 그 집을 잘 다스린다. 신하가 임금을 잘 가르치고 인도한다. 이것을 '자극가子克家'라 하였다.[457]

소상사小象辭

강유접야剛柔接也 강剛은 구이九二를, 유柔는 육오六五를 말한다. 구이九二와 육오六五는 서로 응應하고 있음으로 친하게 사귀게 된다. 그러므로 구이九二는 육오六五의 두터운 신임을 받아 동몽童蒙을 계몽할 수 있게 된다. 「상사象辭」는 구이九二와 육오六五의 응應을 주로 말한 것이다.

[六三]은 勿用取女ㅣ니
육삼 물용취녀

見金夫하고 不有躬하니 无攸利하니라. (山風蠱)
견금부 불유궁 무유리 산풍고

象曰, 勿用取女는 行이 不順也이니라.
상왈 물용취녀 행 불순야

○ 勿(말 물) 用(쓸 용) 取(취할 취) 女(여자 녀{여}) 見(볼 견) 金(쇠 금) 夫(지아비 부) 躬(몸 궁)

육삼六三은 여자를 취하지 말지니, 돈 있는 사내를(금부金夫, 부자富者/건도乾道) 보고 몸을 두지(가만있지) 못하니 이로울 바가 없다 하니라.

상象에 이르기를, 여자를 취하지 말라는 것은 행실이 순하지 않음이니라.

457 자극가子克家는 부자父子관계라고 할 수도 있다. 자식이 아버지를 대신해서 그 집을 잘 다스리는 것이다

개요概要

육삼六三은 음효陰爻로서 부드럽고 약하며, 부정위不正位로 바른 자리가 아니며, 지혜가 밝지 못하다. 즉 음유陰柔 몽매蒙昧 부중不中·부정不正이다. 그리고 상구上九의 양효陽爻와 서로 응應하고 있지만 이웃에 강한 구이九二가 있음으로 거기에 끌려서 상구上九 응효應爻로 가지 못한다. 마음이 좋지 못한 효爻이다.

각설

물용취녀勿用取女 여女는 이 육삼六三을 말한다. 음효陰爻라 여女이다.
견금부見金夫 금부金夫는 돈을 많이 가진 남자로 구이효九二爻를 말한다. 「설괘」에 건乾을 금金으로 한다고 되어 있으니, 구이九二 양효陽爻를 금부金夫라고 한다. 육삼六三은 음유陰柔하며, 중덕中德이 없어 사람의 도리를 지키지 못하는 효爻이다. 이와 같은 몽매한 사람은 가르칠 수 없다. 그러나 이런 사람도 지금까지의 태도를 바꾸어 건도乾道를 자각하고 바른 길을 지켜나가면 화禍를 복福으로 돌릴 수 있을 것이다.[458]
불용궁不有躬 무유리无攸利 자신의 본래성을 상실한 것이다. 그러므로 이로운 바가 없다는 것이다. 궁躬은 자신을 지칭하는 것이다.

소상사小象辭

행불순야行不順也 순順은 바른길에 순종하는 것이다. 부인(군자君子)이면 남편(성인聖人)을 따르는 것이 바른 길인데 육삼六三은 정당한 상대를 버

458 육삼六三은 음유陰柔하며, 중정中正의 덕德이 없어 사람의 도리를 지키지 못하는 여자이다. 인사적으로 보면 이런 여자를 아내로 삼아서는 안 될 것이다. 이 여자는 상구上九양효陽爻와 응應하고 있어 상구上九를 따라가야 하는데 이웃에 돈이 많고 세력이 좋은 구이九二 양효陽爻를 보고 거기 끌려서 몸을 바로 지키지 못하는 여자이다. 자기와 바로 응應하는 사람을 버리고 세력이 좋은 사람을 따라가는 사람, 도리를 지키지 못하는 나쁜 여자는 어떤 곳으로 가도 잘 될 수 없다. 결국 화禍를 당한다.

리고 돈 많고 세력 좋은 남자를 따라가려 한다. 이러한 여자는 바른 길을 따라가지 않음으로 아내로 맞이해서는 안 된다. 이와 같이 음유陰柔·부중不中·부정不正하고 지극히 무지몽매한 사람은 자기 스스로 빨리 후회하고 깨닫기를 바라며 가르치지 않고 버려둔다.

[六四]는 困蒙이니 吝토다. (火水未濟)
육사 곤몽 인 화수미제

象曰, 困蒙之吝은 獨遠實也이니라.
상왈 곤몽지인 독원실야

○ 獨(홀로 독) 遠(멀 원) 實(열매 실)

육사六四는 곤궁한 몽매함이니, 부끄럽도다.
상象에 이르기를, '곤몽困蒙의 부끄러움'은 홀로 실實(양陽)과 멂음이니라."

개요概要

육사六四는 '유약柔弱하며 몽매蒙昧하다.' 상괘上卦의 하효下爻로 중中을 얻지 못하며, 음효陰爻로서 음陰의 자리에 있으니 자리는 바르다. 그러나 초효初爻와 서로 응應하지 못하며, 이웃에 있는 육삼六三과 육오六五가 모두 음효陰爻로서 서로 친親하지 못한다. 양효陽爻 구이九二와 상구上九는 멀리 떨어져 서로 연락이 없다.[459]

각설

곤몽困蒙 인吝 이 효爻는 이웃에 자기를 도와 줄 사람이 없으며 자기의 몽매蒙昧를 열어줄 사람도 없다. 이런 상태에서는 영영 몽매를 벗어날 수

459 (觀中) 이는 택수곤괘澤水困卦와 밀접한 연관을 지어 한 말이다. 군자로서의 어린 아이가 지금 태어난 것이다. 군자로서의 목표를 설정해 놓고 아주 과단성 있게 행해야 한다.

없다. 그러므로 몽蒙에 곤困하다고 하였다. 정말 부끄러운 일이다. 그러나 음효陰爻로서 음陰의 자리에 있으니 바른 자리에 있음으로 큰 화禍를 면한다. 그러므로 육사효六四爻는 어진 선생을 찾아 가르침을 받을 궁리를 해야 한다는 것이다.

소상사小象辭

독원실야獨遠實也 실實은 양陽을 말한다. 음陰은 공허하며, 양陽은 충실하다. 육사효六四爻가 몽매한 한 평생을 보내면서 밝은 지혜를 얻지 못하여 곤난을 당하는 것은 육사효六四爻가 홀로 충실한 양효陽爻와 멀리 떨어져 있어 자기를 가르치고 인도해줄 선생이 없기 때문이다. 독獨은 단지 이 효爻만이 그렇다는 뜻이다. 초육初六은 서로 비比하지만 친親할 수 있는 구이九二 양효陽爻가 이웃에 있다.[460] 이 괘에는 음효陰爻가 넷 있는데 그 中 셋은 모두 양효陽爻와 인연이 있지만 이 육사六四는 상하上下 어디에도 서로 친할 수 있는 양효陽爻가 없다. 그러므로 '**獨遠實也**(독원실야)'라고 하였다. 이 육사六四는 양효陽爻, 즉 현인賢人과 관계를 맺지 못하고 종신토록 몽매함으로 고생하는 사람이다.

[六五]는 **童蒙**이니 **吉**하니라. (風水渙)
육오 동몽 길 풍수환

象曰, 童蒙之吉은 **順以巽也**이니라.
상왈 동몽지길 순이손야

○ 童(아이 동) 蒙(입을 몽) 吉(길할 길) 順(순할 순) 以(써 이) 巽(겸손할 손)

육오六五는 순수하고 어린 몽이니, 길하니라.

---

460 육삼六三은 상구上九 양효陽爻와 응應하고 구이九二와 상비相比하고 있다. 육오六五는 구이九二와 상응하고, 또한 상구上九와 상비相比하고 있다.

상象에 이르기를, "동몽童蒙의 길함은 순종으로써 겸손함이니라."

개요概要

육오六五는 현명한 스승인 구이九二의 가르침을 받을 이상적인 학생이다. 가르침을 받는 주효主爻이다.

각설[461]

동몽童蒙 길吉 육오六五는 간괘艮卦의 한 효爻이다. 간艮은 소남小男이므로 동童이라 하였다. 육오六五는 음효陰爻로서 몽매하며 자리도 바르지 못하지만 상괘上卦 중앙에 있어 중덕中德을 가지며 유순柔順하다. 그리고 간괘艮卦의 한 효爻이므로 젊은 동몽童蒙이다. 동몽童蒙으로서의 순수純粹한 진심이 아직도 남아있다. 또 중덕中德을 가진 현명한 구이九二와 서로 응應하고 있음으로 진심으로 그 현인賢人을 믿고 가르침을 받으려 한다. 이상적인 동몽童蒙이다. 진심으로 현인賢人의 가르침을 받을 수 있음으로 길吉하고 크게 복福을 얻는다.[462]

소상사小象辭

순이손야順以巽也 '순順'은 마음이 유순柔順한 것이다. '손巽'은 남에게 복종하고 남을 따르는 것이다. 육오六五가 길吉을 얻는 것은 천자天子의 귀貴한 자리에 있으면서 아래에 있는 현인賢人의 가르침을 받고 따르기 때문이다. 마음이 유순柔順한 것이 순順이고, 겸손한 것이 손巽이다. 마음

---

461 동몽童蒙은 장차 군자가 될 이를 말한다.

462 「단사彖辭」의 '몽형蒙亨 비아구동몽匪我求童蒙, 동몽구아童蒙求我, 초서곡初筮告, 재삼독再三瀆, 독칙불곡瀆則不告, 이정利貞."' 한 것은 주로 이 효爻를 말한 것이다. 「단사」에 지응志應이라 한 것도 이 효爻가 순수한 진심으로 구이九二와 응하며 그의 지도를 받는 것을 주로 말한 것이다.

이 순順하여 행동이 공손하고 스승에 순응順應, 독실한 공부로 성취한다는 것이다.

[上九]는 擊蒙이니 不利爲寇ㅣ오 利禦寇하니라. (地水師)
상구 격몽 불리위구 이어구 지수사

象曰, 利用禦寇는 上下ㅣ 順也이니라.
상왈 이용어구 상하 순야

○ 擊(부딪칠 격, 칠 격) 蒙(입을 몽) 不(아닐 불) 爲(할 위) 寇(도둑 구) 利(이로울 리) 禦(막을 어)

상구上九는 몽매한 것을 일깨우는 것이오, 도둑이 되는 것은 이롭지 않음이오, 도둑을 막는 것이 이로우니라.

상象에 이르기를, '도둑을 막음이 이로운 것'은 상하上下가 순順함이니라.

개요概要

상구上九는 양효陽爻로서 몽매한 학생을 가르치는 강명剛明한 선생의 한 사람이다. 그러나 부중不中이며, 과강過剛으로 지나치게 강剛하다.

각설

격몽擊蒙 **불리위구**不利爲寇 **이어구**利禦寇 학생을 가르치는데 체벌을 하는 수도 있지만 너무 지나치면 좋지 못하다는 것이다. 학생의 훈육방법에는 지성스럽고 타이르는 방법과 벌罰을 주는 두 방법이 있다. 그러나 벌罰이 너무 지나치면 학생을 가르치는 것이 아니고, 학생의 원수가 되어 좋지 않다. 학생의 마음을 어지럽게 하고, 공부에 방해가 되는 외부의 도적을 막아 학생들이 하루하루 잘못을 고치고, 착한 곳으로 옮겨가도록 하는 것이 좋다. 이것이 '이어구利禦寇'이다. 여기서 말하는 '몽蒙'은 주로 육삼

六三이며, 육삼六三을 가르칠 상구上九가 지나치게 강剛한 것을 경계하고 있다.[463] ❶'위구爲寇'란 소인小人의 마음으로 교육하는 것이고, ❷'어구御寇'란 군자의 마음(사랑)으로 지도 편달하는 것이다.

소상사小象辭

상하순야上下順也 상구上九가 동몽童蒙을 위하여 동몽童蒙의 원수인 외부의 도적을 막으면 상구上九로서의 바른 길을 따르는 것이 되고, 아래는 아래로서의 공부를 하고 싶어하는 바른 길을 따르는 것이 되어 상하上下가 모두 바른 길을 따르게 된다.[464]

---

463 구이九二와 상구上九는 몽매를 계발할 스승인데 구이九二는 강중剛中의 덕德을 가지고 몽매한 사람을 잘 포용하는 관대한 사람이고, 상구上九는 중덕中德을 가지지 못하여 지나치게 과격한 사람이다.

464 율곡은 『격몽요결』에서 격몽擊蒙을 주장하면서 구속拘束하지 말며, 속박束縛하지 말고, 체벌하지 말고 오직 사랑(인仁)으로 개인의 적성과 능력에 따른 교육을 강조하였다.

✐ 몽괘蒙卦에서는 몽매蒙昧함을 여는 길을 말하고 있다.

사람은 누구나 몽매함을 걷어내면 밝은 지혜知慧가 드러나게 된다고 말한다. 몽괘蒙卦에서는 몽매함을 깨우치는 방법에 대하여 첫째, 순수한 동몽童蒙이라야 반드시 크게 발전한다는 것이다.

둘째, 학생이 공부할 뜻을 가진 후에 비로소 스승은 이를 가르친다.

셋째, 학생이 진심으로 가르침을 원할 때에 비로소 가르친다.

넷째, 학생이나 스승이 모두 바른 길을 지켜야 한다는 것이다.

군자는 동요하지 않고 조용한 산을 본받아 서두르지 않고 한발 한발 착실히 밟고 나아가면서 덕德을 길러나가라고 한다. 이것이 몽매함을 깨우치기 위한 마음가짐이다.

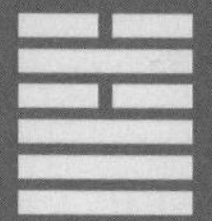

수천수괘
5. 水天需卦

天水訟卦 火地晉卦 天水訟卦 火澤睽卦

도전괘
倒顚卦

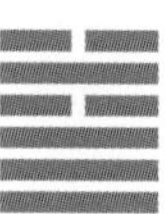

수천수괘
水天需卦

천수송괘
天水訟卦

음양대응괘
陰陽對應卦

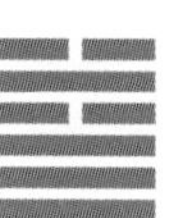

수천수괘
水天需卦

화지진괘
火地晉卦

상하교역괘
上下交易卦

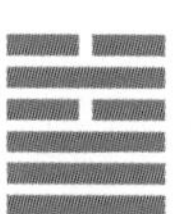

수천수괘
水天需卦

천수송괘
天水訟卦

호괘
互卦

수천수괘
水天需卦

화택규괘
火澤睽卦

효변 爻變	初爻變 而爲井卦	二爻變 而爲旣濟卦	三爻變 而爲節卦	四爻變 而爲夬卦	五爻變 而爲泰卦	上爻變 而爲小畜卦

수천수괘 水天需卦	**수풍정괘** 水風井卦	**수화기제괘** 水火旣濟卦	**수택절괘** 水澤節卦	**택천쾌괘** 澤天夬卦	**지천태괘** 地天泰卦	**풍천소축괘** 風天小畜卦

요지要旨

괘명卦名 이 괘는 상감上坎의 수水(☵) + 하건下乾의 천天(☰) = 수천수괘水天需卦(䷄)이다.

괘의卦意 수需는 '기다릴 수'로 해석한다. '수需'는 하늘의 은총, 때를 기다리는 군자의 도리를 의미한다. '초목草木'도 '금수禽獸'도 모두 기다리는 것이 있다.[465] 인간이 기다리는 것 중中에 대표적인 것이 군자의 인격적인 영양소인 음식물(성인지도)이다. 그러므로 「서괘序卦」에서는 수괘需卦(䷄)를 음식지도飮食之道로 보고 있다.

괘서卦序 「서괘序卦」에서 "어린 것은 길러야 한다. 따라서 수괘需卦는 음식물에 대한 도道를 말하고 있다.(物穉不可不養也, 故 受之以需, 需者
물 치 불 가 불 양 야 고 수 지 이 수 수 자
飮食之道也.)"라고 하였다. 수천수水天需(䷄) 앞에 산수몽괘山水蒙卦가
음 식 지 도 야
있다. 몽괘蒙卦는 동몽童蒙이며, 어린 것이다. 양육養育에는 반드시 음식물飮食物(인격적 영양소)이 필요하다는 것이다.

괘상卦象 수괘需卦(䷄)는 아래에 건괘乾卦 하늘이 있고, 위에 감괘坎卦 물이 있다. 물이 하늘로 올라와 있다. 하늘에 있는 물은 구름이다. 그 구름은 뒤에 비가 되어 내릴 것이지만(뇌수해괘雷水解卦) 지금은 하늘 위에 있다. 지금은 천상天上의 구름이 비가 되어 내릴 것을 기다리는 중이다. 하늘의 은총과 은택을 기다리는 것이다. 권력과 명예와 재산, 욕구를 기다리는 것이 아니다.[466]

---

465 천지간에 존재하는 모든 생물은 외부에서 양분을 받아 비로소 생명을 유지하게 된다. 풀과 나무는 공중에서 햇빛과 열과 공기를 받고 땅속에서 수분과 그 밖의 영양소를 얻어 성장한다. 즉 초목은 이들 물건物件을 기다려서 비로소 성장한다.

466 「단사彖辭」에 "수需는 유부有孚"라고 한 말과 같이 안에 충실한 것이 있어야 한다. 안에 충실한 생명이 없으면 음식물을 아무리 주어도 성장하지 않는다. 안에 충실한 생명이 있을 때 비로소 양육이 가능하다. 하늘에 비가 될 구름이 없으면 아무리 기다려도 비는 오지 않는다. 유부有孚한 것이 가장 중요하다. 또 이 괘는 아래에 건괘乾卦가 있고 위에 감괘坎卦가 있다. 건乾은 강건剛健의 덕德이 있고 감坎은 험險·곤난困難의 성질이 있다. 건괘乾卦는 험난한 감괘坎卦에 막혀 나아갈 수 없어 잠시 동안 머뭇거리며 기다리고 있다. 이것은 괘卦의 덕

괘덕卦德 수괘需卦(☵☰)는 강건剛健하고 안에 충실한 덕德을 가짐으로 비로소 기다릴 수 있게 된다. 반대로 유약柔弱한 사람은 어려운 때에 가만히 기다리고 있을 수가 없어 조급하게 경거망동하게 된다. 기량이 크고 강건剛健한 덕德을 가지며 안으로 성실誠實함을 가진 사람이 아니면 가만히 시기를 기다리고 있지를 못한다. 즉 건괘乾卦의 강건剛健한 덕德과 감괘坎卦의 성실한 덕을 갖추고 있는 사람이 아니면 수괘需卦의 도道를 온전히 행할 수 없다. 즉 수괘需卦에 처處하는 길은 건乾의 강건剛健한 덕德과 감坎의 성실한 덕을 가지고 있다. 강건剛健의 건健은 건괘乾卦 「대상大象」의 '천행건天行健'의 건健이다. 쉼 없이 일하고도 조금도 지칠 줄 모른다. 이것은 적극적인 건健이다. 건健에는 적극적인 건健과 소극적인 건健이 있다. 소극적인 건健은 아무리 기다려도 시겨워하지 않고 괴로워하지 않고 불평도 없는 것이다. 강건剛健의 덕德을 충분히 갖추지 못한 사람은 소극적인 덕德을 갖출 수가 없다. 반대로 소극적인 건健을 갖추지 못한 사람은 적극적인 건덕健德을 가질 수가 없다.[467]

德, 즉 괘의 성질로서 설명한 것이다. 요컨대 수괘需卦는 잠시 동안 기다리고 있는 것이다. 뒤에 나아가기 위해서 잠시 기다리는 것이다. 나아가려는데 사정이 좋지 못하여 잠시 기다리는 것뿐이다. 기다리는데 대한 마음가짐도 이 괘의 모양에 나타나 있다. 하下 건괘乾卦는 성질이 강건하다. 상上 감괘坎卦는 중앙中央에 양효陽爻가 있어 안에 충실한 성誠의 덕을 가진다. 감괘坎卦는 상하가 음효陰爻이고 중앙中央에 양효陽爻이다. 이것으로 안이 충실하고 성실한 것을 나타내고 있다. 양陽의 괘는 모두 좋은 쪽과 나쁜 쪽을 가지고 있다. 나쁜 쪽에서 보면 그것이 나아가기 힘든 곤난의 원인이 되고, 좋은 쪽에서 보면 곤난을 해결하는 길이 된다. 이것은 사람들이 각자 가지고 있는 기질과 같아서 그것을 잘 쓰면 장점이 되고 잘못 쓰면 단점이 되어 장점이 곧 단점이 되고 단점이 곧 장점이 되는 것과 같다.

467 수괘需卦(☵☰)의 기다림은 강건剛健한 사람이 아니면 하지 못한다. 유약柔弱한 사람은 시기가 오는 것을 기다리지 못하고 조급히 서둘다가 몸을 망치고 집을 망치고 나라를 망친 일이 많다. 이런 일은 수괘需卦의 덕德 즉 건괘乾卦의 강건剛健한 덕德과 감괘坎卦의 성실한 덕德이 부족하기 때문이다. 기다리는 것도 여러 가지가 있다. 음식물, 의복, 주택과 같은 물질적인 것도 있고, 사람을 기다리고, 시기를 기다리고, 또 자기 자신의 실력 향상을 기다리는 것들이 있다. 외부에서 오는 물질을 기다리고 시기를 기다리는 사람을 기다리고 또 자기 자신이 자신을 기다리는 것이 모두 건괘乾卦의 강건剛健한 덕德과 감괘坎卦의 성실한 덕德으로 잘 처리가 된다. 기다리는 것은 크게 말하면 천지의 움직임으로부터 시작하여 인간만사가 모두 때를 기다리는 것이다. 아침에는 저녁을 기다리고 봄에는 가을을 기다리고 젊어서는

需는 **有孚**면 **光亨**코 **貞**이라야 **吉**하니 **利涉大川**이니라.
수 유부 광형 정 길 이섭대천

○ 需(기다릴 수, 구할 수) 有(있을 유) 孚(미쁠 부) 光(빛 광) 亨(형통할 형) 貞(곧을 정) 吉(길할 길) 利(이로울 이{리}) 涉(건널 섭) 大(큰 대) 川(내 천)

수需는 믿음이 있으면 크게 형통한다. 곧으면 길吉하다. 큰 내를 건너는 것이 이로우니라.

개요概要

수유부需有孚는 상上 감괘坎卦를 주로 말한 것이다. 감괘坎卦는 중앙에 양효陽爻가 있어 성실한 덕德이 안에 꽉 차 있다는 것이 이「단사」의 중요한 점이다.

각설

수유부광형정길需有孚光亨貞吉 이섭대천利涉大川 '부孚'는 성신誠信이다. 성실한 덕德이 안에 충실하고 그것이 다른 사람에게 미쳐서 그 사람이 감응感應하는 것을 부孚라고 한다. '광光'은 대大이다. 하늘에서 빛이 고루 비추는 것처럼 크게 성盛하는 것을 말한다. 명明과는 구분된다. '정길貞吉'은 바른 길을 굳게 지키고 있음으로 길吉하며 복을 얻는다는 것이다. 그러므로 위험을 무릅쓰고 큰 강을 건너도 좋지 않은 일이 없다.
따라서 수괘需卦는 안에 충실한 성誠의 덕德이 있음으로 크게 성장한다. 그리고 바른길을 굳게 지키고 있음으로 크게 길吉하다. 그러므로 위험한 큰

늙기를 기다리는 것이다. 늙어서는 죽음을 기다리는 것이다. 그저 멍하니 기다리는 것이 아니라 강건剛健한 행동과 성실한 마음으로 더욱 발전하기를 기다린다. 인생은 항상 무엇인가를 기다리고 산다. 수괘需卦를 주로 해서 역易을 보면 천지만물의 변화가 모두 수괘需卦의 변화로 볼 수 있다.

강江을 건너가도 불리한 것이 없다. 이것은 모두 유부有孚에서 오는 덕德이다.[468]

> **[彖曰] 需**는 須也ㅣ니 險이 在前也일새니 剛健而不陷하니
> 단왈 수 수야 험 재전야 강건이불함
>
> 其義ㅣ 不困窮矣라.
> 기의 불곤궁의
>
> 需有孚光亨貞吉은 位乎天位하야 以正中也일새오
> 수유부광형정길 위호천위 이정중야
>
> 利涉大川은 往有功也이니라.
> 이섭대천 왕유공야

○ 需(기다릴 수, 구할 수) 須(기다릴 수, 모름지기 수) 險(험할 험) 健(튼튼할 건) 陷(빠질 함) 困(괴로울 곤) 窮(다할 궁) 亨(형통할 형) 貞(곧을 정) 位(자리 위)

단彖에 이르기를, 수需는 기다림이니, 험한 것이 앞에 있음이니, 강건剛健하여 유혹에 빠지지 않으니 그 뜻이 곤궁하지 않음이라. 수需는 믿음이 있으면 크게 형통하니, 곧으면 길吉한 것은 천위天位에 있으면서 바름으로써 중中을 얻음이오. '큰 내를 건너면 이롭다.'는 것은 가면 공이 있음이니라.

개요概要

이 「단사」 전반前半은 상하上下 두 괘卦의 덕德으로서 설명하고, 후반後半은 이 괘의 주효主爻인 구오효九五爻의 강강중정剛强中正의 덕德으로 설명하고

468 만약 안에 성실한 덕德이 충만하지 않으면 이러한 효과는 얻을 수가 없다. 초목의 종자도 안에 생명의 씨가 살아 있음으로 땅에 심어두면 싹이 나고 자라게 된다. 만약 씨가 죽었다면 아무리 기다려도 싹은 나오지 않을 것이다. 이와 같이 안으로 성실한 덕德이 있어야 때가 되면 크게 성장한다. 성실한 덕德이 있어도 강건剛健한 덕德으로 기다리지 않으면 성실한 덕德이 자라지를 못한다. 이것은 씨를 뿌려두고 싹이 날 때까지 기다리지 못하고 종종 흙을 파고 씨를 살펴보는 것과 같으니 가만히 기다릴 수 있는 강건剛健한 덕德을 가져야 한다. 즉 감괘坎卦의 성실한 덕德과 건괘乾卦의 강건剛健한 덕德이 필요한 것이다. 이것이 수괘需卦의 도道로써 기다리는 길이다.

있다.

각설

수需 수야須也 때를 기다리는 것이다. 무한정 기다리는 것이 아니고 험난한 강이 앞에 있으니 잠시 동안 기다리는 것이다. 준비 없이 앞에 놓인 큰 강을 건널 수가 없다. 건널 준비가 될 때까지 잠시 동안 기다리는 것이다. 그러므로 수需는 유柔하고 약한 물이 때를 기다리는 것이다.

강건剛健 하下 건괘乾卦의 덕德으로 강건剛健한 덕德이 있음으로 서둘지 않고 기다리게 되며 기다리고 있음으로 험난 속으로 빠져 들어가지 않는다. 만약 유약柔弱한 사람이면 기다리지 못하고 서둘러 나가 물에 빠지게 될 것이다.[469]

수유부광형정길需有孚光亨貞吉 위호천위이정중야位乎天位以正中也

이것은 구오효九五爻를 보고 「단사」로 설명한 것이다. '천위天位'는 성인聖人의 자리 곧 오효五爻를 말한다. 수괘需卦가 뒤에 크게 성장하며, 길吉을 얻는 것은 구오효九五爻가 정중正中의 덕德을 가지고 성인聖人의 자리에 있기 때문이다. ❶유부有孚는 건도乾道에 대한 성실한 믿음이고, ❷광형光亨은 천도天道, 성인聖人 오효五爻의 입장이다.

이섭대천利涉大川 왕유공야往有功也 건괘乾卦는 언제까지고 머물러 있는 것이 아니고 적당한 준비를 하여 때를 기다려서 나아가면 큰 공적을 이루게 될 것이다. 이것이 이 괘가 중정中正의 덕德을 가지며, 유부有孚하고 정貞함으로 얻어지는 효爻이다.

---

469 수괘需卦가 앞에 있는 험난을 보고 나가지 못하고 있는 것은 얼핏 보면 곤궁한 것처럼 보이지만 그의 바른 길은 결코 곤궁한 것이 아니다. 때가 되면 반드시 험난을 넘어가 크게 형통하게 될 것이다. 여기까지는 건괘乾卦의 강건剛健한 덕德과 坎卦의 험난한 성질로서 설명하였다.

[象曰] 雲上於天이 需ㅣ니 君子ㅣ 以하야 飮食宴樂하나니라.
상왈 운상어천 수 군자 이 음식연락

○ 雲(구름 운) 於(어조사 어) 天(하늘 천) 需(구할 수) 飮(마실 음) 食(밥 식) 宴(잔치 연) 樂(즐길 락, 좋아할 요)

상象에 이르기를, 구름이 하늘에 오른 것이 수需이니, 군자는 이로써 음식飮食을 먹으며 즐겁게 잔치하나니라.

각설

운상어천雲上於天 수需 이 괘는 상上 감괘坎卦의 물이 있고 상上 건괘乾卦의 하늘이 있다. 하늘 위에 물은 구름이다. 구름은 하늘에 있고 아직 비가 되어 땅에 내리지 않는다. 비가 올 때까지 잠시 동안 기다리고 있는 것이다. 이것이 수괘需卦의 상象이다.

음식연락飮食宴樂 군자는 이 상象을 보고 지금은 서둘러 나아갈 때가 아님을 알고 안으로 성실한 덕德을 기르며, 밖으로 바른 길을 지키고 실천하면서 군자의 인격적 영양소인 음식으로 자기 몸을 도우며 연회宴會를 유유히 즐기면서 마음을 돌본다.[470] 「계사상」편 3장에 "군자의 거하는 바가 편안한 것은 역의 차례를 알기 때문이요, 즐거운 바를 완미하는 것은 효의 말씀을 아는 것이니.(君子ㅣ 所居而安者, 易之序也. 所樂而玩者, 爻之辭也.)"라고 하였다.
군자 소거이안자 역지서야 소낙이완자 효지사야

470 래지덕來知德은 『래주역경도해來註易經圖解』에서 "음식연락飮食宴樂이라 한 것은 거역사명居易俟命하며 함양대시涵養待時의 상象이다. 고로 꼭 마시고 노는 것을 말하는 것이 아니라(飮食宴樂者, 乃居易俟命, 涵養待時之象也, 非眞必飮食宴樂也)"라고 하였다.

[初九]는 需于郊ㅣ라 利用恒이니 无咎ㅣ리라. (水風井)
초구 수우교 이용항 무구 수풍정

象曰, 需于郊는 不犯難行也일새오
상왈 수우교 불범난행야

利用恒无咎는 未失常也이니라.
이용항무구 미실상야

○ 恒(항상 항) 不(아닐 불) 犯(범할 범) 難(어려울 난) 行(갈 행) 利(이로울 이{리}) 用(쓸 용) 无(없을 무) 咎(허물 구) 失(잃을 실) 常(항상 상)

초구初九는 들에서 기다림이라 항심을 가지는 것이 이로우니, 허물이 없을 것이다.

상象에 이르기를, '교외에서 기다린다'는 것은 난을 범하여 가지 않는 것이요, 항상함이 이로우니 허물이 없다는 것은 떳떳함을 잃지 않음이니라.

개요概要

각「효사」는 효爻의 위치와 덕德이 달라서 기다리는(공간) 방법을 다르게 설명하고 있다.

각설

수우교需于郊 상괘上卦 감坎은 험난한 괘이다. 초구初九는 험난에서 가장 멀리 떨어져 있다. 그러므로 성 바깥(교郊)에서 기다린다고 하였다.[471]

초구初九는 신분이 낮은 서민, 초야에 묻혀 숨어사는 사람으로 험난을 만나 시기를 기다리며, 바른 길을 지키고 있다.

이용항利用恒 무구无咎 양효陽爻로서 양陽의 자리에 있으니 바른 자리의 효爻이므로 항도恒道을 사용하면 이롭고 허물이 없다.

471 교郊는 성城에서 멀리 떨어진 곳이다. 성城밖을 곽廓이라 하고 곽廓밖을 교郊라 한다.

소상사小象辭

수우교需于郊 **불범난행야**不犯難行也 교郊에서 기다리고 있다는 것은 험난을 무릅쓰고 나아가지 않으며 멀리 떨어진 곳에서 나아갈 시기를 기다리고 있는 것이다. 항恒을 쓰면 이롭고 허물이 없다는 것은 조용히 자기 지킬 바의 도道를 지키며 상도常道를 잃지 않음으로 허물을 면免할 수 있다는 것이다.

이용항무구利用恒无咎 **미실상야**未失常也 강건剛健한 마음으로 때를 기다림이다. 항恒과 상常은 군자가 내면적 수양을 닦는 것은 험난한 세상을 대비하기 위함이다.

[九二]는 需于沙ㅣ라 小有言하나 終吉하리라. (水火旣濟)
구이 수우사 소유언 종길 수화기제

象曰, 需于沙는 衍으로 在中也일새니
상왈 수우사 연 재중야

雖小有言하나 以吉로 終也ㅣ리라.
수소유언 이길 종야

○ 需(기다릴 수) 于(어조사 우) 沙(모래 사) 小(작을 소) 有(있을 유) 言(말씀 언) 終(끝날 종) 吉(길할 길) 衍(너그러울 연, 넉넉할 연, 넘칠 연) 在(있을 재) 中(가운데 중) 雖(비록 수)

구이九二는 모래밭에서 기다린다. 조금은 말이 있으나 마침내 길하리라.

상象에 이르기를, '모래에서 기다림'은 너그러움으로 중中에 있음이니, 비록 다소 말이 있으나 길함으로 마치리라.

개요概要

구이九二는 양효陽爻로 강강剛强하다. 득중得中은 했으나, 부정위不正位로서 초구初九보다 험난에 가까이 와 있다.

각설

수우사소유언需于沙小有言 **종길**終吉 상上 감괘坎卦는 물이며, 강江이므로 구이九二는 강변 모래밭에 와 있다. 깨끗한 모래밭에서 시기를 기다리고 있다. 초구初九보다 험난에 가까이 있음으로 약간의 비난을 면할 수가 없다.[472] 그러나 구이九二는 양강陽剛·중덕中德을 가지고 있다. 시기를 기다려서 나아가 결국에는 길吉을 얻게 된다.

소상사小象辭

수우사需于沙 **연재중야**衍在中也 **수소유언이길종야**雖小有言以吉終也 '연衍'은 넉넉할 연 자이다. 마음이 넓어 넉넉한 것이다. 구이九二는 강剛하며, 중中을 얻고 있음으로 마음이 너그럽고 넉넉하다. 험난에 가까이 있음으로 다소의 비난을 받을 수 있지만 길吉로서 끝나게 된다. 이것은 오직 剛과 중덕中德으로 너그럽게 중도中道를 지키고 있기 때문이다.

[九三]은 需于泥니 致寇至리라. (水澤節)
구삼 수우니 치구지 수택절

象曰, 需于泥는 災在外也이니라
상왈 수우니 재재외야

自我致寇하니 敬愼이면 不敗也ㅣ리라.
자아치구 경신 불패야

○ 需(기다릴 수, 구할 수) 于(어조사 우) 泥(진흙 니{이}) 災(재앙 재) 在(있을 재) 外(밖 외) 自(스스로 자) 我(나 아) 致(보낼 치) 寇(도둑 구) 敬(공경할 경) 愼(삼갈 신) 不(아닐 불) 敗(깨뜨릴 패)

구삼九三은 진흙 속에서 기다리니, 도둑을 불러오게 하리라.

상象에 이르기를, '진흙에서 기다림'은 재앙이 밖에 있음이니라. 나로부터

472 똑똑한 사람이 험난을 앞에 두고 가만히 보고 있는 것은 직무태만職務怠慢이다.

구난寇難을 불렀으니, 공경하고 삼가면 패敗하지 않으리라.

개요概要

구삼九三은 구이九二의 모래에서 진흙으로 나아간다. 진흙은 물에 가까운 곳이다. 구삼九三 바로 위에 있는 육사六四로부터 감괘坎卦의 물이다. 그러므로 구삼九三은 물에 가까운 진흙(소인지도)에서 기다리고 있다.

각설

수우니需于泥 치구지致寇至 구삼九三은 양효陽爻로서 강剛하며, 부중不中으로 강剛이 지나쳐 자꾸만 움직이려 한다. 험난한 곳 가까이에 있으면서 나아가려 하는 것은 스스로 도적을 불러들이는 것과 같다. 그러므로 도적이 이르게 된다고 '치구지致寇至'라 하였다. ❶수우니需于泥는 험난 가까이에서 기다리는 것이다. 그러나 나아가지만 않는다면 험난을 만나지 않을 것인데 이 효爻는 중中을 얻지 못하고 강강剛强이 지나쳐 움직여 나아가 결국 도적을 만나게 된다. ❷구寇는 심판審判은 자신으로부터 오는 것으로 군자에 있어서는 성인지도聖人之道의 자각을 통한 새로운 세계의 도래到來를 의미한다.

소상사小象辭

수우니需于泥 재재외야災在外也 외外는 외괘外卦의 뜻이다. 강물에 가까운 진흙에서 기다린다는 것은 재災가 자기 바로 앞에 있는 외괘外卦에 있다는 뜻이다.

자아치구自我致寇 경신敬愼 불패야不敗也 구삼九三은 물에 아주 가까이 있지만 아직 험난한 물속에 있는 것은 아니다. 그러므로 가만히 기다리고만 있으면 화禍를 면免할 것인데 강剛이 지나쳐 나아가 움직임으로 도적盜賊이 오게 된다. 자기 잘못으로 도적을 부르게 된 것이므로 자아치구自我致寇라 하였다. 만약 이 효爻가 깊이 삼가고 공경하면서 알맞은 때를 기다려서 나아간다면 실패는 없다는 것이다. 여기서는 험난한 자리에서 기다리는 길을 가르치고 있다.

[六四]는 需于血이나 出自穴이로다. (澤天夬)
육사 수우혈 출자혈 택천쾌

象曰, 需于血은 順以聽也이니라.
상왈 수우혈 순이청야

○ 需(기다릴 수, 구할 수) 于(어조사 우) 血(피 혈) 出(날 출) 自(~~로 부터 자) 穴(구멍 혈) 順(순할 순) 聽(들을 청)

육사六四는 피 위에서 기다림이나, 구멍으로부터 나올 수 있음이로다.

상象에 이르기를, '피에서 기다림'은 순히 하여 따르는 것이니라.

개요概要

육사六四는 음陰으로서 정덕正德을 가지며 상하上下에 응효應爻와 비효比爻가 있어 이들의 가르침을 유순柔順하게 잘 따름으로 화禍를 면免한다. 유약한 사람은 현명한 군자의 가르침과 도움을 받을 필요가 있음을 가르치고 있다.

각설

수우혈需于血 혈血은 감괘坎卦의 상象이다. 「설괘」편에 "감坎을 혈괘血卦로 한다"라고 하였다. '험穴'은 험난하고 빠지는 곳이다. 육사六四로부터 위는 감괘坎卦이다. 험난한 곳이다. 그러므로 '수우혈需于血'이라 하였다.[473]

---

473 사람이 죽고 상傷하여 피가 흐르는 위험한 자리에서 기다리고 있다. 그러나 정위부중正

출자혈出自穴 육사六四는 유순柔順하게 이들 양효陽爻의 가르침을 받고 그들의 지도를 따르게 되니 결국에는 그 위험한 구멍에서 나와 화禍를 면免하게 된다.

소상사小象辭

순이청야順以聽也 육사六四는 감괘坎卦의 험난한 가운데 있으며 피를 흘리는 위험한 곳에서 기다리고 있으니 큰 화禍를 받을 것이다. 다행히 험난의 구멍에서 빠져나올 수 있는 것은 이 효爻가 음陰으로서의 바른 덕德을 가지며 유순柔順한 군자의 교육을 잘 받고 따르기 때문이다.

[九五]는 **需于酒食**이니 **貞**코 **吉**하니라. (地天泰)
구오 수우주식 정 길 지천태

象曰, 酒食貞吉은 **以中正也**이니라.
상왈 주식정길 이중정야

○ 酒(술 주) 食(밥 식) 貞(곧을 정) 吉(길할 길)

구오九五는 주식酒食속에서 기다림이니, 곧으면 길하니라.

상象에 이르기를, '주식정길酒食貞吉'은 중도中道로써 정도正道를 행함이니라.

개요概要

구오효九五爻는 수괘需卦의 주효主爻이다. 「단사」에 '**需有孚, 光亨貞吉, 位乎天位, 以正中也.**'라고 한 것은 이 구오효九五爻의 덕德을 찬미한 말이다.
(수유부 광형정길 위호천위 이정중야)

位不中으로 아래에 있는 초구初九 양효陽爻와 서로 응應하고 위의 구오九五와 서로 비比하고 있어 이들이 육사六四를 돕고 있다.

각설

수우주식需于酒食 정길貞吉 구오효九五爻는 正位得中의 성인聖人으로 강건剛健한 중덕中德을 가지고 있다. 위에 있는 상육上六과 아래에 있는 육사六四가 모두 상비相比한데 구이九二 양효陽爻는 상응하지 못한다. 구오九五는 오직 이 하나의 결점으로 수괘需卦의 주효主爻가 된다. 이 일만이 마음대로 안 되는 일이다. 그러나 구오효九五爻는 무리하게 구이九二를 복종시키려 하지 않고 때가 되어 스스로 복종해 오는 것을 기다리고 있다. 이것이 '需于酒食(수우주식)'이다.[474] 주식酒食이란 공간에서 즐겁게 군자의 인격적인 영양소를 먹으라는 것이다.(내재화內在化)

[上六]은 入于穴이니 有不速之客三人이 來하리니
상육 입우혈 유불속지객삼인 래

敬之면 終吉이리라. (風天小畜)
경지 종길 풍천소축

象曰, 不速之客來敬之終吉은
상왈 불속지객래경지종길

雖不當位나 未大失也이니라.
수부당위 미대실야

○ 穴(구멍 혈) 有(있을 유) 速(빠를 속, 부를 초(招)) 客(손 객) 三(석 삼) 來(올 래{내}) 敬(공경할 경) 雖(비록 수) 當(당할 당) 位(자리 위) 未(아닐 미) 失(잃을 실) 終(끝날 종) 길吉(길할 길)

상육上六은 구멍으로 들어가니 불청객 세 사람이 올 것이라 하리니, 공경하면 마침내 길함이리라.

---

474 「대상大象」에 '운상우천雲上于天이 수需니 군자이君子以하야 음식연락飮食宴樂하나니라' 한 것과 같은 뜻이다. '정貞코 길吉하다'. 바르고 견고한 덕德을 가짐으로 길吉을 얻게 된다. 즉 안으로 성실한 덕德을 가지며 강건중정剛健中正의 덕德으로 넉넉하게 때를 기다리는 것이 수괘需卦의 도道이다. 대상大象에 '주식酒食으로 기다리며 정貞코 길吉하다'고 말한 것은 이 효爻가 중정中正의 덕德을 가지고 있기 때문이다.

상象에 이르기를, 부르지 않은 손님이 온다 하리니, 공경하면 끝내 길하다는 것은 비록 자리에 마땅하지 않으나 크게 잃는 바가 없기 때문이다.

개요概要

상육上六은 음효陰爻로서 유약柔弱하다. 그리고 감괘坎卦의 상효上爻로서 험난의 극極에 있다.

각설

입우혈入于穴 감괘坎卦는 굴속에 빠져 들어가는 성질이 있다. 그러므로 상육上六은 험난의 구덩이 안에 들어가 거기서 때를 기다리고 있다. 이것은 극極에 다다르면 반드시 변화의 길이 열리게 된다는 것이다.[475]

유불속지객삼인有不速之客三人 속객삼인速客三人은 하下 건괘乾卦 삼효三爻를 말한다. 속速은 초招와 같은 뜻이다. 감괘坎卦의 험난이 이미 극極에 다다랐으며 정세가 변하려는 때에는 때를 기다리고 있는 아래의 삼양효三陽爻가 스스로 올라오게 된다. 이들이 속객삼인速客三人이다. 상육上六이 이들의 가르침을 받고 따르면 깊은 구덩이로부터 빠져 나오게 되어 길吉함을 얻게 된다. 역리易理로 말하면 어떤 경우에라도 반드시 변화의 길이 남아 있다.

소상사小象辭

수부당위雖不當位 **미대실야**未大失也 상육上六이 음효陰爻로서 약한 재능才能으로 험난의 극極에 있으니 그 자리가 마땅하지 않다. 그러므로 화를 면하기 어려운데 다행이 아래에 있는 착한 사람들이 부르지도 않았는데 찾아와 가르침을 주어 큰 실패를 면하게 된다.

475 단군신화의 호랑이와 곰의 동굴생활에 비유하기도 한다.

✎ 수괘需卦는 하늘위에 있는 구름이 하늘의 은택인 비가 되어 땅에 내려지는 것을 기다림의 자세에 대하여 말한다.
그 기다림의 미학美學에 대하여 수괘需卦에서는 첫째, 유부有孚이다. 즉 건도乾道에 대한 절대적인 믿음을 말한다.
둘째, 주식酒食이다. 군자의 인격적 영양소인 성인지도를 말한다.
셋째, 경지敬之이다. 공경하는 마음으로 기다려야 한다는 것이다.
이러한 마음이면 이섭대천利涉大川할 수 있으며, 변화를 이룰 수 있다고 말한다.

천 수 송 괘
6. 天水訟卦

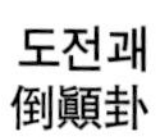

도전괘
倒顚卦

천수송괘
天水訟卦

수천수괘
水天需卦

음양대응괘
陰陽對應卦

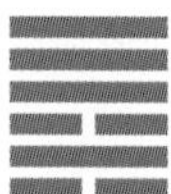

천수송괘
天水訟卦

지화명이괘
地火明夷卦

상하교역괘
上下交易卦

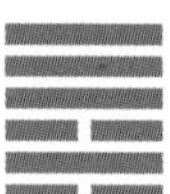

천수송괘
天水訟卦

수천수괘
水天需卦

호괘
互卦

천수송괘
天水訟卦

풍화가인괘
風火家人卦

효변 爻變	初爻變 而爲履卦	二爻變 而爲否卦	三爻變 而爲姤卦	四爻變 而爲渙卦	五爻變 而爲未濟卦	上爻變 而爲困卦
천수송괘 天水訟卦	천택이괘 天澤履卦	천지비괘 天地否卦	천풍구괘 天風姤卦	풍수환괘 風水渙卦	화수미제괘 火水未濟卦	택수곤괘 澤水困卦

요지要旨

괘명卦名 이 괘는 상건上乾의 천天(☰) + 하감下坎의 수水(☵) = 천수송괘天水訟卦(䷅)이다.

괘의卦意 송訟은 '다투는 것'으로 송사에 대한 말이다. 대등對等한 두 사람이 만났을 때 한쪽 사람이 험險한 성질을 가지고, 다른 쪽 사람이 강한 성질을 가지면 서로 싸움이 일어난다. 어느 한 쪽이 강하지 않거나 험하지 않을 때는 싸움이 일어나지 않는다.[476] 송괘訟卦에서는 쟁송爭訟의 종류와 대처하는 방법을 설명하고 있다. 먼저, 송사訟事에는 여러 종류가 있다. ❶개인의 송사 ❷집단간의 송사 ❸상하간의 송사訟事 ❹자기 마음 안의 자신과의 싸움, ❺인간과 하늘 간의 송사 등이 있다. 다음으로 이러한 싸움을 어떻게 처리 할 것인가를 말한다.[477] 송괘訟卦에서는 송사訟事를 어떻게 이길 것인가가 아니라 송사訟事를 중단하게 하거나, 하지 않도록 하는 것에 목적을 두고 있다. 즉 대립과 갈등을 해소하고 중화中和를 통한 상생과 소통에 목적을 두고 있다고 할 수 있다.

괘서卦序 「서괘序卦」에서 "수需는 음식의 도이다. 음식에는 반드시 송사가 있기 때문에 송괘로 받았다.(需者(수자) 飮食之道也(음식지도야), 飮食必有訟(음식필유송), 故受之以訟(고수지이송))"라고 하였다.

수괘需卦에서의 기다림은 음식물飮食物(성인지도, 하늘의 은총)과 돈과 권력과 명예 등이 있다. 이것들 앞에서 인간은 서로 다투게 됨으로 수괘需卦 다음에 송괘訟卦가 온다는 것이다.

---

476 래지덕來知德은 『래주역경도해來註易經圖解』에서 "두 사람으로 말하면 나는 험險한데 그는 건健하여 험險과 건健이 서로 버티며 이기려 한다.(以二人言, 己險而被健, 險與健相待, 皆欲求勝)"라고 하였다.

477 역易은 좋은 면과 나쁜 면을 다 가지고 있다. 선과 악을 구분하지 않는다. 어떤 사람의 장점은 그 사람의 단점이기도 하다. 지혜가 있는 사람은 그것이 장점인 동시에 단점이며, 용기있는 사람도 용기가 장점인 동시에 단점이 된다. 장점은 항상 단점이 되고 단점이 또한 장점이 되는 것이다. 송괘訟卦도 싸움의 원인이 있는 곳을 자세히 살피면 그곳에 싸움을 해결하는 길이 있다. 「단사」에 이것이 설명되어 있다.

괘상卦象 송괘訟卦(䷅)는 상건上乾의 하늘(☰)이 있고, 하감下坎의 물(☵)이 있다. 하늘은 위를 보고 높이 올라가며, 물은 아래에 있어 낮은 곳으로 흘러내린다. 하늘과 물은 서로 가는 방향과 뜻이 달라 서로 다투게 된다.

먼저, 상건괘上乾卦는 몹시 강강剛强하다. 하감괘下坎卦는 성질이 험난하다. 즉 위에 있는 사람이 아래에 있는 사람을 몹시 멸시한다. 아래 사람은 험악한 성질을 가졌음으로 윗 사람의 멸시를 참지 못하고 다투게 된다. 동서고금의 싸움은 대체로 이 상강上剛 하험下險의 성질에서 온다는 것이다.[478]

다음으로, 하下 감괘坎卦는 험조險阻하며, 상上 건괘乾卦는 강강剛强하다. 이것을 한 사람의 성질로 볼 때 안에는 험조한 성질을 가지며, 밖에는 강강剛强한 성질을 가진다. 안으로 험險한 성질을 가지면서 밖이 강강剛强한 사람이면 반드시 남과 싸우게 된다는 것이다.[479]

訟은 **有孚**라도 **窒惕**하니 **中**은 **吉**코 **終**은 **凶**하니
송 유부 질척 중 길 종 흉

利見大人이오 **不利涉大川**하니라.
이견대인 불이섭대천

○ 訟(송사할 송) 有(있을 유) 孚(미쁠 부) 窒(막을 질) 惕(삼가할 척) 吉(길할 길) 終(끝날 종) 利(이로울 이{리}) 見(볼 견) 不(아닐 불) 涉(건널 섭) 大(큰 대) 川(내 천)

송訟은 성실함이 있으나 막혀서 삼가하니 중도中道에 맞으면 길吉하고 끝까지 함은 흉하니, 대인大人을 봄이 이롭고 대천大川을 건넘은 이롭지 않다 하니라.

---

478 래지덕來知德은 『래주역경도해來註易經圖解』에서 "위는 강剛으로서 아래를 능멸하고 아래는 험險으로서 위를 엿본다(上以剛陵乎下, 下以險何乎上)"라고 하였다.

479 만약 안이 험해도 밖이 强하지 않으면 싸움은 일어나지 않는다. 반대로 밖이 강해도 안이 험하지 않으면 싸움은 일어나지 않는다. 안의 험한 성질과 밖의 강한 성질이 같이 있게 되면 반드시 남과 싸우게 된다. 개인 사이의 싸움이나 국가사이의 싸움이나 모두 같다. 예부터 싸움은 모두 내험內險 외강外剛의 두 성질을 가지고 있다.

각설

송訟 유부질척有孚窒惕 유부有孚는 송괘訟卦의 상象을 좋은 방면에서 보면 하下 감坎(☵) 중앙에 양효陽爻가 있는 것이다. 이것을 유부有孚라 하였다. ❶질窒은 이 양효陽爻의 진실한 성誠은 상하上下의 음효陰爻로 둘러쌓여 있어 성誠의 빛이 밖으로 나오지를 못한다. 그러므로 질窒이라 하였다. 그러나, 구이九二는 도량이 넓고 커서 이런 환경을 잘 참고 견딘다. ❷'척惕'도 감坎(☵)의 상象이다. 「설괘」편에 "坎(감)은 加憂(가우)로 한다"라고 하였다. 척惕은 게신공구戒愼恐懼하는 것이다. 감괘坎卦의 상上은 양효陽爻가 상하上下 두 음효陰爻 사이에 빠져 있다. 그러므로 안에 있는 진실한 덕德이 주위의 사람과 사정으로 가려지고 덮여있어 스스로 조심하고 삼가는 것이다.

중길中吉 ❶'중中'은 중도中道로써 구이효九二爻가 하괘下卦 중앙에 있는 것을 말한다. 구이효九二爻가 송괘訟卦의 주효主爻이므로 송괘訟卦의 도道가 이 효爻에 갖추어져 있다. ❷길吉은 송訟에 대처하는 길은 심중心中에 진실한 덕德이 충만해야 되고 그 덕德이 가리고 막혀 밖으로 나오지 못해도 잘 참고 견디며 스스로 깊이 조심하고 삼가며 중도中道를 지켜야 한다. 이들 유부有孚, 질窒, 척惕, 중中의 네 가지 덕德을 가지면 남과 싸우는 일이 없을 것이며, 만약 싸운다 하여도 곧 중지하고 말 것이니 길吉을 얻는다. 만약 그렇지 못하고 끝까지 싸우게 되면 흉하다.

종흉終凶 상구효上九爻에 해당한다. 상구上九는 양陽의 극極에 있으며 강강剛强이 지나치고 또 송괘訟卦의 끝에 있음으로 싸움을 끝까지 밀고 나간다.

이견대인利見大人 이견대인은 싸움이 있으면 중정中正한 덕德을 갖춘 위대한 인물을 찾아 재판을 부탁하는 것이 좋다는 것이다. 대인大人은 상上 건괘乾卦의 구오효九五爻를 말한다. 구오九五는 양효陽爻로서 강명지덕

剛明之德과 중정지덕中正之德을 가진 성인聖人이다. 그러므로 이 대인大人을 만나 시비를 가리는 것이 좋다는 말이다.

불리섭대천不利涉大川 송괘訟卦(䷅)의 하괘下卦는 감坎(☵)으로 물이다. 이것이 대천大川이다. 이 괘卦의 외호괘인 3·4·5효는 손괘巽卦(☴)가 된다. 손巽은 목木이다. 감坎의 물 위에 떠 있는 나무이므로 배이다. 또 손巽은 풍風이다. 즉 감坎의 물 위에 떠 있는 손목巽木(주舟)이 손풍巽風을 만난 모양이다. 이러한 풍랑으로는 큰 강을 건널 수 없다.[480]

---

480 (집설集說) ❶『이천역전』에서는 "송訟은 곡직曲直을 분별해주기를 구하는 것이다. 그러므로 대인大人을 만나봄이 이로우니, 대인大人이라면 그 강명剛明함과 중정中正함으로 쟁송하는 바를 결단해 줄 것이다. 쟁송은 화평한 일이 아니니, 마땅히 안전한 곳을 가려 처할 것이요, 위험한 곳에 빠져서는 안 된다. 그러므로 대천大川을 건넘은 이롭지 않은 것이다. (訟者, 求辯其曲直也, 故 利見於大人, 大人則能以其剛明中正, 決所訟也. 訟非和平之事, 當擇安地而處, 不可陷於, 故 不利涉大川也.) 라고 하였다. ❷『주역본의』에서는 "송訟은 쟁변하는 것이다. 위는 건乾이고 아래는 감坎이니, 건乾은 강剛하고 감坎은 험險하다. 위는 강剛함으로 아래를 제재하고 아래는 험險함으로 위를 살피며, 또 안은 험하고 밖은 굳세며, 또 자기는 험하고 상대는 굳셈이 되니, 모두 쟁송하는 도道이다. 구이九二는 중실中實하나 위에 응여應與가 없고 또 감坎은 더 근심함이 된다. 또 괘변卦變에 있어서 돈괘遯卦로부터 왔으니, 강剛이 와서 이二에 처하여 하괘下卦의 중中에 당하였으니, 성실함이 있으나 막힘을 당하고 능히 두려워하여 중中을 얻는 상象이 있다. 상구上九는 지나치게 강하여 송訟의 극極에 처하였으니 송사訟事를 끝까지 하는 상象이 있고, 구오九五는 강건剛健하고 중정中正하여 존위尊位에 거하였으니 대인大人의 象이 있으며, 강剛으로서 험險을 타고 실實로서 함陷을 밟았으니, 대천大川을 건넘이 이롭지 않은 상象이 있다. 그러므로 점치는 자에게 반드시 쟁변爭辯할 일이 있는데 대처하는 바에 따라 길吉하거나 흉凶하다고 경계한 것이다. (訟, 爭辯也. 上乾下坎, 乾剛坎險, 上剛以制其下, 下險以伺其上, 又爲內險而外健, 又爲己險而彼健, 皆訟之道也, 九二中實, 上无應與, 又爲加憂, 且於卦變, 自遯而來, 爲剛來居二而當下卦之中, 有有孚而見窒, 能懼而得中之象, 上九過剛, 居訟之極, 有終極其訟之象, 九五剛健中正, 以居尊位, 有大人之象, 以剛乘險, 以實履陷, 有不利涉大川之象, 故戒占者, 必有爭辯之事而隨其所處, 爲吉凶也.)"라고 하였다.

[彖曰] 訟은 上剛下險하야 險而健이 訟이라.
단왈 송 상강하험 험이건 송

訟有孚窒惕中吉은 剛來而得中也일새오
송유부질척중길 강래이득중야

終凶은 訟不可成也일새오 利見大人은 尙中正也일새오
종흉 송불가성야 이견대인 상중정야

不利涉大川은 入于淵也이니라.
불리섭대천 입우연야

○ 訟(송사할 송) 剛(굳셀 강) 險(험할 험) 健(튼튼할 건) 孚(미쁠 부) 窒(막을 질) 惕(두려워할 척) 來(올 래{내}) 得(얻을 득) 終(끝날 종) 凶(흉할 흉) 訟(송사할 송) 不(아닐 불) 可(옳을 가) 成(이룰 성) 淵(못 연)

단彖에 이르기를, 송訟은 위는 강하고 아래는 험하며, (속은)험하고 (바깥은)굳셈이 송訟이라. 마음속으로 진실함을 가지고 있으나 막혀서 두려워하니, 중도를 얻으면 길한 것은 강剛이 와서 중中을 얻은 것이오, 끝까지 하면 흉凶함은 송사訟事를 끝까지 이루어서는 안 되기 때문이오, 대인大人을 봄이 이로움은 숭상함이 중정中正하기 때문이오, 대천大川을 건넘이 이롭지 않음은 못으로 들어감이니라.

각설

상강하험上剛下險 **험이건송**險而健訟 송괘訟卦의 상上 건괘乾卦는 강강剛强하고, 하下 감괘坎卦는 험조險阻하다. 위에 있는 사람은 강한 성질로서 아래 사람을 업신여기고 아래 사람은 험한 성질로서 윗사람을 엿본다. 그러므로 싸움이 일어난다. 즉 험險과 건健이 부딪치는 것이 송訟이다.

송유부訟有孚 **질척중길**窒惕中吉 송訟은 대처하는 길은 성실한 믿음과 진실이 있어야 한다. 그러나 이 진실이 막혀 밖으로 나타나지를 못한다. 남들이 믿어주지를 않아도 참고 견디며 스스로 깊이 조심하고 두려워하며 중덕中德을 지키고 알맞은 조치를 하면 길吉하다고 하는 것은 구이九二를 말한 것이다.

강래이득중야剛來而得中也 '래來'는 하괘下卦에 있는 것을 말하며, 상괘上卦에 있는 것은 왕往이라고 한다.

종흉終凶 송불가성야訟不可成也 종흉終凶은 불가성야不可成也라 송訟을 끝까지 밀고 나가면 흉凶하다는 것은 송訟을 성취시킬 수 없는 것이며, 또 성취시켰어도 안 되는 것이다. 싸움을 계속하면 서로 상처를 입을 뿐이니 적당한 시기에 중지하여야 한다.

이견대인利見大人 상중정야尙中正也 대인大人은 구오효九五爻를 말한다. 구오九五는 양강陽剛하고 중정中正한 덕德을 가진 대인大人이다. 대인大人을 찾아뵙고 판결을 받는 것이 좋다는 것은 이 대인大人이 중정中正의 덕德을 가진 군자이기 때문이다. 이 괘卦의 초육初六·구이九二·육삼六三·구사九四·상구上九의 다섯效는 싸우는 사람들이며 구오九五는 시시비비를 잘 가려서 판결하는 대인大人이다.

불이섭대천不利涉大川 입우연야入于淵也 남과 싸우면서 큰 사업을 하려고 해도 되지 않을 것이다. 큰 강을 건넌다는 것은 싸움으로 보아도 되고, 큰 사업으로 보아도 된다. 이 괘卦는 배를 타고 큰 강을 건너는데 큰 바람을 만나는 상象이다. 무리하게 나아가면 배가 뒤집혀 깊은 물속으로 빠지게 된다.

[象曰] 天與水ㅣ 違行이 訟이니
상왈 천여수 위행 송

君子ㅣ 以하야 作事謀始하나니라.
군자 이 작사모시

○ 天(하늘 천) 與(줄 여) 水(물 수) 違(어길 위) 行(갈 행) 訟(송사할 송) 作(지을 작) 事(일 사) 謀(꾀할 모) 始(처음 시)

상象에 이르기를, "하늘과 물이 어긋나게 감이 송訟이니, 군자君子가 이로써 일을 하되 처음을 잘 도모하니라."

각설

천여수天與水 위행송違行訟 상上 건괘乾卦의 하늘은 높은 곳에서 돌고 있으며, 하下 감괘坎卦의 물은 낮은 곳으로 흘러내린다. 들어가는 방향이 서로 다르다. 이것이 송괘訟卦의 상象이다. 서로 뜻이 다르고, 가는 길과 하는 일이 다르면 싸움이 일어난다. 인간의 잘못된 생각으로 하늘의 뜻과 어긋난다. 즉 자신과의 싸움이다.

군자이君子以 작사모시作事謀始[481] 군자는 이것을 보고 일을 하는데 시작을 잘 살핀다. 이해가 부딪치면 반드시 싸움이 일어난다. 그러므로 ❶군자는 싸움이 일어나기 전에 적당한 조처로서 이해가 충돌하지 않도록 한다.[482] ❷성인지도를 기준으로 인간의 잘못된 생각을 바로잡아야 한다. 내호괘內互卦가 리離(☲)로 밝은 진리이다. 그러므로 수괘需卦에서 기다려야 한다.

---

481 '공자孔子'가 송사訟事를 바로 판단하는 것보다 송사訟事가 없도록 정치하는 것이 좋다고 한 말은 작사모시作事謨始와 같은 뜻이다. 따라서 송사訟事의 근원을 사전에 제거하는 것이 군자의 '작사모시作事謀始'이다.

482 『대학』(傳 4章)에도 공자께서 말씀하시기를 "내가 송사訟事를 다스림이 남과 같으나, 반드시 백성百姓들로 하여금 송사訟事함이 없게 할 것이다(子曰 聽訟,吾猶人也. 必也使無訟乎! 無情者不得盡其辭, 大畏民志, 此謂知本.)" 라고 하였다.

[初六]은 不永所事ㅣ면 小有言하나 終吉이리라. (天澤履)
초육 불영소사 소유언 종길 천택이

象曰, 不永所事는 訟不可長也일새니
상왈 불영소사 송불가장야

雖小有言이나 其辯이 明也이니라.
수소유언 기변 명야

○ 不(아닐 불) 永(길 영) 所(바 소) 事(일 사) 小(작을 소) 有(있을 유) 言(말씀 언) 終(끝날 종) 吉(길할 길) 訟(송사할 송) 長(길 장) 其(그 기) 辯(말 잘할 변, 분별할 변(변辨)) 明(밝을 명)

초육初六은 일하는 바를 오래하지 아니하면, 조금은 말이 있다하나, 마침내 길하리라.

상象에 이르기를, '불영소사不永所事'는 송사訟事를 오래하지 말라는 것이니, 비록 조금은 말이 있다고 하지만 그 분별이 밝음이니라.

개요槪要

초육初六은 부정위한 유약한 효爻로써 자신의 처지를 알고 송사訟事를 오래하지 않으니 종길終吉이다.

각설

불영소사不永所事 소유언종길小有言終吉 초육初六은 음효陰爻로서 유약柔弱하며 자리가 낮고 또 바르지 못하다. 그러므로 다소의 불평과 약간의 잡음이 있지만 자리가 미천하여 성질이 유순柔順함으로 곧 불평不平을 중지中止한다. 그러므로 화禍를 면하며 길吉함을 얻게 된다. ❶'소사所事'는 일하는 것. 여기서는 싸우는 것을 말한다. ❷'불영不永'은 곧 중지한다는 말이다. ❸'소유언小有言'은 말썽이 약간 있는 것이다. ❹'종길終吉'은 결국 시비가 밝혀져 길吉를 얻는다는 것이다.

소상사小象辭

불영소사不永所事 **송불가장야**訟不可長也 **수소유언**雖小有言 **기변명야**其辯明也 송訟은 오래 계속할 수 없는 것이다. 빨리 중지해야 된다. 초육初六은 다소의 말썽은 있지만 결국에는 시비가 밝혀지게 된다. 변辯은 변辨과 통용한다.

[九二]는 不克訟이니 歸而逋하야
구이 불극송 귀이포

其邑人이 三百户ㅣ면 无眚하리라. (天地否)
기읍인 삼백호 무생 천지비

象曰, 不克訟은 歸而逋竄也ㅣ니
상왈 불극송 귀이포찬야

自下訟上이ㅣ 患至ㅣ 掇也ㅣ리라.
자하송상 환지 철야

○克(이길 극) 訟(송사할 송) 歸(돌아갈 귀) 逋(숨을 포, 달아날 포) 眚(눈에 백태 낄 생) 竄(숨을 찬) 患(근심 환) 至(이를 지) 掇(주울 철)

구이九二는 송사를 이길 수 없으니 물러나 숨는다. 그 고을 사람이 삼백호이면 재앙災殃이 없다 하리라.

상象에 이르기를, 송사를 이길 수 없으니, 물러나서 달아나 숨는 것이니, 스스로 아랫 사람이 윗사람과 송사訟事하니, 환란을 스스로 자초함이리라.

개요概要

구이九二는 구오九五와 이길 수 없는 송사訟事라 물러날 줄 알기때문에 무생无眚이다.

각설

불극송귀이포기읍인삼백호不克訟歸而逋其邑人三百戶 **무생**无眚 구이九二는 삼백호三百戶를 가진 읍邑을 소유하고 있다. 이 효爻는 감괘坎卦의 주효主爻로서 성질이 험險하며, 바른 자리에 있지 못함으로 싸움을 중지하게 되어 화禍를 면하게 된다. 구이九二는 구오九五 성인聖人와 싸우는 것이니 신하의 도리道理로서 싸움을 중지中止하고 근신한다. 그러므로 큰 화를 면하게 된다. 구이九二는 구오九五와 서로 양효陽爻끼리니 응應하지 못하고 반발하여 싸우게 된다. 그러나 신하의 도리道理로서 계속 싸울 수 없음을 깨닫고, 주민 삼백호三百戶가 사는 자기 영지領地로 돌아가 숨는다. 그러므로 화를 면하고 자기 영지領地의 삼백호三百戶도 함께 죄罪를 면하게 된다는 것이다.[483] 이 때 삼백호는 천지인天地人 삼재지도三才之道를 의미한다.

소상사小象辭

불극송不克訟 **귀이포찬야**歸而逋竄也 **자하송상**自下訟上 **환지철야**患至掇也

철掇은 '주울 철자'로 스스로 주어가지는 것이다. 즉 환란을 스스로 자초한다는 것이다. 구이九二(군자)가 구오九五 군주(성인)와 싸우는 것이므로 도저히 이길 수 없다. 그러므로 싸움을 중지하고 자기 반성과 성찰을 통해 숨어서 근신하면 화禍를 면免하게 된다는 것이다.[484]

---

483 『주역집해』에서는 "군주가 싸우지 않으면 백성에 해가 없다.(君不爭, 則百姓不害也)"라고 하였다.

484 신하가 군주와 싸우는 것은 도리道理로서도 옳지 못하고 세勢에 있어서도 불리하니 患亂이 몸에 미칠 것은 떨어진 물건物件을 집어 올리는 것처럼 확실하다. 또는 구이九二는 형편을 보아 서서히 진행하면 몰라도 조급하게 진행進行하면 '불극송不克訟', 즉 지게 된다. 송사訟事때에는 신중하게 하라는 교훈이다. 위치에 따라 밀고 당기는 이치이다. 그러므로 구오九五에 가서는 송사訟事를 이길 수 있다. 여기에서는 시간적인 제시를 해주고 있다.

[六三]은 食舊德하면 貞이라도 厲하나 終吉이니라
육삼 식구덕 정 려 종길

或從王事라도 无成이로다. (天風姤)
혹종왕사 무성 천풍구

象曰, 食舊德은 從上이라야 吉也ㅣ니라.
상왈 식구덕 종상 길야

○ 食(간직할 식, 밥 식) 舊(예 구) 덕德(덕 덕) 貞(곧을 정) 厲(갈 려{여}) 終(끝날 종) 吉(길할 길) 或(혹 혹) 從(좇을 종) 王(임금 왕) 事(일 사) 无(없을 무) 成(이룰 성)

육삼六三은 옛 덕德(성인지도聖人之道)을 간직하면 곧아도 위태로우나 마침내 길하니라. 혹시 왕사에 종사하더라도 이루는 것이 없음이로다.
상象에 이르기를, 구덕舊德을 (성인지도)먹는 것이니, 위(상上)를 따르면 길吉하니라.

개요概要

육삼六三은 음효陰爻로 약하다. 음효陰爻로서 약함으로 상구上九와 싸우지를 않는다. 남에게 굴복하고 복종하는 것을 부끄럽게 생각하지 않으며 잘 참고 견딘다. 그러므로 화禍를 면免하며 결국 길吉을 얻게 된다.

각설

식구덕食舊德 자기 분수을 지키며, 상도常道(군자지도)에 안주하면서 성인지도를 간직하고 있다는 것이다.
정려貞厲 바른 길을 굳게 지키고 있지만 자리는 여전히 위태롭게 된다. 그러나 결국에는 자기의 유순柔順함이 알려져 길吉을 얻게 된다.
혹종왕사或從王事 무성无成 육삼六三은 대부의 자리이니 때로는 천자天子를 받들어 나라 일을 하지만 오직 성인聖人의 명령命令을 순종할 뿐 자기 생각으로 일을 하지 않는다. 이것은 곤괘坤卦 육삼六三에 '或從王事(혹종왕사), 无成有終(무성유종)'라고 한 말과 같은 뜻이다. 육삼六三은 오직 유순柔順으로 송괘訟卦에 처함으로 길吉을 얻게 된다. '무성유종无成有終'은 군자의 겸양지덕을 말한다.

소상사小象辭[485]

종상길야從上吉也 성인지도를 따르면 길하다는 것이다.

> **[九四]**는 不克訟이니 復卽命하야 渝하야
> 구사 불극송 복즉명 유
>
> 安貞하면 吉하리라. (風水渙卦)
> 안정 길 풍수환괘
>
> 象曰, 復卽命渝安貞은 不失也이니라.
> 상왈 복즉명유안정 불실야

○ 不(아닐 불) 克(이길 극) 訟(송사할 송) 復(돌아올 복) 卽(곧 즉) 命(명 명) 渝(달라질 투, 변할 유) 安(편안할 안) 貞(곧을 정)

구사九四는 송사에 이길 수 없으니, 명命을 취하여 바른 길로 나아가고 마음 고쳐, 곧고 편안하면 길하리라.

상象에 이르기를, '돌아와 바른 길로 나아가고, 마음 고쳐 곧고 편안하면' 잃지 않느니라.

개요概要

구사九四는 구오九五와 송사訟事에 대해 천명을 깨닫고 마음을 바꾸면 길하다는 것이다.

485 종상從上의 종從은 순順자와 같이 쓰인다. 종상從上은 하느님의 뜻(천지지심)에 순응함 종상從上은 상효上爻의 뜻이 삼효三爻에 비쳐진 것이다.

각설

불극송不克訟 구사九四는 부정위不正位·부득중不得中한 양효陽爻이다. 위에 있는 구오九五는 같은 양효陽爻로서 친하지 못하고 반발하며 싸우려 한다. 그러나 구오九五는 성인聖人의 자리이다. 구사九四는 도저히 구오九五를 이길 수 없을 것을 알고, 정도正道를 지키게 된다.

복즉명復卽命 '복復'은 바른 길로 돌아가는 것이다. '즉卽'은 취就이며, 명命은 천명天命의 바른 이치理致를 말한다.

유정길渝安貞 길吉 '투渝(달라질 투)'는 변하는 것(변할 유)이며, 구사九四가 정도正道로 돌아와 천명天命을 따르며, 싸울 생각을 바꾸고 정도正道를 굳게 지키면 길吉을 얻게 된다.

소상사小象辭

복즉명투안정復卽命渝安貞 불실야不失也 구사九四는 남과 싸우고 소송을 일으키려 하였으나 마음을 돌려 천명天命을 따르며, 지금까지의 뜻을 바꾸어 정도正道에 안주安住하게 된 것은 바른 길을 잃지 않았기 때문이다.

[九五]는 訟에 元吉이라. (火水未濟)
구오 송 원길 화수미제

象曰, 訟元吉은 以中正也이니라.
상왈 송원길 이중정야

구오九五는 소송이 크게 길함이라.

상象에 이르기를, '소송이 크게 길吉하다'는 것은 중정中正으로써 함이니라.

개요概要

구오九五는 송괘訟卦의 주효主爻로서 소송의 재판을 주관하는 정위득중

正位得中한 효爻이다. 나머지 초육初六·구이九二·육삼六三·구사九四·상구上九는 부정위不正位로 모두 자리가 바르지 못하는데 오직 구오九五의 한 爻만이 중정中正의 덕德을 가지고 있다.

각설

송訟 원길元吉 구오九五는 양강중정陽剛中正의 덕德을 가지며 성인聖人의 자리에 있다. 이러한 이상적인 덕德을 가진 사람이니 남과 싸울 일이 없고 남의 소송을 재판할 이상적인 대인大人이다. 그러므로 원길元吉이다. 크게 길吉하다. 「단사」에 '利見大人'(이견대인)이라 말한 것은 이 구오효九五爻를 말한 것이다.

소상사小象辭

이중정야以中正也 이 효爻는 중정지덕中正之德을 가지며 마음이 극히 공명정대公明正大함으로 소송을 잘 처리하여 길吉을 얻게 된다. 송괘訟卦는 구오九五만이 바른 자리에 있다.

> **[上九]**는 或錫之鞶帶라도 終朝三褫之리라. (澤水困)
> 상구　혹석지반대　종조삼치지　택수곤
>
> 象曰, 以訟受服이 亦不足敬也이니라.
> 상왈　이송수복　역부족경야

○ 或(혹 혹) 錫(줄 석, 받을 석, 주석 석) 鞶(큰 띠 반) 帶(띠 대) 終(끝날 종) 朝(아침 조) 三(석 삼) 褫(빼앗을 치) 訟(송사할 송) 受(받을 수) 服(옷 복) 亦(또 역) 足(발 족) 敬(공경할 경)

상구上九는 혹, 큰 띠를 받더라도 조회가(아침이) 끝날 때까지 세 번 빼앗길 것이다.

상象에 이르기를, 송사訟事를 해서 복식服飾을 받는 것이 또한 공경할 것이 못됨이니라.

개요概要

상구上九는 양효陽爻로서 강강剛强하다. 양효陽爻로서 음陰의 자리에 있으니 바른 자리가 아니다. 상上 건괘乾卦의 상효上爻로서 중中을 얻지 못하고 지나치게 올라갔다. 건乾의 상구上九의 항용유회亢龍有悔와 같은 자리이다. 즉 양효陽爻로 강강剛强하며 중정中正의 덕德이 없음으로 송괘訟卦를 당하여 많은 불평불만을 가지며 남과 싸우고 다투게 된다.

각설

혹석지반대或錫之鞶帶 상구上九는 성질이 강하고 제일 높은 자리에 있음으로 싸움을 끝까지 밀고 나가고 타협을 하지 않는다. 때로는 승리하는 수도 있다. 그러나 그것은 오래 가지 못한다. '혹或'은 꼭 그렇다고 정해진 것이 아니라는 뜻이다. 여기서 '석錫'은 줄 석 자이다. 하사받는 것이다. '반대鞶帶'는 가죽으로 만든 띠를 말한다. '명복命服'[486] 위에 매는 띠이다. 상구上九는 소송에 이겨서 때로는 높은 자리에 올라 명복命服을 받고, 반대鞶帶를 받는 일도 있지만 그것이 오래가는 것이 아니고 조회가 끝날 때까지 세 번이나 옷을 벗게 된다.

종조삼치지終朝三褫之 '종조終朝'는 아침이 끝날 때까지고, '치褫'는 옷 벗길 치자로 자리를 빼앗기는 것이다. 세 번은 여러 차례를 말한다.[487] 상구上九는 양강陽剛한 힘을 가지며, 중덕中德이 없이 최고 높은 자리에 있어 싸움을 끝까지 밀고 나가 때로는 승리하는 수도 있지만 이것은 결코 오

486 관직이 있는 사람의 예복.

487 『주역본의』에서 "반대鞶帶는 명복命服의 꾸밈이요, 치褫는 빼앗김이다.(鞶帶, 命服之飾, 褫, 奪也.)"라고 하였다.

래가지 못함을 말한다. 이것은 「단사」의 종흉終凶과 같은 뜻이다.

소상사小象辭

이송수복以訟受服 송訟은 좋은 일이 아니다. 상구上九는 소송을 일으켜 무리해서 승소勝訴를 얻고 그것으로 높은 벼슬에 올라 성인聖人로부터 명목命服을 받는 일이 있지만 이것은 결코 명예로운 일이 아니다.

역부족경야亦不足敬也 존경할 수 없는 일이 많이 있지만 이것도 또 존경할 수 없는 일의 하나라는 뜻이다.

✎ 송訟은 다투는 것이다.

송괘訟卦는 송사訟事의 승패가 아니라 송사訟事를 중단하게 하거나, 하지 않도록 하는 것에 목적을 두고 있다. 즉 갈등을 해소하고 중화中和를 통한 상생相生에 목적이 있다.

송사訟事의 종류에는 사람들과의 송사, 자기 자신과의 송사, 인간과 하늘간의 송사 등이 있다. 송괘訟卦에서는 이러한 송사를 어떻게 대처할 것인가를 말한다.

송사訟事의 해결방법으로 대인大人을 만나 시비를 가리는 것이 좋다. 군자君子는 송사가 일어나기 전에 적당한 조처로서 이해利害가 충돌하지 않도록 하며, 성인지도聖人之道를 근원으로 인간의 잘못된 욕심을 바로잡고, 수괘需卦에서 기다려야 한다.

7. 地水師卦
지수사괘

水地比卦 天火同人卦 水地比卦 地雷復卦

도전괘
倒顚卦

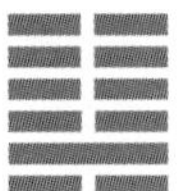

지수사괘
水天需卦

수지비괘
水地比卦

음양대응괘
陰陽對應卦

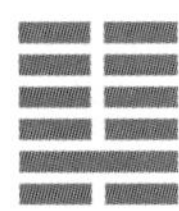

지수사괘
水天需卦

천화동인괘
天火同人卦

상하교역괘
上下交易卦

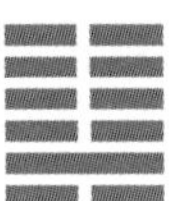

지수사괘
水天需卦

수지비괘
水地比卦

호괘
互卦

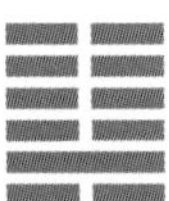

지수사괘
水天需卦

지뢰복괘
地雷復卦

효변
爻變

지수사괘
水天需卦

初爻變 而爲臨卦	二爻變 而爲坤卦	三爻變 而爲升卦	四爻變 而爲解卦	五爻變 而爲坎卦	上爻變 而爲蒙卦
지택임괘 地澤臨卦	중지곤괘 重地坤卦	지풍승괘 地風升卦	뇌수해괘 雷水解卦	중수감괘 重水坎卦	산수몽괘 山水蒙卦

요지要旨

괘명卦名 이 괘는 상곤上坤의 지地(☷) + 하감下坎의 수水(☵) = 지수사괘地水師卦(䷆)이다.

괘의卦意 사師는 중衆으로 무리 또는 군대를 말한다.[488] 그러므로 사괘師卦에서는 많은 무리을 움직여 전쟁을 하는 도道에 대하여 구체적으로 말하고 있다.

괘서卦序 「서괘序卦」에서 "음식에는 반드시 송사가 있기 때문에 사괘師卦(䷆)로 받았다.(**訟必有衆起, 故 受之以師.**)"라고 하였다. 앞에 나온 송괘訟卦는 소송의 괘이다. 싸움이 커지면 많은 사람이 동원된다. 이것이 사師이다. 그러므로 송괘訟卦 다음에 사괘師卦(䷆)가 온다. 그리고 「단사」에서 '사師'는 많은 사람을 말한다.(**師者 衆也**)"

괘상卦象 사괘師卦(䷆)는 하下에 감괘坎卦가 있고, 상上에 곤괘坤卦가 있다. 상上 곤괘坤卦는 땅이며, 하下 감괘坎卦는 물이다. 이것은 땅속에 물이 있는 모양으로 지하수地下水를 말한다. 땅을 파면 어디서나 물이 나온다. 땅속에는 많은 물이 모여 있다. 그러므로 이 괘를 많은 사람이 모이는 사괘師卦의 상象으로 한다.

괘덕卦德 하下 감괘坎卦는 성질이 험하고, 상上 곤괘坤卦는 유순柔順하여 중도中道에 따라 움직인다. 많은 사람을 동원하여 전쟁을 수행하는 것은 정말 험난한 일이지만 무리하지 말아야 한다. 이것이 많은 사람을 동원하여 전쟁을 치루는 길이다.

488 '래지덕來知德'은 『래주역경도해來註易經圖解』에서 "사師는 중衆이다. 괘상卦象으로 말하면 감하坎下 곤상坤上이 땅속의 물이니 많은 사람이 모으는 상象이다. 괘덕卦德으로 말하면 안은 험하고 밖은 순하니 험도險道를 순順으로서 행하는 것이 사師의 의義이다. 효爻로서 말하면 한 양효陽爻가 하괘下卦 중앙에 있고 상하의 다섯 음효陰爻가 이를 따른다. 장將이 병兵을 통솔하는 상象이다. 이二는 강剛으로 아래에 있고, 오五는 유柔로 위에 있으니 군왕이 대장에게 명하여 출사시키는 상象이다.(師者衆也, 其卦坎下坤上, 以卦象論, 地中有水, 爲衆聚之象. 以卦德論, 內陰而外順, 險道而順行, 師之義也. 以爻論, 一陽居下卦之中, 上下五陰從之, 將統兵之象也. 二以剛居下, 五柔居上而任之, 人君命將出師之象也.)"라고 하였다.

기타其他 육효六爻로 설명하면 구이九二만 양효陽爻이고, 다른 다섯 효爻는 모두 음효陰爻이다. 이들 음효陰爻는 모두 구이九二 양효陽爻를 따르고 있으니 마치 한 사람의 대장大將이 많은 무리를 거느리고 있는 상象이다.[489]

師는 **貞**이니 **丈人**이라야 **吉**코 **无咎**하리라.
사 정 장인 길 무구

○ 師(군사 사, 무리 사, 스승 사) 貞(곧을 정) 吉(길할 길) 无(없을 무) 咎(허물 구)

사師는 바르니, 장인丈人이라야 길하고 허물이 없다 하리라.

각설

사정師貞 '정貞'은 바르고 견고한 것이다. 바른 길을 굳게 지키는 것이다. 사師 즉 많은 병사를 동원하여 전쟁을 하는 데는 먼저 바른 길이라야 한다. 바른 길을 굳게 지키는 것이 사도師道의 근본이다. '사도師道'는 험난한 것이며, 즐겨서 하는 일이 아니고 부득이해서 하는 일이다. 그러므로 꼭 정도正道에 맞아야 한다. 정도正道를 굳게 지키는 것이 전쟁의 도道의 근본이다. 명분 없는 싸움은 안 된다. 누가 보아도 싸울 수 밖에 없는 확실한 명분이 있어야 한다. 이것이 정貞이다. 정의에 합당한 싸움이니 국민이 모두 힘을 합쳐 이를 돕게 된다.

489 역易에서는 소수少數가 세력을 얻어 그 괘의 중심이 된다. 세력이 둘 이상으로 분산되면 통솔이 어렵지만 이 卦와 같이 하나일 때는 이상적이다. 이 괘는 하나의 양효陽爻가 강중剛中의 덕德을 가지며 다섯 음효陰爻를 잘 통솔하고 있다. 이와 같은 상태에서는 전쟁을 잘 치룰 수 있다. 아래에 있는 양강陽剛한 구이九二를 대장大將으로 하고 위에 있는 육오六五 음효陰爻를 유순柔順한 천자天子로 한다. 육오六五와 구이九二는 음양상응陰陽相應하고 있음으로 육오六五 천자天子가 구이九二 대장을 깊이 신임하고, 그의 행동을 구속하는 일이 없으며 군사적인 모든 일을 대장을 깊이 신임하고 그의 행동을 구속하는 일이 없으며 군사적인 모든 일을 대장에게 일임하고 있다. 이런 상태에서는 전쟁을 잘 치룰 수 있다. 이것이 천자天子가 대장을 임명하는 길이다.

장인丈人 상당한 연령으로 덕망德望이 있고, 많은 사람들이 존경하는 사람을 장인丈人이라 한다.[490] 여기서는 구이효九二爻를 말하는데 육오六五「효사」에 장자長子라 한 것이 이것이다.[491]

길吉 **무구**无咎 전쟁의 필요조건을 말하고 있다. 첫째는 정의의 전쟁이라야 하고 둘째는 알맞은 장수將帥를 얻어야 한다. 이 두 가지만 갖추어지면 반드시 길吉하고 허물이 없을 것이다.

[彖曰] 師는 **衆也**ㅣ오 **貞**은 **正也**ㅣ니
단왈 사 중야 정 정야

能以衆正하면 **可以王矣**리라.
능이중정 가이왕의

剛中而應하고 **行險而順**하니
강중이응 행험이순

以此毒天下而民이 **從之**하니 **吉**코 **又何咎矣**리오.
이차독천하이민 종지 길 우하구의

○ 衆(무리 중) 能(능할 능) 可(옳을 가) 以(써 이) 矣(어조사 의) 剛(굳셀 강) 中(가운데 중) 而(말 이을 이) 應(응할 응) 行(갈 행) 險(험할 험) 順(순할 순) 以(써 이) 此(이 차) 毒(독 독, 도타울 독, 괴롭힐 독) 天(하늘 천) 下(아래 하) 民(백성 민) 從(좇을 종) 又(또 우) 何(어찌 하)

단彖에 이르기를, 사師는 무리이고, 정貞은 바른 것이니, 능히 무리로써 바르게 한다면 왕 노릇 할 수 있으리라. 강중剛中에서 응應하고 험한 중中에서 순順하게 따르니, 이것으로써 천하天下를 괴롭히지만, 사람들은 이에 따른다면 길할 뿐 무슨 허물이 있겠는가.

---

490 (집설) 장인丈人을 ❶'왕필王弼'은 엄장嚴莊이라 하고 ❷'공영달孔穎達'은 엄장존중嚴莊尊重한 사람이라 하고 ❸'주자朱子'는 장노長老를 말한다고 하였다.

491 많은 군대를 이끌고 전쟁터로 나가는 대장이 반드시 알맞은 사람이라야 한다. 대장이 상당한 연령으로 도덕 재능才能이 있고 많은 사람들이 존경하는 사람이면 싸움에 이기고 길吉하게 되며, 병사를 괴롭히는 잘못은 없을 것이다.

개요概要

구이효九二爻는 양효陽爻이며 中을 얻고 있어 강강한 무용武勇과 과부족이 없는 중덕中德을 가진 장인丈人이다.[492] 육오六五 천자天子와 서로 응應하며 깊은 신임을 얻고 있다. 험난한 전쟁을 치루면서 무리한 일을 하지 않고 바른 길을 따라 천리天理에 순종하고 있다. 강중이응剛中而應하고 행험이순行險而順의 두 글귀는 장인丈人(구이九二)의 덕德과 장인丈人과 군주君主(육오六五) 사이를 설명한 것이다.

각설

사중야師衆也 정정야貞正也 '사師'는 많은 사람이란 뜻이다. '정貞'은 정도正道에 합당한 것을 말한다. '**能以衆正**하면 **可以王矣**리라'라고 한 것은 '사師'와'정貞'을 설명한 글이다.

능이중정能以衆正 대장大將에 대한 말이며, '가이왕의可以王矣'는 군주에 대한 말이다. 군주가 도덕과 재능이 있는 대장을 임명하여 그에게 군사를 일임하고 또 그 대장이 바른 길로 부하 장병을 통솔하여 무도한 적을 토벌 한다면 그것으로 그의 군주는 천하의 왕王이 될 수 있다.[493]

강중이응剛中而應 '**丈人, 吉 无咎**'를 설명한 글이다. '강중剛中'은 주로 구이효九二爻를 말하고 있다. '응應'은 구이九二와 육오六五의 관계를 말한다. 大將은 강강剛强한 덕德도 있어야 하지만 강강剛强으로 지나치지 않는 중덕中德도 없어서는 안된다. 구이九二는 강강剛强하며 중덕中德을 가졌음으로 대장大將으로서 가장 적당한 사람이다. 경문經文에 나오는 장인丈人

---

492 문무文武의 덕德을 겸비한 대장大將이다.

493 '중衆'은 부하장수를 말한다. '정正'은 자기 자신이 바른 길을 가고 부하장병이 정도正道로 나아가며 또 무도한 적국을 토벌해서 바르게 하는 것을 모두 합쳐서 한말이다. 대장 자신이 바르면 부하장병이 바르게 되고 부하장병이 바르면 무도한 적국을 바르게 할 수 있다. 왕은 천하의 왕 즉 성인聖人를 말한다. 왕은 往(가서)하여 천하 만민이 그에게로 가서 복종하는 것을 말한다. 춘추시대 이전에는 왕이 성인聖人의 뜻으로 사용되었다.

에 해당한다. 그리고 구이九二 양효陽爻는 위에 있는 육오六五 음효陰爻와 서로 응應한다. 그러므로 육오六五는 구이九二 현인賢人과 뜻이 맞아 구이九二를 깊이 신임하고 군사일체를 맡긴다. 이것이 강중이응剛中而應이다.

행험이순行險而順 '험險'은 하감下坎의 덕德이다. 감坎은 물이다. 큰 江으로 건너기 힘든 험난한 곳이다. 이것을 위험한 전쟁에 비유한 것이다. '순順'은 上 곤괘坤卦의 덕德이다. 바른 길을 따르는 것이다. 즉 천리天理에 순종하고 민심에 따르는 것이다. 전쟁은 위험한 것이다. 그 위험한 일을 하는 데는 천리天理에 따라 한다.

이차독천하이민以此毒天下而民 종지길從之吉 우하구의又何咎矣 전쟁의 해독으로 많은 사람이 죽고 상傷하며 또 재산을 잃게 되지만 국민들이 바른 길을 따라 천리天理에 순종하고 있는 대장大將을 믿고 따르니 전쟁은 승리할 것이며, 길吉을 얻게 될 것이다. 그 밖에 또 무슨 잘못이 있겠는가?

> **[象曰]** 地中有水ㅣ 師ㅣ니 君子ㅣ 以하야 容民畜衆하나니라.
> 상왈 지중유수 사 군자 이 용민휵중

○ 容(포용할 용, 얼굴 용) 民(백성 민) 畜(기를 휵, 쌓을 축) 衆(무리 중)

상象에 이르기를, 땅 속에 물이 있는 것이 사師이니, 군자는 이로써 백성을 포용하고 무리를 기른다 하나니라.

각설

용민휵중容民畜衆 '축畜'은 '기를 휵 자'이다. 상곤上坤은 땅이며, 하감下坎은 물이다. 이 괘는 땅 속에 물이 많이 모여 있는 모양이다. 그러므로 사괘師卦의 상象으로 한다. 군자는 사괘師卦의 상象을 보고 땅속에 물이 많이 모여 있는 것을 본받아 관대한 도량으로서 많은 국민을 받아들이고 양육한다. '휵畜'은 양육하는 것이다. 육체를 양육하는 것과 도덕으로 정신을 기르는 것을 다 포함하고 있다. 과거에는 평시에는 농업에 종사하는 국민이 전시戰時에는 병사가 된다. 그러므로 용민휵중容民畜衆은 전시에 많은 병사를 얻을 수 있는 요인이 된다.

[初六]는 師出以律이니 否이면 臧이라도 凶하니라. (地澤臨)
초육 사출이율 부 장 흉 지택임

象曰, 師出以律이니 失律하면 凶也ㅣ리라.
상왈 사출이율 실율 흉야

○ 師(무리 사, 군사 사) 出(날 출) 以(써 이) 律(법 율{률}) 否(아닐 부) 臧(착할 장) 失(잃을 실) 律(법 율{률}) 凶(흉할 흉)

초육初六은 군대가 나가는 데는 법으로써 하니, 아니면 착하더라도 흉하니라.
상象에 이르기를, '군대가 나가는 데는 군율로써 한다'는 것은 군율을 잃으면 흉이리라.

개요概要

초육初六은 출사出師의 도道를 밝히고 있다. 전쟁의 시작은 군율로써 해야 함을 말한다.

각설

사출이율師出以律 **부장**否臧 **흉**凶 ❶'율律'은 군율軍律을 말한다. 대장의 호령이 엄하고 확실하며, 나아가고 물러서는데 엄정한 규율이 있어야 됨을 말한다. 출사出師의 도道는 엄정한 규율로서 신중히 시작해야 한다. 만약 규율이 엄정하지 못하면 비록 승리를 얻는다고 해도 결국엔 화禍

를 입고 흉凶하게 된다. ❷'장臧'은 착할 장이다. 선善한 것으로서 싸움에서 이기는 것이다. 이 효爻는 군軍을 충동시키는 데는 엄정한 규율이 필요함을 말하고 있다.

소상사小象辭

사출이율師出以律 **실율흉야**失律凶也 군대를 출동시키는 데에는 엄정한 규율이 있어야 한다. 만약 규율이 엄정하지 못하면 흉凶하다. 비록 한때 약간의 승리를 얻는다 해도 결국에는 흉凶하다는 것이다.[494]

[九二]는 在師하야 中할새 吉코 无咎하니
구이 재사 중 길 무구

王三錫命이로다.
왕 삼 석 명

(重地坤)
중 지 곤

象曰, 在師中吉은 承天寵也일새오
상 왈 재사중길 승 천 총 야

王三錫命은 懷萬邦也이니라.
왕 삼 석 명 회 만 방 야

○ 在(있을 재) 師(군사 사, 스승 사) 中(가운데 중) 吉(길할 길) 承(받들 승) 天(하늘 천) 寵(괼 총) 王(임금 왕) 三(석 삼) 錫(줄 석, 받을 석) 命(명 명) 懷(품을 회) 萬(일만 만) 邦(나라 방)

구이九二는 무리(군대) 안에 있으면서 중도中道로 하면 길吉하고, 허물이 없다하니, 임금이 여러 번 명을 내림이로다.

---

494 이 효를 대장으로 본다면 초효初爻로서 자리가 미천하며 음효陰爻로서 유약柔弱하며 재능이 부족하고 음효陰爻로서 양陽의 자리에 있으니 자리가 바르지 못하다. 위에 있는 육사六四는 서로가 음효陰爻로서 응應하지 못하며 구이九二 양효陽爻만이 상비相比하고 있다. 즉 미천하고 약하며 재능才能이 부족하고 바르지 못한 자리에 앉아 응원하는 사람도 없으니 이와 같은 사람을 대장으로 쓴다 해도 잘 될 리가 없으며 싸움은 패할 것이 분명하다. 이 일은 「효사」에 드러내어 말하지 않아도 알 수 있는 일이니, 여기서는 군대를 출동시키는데 꼭 필요한 것만을 가르치고 있다.

상象에 이르기를, '군대 안에 있으면서 중도中道로 하면 길하다'함은 천총(天寵=하늘의 총애)을 받음이오, '임금이 여러 번 명을 내린다'는 것은 만방을 거느리려는 것이니라.

개요概要

구이九二는 사괘師卦의 주효主爻로 가장 중요한 효이다. 이 효爻는 양강陽剛·중덕中德의 효이다. 그리고 육오六五 성인聖人와 음양陰陽 상응相應으로 깊은 신임을 받고 있다. 또 상上과 하下의 음효陰爻와 상비相比하다.

각설

왕삼석명王三錫命 괘 전체로서 말하면 이 효는 한 괘의 중심이 되어 상하의 다섯 음효陰爻를 통솔하고 있다. 그러므로 도적을 평정하고 큰 공을 세워 길吉 하고 허물이 없게 된다. 성인聖人로부터 세 번(여러 차례) 상을 받는다. 이 효爻는 이상적인 대장이며, 단彖에서 말한 장인丈人이다.[495]

소상사小象辭[496]

재사중길在師中吉 **승천총야**承天寵也 천총天寵은 성인聖人의 은총이다. 이 효爻가 중덕中德을 가지며 군대軍隊를 출동 시켰어도 길吉을 얻는 것은 이 효爻가 성인聖人의 은총恩寵과 신임을 얻고 있기 때문이다.

왕삼석명王三錫命 **회만방야**懷萬邦也 성인聖人이 여러 번 명命을 내리는 것은 이 사람이 도덕 재능才能이 높아 천하만민을 신복시키고 있기 때문이다.

495 삼석명三錫命의 일명一命은 작爵(벼슬 작) 이명二命은 복服(옷 복) 삼명三命은 거마車馬를 받는다고 한다.

496 회만방야懷萬邦也는 만망萬方을 품으라는 것이다. 『맹자』의 '약보적자若保赤子'와 의미가 같다.

[六三]은 師或輿尸면 凶하리라. (地風升)
육삼 사혹여시 흉 지풍승

象曰, 師或輿尸는 大无功也이니라.
상왈 사혹여시 대무공야

○ 師(군사 사, 무리 사, 스승 사) 或(혹 혹) 輿(수레 여) 尸(주검 시) 大(큰 대) 无(없을 무) 功(공 공)

육삼六三은 군사가 혹시 시체를 수레에 싣고 돌아오면 흉하리라.

상象에 이르기를, "군대를 혹 여러 사람이 주장하면 크게 공功이 없으리라."

개요概要

육삼六三은 능력이 없는 부덕한 자가 무리를 이끌면 흉凶함에 대해 말한다.

각설

사혹여시師或輿尸 흉凶 육삼六三은 부정위부중不正位不中한 효爻로써 가볍게 함부로 움직인다. 그리고 상육上六과는 비응불비非應不比로 도움을 받지 못한다. 이와 같은 부덕不德, 부재不才, 부중不中, 부정不正의 몸으로 군을 출동시키면 패하여 수레에 시신을 싣고 돌아오게 되어 흉하다.[497]

소상사小象辭

대무공야大无功也 군대가 시신을 싣고 돌아오는 것은 심한 패전을 말한다. 크게 공이 없다는 것도 패전이 심하다는 말이다.

---

497 흉은 일반 백성으로서 자격을 갖지 못한 사람이 정치를 하면 흉하다.

[六四]는 **師左次**ㅣ니 **无咎**ㅣ로다.　　　　(雷水解)
육사　사좌차　무구　　　　뇌수해

象曰, 左次无咎는 **未失常也**이니라.
상왈　좌차무구　미실상야

○ 左(왼 좌) 次(버금 차) 无(없을 무) 咎(허물 구) 未(아닐 미) 失(잃을 실) 常(항상 상)

육사六四는 군사가 물러나서 쉼이니, 허물이 없음이로다.

상象에 이르기를, 물러나서 쉬면 허물이 없다는 것은 상도常道를 잃지 않음이니라.

개요概要

육사六四는 전쟁의 도道에 대하여 말하고 있다. 전세가 불리할 때는 물러서야 함을 말한다.

각설

사좌차師左次 무구无咎 육사六四는 정위부중正位不中의 효이다. 그러므로 육사六四는 도덕 재능才能이 부족하지만 전쟁에 승산이 없으면 무리를 하지 않고 군을 퇴각시키니 허물이 없다. '좌左'는 퇴退이다. 병가兵家에서는 우右를 숭상하여 앞이라 하고, 좌左를 뒤라고 한다. 그러므로 물러서서 쉬는 것을 좌차左次라 한다.[498]

소상사小象辭

좌차무구左次无咎 미실상야未失常也 전쟁의 도道는 나아갈 수 있을 때 나

---

498 (集說) ❶「좌전左傳」에 '사師는 일숙一宿을 사舍라' 하고 '재숙再宿'을 신信이라 하고, 신信이 넘는 것을 차次라 한다"고 하였다. 그러므로 좌차左次는 물러나서 삼일 이상 쉬는 것을 말한다. ❷'래지덕來知德'은 『래주역경도해來註易經圖解』에서 "육사六四는 음陰의 바른 자리를 얻고 있음으로 군대를 출동시켜 승산이 없음을 알고 퇴각하여 군을 온전하게 한다. 어려움을 알고 물러서는 것은 병가兵家의 상도常道라.(六四居陰得正, 故有出師, 道不能勝, 完師以退之象, 然知難而退, 兵家之常)"라고 하였다.

아가고 나아가기 어려울 때 물러서는 것이 상도常道이다. 육사六四는 승리가 어려운 것임을 알고 군을 온전하게 퇴각시켰으니 아직 전쟁의 상도常道를 잃은 것은 아니다. 그러므로 허물이 없다. '좌차左次'는 전략상의 후퇴이다. 선천先天의 도피처, 잠시 머물러 쉬는 곳, 근신함이다.

[六五]는 田有禽이어든 利執言하니 无咎ㅣ리라
육오 전유금 이집언 무구

長子ㅣ 帥師니 弟子ㅣ 輿尸하면 貞이라도 凶하리라. (重水坎)
장자 수사 제자 여시 정 흉 중수감

象曰, 長子帥師는 以中行也일새오
상왈 장자수사 이중행야

弟子輿尸는 使不當也이니라.
제자여시 사부당야

○ 田(밭 전) 有(있을 유) 禽(날짐승 금) 利(이로울 이{리}) 執(잡을 집) 言(말씀 언) 无(없을 무) 咎(허물 구) 長(길 장) 帥(거느릴 수, 장수 수) 弟(아우 제) 輿(수레 여) 尸(주검 시) 使(부릴 사, 하여금 사) 當(마땅할 당)

육오六五는 밭에 짐승이 있으니, 잡는 것이 이롭하니, 허물이 없다. 장자가 군사를 통솔하는데, 또 작은 아들이 시체를 수레에 싣고 온다면 곧아도 흉하리라.

상象에 이르기를, '장자가 군사를 통솔하는 것은 중정中正의 덕德으로 행하는 것이요, '작은 아들이 시체를 수레에 돌아온다'는 것은 부림이 마땅하지 않음이니라.

개요概要

육오六五는 유순중득柔順中得 성인聖人이다. 그러므로 이 효爻에는 전쟁을 하게 된 까닭과 대장을 임명하는 도道를 말하고 있다. 아래의 구이효九二爻

와 음양상응陰陽相應하여 구이九二 군자를 신임하고 있다. 이것이 육오六五 성인聖人의 덕德이다.

각설

전유금田有禽 '전田'는 군자의 터전이다. '금禽'은 하늘의 천사이다. 그러므로 전유금田有禽은 군자의 터전에 성인지도聖人之道가 있다.

이집언利執言 성인지도를 붙들면 이롭다는 것이다.

장자수사長子帥師 제자여시弟子輿尸 정흉貞凶 전쟁은 항상 명분이 있어야 한다. 적이 침략한 후에 비로소 군대를 출동시켜야 한다. 그리고 대장을 임명하는 데는 노련하고 덕망德望이 높은 착한 사람을 뽑아야 한다. '장자長子'는 장남이며, 「단사」의 장인丈人 곧 구이九二를 말한다. '제자弟子'는 장자長子의 동생(육삼六三, 육사六四)들로서 덕망德望과 재능才能이 부족한 사람이다. 군대를 통솔하는데는 재능才能과 덕망德望이 높은 구이九二 현인賢人을 써야 한다. 만약 재능才能과 덕망德望이 부족한 육삼六三, 육사六四와 같은 사람을 대장으로 하면 전쟁에 패하고 시체를 싣고 돌아오게 될 것이니 비록 명분이 있는 전쟁일지라도 흉하다. 그러므로 전쟁을 반드시 정의正義의 전쟁이라야 하고, 대장은 적임자라야 한다고 말하고 있다.

소상사小象辭

장자수사長子帥師 이중행야以中行也 장자長子(구이九二)를 대장으로 군사를 중도中道로써 행하는 것이다.

제자여시弟子輿尸 사부당야使不當也 만약 덕망德望이 없는 제자를(육삼六三, 육사六四) 대장으로 삼으면 전쟁에 패하여 시체를 싣고 돌아온다는 것이다. 왜냐하면 이것은 자질이 없는 사람을 대장으로 사용했기 때문이다.

[上六]은 **大君**이 **有命**이니
상육 대군 유명

開國承家에 **小人勿用**이니라. (山水蒙)
개국승가 소인물용 산수몽

象曰, 大君有命은 **以正功也**일새오
상왈 대군유명 이정공야

小人勿用은 **必亂邦也**이니라.
소인물용 필난방야

○ 君(임금 군) 有(있을 유) 命(명 명) 以(써 이) 正(바를 정) 功(공 공) 勿(말 물) 用(쓸 용) 必(반드시 필) 亂(어지러울 난{란}) 邦(나라 방)

상육上六은 큰 임금의 명이 있으니, 나라를 세우고 집을 계승시킨다. 소인小人은 쓰지 않음이니라.

상象에 이르기를, '큰 임금의 명이 있다'는 것은 공을 바르게 하려는 것이다. '소인小人은 쓰지 마라.'는 것은 반드시 나라를 어지럽게 함이니라.

개요概要

상육上六은 사괘師卦의 끝이다. 논공행상의 도道를 밝히고 있다.

각설

대군유명大君有命 **개국승가**開國承家 **소인물용**小人勿用 상육上六은 사괘師卦의 끝이다. 전쟁이 끝나고 성인聖人께서 논공행상을 하게 된다. 대군大君은 육오六五 성인聖人를 말한다. 전쟁이 끝나면 논공행상의 원칙으로 먼저, 공적이 큰 사람은 땅을 주어 제후諸侯로 봉하고(개국開國), 그 다음 큰 사람은 경대부卿大夫로 벼슬을 준다(승가承家). 그러나 도덕이 부족한 소인小人은 공적이 있어도 제후나 대부의 벼슬을 주지 않고 상賞으로 돈이나 봉록俸祿을 줄 뿐이다. 도덕이 부족한 소인小人에게 벼슬을 주면 반드시 나라를 어지럽히거나 국민을 괴롭히게 됨으로 이들에게는 돈이나 월급으로 그의 공로를 치하할 뿐이다.

소상사小象辭

대군유명이정공야大君有命以正功也 성인聖人의 명命은 그것으로 공적의 대소大小를 바르게 하고 공적의 대소大小에 따라 적당한 상賞을 주시는 것이다.

정공正功은 공적의 대소大小를 정확하게 조사하여 거기 알맞은 상賞을 주는 것으로 아무런 불평이 없도록 공정하게 하는 것이다.

소인물용小人勿用 필난방야必亂邦也 도덕이 부족한 소인小人은 비록 큰 공을 세웠다 하여도 제후諸侯나 경대부卿大夫로 할 수 없다. 이와 같은 소인小人에게 제후나 경대부의 벼슬을 주면 반드시 나라를 어지럽히고 국민을 해롭게 할 것이다. 그러므로 소인小人에게는 물질로 상賞을 준다.

✎ 사師는 중衆이다.

많은 무리로 전쟁을 하는 이치를 말하고 있다

첫째, 전쟁의 조건으로는 먼저 정의正義의 전쟁이라야 하고, 다음으로 알맞은 장수를 얻어야 한다. 이 두 가지만 갖추어지면 반드시 길吉하고 허물이 없다고 말한다.

둘째, 논공행상에 대해서는 먼저, 공적功績의 대소大小를 바르게 하고 그에 따라 적당한 상賞을 주어 아무런 불평이 없도록 공정公正하게 하라는 것이다. 다음으로 도덕道德이 부족不足한 소인小人은 비록 큰 공을 세웠다 하여도 재물이나 전답으로 상을 주어 나라의 혼란을 미연에 방지하라는 것이다.

수 지 비 괘

8. 水地比卦

地水師卦 火天大有卦 地水師卦 山地剝卦

도전괘
倒顚卦

수지비괘
水地比卦

지수사괘
地水師卦

음양대응과
陰陽對應卦

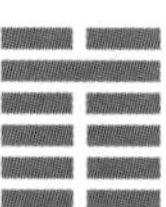

수지비괘
水地比卦

화천대유괘
火天大有卦

상하교역괘
上下交易卦

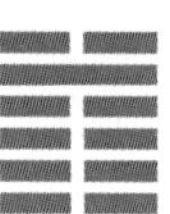

수지비괘
水地比卦

지수사괘
地水師卦

호괘
互卦

수지비괘
水地比卦

산지박괘
山地剝卦

효변 爻變	初爻變 而爲屯卦	二爻變 而爲坎卦	三爻變 而爲蹇卦	四爻變 而爲萃卦	五爻變 而爲坤卦	上爻變 而爲觀卦
수지비괘 水地比卦	수뢰둔괘 水雷屯卦	중수감괘 重水坎卦	수산건괘 水山蹇卦	택지췌괘 澤地萃卦	중지곤괘 重地坤卦	풍지관괘 風地觀卦

요지要旨[499]

괘명卦名 이 괘는 상감上坎의 수水(☵) + 하곤下坤의 지地(☷) = 수지비괘水地比卦(䷇)이다.

괘의卦意 비比는 사귐의 도에 대한 말이다. 사람과 사람은 서로 친하고 서로 돕는 것 도리이다. 비比자字는 두 사람이 서로 기대고 서 있는 모양의 글자이다.

괘서卦序 「서괘序卦」 "많은 사람이 모이면 반드시 서로 친하고 돕는 일이 생긴다. 또 서로 친하고 도울 일이 있으면 많은 사람이 모이게 된다. 그러므로 사괘師卦 다음에 수지비괘水地比卦(䷇)가 놓인다.(衆必有所比, 故受之以比.)"[500]라고 하였다. 앞에 나온 지수사괘地水師卦는 전쟁으로 많은 사람이 모여 많은 적과 싸우는 괘이다.

괘상卦象 비괘比卦(䷇)는 하下 곤坤의 지地가 있고, 상上 감坎의 수水가 있다. 땅위에 물이 있는 상象이다. 물과 땅은 밀접한 상호보완적인 관계에 있다. 물은 땅속에 스며들어 풀과 나무를 자라도록 하고, 땅은 흙의 힘으로 풀과 나무에 양분을 실어다 주는 소임을 다한다. 물과 흙은 이와 같이 서로 밀착하여 서로 돕는다. 그러므로 땅위에 물이 있는 것을 비괘比卦의 상象으로 한다.[501]

---

499 비괘比卦는 송괘訟卦와 사괘師卦를 지나 화해和解하고 친親해지는 방법을 밝히고 있다.

500 '래지덕來知德'은 『래주역경도해來註易經圖解』에서 '비比는 친보親輔이다'. 곤하坤下 감상坎上의 괘상卦象으로 말하면 땅위에 물이 있어 서로가 절친한 것이 비比의 상象이다. 효爻로서 말하면 오五 존위尊位에 있고 중음衆陰이 이에 따르니 한사람이 만방을 어루만지고 사해四海가 한 사람을 우러러 보는 상象이 있어 비比로 한다.(比 親輔. 其卦坤下坎上, 以卦象論, 水在地上. 最上親切, 比之象也. 比爻論, 五居尊位, 衆陰比而從之, 有一人補萬方, 四海仰一人之象, 故爲比也.)"라고 하였다.

501 지금까지는 상하 두 괘의 덕德으로 괘를 설명한 글이 「단사」에 실렸는데 이 卦는 그것이 없다. 그러나 다른 괘의 「단사」을 잘 읽고 응용應用하면 그와 같이 적어낼 수 있을 것이다. 앞에 사괘師卦에 있는 행험이순行險而順을 응용하여 순이행험順而行이라 하여도 될 것이다.
순順은 하下 곤괘坤卦의 덕德이며, 험險은 상上 감괘坎卦의 덕德이다. 만민을 포용하고 친하며 통솔하는 것은 몹시 어려운 일이다. 그러나 이 괘는 순順으로 그 일을 해낸다. 즉 바른 길을 따라 민심을 따라 자연의 정세에 따라 무리하지 않고 그 곤난한 큰 사업을 이루게 된다. 또

괘덕卦德 이 괘는 구오九五가 유일한 양효陽爻이다. 구오효九五爻는 성인聖人의 자리에 있으며 강건剛健 중정中正의 덕德을 가진 이상적인 양효陽爻이다. 이 효가 이 괘의 중심이 되어 다른 모든 음효陰爻를 통솔하고 있는 주효主爻이다. 한 사람의 성인聖人이 천하만국을 편안하도록 어루만지며, 천하만민은 사람의 성인聖人을 우러러 받드는 모양이다.[502] 감坎과 곤坤은 안에 성誠과 진리에 대한 순종의 의미가 있다. 이 괘는 중도中道의 바른 길을 따라 성誠의 덕德으로 사람들의 마음을 감동시켜 모든 일을 이룬다고 할 수 있다.

比는 吉하니 原筮하야 元永貞이면 无咎ㅣ리라
비 길 원서 원영정 무구

不寧이 方來니 後면 夫라도 凶하니라.
불녕 방래 후 부 흉

○ 比(도울 비, 사귈 비 견줄 비) 吉(길할 길) 原(거듭 원(중重), 근원 원) 筮(점대 서) 元(으뜸 원) 永(길 영) 貞(곧을 정) 寧(편안할 녕{영}) 方(바야흐르 방, 모 방) 來(올 래{내}) 後(뒤 후) 夫(사나이 부, 지아비 부)

비比는 길吉하니 거듭하여 생각하되 크고 영원히 곧으면 허물이 없으리라. 편치아니 함이니, (일이 있고 난 뒤에야) 비로소 오는 것이니, 뒤늦게 하면 대장부라도 흉하니라.

'순이유부順而有孚라' 말하여도 좋을 것이다.

502 사괘師卦는 구이효九二爻가 다섯 음효陰爻를 통솔하고 있었는데 비해, 비比卦는 구오효九五爻가 다섯 음효陰爻를 통솔하고 있다. 한 양효陽爻가 다섯 음효陰爻를 거느리고 있는 것은 같은데 양효陽爻가 있는 자리가 다르다. 또한 사괘師卦의 구이九二는 군자지도를 말하였는데 비比卦의 구오九五는 성인지도를 말하고 있다. 사괘師卦와 비괘比卦는 그 모양이 비슷하지만 양효陽爻의 자리가 다르다는 것으로 이렇게 많은 차이가 생긴다. 즉 비괘比卦는 사람과 사람 사이의 친하는 길 특히 천자天子와 국민이 서로 친하는 길을 말하고 있다. '비比'를 파자하면 두 사람이 나란히 서있는 형상으로, 서로 돕는다는 뜻이다.

각설

비길比吉 사람과 사람이 서로 친하는 것은 길吉을 얻는 길이다. 천자天子와 백성이 흙과 물 사이처럼 친밀하게 화합해서 떨어지지 않을 때는 길吉하다. 그러나 친하는게 되는 데에도 반드시 지켜야 할 길이 있다.[503]

원서原筮 원原은 거듭 원原이다. 그리고 '원서原筮'는 재서再筮로 두 번 세 번 거듭 생각함을 말한다.[504] 이것은 모두 사람과 친함에 있어 충분히 생각하며 남들과도 여러 차례 의논하여 일을 신중히 하는 것을 말한다.

원영정元永貞 원영정元永貞의 원元은 원형이정元亨利貞의 원元과 같다. ❶'원元'은 인덕仁德이다. 천지天地가 만물을 나게 하는 덕德, 천자天子가 만민을 양육하는 덕德이 인덕仁德이다. ❷'영永'은 언제까지고 변하지 않는 영원한 것이다. ❸'정貞'은 지智와 같은 것으로 바르고 견고한 것이다.

불녕不寧 **방래**方來 불녕不寧은 편안히 쉴 사이가 없는 것이다. 망설이지 않고 곧바로 움직이라는 것이다. '방方'은 바야흐르 방이다. 성인聖人이 元永貞의 덕德을 가지고 사람들과 친하게 되면 천하天下만민萬民은 망설이지 않고 바야흐르 진심으로 복종하게 된다.

후부後夫 **흉**凶 '후부後夫'는 뒤에 처진 사람이다. 이런 사람은 흉凶하다.

---

503 "비比는 길吉하니 원서原筮하야 원영정元永貞이면 무구无咎리라" 한 것은 비比 즉 사람이 서로 친하고 화합하는 것은 좋은 일이다. 그러나 사귀기 전에 그 사람이 사귈 수 있는 사람인가 아닌가를 잘 생각해 보고 또 다른 사람들과 잘 의논 해보고 그 사람이 친할 수 있는 사람임을 확인한 뒤에 사귀며 그리고 인仁의 덕德과 영구불변의 덕德, 바르고 견고한 덕德을 가지고 그와 친하게 되면 잘못이 없게 된다는 것이다.

504 (집설集說) '주자朱子'는 원서原筮의 원原을 재再로 해석하였다. 『주례』와 『춘추좌전春秋左傳』에서도 '원原'을 '재再'로 해석한 예가 있다.

[彖曰] 比는 吉也ㅣ며 比는 輔也ㅣ니 下ㅣ 順從也ㅣ라
단왈 비 길야 비 보야 하 순종야

原筮元永貞无咎는 以剛中也일새오
원서원영정무구 이강중야

不寧方來는 上下ㅣ 應也일새오
불녕방래 상하 응야

後夫凶은 其道ㅣ 窮也이니라.
후부흉 기도 궁야

○ 比(사귈 비, 견줄 비) 吉(길할 길) 輔(도울 보) 順(순할 순) 原(가듭 원) 筮(점대 서) 元(으뜸 원) 永(길 영) 貞(곧을 정) 剛(굳셀 강) 不(아닐 불) 寧(편안할 녕{영}) 方(바야흐르 방, 비로소 방) 來(올 래{내}) 應(응할 응) 後(뒤 후) 夫(사나이 부) 道(길 도) 窮(다할 궁)

단彖에 이르기를, '비比는 길吉한 것이며, 비는 돕는 것이니, 아랫사람이 순종함이라. 다시 점쳐서 크고 길하고 곧으면 허물이 없다.' 함은 강중剛中으로 함이오. '편안치 않아서 온다.' 함은 위와 아래가 응함이오. '뒤지는 자는 凶하다.' 함은 그 도道가 궁함이니라.

각설

비比 길야吉也 사람이 서로 친하다는 것은 길吉이다.

비比 보야輔也 비比는 서로 친하고 서로 돕는 것이다. 성인聖人는 만민을 다스리고, 만민萬民은 자기가 맡고 있는 소임을 다하여 성인聖人를 돕는 것이 보輔이다.

하순종야下順從也 이것은 하괘下卦 곤덕坤德을 말한 것이며, 구오九五에게 순종하는 것이다.

원서원영정무구原筮元永貞无咎 이강중야以剛中也 구오효九五爻는 양강중정陽剛中正의 덕德을 가진 이상적인 양효陽爻이다. 그러므로 '원영정무구

元永貞无咎'이다.[505]

불녕방래不寧方來 상하응야上下應也 천하 만민이 모두 편히 쉴 사이도 없이 사방에서 빨리 달려와 복종하는 것은 상하의 음효陰爻가 모두 구오九五 성인聖人와 서로 응應하고 서로 진심으로 따르기 때문이다.

후부흉後夫凶 기도궁야其道窮也 천하 만민이 앞을 다투어서 성인聖人에게 달려와 복종하는데 여기 뒤지는 사람은 흉凶하며 화禍를 입는다. 이것은 그 도道가 궁하여 갈 곳이 없기 때문이다.

[象曰] 地上有水ㅣ 比ㅣ니
상왈 지상유수 비
先王이 以하야 建萬國하야 親諸侯하니라.
선왕 이 건만국 친제후

○ 親(친할 친) 諸(모든 제) 侯(과녁 후)

상象에 이르기를, 땅위에 물이 있는 것이 비比이니, 선왕先王은 이로써 만국을 세우고 모든 제후와 친하니라.

각설

지상유수地上有水 비比 땅위에 물이 있는 것은 비괘比卦의 상象이다. 두 가지 물건物件이 서로 친하여 조금도 틈이 없는 것은 땅위에 있는 물보다 더한 것이 없다. 물은 땅 속으로 스며들어 그 사이에 틈이 조금도 없으며 흐르는 물도 땅의 모양을 따라 틈을 채우면서 나아간다.

건만국建萬國 친제후親諸侯 선왕先王은 이 상象을 보고 비괘比卦의 도道

505 '래지덕來知德'은 『래주역경도해來註易經圖解』에서 "강중剛中함으로 사욕私欲이 머물 곳이 없으니 선善이 되며 강중剛中함으로 건이불식健而不息이니 영永이라 할 수 있다. 강중剛中하면 정고불편正固不偏이라 그러므로 정貞이 된다.(剛中, 則私慾无所留, 所以爲善者此也. 剛中 則健而不息, 所以爲永者此也. 剛中 則正固而不偏, 所以爲貞者此也.)"라고 하였다.

를 체득하여 천하만민을 친밀히 보살핀다. 비괘比卦의 도道에 따라 지형과 인정人情, 풍습風俗 등을 관찰하여 국경을 정해 제후의 나라를 건설한다. 그리고 성인聖人이 제후의 나라를 순행하며, 때로는 제후가 서울로 나와 성인聖人를 뵈오니 천하天下는 한집같이 되고 만민萬民은 한 몸 같이 되어 천하가 잘 다스려 진다는 것이다.

[初六]은 有孚比之라야 无咎ㅣ리니
초육 유부비지 무구

有孚ㅣ 盈缶ㅣ면 終來에 有他吉하리라. (水雷屯)
유부 영부 종래 유타길 수뢰둔

象曰, 比之初六은 有他吉也이니라.
상왈 비지초육 유타길야

○ 有(있을 유) 比(견줄 비) 无(없을 무) 咎(허물 구) 有(있을 유) 孚(미쁠 부) 盈(찰 영) 缶(장군 부, 질그릇 부) 終(끝날 종) 來(올 래{내})

초육初六은 믿음(진실함)을 가지고 친해야 허물이 없으리니, 믿음(진살함)이 항아리에 가득 차듯이 하면 끝내 다른 길함이 있으리라.

상象에 이르기를, 비괘比卦의 초육初六은 다른 길함이 있는 것이니라.

개요概要

초육初六은 비괘比卦의 처음이니 사람을 친하게 사귀는 도道를 말하고 있다. 사람을 사귀는 데는 부孚가 가장 중요하다. '부孚'는 마음 안에 진실한 참 마음이(성誠) 꽉 차 있고, 그것을 저쪽 사람이 믿도록(신信) 하는 것이다. 남의 마음을 감동시킬 수 있는 정성이 가장 중요하다는 것이다.

각설

유부비지有孚比之 무구无咎 남을 감동시킬 수 있는 성의를 가지고 친하게 되면 나무랄 만한 잘못이 없다는 것이다. 이때, '비지比之'의 지之는 상대 방 사람을 말한다.

유부영부有孚盈缶 **종래**終來 **유타길**有他吉 '부缶'는 물이나 술을 담는 항아리 또는 장군이다.[506] 항아리는 조잡한 질그릇이지만 그 안에 사람을 감동시킬 수 있는 성실이 충만해 있다.[507] 따라서 생각지도 않는 다른 길吉함이 찾아오게 된다는 것이다.[508]

소상사小象辭

유타길야有他吉也 초육初六은 잘못이 없을 뿐 아니라 생각지도 못한 복福을 받게 된다. 이것은 그가 성실하기 때문이다. 그러므로 사람과 사람이 친親하게 되는데 있어서 성실이 가장 소중한 가치이다.

[六二]는 比之自內니 貞하야 吉토다. 육이 비지자내 정 길	(重水坎) 중수감
象曰, 比之自內는 不自失也이니라. 상왈 비지자내 부자실야	

○ 比(견줄 비) 自(~~ 부터 자) 內(안 내) 不(아닌가 부{아닐 불, 클 비}) 失(잃을 실)

---

506 초육初六은 곤괘坤卦의 한 爻이다. 곤坤은 흙이므로 흙으로 만들어진 부缶의 상象으로 한다. '부孚'는 상감괘上坎卦의 상象이다. 또 감坎은 물이며 액체이다. 즉 항아리 안에 들어갈 물건物件이다. 이 괘 전체로서 액체가 항아리 안에 충만해 있는 상象이다. 즉 '유부영부有孚盈缶'의 상象이다.

507 '부缶' : 초육初六이 동動하면 진하련震下連이니 장남이 주기하는 상象이고, 본래의 괘가 곤삼절坤三絶이니 소박한 질그릇인 것이다.

508 이 초육初六이 친하고 싶은 사람은 '강강중정剛强中正'의 덕德을 가진 구오九五 성인聖人이지만 아무런 연고가 없다. 그러나 초육初六은 이 괘의 주효主爻이며 덕德이 높은 구오九五를 존경하며 사모하고 있다. 초육初六은 조잡하게 구어서 만든 질그릇인 항아리와 같은 미천한 신분이지만 마음 안에 남을 감동시킬 수 있는 성실한 진심이 충만해 있음으로 그 진심이 구오九五에게 전해져서 아무 연고도 없는 구오九五로부터 생각지도 않은 길吉을 얻게 된다. 이 구오九五로부터 오는 행복을 타길他吉이라 하였다.

육이六二는 사람을 친하기를 안(마음속)으로부터 하는 것이니, 곧아야 길토다.
상象에 이르기를, '친하기를 안(마음속)으로부터 한다' 함은 스스로 잃지 않음이니라.

개요概要

육이六二는 정위득중正位得中의 효爻로써 중덕中德을 가진다. 즉 유순柔順하고 중정지덕中正之德을 가지며, 구오九五와 응應하고 있는 이상적인 음효陰爻이다.

각설

비지자내比之自內 지之는 육이六二와 친한 구오九五를 말한다. 자내自內의 내內는 육이六二가 내괘內卦에 있음으로 안으로부터 라고 하였다. 이것은 마음 안에 유순중정柔順中正의 덕德을 가진 것을 뜻하는 말이다. 육이六二는 내괘內卦, 즉 하괘下卦에 있고 마음에 유순중정柔順中正의 덕德을 가지며 구오九五와 서로 응應하고 있으니 비괘比卦의 이상적인 효爻이다.[509]
정길貞吉 육이六二는 신하로서 유순중정柔順中正한 이상적인 사람이며, 바른 길을 굳게 지키고 있음으로 길吉하다.

소상사小象辭

비지자내比之自內 부자실야不自失也 육이효六二爻가 내괘內卦에 있으면서 유순중정柔順中正한 도道를 지키며, 외괘外卦에 있는 구이九二 성인聖人과

---

509 래지덕來知德은 『래주역경도해來註易經圖解』에서 "하夏시대에 '이윤伊尹'이 처음 미천한 자리에 있으면서 요순堯舜의 도道를 즐기고 있었는데 뒤에 은殷나라 탕왕湯王의 신임을 받은 것은 이 효爻에 해당된다고 한다.(自內者, 由己涵養有素, 因之得君, 如伊尹樂堯舜之道, 而應成湯之聘也.)"라고 하였다.

서로 응應하고 친할 수 있는 것은 스스로 바른 길을 잃지 않았기 때문이다. 그러므로 길吉하며 복을 얻게 되는 것이다.

[六三]은 比之匪人이라. (水山蹇)
육삼 비지비인 수산건

象曰, 比之匪人이 不亦傷乎아.
상왈 비지비인 불역상호

○ 比(사귈 비, 친할 비) 匪(아닐 비) 亦(또 역) 상傷(상처 상)

육삼六三은 친하려 해도 사람이 아님이라.

상象에 이르기를, '친하려 해도 사람이 아니라면 또한 마음 아픈 일이 아니겠는가.

개요概要[510]

육삼六三은 부정위부중不正位不中한 음효陰爻로서 유약柔弱하며 마음이 어둡고 밝지 못하다. 그러므로 육삼六三은 여러 가지 악덕惡德을 가지고 있는 효爻이다.

각설

비지비인比之匪人 상하上下 이웃에 있는 육사六四와 육이六二는 모두 음효陰爻로서 서로 친할 수가 없다. 상육上六은 성인지도聖人之道에 복종하지

510 비지비인比之匪人의 '비比'(소인과 동패가 된다)란 사람이 아닌 동물에게 비유했음을 의미한다. 소인小人의 생각을 동물에 비유하여 상징적으로 표현했다는 뜻이다. 비인匪人이란 금수와 같은 행위를 하는 사람을 가리킨다. 사람의 길을 걸어가지 않고 금수의 길을 걸어가는 사람은 별 수 없다는 것이다. 사람이 나란히 걸어가는 것을 상형화시킨 것이 비자比字다. 사람이 거꾸로 나란히 걸어가는 것을 상형화 했다. 그러므로 반군자지도反君子之道인 금수지도禽獸之道이다.

않는 효로써 「단사」에서 말한 후부後夫이며, 서로 음효陰爻로서 친할 수 없는데도 불구하고 이 상육上六과 억지로 친親하려 한다. 이러한 상태로서는 크게 흉凶하며, 화禍를 받게 될 것이다.

비지비인比之匪人은 극단적 패륜, 금수지도禽獸之道이다.(비匪 ≠ 비非)[511]

소상사小象辭[512]

비지비인比之匪人 불역상호不亦傷乎 육삼六三은 그가 친하고 싶어하는 사람이 바르지 못한 비인匪人이다. 이런 상태에서는 흉凶하며 화禍를 입게 된다. 그러나 스스로 반성하여 악인惡人을 멀리하면 화禍를 면할 수 있을 것이다.

[六四]는 外比之하니 貞하야 吉토다. (澤地萃)
육사 외비지 정 길 택지췌

象曰, 外比於賢은 以從上也이니라.
상왈 외비어현 이종상야

○ 外(밖 외) 比(사귈 비) 於(어조사 어) 賢(어질 현) 以(써 이) 從(좇을 종) 上(위 상)

육사六四는 밖(구오九五)에서 친함이니, 마음을 바르게 하면 길吉하다.

상象에 이르기를, '밖에서 어진 이를 친하는 것은 위에 따르는 것이니라.

---

511 비匪는 회의會意 겸 형성자形聲字이다. 먼저, 회의의 근거는 대바구니를 나타내는 방匚(상자 방)과 날개가 물에 젖어 날지 못하는 새를 의미하는 비非의 결합으로 새가 대 바구니 안에 갇혀 날지 못해 퍼덕거리는 모습이라는 것이다. 다음으로 형성形聲이라면 방匚이 의미요소이고, 비非가 소리요소로 대바구니를 의미한다. 비匪 대바구니 안에 갇혀 날지 못하거나 날개가 물에 젖어 날지 못하는 부정의 의미로 쓰여 비非와 통용된다. 즉, 대바구니 속에 갇혀서 날지 못하고 퍼덕거리는 비정상적인 행위를 사람에 비유하여 고정관념과 편견에 사로잡혀서 바르지 못한 짓을 하는 사람이란 의미가 파생되어 비인匪人으로 쓰인다. 그러므로 비匪와 비非는 의미가 다르다.

512 오구효五九爻와 만남이고, 비인匪人는 천도天道에 벗어난 소인지도이다.

개요概要

육사六四는 음효陰爻로서 유약柔弱하지만 음효陰爻로서 음陰의 자리에 있으니 자리가 바르다. 상괘上卦의 하효下爻로 중中을 얻지 못했지만 지나치게 물러선다. 초육初六과는 응應하지 못하며, 육삼六三과도 상비相比하지 못한다. 다행히 위에 있는 현명한 구오九五 천자天子와 음양상비陰陽相比하고 있다. 그러므로 바른 길을 벗어나지 않고 길吉을 얻게 된다.

각설

외비지外比之 정길貞吉 구오九五가 外卦에 있고 육사六四보다 밖에 있음으로 외外라고 하였다. 지之는 자기와 친할 사람, 즉 구오九五를 말한다. 육사六四는 육이六二와 비교比較하면 중덕中德은 없지만 바른 자리에 있고 다행이 구오九五와 가까이 있음으로 바른 길을 굳게 지킴으로서 길吉을 얻게 된다.[513]

소상사小象辭

외비어현外比於賢 이종상야以從上也 구오九五는 양강중정陽剛中正의 덕德을 가졌음으로 현賢이라고 하였다. 상上은 구오九五 성인聖人를 말한 것이다.

육사六四는 밖에 있는 현명한 사람과 친비親比하며 또 그것으로 성인聖人에게 복종한다.[514]

---

513 육사六四와 육이효六二爻의 차이점
❶ 육이六二는 유순중정柔順中正한 도덕 재능才能을 가지고 있음으로 다른 사람의 힘을 빌리지 않고도 도道를 벗어나는 일이 없어 비지자내比之自內라 하였다.
❷육사六四는 자기 자신의 도덕 재능才能이 부족하지만 다행이 외괘外卦에 잇는 구오九五의 힘으로 도道를 지키게 된다.

514 육사六四는 현인賢人을 존경하는 것이 성인聖人에게 복종하는 뜻도 되니 그것으로 정貞하며 길吉을 얻는다.

[九五]는 顯比니
구오 현비

王用三驅에 失前禽邑人不誡니 吉토다. (重地坤)
왕용삼구 실전금읍인불계 길 중지곤

象曰, 顯比之吉은 位正中也일새오
상왈 현비지길 위정중야

舍逆取順이 失前禽也ㅣ오
사역취순 실전금야

邑人不誡는 上使ㅣ 中也이니라.
읍인불계 상사 중야

○ 顯(나타날 현) 比(사귈 비) 王(임금 왕) 用(쓸 용) 驅(몰 구) 失(잃을 실) 前(앞 전) 禽(날짐승 금) 邑(고을 읍) 不(아닐 불) 誡(경계할 계) 舍(버릴 사, 집 사) 逆(거스를 역) 取(취할 취) 順(순할 순) 使(부릴 사)

구오九五는 친함을 나타내니, 왕이 삼구三驅를 써서, 앞에 짐승을 잃으며, 읍인邑人이 경계警戒하지 않으니, 길이라.

상에 이르기를, 현비顯比의 길吉함은 자리가 바름으로 중도를 행함이오, 거역하는 자를 버리고 순종하는 자를 취하는 것이 앞의 짐승을 잃는 것이오, 읍사람을 경계하지 않는 것은 윗사람의 부림이 중도中道로 함이니라

개요概要

구오九五는 이 괘의 주효主爻이다. 이 효爻는 양효陽爻로서 강건총명剛健聰明하며, 정위득중正位得中한 효爻로써 중덕中德을 가진 성인聖人의 자리이다. 그리고 유순중정柔順中正한 육이六二와 상응相應하고 있다. 또 육사六四와도 상비相比하니 양효陽爻로서의 미덕을 다 갖고 있는 효爻이다.

각설

현비顯比 현顯은 밝은 것이다. 한 점 사심邪心이 없는 광명정대光明正大한

것이다. 남과 친함에 있어 한 점의 사심이 없어야 한다. 그리고 자기와 친하고 싶어 하지 않은 사람을 억지로 끌어 당겨 친하려 하지 않는다. 그러므로 오는 사람을 막지도 않고 가는 사람을 붙잡지도 않는 광명정대한 것을 현비顯比라고 한다. 이것이 성인聖人이 남과 친親하는 길이다.

왕용삼구王用三驅 **실전금**失前禽 '삼구三驅'는 옛날 성인聖人이 사냥을 할 때에 세 방향에서 짐승을 몰고 들어가면서 한쪽을 비워 달아나도록 한다. 그래도 달아나지 않고 뒤돌아 오는 것이 있으면 그것을 잡는다. 이것이 삼구三驅이다. '전금前禽'은 앞으로 달아나는 짐승을 말한다. 옛날에는 조수鳥獸를 모두 금禽이라 하였다. 왕이 사냥을 할 때는 짐승을 모조리 다 잡는 것이 아니고 삼구三驅의 법法으로 한다. 이와 같이 왕이 천하 만민을 다스리고 친하는데는 모두가 다 자기에게 복종하고 친하게 될 것을 바라지 않는다. 복종하는 사람들은 다스리고 복종하지 않는 사람들은 그대로 버려둔다.[515]

읍인불계邑人不誡 **길**吉 읍인邑人은 성인聖人(왕王)이 살고 있는 서울 사람을 말한다. 내 자신을 의미 한다. 구오九五는 강건중정剛健中正한 성인聖人으로 천하 만민을 간여하지 않고 자유롭게 놓아두지만 천하 만민이 성인聖人의 덕德에 감화되어 자연히 심복하게 된다는 것이다.

소상사小象辭

사역취순실전금야舍逆取順失前禽也 구오효九五爻가 광명정대하며, 사심없이 천하만민과 친하고, 길吉을 얻는 것은 이 효가 양강중정陽剛中正한 덕德을 가지고 있기 때문이다. 자기를 거역하는 사람은 버려두고, 유순柔順하며, 자기에게 심복하는 사람만을 가지는 것은 '실전금失前禽'과 같

515 일상사에서 오는 사람은 막지를 않고 가는 사람은 붙들지 않는 태도를 '삼구법三驅法'으로 설명하기도 한다.

은 뜻이다.

읍인불계邑人不誡 상사중야上使中也 성인聖人이 직접 관리하는 읍인들에게 조차도 자기에게 복종하도록 명령을 내리지 않고 자유로이 두어도 결국은 천자天子인 구오九五가 중정지덕中正之德이 있음으로 사람들이 감화되어 중정지도中正之道를 따르게 된다.[516]

[上六]은 比之无首ㅣ니 凶하니라. (風地觀)
상육 비지무수 흉 풍지관

象曰, 比之无首ㅣ 无所終也이니라.
상왈 비지무수 무소종야

○ 比(사귈 비) 无(없을 무) 首(머리 수) 所(바 소) 終(끝날 종)

상육上六은 친하려 해도 머리가 없으니 흉하니라.

상象에 이르기를, '친하려 해도 머리가 없다'함은 끝도 없느니라.

개요概要[517]

이 효爻는 「단사」에 말한 "후부흉後夫凶"에 해당한다. 수首는 건乾이다. 그러므로 무수无首는 건도乾道는 없고, 내 생각만 있으니 진리와의 사귐에 뒤지는 것이다. 그러므로 흉화凶禍를 입게 된다.

516 별도로 상부의 명령이 없어도 국민이 자연으로 심복하는 것은 구오九五가 중덕中德을 가졌기 때문이다.

517 상육上六은 득위得位하였으나 돕는 卦에 있어서 육삼六三과 응應하지 않고, 구오九五를 돕는 것도 늦어서 바로 「괘사」의 '후부흉後夫凶'에 해당한다. 구오九五를 믿고 빨리 가서 돕지 못했으니 시작이 없는 것이며(비지무수比之无首), 시작이 잘못 되었으니 끝이 좋을 리가 없는 것이다(흉凶, 무소종야无所終也). 상육上六이 동動하면 손하절巽下節이 되니 머리를 감추고 들어가는 상象이 된다. 또 상육上六이 동한 전체 괘상卦象이 간艮이니 '삼구법'을 쓰는 구오九五를 멀리하고 산으로 숨는 것이다.

각설

비지무수比之无首 흉凶 상육上六은 구오九五 가까이에서 상비相比할 자리이지만 구오九五보다 위에 있음으로 내려와 구오九五에게 복종할 수도 없는 자만심으로 끝까지 버티고 있다. 그래서 흉凶하며 화禍를 입게 된다.

소상사小象辭

비지무수比之无首 무소종야无所終也 군자유종君子有終인데 끝을 맺지 못함이다. 상육上六은 비괘比卦의 마지막으로 사귐의 시작이 매우 늦었다. 그러므로 이 효爻는 끝을 맺지 못하고 흉凶하며 화禍를 입게 된다.

✐ 비比는 사람이 서로 친하고 돕는 것이다.

사람이 서로 친親하는 것은 길吉을 얻는 길이다. 그러나 친親하는게 되는 데에도 반드시 지켜야 할 원칙으로 '원영정元永貞'을 제시하고 있다.

첫째, 원元은 인덕仁德으로 천지天地가 만물을 나게 하는 덕德이다. 즉 성인聖人·군자君子가 만민萬民을 양육養育하는 덕德이 인덕仁德이다.

둘째, 영永은 언제까지고 변하지 않는 영원한 것이다.

셋째, 정貞은 지智와 같은 것으로 바르고 견고한 것이다.

비괘比卦에서는 이상의 원칙으로 성인聖人·군자君子와 백성이 흙과 물 사이처럼 친밀하게 화합和合해서 떨어지지 않을 때는 길吉하다고 말한다.

풍천소축괘 9. 風天小畜卦

天澤履卦 雷地豫卦 天風姤卦 火澤睽卦

도전괘
倒顚卦

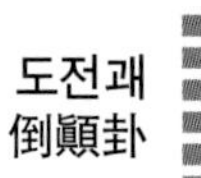

풍천소축괘
風天小畜卦

천택이괘
天澤履卦

음양대응괘
陰陽對應卦

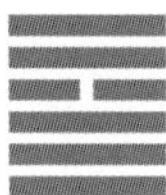

풍천소축괘
風天小畜卦

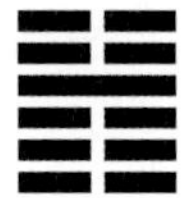

뇌지예괘
雷地豫卦

상하교역괘
上下交易卦

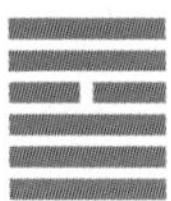

풍천소축괘
風天小畜卦

천풍구괘
天風姤卦

호괘
互卦

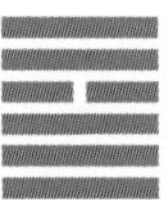

풍천소축괘
風天小畜卦

화택규괘
火澤睽卦

효변
爻變

풍천소축괘
風天小畜卦

初爻變 而爲巽卦	二爻變 而爲家人卦	三爻變 而爲中孚卦	四爻變 而爲乾卦	五爻變 而爲大畜卦	上爻變 而爲需卦
중풍손괘 重風巽卦	풍화가인괘 風火家人卦	풍택중부괘 風澤中孚卦	중천건괘 重天乾卦	산천대축괘 山天大畜卦	수천수괘 水天需卦

요지要旨

괘명卦名 이 괘는 상손上巽의 풍風(☴) + 하건下乾의 천天(☰) = 풍천소축괘風天小畜卦(䷈)이다.

괘의卦意 소축小畜의 축畜은 쌓을 축, 붙들 축으로 소축괘에서는 작은 것이 큰 것을 붙들수 있는 지혜를 말하고 있다.[518] 즉 소축小畜은 ❶작은 것이 큰 것을 머물게 하는 것 ❷작은 것이 어떤 큰 것을 저축貯蓄하는 것이다. ❸작은 것이 큰 것을 기를 것이다. 일음一陰이 오양五陽을 기른다는 것이다.[519]

괘서卦序 「서괘序卦」에서 "비比는 친함이니 친함이 있으면 반드시 모이는 바가 있으므로 소축小畜으로 받았다.(比者(비자) 比也(비야), 比必有小畜(비필유소축), 故受之以小畜(고수지이소축).)"라고 하였다. 비괘比卦는 많은 사람들이 서로 친하고 화합하는 것이다. 많은 사람들이 서로 친하고(비比) 화합和合하게 되면 반드시 만물을 저축貯蓄할 수 있게 된다는 것이다.[520]

---

518 작은 것이 다른 큰 것을 붙들고 있으려면 큰 것을 다 붙들고 있을 수 없고 그 한 부분을 조금만 붙들고 있을 뿐이다.

519 축畜을 대소大小로 분류하면 네 종류가 된다. ❶큰 것이 큰 것을 저축貯蓄하는 것 ❷큰 것이 작은 것을 저축貯蓄하는 것 ❸작은 것이 작은 것을 저축貯蓄하는 것 ❹작은 것이 큰 것을 저축貯蓄하는 것이 있다. 이 소축小畜은 작은 것이 큰 것을 저축貯蓄하는 것이니 큰 것을 다 저축貯蓄할 수 없고, 그 한 부분을 저축貯蓄하게 된다. 그러므로 작은 것을 저축貯蓄하게 된다. 머물게 하는 것도 마찬가지로 분류된다. ❶역易에서는 양陽을 대大로 하고 음陰을 소小로 한다. 그러므로 작은 것이 큰 것을 머물게 한다는 것은 음陰이 양陽을 머물게 하는 것이다. ❷인사人事로 말하면 신하가 군주를 머물게 하는 것이다. 처가 남편을 머물게 하며, 자식이 어버이를 머물게 하고 낮은 자리에 있는 사람이 높은 자리에 있는 사람을 머물게 하는 것들이다. 이 모든 것이 소축괘小畜卦에 속한다. ❸작은 것이 큰 것을 머물게 하는 것을 선악 어느 한 쪽으로 돌릴 수는 없다. 세상만사가 다 그렇지만 잘 쓰면 좋은 일이 되고 잘못 쓰면 나쁜 일이 된다. 그러나 작은 것이 큰 것을 머물게 하는 것은 자연스러운 일은 아니며 때때로 파탄이 생긴다. ❹작은 것이 큰 것을 머물게 하는 것은 부자연한 일이지만 그렇게 하지 않을 수 없는 일이 세상에는 간혹 있다. 작은 방천으로 큰 강물의 범람을 막는 것도 소축小畜에 속하지만 큰물이 들면 무너지고 만다.

520 한 집이 서로 화합하고 한 나라가 잘 화합하면 저축貯蓄이 되어 재정이 풍부해 진다. 반대로 재정이 풍부하지 않으면 많은 사람이 화합할 수 없다. 그러므로 비괘比卦 다음에 소축괘小畜卦가 놓여 있다는 것이다. 「서괘」에서는 이와 같이 소축괘小畜卦를 저축貯蓄의 뜻으로 보고 있다. 그러나 머무는 뜻으로 볼 수 있다. 사람이 많이 모여 서로 친하면 서로 떠

괘상卦象 손풍巽風(☴)이 하늘(천天)(☰)위에 있다. 아래로 내려오지 못한다. 유순한 마음으로 자신의 덕을 닦아야 한다는 것이다.

> **小畜**은 亨하니 密雲不雨는 自我西郊일새니라.
> 소 축 　 형 　 밀 운 불 우 　 자 아 서 교

○ 小(작을 소) 畜(붙을 축, 쌓을 축) 亨(형통할 형) 密(빽빽할 밀) 雲(구름 운) 雨(비 우) 自(스스로 자) 我(나 아) 西(서녘 서) 郊(성 밖 교)

소축小畜은 형통하니, 구름이 빽빽하나 비가 내리지 않는 것은 우리 서쪽들(교외)에서부터니라.

각설

소축小畜 형亨 소축小畜(☴☰)은 하下에 건괘乾卦가 있고, 상上에 손괘巽卦가 있다. 건乾(☰)은 순양純陽으로 세력이 몹시 크다. 손巽(☴)은 음陰卦이며, 풍風이고 장녀長女이다. 아래에 있는 건乾(☰)이 위로 나아가려는 것을 위에 있는 손巽(☴)이 머물도록 붙잡고 있는 형상이다. 영원히 붙들고 있을 수 없지만 그 중도中道로서 하면 붙들 수 있어 형통하다는 것이다.[521]

첫째, 육효六爻로 보면 이 괘에는 음효陰爻는 육사효六四爻 하나뿐이고, 상하의 다섯 양효陽爻가 응應하고 있다. 육사六四는 음효陰爻로서 음陰의 자리에 있으니 자리가 바르고 뜻이 바르다. 또 유순柔順한 덕德을 가진 음효陰爻

날 수 없어 머물게 된다. 그러므로 비괘比卦 다음에 소축괘小畜卦가 놓여 있다고 생각 할 수도 있다.

521 건乾은 강건剛健한 덕德을 가지고 있다. '손巽'은 손순巽順한 덕德으로 강건剛乾을 부드럽게 붙들어 머물게 한다. 여자는 힘으로 남자를 이길 수는 없지만 부드럽고 순한 여성의 덕德으로 남자의 마음을 온화하게 할 수는 있다. 이와 같이 신하가 군주의 행동을 힘으로 막을 수 없다. 그러나 유순柔順한 덕德으로 군주의 마음을 부드럽게 만류하면 막을 수 있게 되니 신하의 뜻이 통하게 된다. 이것이 소축小畜의 도道이다.

로서 상하에 있는 다섯 양효陽爻의 강한 뜻을 부드럽게 한다. 그리하여 육사六四의 뜻이 형통하게 된다.

둘째, 괘덕卦德으로 보면 상上 즉 외괘外卦는 손순巽順하며, 하下 즉 내괘內卦는 강건剛健하다. 작은 것이 큰 것을 머물게 하는 어려운 때이지만 안으로는 강건剛健하고 밖으로 손순巽順한 덕德이 있어 그 뜻이 통하여 소축괘小畜卦의 도道가 이루어진다.

셋째, 인사적으로 보면 군주의 잘못된 행동을 막고 바른 길로 인도하려면 정면으로 간하는 말을 하는 것보다 부드러운 얼굴로 유순柔順 하게 좋은 길로 유도하는 손순巽順한 덕德이 있어야 한다. 즉 안은 강건剛健하고 밖은 손순巽順한 덕德으로 한다면 소축小畜(☴)이 형통한다.

밀운불우密雲不雨 밀운密雲은 하늘 전체가 구름으로 꽉 덮인 것을 말한다. 하늘에는 구름이 꽉 차 있으나 비가 오지 않는다는 것이다.[522] 역사적 사실로 보면 '밀운密雲'은 문왕文王을 비유한 것이고 '불우不雨'는 문왕文王의 뜻이 주왕紂王의 좌우左右에 있는 간사한 사람들에 막혀 잘 전달되지 않은 것을 말한 것이다.

자아서교自我西郊 서西는 태兌의 방향이다. '교郊'는 건乾의 상象이다. 그러므로 '서교西郊'는 태兌와 건乾의 상象이다. 그리고 상上 손巽의 바람이 있다.[523] 요약하면 소축小畜(☴)은 작은 것이 큰 것을 붙들고 있는 것이

---

522 그 구름은 여러 가지 설이 있다. 소축괘 3·4·5효는 외호괘로 리괘離卦가 되는데 이것을 뒤집으면 감괘坎卦가 된다. 감괘坎卦의 물이 건괘乾卦의 하늘 위에 있으니 구름이라 하는 설도 있다. 또 2·3·4효인 내효괘는 태괘兌卦가 되는데 '태兌'는 택澤이다. 못의 물이 건괘乾卦의 중간에 가로 놓여 있으니 이것이 구름이라고 말하는 사람도 있다.

523 (집설集說) ❶은말주초의 역사적 사실로 보면 주周나라 서쪽 교외郊外에서 구름이 밀고 올라와 동쪽으로 나아가 하늘을 메웠지만 하늘에 불고 있는 바람에 밀려 비가 내리지 못한다. 땅에서 구름이 생겨 하늘 위로 올라가 있지만 아직 하늘의 기氣와 화합和合하여 비가 되기도 전에 바람에 날려 다른 곳으로 가버린다. 그러나 서쪽 교외郊外로부터 성대盛大한 구름이 피어오르고 있다. 이것은 하나의 비유이다. 당시 포악무도한 은나라 '주왕紂王'의 난폭한 정치로 국민들은 몹시 고생을 하고 있었다. 주周나라 문왕文王은 제후諸侯로서 은殷의 천자天子인 주왕紂王의 포악무도한 정치를 바로 잡으려고 여러 가지 간하는 말을 하였다. 주왕紂

다.[524] 역사적인 사실에 비추어 ❶서쪽에 있는 문왕文王의 힘이 부족하다. ❷정성이 부족하다는 의미라고 할 수 있다.

[彖曰] 小畜은 柔得位而上下ㅣ 應之할새 曰 小畜이라.
단왈 소축 유득위이상하 응지 왈 소축

健而巽하며 剛中而志行하니 乃亨하니라.
건이손 강중이지행 내형

密雲不雨는 尙往也일새오 自我西郊는 施未行也이니라.
밀운불우 상왕야 자아서교 시미행야

○ 柔(부드러울 유) 得(얻을 득) 位(자리 위) 응應(응할 응) 畜(붙울 축, 쌓을 축) 健(튼튼할

王이 총애하는 '달기'와 간사한 신하들이 가로막아 문왕文王의 말을 들어주지 않았다. 그러나 문왕文王은 단념하지 않고 계속 노력을 하였다. 이것을 '밀운불우密雲不雨 자아서교自我西郊'로 비유한 것이다. ❷『주역본의』에서는 "손巽 또한 3획괘의 이름이다. 손巽은 한 음陰이 두 양陽의 아래에 엎드려 있다. 그러므로 그 덕德이 공손함이 되고 들어감이 되며, 그 상象이 바람이 되고 나무가 된다. 소小는 음陰이고 축畜은 그치는 뜻이다. 위는 손巽이고 아래는 건乾이어서 음陰으로서 양陽을 저지하고, 또 괘卦가 오직 육사六四 한 음陰에게 위아래의 다섯 양陽이 모두 저지를 당한다. 그러므로 소축小畜이라 한 것이다. 또 음陰으로 양陽을 저지하여 능히 매어 놓았으나 견고하지 못하니, 또한 저지함이 작은 상象이 되며, 안은 건健이고 밖은 손巽이며 구이九二와 구오九五가 모두 양陽으로 각각 한 괘卦의 가운데에 거하여 용사用事하니, 강剛하나 능히 중도에 맞고 그 뜻이 행해지는 상象이 있다. 그러므로 그 점占이 마땅히 형통함을 얻는 것이다. 그러나 모임이 지극하지 못하여 베품이 행해지지 못하므로 '밀운불우자아서교密雲不雨自我西郊'의 상象이 있는 것이다. 빽빽한 구름은 음물陰物이고, 서교西郊는 음방陰方이며, 아我는 문왕文王 자신이다. 문왕文王이 역易을 유리羑里의 옥獄에서 연역할 때에 기주岐周를 보면 서방西方이 되니, 바로 소축小畜의 때였다.(巽亦三卦之名, 一陰 伏於二陽之下, 故其德 爲巽, 爲入, 其象 爲風, 爲木, 小 陰也, 畜 止之之義也, 上巽下乾, 以陰畜陽, 又卦唯六四一陰, 上下五陽, 皆爲所畜, 故爲小畜, 又以陰畜陽, 能係而不能固, 亦爲所畜者小之象, 內健外巽, 二五皆陽, 各居一卦之中而用事, 有剛而能中其志得行之象, 故其占, 當得亨通, 然畜未極而施未行, 故有密雲不雨自我西郊之象, 蓋密雲, 陰物, 西郊 陰方, 我者 文王自我也, 文王 演易於羑里, 視岐周爲西方, 正小畜之時也)"라고 하였다.

524 음陰이 양陽을 머물게 하는 괘이다. 군주의 잘못을 신하가 막으려 한다. 이것은 대단히 어려운 일이다. 그러나 육사六四는 음효陰爻로서 정위正位에 있으며, 유순柔順의 덕德으로 군주의 마음을 부드럽게 한다. 또 이 괘는 안으로 강건剛健한 덕德을 가지며, 밖으로 손순巽順한 덕德을 가짐으로 결국은 그 도道가 통하게 된다. 그러나 신하가 군주의 행동을 막는 것은 쉬운 일이 아니다. 지금은 마치 하늘에 구름이 꽉 차 있어도 비가 되어 내리지를 않는 것처럼 신하의 뜻이 군주에게 통하지 않는다. 그러나 비가 오지 않아도 서쪽 교외에서 구름이 계속 밀고 올라오는 것처럼 군주의 마음을 바꾸도록 계속 노력하면서 때를 기다려야 한다는 것이다.

건) 巽(손괘 손) 剛(굳셀 강) 志(뜻 지) 乃(이에 내) 亨(형통할 형) 密(빽빽할 밀) 雲(구름 운) 雨(비 우) 尙(오히려 상) 往(갈 왕) 自(스스로 자) 我(나 아) 西(서녘 서) 郊(성 밖 교) 施(베풀 시) 未(아닐 미) 行(갈 행)

단彖에 이르기를, 소축은 유한 것이 자리를 얻어서 위아래가 서로 응應하는 것을 소축小畜이라, 건실하면서 겸손하며, 강剛이 중中을 얻어 뜻을 행하니, 마침내 형통하니라. '밀운불우'는 위로 올라가는 것을 뜻함이오, '우리 서쪽 들에서 부터 시작한다'는 것은 베푸는 것이 아직 행하여지지 않음이니라.

각설

소축小畜 유득위이상하응지柔得位而上下應之 왈曰 소축小畜 육사六四 음효陰爻가 바른 자리를 얻고 상하의 다섯 양효陽爻가 모두 육사六四를 중심으로 응應하고 있다. 즉 작은 음陰으로 큰 양陽을 붙들고 있는 모양이니 이것이 소축小畜이다.

건이손健而巽 상하上下 두 괘의 덕德을 말한다. 하괘下卦는 건괘乾卦로 강건剛健하며 상上 손괘巽卦는 손순巽順한 괘卦이다. 안으로 강건剛健한 덕德을 가지며 밖으로 손순巽順한 태도를 가진다. 이 두 덕德이 없으면 소축小畜의 도道는 이루어지지 않는다.

강중이지행剛中而志行 내형乃亨 특히 구오효九五爻를 말한다. 구이九二와 구오九五는 모두 강건剛健한 덕德을 가지며 중덕中德을 가지고 있다. 소축小畜 즉 작은 것이 큰 것을 붙드는 것은 몹시 힘든 일이지만 강강剛强하고 손순巽順한 두 괘卦의 덕德과 구이九二, 구오九五의 중덕中德으로 그 뜻이 이루어지며 형통하게 되는 것이다.

밀운불우密雲不雨 상왕야尙往也 하늘에 구름이 꽉 덮여 있어도 구름의 기氣가 하늘의 기氣와 화합和合하지 못하여 비가 내리지 않아 땅을 적시지 못한다. 그러나 그대로 두지 않고 구름이 자꾸만 올라가는 것을 숭상한다. 상왕尙往이란? ❶실천해감을 숭상崇尙하는 것이요, ❷미래를 숭상崇尙하는 것이고, ❸올라감(上進)을 숭상하는 것이다.

자아서교自我西郊 시미행야施未行也 서쪽 교외郊外에서 구름이 많이 밀고 올라오는 것은 그 구름의 시우施雨, 즉 구름이 비가 되어 아직 땅을 적시지 못했기 때문이다.

[象曰] 風行天上이 小畜이니
상왈 풍행천상 소축

君子 ㅣ 以하야 懿文德하나니라.
군자 이 의문덕

○ 懿(아름다울 의) 文(문채 문, 무늬 문) 德(덕 덕)

상象에 이르기를, 바람이 하늘로 나아가는 것이 소축小畜이니, 군자는 이로서 문덕文德을 더욱 아름답게 하나니라.

각설[525]

---

525 (觀中) ❶의문덕懿文德 : 떳떳할 懿字다. 예지성이 내면속에서 밝혀지는 것을 말한다. 천지일월지도(천문天文·인문人文)를 주체적으로 자각 체득했다는 말이다. 따라서 역학적 진리는 깨달아야 한다. 하이데거도 "이성의 초월은 오성에 의지할 수밖에 없다."라고 말하고 있다(존재를 자각하기 위해서는). 여기까지는 말하고 있는데 '주체적 자각'이라는 말은 하지 못하고 있다. ❷바람은 하늘에서 움직인다. 바람은 움직이지 않으면 바람이 아니다. 바람은 기氣가 움직인다. 형이하학적 기氣면 물리적인 바람이다. 형이상학적인 기氣가 움직이면 신바람(신행神行, 신명神明)이다. 천풍고괘天風蠱卦에 "후하여" 이하를 참고하면 위에서 아래로 내려준다. '보시布施'란 정신적인 복을 펴서 베풀어준다는 것이다. 중풍손괘重風巽卦의 바람도 신바람이다. 신명神命으로서 하늘이 행한다. 만물을 생生해서 내어 놓는 것이다. 시의성時宜性(시간성원리)은 진리의 깨달음의 핵심이다. 바람이 움직이는데 어디서 음직이는가? 풍행천상風行天上이다. 풍행천상風行天上을 왜 소축小畜이러고 했는가? 『주역』에서 적을 소小자는 소성적인 의미를 가진 괘卦를 소축小畜이라고 한다. 따라서 개인個人의 인격人格, 덕성德性을 함양하는 일(소사小事)을 괘로 표상할 때 소축小畜이다. 풍風은 천天의 내면에 있음을 말하고, 의懿은 비괘比卦와 연결되며, 천문天文과 인문人文을 제시하고 있다. ❸소축괘小畜卦와 대응하는 괘가 대축괘大畜卦이다.(대축괘大畜卦 「大象」, "君子以 山天大畜 天在山中".) 하늘이 산속(팔간산八艮山)으로 내려왔다. 만물의 종시원리終始原理를 괘로 표상할 때 간괘艮卦라고 한다.

풍행천상風行天上 소축小畜 바람이 하늘 위에서 불고 있는 것이 소축괘小畜卦(䷈)의 상象이다. 하늘은 넓고 넓은 것인데 작은 바람이 아무리 불어보았자 하늘의 운행을 바꿀 수 없다. 그러나 구름을 몰고 오거나 걷어 내어 하늘의 상태를 바꿀 수는 있다. 이것이 소축小畜, 즉 작은 것이 큰 것을 붙들고 있는 상象이다.

의문덕懿文德 군자는 이 상象을 보고 아름다운 글인 성인지도를 통해서 문덕文德을 닦도록 노력한다는 것이다. 문덕文德은 아름다운 덕德을 말하며, 예악禮樂으로 사람들을 교화하는 것이다. 의문덕懿文德은 성인지도로 자신을 수양하며, 문덕文德을 길러나간다는 것이다. 문덕文德을 닦아서 백성들을 교화敎化로 다스릴 것이며, 그 뜻이 이루어지면 천하天下가 태평해질 것이다.[526]

[初九]는 復이 自道ㅣ어니 何其咎ㅣ리오 吉하니라 (重風巽)
초구 복 자도 하기구 길 중풍손

象曰, 復自道는 其義吉也이니라.
상왈 복자도 기의길야

○ 復(돌아올 복) 自(~부터 자, 스스로 자) 道(길 도) 何(어찌 하) 義(옳을 의 =〈宜〉) 吉(길할 길)

종시終始는 씨와 열매이다. 알파와 오메가를 『주역』에서는 종시終始라고 한다. "군자유종君子有終"이란 좋은 결과를 맺을 수 있음을 의미한다. ❹몽괘蒙卦에서도 군자유종君子有終을 목표를 두고 학문을 통해서 덕德을 닦는다. ① '간방艮方'은 동복괘東北卦이다. ② 『주역』, 지산겸괘地山의 괘상卦象(지중유산地中有山)과 삼효참고. 지산겸괘는 철저하게 손익괘損益卦를 이해해야한다. 그래서 왕도정치원리(칭물평시稱物平治)를 깨우친다. 손익괘損益卦를 변화시키면 함항괘咸恒卦가 된다. 상하무상上下无常과 진퇴무망進退无往해야 할 시기는 사효四爻의 시기時期이다. '괘효원리卦爻原理'는 지도地道이다. 그래서 『주역』은 음양陰陽이란 말보다 주로 강유剛柔(강유지도)로 해석하고 있다. 지천태괘地天泰卦와 천지비괘天地否卦에서는 음양陰陽으로 표상하고 있다.

526 자신을 수양하고 학문에 매진하여 정치적인 기반을 장악한 영조와 정조의 역사적인 사례를 참고해보면 어려울 수록 성인의 말씀에 매달리고 올바르게 행해야 함을 말한다.

초구初九는 회복하는데 도道로부터 이른 것이니, 어찌 그것을 허물하리오. 길하니라.
상에 이르기를, "회복하는데 도道로부터 함은 그 뜻이 길吉한 것이다."

개요概要

초구初九는 자기가 마땅히 가야할 길로 스스로 돌아오는 것이 바른 길임을 말하고 있다.

각설[527]

복자도復自道 하기구길何其咎吉 자기가 마땅히 가야할 길로 스스로 돌아오는 것이 바른 길이다.[528] 초구初九는 정위正位로 육사六四와 응효應爻로써 바른 뜻을 알고 양효陽爻의 나아가려는 성질을 버리고, 자기 본래의 자리(본성本性의 자리)로 돌아가 머물고 있다. 그러므로 '복자도復自道'란 도道에 따라 돌아감으로 아무 잘못도 없고, 길吉하며 복福을 얻게 된다는 것이다.[529]

---

527 복復은 칠일래복七日來復의 복復이다. 인간의 본래성을 회복하는 것은 후천에 가능하다. 이에 "건도변화乾道變化 각정성명各正性命"이라고 한 것이다. 본래적으로 받은 천명을 올바르게 수행한다는 말이다. = 대명종시大明終始 육위시승六位時成.

528 초구初九는 양효陽爻로서 양陽의 자리에 있으니 자리가 바르고 따라서 뜻이 바르다. 하괘下卦의 아래에 있으니 중中을 얻지 못했다. 위의 육사六四와 서로 응應하고 있다. 육사六四는 바른 자리에 있으며, 상하上下의 다섯 양효陽爻를 붙들고 있다. 음효陰爻가 양효陽爻를 붙들고 있는 것은 좋은 일은 아니지만 때로는 그렇게 하지 않을 수 없는 일도 있다. 신하가 군주의 악덕을 막으려 하고 자식이 어버이의 잘못을 바로 잡으려 하고 부인이 남편의 나쁜 버릇을 고치려 하는 것은 소축小畜 즉 음陰으로서 양陽을 붙들고 작은 것이 큰 것을 머물게 하는 일이다. 작은 것이 바른 길을 지키고 큰 것이 도道를 벗어났을 때 이것을 막는 것이 바른 길이다. 그러나 간사한 신하가 바른 군주를 잘못 인도하는 것과 부정한 아내가 정당한 남편을 막는 것과 같은 것은 작은 것이 큰 것을 막는 소축小畜으로서 잘못된 경우이다. 소축小畜은 음陰의 소인小人이 양陽의 군주를 막는 것이므로 옛사람들은 나쁜 것으로 생각해 왔지만 꼭 그런 것은 아니다. 양陽도 강강剛强한 악인 혹은 선인善人이 있고 음陰도 유순柔順한 선인善人도 있고 간사한 악인惡人도 있다.

529 이 효는 지뢰복괘地雷復卦의 초구初九 「효사」 "불원복不遠復이라 무지회无祗悔니 원길元

소상사小象辭 530

복자도復自道 **기의길야**其義吉也 초구初九가 양효陽爻로서 나아가려는 본래의 성질을 버리고 바른 길을 따라 자기 자리에 머물러 있게 된다. 따라서 그 뜻으로써 길吉을 얻게 된다는 것이다. 복자도復自道는 내면적인 수양修養을 의미하고, 복復은 지뢰복괘地雷復卦이다.

[九二]는 牽復이니 吉하니라. (風火家人)
구이 견복 길 풍화가인

象曰, 牽復은 在中이라 亦不自失也이니라.
상왈 견복 재중 역부자실야

○ 牽(끌 견) 復(돌아올 복) 亦(또 역) 失(잃을 실)

구이九二는 (뜻을 같이 하는 자를) 이끌고 돌아오니, 길吉하니라.

상象에 이르기를, 견복牽復은 중도에 있음이라, 또한 스스로 잃치 아니함이니라.

개요概要

구이효九二爻는 부정위不正位·득중得中의 효爻이다. 중도中道를 자각하고, 동류同類를 이끌고 돌아오니 길吉하라는 것이다.

각설 531

견복牽復 **길**吉 구이효九二爻는 부정위득중不正位得中의 효爻로써 함부로 나아가지 않는다. 도리어 동류同類인 초구初九와 구삼九三을 데리고 돌아

吉하니라"와 비슷하다.

530 (觀中) 복자도復自道는 칠일래복七日來復이며, 의義는 의意로 해석한다.

531 (觀中) 견牽은 검을 현玄 + 소우(牛) = 견牽로 한다. 견복牽復은 성인지도와 연결되어 있고, 후천의 합덕세계로 가인지도家人之道를 말함다.

가 중덕中德을 지키고 있음으로 길吉을 얻는다.

소상사小象辭[532]

견복재중牽復在中 **역부자실야**亦不自失也 구이九二는 자기 자리로 돌아가 중덕中德을 지키고 있다 또한 자기가 지킬 정도正道를 잃지 않음으로 길吉을 얻는다. 역亦이라 한 것은 앞에 초구初九가 정도正道를 잃지 않았는데 구이九二도 또한 잃지 않았다는 뜻이다

[九三]은 **輿說輻**이며 **夫妻反目**이로다. (風澤中孚)
구삼 여탈복 부처반목 풍택중부

象曰, 夫妻反目은 **不能正室也**이니라.
상왈 부처반목 불능정실야

○ 輿(수레 여) 說(말씀 설, 벗어날 脫(탈)) 輻(바퀴살 복) 夫(지아비 부) 妻(아내 처) 反(되돌릴 반)

구삼九三은 수레의 바퀴살이 벗겨지니, 부부가 반목함이로다.
상에 이르기를, '부처반목夫妻反目'은 집안을 능히 바로잡지 못함이니라.

개요概要

구삼九三은 성인聖人과 군자君子의 반목反目을 말한다.

각설

여탈복輿說輻 수레바퀴가 부서져서 나아갈 수 없는 것이다.

부처반목夫妻反目 ❶'부처夫妻'는 구삼九三과 육사六四를 말한다. 구삼九三은 양효陽爻로서 남편이고, 육사六四는 음효陰爻로서 부인이 된다. ❷'반

532 역부자실야亦不自失也 성인聖人의 뜻을 벗어나는 타락은 하지 않았다.

목反目'은 서로 성이 나서 눈을 흘기고 사이가 나쁜 것을 말한다.[533]

소상사小象辭[534]

불능정실야不能正室也 '실室'은 처妻를 말한다. 부처夫妻가 반목反目하는 것은 남편이 가정을 바로 다스리지 못했기 때문이다. 구삼九三은 양효陽爻이면서 중中을 얻지 못하고 강剛이 지나쳐서 육사六四의 음효陰爻를 바로 다루지 못하여 양陽과 음陰이 서로 반목하게 된다.

[六四]는 有孚ㅣ면 血去코 惕出하야 无咎ㅣ리라. (重天乾)
육사 유부 혈거 척출 무구 중천건

象曰, 有孚惕出은 上合志也이니라.
상왈 유부척출 상합지야

○ 血(피 혈) 去(갈 거) 惕(두려워할 척) 出(날 출) 无(없을 무) 咎(허물 구)

육사六四는 믿음이 있으면 피흘리는 일도 없고, 두려움에서 벗어나 허물이 없으리라.

상에 이르기를, '유부척출有孚惕出'은 위와 뜻이 합해짐이니라.

개요概要

육사六四는 정위正位로써 구오九五와 음양상비陰陽相比하여 많은 신임을 받

---

533 요약하면, 구삼九三은 바른 자리에 있지만 하괘下卦위에 있어 중中을 얻지 못하고 지나치게 강하다. 따라서 수레바퀴를 설치하지만 나아가고자 하는 남편과 말리는 아내가 서로 반목을 한다. 즉 만약 정도正道로 돌아가지 않고 수레에 올라타고 다른 곳으로 내닫고자한다면 수레바퀴가 없어진다. 왜 수레바퀴가 빠졌는가? 구이九二에서 말한 견牽은 끌고 간다는 뜻이다. 대인大人의 손에 이끌려 정도正道로 돌아가려고 결심한 구이九二가 구삼九三에 단계에 이르러 좌절하는 모습이다. 좌절한 것을 수레바퀴가 빠졌다고 비유했다. 수레바퀴가 빠졌으니 대인大人의 인도를 물리친 것이나 다름이 없다. 구삼九三을 좌절로 부부가 서로를 원망하여 마찰이 발생한다는 뜻이다.

534 (觀中) 불능정실야不能正室也는 소인지도이므로 가인지도家人之道를 깨닫지 못함. 가정(인류세계)을 올바르게 다스리지 못한다.

고 있다. 또 서로 상응相應하는 초구初九는 육사六四의 뜻에 따라 자기 자리에 머물고 있다. 그리고 군주 가까이에 있으면서 군주의 행동을 막고 있다. 그러므로 육사六四는 소축小畜卦의 주효主爻이다.

각설

유부혈거척출有孚血去惕出 무구无咎 이 괘에서 하나뿐인 육사六四 음효陰爻가 상하上下의 다섯 양효陽爻를 막고 있다. 힘으로 싸운다면 반드시 상처를 입고 피를 흘릴 것이나 육사六四는 마음 가운데 남을 감동시킬 수 있는 성실한 진심을 가지고 있음으로 결국 이들 양효陽爻를 감동시키게 되니 피를 흘리는 참사(혈거血去)와 두려움에서 벗어나게 되어 허물이 없게 된다. '유부有孚'는 육사六四가 음효陰爻로서 공허空虛함으로 나온 말이다. 다음에 나오는 구오九五의 유부有孚는 양효陽爻로 충실充實한데서 나온 말이다. 안이 공허한 것은 한 점의 사심邪心도 없는 성실誠實이며, 안이 충실充實한 것은 성誠이 안에서 충실充實한 것을 말한다.[535]

「단사彖辭」의 "密雲不雨 自我西郊(밀운불우 자아서교)"는 이 육사六四의 유부有孚를 말한 것이다. 구름이 하늘을 메워도 비가 내리지 않는다. 그러나 서쪽 교외에서 구름이 자꾸만 밀고 올라와 결국에는 하늘의 기氣와 화합하여 비가 될 것이라는 것은 유부有孚를 말한 것이다. 육사六四의 진심은 쉽게 통하지 않지만 성의를 다함으로서 그의 진심이 관철되고 위험과 화禍를 면하게 된다는 것이다.

535 혈거血去는 상처를 입고 피를 흘리는 일이 멀리 떠났다는 말이다. 척출惕出은 두려워할 위험이 멀리 나가고 없다는 뜻이다. 육사六四는 하나의 음효陰爻가 다섯 양효陽爻를 막고 있음으로 힘으로서 싸운다면 상처를 입고 피를 흘릴 것이며 몹시 걱정되고 두려워할 자리이나, 육사六四는 사심이 없는 진심을 가지고 있음으로 다섯 양효陽爻를 감동시켜 피를 흘리는 일이 없게 되며 두려워할 위험도 없게 된다.

소상사小象辭 536

유부척출有孚惕出**은 상합지야**上合志也 육사六四가 성실한 진심으로 위험을 면하는 것은 위에 있는 구오九五 성인聖人이 육사六四를 신임하고 뜻을 같이 하며 힘을 합하기 때문이다.

[九五]는 有孚ㅣ라 攣如하야 富以其隣이로다. (山天大畜)
구오 유부 연여 부이기린 산천대축

象曰, 有孚攣如는 不獨富也ㅣ라.
상왈 유부연여 부독부야

○ 攣(걸릴 련{연}) 富(부유할 부) 隣(이웃 린) 不(아닌가 부) 獨(홀로 독)

구오九五는 성실한 믿음이 있음이라, 손을 잡고 당기는 것과 같이 하여, 부富로써 그 이웃함이로다.

상象에 이르기를, '유부연여有孚攣如'는 홀로 富하지 않음이라.

개요概要

구오九五는 성인聖人로 천하를 다 가지고 있지만 그의 부富를 육사六四와 그 밖의 신하들에게 나누어 준다. 그러므로 길吉하며 복福을 얻게 된다. 소축小畜은 여기서 완성된다.

각설 537

유부有孚 구오九五가 양효陽爻이므로 안에 성실한 믿음이 있음을 말한다. 구오九五는 귀한 성인聖人의 자리이니 천하의 부富를 다 가지고 있다.

536 합지야合志也는 성인의 뜻과 합치가 되었다.
537 부이기린富以其隣의 린隣은 백성百姓을 의미한다.

연여攣如 서로 당기고 이어져 있는 것이다. '연攣'으로 서로 손을 맞잡고 떨어지지 않는 것이다. 구오九五는 육사六四의 진심에 감동하여 자기 마음속에 충실한 진심과 뜻을 합하여 서로 손을 맞잡고 돕는다.

부이기린富以其隣 린隣은 상비相比하는 육사六四와 그 신하를 말한다. 구오효九五爻는 양효陽爻로 강강剛强하다. 자리가 바르고 중덕中德을 가지며 상비相比하는 육사六四를 신임으로 상하의 다섯 양효陽爻를 붙들고 있다.

소상사小象辭[538]

유부련여有孚攣如 부독부야不獨富也 육사六四의 사심없는 진심에 감동하여 구오九五도 진심으로 육사六四를 신임하고 서로 손을 잡고 돕는다는 것은 구오九五 천자天子가 많은 부富를 혼자 독점하지 않고 육사六四와 그의 신하들에게 나누어 주는 것이다. 이것이 천자天子의 도道이다.

[上九]는 旣雨旣處는 尙德하야 載니 婦ㅣ 貞이라도 厲하리라
상구 기우기처 상덕 재 부 정 려

幾望이니 君子ㅣ 征이면 凶하리라. (水天需)
기망 군자 정 흉 수천수

象曰, 旣雨旣處는 德이 積載也일새오
상왈 기우기처 덕 적재야

君子征凶은 有所疑也이니라.
군자정흉 유소의야

○ 尙(오히려 상) 德(덕 덕) 載(실을 재) 婦(며느리 부) 旣(이미 기) 雨(비 우) 幾(거의 기, 기미 기) 望(바랄 망) 處(살 처) 積(실 낳을 적) 征(나아갈 정, 칠 정) 凶(흉할 흉) 所(바 소) 疑(의심할 의)

상구上九는 벌써 비가 내리고 이미 그침은 덕德을 숭상하여 가득 찬 것이니, 부인이 (아무리) 곧아도 위태로울 것이다. 보름달이 다 되었으니 군자가 (그

538 부독부야不獨富也는『맹자』의 여민동락與民同樂과 같은 의미이다.

대로)나아가면 흉하리라.

상象에 이르기를, ‘벌써 비가 내리고 이미 그쳤다.’는 것은 덕德이 쌓여서 가득 찬 것이요, ‘군자가 나아가면 흉하다.’는 것은 의심하는 바가 있느니라.

개요概要

소축小畜卦의 마지막 효이다. 이 효爻에서는 소축小畜의 도道를 성취시키는데 필요한 경계警戒의 말을 적고 있다.[539]

각설

기우기처既雨既處 상덕尙德 기우既雨는 밀운불우密雲不雨를 받고 있다. 기처既處의 ‘처處’는 나아가지 않고 머물고 있는 것이다. 작은 것이 큰 것을 붙들고 있으려면, 이를테면 군주가 바른 길을 벗어나지 못하도록 신하가 붙들고 있으면 처음에는 큰 양陽이 작은 음陰에 쉽게 감동하지 않는다. 그래서 “密雲不雨(밀운불우)”라 하늘에 구름이 많아도 아직 비는 오지 않는다. 그러나 단념하지 않고 서쪽 교외에서 구름이 계속 밀고 올라오니 겨우 구름의 진심이 통하여 비가 되어 내린다. 그러므로 이제는 구름을 보내지 않고 적당한 곳에 머물고 있다.

재載 만滿과 같은 뜻이다. 쌓이고 쌓여서 차에 실어야 할 정도로 많아진 것이다. 소축小畜(䷈)의 도道가 성취되어 기우기처既雨既處가 된 것은 자리가 바르고 뜻이 바른 육사六四 음효陰爻가 도덕을 존중하고 덕德을 쌓아 그의 마음에 진심이 충만하게 되었는데 그 마음이 군주에게 통하게 된 것이다.

---

539 신하가 군주의 행동을 막으려 해도 처음에는 잘 안되지만 신하가 사심없는 진심으로 군주를 섬김으로 군주는 그의 진심에 감동하여 신하의 말을 듣게 된다. 신하는 그 자리에서 머물고 더 나아가지를 않는다. 신하가 군주를 붙드는 것은 군주를 바른 길로 인도하려는 성심誠心이지 결코 자기 세력을 넓히려는 욕심이 아님으로 군주가 바로 선 다음에는 신하는 더 나아가지를 않는다. 이것을 ‘기우기처既雨既處’라 하였다. 이 많은 비가 와서 땅이 충분히 젖었음으로 구름이 더 이상 필요없게 되었다.

부정婦貞 려厲 신하가 군주를 붙들고 아내가 남편을 막고 자식이 어버이를 만류하는 것은 그것이 비록 바른 길이라 할지라도 위험한 일이다. 그것이 부정婦貞이라도 위태롭다는 것이다. '부婦'는 유순柔順이 상도常道이다.[540]

월기망月幾望 군자정흉君子征凶 월기망月幾望은 보름 가까운 14일 달이다. '망望'은 보름달이다. 보름에는 달이 동쪽에 있고 해는 서쪽에 멀리 떨어져 서로 바라보고 있다. 달이 보름에 가까이 되었다. 보름이 되면 달이 해를 넘보는 세력이 된다. 음陰이 너무도 왕성하여 양陽을 대항하게 되면 좋지 못하다. 군자가 보름달이 가까운데도 계속 밀고 나가면 흉하고 화禍를 입게 된다. 성盛하고 충만하는 것을 경계警戒하는 말이다.[541] 그러므로 64서괘序卦로 보면 화천대유괘(䷍) 다음에 지산겸괘(䷎)가 배열되어 있다.

소상사小象辭

기우기처旣雨旣處 덕적재야德積載也 이미 비가 내려 땅을 적시니 더 이상 구름을 밀어 올리지 않고 그 자리에 머물고 있는 것은 육사六四의 도덕이 쌓여 충만했기 때문이다.

군자정흉君子征凶 유소의야有所疑也 이러한 때에 군자가 더욱 나아가면 흉凶하다는 것은 음陰이 너무 성하여 양陽으로 의심받기 때문이다. 신하의 세력이 너무 성하여 군주의 세력과 같이 되면 반드시 화禍를 받는다. 그러므로 적당한 곳에서 머물러 있어야 한다.

540 음陰으로서 양陽을 붙드는 것은 그것이 비록 바른 길이라 할지라도 위험한 일이다. 부婦는 육사六四 음효陰爻를 말한다.

541 월기망月幾望, 14일, 월이망月已望, 15일, 월기망月旣望, 16일을 말한다.

✐ 소축小畜은 작은 것으로 큰 것을 머물게 하는 것이다.
소축의 원칙은 올바르고 유순한 마음으로 자신의 덕을 닦아야 한다는 것이다.
「대상사大象辭」에서도 군자는 문덕文德을 닦도록 노력해야 함을 말한다. 문덕文德은 부드럽고 아름다운 덕德을 말한다, 자신을 수양하며, 문덕文德을 닦아 나간다면 백성을 교화敎化로 다스릴 것이며, 천하天下가 태평해질 것이다.
이것이 작은 것으로 큰 것을 기르고, 머물게 할 수 있는 이치이다.

천택이괘
10.天澤履卦

도전괘
倒顚卦

천택이괘
天澤履卦

풍천소축괘
風天小畜卦

음양대응괘
陰陽對應卦

천택이괘
天澤履卦

지산겸괘
地山謙卦

상하교역괘
上下交易卦

천택이괘
天澤履卦

택천쾌괘
澤天夬卦

호괘
互卦

천택이괘
天澤履卦

풍화가인괘
風火家人卦

효변
爻變

初爻變 而爲訟卦	二爻變 而爲无妄卦	三爻變 而爲乾卦	四爻變 而爲中孚卦	五爻變 而爲睽卦	上爻變 而爲兌卦

천수송괘 天水訟卦	천뢰무망괘 天雷无妄卦	중천건괘 重天乾卦	풍택중부괘 風澤中孚卦	화택규괘 火澤睽卦	중택태괘 重澤兌卦

천택이괘
天澤履卦

요지要旨

괘명卦名 이 괘는 상건上乾의 천天(☰) + 하태下兌의 택澤(☱) = 천택이괘天澤履卦(䷉)이다.

괘의卦意 이履는 발로 밟고 실천하는 도리를 말하고 있다. 즉 할 일을 밟아 나가는 일을 수행하는 뜻이다. 그러므로 이괘履卦는 성인지도聖人之道를 실천하는 예禮를 말하고 있다. 또한 이괘履卦(䷉)는 큰 것(건乾)이 위에 있고 작은 것이 그 뒤에서 따라가는 도리道理를 말하고 있다.[542]

괘서卦序 「서괘序卦」에서 "물건을 쌓은 이후에 예禮가 있음이라 이괘履卦로 받았다.(物畜然後, 有禮 故 受之以履.)"라고 하였다. 그 다음 실천을
물축연후 유예 고 수지이이
하기위한 예禮가 이루어진다.[543] 그러므로 이履는 예의禮儀를 실천實踐하는 것이다.[544]

괘상卦象 하태택下兌澤(☱)가 상건천上乾天(☰)의 뒤를 밟고 따라가는 것

---

542 천택이괘天澤履卦(䷉)는 소축괘小畜卦(䷈)를 거꾸로 세운 모양이다. 위에 순양純陽의 건괘乾卦가 있고 아래에 음유陰柔한 태괘兌卦가 있다. 유약柔弱한 태괘兌卦가 강건剛健한 건괘乾卦의 뒤를 따라가는 괘卦이다. 큰 것의 뒤를 밟고 작은 것이 따라가는 것이 이 괘의 뜻이다. 소축小畜卦(䷈)와 같이 작은 것이 큰 것을 멈추게 하는 것도 쉬운 일은 아니지만 작은 것이 큰 것의 뒤를 따라가는 것도 몹시 곤난하고 위험한 일이다. 이를테면 범의 뒤를 따라가면서 범의 꼬리를 밟는 것과 같다. 힘이 약한 사람이 힘이 강한 사람을 섬기는 것도 이와 같으며 재능才能이 부족한 사람이 재능才能이 많은 사람을 섬기는 것도 모두 이괘履卦(䷉)에 속한다. 「계사」에서는 이 괘를 예禮로 보고 있다. 예禮는 사람이 밟고 나갈 중요한 덕德이다. 예禮라는 큰 도덕을 완성하는 것도 큰 사업이다. 사람의 일생一生이란 할 일은 많고 가야 할 길은 멀다. 사람은 각각 분수에 맞도록 살아야 하는데 분에 넘치는 큰일을 원하고 있다. 즉 어떤 큰 것의 뒤를 따라가고 있다. 이것을 이 괘에서 말하고 있다.

543 소축小畜卦(䷈) 다음에 예禮를 말하는 이괘履卦(䷉)가 놓인다. '이履'는 예禮로 한정하지 말고 사람이 밟고 나아갈 일로 넓게 해석하면 소축小畜卦에서 작은 것과 큰 것이 같이 있으니 작은 것은 작은 것으로 할 일이 있고, 큰 것은 큰 것으로 할 일이 있다. 그러므로 소축괘小畜卦 다음에 이괘履卦가 있다고 해석한다.

544 「계사」와 「서괘序卦」에서는 이 괘를 예禮로 보고 있다. 이 괘는 위에 건괘乾卦가 있고, 아래에 태괘兌卦가 있다. 건괘乾卦는 하늘이며, 가장 높은 것이다. 태괘兌卦는 못(澤)이며 가장 낮은 것이다. 가장 높은 하늘이 위에 있고 가장 낮은 못이 아래에 있어 상하존비上下尊卑의 순서가 바로 되어 있어 예禮로 본다. 소축小畜을 붙드는 뜻으로 해석하면 작은 것이 큰 것을 붙들고 큰 것과 작은 것이 나란히 있으면 작은 것은 작은 자리에 있고 큰 것은 큰 것이 있을 자리에 있으니 크고 작은 것이 지켜야 할 순서가 있다. 이것이 곧 예禮이다.

이다.[545] 즉 건도乾道를 기쁜 마음으로 뒤따라 따라가는 것이다.[546]

履虎尾라도 不咥人이라 亨하니라.
이 호 미 불 질 인 형

○ 履(밟을 리, 겪을 리, 행할 리) 虎(범 호) 尾(꼬리 미) 不(아닐 불) 咥(깨물 질{웃음소리 희})

범의 꼬리를 밟더라도 사람을 물지 않음이라, 형통하니라.

개요概要

모든 일을 예禮로써 호랑이 꼬리를 밟는 것처럼 사려 깊게 하고, 도덕적인 긴장상태를 유지하면 만사萬事가 형통해진다는 것이다. 다시 말하면 예禮를 행할 때, 호랑이 꼬리를 밟는 것과 같이 매사에 위기감을 가지고, 도덕적인 긴장상태를 유지하면서, 겸손과 성실로 최선을 다할 것을 당부하고 있다.

각설[547]

545 이괘履卦(☱☰)는 건괘乾卦의 뒤를 태괘兌卦가 따라가고 있는 괘이다. 즉 작은 것이 큰 것의 뒤를 밟고 따라가는 괘이다. 대단히 어렵고 또 위험한 일이다. 이런 때는 태괘兌卦의 화열和說의 덕德과 건괘乾卦의 강건剛健한 덕德으로서 대처해 나가야 한다. 즉 쉬지 않고 일하여도 지칠 줄 모르는 강건剛健한 덕德과 어떤 경우에도 격분하거나 초조하는 일이 없으면 항상 부드럽고 즐거운 덕德으로 작은 것이 큰 것의 뒤를 따라갈 수 있게 된다. 이 두 가지 덕德 중에서 특히 태괘兌卦의 부드러운 덕德이 더욱 중요하다. 어떤 곤란을 만나고 실패를 당해도 비관하거나 낙심하는 일이 없으며 항상 화평스러운 마음을 가지고 있다. 이것으로 대사업이 이루어진다. 화락和樂의 기분이 없으면 실패하고 만다.

546 인간사로 말하면 첫째, 작은 사람이 큰 사람의 뒤를 따라가는 것이며, 둘째, 큰 사업의 뒤를 좇아가는 것 등 두 가지 뜻으로 해석되는데 경문經文에서는 사람이 대사의 뒤를 밟고 따라가는 것으로 말하고 있다. 즉 사람은 사람이 걸어야 할 길을 밟고 나아가야 한다는 것을 말하고 있다.

547 (觀中) 이괘履卦는 선천괘다. 왜냐하면 주효主爻가 3효인 음효陰爻이기 때문이다. 혁괘의 대상大象과 연결된다. 실천의 의미이다.

이호미履虎尾 이履는 괘명卦名이면서 동시에 동사로 사용하여 이괘履卦(☰)는 범의 꼬리를 밟아도 사람을 물지 않는다. 범은 강강剛强한 맹수이다. 건괘乾卦는 순수한 양陽으로 극히 강한 괘이다.[548] 이괘履卦(☰)는 아래의 태괘兌卦(☱)가 위의 건괘乾卦(☰)의 뒤를 밟고 따라간다. 그러므로 '이호미履虎尾'라 하였다. 이것은 대단히 겁나는 일이며, 위험하고 어려운 일이다.

불질인不咥人 형亨 범의 꼬리를 밟고 따라가는 사람이 범에 물리지 않는다. 이괘履卦는 하태下兌의 화열和說의 덕德이 있음으로 호식虎食을 면하며, 어려운 위험을 극복하고, 그 뜻이 통하게 되는 것이다.[549]

[彖曰] 履는 柔履剛也ㅣ니 說而應乎乾이라
단왈 이 유이강야 열이응호건

是以履虎尾不咥人亨이라
시이이호미불질인형

剛中正으로 履帝位하야 而不疚ㅣ면 光明也ㅣ라
강중정 이제위 이불구 광명야

○ 柔(부드러울 유) 剛(굳셀 강) 說(기꺼울 열) 應(응할 응) 乾(하늘 건)) 虎(범 호) 尾(꼬리 미) 不(아닐 불) 咥(깨물 질{웃음소리 희}) 人(사람 인) 亨(형통할 형) 剛(굳셀 강) 帝(임금 제) 位(자리 위) 疚(꺼릴 구, 오랜 병 구) 光(빛 광) 明(밝을 명)

단彖에 이르기를, 이는 유柔가 강剛을 뒤따르는 것이니 기꺼이 건乾에 응함이라. 그러므로 범의 꼬리를 밟아도 물지 아니하니, 형통함이라, (구오九五인) 강剛이 중정中正으로 제왕帝王의 위位에 올라서 마음에 거리낌이 없으면 밝게 빛난다.

---

548 건괘乾卦를 범으로 한다. 상구上九는 범의 머리가 되고 구오九五는 범의 몸이 되고 구사九四는 범의 꼬리가 된다.

549 이괘履卦는 주로 태괘兌卦의 화열和說의 덕德과 건괘乾卦의 강건剛健의 덕德으로 위험을 면하고 그의 뜻이 크게 통하게 되는 것이다.

각설[550]

이履 유리강야柔履剛也 이괘履卦(☱)는 아래에 있는 유약柔弱한 태괘兌卦가 위에 있는 강강剛强한 건괘乾卦(☰)의 뒤를 밟고 따라가는 것이다. 즉 약한 사람이 강한 사람의 뒤를 따라가는 것이다.

열이응호건說而應乎乾 기꺼이 건乾에 응應한다. '설說'은 열悅(기쁠 열)과 같은 뜻으로 태괘兌卦의 덕德이다. 이 글은 태괘兌卦(☱)와 건괘乾卦(☰)의 관계를 말한다. 태괘兌卦가 기꺼이 건괘乾卦에 응應하여 뒤따라가면서 어떤 고난이 있어도 실망하지 않고, 항상 즐겁고 기쁘게 그 일을 이행한다는 것이다.[551]

강중정剛中正 이제위이불구履帝位而不疚 광명야光明也 이것은 「단사」에는 없는 것으로 구오효九五爻의 덕德을 찬탄한 글이다. 구오九五는 강건剛健한 도덕才能을 가지고 중정지도를 행하여 하늘에 대해서도 부끄럽지 않고,[552] 국민에 대해서도 꺼릴 것이 없으니 천덕天德의 빛은 널리 빛난다.[553]

---

550 (觀中) 이履는(☰) 왕도성립의 기초요, 도덕적 행위의 기반이다. 광명야光明也는 간괘艮卦와 연결된다. 한국철학의 밝달사상으로 광명이세光明理世와 연결된다.

551 이괘履卦(☰)는 작고 약한 것이 크고 강한 것의 뒤를 좇아가는 것이므로 정말 위험하고 곤난한 일이지만 기쁘고 즐겁고 부드럽게 큰 사람을 섬기며 큰일에 종사함으로 범의 꼬리를 밟고 범의 뒤를 따라가는 것과 같이 위험하고 곤난한 일이지만 범에게 물리지 않고 화禍를 면하면 뜻이 통하게 된다. 태괘兌卦의 화열和說의 덕德은 대단히 큰 것이다.

552 『맹자』「진심장」편의 "부모형제가 생존하시고, 하늘과 땅을 굽어보매 부끄러움이 없고, 천하의 영재를 얻어 교육을 하는 군자삼락君子三樂" 참조

553 이 「단사」의 앞 부분은 주로 하下 태괘兌卦의 덕德을 말하고, 뒤는 상上 건괘乾卦의 덕德을 말한다. 즉 이괘履卦는 태괘兌卦의 화열和說의 덕德과 강건剛健의 덕德이 있음으로 큰 것을 따라가는 도道가 잘 이루어지는 것이다. 이괘履卦의 성괘成卦의 주효主爻는 육삼六三이다. 주괘主卦의 주효主爻는 구오九五이다. 괘를 이루는 성괘成卦의 주효主爻와 괘가 이루어진 다음에 주인이 되는 주괘主卦의 주효主爻가 하나일 경우도 있고, 이 괘와 같이 두 효爻일 때도 많다. 그리고 성괘成卦의 주효主爻를 설명하는 경우는 많지만 주효主卦의 주효主爻를 설명하는 경우는 거의 없다.

[象曰] 上天下澤이 履니
상왈 상천하택 이

君子ㅣ 以하야 辨上下하야 定民志하나니라.
군자 이 변상하 정민지

○ 上(위 상) 天(하늘 천) 下(아래 하) 澤(못 택) 履(밟을 리, 행할 리) 辨(분별할 변) 定(정할 정) 民(백성 민) 志(뜻 지)

상象에 이르기를, 위는 하늘이고 아래는 못이 있는 것이 이괘履卦이니, 군자는 이로써 상하上下를 분별하여 백성의 뜻을 안정시키느니라.

각설 [554]

상천하택上天下澤 팔괘八卦중에서 가장 높은 것이 천天(☰)이요, 가장 낮은 것이 택澤(☱)이다. 이 괘에서는 높은 하늘이 위에 있고 낮은 못이 아래에 있다. 상하귀천上下貴賤이 각각 그가 있어야 할 자리에 있다. 이것이 이괘履卦(䷉)의 상象이다.

변상하辨上下 정민지定民志[555] 군자는 이괘履卦의 상象을 보고 예의禮儀를 정定하고 상하上下의 신분을 구별하여 국민의 뜻을 안정시켰다. 즉 예禮로서 질서가 정해진 것이다.

---

554 (觀中) 군자이변상하君子以辯上下는 인격적 존재의 존재원리로서의 도덕원리와 생리적 생명의 존재법칙과는 차원이 다르다. 인간의 본질은 생리성生理性에 있는 것이 아니라 인격적 생명성生命性에 있다.
❶상하上下란 도道와 器의 세계. 형이상과 형이하의 구분이다. 예절도 없고 – 근거인 심성, 이기를 따지고 – 나아가 시간의식을 내면에 가지고 있음에 미치지 못함 .
❷사회주의는 인간의 마음을 심리적 현상으로 본다. 그러므로 현상적인 상하는 없다.
❸후천적인 실천은 이괘履卦, 예비豫備와 기다림은 소축小畜이다.

555 정민지定民志 : 문물제도의 원리를 상징한다. 정치·예악제도를 말한다. 이에 「계사상」에 "이지履者는 덕지기야德之基也."라고 한 것이다. 왕도정치의 원리를 설명하고 있다. 인격적 존재의 존재원리와 생리적 생명의 존재법칙과 구별해서 보아야 한다.

[初九]는 素履로 往하면 无咎ㅣ리라. (天水訟)
초구 소이 왕 무구 천수송

象曰, 素履之往은 獨行願也이니라.
상왈 소리지왕 독행원야

○ 素(본디 소, 흰 소) 之(갈 지) 往(갈 왕) 獨(홀로 독) 行(갈 행) 願(원할 원)

초구初九는 평소에 밟던 대로 가면 허물이 없으리라.

상象에 이르기를, '평소에 밟던 대로 간다' 하는 것은 홀로 원하는 바를 행行함이니라.

개요概要

초구初九는 정위正位로써 뜻이 바르다. 그러나 구사九四와 상응相應하지 못하며 구이九二와도 상비相比하지 못한다. 그러나 이것은 아무에게도 구속되지 않고, 가식이 없는 순수한 마음으로 실천한다는 의미이다.

각설

소이素履 소素는 '흰색 소 자字'이다. 누에의 고치에서 나오는 실은 희다. 이것을 염색染色하면 여러 가지 색色이 나온다. ❶'소素'는 염색染色하지 않은 그대로의 색色이다. 가공하지 않은 본시 그대로의 것을 소素라고 한다. ❷'소이素履'는 조금도 가공하지 않은 본시 그대로의 깨끗하고 맑은 마음으로 자기 할 일을 하고 있는 것이다. ❸인간본래성을 의미하기도 한다.

무구无咎 초구初九는 정위正位로써 바르고 뜻이 바르다. 구사九四와 상응相應하지 못하며 구이九二와도 상비相比하지 못한다.

소상사小象辭[556]

독행원야獨行願也 초구初九가 조금도 꾸미지 않는 순진한 마음으로 자기 할 일을 하고 나아가는 것은 자기 홀로 자기가 원하고 바라던 일을 하는 것이다

[九二]는 履道ㅣ 坦坦하니
구이 이도 탄탄

幽人이라야 貞코 吉하리라. (天雷无妄)
유인 정 길 천뢰무망

象曰, 幽人貞吉은 中不自亂也이니라.
상왈 유인정길 중부자란야

○ 도道(길 도) 坦(평평할 탄) 幽(그윽할 유) 貞(곧을 정) 吉(길할 길) 中(가운데 중) 不(아닐 불) 自(스스로 자) 亂(어지러울 난{란})

구이九二는 길을 밟는 것이 단단하니, 은사隱士라야 곧고 길하리라.

상象에 이르기를, '은사隱士라야 곧고 길하다'는 것은 중도中道를 스스로 어지럽히지 않음이니라.

개요概要

구이九二의 중덕中德에 대한 설명이다.

각설[557]

이도탄탄履道坦坦 구이九二는 부정위不正位 효爻이나 중덕中德은 가진다. 또한 구오九五와는 상응相應하지 못하며, 초구初九와도 상비相比하지 못한다. 육삼六三과는 상비相比하나 육삼六三은 부정위不正位한 효爻로 뜻

---

556 소이素履는 소기위행素其位行하라는 말이다. 즉, 자기 분수 밖의 일에 욕심을 내지 말라는 것이다.

557 유인幽人은 초야에 묻혀있는 사람, 은둔하고 있는 사람을 말한다.

이 바르지 못하다. 그러나 구이九二는 중덕中德을 가짐으로 육삼六三의 유혹에 빠지지 않고 탄탄대로로 간다

유인정길幽人貞吉 '유인幽人'은 한적한 곳에 마음 편히 사는 사람이다.[558] 구이九二는 중덕中德을 가진 양강陽剛한 효爻이다. 그러므로 육삼六三의 유혹에 빠지지 않고 탄탄대로를 가는 것처럼 편안히 갈 수 있다. 왜냐하면 이 유인幽人이 바른 길을 굳게 지키고 길吉을 얻음은 구이九二가 중덕中德을 갖고 부귀에 마음을 팔지 않는 까닭이다.[559]

소상사小象辭

중부자난야中不自亂也 유인幽人'은 중심中心을 편안하여 흔들리지 않는 다는 것이다.

[六三]은 眇能視며 跛能履라 履虎尾하야 咥人이니 凶하고
육삼 묘능시 파능리 이호미 질인 흉

武人이 爲于大君이로다. (重天乾)
무인 위우대군 중천건

象曰, 眇能視는 不足以有明也이오
상왈 묘능시 부족이유명야

跛能履는 不足以與行也이오 咥人之凶은 位不當也이오
파능리 부족이여행야 질인지흉 위부당야

武人爲于大君은 志剛也이니라.
무인위우대군 지강야

○ 眇(애꾸눈 묘) 能(능할 능) 視(볼 시) 跛(절뚝발이 파)) 虎(범 호) 尾(꼬리 미) 咥(깨물 질

558 『주역절중周易折中』에서는 ""무릇 도로로 걸어갈 때에 가운데로 가면 평탄하지만, 길 옆으로 가면 매우 험난하다.(夫行於道路者, 由中則平坦, 從旁則崎險)"라고 하였다.

559 인사적으로 보면 구이九二는 낮은 관리이므로 세상 사람들과 사귀는 일도 적고, 큰일에 나사지 않으며, 유인幽人처럼 한적한 집에서 고요히 살고 있으며, 바른 길을 굳게 지키고 있음으로 길吉하다. 구이九二는 낮은 관직에 있으면서 사람도 많이 만나지 않고 큰일에도 관여하지 않으며, 조용한 집에서 마음 편하게 살고 있는 유인幽人이다.

{웃음소리 희}) 凶(흉할 흉) 武(굳셀 무) 足(발 족) 有(있을 유) 明(밝을 명) 與(줄 여) 行(갈 행) 志(뜻 지) 剛(굳셀 강)

육삼六三은 애꾸눈도 볼 수 있고, 절름발이도 걸을 수 있음이라, 범의 꼬리를 밟으면 사람을 물을 것이니 흉하고, 무인武人이 임금이 됨이로다.

상象에 이르기를, '애꾸눈이 능히 본다.'는 것은 족히 밝은 것이 되지 못하고, '절름발이가 걷는다'는 것은 함께 행함에 족하지 못함이오, 사람을 무는 흉함은 그 자리가 마땅하지 못함이오, '무인武人이 임금이 되는 것'은 자기 주장과 뜻이 강함이니라.

개요概要

육삼六三은 부정위不正位 과중過中한 음효陰爻로 그 지나침에 대해 말한다.

각설[560]

묘능시眇能視 파능리跛能履 '묘眇'는 애꾸는 묘자字이고, '파跛'는 절룩거릴 파자字이다. 육삼六三은 애꾸눈으로 잘 볼 수 있다고 생각하며 절뚝발로 잘 걸을 수 있다고 생각한다. 이것은 도덕과 재능이 부족하면서도 충분한 것처럼 자만하고 착각하고 있는 것을 비유한 말이다.[561]

이호미履虎尾 질인흉咥人凶 육삼효六三爻는 부정위한 효爻이다. 건도乾道를 외면하고, 정욕과 인욕으로 큰일을 저질러서 엉망으로 만들고 실패

---

560 (觀中) '묘능시眇能視(화택규火澤睽)와 파능리跛能履(수산건水山蹇)'는 규睽·건蹇·해解괘를 가리키고 있다. 규睽는 역도에 있어서 일면만 보았던 것이다. 외꾸눈이 정상의 눈을 가진 이로 변한다. 외꾸눈이 능히 볼 수 있고, 절뚝발이가 능히 걸어갈 수 있다. 또 구매괘歸妹卦 이효二爻에도 나온다.

561 육삼六三은 음효陰爻로서 도덕이 부족하다. 바른 자리가 아님으로 뜻이 바르지 못하다. 하괘下卦의 위에 있음으로 중中을 얻지 못하였으며 지나친 성질이 있다. 그러나 상구上九와 상응相應하고 구사九四, 구이九二와 서로 상비相比하고 있음으로 육삼六三은 도덕才能이 부족한데도 불구하고 자기는 위대한 것으로 착각하여 애꾸눈으로 잘 보인다고 생각하며 절뚝거리는 발로 잘 걸어간다고 생각한다.

하니 흉凶하고 화禍를 입게 된다. 마치 범의 꼬리를 밟고 뒤를 따라 가다가 범에게 물려 죽게 되는 것과 같다.

무인武人 위우대군爲于大君 무인武人은 용기武勇이 있는 사람이다. 대군大君은 제왕帝王이다. 육삼六三은 큰일을 하는 길을 모르고 있다. 육삼六三의 무인武人도 어쩌다가 대군大君이 될 수 있지만 결코 그 자리에 오래 있을 수 없으며, 곧 망하고 만다.

소상사小象辭

질인지흉咥人之凶 위부당야位不當也 육삼六三은 음효陰爻로 자질이나 도덕성이 부족하면서 잘 볼 수 있으며, 먼 곳을 같이 걸어갈 수 있다고 생각한다. 범의 뒤를 따라가다가 호환虎患을 당하는 것은 그의 자리가 바르지 못하기 때문이다.

무인武人위우대군爲于大君 지강야志剛也 무인武人으로 임금이 될 수도 있으나, 자신의 뜻이 강剛하기 때문에 결국은 흉凶하고 화禍를 입게 된다.[562]

[九四]는 履虎尾니 愬愬이면 終吉이리라. (風澤中孚)
구사 이호미 삭삭 종길 풍택중부

象曰, 愬愬終吉은 志行也이니라.
상왈 삭삭종길 지행야

○ 虎(범 호) 尾(꼬리 미) 愬(두려워 할 삭, 하소연할 소) 終(끝날 종) 吉(길할 길) 志(뜻 지) 行(갈 행)

구사九四는 범의 꼬리를 밟으니, 두려워하고 조심하면 마침내 길하다.

562 한비자韓非自는 임금의 리더십을 삼군三君으로 구분하여 "먼저, 하군下君은 본인이 힘을 다하는 것이고, 중군中君은 사람들의 힘을 다하게 하는 것이고, 상군上君은 사람들을 능력을 다하게 하는 것이다.(下君 盡己能, 中君 盡人力, 上君 盡人能)"라고 하였다.

상象에 이르기를, '두려워하면 마침내 길하다'는 것은 뜻을 행하기기 때문이다.

개요概要

구사九四는 중도中道에 대한 믿음으로 두려워하고 삼가하면 길吉할 수 있음을 말한다.

각설

이호미履虎尾 **삭삭종길**愬愬終吉 '삭愬'은 두려워할 삭자字이다. 구사九四는 양효陽爻로서 도덕과 재능才能은 있지만 음陰의 자리에 있어 뜻이 약하다. 그러므로 두려워하며 조심한다. 육삼六三과는 반대로 화를 면한다. 육삼六三과 구사九四는 모두 부정위不正位이지만 위位와 음효陰爻와 양효陽爻의 차이로 인해 결과가 이렇게 다르다.

소상사小象辭 [563]

삭삭종길愬愬終吉 **지행야**志行也 구사九四가 위태로운 자리에 있지만 스스로 조심하고 있음으로 결국엔 길吉을 얻게 되는 것은 구사九四의 뜻이 이루어지기 때문이다.

[九五]는 夬履니 貞이라도 厲하리라. (火澤睽)
구오 쾌이 정 려 화택규

象曰, 夬履貞厲는 位正當也이니라.
상왈 쾌이정길 위부당야

○ 夬(결단할 쾌, 터놓을 쾌{깍지 결}) 履(밟을 리, 신 리{이}) 貞(곧을 정) 厲(갈 려{여}) 位(자리 위) 正(바를 정) 當(당할 당)

563 (觀中) 삭삭愬愬은 인간의 소박한 본성에서 갖는 근원적 믿음으로 초하루의 마음이다.

구오九五는 결단코 이행하니, 곧아도 위태롭다 하리라.

상象에 이르기를, '결단코(과감하게) 이행한다. 곧아도 위태롭다.' 함은 그 자리가 마땅함이니라.

개요概要

구오九五 성인聖人의 바른 처신에 대하여 말하고 있다.

각설

쾌이夬履 정려貞厲 쾌이夬履는 자기 할 일을 과감하게 결행하는 것이다. 구오九五는 성인聖人의 자리로서 구이九二와 상응相應하지 못한다. 그러나 본인이 득중得中하고 총명한 도덕 재능才能을 가지고 있음으로 자기 할 일을 과감히 決行한다. 옛 성인聖人들은 총명한 큰 덕德을 가지고 성인聖人의 자리에 있으면서도 신하들과 널리 의논하여 일을 처리하였다. 그런데 구오九五는 자기의 총명을 믿고 과감하게 결행하는 것은 비록 정도正道를 간다고 하여도 위험한 방법이다.[564] [565]

---

564 사람은 높은 자리에 있을수록 포용과 겸손으로 타인의 의견을 경청하고, 편안할 때 위태로움을 잊지 말아야 한다. 그러므로 「계사」하편, 제5장에서 "이런 까닭에 군자가 편안하되 위태함을 잊지 아니하며, 존하되 망함을 잊지 아니하며, 다스리되 어지러워짐을 잊지 않으니라. 이로써 몸이 편안하여 국가를 보존할 수 있을지니, (시고是故, 군자안이불망위君子安而不忘危, 존이불망망存而不忘亡, 치이불망난治而不忘亂, 시이신안이국가是以身安而國家, 가보야可保也)"라고 밝히고 있는 것이다.

565 『이천역전伊川易傳』에서는"쾌夬는 강하게 결단함이다. 오五는 양강陽剛 건체乾體로 지극히 높은 지위에 거하여 강결剛決에 맡겨 행하는 자이니, 이와 같이하면 비록 정正을 얻더라도 오히려 위태롭다. 옛 성인聖人이 천하의 높은 지위에 거하여, 밝음은 족히 비출 수 있고 강함은 족히 결단할 수 있고 세력은 족히 마음대로 할 수 있었으나, 일찍이 천하의 의논을 다 받아들이지 않은 적이 없어서 비록 꼴베고 나무하는 미천한 자라도 반드시 그 의견을 취했으니, 이것이 성인聖人이 된 이유이니, 제위帝位에 올라 광명光明한 자이다.(履 剛決也. 五以陽剛乾體, 居至尊之位, 任其剛決而行者也. 如此則雖得正, 猶危也. 古之聖人, 居天下之尊, 明足以照, 剛足以決, 勢足以專, 然而未嘗不盡天下之議, 雖芻蕘之微, 必取, 乃其所以爲聖也. 履帝位而光明者也."라고 하였다.

소상사小象辭

쾌이정려夬履貞厲 **위정당야**位正當也 구오九五는 군왕의 위位로서 많은 사람들의 의견을 포용력을 가지고 청취하는 자리이다. 그러나 쾌이夬履의 위태로움은 지나친 자신감과 자부심에서 비롯된다고 말한다.

[上九]는 視履하야 考祥호대 其旋이면 元吉이리라. (重澤兌)
상구 시이 고상 기선 원길 중택태

象曰, 元吉在上이 大有慶也이니라.
상왈 원길재상 대유경야

○ 視(볼 시) 履(신 리{이}) 考(상고할 고) 祥(상서로울 상) 旋(되돌아볼 선, 돌 선) 元(으뜸 원) 吉(길할 길) 有(있을 유) 慶(경사 경)

상구上九는 지난 날의 일을 돌이켜보고 길흉화복을 상고하니, 되돌아 볼 수 있으면 크게 길하리라.

상象에 이르기를, 원길元吉로 위에 있으니 크게 경사가 있음이니라.

개요概要

상육上六은 자기성찰과 이도履道의 완성에 대하여 말하고 있다.

각설

시이고상視履考祥 이괘履卦의 상효上爻로서 지난 과거를 성찰하는 것이다. ❶시이視履는 이괘履卦의 원리를 관조하는 것이며, ❷고상考祥은 길상吉祥과 흉상凶相을 관찰하는 것이다.

기선원길其旋元吉 '선旋'은 돌아가는 것인데 시종 완전하고, 결점이 없어 하늘로부터 크게 길할 징조를 말한다. 기선其旋은 칠일래복원리七日來復原理, 초효初爻로 돌아간다. 돌이켜 자기 성찰을 한다는 의미이다.

소상사小象辭

대유경야大有慶也 상구上九는 이괘履卦의 끝으로 지난날을 되돌아보고 선악과 화복禍福을 스스로 관찰한다. 만약 시종 완전무결하면 크게 길吉하다. 이것은 사후에 반성할 것을 가르치고 있다.

✐ 이履는 예의禮儀를 실천實踐하는 것이다.

이괘履卦는 예禮를 행할 때는 첫째, 호랑이 꼬리를 밟는 것과 같이 매사에 위기감을 가지고, 도덕적인 긴장상태를 유지하며, 겸손과 성실로 최선을 다할 것을 당부하고 있다.

둘째, 건도乾道를 기쁜 마음으로 뒤따라가면서 어떤 고난이 있어도 실망하지 않고, 항상 즐겁고 기쁘게 그 일을 이행한다는 것이다.

셋째, 중정지도中正之道를 행하여 하늘에 대해서도 부끄럽지 않고, 백성에 대해서도 꺼릴 것이 없도록 천덕天德을 널리 빛내라고 한다.

그러므로 군자는 매사를 조심하고 겸손하게 예禮를 실천하여 아름다운 질서를 세우도록 해야 한다는 것이다.

11. 地天泰卦

지천태괘

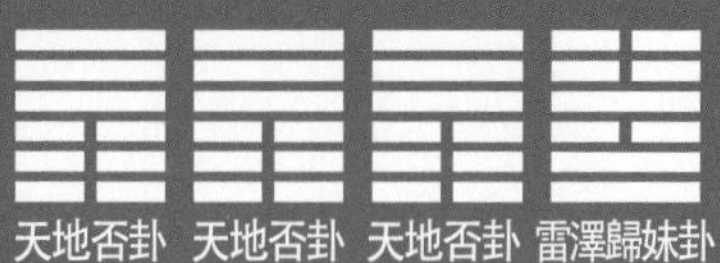

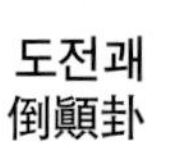

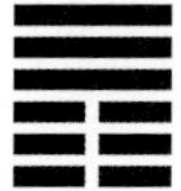

도전괘
倒顚卦

지천태괘
地天泰卦

천지비괘
天地否卦

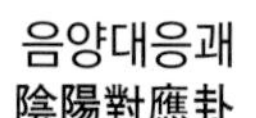

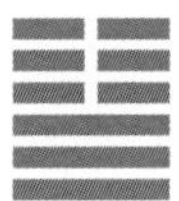

음양대응괘
陰陽對應卦

지천태괘
地天泰卦

천지비괘
天地否卦

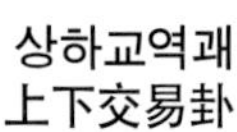

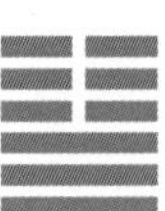

상하교역괘
上下交易卦

지천태괘
地天泰卦

천지비괘
天地否卦

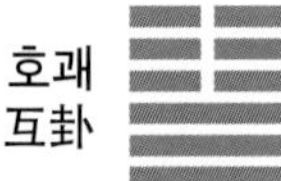

호괘
互卦

지천태괘
地天泰卦

뇌택귀매괘
雷澤歸妹卦

효변
爻變

지천태괘
地天泰卦

初爻變 而爲升卦	二爻變 而爲明夷卦	三爻變 而爲臨卦	四爻變 而爲大壯卦	五爻變 而爲需卦	上爻變 而爲大畜卦
지풍승괘 地風升卦	**지화명이괘** 地火明夷卦	**지택임괘** 地澤臨卦	**뇌천대장괘** 雷天大壯卦	**수천수괘** 水天需卦	**산천대축괘** 山天大畜卦

요지要旨

괘명卦名 이 괘는 상곤上坤의 지地(☷) + 하건下乾의 천(☰) = 지천태괘地天泰卦(䷊)이다.

괘의卦意 태괘泰卦는 태평성대에 대한 처신을 말하고 있다. 지천태地天泰는 천지합덕원리天地合德原理이며, 후천원리后天原理이다.[566] 태泰는 통通하는 것이다. 양쪽 물건物件과 사람이 잘 통하는 것이다. 서로 기분氣分이 소통疏通되고 서로의 뜻이 통하게 되면 서로의 관계가 편하게 잘 풀려 나간다. 이것이 양쪽 물건物件 또는 사람 사이의 태泰이다.[567] 아래에 있는 삼양효三陽爻가 위에 있는 삼음효三陰爻와 서로 응應하고 서로 돕고 있으니 좋은 결과가 있을 것이다. 이 괘는 천하태평을 나타낸 좋은 괘이다. 이 괘를 일년 12개월에 배당하면 음력정월陰曆正月의 괘卦이다.[568]

괘서卦序 「서괘序卦」에서 "세상은 예禮가 있어서 상하의 질서가 정해진 뒤에야 편안해진다. 그러므로 태괘泰卦로 받았다.(履而泰然後(이이태연후) 安(안), 故(고) 受之以泰(수지이태))"라고 하였다. 이괘履卦를 예禮의 괘卦로 보고 있다.

괘상卦象 위에 곤坤땅이 있고 아래에 건乾 하늘이 있다. 모양으로 말하면 위에 있어야할 하늘이 아래에 있고 아래에 있어야 할 땅이 위에 있으니 잘못된 것으로 생각되지만, 여기서는 모양으로 보는 것이 아니고 기氣로

---

566 천지비天地否와 지천태地天泰 비교比較

天地否 천지비	분分의 생성작용	성인·군자지도가 자란다	소인지도가 왕성
地天泰 지천태	地는 天에서 작용 天은 地에서 작용	작용의 합덕合德	군자지도가 왕성 대인지도가 왕성

567 이 괘는 하늘의 기氣와 땅의 기氣가 서로 섞이고 통하는 괘이다. 양陽과 음陰, 군주와 신하, 군자와 소인小人, 남자와 여자 등의 양쪽의 기氣가 서로 통하고 잘 조화되는 괘이다. 즉 천하태평의 괘이다.

568 12월과 64괘관계 : 입춘立春에서 약 한달 동안이다. 괘卦의 모양을 보면 위에는 음효陰爻뿐이고 아래는 양효陽爻뿐이다. 땅위에는 아직 양기陽氣가 나타나 있지 않지만 땅 밑에는 양기陽氣가 충만하여 곧 밖으로 나오게 되어 있다.

서 보게 되니 하늘의 기氣는 내려와서 땅으로 통通하고 땅의 기氣는 올라가서 하늘로 통通하니 하늘과 땅의 기氣가 서로 통하고 화합하여 천지 만물이 나고 자라게 된다. 이것이 천지 음양陰陽으로 본 지천태地天泰이다.[569]

> **泰**는 小往코 大來하니 吉하야 亨하니라.
> 태　소왕　대래　길　형

태泰는 작은 것이 가고 큰 것이 온다 하니, 길吉하고 형통하니라.

각설

구분	1월	2월	3월	4월	5월	6월	7월	8월	9월	10월	11월	12월
	立春 雨水	驚蟄 春分	清明 穀雨	立夏 小滿	芒種 夏至	小暑 大暑	立秋 處暑	白露 秋分	寒露 露鋒	立冬 小雪	大雪 冬至	小寒 大寒
卦名	泰	大壯	夬	乾	姤	遯	否	觀	剝	坤	復	臨
地支	寅	卯	震	巳	午	未	辛	酉	戌	亥	子	丑
四時	봄			여름			가을			겨울		
卦象	䷊	䷡	䷪	䷀	䷫	䷠	䷋	䷓	䷖	䷁	䷗	䷒

○ 건곤乾坤을 제외한 12월 괘의 상하경上下經 분포分布	
상경上經	下經
6괘(태泰, 비否, 임臨, 관觀, 박剝, 복復) ×6爻 = 36劃 (음효陰爻 24劃, 양효陽爻 12劃)	4卦(돈遯, 대장大壯, 쾌夬, 구姤) ×6爻 = 24劃 (음효陰爻 6劃, 양효陽爻 18劃)
음陰이 양陽보다 12劃 많다.	양陽이 음陰보다 12劃 많다.

569 인사人事로 보면 건천乾天은 군주요 곤지坤地는 국민이다. 위에 있는 군주의 은택이 아래에 있는 국민에게 통하고, 아래에 있는 국민의 상태가 위에 있는 군주에게 통하여 천하가 태평하게 된다. 남녀간의 경우로도 응용應用해 보아도 된다. 이것은 군주와 국민사이의 지천태地天泰로 본다. 또 군주는 진심으로 신하를 신임하고 신하는 성심誠心으로 군주를 섬기면 군주와 신하의 뜻이 잘 소통된다. 이것이 조정朝廷의 지천태地天泰이다.

소왕대래小往大來 **길형**吉亨 역易에서는 양陽을 대大로 하고 음陰을 소小로 본다. ❶'왕往'은 내괘內卦에서 외괘外卦로 가는 것이고, '래來'는 외괘外卦에서 내괘內卦로 오는 것이다. 태泰의 작은 음효陰爻는 상괘上卦에 있고 큰 양효陽爻는 하괘下卦에 있다. 하늘의 양기陽氣는 아래로 내려오고 땅의 음기陰氣는 위로 올라가 음양陰陽의 기氣가 잘 조화되어 만물이 잘 살아나간다. 이것은 천지天地의 태泰이다.[570] ❷소왕대래小往大來는 이밖에도 부부夫婦와 붕우朋友 관계 등 여러 가지 일에 해당시켜서 생각할 수 있다. 이와 같이 위 아래의 뜻이 너와 나의 뜻이 잘 통하게 되면 일은 반드시 잘 풀려 나간다. 천하태평의 원인은 소왕대래小往大來의 넉자에 다 포함되어 있다.

[彖曰] 泰小往大來吉亨은 則是天地交而萬物이
단왈 태소왕대래길형 즉시천지교이만물

通也ㅣ며 上下交而其志同也ㅣ라.
통지 상하교이기지동야

內陽而外陰하며 內健而外順하며 內君子而外小人하니
내양이외음 내건이외순 내군자이외소인

君子道ㅣ 長하고 小人道ㅣ 消也ㅣ라.
군자도 장 소인도 소야

○ 泰(클 태) 往(갈 왕) 來(올 래) 吉(길할 길) 亨(형통할 형) 則(곧 즉) 是(옳을 시) 天(하늘 천) 地(땅 지) 萬(일만 만) 物(만물 물) 通(통할 통) 交(사귈 교) 其(그 기) 志(뜻 지) 同(한가지 동) 內(안 내) 陽(볕 양) 陰(응달 음) 健(튼튼할 건) 外(밖 외) 順(순할 순) 君(임금 군) 長(길 장) 道(길 도) 消(사라질 소)

---

570 인사人事로 말하면 ⓐ대大는 군주이고 ⓑ소小는 신하이다. 군주는 진심으로 신하를 신임하고 신하는 성심으로 군주를 섬기니 군주와 신하의 마음이 잘 통하게 된다. 이것은 朝廷의 泰이다. 또 양陽을 군자로 보고 음陰을 소인小人으로 보면 군자는 안에 들어와 있고 소인小人은 밖으로 나가 있다. 군자는 중요한 안의 일을 보고 소인小人은 밖에서 노동에 종사한다고 보고 또 군자는 안에서 세력이 점점 성盛해져 가고 소인小人은 밖에서 세력이 점점 약弱해져 간다고 본다. 이것은 천하의 지천태地天泰이다.

단彖에 이르기를, '태泰는 작은 것이 가고 큰 것이 오는 것이니 길吉하고 형통한다.'는 것은 곧 이 천지가 사귀어 만물이 통하는 것이며, 위와 아래가 사귀어 그 뜻이 같음이라. 안에는 양陽이고 밖에는 음陰이며, 안으로는 강건하고 밖으로는 유순하며, 안으로는 군자요 밖으로는 소인이니, 군자의 도는 자라나고 소인의 도는 사라짐 이라.

개요概要

지천태괘地天泰卦는 하늘의 기氣와 땅의 기氣가 서로 조화되어 만물이 나고 자라는 것이며, 군신상하의 뜻이 서로 통하여 협력하게 되는 것이다. 이 괘는 안으로 강건剛健한 덕德을 가지며, 밖으로 유순柔順한 덕德을 가짐으로 태泰의 도道가 잘 이루어진다. 또 군자는 안에 있고 소인小人은 밖에 있어 군자의 도道는 점점 성盛해지고 소인小人의 도道는 소멸되어 간다.

각설[571]

태소왕대래길형泰小往大來吉亨 하늘과 땅의 기氣가 서로 섞여 화합和合하여 만물이 막히는 곳 없이 통通하게 되어 만물들이 자라고 크게 된다는 것이다. 천지天地의 소왕대래小往大來로 만물이 나고 자라는 것이다.[572]

---

571 (觀中) ❶소인도小人道 소야消也 : 천지를 중심으로는 상하로 설명하고, 인도人道는 내외관계로 설명하고 있다. 합덕하는 위치가 가인家人·규睽·건蹇·해解괘다. 가인괘家人卦가 육갑도수로는 경자庚子다. 선경삼일先庚三日(정유丁酉·무술戊戌·기해己亥), 후경삼일后庚三日(신축辛丑·임인壬寅·계묘癸卯)의 중심도수가 경자庚子다. 여기서부터 천지일월이 합덕동궁合德同宮이 된다. 즉 육갑원리에 있어서 경자도수庚子度數가 일월日月이 동궁同宮되는 위位다.
형亨은 핵심이며, 천지天地의 개념은 상하上下이다. 내양이외음內陽而外陰의 내외內外는 합덕合德의 위치位置요, 공간적 개념이다.(가인家人·규揆·건蹇·해解) 내건이외순內健而外順의 건建은 천행天行의 건建이다. ❷내군자이외內君子而外 : 소인小人은 인도적人道的 입장의 표현이며, 소인도小人道는 선천의 생성의 세계를 의미한다.

572 상하上下가 섞여 그 뜻이 한 가지로 된다는 것은 군신君臣, 상하上下, 귀천貴賤, 남녀男女, 대소大小의 마음과 마음이 서로 섞여 뜻과 감정感情이 잘 소통되어 서로가 한마음으로 협력協力하는 것이다.

이것은 천지간天地間의 태泰이다.

내양이외음內陽而外陰 **내건이외순**內健而外順 이 괘는 상괘上卦 곤坤(☷)이며, 하괘下卦 건乾(☰)으로 내內는 양陽이고, 외外는 음陰이다. 이 괘卦는 안으로 강건剛健한 덕德을 가지며 밖으로 유순柔順한 덕德을 가진다. 내면內面에 가지고 있는 강건剛健한 덕德과 외면外面에 나타난 유순柔順한 덕德으로 태泰의 도道가 잘 이루어진다.

내군자이외소인內君子而外小人 **군자도장**君子道長 **소인도소야**小人道消也 양陽은 군자이며, 음陰은 소인小人으로 안에 중요한 자리에 군자가 있고 밖의 잡일은 소인小人이 맡아서 하니 군자의 도道는 점점 성盛하여지고, 소인小人의 도道는 소멸되어 간다. 소인小人은 점차 군자에 감화되어 군자의 도道를 배우게 된다. 이것은 군자와 소인小人 간의 태泰이다.

[象曰] 天地交 | 泰니 后 | 以하야 財成天地之道하며
상왈 천지교 태 후 이 재성천지지도

輔相天地之宜하야 以左右民하나니라.
보상천지지의 이좌우민

○ 天(하늘 천) 地(땅 지) 交(사귈 교) 泰(클 태) 后(임금 후) 財(마름질할 재, 재물 재) 成(이룰 성) 天(하늘 천) 地(땅 지) 道(길 도) 輔(도울 보) 相(서로 상) 宜(마땅할 의) 以(써 이) 左(도울 좌(佐)) 右(도울 우(佑)) 民(백성 민)

상象에 이르기를, 천지가 바뀌는 것을 태泰이니, 군자는 이로써 천지의 도道를 이루고 천지의 마땅함을 도와 이로써 백성을 도우니라.

개요概要

군자는 태괘泰卦의 상象을 보고 그것을 본받아 천지의 도道에서 지나친 것이 있으면 알맞게 정리하여 만물이 잘 이루어지도록 하며, 또 부족한 곳이

있으면 그것을 보충하여 천지의 화육을 돕고 만민의 생활을 편하도록 한다. 따라서 "재성천지지도財成天地之道 하며 보상천지지의輔相天地之宜" 하는 것은 천지의 남는 것은 줄여서 모자라는 곳에 보태는 것이다. 이것은 결국 만민의 생활을 편하게 하기 위함이다.[573]

각설

재성천지지도財成天地之道 '재財'는 재裁와 통通한다. '재裁'는 마름질 하는 것, 지나친 것을 단절하는 것이다. 그러므로 재성財成은 알맞게 정리하여 성인聖人이 문물제도를 완성함을 말한다.

보상천지지의輔相天地之宜 '보상輔相'은 부족한 곳을 보태고 더하는 것이다. '도道'는 천지의 상도常道이며, '의宜'는 마땅한 곳이다. 한쪽에서는 도道라고 하고, 한쪽에서는 의宜라고 했다. 좌우左右는 돕는 것이다. 천지가 사귀는 것이 태泰이다. 하늘의 기氣와 땅의 기氣가 서로 잘 사귀고 조화되는 것이 태괘泰卦의 상象이다.

[初九]는 拔茅茹ㅣ라 以其彙로 征이니 吉하니라. (地風升)
초구 발모여 이기휘 정 길 지풍승

象曰, 拔茅征吉은 志在外也이니라.
상왈 발모정길 지재외야

○ 拔(뺄 발) 茅(띠 모) 茹(뿌리 여, 먹을 여, 연할 여) 彙(무리 휘) 志(뜻 지) 在(있을 재) 外(밖 외)

---

573 왕자王子의 도道는 재성천지지도財成天地之道하며 보상천지지의輔相天地之宜하야 이좌우민以左右民하는 것으로 끝난다. 옛 임금이 홍수를 다스리고 역법曆法을 정하고 땅을 개간하고 농공업農工業을 지도하는 것과 그 밖의 정치상의 시설을 하는 것은 모두 천지의 도道를 재성財成하고, 천지의 마땅함을 도와 백성을 좌우左右한다는 정신이다. 천지자연의 운행을 방해하는 것은 없애고 모자라는 힘을 보태는 것이 재성천지지도財成天地之道하며 보상천지지의輔相天地之宜하는 왕도王道이다.

초구初九는 띠 뿌리를 뽑으니 서로 엉켜있음이라, 그 무리와 함께 가는 것이니 길하니라.
상象에 이르기를, '발모정길拔茅征吉'은 뜻이 밖에 있음이니라.

개요概要

초구初九는 양효陽爻로서 양陽의 자리에 있으니 강명剛明한 재능才能을 가지며 그의 뜻이 바르다. 하下 건괘乾卦에 있는 삼양효三陽爻는 모두 뜻을 같이 하는 동류同類이다. 이들은 상上 곤괘坤卦의 삼음효三陰爻와 상응相應하고 있다.

각설

발모여拔茅茹 띠 풀을 하나 뽑으면 이어진 뿌리가 같이 딸려 나오면서 이웃에 있는 띠 풀까지 뽑혀 나온다는 것이다.[574]
이기휘以其彙 '휘彙'는 무리 휘자로 類와 같다.[575] 이것은 한 사람의 착한 사람을 등용하면 여러 착한 사람들이 같이 따라오고, 한 사람의 소인小人을 등용하면 같은 소인小人들이 따라 나타나게 된다는 것을 비유한 말이다.[576]
정길征吉 '정征'은 왕往과 같다. 정征은 바른 길로 나아가서 소인지도를 치고, 일을 바르게 하는 것이다.

---

574 만약 '천지비괘天地否卦'와 같이 상하의 뜻이 서로 소통하지 않는 때이면 군자는 물러나서 산속으로 숨게 되지만 '지천태괘地天泰卦'는 상하의 뜻이 통하며 군자가 세상에 나오게 된다. 그러므로 육사六四 대신이 초구初九를 등용하면 삼양효三陽爻가 같이 나오게 된다. 이것은 띠 풀 하나를 뽑으면 이웃 띠 풀도 같이 뽑혀 나오는 것과 같다.

575 '발모여拔茅茹'의 '여茹'를 "띠 풀의 뿌리로" 해석하는 사람도 있고, "이어진다"라고 해석하는 사람도 있다.

576 한 사람의 착한 사람이 등용되면 같은 류의 착한 사람이 같이 나오게 된다. 이렇게 많은 착한 사람이 세상에 나와 어지러움을 바로 잡으면 길吉하게 된다. '기휘其彙'는 초구初九와 같은 류類의 착한 사람을 말한다. 이 괘에서는 구이九二, 구삼九三이 그 사람들이다.

소상사小象辭 [577]

지재외야志在外也 외外는 외괘外卦, 즉 상괘上卦를 말한다. 초구初九가 원하는 것은 육사六四가 육오六五 군주를 도와 천하가 태평하기를 바랄 뿐 자기 한 몸의 부귀영화를 바라는 것은 아니다.

[九二]는 包荒하며 用馮河하며 不遐遺하며 朋亡이니
구이 포황 용빙하 불하유 붕망

得尚于中行하리라. (地火明夷)
득상우중행 지화명이

象曰, 包荒得尚于中行은 以光大也이니라.
상왈 포항득상우중행 이광대야

○ 包(쌀 포, 포용할 포) 荒(거칠 황) 用(쓸 용) 馮(탈 빙, 맨발로 물건널 빙, 성 풍) 河(강 이름 하) 不(아닐 불) 遐(멀 하) 遺(남길 유, 끼칠 유) 朋(벗 붕) 亡(없을 망) 得(얻을 득) 尙(오히려 상) 中(가운데 중) 行(갈 행)

구이九二는 거친 것을 포용해 주고, 황하黃河를 맨몸으로 건너는 용맹을 쓰며, 멀리 있는 것을 버리지 않고, 붕비朋比(붕당朋黨)을 없애고 중도中道를 행하면 숭상함을 얻으리라.

상象에 이르기를, '포황득상우중행包荒得尙于中行'은 이로써 크게 빛남이니라.

개요概要

구이九二는 부정위不正位이나 득중得中하여 중덕中德을 가지고 있다. 그리고 육오六五 성인聖人과 상응相應하여 성인聖人의 깊은 신임을 받는다. 구이九二

577 뜻을 밖에 두고 있다는 말은 외괘外卦 초효初爻에 두고 있다는 말이다. 사효四爻는 후천을 시작하는 시위성時位性을 표상. 군자의 성명지리, 군자의 인격성을 위주로 하여 사효四爻의 의의를 규정한다면 인간에 있어서는 심성心性자리다. 시위성과 사회성으로서의 인간의 성정원리를 결부시켜 생각한다면 사효四爻의 시위時位는 인간의 심성이 변혁되는 시위時位다. 외外는 외괘外卦의 사효四爻로서, 사효四爻에 가서 심성의 변화를 가져온다.

는 이 괘의 주효主爻의 하나이며, 천하를 태평하게 할 효爻이다. 이 효爻는 천하를 태평하게 할 구이九二 군자의 사덕목四德目을 밝히고 있다.

각설

포황包荒 거칠고 더러워진 것을 감싸주는 포용력이다. '황荒'은 잡초가 무성한 거친 논밭을 말한다. 여기서는 난잡한 소인小人이나 말을 잘 듣지 않는 잡다한 사람을 말한다. 거친 것을 감싼다는 것은 도량이 넓어 거칠고 더러워진 사람들을 남김없이 다 받아들이고 용서하는 것이다.[578]

용빙하用馮河 '빙馮'은 맨발로 건널 빙이다. 과단성과 용기를 의미한다. 배나 뗏목으로 물을 건너지 않고 걸어서 강江을 건너려함이다. 위험을 무릅쓰고 결행하는 것을 비유한 말이다. 도량이 넓어 소인小人을 포용하는 것만으로는 부족하다. 동시에 맨발로 큰 강을 건너는 용기가 필요하다.[579]

불하유不遐遺 멀리 숨어있는 자까지도 버리지 않고 다 헤아리는 총명과

---

578 천하태평을 위해서는 착한 군자를 등용하는 것은 그렇게 어려운 일이 아니지만 소인小人과 세궁민細窮民의 생활을 안정시키는 것은 어려운 일이다. 소인小人과 빈민貧民은 무성茂盛한 잡초雜草와 같은 것으로 단속하면 난동을 일으킨다. 그러므로 관대하게 포용하는 것이 重要하다.

579 '빙하馮河'는 『논어論語』「술이述而」편에도 보인다. 「술이述而」편 제10장에 "자로가 말하기를, "선생님께서 삼군三軍을 통솔하신다면, 누구와 함께 하시겠습니까?" 공자가 말씀하시길, "맨손으로 호랑이를 때려잡고 맨몸으로 江을 건너다가 죽어도 후회하지 않는 자와는 내가 함께 하지 않을 것이다. 반드시 일에 임해서는 두려워하며 도모하기를 좋아해서 성공하는 자와 함께 할 것이다."("子路曰 子行三軍則誰與 子曰 暴虎馮河 死而無悔者 吾不與也 必也臨事而懼 好謀而成者也")라고 밝히고 있다. 필자의 견해로는 『논어論語』「술이述而」편은 공자가 군자(君子)와 인자仁者의 덕목을 말하고 있다고 보여진다. 특히 「술이述而」편 제10장은 공자孔子가 과묵寡默한 덕을 가진 안연顔淵을 칭찬하고, 난세에 용맹한 사람이 필요하다고 주장하는 행동파인 자로子路의 경솔하고 무모함을 훈계하는 과정에서 '포호빙하暴虎馮河'를 사용하고 있다고 본다. 그러므로 이때 '빙하馮河'의 의미는 무모한 만용을 의미하고 있다고 보아야 할 것이다. 그러나 『주역』의 지천태괘(䷊) 구이九二 효사爻辭는 천하의 태평성대를 이루는 군자의 역할로서의 '빙하馮河'로 이는 성인지도에 믿고, 실천하는 과감한 결단력으로 해석하는 것이 괘효사의 전체의 의미와 일치하는 해석이다. 그러므로 '빙하馮河'에 대한 『주역』과 『논어』에서는 상반된 의미를 갖는다고 사료된다. (拙稿, 『주역에 나타난 지도자의 덕목에 관한 연구』, 『동양철학연구』 제69집, 2011)

지혜를 말한다.

붕망朋亡 공명정대公平正大이다. '동북상붕東北喪朋'의 상붕喪朋과 같은 뜻이다. 동창 친구 또는 친한 사람 등 연줄에 따라 사사로운 정情을 주지 말라는 것이다.

이상의 '❶포황包荒, ❷용빙하用馮河, ❸불하유不遐遺, ❹붕망朋亡'의 네 글귀는 군자가 천하를 태평하게 하는데 필요한 사덕四德이다. 즉 관대寬大하게 포용하는 도량과 과감하게 결행하는 용기와 멀리 숨어있는 곳까지 비출 수 있는 총명한 지혜와 공평무사한 덕德을 말한다.

득상우중행得尙于中行 중행中行은 육오六五 유순중정柔順中正한 성인聖人을 말한다. 육오六五 「상사象辭」에 "중이행원야中以行願也라" 하였는데 중도中道으로서 일을 하는 성인聖人이다. 구이九二의 하는 일이 성인聖人의 마음에 맞아 성인聖人의 신임信任을 받는 것이다. 왜냐하면 구이효九二爻는 거친 논밭의 잡초와 같은 잡다한 사람들을 포용할 수 있는 도량도 있고, 또 때로는 맨발로 강을 건널 수 있는 과감한 용기가 있고 또 멀리 숨어 있는 것을 볼 수 있는 총명도 있고 그 밖에 공평무사한 덕德이 있어 성인聖人의 신임을 받게 되고 천하태평의 대업大業을 성취하게 되었기 때문이다.[580]

소상사小象辭

포황득상우중행包荒得尙于中行 이광대야以光大也 구이九二 현인賢人은 이들 사덕四德을 가지고 있음으로 육오六五 성인聖人(군왕君王)의 신임을 얻어 위대한 공적을 성취하게 된다. 초구初九에서는 이기휘以其彙라 하고,

---

580 청조淸朝의 '왕인지王引之'는 '득상우중행得尙于中行'의 상尙을 돕는다는 뜻으로 해석하여 중행中行으로부터 도움을 얻는다고 해석한다. 중행中行은 육오六五를 말한다. '이二, 오五가 중행中行이니 오五가 내려와 이二를 돕는다. 그러므로 '득상(조)우중행得尙(助)于中行'이라고 하였다.

구이九二에서는 붕망朋亡이라 하여 모순된 것으로 보이지만 초구初九는 아래에 있는 착한 사람으로 그의 동류同類들과 같이 나아가는 것이 좋지만 구이九二 태괘泰卦의 주효主爻로서 천하를 태평하게 할 책임이 있음으로 널리 천하의 현인賢人을 써야지 자기와 친한 사람만으로 한정할 수는 없다는 것이다. 공평무사하게 널리 천하의 현인賢人을 다 써야 한다.

[九三]은 **无平不陂**며 **无往不復**이니 **艱貞**이라야 **无咎**하고
구삼 무평불피 무왕불복 간정 무구

勿恤其孚ㅣ면 **于食**애 **有福**하리라. (地澤臨)
물휼기부 우식 유복 지택임

象曰, 无往不復은 **天地際也**이니라.
상왈 무왕불복 천지제야

○ 无(없을 무) 平(평평할 평) 不(아닐 불) 陂(비탈 피) 往(갈 왕) 復(돌아올 복) 艱(어려울 간) 貞(곧을 정) 勿(말 물) 恤(구휼할 휼) 其(그 기) 孚(미쁠 부) 食(밥 식) 有(있을 유) 福(복 복)

구삼九三은 평탄한 것은 기울어지지 않는 것이 없고, 가고(가지만) 돌아오지 않는 것이 없으니, 어려워도 바르게 하면 허물이 없다. 근심하지 마라, 그 믿음만 있으면 먹는데 복福이 있으리라.
상象에 이르기를, '가서 돌아오지 않음이 없다.'는 것은 하늘과 땅이 사귐이니라.

개요概要

구삼효九三爻는 태괘泰卦의 중앙으로 천하태평이 정상에 가까우며 쇠衰할 조짐이 보이기 시작할 때이니 조심하도록 경고하고 있다. 모든 것은 끝없이 돌고 도는 것으로 평탄한 것은 반드시 기울게 되며 저쪽으로 간 것은 꼭 이쪽으로 돌아오게 된다는 것이다.

각설

무평불피无平不陂 평탄하고 험준한 땅의 형세를 말하며, 곤괘坤卦에 대한 말이다. 평평하면서도 언덕은 있다. 이는 태평하지만 언젠가는 혼란이 온다는 것이다. 무왕불복无往不復은 천지음양天地陰陽의 기氣의 왕복往復 소장消長에 대한 말이다. 왕往은 소왕대래小往大來의 왕往이다. 지금은 음陰이 저쪽으로 가 있지만 언제 가는 순환해서 돌아온다. 성盛해지면 반드시 쇠衰한다. 태평이 오래 계속되면 마음이 풀어져 태만하게 된다. 태만해지면 안락과 사치로 흐르고 도덕이 쇠하고 세상이 기울게 된다. 즉 태평성대에도 방심하면 안 된다는 경고이다.

간정무구艱貞无咎 '간정艱貞'은 안락安樂에 흐르지 않고 마음을 수고하며 바른 길을 굳게 지키는 것이다. 만약 이렇게만 한다면 나무랄 만한 잘못도 없을 것이고 크게 쇠미하는 일도 없을 것이다.[581]

물휼기부勿恤其孚 근심하지마라. 진실된 마음으로 대처하라. 너무 걱정이 되어 사람의 생각으로 하지마라. 남을 감동시킬 수 있는 마음으로 대처하라. 만약에 소인小人들의 소란을 염려하여 이것을 사람의 생각으로 막으려고 하면 더 나빠지는 수도 있으니 지극한 정성으로 이들을 대하면 조용해 질 것이다.

우식유복于食有福 '식食'은 받는다는 뜻이다. 자기가 받는 것에 있어서 복福이 있다. 즉 복福이 있다는 말이다.

소상사小象辭

천지제야天地際也 구삼효九三爻에 간 것으로 돌아오지 않는 것은 없다. 이것은 천지天地 음양陰陽이 서로 사귀는 곳에서는 항상 있는 일이다. 제

581 『이천역전伊川易傳』에서는 "태(泰)의 때를 당하여, 감敢히 안일安逸을 멀리하고 항상 생각을 어렵게 하며 행동을 바르고 견고하게 되는 것이라, 이와 같이 하면 허물이 없을 것이다.(泰之時, 不敢安逸, 常艱危其思慮, 正固其施爲, 如是則可以无咎.)"라고 하였다.

際는 교제하는 것이다.

[六四]는 翩翩히 不富以其隣하야 不戒以孚로다. (雷天大壯)
육사 편편 불부이기린 불계이부 뇌천대장

象曰, 翩翩不富는 皆失實也일새오
상왈 편편불부 개실실야

不戒以孚는 中心願也이니라.
불계이부 중심원야

○ 翩(빨리 날 편) 富(부유할 부) 皆(다 개) 失(잃을 실) 實(열매 실, 작목 실, 본질 실, 녹봉 실, 종자 실) 戒(경계할 계) 孚(미쁠 부) 心(마음 심) 願(원할 원)

육사六四, (새들이) 날아서 내려오듯이 부富로써 그 이웃하지 아니하야, 경계警戒하지 않아도 믿음이로다.

상象에 이르기를, '(새가) 펄펄나는 듯이 부富하지 않다'는 것은 모두 실實을 잃은 것이요, '경계警戒하지 않아도 믿음이 있다.'는 것은 마음으로 중도를 원하는 것이니라.

개요概要[582]

육사六四는 음효陰爻로서 음陰의 자리에 있으니 자리가 바르다. 곤괘坤卦의 한 효爻로서 음효陰爻이니 마음이 유순柔順하다. 그리고 하괘下卦에 있는 초구初九와 서로 응應하고 있다. 육사六四는 초구初九의 현명함을 알고 그에게서 가르침을 받는다.

582 (觀中) 편편翩翩은 곤새가 위에서부터 날라오는 새소리를 편편翩翩이라고 한 것이다. 날라오는 새 소리를 들음. 뇌산소과雷山小過의 새소리다. 사효四爻는 인도人道의 후천后天이다. 뇌천대장괘雷天大壯卦는 후천后天이 도래하지 못하는 괘이다. '편편翩翩'는 천상에서 새가 하강下降함을 의미한다. 불부이기린不富以其隣이란 이웃과 더불어 아직 부자가 되지 못한다. 그러므로 복福(富)은 명을 받았다는 의미다. 자신 혼자만이 깨달았다는 말이다. 불계이부不戒以孚는 경계警戒하는 명령을 내리지 않아도 믿게 될 것이다. 이 때까지는 믿음을 가지고 나가지 않을 수가 없다.

각설

편편翩翩 빨리 날 편으로 새들이 무리지어서 아래로 날아내리는 모양이다. 육사효六四爻가 같은 동류인 육오六五, 상육上六과 함께 건괘乾卦 현인賢人들에게 머리 숙여 유순柔順하게 가르침을 받는 것을 비유比喩한 말이다.

불부不富 육사六四가 제후의 부귀한 자리를 돌보지 않고 겸손하게 아래에 있는 어진 사람들과 사귀는 것을 말한다.[583]

기린其隣 가까이 있는 동류同類인 육오六五와 상육上六, 특히 육오六五를 말한다. 육사六四는 아래에서 올라오는 삼양효三陽爻를 보고 그들에게서 가르침을 받을 생각으로 새가 무리지어 편편히 날아 내리는 것처럼 이웃에 있는 同類 육오六五와 상구上九와 같이 내려와 현인賢人의 가르침을 받는다.

불계이부不戒以孚 이들 음효陰爻의 동류同類들은 서로 의논하지 않고 경계하지 않고도 진심으로 현인賢人들의 가르침을 받는다. 즉 위에 있는 대신大臣이 겸손하게 자기 마음을 비우고 진실한 마음으로 착한 사람의 가

---

583 (집설集說) ❶『이천역전伊川易傳』에서는"육사六四는 태泰가 중中을 지난 곳에 처하고 음陰으로 위에 있어서 뜻이 아래로 돌아감에 있으며, 위의 두 음陰 또한 뜻이 아래로 나아감에 있다. '편편翩翩'은 빨리 나는 모양이니, 사四가 편편翩翩히 아래로 나아가서 그 이웃과 함께 하는 것이다. 인隣은 그 동류이니, 오五와 상上을 이른다. 사람이 부유한데 무리가 따르는 것은 이익 때문이고, 부유하지 않는데도 따르는 것은 뜻이 같기 때문이다. 세 음陰이 모두 아래에 있는 물건인데 위에 거함은 바로 실實을 잃은 것이니, 그 뜻이 모두 아래로 가고자 한다. 그러므로 부유하지 않는데도 서로 따라서 굳이 경계하여 말하기를 기다리지 않고도 성의誠意가 서로 합하는 것이다. (六四, 處泰之過中, 以陰在上, 志在下復, 上二陰亦志在趨下. 翩翩, 疾飛之貌, 四翩翩就下, 與其隣同也. 隣 其類也. 謂五與上, 夫人富而其類從者, 爲利也. 不富而從者, 其志同也. 三陰, 皆在下之物, 居上, 乃失其實, 其志皆欲下行, 故不富而相從, 不待戒告而誠意相合也)"라고 하였다. ❷『주역본의周易本義』에서는 "이미 중中을 지났으니, 태泰가 이미 극에 이르렀다. 그러므로 세 음陰이 편편翩翩히 아래로 돌아와서 부유하기를 기다리지 않고도 동류들이 따라오니, 굳이 경계하고 명령하지 않아도 믿는 것이다. 그 점占은 소인小人들이 모이고 사귀어 정도正道를 해침이 되니, 군자君子가 마땅히 경계하여야 할 것이다. 음陰은 허虛하고 양陽은 실實하므로 무릇 '불부不富'라고 말한 것은 모두 음효陰爻이다.(已過乎中, 泰已極矣. 故三陰, 翩然而下復, 不待富而其類從之, 不待戒令而信也. 其占, 爲有小人合交, 以害正道, 君子所當戒也. 陰虛陽實, 故凡言不富者, 皆陰爻也."라고 하였다.

르침을 받음으로 태泰의 도道가 잘 이루어진다는 것이다.

소상사小象辭 [584]

개실실야皆失實也 '실實'을 실失한다는 것은 ❶구사九四의 녹봉과 작록이 비었다는 것이고, ❷음양으로는 음陰으로 공허한 것을 말한다. 개皆는 육사六四, 육오六五, 상구上九의 삼음효三陰爻를 말한다.

불계이부不戒以孚 **중심원야**中心願也 이들 셋은 아래에 있는 현인賢人을 찾아가 가르침을 받는 것은 이들이 모두 충실한 것을 잃고 마음이 공허하며 자기들의 도덕 재능才能이 부족한 것을 알고 진심으로 현인賢人의 가르침을 받음으로 태괘泰卦의 도道가 잘 이루어진다.

[六五]는 帝乙歸妹니 以祉며 元吉이리라. 육오 제을귀매 이지 원길	(水天需) 수천수
象曰, 以祉元吉은 中以行願也이니라. 상왈 이지원길 중이행원야	

○ 帝(임금 제) 乙(둘째천간 을, 새 을) 歸(돌아갈 귀) 妹(누이 매) 願(원할 원) 祉(복 지)

육오六五는 제을帝乙이 누이동생을 시집보내는 것이니, 복福이 있으며 크게 길吉하리라.

상象에 이르기를, '복福을 받으며 크게 길吉하다.'는 것은 중도中道로써 원하는 바를 행行함이니라.

---

584 (觀中) 개실실야皆失實也는 알맹이를 잃어버렸기 때문에 아직은 불부不富라는 것이다. '개실실야皆失實也'라고 했는가? 사효四爻가 동動하면 뇌천대장雷天大壯괘가 된다. 대장괘大壯卦 도수度數는 후천원리后天原理가 행해지는 도수度數가 아니다. 행해지려고 땅속에서 군자지도君子之道가 태동하는 시기다. 겉으로 나오기 위한 태동의 시기다. 대장괘도수大壯卦度數는 군자지도가 밝게 드러나는 시위時位가 아니다. 군자는 부유하다. 화천대유괘火天大有卦의 은혜를 입은 것이다. 천총天寵을 입었다 = 자천우지自天佑之=성인聖人의 말씀을 통하여 천도天道를 깨달았다는 것이다. 대유大有란 가장 위대한 진리眞理를 깨달아 견지하게 되었다는 말이다.

개요概要

육오六五는 겸손하고 유순하게 중도中道를 받아드림으로서 길吉함을 말한다.

각설

제을귀매帝乙歸妹 육오六五는 유순柔順 · 중덕中德한 성인聖人이다. 성인聖人은 그의 신하를 신임하여 자기 누이를 시집보내는 것과 같이 구이九二 현인賢人을 깊이 신임하여 그의 지도에 따라 만사를 처리하고 있다. 그러므로 성인聖人는 하늘의 큰 복을 얻고 길吉하게 된다.[585]

이지以祉 육오六五가 존귀함을 낮춤으로서 복을 받는다는 것이다. 지祉는 하늘이 내리는 복이다.[586]

원길元吉 「대상大象」에 큰 복이 있고 크게 길吉하다고 한 것은 육오六五 성인聖人이 중덕中德을 가지며, 구이九二 현인賢人의 보좌를 받기 때문이라고 하였다.

소상사小象辭

중이행원야中以行願也 중도中道로써 원하는 바를 행한다는 것이다.

---

585 제을帝乙은 은殷나라의 27대 천자天子이다.

586 『이천역전伊川易傳』에서는 "육오六五가 음유陰柔로서 군위君位에 거하여 아래로 구이九二의 강명剛明한 현자賢者에게 응하니, 오五가 현신賢臣에게 의지하고 신임하여 순종하기를 제을帝乙이 여동생[어린 딸]을 시집보내듯이 하여, 그 높음을 낮추어 양陽에게 순종하게 하면 복을 받고 또 크게 선善하고 길吉할 것이다. '원길元吉'은 크게 길吉하여 지극히 선善한 것이니, 태泰를 다스리는 공功을 이루었음을 이른다. 六五以陰柔居君位, 下應於九二剛明之賢, 五能倚任其賢臣而順從之, 如帝乙之歸妹然, 降其尊而順從於陽, 則以之受祉, 且元吉也. 元吉, 大吉而盡善者也. 謂成治泰之功也.)"라고 하였다.

[上六]은 城復于隍이라
상육 성복우황

勿用師ㅣ오 自邑告命이니 貞이라도 吝하니라. (山天大畜)
물용사 자읍고명 정 인 산천대축

象曰, 城復于隍은 其命이 亂也이니라.
상왈 성복우황 기명 난야

○ 城(성 성) 復(무너질 복, 돌아올 복) 隍(모퉁이 황, 해자 황) 勿(말 물) 用(쓸 용) 사 師(무리 사, 군사 사, 스승 사) 自(~부터 자, 스스로 자) 邑(고을 읍) 告(알릴 고) 命(명 명) 亂(어지러울 난{란}) 貞(곧을 정)

상육上六은 성城의 한 모퉁이가 무너져 도랑을 메운다. 군대軍隊(무리)를 움직이지 마라. 고을(내 마음)로 부터 명령命令이 나오는 것이니, 곧아도 인색하리라.

상象에 이르기를, '성城이 무너져 도랑을 메운다.'는 것은 그 명命이 (이미 다하여) 어지러워짐이니라.

개요概要[587]

이 효는 태괘泰卦의 끝이다. 장차 천지비괘天地否卦로 변하려는 때이다.

각설

성복우황城復于隍 '황隍'은 성 밖에 둘러 파놓은 물 없는 못을 말하며, 이

587 (觀中) 상육上六은 지수사괘地水師卦, 수풍정괘水風井卦(자읍고명自邑告命)를 가리킨다. 명命의 원리原理는 손괘巽卦에서 표상되고 있다. 수풍정괘水風井괘는 낙서원리다. '성복우황城復于隍'은 낙서원리洛書原理에서 하도원리河圖原理로 돌아왔다는 지뢰복괘地雷復卦의 뜻을 갖고 있다. 황隍은 오황극원리五皇極原理를 의미한다고 본다. 낙서원리洛書原理가 하도원리河圖原理로 다시 돌아온 것이다. 이에 복復이라고 한 것이다. 나가던 것이 들어오는 것이다. '성복우황城復于隍'한 바람에 장벽 무너진 것이다. 황隍은 성城밖으로 파여진 도랑이다. 성복우황城復于隍되었기 때문에 삼효三爻에 '무평불피無平不陂(상하上下), 무왕불복無往不復(왕래往來)'이라고 하여 다시 복復자가 등장한다. 왜냐하면 삼효三爻와 상효上爻가 상응相應관계에 있기 때문이다. 평평한 것은 기울지 아니한 것이 없고, 간 것이 돌아오지 않는 것이 없다. 수풍정괘水風井卦「괘사卦辭」에 '왕래정정往來井井'이라고 했다.

것을 해자垓字라고 한다. '성城'을 높이 쌓고 토굴을 파는데 파 올린 흙이 성벽이 된다. 그러나 세월이 지나면 성벽의 흙이 무너져 해자垓字로 돌아와 메우게 되는 현실에 비유한 말이다.

물용사勿用師 태괘泰卦가 끝나고 '천지비괘天地否卦'로 변하려 한다. 이렇게 되면 상하上下의 뜻은 서로 통通하지 않고 국민의 마음도 떠나버려 위의 명령에 복종하지 않는다.[588] 이것은 물리적 힘으로는 진압할 수가 없다. 그러므로 "물용사勿用師"이다.

자읍고명自邑告命 정린貞吝 내 자신이 태평한데 길들여지고, 안일을 즐기며 태만과 사치로 인함이라 마음으로부터 반성하고 후회하나, 바르게 하더라도 이미 돌이킬 수 없는 자리이니 인색할 뿐이다 ❶자읍自邑은 내 자신을 말하고, ❷고명告命은 무엇을 하려고 명령하는 것이다.[589]

---

588 한 곳을 토벌하면 다른 곳이 반란하여 병력으로 진압할 수가 없다. 그러므로 "물용사勿用師"라 하였다. 이런 상태에서는 성인聖人의 명령이 널리 미칠 수 없다. 자기 힘이 미치는 범위 내에서 명령을 발표하는 길 뿐이다. 이렇게 되면 그 명령이 바른 길에 합당할지라도 천하에 미치지 못하니 부끄러운 일이다.

589 『이천역전伊川易傳』에서는 "해자의 흙을 파서 쌓아 성城을 이룸은 치도治道를 많이 쌓아 태泰를 이룸과 같다. 태泰의 종終에 미치면 장차 비否로 돌아갈 것이니, 성城의 흙이 무너져서 다시 해자로 돌아가는 것과 같다. 상上은 태泰의 종終인데, 육六이 소인小人으로 여기에 처했으니, 장차 비색否塞해질 것이다. '물용사勿用師'는 군주君主가 무리를 쓸 수 있는 까닭은 상하上下의 정情이 통하여 마음으로 따르기 때문인데, 이제 태泰가 장차 마치려 함에 태泰의 도리를 잃어 상하上下의 정情이 통하지 못하고, 민심民心이 이산離散되어 윗사람을 따르지 않으니, 어찌 쓸 수 있겠는가? 쓰면 혼란해진다. 무리를 이미 쓸 수 없다면 바야흐로 친근親近한 곳으로부터 고명告命하여야 하니, 비록 고명告命하는 것이 올바름을 얻더라도 또한 부끄러운 일이다. 읍邑은 거주하는 곳으로 친근親近한 곳을 이르니, 대체로 고명告命함은 반드시 가까운 곳에서부터 시작하여야 한다. 무릇 정흉貞凶과 정린貞吝은 두 가지 뜻이 있으니, 정고貞固하게 이것을 지키면 흉하거나 부끄러운 경우가 있고, 비록 정도正道를 얻더라도 또한 흉하거나 부끄러운 경우가 있다. 여기에서 정흉貞凶이라고 말하지 않고 정린貞吝이라고 말한 것은 장차 비색否塞해질 때에야 비로소 고명告命을 내림이 부끄러울 만하기 때문이니, 비색否塞함이 고명告命으로 말미암은 것은 아니다.(掘隍土, 積累以成城, 如治道積累以成泰, 及泰之終, 將反於否, 如城土頹, 復反于隍也. 上 泰之終, 六以小人處之, 行將否矣. 勿用師, 君之所以能用其衆者, 上下之情通而心從也. 今泰之將終, 失泰之道, 上下之情不通矣. 民心離散, 不從其上, 豈可用也. 用之則亂, 衆旣不可用, 方自其親近而告命之, 雖使所告命者得其正, 亦可羞吝. 邑 所居, 謂親近, 大率告命, 必自近始. 凡貞凶, 貞吝, 有二義, 有貞固守此則凶吝者, 有雖得正亦凶吝者. 此不云貞凶而云貞吝者, 將否而方告命, 爲可羞吝, 否不由於告命也.)"라고 하였다.

소상사小象辭

성복우황城復于隍 기명난야其命亂也 땅굴을 파고 그 흙으로 쌓아 올린 성벽이 무너져 파낸 구덩이로 돌아갔다는 것은 천명天命이 다하여 나라가 어지러워진 것을 말한다. 천하天下가 어지러워진 다음에 다시 태평시대로 돌리기는 어렵다. 이 괘의 육효六爻는 모두 음양陰陽이 서로 응應하고 있어 천하를 어지럽힐 악인惡人은 없다. 단지 내 자신이 태평한데 길들고 안일安逸을 즐기며 태만과 사치로 흘러 천명天命을 어지럽게 한다는 것이다.

태泰는 통通하는 것이다.

하늘과 땅의 기氣가 서로 교통交通하고, 화합和合하며, 만물萬物이 생육生育하는 것은 천지간天地間의 지천태地天泰이요, 사람들의 관계가 소통하는 것은 인간사의 지천태地天泰이다.

태괘泰卦에서는 지천태의 세상이 열리는 것은 소왕대래小往大來에 그 의미를 두고 있다. 즉 군자君子의 도道는 성盛해지고 소인小人의 도道는 소멸消滅되어 소통이 이루어진다는 것이다. 그러나 천하태평에 안주하고 태만과 방심하면 어김없이 천지비天地否의 세계로 변화하게 됨을 경고하고 있다.

그러므로 군자는 천지지도天地之道의 마땅함으로 문물제도를 완성하고, 지나치거나 부족不足한 곳이 있으면 그것을 잘 조절하여 천지天地의 화육化育을 돕고 만민萬民의 생활을 편하도록 해야 한다고 말한다.

천 지 비 괘

12. 天地否卦

도전괘
倒顚卦

천지비괘
天地否卦

지천태괘
地天泰卦

음양대응괘
陰陽對應卦

천지비괘
天地否卦

지천태괘
地天泰卦

상하교역괘
上下交易卦

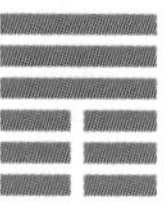

천지비괘
天地否卦

지천태괘
地天泰卦

호괘
互卦

천지비괘
天地否卦

풍산점괘
風山漸卦

효변 爻變	初爻變 而爲无妄卦	二爻變 而爲訟卦	三爻變 而爲遯卦	四爻變 而爲觀卦	五爻變 而爲晉卦	上爻變 而爲萃卦

천지비괘 天地否卦	**천뢰무망괘** 天雷无妄卦	**천수송괘** 天水訟卦	**천산돈괘** 天山遯卦	**풍지관괘** 風地觀卦	**화지진괘** 火地晉卦	**택지췌괘** 澤地萃卦

요지要旨[590]

괘명卦名 이 괘는 상건上乾의 천天(☰) + 하곤下坤의 지地(☷) = 천지비괘天地否卦(䷋)이다.

괘의卦意 비괘否卦는 소인들에 의해 막힌 세상을 사는 도리를 설명하고 있다. 비否는 막힐 비否자이다. 막혀서 통하지 않는 것이다. 태괘泰卦는 양쪽의 기氣가 서로 잘 섞이고 통해서 양쪽의 기氣가 잘 교통되는 것이다. 비괘否卦는 그와 반대로 양쪽의 기氣가 서로 통하지 못하여 일이 잘 진행되지 않는 것이다.[591]

괘서卦序 「서괘序卦」 "태泰는 통通함이니 사물事物은 끝내 통通할 수 없으므로 비否로 받았다.(泰者通也, 物不可以終通, 故受之以否)"라고 하였다.
태 자 통 야 물 불 가 이 종 통 고 수 지 이 비
'태泰'는 일이 잘 풀리는 것을 말한다. 그러나 언제까지고 잘 풀릴 수는 없다. 언젠가는 막히고 잘 통하지 않는 때가 온다. 그러므로 태괘泰卦 다음에 비괘否卦가 놓여 있다는 것이다. 태괘泰卦 다음에 비괘否卦가 오고 비괘否卦 다음에 태괘泰卦가 오는 태泰와 비否의 순환은 천지자연의 변화와 인간세계의 변화에서 면할 수 없는 일이다. 단, 천지자연의 변화 즉 춘하추동의 순서는 대체로 일정하다. 따라서 태泰와 비否의 순환도 거의 일정하게 일어난다고 보여진다.[592]

괘상卦象 비괘否卦는 아래에 곤괘坤卦 지地가 있고 위에 건괘乾卦 천天이

---

590 (觀中) 인간의 차원은 물리적인 차원보다는 높은 차원이다. 무엇을 통해 알 수 있는가? 이성을 가지고 시간을 의식하기 때문이다. 시간의식이 가능하므로 하늘로부터 받아온 도덕성을 자각할 수 있다. 시간을 의식할 수 있는 능력을 가지고 나온 존재가 바로 인간이다. 미래적 시간성과 과거적 시간성을 통관할 수 있는 주체는 현재를 살아가는 나다. 천지비괘의 원리는 인간이 자라는 과정이다. 자라는 역사를 섭리하는 원리가 천지비괘의 원리다.

591 '인사人事'로 말하면 사람과 사람 사이가 서로 막혀서 양쪽 뜻이 소통하지 못하는 것이다. 멀리 떨어진 아무 관계가 없는 사람이면 무방하지만 가까이에서 서로 밀접한 관계가 있으면서 서로의 뜻이 통하지 않으면 정말 곤란하다. 이것이 비否이다.

592 서로의 마음가짐으로 다소 변화는 있지만 시간의 장단長短이 있을 뿐 순환을 면할 도리는 없다. 서로의 마음가짐이 좋으면 지천태地天泰의 시간이 길어지고, 천지비天地否의 시간이 짧아질 수는 있지만 비否의 순환을 완전히 면할 수는 없다.

있다. 모양으로 보면 하늘이 위에 있고, 땅이 아래에 있으니 천지질서가 바른 것처럼 보이지만 작용으로 보면 하늘과 땅의 기氣가 서로 통하지 않는다고 본다.[593] 이 비괘否卦를 일년 12개월에 배당하면 음력陰曆 7월의 괘이다. 즉 입추立秋로부터 한 달 동안 이 괘에 해당된다. 상괘上卦는 양효陽爻뿐이고 하괘下卦는 음효陰爻뿐으로 땅 위에는 아직 음기陰氣가 없지만 땅 밑에는 음기陰氣가 충만하여 조금만 지나면 땅위로 올라와 초목은 시들고 나뭇잎은 말라 떨어지는 모양이다.

否之匪人이니 不利君子貞하니 大往小來니라.
비 지 비 인　　불 리 군 자 정　　대 왕 소 래

○ 否(막힐 비) 匪(도둑 비, 아닐 비) 利(이로울 리) 君(임금 군) 貞(곧을 정) 大(큰 대) 往(갈 왕) 小(작을 소) 來(올 래)

비否는 사람의 길(인도人道)이 아니니, 군자의 바른 길에(정도正道) 이롭지 않으니, 대인지도는 가고, 소인지도가 오느니라.

각설

비지비인否之匪人 **불리군자정**不利君子貞 **대왕소래**大往小來 곧 "천지불교이만물天地不交而萬物, 불통야不通也"라고 한 것이다. 하늘은 높이 있어 그 기氣가 땅에 미치지 못하며, 땅은 낮게 있어 그 기氣가 하늘에 이르지 못하여 천지의 음양陰陽의 기氣가 서로 섞이고 화합하지 못하니 만물이 잘

593 이 괘는 천지 음양陰陽의 기氣가 서로 교통되지 못하고 화합하지 못한 것을 나타낸 것이다. 천지 음양陰陽의 기氣가 서로 교통되고 화합함으로서 만물이 생성화육生成化育되는 것인데, 비괘否卦에서는 기氣가 서로 기氣가고 가려서 통하지 못함으로 만물이 나고 자랄 수가 없다. 이것이 천지음양天地陰陽의 비否이다. 인사人事로 말하면 위에 있는 군주와 아래에 있는 국민 사이가 서로 막히고 멀리 떨어진 군주의 은택은 국민에게 내리지 못하고 국민의 감정은 군주에게 통하지 못하여 국민과 군주 사이가 잘 화합되지 않는 것이다. 이것은 군주와 국민 사이의 否이다.

자라고 크지를 못한다. 따라서 천지의 대왕소래大往小來로 만물이 막힌다. 즉, 천지음양天地陰陽의 비否이다.[594]

[彖曰] 否之匪人不利君子貞大往小來는 則是天地ㅣ
단왈 비지비인불리군자정대왕소래 즉시천지

不交而萬物이 不通也ㅣ며 上下不交而天下无邦也ㅣ라
불교이만물 불통야 상하불교이천하무방야

內陰而外陽하며 內柔而外剛하며 內小人而外君子하니
내음이외양 내유이외강 내소인이외군자

小人道ㅣ長하고 君子道ㅣ消也ㅣ라.
소인도 장 군자도 소야

○ 否(막힐 비) 是(옳을 시) 交(사귈 교) 萬(일만 만) 物(만물 물) 通(통할 통) 无(없을 무) 邦(나라 방) 陰(응달 음) 陽(볕 양) 柔(부드러울 유) 剛(굳셀 강) 道(길 도) 長(길 장) 君(임금 군) 消(사라질 소)

단彖에 이르기를, '비는 사람의 길이 아니라. 군자의 바른 길에 이롭지 않다. 대인지도는 가고 소인지도가 온다는 것은 곧 천지가 교접하지 못해서 만물이 형통하지 못하며, 상하上下가 교접하지 못해서 천하에 나라가 없는 것이라. 안은 음陰이며, 밖은 양陽이며, 안은 유柔하고 밖은 강하며, 안은 소인小人이고, 밖은 군자라 하니, 소인小人의 도道가 번영하고, 군자의 도道는 사라질 것이라.

594 이것을 음양陰陽으로 말하면 하늘의 양기陽氣는 위에서만 있고 아래로 내려오지 않으며, 땅의 음기陰氣는 아래에서만 있고 위로 올라가지 않는다. 그리하여 천지天地의 음양陰陽이 조화되지 않고 만물이 발육되지 않는다. 이것은 천지음양天地陰陽의 비否이다. 인사人事로 말하면 상하불교上下不交이다. 군신君臣, 상하上下, 귀천貴賤, 존비尊卑 사이의 마음과 뜻이 서로 통하지 못하고 떨어져 있으면 나라는 반드시 어지러워지고 약해져서 결국 망하게 되니 나라가 있어도 없는 것과 마찬가지가 된다. 내음이외양內陰而外陽이라 내괘內卦는 곤坤으로 순음純陰이며, 외괘外卦는 건乾으로 순양純陽이니 음陰이 점점 성盛해지고 양陽이 쇠해가는 모양이다.

각설

비지비인否之匪人 옛 성현들은 모두 지천태괘地天泰卦의 세상이 되도록 노력하였다. 그런데도 불구하고 천지비天地否의 상태가 되는 것은 비인匪人같이 생각할 수 없는 악인惡人이 막고 있기 때문이다.[595]

불리군자정不利君子貞 뜻이 막혀서 서로 통하지 않을 때는 바른 길을 굳게 지키고 있는 군자에게는 좋지 못한 때이며, 화禍를 받기 쉬운 때이니 돈세무민遯世无悶해야 한다.[596]

대왕소래大往小來 비괘否卦는 큰(대大) 양효陽爻는 모두 상괘上卦에 가 있고 작은(소小) 음효陰爻는 모두 하괘下卦에 있다. 즉 삼양효三陽爻는 밖에 있고 삼음효三陰爻는 모두 안에 있다. 그러므로 군자지도는 가고 소인지도가 와서 천지비天地否가 된다.[597]

내유이외강內柔而外剛 '내소인이외군자內小人而外君子'라 안에 소인小人이 있고 밖에 군자가 있다. 이것은 소인小人을 가까이 하고, 군자를 멀리하는 것이다. 그러므로 소인지도는 점점 성盛해지고 군자지도는 사라져간다.[598]

---

595 인간으로는 할 수 없는 일을 하려다 이루지 못함을 말한다.

596 조정에 간사한 소인小人들이 세력을 잡고 있어 군신君臣사이가 막혀 있으면 어찌 할 수가 없다. 이들 간사한 소인小人들을 제거하려고 하면 도리어 크게 화禍를 입을 수 있음으로 물러나와 조용히 시기를 기다리는 것이 좋다.

597 대왕소래大往小來를 人事에 해당시켜 보면 부부사이 친구사이 혹은 사회친목단체에서 소인小人이 세력을 잡고 군자가 밀려나는 경우가 많다. 한 사람의 몸을 보아도 천지비天地否가 되어 몸이 점점 약해지는 경우와 지천태地天泰로 몸이 건강해지는 경우가 있다. 천하의 쇠미는 모두 대왕소래大往小來가 그 원인이라 할 수 있는 것이다.
대大는 군자이고 소小는 소인小人이다. 군주의 은택이 신하에게 미치지 못하고 신하의 뜻이 군주에게 통하지 못하여 군신사이의 감정이 소통되지 않는다. 이것은 조정에서의 군신간의 천지비天地否이다. 또 양陽을 군자로 보고 음陰을 소인小人으로 보면 군자는 밖에 나가 있고 소인小人은 안에 들어와 있다. 즉 소인小人은 왕 가까이에서 사랑을 받고 군자는 멀리 밀려나와 소인小人이 세력을 얻고 군자는 쇠퇴한다. 이것이 천지비天地否의 상태이다.

598 내심內心은 유약柔弱하고 외면外面은 강강剛强하다. 이것은 소인小人의 상태이다. 태괘泰卦의 내강이외유內剛而外柔라 한 군자의 상태와는 정 반대이다.

[象曰] 天地不交ㅣ 否니
상왈 천지불교 비

君子ㅣ 以하야 儉德辟難하야 不可榮以祿이니라.
군자 이 검덕벽난 불가영이록

○ 儉(검소할 검) 德(덕 덕) 辟(피할 벽(避) 임금 벽) 難(어려울 난) 不(아닐 비) 可(옳을 가) 榮(꽃 영) 以(써 이) 祿(복 록{녹})

상象에 이르기를, '천지가 교접하지 않는 것이 비否이니, 군자는 이로써 덕德을 검박하게 해서 난을 피한다하야, 녹祿으로써 가히 영화롭게 할 수 없느니라.

개요概要

하늘과 땅의 기氣가 서로 섞이지 못하는 것은 비괘否卦의 상象이다. 이것은 상하上下의 뜻이 통하지 못하는 때이므로 군자는 이러한 때에는 자기 덕德을 숨기고 밖으로 나타내지 않으며 소인小人으로 부터의 화난禍難을 피하려 한다. 그러므로 군자를 끌어내어 관직을 주고 녹봉을 주어도 받지 않는다는 것이다.[599]

각설

검덕儉德 덕德을 밖으로 나타내지를 않고 쌓아서 숨기고 있는 것이다. 덕을 함부로 드러내지 않는 것이다.

벽난辟難 소인小人의 화禍를 피하는 것이다. 달리 말하면 명리욕名利慾, 물욕物慾을 피하는 것이다.

599 천지비天地否의 때에는 군자가 세상을 위하여 바르게 다스려도 도리어 어지러워질 뿐 아무런 도움도 되지 않는다. 이 괘의 육효중六爻中에서 초육初六, 육이六二, 육삼六三을 소인小人으로 보고 구사九四, 구오九五, 상구上九를 군자로 본다.

불가영이록不可榮以祿 나라에 도道가 없는 소인小人의 시대에 군자는 관직에 나아가 녹봉을 받도록 주선해도 나아가지 않는다.[600]

[初六]은 **拔茅茹**ㅣ라
초육 발모여

以其彙로 **貞**이니 **吉**하야 **亨**하니라. (天雷无妄)
이기휘 정 길 형 천뢰무망

象曰, 拔茅貞吉은 **志在君也**이니라.
상왈 발모정길 지재군야

○ 拔(뺄 발) 茅(띠 모) 茹(뿌리 여, 먹을 여) 彙(무리 휘)

초육初六은 띠풀의 뿌리를 뽑으니 서로 엉키어 있다. 무리와 함께 마음을 바르게 하면 길吉하고 형통하니라.

상象에 이르기를, 동류同類와 함께 마음을 바르게 해서 길吉한 것은 뜻이 임금에게 있음이니라.

개요概要

초육初六은 태괘泰卦의 초구初九「효사」와 거의 같다.

각설

발모여拔茅茹 이「효사」는 태괘泰卦의 초구初九「효사」와 거의 같다. 띠 풀을 하나 뽑아 올리면 뿌리가 이어져 있음으로 이웃에 있는 띠 풀들이 같이 뽑혀 나온다. 비괘否卦 초육初六은 소인小人이다. 소인小人이 한 사람 등용되면 그의 친구들도 같이 나아간다는 것이다.

600『논어』「태백」편에서는 "나라에 도가 없는데 부하고 귀한 것은 부끄러운 일이다.(방무도邦無道, 부차귀언富且貴焉, 치야恥也)"라고 하고,「헌문憲問」편 "나라에 도가 없는데 녹을 받는 것은 부끄러운 일이다.(방무도邦無道, 곡穀 치야恥也)"라고 하였다.

이기휘以其彙 기휘其彙는 그의 무리들을 말하며, 이 괘에서는 육이六二와 육삼六三을 말한다. 초육初六이 등용되면 육이六二와 육삼六三도 같이 나아가게 된다는 것이다.

정길貞吉 형亨 초육初六은 부중부정위不中不正位한 음효陰爻로 도덕과 재능才能이 부족한 소인小人으로 뜻이 바르지 못하다. 그러나 자리가 낮고 또 비괘否卦의 처음이므로 막히는 것이 그렇게 심하지 않아 그의 나쁜 점이 밖으로 많이 나타나지를 않았다. 그러므로 마음속으로 바른 길을 굳게 지키고 있으면 길吉을 얻게 되어 형통하게 된다는 것이다.[601]

소상사小象辭[602]

발모정길拔茅貞吉 지재군야志在君也 초육初六이 등용되면 그의 무리들도 같이 나아가게 된다. 비괘否卦의 시대에 그들이 뜻을 바꾸어 바른길을 굳게 지키고, 성군聖君이 나올 때 까지 기다리면 길吉하고, 복福을 얻게 된다는 것이다.

[六二]는 包承이니
육이 포승

小人은 吉코 大人은 否이나 亨하니라. (天水訟卦)
소인 길 대인 비 형 천수송괘

象曰, 大人否亨은 不亂群也이니라.
상왈 대인비형 불난군야

○ 包(쌀 포, 포용할 포) 承(받들 승) 否(막힐 비, 아닐 비) 亨(형통할 형) (어지러울 난{란})亂 群(무리 군)

육이六二는 포용하고 이어받음이니, 소인小人은 길吉하고 대인大人은 비否라

601 초육初六이 뜻을 바로 가지고 바른 길을 지키면 착한 사람으로 변할 수 있는 것을 말한다.
602 지志의 뜻은 돈세무민遯世无悶에 있다.

야 형통하니라.

상象에 이르기를, '대인大人은 비에 편안하면 형통한다.'는 것은 소인小人의 무리에게 현혹되지 않는 것이니라

개요概要

육이六二는 음효陰爻로 도덕과 재능才能이 부족한 소인小人이지만 유순중정柔順中正한 효爻이다. 그리고 구오九五 성인聖人과 서로 응應하고, 소인小人중에서 선량한 사람이다.

각설

포승包承 포包는 포용하거나 포용당하는 것이다. 여기서는 구오九五에게 포용당하는 것이다. 승承은 승순承順하는 것이다. 명령을 받아 유순柔順하게 복종하는 것이다.

소인小人 **길**吉 육이六二는 도덕과 재능才能이 부족한 소인小人이지만 유순중정柔順中正한 효로써 소인小人 중에서는 그나마 선량한 사람이다. 구오九五 성인聖人과 응효應爻로써 구오九五 양효陽爻에 포용당하여 그의 명령을 받아 유순柔順하게 복종함으로 길吉을 얻게 된다.

대인비大人否 **형**亨 비괘否卦의 시대에 대인大人은 일신의 영달을 위해 자기 신념을 굽히고 남에게 복종하지 않으니, 비否로서 막히게 된다. 비괘否卦의 시대를 지나는 대인大人은 비색하지만 그 도道만은 형통하다는 것이다.

소상사小象辭

대인비형大人否亨[603] **불난군야**不亂群也 군자가 소인小人들 무리에 섞이지

603『역전』에서는 "대인大人은 비否의 때에 바른 절개를 지켜서 소인小人의 무리에게 섞이고

않음으로 입신영달은 할 수 없지만 그의 도道는 바르게 지킬 수 있는 것이다.[604]

[六三]은 包ㅣ 羞로다. (天山遯)
육삼 포 수 천산돈

象曰, 包羞는 位不當也이니라.
상왈 포수 위부당야

○ 包(쌀 포, 포용할 포) 羞(부끄러울 수, 바칠 수) 位(자리 위) 當(마땅할 당)

육삼六三은 (모든 것을) 포용하거나 (행동하는데) 부끄러워하는 마음이로다.
상에 이르기를 '부끄러워하는 마음을 가지고 있다.'는 것은 행行하는 것이 정당한 길이 아님이니라.

개요概要

육삼六三은 음효陰爻로 도덕과 재능才能이 약하다. 부정부중不正不中의 위位이다. 이 효爻가 음효陰爻中에서 가장 나쁜 소인小人의 爻이다. 이 효爻가 있음으로 천지天地가 막히고 상하上下가 통通하지 못하는 천지비괘天地否卦의 세상世上이 되는 것이다.(비否의 절정, 막힘의 절정)

각설

포수包羞 포包는 포용되는 것이고, 수羞는 부끄러워하는 것이다. 즉 육삼

어지럽혀지지 않으니, 몸은 비록 비색하나 도道는 형통한 것이다. 그러므로 '비형否亨'이라고 말한 것이다.(大人 於否之時, 守其正節, 不雜亂於小人之群類, 身雖否而道之亨也. 故曰否亨.)"라고 하였다.

604 『주역본의』에서는 "소인小人의 무리에게 어지럽혀지지 않음을 말한 것이다.(言不亂於小人之群이라)"라고 하였다.

六三은 도덕과 재능才能이 부족한 부정위不正位·부중不中한 효爻로써 전형적인 소인이다.[605] 군자의 입장에서 보면 부끄러운 일을 하고 있는 것이다.

소상사小象辭

위부당야位不當也 육삼六三은 부정위不正位·부중不中한 효爻이다. 육삼六三이 천지비天地否의 폐해가 가장 심한 때이다. 그러나 여기서부터 천지비天地否의 상태가 점차 약해져 세상이 태평으로 향해서 나아가려는 변화의 조짐을 보인다.

[九四]는 有命이면 无咎니 疇ㅣ 離祉리라. (風地觀)
구사 유명 무구 주 이지 풍지관

象曰, 有命无咎는 志行也이니라.
상왈 유명무구 지행야

○ 疇(무리 주, 밭두둑 주) 離(걸릴 리, 떼놓을 리{이}) 祉(복 지)

구사九四는 천명天命이 있으면(따라하면) 허물이 없으니, 뜻을 같이 하는 자(무리)는 모두가 복을 받을 것이리라.
상象에 이르기를, '천명이 있으면 허물이 없다'는 것은 뜻이 행行해지는 것이니라.

개요槪要

구사九四는 양효陽爻로서 음陰의 자리에 있으니 도덕과 재능才能이 있고 강

605 하괘下卦 상효上爻로 中을 지나쳐 나아가려 한다. 다행이 상구上九와 응應하고 구사九四와 비比하여 이들 양효陽爻의 사랑을 받고 포용되어 대부大夫의 자리를 지키고 있다. 이것은 간사한 방법이며, 부끄러워 할 일이다. 우리 주위에서도 육삼六三과 같이 상하上下의 사이에 끼어들어 서로의 소통을 막고 사회를 어지럽히는 나쁜 소인小人들을 볼 수 있을 것이다.

강剛强한 사람으로 겸손하여 지나치는 일이 없다.[606] 오직 구오九五의 명령을 따라 그대로 움직인다. 그리하여 잘못이 없게 되며, 동류同類의 군자들이 모두 큰 복을 얻게 된다.

각설

유명무구有命无咎 구사九四 · 구오九五 · 상구上九의 세 효爻는 양효陽爻의 군자君子이다. 구사九四는 천지비天地否의 중간을 지나 태평이 올 조짐이 보인다. 명命은 천명天命을 말한다.

주疇 이지離祉 ❶주疇는 동류同類(무리)의 뜻으로 구오九五 · 상구上九와 같은 양효陽爻의 동류同類를 말한다. ❷'리離'는 려麗와 같은 뜻으로 붙는다, 만난다, 걸린다로 해석한다. 구오九五 · 상구上九와 더불어 복을 받는 것이다. ❸'지祉'는 신神이 내려주는 천복天福이요, 천복天福이 천명天命이다. 이에 '유명무구有命无咎'라고 한 것이다.

소상사小象辭[607]

유명무구有命无咎 지행야志行也 구사九四는 강강剛强한 도덕과 재능才能을 가지고서도 뜻은 부드러우며, 성인聖人의 명령命令을 받아 천하의 어지러움을 구求함으로 허물이 없다고 한 것은 자기의 뜻이 행行해진 것이다. 즉 육사六四가 천하天下의 막힌 것을 구求하려 한 그의 뜻이 이루어진 것이다.

---

606 구사九四는 상괘上卦의 하효下爻로 중中을 얻지 못했으니 지나치게 겸손하다. 구사九四는 성인聖人을 도와 막혀있는 세상을 구할만한 힘은 있다.

607 (觀中) 유명有命은 관괘觀卦 육사효六四爻의 왕도시행王道施行의 명命이다. 지행志行의 지志는 왕도王道의 우주원리宇宙原理이다. 주疇는 왕도王道의 원리요, 낙서의 구주九疇원리이다. '이지離祉'는 선천先天의 가르침이고, 대인지도大人之道에 걸려 있다. 중화리괘重火離卦와 관련되고 따라서 중화리괘重火離卦는 대인지도大人之道이다.

[九五]는 休否라 大人의 吉이니
구오 휴비 대인 길

其亡其亡이라야 繫于苞桑이니라. (火地晉)
기망기망 계우포상 화지진

象曰, 大人之吉은 位ㅣ 正當也이니라.
상왈 대인지길 위 정당야

○ 休(쉴 휴) 否(막힐 비, 아닐 비) 吉(길할 길) 繫(맬 계) 苞(넝쿨 포, 덤불 포) 桑(뽕나무 상)

구오九五는 비가 (막힘이) 사라짐(쉼)이라, 대인大人의 길吉이니, '망亡할까 망亡할까' 함이라야 무더기로 난 뽕나무에 매어 놓음이니라.

상象에 이르기를, 대인大人의 길함은 그 자리가 마땅함이니라.

개요概要

구오효九五爻는 정위득중正位得中한 강건중정剛健中正의 덕德을 가진 성인聖人으로 막힌 천하의 상태를 일시 중지시킨다. 그러므로 구오九五 성인聖人은 길吉하며 복福을 얻는다. 그러나 이 상태는 천하의 막힌 것이 일시 중지된 것이니 안심하고 지낼 수는 없다. 그러므로 이런 상태에서는 망할지도 모른다고 생각하며 항상 스스로 조심하고 경계警戒한다. 이렇게 함으로서 넓게 깊이 뿌리를 박고 있는 뽕나무(성인지도)에 매여 있는 것 같이 안전하고 견고함을 얻을 수 있다. 방심하지 않고 항상 경계警戒하며 조심함으로 국가도 안전하고 자기 자신도 안전할 수가 있는 것이다.[608] 또한 구오九五는 성인

608 『계사하』편 제5장에서 "공자孔子가 이르기를, '위태로울까 함은 그 지위를 편안히 하는 것이요, 망할까 함은 그 생존을 보존하는 것이요, 어지러울까 함은 그 다스림을 두게 하는 것이다. 이 때문에 군자는 편안해도 위태로움을 잊지 않고 보존되어도 망함을 잊지 않고 다스려져도 어지러움을 잊지 않는다. 이 때문에 몸이 편안하여 국가國家가 보존될 수 있는 것이니, 역易에 이르기를 망할까 망할까 하고 두려워하여야 총생叢生하는 뽕나무에 매어놓듯 튼튼하다' 하였다."(子曰 危者, 安其位者也. 亡者, 保其存者也. 亂者, 有其治者也. 是故, 君子安而不忘危, 存而不忘亡, 治而不忘亂, 是以身安而國家可保也. 易曰 其亡其亡, 繫于苞桑.)라고 하였다.

聖人의 자리이며, 양효陽爻로서 도덕과 재능才能이 우수優秀하며, 양강중정陽剛中正한 이상적인 효爻이다.

각설

휴비休否 휴休는 쉬는 것이요, 쉬게 하는 것이다. '휴비休否'는 천하의 막힌 상태를 한동안 쉬게 하는 것이다. 천하의 막힌 상태가 다 없어지고 태평한 세상이 된 것은 아니지만 한 동안 그것을 중지시킨다.

대인길大人吉 대인大人은 구오九五를 말한다.

기망기망其亡其亡 기망기망其亡其亡은 구오九五가 스스로 경계警戒하면서 이런 상태에서는 "망할지도 모르겠다."며 조심하는 말이다.

계우포상繫于苞桑 '포苞'는 덤불 포 자字로 더부룩하게 풀이 나와 있는 것을 말한다. '포상苞桑'은 여러 그루의 뽕나무 뿌리가 한 뭉치로 엉켜 한 그루의 뽕나무 뿌리처럼 뭉쳐져 있으니 아무리 큰 바람이 불어도 넘어지지 않는다. 이러한 뽕나무에 매여 있으니 지극히 안전하고 견고하다는 것이다.

소상사小象辭

대인지길大人之吉 위정당야位正當也 구오九五 대인大人이 길吉을 얻는 것은 강건중정剛健中正의 덕德이 있고 성인聖人의 자리에 있기 때문이다. 즉 성인聖人의 자리에 있을 수 있는 충분한 덕德을 가지고 성인聖人의 자리에 있음으로 길吉을 얻게 된다.

[上九]는 傾否니 先否코 後喜로다. (澤地萃)
상구 경비 선비 후희 택지췌

象曰, 否終則傾하나니 何可長也ㅣ리오.
상왈 비종즉경 하가장야

○ 傾(기울 경) 否(아닐 비) 先(먼저 선) 後(뒤 후) 喜(기쁠 희) 否(아닐 부) 終(끝날 종) 則(법칙 칙{곧 즉, 본받을 측}) 傾(기울 경) 何(어찌 하) 可(옳을 가) 長(어른 장)

상구上九는 비否가 기우니(막히니), 먼저는 막히나 나중엔 기쁠 것이로다.

상象에 이르기를, 비가 끝나면 기울어지나니. 어찌 오랠 수 있으리요.

개요概要

상구上九는 비괘否卦의 끝이다. 이 효爻에서 천지비天地否가 변變하여 태평세상이 된다.

각설

경비傾否 상구上九는 비괘否卦의 끝이다. 이 효爻에서 천지비天地否가 변變하여 태평세상이 된다. 경傾은 기울어지는 것이다. 비괘否卦가 기울어지면 태괘泰卦가 된다. 비경否傾이라 하지 않고 경비傾否라 한 것은 사람의 힘으로 비否를 기울여서 태평하게 한다는 뜻이다. 즉 상구上九·구오九五·구사九四와 같은 착하고 힘이 있는 양효陽爻들이 힘을 합쳐서 비否를 기울여서 태평세상을 만든다.

선비先否 **후희**後喜 지금까지 비否로써 상하의 사이가 막히고 뜻이 통하지 못함으로 군자들이 걱정했는데, 여기서 비否가 기울어져서 상하의 뜻이 통하고 태평세월이 되었음으로 군자들이 모두 기뻐하고 있다. 상구上九는 비괘否卦의 마지막에 구오九五를 도와서 비否를 넘어뜨리는 양강陽剛한 효爻이다.

소상사小象辭

하가장야何可長也 비否가 극極에 이르러 마지막이 가까우면 기울어지고 넘어진다. 세상은 언제까지고 비否의 상태로 있을 수 없다. 천운天運은 돌고 도는 것이다. 비괘否卦로 막히는 일이 있어도 나중에는 비否가 기울어져 통하게 된다.

✐ 비否는 막혀서 통하지 않는 것이다.

천지天地 만물萬物이 막힌다. 즉 천지음양天地陰陽의 비否이다. 인사人事로는 상하불교上下不交이다.

비괘否卦의 세계가 온 것은 대왕소래大往小來에 그 원인을 두고 있다. 그러나 자기반성과 함께 올바름을 지키면 태괘泰卦의 세계로 갈수 있음을 밝히고 있다.

그러므로 「대상사大象辭」에서 비괘否卦의 시대에 군자는 자기 덕德을 숨기고 밖으로 나타내지 않으며 소인小人의 화난禍難을 피하려 한다. 만일 군자를 끌어내어 관직을 주어도 받지 않아야 한다고 말한다.

천화동인괘

13.天火同人卦

도전괘
倒顚卦

천화동인괘
天火同人卦

화천대유괘
火天大有卦

음양대응괘
陰陽對應卦

천화동인괘
天火同人卦

지수사괘
地水師卦

상하교역괘
上下交易卦

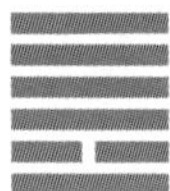

천화동인괘
天火同人卦

화천대유괘
火天大有卦

호괘
互卦

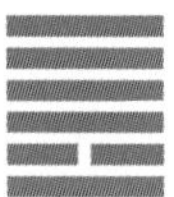

천화동인괘
天火同人卦

천풍구괘
天風姤卦

효변 爻變	初爻變 而爲遯卦	二爻變 而爲乾卦	三爻變 而爲无妄卦	四爻變 而爲家人卦	五爻變 而爲離卦	上爻變 而爲革卦
천화동인괘 天火同人卦	천산돈괘 天山遯卦	중천건괘 重天乾卦	천뢰무망괘 天雷无妄卦	풍화가인괘 風火家人卦	중화리괘 重火離卦	택화혁괘 澤火革卦

요지要旨

괘명卦名 이 괘는 상건上乾의 천天(☰) + 하이下離의 화火(☲) = 천화동인괘天火同人卦(䷌)이다.

괘의卦意 동인同人이란 사람들이 화합하여 협동일치하는 지혜를 말한다. 이 괘卦는 아래 이화離火의 성질은 위에 건천乾天으로 타 올라가는 것이다. 즉 아래에 있는 불은 위에 있는 하늘과 뜻을 같이 하는 것이다.[609] 육이효六二爻는 하괘下卦의 중정中正의 덕德을 가진 주효主爻이며, 구오九五는 상괘上卦의 중정中正의 덕德을 가진 주효主爻로서 서로 응應함으로 상하의 뜻이 같이 되어 있다. 이것이 동인同人의 뜻이다. 이 괘의 음효陰爻는 단지 육이六二의 한 효爻 뿐이며, 상하上下의 다섯 양효陽爻는 모두 육이六二를 구하고 있다. 이것도 동인同人의 뜻이다.

괘서卦序 「서괘序卦」에서 "물건은 끝내 비색否塞할 수 없으므로 동인同人으로 받았고(物不可以終否, 故 受之以同人.)"라고 하였다. 세상일이 언제까지고 비否의 상태로 남아 있을 수는 없다. 상하의 뜻이 막히고 어지러운 상태가 오래 계속 될 수는 없다. 어지러움이 극도에 이르면 평화가 돌아온다. 그러나 이러한 난세를 평정하는데 한 사람의 힘으로 되는 것이 아니다. 여러 사람이 힘을 합쳐서 비로소 이루어지는 것이니 비괘否卦 다음에 동인괘同人卦가 놓여 있다. 동인同人이란 많은 사람이 힘을 합치는 것이라고 말하고 있다.

(물불가이종부 고 수지이동인)

괘상卦象 하下 리괘離卦는 상천上天의 태양太陽으로 본다. 하늘과 태양太陽은 밀접한 관계가 있다. 매일 돌고 있으면서도 떨어지지 않으며, 하늘도 해와 같이 서쪽으로 향하여 운행하고 있다. 이것도 동인同人의 상象

609 동인괘同人卦는 뜻을 같이 하는 사람들이 모여 힘을 합쳐서 일을 하는데 대한 도道를 말한다. 동인괘同人卦의 상괘上卦는 하늘이고, 하괘下卦는 불이다. 불은 하늘로 올라가는 성질이 있다. 이들 둘은 다른 것이지만 같은 방향을 보고 있다. 이것이 동인괘同人卦의 성질이다. 같은 방향으로 나아가려는 사람들이 모여 힘을 모아 한 뭉치가 되는 것이다.

이다. 이와같은 이유로 이화건상離下乾上의 괘卦를 동인同人이라 부른다. '동인同人'은 ❶사람과 사람이 협동일치하는 것이며, ❷진리와 사람이 뜻을 함께하는 길을 말하고 있다.

同人于野ㅣ면 **亨**하리니 **利涉大川**이니 **利君子貞**하니라.
동 인 우 야 형 이 섭 대 천 이 군 자 정

○ 同(화합할 동) 于(어조사 우) 野(들 야) 亨(형통할 형) 利(이로울 리) 涉(건널 섭) 川(내 천) 君(임금 군) 貞(곧을 정)

동인同人을 널리 구하면 형통하리니, 큰 내를 건너는 것이 이로우니, 군자의 바른 길(정도正道/실천함)이 이로우니라.

각설

동인우야同人于野 사람들을 들판에서 같이 한다는 것이다. 사람들과 협동일치하는데는 공명·정대한 두 가지 덕德이 필요하다. 이 두 가지 덕德이 없으면 남과 협동일치할 수 없다. 그러므로 「괘사」는 지극히 공평해야 함을 말하고 있다. 성城밖을 ❶'곽郭'이라 하고, 곽郭밖을 ❷'교郊'라 하며, 교郊밖을 '야野'라 한다. ❸'야野'는 광야, 넓은 벌판이며, 멀다는 뜻과 밖이라는 두 뜻을 가지고 있다. '야野'는 자기 사는 곳에서 멀리 떨어진 곳이다. 또 자기 있는 곳이 아닌 밖을 말한다. 남과 협동일치하는데 멀리 밖에 있는 들에서 한다는 것은 그들이 공평하고 사심이 없어 어떤 곳에 사는 사람과도 협동일치하는 것이다.

이섭대천利涉大川 널리 천하의 동지들과 협동일치하면 그들의 뜻이 통하고 크게 신장된다. 이와 같이 사람들과 협동일치하면 어떤 험난한 곳도 건널 수 있다. 그러나 동지들과 협동일치하는 것도 바르지 못한 사악한 마음으로 하면 좋지 못하다.

이군자정利君子貞 이군자정利君子貞은 지극히 정대正大한 것을 말한 것이다. 소인들이 사사로운 이익을 위하여 무리를 지어 모이는 것은 아주 나쁜 일이다. 반드시 정도正道를 굳게 지킬 필요가 있다. 동인同人은 공평公平과 정의正義의 두 덕德이 가장 중요하다.

[彖曰] 同人은 柔ㅣ 得位하여
단왈 동인 유 득위

得中而應乎乾할새 曰 同人이라.
득중이응호건 왈 동인

同人曰, 同人于野亨利涉大川은 乾行也ㅣ오
동인왈 동인우야형이섭대천 건행야

文明以健하고 中正而應이 君子正也ㅣ니
문명이건 중정이응 군자정야

唯君子ㅣ아 爲能通天下之志하나니라.
유군자 위능통천하지지

○ 柔(부드러울 유) 得(얻을 득) 位(자리 위) 應(응할 응) 乾(하늘 건) 野(들 야) 亨(형통할 형) 利(날카로울 리) 涉(건널 섭) 文(무늬 문) 明(밝을 명) 健(튼튼할 건) 爲(할 위) 能(능할 능) 通(통할 통) 志(뜻 지)

단彖에 이르기를, 동인同人은 유柔한 것이 제자리를 얻고 중中을 얻어서 건乾에 응하는 것을 동인同人이라, '동인同人을 널리 구하면 형통하고, 큰 내를 건너는 것이 이롭다'는 것은 건乾의 행함이오. 문명하고 강건剛健하며, 중정中正해서 응하는 것은 군자의 바른 길이니, 오직 군자만이 천하의 뜻을 통할 수 있느니라.

개요概要

동인괘同人卦는 상하上下의 두 괘로서 말하면 문명文明의 덕德과 강건剛健의 덕德을 가지고 있다. 육효六爻로서 말하면 육이六二와 구오九五가 모두 중정中正의 덕德을 가지며 서로 응應하고 있다. 이것이 군자의 바른 길이다. 오직 군자만이 천하의 뜻을 통할 수 있는 것은 군자만이 공명정대하기 때문이다. '동인우야同人于野'는 육이六二의 힘이며, '이섭대천利涉大川'은 건乾의 힘이다.

각설

유득위柔得位 득중이응호건得中而應乎乾 육이六二는 유순중정柔順中正한 효爻이며, 구오九五와 응應하고 있으니 응호건應乎乾이다. 아래에 있는 유柔하고 중정中正한 것이 위에 있는 강强하고 중정中正한 것과 응하며 마음을 같이 하고 힘을 합친 것이 동인同人이다.

동인우야형이섭대천同人于野亨利涉大川 건행야乾行也[610] 동인괘同人卦에서 말하기를 넓은 들과 같이 공명정대한 마음으로 천하의 동지들과 협동일치하면 그의 뜻이 통하고 험난을 극복하게 되는 것은 상上 건괘乾卦의 구오효九五爻의 힘이라 하였다. 육이六二는 중정中正의 덕德을 가지고 있지만 힘이 약하다. 구오九五만이 능히 이 일을 할 수 있다.

문명이건文明以健 이것은 이군자지정利君子之貞을 설명한 글이다. '문명文明'은 리괘離卦의 덕德이다. 덕德이 밝고 아름다운 문체가 있는 것이다. ❶ 리離는 불이며 태양太陽이며, 밝고 아름다운 빛을 가지고 있다. ❷건健은 건괘乾卦의 덕德이다. 강강剛强하며 쉬지 않고 일하고서도 지칠 줄 모르게 활동한다. 문명文明은 내적內的이고, 건健은 외적外的이다.

중정이응中正而應 구오九五와 육이六二가 다 같이 중정中正의 덕德을 가지면서 서로 응應하고 있는 것을 말한다.

유군자위능통천하지지唯君子爲能通天下之志 오직 군자만이 문명과 강건剛

610 '주자朱子'는 "첫 머리의 '동인왈同人曰' 세 글자를 연문衍文이다."라고 하였다.

健의 덕德을 가지고 또 중정中正으로 서로 응應하고 있음으로 능히 천하의 사람들의 뜻을 통달시킬 수 있다. 지志는 우주변화원리, 하나님의 마음, 하늘의 섭리이다.

[象曰] 天與火ㅣ 同人이니
상왈 천여화 동인

君子ㅣ 以하야 類族으로 辨物하나니라.
군자 이 유족 변물

○ 天(하늘 천) 與(줄 여) 火(불 화) 類(종류 류, 무리 류{유}) 族(같은 무리 족, 겨레 족) 辨(분별할 변) 物(만물 물)

상象에 이르기를, 하늘과 불이 동인同人이니, 군자는 이로써 종족을 묶고 만물萬物을 분별하나니라.

각설

천여화天與火 동인同人 위에 건괘乾卦 하늘이 있고, 아래에 리괘離卦 불이 있는 것이 동인괘同人卦의 상象이다. 하늘과 불은 같은 것은 아니지만 하나는 항상 놓은 곳인 위에 있고, 또 하나는 항상 높은 곳으로 올라 가려하니 그들이 뜻하는 바가 같다. 이것이 동인同人의 상象이다.

류족類族 사람도 어떤 일에 대하여 뜻을 같이 하는 사람들이 모여 협동일치하는 것을 동인同人이라 한다. 류족類族은 합분合分원리이다. ❶'류類'는 나누는 의미이고, ❷'족族'은 합동合同의 합合의 의미이다.[611] ❸'족族'은 일족一族, 같은 종류의 사람들이다. ❹ '류類'는 류집類集, 동류同類의 사람을 모으는 것이다.

611 도道는 합合, 기氣는 분分이다.

변물辨物 여러 가지 사물을 그들의 성질과 소망으로 변별하는 것이다.[612] 변물은 분합分合(의義)원리로 존재의 의미를 내포하고 있다. 그러나 심성적·인간적·물질적의미를 모두 내포하고 있다.

[初九]는 同人于門이니 无咎ㅣ리라. (天山遯)
초구 동인우문 무구 천산돈

象曰, 出門同人을 又誰咎也ㅣ리오.
상왈 출문동인 우수구야

○ 出(날 출) 門(문 문) 同(한가지 동) 人(사람 인) 又(또 우) 誰(누구 수) 咎(허물 구)

초구初九는 문 밖에서 사람을 만나는 것이니 허물이 없느니라.

상象에 이르기를, 문밖에 나가 사람을 만나는 것을 또 누가 허물하리오.

개요概要

초구初九는 동인괘同人卦의 처음이며, 양효陽爻로서 양陽의 자리에 있으니 자리가 바르고 뜻이 바르다. 육이六二와 서로 비比 하지만 육이六二는 상응相應하는 구오九五만을 생각하며 초구初九를 돌보지 않는다. 또 초구初九는 구사九四와 응應이 없다. 그러므로 초구初九는 구속받는 곳이 없어 일을 공평하게 처리할 수 있다.

각설

동인우문同人于門 **무구**无咎 '동인우야同人于野의 우于'는 사람과 사람이 협동하는 일을 공평하게 처리하는 것을 말한다.[613] 즉 사람과 사람이 협

612 군자는 동인同人의 괘상卦象을 보고 그것을 본받아 동류를 한 곳으로 모아 여러 가지 성질에 따라 같은 것은 같은 것으로 하고 다른 것은 다른 것으로 구별한다. 동인同人의 때에 협동일치한다고 아무 것이나 다 같이 다룰 수는 없다. 같은 것 중에도 다른 것이 있고 다른 것 중에도 같은 것이 있으니 잘 구별하여 적당히 처리하여야 한다.

613 우于는 장소와 동작의 관계를 나타낸 어조사이다.

동하는 일이 문밖에서 한다는 뜻이다. 만일 문안에서 가족들과 협동한다면 사사로운 정情에 이끌려 어느 한쪽으로 치우치고 협동의 지경이 좁아질 것이다. 그리고 초구初九는 동인괘同人卦(䷌)의 처음으로 양효陽爻로서 양陽의 자리에 있으니 자리가 바르고 뜻이 바르다. 서로 응應하는 효爻도 없고 상비하는 육이六二는 오직 구오九五만 생각하고 있으니 초구初九는 구속당하는 일이 없다. 그러므로 일을 공평하게 처리할 수 있다.

소상사小象辭

출문동인出門同人 **우수구야**又誰咎也 동인우문同人于門을 출문동인出門同人으로 바꾸어 말하고 있다. 이것으로 우문于門이 문외門外라는 뜻임이 밝혀졌다. 초구初九는 자기 집안끼리만 사사로이 협동하는 것이 아니고 문 밖에서 천하 사람들과 공평하게 협동하는 것이므로 아무도 이를 나무랄 수가 없다. 초구初九의 공평무사함을 찬미하는 말이다.

[六二]는 **同人于宗**이니 **吝**토다. (重天乾)
육 이 동 인 우 종 인 중 천 건

象曰, 同人于宗이 **吝道也**이니라.
상 왈 동 인 우 종 인 도 야

○ 吝(아낄 린{인}) 道(길 도)

육이六二는 종족안에서 사람을 만남이니, 인색하도다.
상象에 이르기를, 종족 안에서만 사람을 만난다는 것은 인색한 도이니라.

개요槪要

육이六二는 정위正位·득중得中한 중정中正의 덕德을 가진 효爻이다. 그러나 음효陰爻로 유약하여 그 한계가 좁아 널리 천하에 미치지 못한다. 동인同人

의 도道, 즉 사람들이 함께하는 길은 공명정대함 인데 육이六二는 종친끼리만 함께하므로 인색하다.

각설

동인우종同人于宗 **인吝**[614] 종宗은 종족宗族의 종宗이다. 같은 선조로부터 나온 일족一族의 본가本家를 말한다. 여기서는 상上 건괘乾卦의 구오九五를 말한다. 육이六二와 구오九五는 서로 응應하고 있음으로 구오九五를 육이六二의 종주宗主로 한다. 육이六二가 남과 협동하는 것은 오직 구오九五뿐이며, 서로 상비相比하는 초구初九도 돌보지 않는다. 이와 같은 것은 육이六二가 너무 편협하여 부끄러워 할 일이다.[615]

소상사小象辭

동인우종同人于宗 **인도야吝道也** 육이六二는 유순柔順하고 중정中正의 덕德을 가진 좋은 효爻이지만 음효陰爻로 유약하여 그 한계가 좁고 널리 천하에 미치지 못한다. 동인同人의 도道, 즉 사람이 협동하는 길은 공명정대한 것인데 종친끼리만 협동하는 것은 인색한 길(도道)이라고 비난받을 것이다.

---

614 육이六二는 구오九五와 같이 동인괘同人卦의 주효主爻이다. 「단사」에서 말한 "유득위柔得位하며 득중이응호건得中而應乎乾한다"는 것은 이 육이효六二爻를 말한 것이다.

615 명明나라의 '채청蔡清'은 "유위柔位를 얻고 중中을 얻어 건乾과 응應하는 것을 동인同人이라 한다. 이제 동인同人을 친척끼리만 한다는 것은 문 밖에서 하는 것보다 그 도道가 좁고 인색하다는 것을 나타낸 말이다" 하였다. '소자계蘇紫溪'는 말하기를 "동인同人의 도道가 공公에서 벗어나면 사私에 떨어진다. 공公이면 곧 넓고 사私가 되면 좁다. 육이六二는 중정中正의 덕德이 있지만 위에 응應하는 곳이 있어 대동大同을 하지 못하고 사私에 메인다. 이것은 자기와 맞는 사람은 협동하고 다른 사람은 버리며 情이 가는 곳은 친하고 정이 가지 않으면 멀리하는 것으로 이것이 바로 동인우종同人于宗의 상象이다. 대저 군자는 만물을 한 몸으로 생각하니 사귀는 것을 종친宗親으로 한정함은 그 한계가 너무 좁고 부끄러운 일이라" 하였다.

[九三]은 伏戎于莽하야 升其高陵하야
구삼 복융우망 승기고릉

三歲不興이로다. (天雷无妄)
삼세불흥 천뢰무망

象曰, 伏戎于莽은 敵剛也일새오
상왈 복융우망 적강야

三歲不興이어니 安行也ㅣ리오.
삼세불흥 안행야

○ 伏(엎드릴 복) 戎(되 융) 莽(우거질 망) 升(되 승) 高(높을 고) 陵(큰 언덕 릉) 敵(원수 적) 剛(굳셀 강) 三(석 삼) 歲(해 세) 興(일 흥) 安(어찌 안)

구삼九三은 군사를 숲속에 매복시켜 놓고, 높은 언덕에 올라 간다하야,

3년이 되어도 흥興하지 못함이로다.

상象에 이르기를, 군사를 숲속에 매복시킨 것은 적이 강한 것이다. 3년이 되어도 일으키지 못하고 있으니, 어찌 행行할 수 있으리오.

개요概要

구삼九三이 육이六二 음효陰爻를 뺏으려고 병사兵士를 풀 속에 숨겨두는 것은 적敵인 구오九五가 강강剛强하기 때문이다. 그러므로 오랫동안 형세形勢를 관망觀望하고 있었는데 앞으로도 나아갈 수가 없다는 것이다.

각설

복융우망伏戎于莽 ❶'융戎'은 병기 또는 병사를 말한다. 리괘離卦를 「설괘」에서 갑조甲冑 또는 승병升兵이라 하였다. ❷'망莽'은 풀 망字로 잡초가 무성한 곳을 말한다. 손괘巽卦의 상象이다.

승기고릉升其高陵 '손巽'은 입入이다. 그러므로 '복융우망伏戎于莽'은 무기

를 가진 병사를 풀 속에 숨겨둔 것이다. '고능高陵'은 높은 동산이다. 이것은 간괘艮卦의 상象이다.[616]

삼세불흥三歲不興 구오九五는 양강중정陽剛中正한 덕德을 가지며 높은 자리에 있고, 세력도 강함으로 힘이 부족한 구삼九三은 풀 속에 병사들을 숨겨두고 근처 높은 언덕에 올라 적의 정세를 살펴보니 적이 너무도 강력하여 삼년동안이나 나아가지 못하고 있다. 이 효爻의 길흉화복吉凶禍福은 이 다음의 행동에 따라 결정될 것이다. 만약 이 효가 강폭한 성질을 나타내어 무리하게 군대를 일으키면 흉凶하게 되고 화禍를 받게 될 것이다.

소상사小象辭

복융우망伏戎于莽 적강야敵剛也 우거진 풀 속에 병사들을 숨겨둔 것은 적이 강하기 때문이다.

삼세불흥三歲不興 안행야安行也 오래동안 기다려도 흥하지 못하니 어찌 행하겠는가.

---

616 구삼九三이 변하면 이二, 삼三, 사효四爻로 간괘艮卦가 된다. 구삼효九三爻는 양효陽爻로서 양陽의 자리에 있으니 강강剛强한 효爻이다. 하괘下卦의 위에 있어 중中을 얻지 못하고 지나친 곳에 있다. 동인괘同人卦에서 음효陰爻는 육이六二 한爻 뿐이고 양효陽爻는 모두 육이六二 음효陰爻를 얻어 자기 짝으로 삼고 싶어 한다. 구삼九三도 육이六二를 자기 짝으로 삼고 싶어 한다. 그러나 육이六二는 중정中正의 덕德을 가지며 위에 있는 구오九五와 서로 응應하고 있음으로 구삼九三의 뜻에 따르지 않는다. 구삼九三은 강강剛强하며 함부로 나아가려는 강폭한 효爻로써 육이六二를 무리하게 힘으로 빼으려 한다. 그러나 육이六二가 응應이 없는 구삼九三과 무리하게 짝을 지으려는 것은 의리상으로도 옳지 못하다.

[九四]는 **乘其墉**호대 **弗克攻**이니 **吉**하니라. (風火家人)
구사 승기용 불극공 길 풍화가인

象曰, 乘其墉은 **義弗克也**일새오
상왈 승기용 의불극야

其吉은 **則困而反則也**이니라.
기길 즉곤이반칙야

○ 乘(탈 승) 其(그 기) 墉(담 용) 弗(아닐 불) 克(前: 능할 극, 後; 이길 극) 攻(칠 공), 則(前: 곧 즉, 後; 법칙 칙)

구사九四는 담위에 올랐으나 쳐들어가지 않았으니 길하니라.

상象에 이르기를, 담 위에 올랐다는 것은 의리를 이기지 못함이오, 그 길吉한 것은 마음의 괴로움을 겪고서 정도正道로 돌아옴이니라.

개요概要

구사九四는 무리하게 육이六二를 가지려고 육이六二의 성벽城壁인 구삼九三 위에 올라가 공격하려 한다. 그러나 구사九四는 육이六二가 구오九五와 응應하고 있는 것이 바른 관계關係이며 자기가 강제로 육이六二를 가지려는 것은 도道에 어긋난 것임을 알고 공격을 중지하고 바른 길로 돌아가니 길吉을 얻게 된다. [617]

각설

승기용乘其墉 '용墉'은 성城을 둘러싼 담장이다. '성城'은 리괘離卦의 상象이다. 리괘離卦는 밖에 양효陽爻가 있고 안에 음효陰爻가 있다. 밖은 높고

---

617 구삼九三과 구사九四는 닮은 것이 많다. 구삼九三은 양효陽爻로서 양陽의 자리에 있으니 강한 성질을 가지고 있다. 그러나 세력이 부족하여 당할 수 없음을 알고 부득이 공격을 하지 않는 것이니 길吉을 얻을 수 없다. 그러나 구사九四는 양효陽爻로서 음陰의 자리에 있으니 강하면서도 유柔한 성질이 있어 스스로 반성하여 바른 길을 따르게 되며 진심으로 잘못을 고치고 착한 곳으로 옮기는 것이니 길吉을 얻게 된다. 구삼九三과 구사九四는 이와같이 다르다.

안은 낮다. 성城은 둘레에 높은 담장으로 된 성벽이 있고 안은 낮다. '용墉'은 성城 둘레의 담장이며, 구삼九三에 해당된다. 구사九四는 구삼九三의 담장 위에 있음으로 승기용乘其墉이라 하였다. 구사九四는 양효陽爻로서 음陰의 자리에 있으니 본래 강강剛强한 효爻이지만 마음이 약하다. 이 효爻도 육이六二를 자기 손에 넣으려 하지만 육이六二는 구오九五만을 생각하고 구사九四를 따르지 않는다.

불극공弗克攻 길吉 도리에 어긋남을 알고 공격을 중지하고 바른 길로 돌아가니 길吉을 얻게 된다는 것이다.

소상사小象辭[618]

기길其吉 즉곤이반칙야則困而反則也 구사九四가 길吉을 얻는 것은 정의正義로서 육이六二를 공격할 수 없음을 알고 괴로워하다가 바른 법칙法則으로 돌아왔기 때문이다.[619]

[九五]는 同人이 先號咷而後笑ㅣ니
구오 동인 선호도이후소

大師克相遇ㅣ로다. (重火離)
대사극상우 중화이

象曰, 同人之先은 以中直也일새오
상왈 동인지선 이중직야

大師相遇는 言相克也ㅣ라.
대사상우 언상극야

---

618 '극克'은 능能이다. '기길其吉'은 진震·명이明夷·태泰·비괘否卦의 어려움을 거쳐서 가인家人으로 가는 것이 구사효九四爻이다. '반反'은 원래의 씨로 되돌아가는 것이다.

619 '소자계蘇紫溪'는 "구사九四가 이미 담장 위에 올라섰다가 공격을 그만 둔 것은 이理로서 육이六二를 공격할 수 없음을 알고 괴로워하다가 자연의 바른 법칙으로 돌아왔기 때문이다"라고 하였다.

○ 先(먼저 선) 號(부르짖을 호) 咷(울 도) 後(뒤 후) 笑(웃을 소) 師(스승 사) 克(이길 극, 능할 극) 相(서로 상) 遇(만날 우) 言(말씀 언)

구오九五는 사람을 만나려 하여 처음에는 울부짖다가 뒤에는 웃는 것이니, 성인聖人(큰 스승)으로 능히 서로 만남이로다.

상象에 이르기를, 사람을 만나는 데에 먼저 중도로써 곧음이오. 성인으로 서로 만난다는 것은 서로(相對方=성인·군자) 능함을 말하는 것이라.

개요概要

성인聖人·군자가 만나는 것이 모든 일의 근본이다. 구오九五 성인聖人은 결국 육이六二 군자를 만나 성인聖人·군자지도의 합덕으로 크게 기뻐하고 웃는 것이다. 더욱이 큰 곤난을 극복하고 겨우 만나게 되었으니 더욱 기쁜 것이다.

각설

동인同人선호도이후소先號咷而後笑 '호도號咷'는 울부짖는 것이다. 대사大師는 성인聖人이다. 구오九五는 득중정위得中正位의 양陽로 중덕中德을 가진다. 오효五爻는 성인聖人의 자리이다. 그리고 유순중정柔順中正한 육이六二 군자君子와 서로 응應하고 있다.[620]

대사극상우大師克相遇 구오九五 성인聖人이 육이六二君子를 만남으로서 비로소 협동일치하는 동인同人의 도道가 행해진다. 이것은 성인聖人·군자의 합덕으로 중정지도의 자각과 실천을 할 수 있는 것이다.[621]

620 이 구오九五는 양강陽剛 중정中正의 덕德을 가진 성인聖人이며 육이六二 음효陰爻와 서로 응應하고 있어 육이六二를 가지고 싶어 하지만 그 사이에 있는 구삼九三과 구사九四가 막고 있다. 처음에는 혹시나 육이六二를 얻지 못할 것 같아 울고 있었는데 나중에는 결국 정의正義가 승리하여 육이六二를 만나게 되니 크게 기뻐하며 웃고 있다.

621 「계사상」편 제8장에서 "이인동심二人同心, 기리단금其利斷金"라고 하였다.

소상사小象辭

동인지선同人之先 **이중직야**以中直也 사람들과 화합하여 함께하는 대는 먼저 중도中道로써 정직해야 함을 말한다.

대사상우大師相遇 **언상극야**言相克也 성인을 만나는 것은 서로가 능함을 말한다.

[上九]는 同人于郊ㅣ니 无悔니라. (澤火革)
상구 동인우교 무회 택화혁

象曰, 同人于郊는 志未得也이니라.
상왈 동인우교 지미득야

○ 同(화합할 동) 于(어조사 우) 郊(성 밖 교) 无(없을 무) 悔(후회할 회)

상구上九는 사람을 교외에서 만남이니, 후회함이 없느니라.

상象에 이르기를, 사람을 교외에서 만난다는 것은 뜻을 얻지 못함이니라.

개요概要

상구上九는 응효應爻가 없는 고립된 효爻이다.

각설

동인우교同人于郊 **무회**无悔 교郊는 성城밖을 말한다.[622] 사람이 드문 성城밖에서 협동일치하는 것이니 협동하는 사람이 극히 적다.[623] 성城밖에 멀리 떨어져 있어 뜻을 같이하는 사람이 극히 적다. 이 효도 천하 사람

622 주周나라에서는 수도를 떠나 오백리 이내를 근교近郊라 하고, 천리千里 이내를 원교遠郊라 하였다고 한다.

623 구삼九三·구사九四·구오九五와 같이 육이六二를 얻고자 싸우는 일도 없음으로 후회할 일도 없다.

들과 협동일치하고 싶은 소망은 있지만 아직 그의 뜻이 이루어지지 못했다. 그러므로 조용한 곳에 살지만 천하를 잊어버리고 사는 것은 아니다.

소상사小象辭

동인우야同人于郊 **지미득야**志未得也 사람들과 인적이 드문 교외에서는 사람들과 함께 할 수 없으니 뜻을 얻지못한다는 것이다.

동인同人은 사람들이 함께 협동일치하는 것이다.
동인괘同人卦에서는 사람들과 협동일치協同一致하는 데는 성인지도聖人之道를 근원으로 공명公明·정대正大한 두 가지 덕德을 강조하고 있다. 그러므로「괘사卦辭」는 지극히 공정公正해야함을 말하고 있다.
그리고 군자는 오직 중정지도中正之道로써 능히 천하天下의 사람들의 뜻을 통달通達시킬 수 있다고 한다.

화 천 대 유 괘

14.火天大有卦

도전괘
倒顚卦

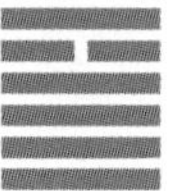

화천대유괘
火天大有卦

천화동인괘
天火同人卦

음양대응괘
陰陽對應卦

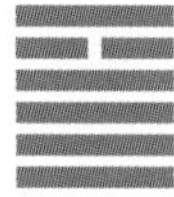

화천대유괘
火天大有卦

수지비괘
水地比卦

상하교역괘
上下交易卦

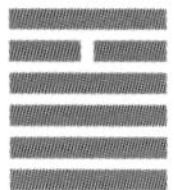

화천대유괘
火天大有卦

천화동인괘
天火同人卦

호괘
互卦

화천대유괘
火天大有卦

택천쾌괘
澤天夬卦

효변 爻變	初爻變 而爲鼎卦	二爻變 而爲離卦	三爻變 而爲睽卦	四爻變 而爲大畜卦	五爻變 而爲乾卦	上爻變 而爲大壯卦
화천대유괘 火天大有卦	화풍정괘 火風鼎卦	중화리괘 重火離卦	화택규괘 火澤睽卦	산천대축괘 山天大畜卦	중천건괘 重天乾卦	뇌천대장괘 雷天大壯卦

요지要旨

괘명卦名 이 괘는 상이上離의 화火(☲) + 하건下乾의 천天(☰) = 화천대유火天大有卦(䷍)이다.

괘의卦意 대유괘大有卦는 많이 가짐이 무엇인가를 말하고 있다. '대유大有'란 ❶큰 것, 즉 양陽이 盛하고 많은 것이다.[624] ❷지나치게 많은 것이다. 이 괘는 양효陽爻가 다섯이고 음효陰爻는 하나뿐인데 성인聖人의 자리에 있다. 다섯 양효陽爻는 모두 육오六五 음효陰爻를 우러러 받들고 있다. 즉 육오六五 음효陰爻는 상하上下의 다섯 양효陽爻를 자기 소유로 가지고 있다. 육오六五가 가지고 있는 것은 성대풍유盛大豊有한 것이다.[625] 이 괘는 오직 하나뿐인 육오六五 음효陰爻가 성인聖人의 자리에 앉아 상하의 다섯 양효陽爻를 거느리고 있다. 즉 육오六五 음효陰爻는 다섯 양효陽爻를 자기 것으로 가지고 있다. 이것이 대유大有의 뜻이다.

괘서卦序 「서괘序卦」에서 "남과 함께하는 자는 물건이 반드시 돌아오므로 대유大有로 받았고,(與同人者, 物必歸焉, 故 受之以大有)"라고 하였다.
(여동인자 물필귀언 고 수지이대유)

진심으로 사람들이 협동일치하면 많은 사람과 물건物件이 모여온다. 그러므로 동인괘同人卦 다음에 대유괘大有卦가 있다.[626] 대유大有는 많은 물건物

---

624 64괘중에서 대자大字가 붙어 있는 괘卦는 대유괘 외에도 산천대축山天大畜, 택풍대과澤風大過, 뇌천대장雷天大壯의 셋이 있다. ❶'대축大畜'은 큰 것 즉 양陽을 머물도록 하고 저축貯蓄하는 것이다. ❷'대과大過'는 양陽이 몹시 지나쳐 있는 것을 말한다. ❸'대장大壯'은 양陽이 성한 것을 말한다. ❹'대유大有'는 양陽이 성하고 많은 것을 말한다.

625 64괘중에서 ❶일음오양一陰五陽의 괘卦는 천풍구天風姤, 천하동인天火同人, 천택리天澤履, 풍천소축風天小畜, 화천대유火天大有, 택천쾌괘澤天夬卦의 여섯이다. ❷일양오음一陽五陰의 괘도 여섯이 있다. 지뢰복地雷復, 지수사地水師, 지산겸地山謙, 뇌지예雷地豫, 수지비水地比, 산지박山地剝이다. 이들은 모두 음효陰爻를 중심으로 되어 있는데 그 중에서 화천대유괘火天大有卦는 음효陰爻가 성인聖人의 자리에 앉아 음효陰爻로서의 덕德을 충분히 발휘하고 있음으로 상하의 다섯 양효陽爻가 모두 이 음효陰爻에게 복종하고 있다.

626 『주역』, 「서괘」편에서, "여인동자與人同者, 물필귀언物必歸焉, 고故 수지이대유受之以大有"라고 하였다.

件을 자기 소유로 가지고 있는 성대부유盛大富有한 괘이다.

괘상卦象 이 괘의 상괘上卦는 리離로 불이며, 태양太陽이다. 하下 건괘乾卦는 하늘이다. 해가 하늘 높이 떠 있는 상象이다. 해는 빛나는 것이지만 낮은 곳에 있으면 멀리 비울 수 없다. 이 괘卦에서는 해가 하늘 높이 솟아 올라와 지상地上만물을 비춘다. 이것이 대유괘大有卦의 상象이다.

大有는 元亨하니라.
대 유 원 형

대유大有는 크게 형통하니라.

개요概要

육오효六五爻는 이 괘卦의 주효主爻이며, 성인聖人의 자리에 있고 유순柔順하다. 중덕中德을 가지며 자기 마음을 비우고 아래에 있는 구이九二 군자를 신임하고 있다. 그러므로 크게 형통하며 하는 일이 모두 발전하게 된다는 것이다.[627] 육오六五 성인聖人은 이들 양효陽爻를 모두 자기 소유로 가지게 되니 천하 만물이 다 자기 것이 된다. 이것이 대유大有이다. 육오六五는 음효陰爻이다. 음효陰爻는 소극적이며 공허한 것으로 자기 자신은 힘이 없고 오직 양陽에 복종하는 미덕이 있을 뿐이다. 이 육오六五도 구이九二 양효陽爻를 신임하고, 그의 말을 따름으로 위대한 성적을 올릴 수 있게 된다.[628]

---

627 화천대유火天大有는 육오六五 성인聖人이 자기 마음을 비우고 구이九二 현인賢人을 신임한다. 육오六五 성인聖人이 중덕中德을 가짐으로 현인들이 모두 육오六五 성인聖人에게 충성忠誠을 다 함으로 성인聖人의 도道가 크게 통하여 성盛하게 된다. 이를테면 해가 하늘 높이 솟아 널리 천하天下를 다 비추는 것과 같이 좋고 성대盛大한 괘卦이다.

628 구이효는 건괘乾卦의 현용재전見龍在田 이견대인利見大人이 이상적인 것이며, 육이효는 곤괘坤卦의 '직방대直方大 불습무불리不習无不利라 한 것이 이상적이다. 이것도 다른 괘卦에서는 그 성질에 따라 여러 가지로 바뀌지만 이상적으로 되고 싶은 욕망은 가지고 있다. 모든

화천대유괘火天大有卦(䷍)의 음양대응괘陰陽對應卦는 수지비괘水地比卦(䷇)가 된다. 수지비괘水地比卦(䷇)는 오효五爻가 양효陽爻이며, 그 밖의 효爻는 모두 음효陰爻인데 화천대유火天大有(䷍)는 오효五爻만이 음효陰爻이며, 다른 것은 모두 양효陽爻로 정반대이다.[629]

각설

대유大有 원형元亨 아래에 건괘乾卦가 있고 위에 리괘離卦가 있다. 건괘乾卦의 덕德은 강건剛健이며, 리괘離卦의 덕德은 문명文明이다. 대유괘大有卦는 강건剛健한 덕德과 문명文明의 덕德을 겸兼하고 있다.

卦에서 이효二爻와 오효五爻가 가장 중요하다.

629 수지비괘水地比卦는 양효陽爻의 성인聖人이 천하를 통일하고 있는 괘卦이며, 화천대유火天大有는 음효陰爻의 성인聖人이 천하를 다스리고 있다. 수지비水地比와 화천대유火天大有를 비교하면 수지비괘水地比卦의 구오九五 성인聖人이 화천대유火天大有의 육오六五 성인聖人보다 우수하다. 그러나 수지비水地比의 「단사彖辭」에는 "길무구吉无咎라" 하고 화천대유火天大有의 「단사彖辭」에는 원형元亨이라 하여 화천대유火天大有가 우수한 것으로 되어있다. 이것은 수지비괘水地比卦의 구오九五 성인聖人과 상응相應하는 다섯 음효陰爻는 일반 국민으로 힘이 없는데 화천대유괘火天大有卦의 육오六五 성인聖人과 응應하는 효爻는 천하의 현인들이다. 일반 국민과 친한 수지비괘水地比卦의 성인聖人의 업적은 현인들이 심복하고 있는 화천대유火天大有의 육오六五 성인聖人의 업적보다 적다. 수지비水地比의 구오九五와 화천대유火天大有의 육오를 한 효爻만 비교하면 수지비水地比의 구오가 우수하지만 업적은 화천대유火天大有의 육오六五가 크다. 자기 재능才能이 많은 구오보다도 현인을 쓰고 있는 육오六五의 업적이 큰 것은 주목할 만한 일이다. 그러나 모든 괘에서 육오六五가 구오九五보다 우수하다는 것은 아니다. 구오九五는 자기 능력이 있는 것이 귀한 것이고 육오六五는 자기 능력이 없는 것이 그의 장점이다. 지금까지 14괘를 읽었는데 그 중에서 여러 곳에서 나오는 구오九五와 육오六五를 비교해 보는 것이 좋다. 괘의 성질 즉 시대와 환경으로 달라지겠지만 구오효九五爻는 건괘乾卦의 구오九五에서 '비룡재천飛龍在天 이견대인利見大人'이라 한 것이 이상적인 것이며, 육오효六五爻 곤괘坤卦의 육오六五의 말 황상원길黃裳元吉이라 한 것이 이상적인 것이다.

[彖曰] 大有는 柔ㅣ 得尊位하야 大中而上下ㅣ 應之할새
단왈 대유 유 득존위 대중이상하 응지

曰大有ㅣ니 其德이 剛健而文明하고 應乎天而時行이라
왈대유 기덕 강건이문명 응호천이시행

是以元亨하니라.
시이원형

○ 大(큰 대) 有(있을 유) 柔(부드러울 유) 得(얻을 득) 尊(높을 존) 位(자리 위) 應(응할 응) 德(덕 덕) 剛(굳셀 강) 健(튼튼할 건) 文(무늬 문) 明(밝을 명) 天(하늘 천) 時(때 시) 行(갈 행) 是(옳을 시) 以(써 이) 元(으뜸 원) 亨(형통할 형)

단彖에 이르기를, 유柔가 높은 지위를 얻고 대중大中에 있어, 상하가 응應하는 것을 대유大有라 이르니, 그 덕은 강건剛健하고 문명해서 하늘에 응하여 때에 맞게 함이라. 이러므로 크게 형통하니라.

개요概要

괘덕卦德으로 말하면 강강剛剛한 힘으로 계속 쉬지 않고 일하면서도 지칠 줄 모르는 강건剛健의 덕이 있고 문채가 아름답고 밝은 문명文明의 덕덕德이 있다. 천명에 순응해서 알맞은 때에 일을 한다. 그러므로 크게 형통하며, 하는 일이 번창하게 된다. '강건이문명剛健而文明'은 이 괘의 체體이며, '응호천이시행應乎天而時行'은 이 괘덕卦德의 용用이다.

각설

대유大有 유득존위柔得尊位 대유괘大有卦의 주효主爻는 육오六五이며, 음효陰爻로 유순하고 귀한 성인聖人의 자리에 있다.[630] 그러므로 대유大有

630 유柔는 무왕武王의 아들인 성왕成王을 말한다. 유약柔弱한 성인聖人(군왕君王)에 비유하기도 한다.

는 유柔로 존위尊位를 얻고 있다고 하였다.[631]

대중이상하응지大中而上下應之 대중大中이라 한 것은 대유大有의 때이며, 존위尊位에 있으니 그 중덕中德이 큰 중中, 위대한 중中이기 때문이다. '상하응지上下應之'는 상하上下의 모든 양효陽爻가 모두 육오六五에 응應하고 있다는 말이다.

강건이문명剛健而文明 강건剛健은 아래의 건괘乾卦의 덕德이다. 문명文明은 위에 있는 리괘離卦의 덕德이다.

응호천이시행應乎天而時行 응호천應乎天은 육오六五 음효陰爻가 구이九二 양효陽爻와 응應하는 것을 말한다. 구이九二는 건괘乾卦의 주효主爻이다. 그러므로 응호천應乎天이라 하였다. 즉 천명에 순응하는 것이다.

시이원형是以元亨 시행時行은 알맞은 때에 일하는 것을 말한다. 모든 일에는 알맞은 시기가 있다. 앞서지도 말고 뒤지지도 말고 가장 알맞은 때에 하여야 일이 크게 형통해지는 것이다.

[象曰] 火在天上이 大有ㅣ니
상왈 화재천상 대유

君子ㅣ 以하야 遏惡揚善하야 順天休命하나니라.
군자 이 알악양선 순천휴명

○ 火(불 화) 在(있을 재) 天(하늘 천) 上(위 상) 遏(막을 알) 惡(악할 악) 揚(드러낼 양, 나타날 양, 오를 양) 善(착할 선) 順(순할 순) 天(하늘 천) 休(아름다울 휴, 쉴 휴) 命(명 명)

상象에 이르기를, 불이 하늘 위에 있는 것이 대유이니, 그러므로 군자는 이로써 악을 막고 선을 드러내어 하늘의 명을 아름답게 따른다 하니라.

---

631 대유괘大有卦는 유순柔順한 육오六五 음효陰爻가 성인聖人의 자리에 있고, 위대偉大한 중덕中德을 가지고 있음으로 상하上下의 다섯 양효陽爻가 모두 이에 응應하고 심복한다. 이것을 대유大有라고 한다.

각설

화재천상火在天上 대유大有 화재천상火在天上의 '화火'는 태양을 말하며, 태양이 천상天上에 있으니 온 세상을 모두를 비출 수가 있다. 이것이 대유괘의 상象이다.

알악양선遏惡揚善 ❶알악遏惡은 악惡을 막는다는 것은 악인惡人에게 형벌을 가해서 악행을 금지하는 것이다. ❷양선揚善이란 나타낸다는 것으로 선인善人에게 상을 주거나 관직을 주어 선행을 표창하는 것이다.

순천휴명順天休命 군자는 대유大有의 상象을 보고 이것을 본받아 선악을 잘 보고 구별해서 악인惡人에게는 벌罰로서 악행을 막고 선인善人에게는 상賞을 표창하여 하늘의 좋고 아름다운 명령에 순응한다.[632]

[初九]는 无交害ㅣ니 匪咎ㅣ나 艱則无咎ㅣ리라. (火風鼎)
초구 무교해 비구 간즉무구 화풍정

象曰, 大有初九는 无交害也이니라.
상왈 대유초구 무교해야

○ 匪(아닐 비) 咎(허물 구) 艱(어려울 간) 交(사귈 교) 害(해칠 해)

초구初九는 해로운 것과 사귐이 없는 것이니, 허물이 아니나 어려운 즉 조심하면 허물이 없을 것이리라.

상象에 이르기를, 대유초구大有初九는 해로운 것과 사귐이 없는 것이니라.

개요概要

이 괘는 세월이 좋고 성대한 괘이므로 자칫 잘못하면 사치에 흐르고 교만하기 쉽다. 그러므로 초구初九에서 항상 어려움을 생각하며 조심 할 것을 가

632 하늘에서 받은 '본성'은 선이고 악이 없다. 그러므로 악행을 금하고 선행을 나타내는 것은 하늘의 아름다운 명령에 순종하는 것이다.

르치고 있다.

각설

무교해无交害 **비구**匪咎 초구初九는 대유괘大有卦의 처음으로 아직도 대유大有가 성대하지 못한 때이다. 초구初九는 자리가 낮고 양효陽爻로서 양陽의 자리에 있으니 바른 자리이며, 뜻이 바르다. 그러나 응효應爻도 없고 비효比爻도 없고, 고립되어 환란을 만나는 일이 없다. 따라서 재災나 화禍를 받는 일이 없다. 즉 자기 몸을 해칠만한 일과 아무런 사귐이 없다는 것이다. 대유大有의 시대를 만나 자기 몸을 해롭게 하는 것은 방심과 사치와 태만이다.

간즉무구艱則无咎 초구初九는 뜻이 바른 효爻이므로 자기 몸에 해가 될 이러한 악덕과는 아무런 사귐이 없다. 그러므로 나무랄만한 잘못이 없다. '간艱'은 항상 이 세상의 어려움을 생각하며, 바른 마음으로 교만하거나 사치에 흐르는 일 없이 조심하는 것이다.

소상사小象辭

대유초구大有初九 **무교해야**无交害也 대유괘大有卦의 초구효는 대유大有의 처음이며, 자리가 바르고 뜻이 바르다. 위에 응효應爻도 없고 이웃에 비효比爻도 없으니 고립되어 자기 몸을 해칠만한 사람이나 물건物件과 아무른 관계가 없다.[633] 무교해无交害는 해로운 것과 사귐이 없다는 것은 욕심을 버리고 진리가 아닌 것과 교감하지 않는 것이다.[634]

---

633 초구初九는 양효陽爻이니, 바르게 하며 힘이 있다. 당연히 해害를 받지 않는다. 그와는 반대로 죄를 짓고 해(害 = 고통)를 받은 경우를 본다.

634 일설一說에는 무교해无交害의 해害를 구사九四라고 한다. 구사九四는 대신의 자리에 있지만 마음이 좋지 못한 소인이다. 초구는 마음이 바른 효爻이므로 마음이 좋지 못한 구사九四와 사귀지를 않는다고 해석한다.

[九二]는 大車以載ㅣ니 有攸往이라야 无咎ㅣ리라. (重火離)
구이 대거이재 유유왕 무구 중화이

象曰, 大車以載는 積中不敗也이니라.
상왈 대거이재 적중불패야

○ 車(수레 거) 載(실을 재) 積(쌓을 적) 中(가운데 중) 不(아닐 불) 敗(깨뜨릴 패)

구이九二는 큰 수레로 (덕을) 싣는 것이니, 갈 곳이 있음이라야 허물이 없으리라.

상象에 이르기를, 큰 수레로 짐을 싣는 것은 중도를 쌓아 실패하지 않느니라.

개요概要

구이九二는 양효陽爻로서 음陰의 자리에 있으며, 하괘下卦의 중앙에 있고 육오六五 음효陰爻와 서로 응應하고 있다. 즉 강건剛健한 재능才能과 유순중정柔順中正으로 겸손하며 지나치지 않는다. 그리고 육오六五 성인聖人의 신임을 받고 있다. 육오六五 성인聖人은 이 구이九二를 믿고 크게 씀으로 대유大有의 도道가 이루어지게 된다.[635]

---

635 대유괘大有卦의 중심 세력은 육오六五 성인聖人과 구이九二 군자이다. 이들 두 효爻의 힘으로 대유大有가 완성된다. 위에 있는 구사효九四爻를 재능才能은 있지만 뜻이 바르지 못한 소인으로 보는 사람도 있다. 역易에서는 문벌門閥이 좋은 집에서 나온 우수한 사람보다 민간에서 뽑혀 나온 사람을 더욱 우수하다고 생각한다. 예를 들다면 요제堯帝는 사악四岳과 같은 우수한 대신이 있었는데도 민간에서 미천한 순舜을 뽑아 올려 등용하였다. 구이효九二爻는 강건剛健하고 유순하며, 중덕中德을 가지고 있음으로 육오六五 성인聖人은 이를 깊이 신임하여 중요한 임무를 맡긴다. 은殷나라 탕왕湯王은 유화有莘의 들에서 밭 갈고 있는 '이윤伊尹'을 등용하였다. 주周나라 '문왕文王'과 '무왕武王'은 가난한 '태공망太公望'을 등용하였다. 화천대유火天大有의 큰 사업을 완성하는데 구이九二 군자의 큰 재능才能과 도덕道德을 가지고 있는 것을 비유한 말이다.

각설

대거이재大車以載 유유왕有攸往 무구无咎 구이九二가 지고 있는 짐은 크고 견고한 차에 실은 짐과 같이 무겁고 많다. 그러나 구이九二는 이 무거운 짐을 천도天道에 입각하여 감당하며 천하 대사를 처리한다. 그러므로 나무랄만한 잘못은 없게 된다.

소상사小象辭

적중불패야積中不敗也 큰 차에 무거운 짐을 싣는다는 것은 수레가 견고하므로 수레 안에 많은 짐을 실어도 넘어지거나 부서지지 않는다는 것이다. 이것은 구이九二가 강중지덕剛中之德이 있음으로 대유大有의 무거운 짐을 감당할 수 있음을 비유한 말이다

[九三]은 公用亨于天子니 小人은 弗克이니라. (火澤睽)
구삼 공용향우천자 소인 불극 화택규

象曰, 公用亨于天子는 小人은 害也이니라.
상왈 공용향우천자 소인 해야

○ 公(공변될 공) 亨(제사바칠 향, 형통할 형) 弗(아닐 불) 克(능할 극, 이길 극)

구삼九三은 제후가 천자(성인聖人)께 조공을 드리는 것은(성인이 천제를 지내는 것은) 소인은 감당치 못함이니라(소인은 능히 할 수 없다).
상象에 이르기를, 제후가 성인聖人께 제사를 바친다는 것은 소인은 해로우니라.

개요槪要

구삼九三 제후는 건괘乾卦의 구삼九三과 같이 뜻이 바르고 성인聖人에게 충성을 다하며 항상 계신공구戒愼恐懼하는 덕德이 있는 군자이므로 성인聖人

는 이를 가상히 여겨 향연饗宴의 예禮를 내리신다. 구삼九三이 만약 군자가 아니고, 소인이면 제후의 자리를 지킬 수 없으며, 성인聖人로부터 향연을 받지 못하고 화禍를 입게 될 것이다.

각설 [636]

공용향유성인公用亨于聖人 소인불극小人弗克 형亨은 享향과 같다. 향응饗應의 향饗과 같은 뜻이다. 구삼九三은 하괘下卦의 상上에 있어 제후의 자리이다. 양효陽爻로서 양陽의 자리에 있으니 강강剛强하며 바른 자리에 있다. 위에 있는 육오六五 성인聖人는 마음을 비우고 구이九二 현인賢人의 말을 따르는 유순柔順한 성인聖人이다.

소상사小象辭

공용형우천자公用亨于天子 소인해야小人害也 구삼九三의 제후는 강명剛明한 바른 덕德을 가진 사람이며, 육오六五 성인聖人은 유순하며 마음을 비우고, 구삼九三 현인賢人을 잘 대접함으로 자기가 가지고 있는 좋은 것을 성인聖人에게 받치게 된다. 만약 소인이면 엉뚱한 것을 성인聖人에게 받쳐서 나라를 망치고 천하를 어지럽게 한다.[637]

---

636 구삼은 하괘下卦의 위에 있으니, 외신인 제후의 자리이다. 大有의 풍성한 때에 제후가 마땅히 성인聖人에게 공물을 바쳐야 하는 것이다 (공용향우성인公用亨于聖人), 소인小人은 이를 자기 것으로 만들기 때문에 제후로서의 역할을 못하여 화를 입으니 해로운 것이다 (소인불극小人弗克). ❶구삼九三이 동動하면 태상절兌上絶이니, 제사지내고 바친다는 향香이 나온다. ❷구삼九三은 양陽이 양陽자리에 있는 현명한 제후諸侯이므로 성인聖人에게 공물을 바치는 象이다. 이천伊川은 『역전易傳』에서 "'향香'을 형통으로 보고, 용用을 바치는 것"으로 해석하였다. 즉 모든 만물은 성인聖人의 것이므로, 성인聖人에게 공물을 바쳐 형통하다는 뜻이니 결과는 같다.

637 구삼九三 제후諸侯는 강건剛健하고 정덕正德을 가짐으로 성인聖人로부터 향연을 받을 수 있지만 만약 소인小人일 때에는 도리어 해害를 입게 된다. 소인小人을 대접하면 임금을 속이고 나라를 망치게 된다. ❶'향享'은 향헌饗宴이랑 뜻 외에도 향헌享獻의 뜻도 있다. (택뢰수괘澤雷隨卦의 상육上六의 「효사」에 '왕용향우서산王用亨于西山'이 있고, 풍뢰익風雷益의 육이六二「효사爻辭」에 '왕용향우제王用亨于帝'가 있고, 지풍승地風升의 육이六二「효사」에 '왕용향우

[九四]는 **匪其彭**이라야 **无咎**ㅣ리라. (山天大畜)
구사 비기방 무구 산천대축

象曰, 匪其彭无咎는 **明辨晳也**이니라.
상왈 비기방무구 명변제야

○ 匪(도둑 비, 아닐 비) 彭(성할 방(병), 많을 방, 성 팽) 明(밝을 명) 辨(분별할 변) 晳(밝을 제, 밝을 석)

구사九四는 그 성함이 아니면 (지나치지 않으면) 허물이 없음이리라.

상象에 이르기를, '그 성대하지 않으면(지나치지 않으면) 허물이 없다.'는 것은 사물을(도리道理를) 명백하게 분별하는데 밝게 함이니라.

개요概要

구사九四는 대유大有의 극히 성대盛大한 때에 대신의 자리에 있으며, 육오六五 성인聖人과 음양陰陽 상비相比하며, 성인聖人의 신임을 받고 있다. 양효陽爻로 강강剛强하지만 자리가 음유陰柔하다. 상괘上卦의 아래에 있음으로 지나치는 일이 없다. 또 리괘離卦의 한 효爻이므로 지혜가 밝다. 즉 구사효九四爻는 강강剛强 총명聰明한 성질로서 군주君主 가까이 대신의 자리에 있다.[638]

기산王用亨于岐山'이 있다.)여기 있는 왕용향우성인王用亨于聖人(군왕君王)도 이들과 같은 구법句法이다. 이들「효사」의 읽는 법으로 이 효爻를 읽으면 "공公으로 성인聖人(君王)에게 향亨한다"로 읽게 된다. 용用은 "대유大有의 것을 사용한다"는 뜻이 되고 '향亨'은 향헌享獻으로 성인聖人에게 물건物件을 받치는 것이 된다.

638 군주는 중덕中德을 가진 유화柔和한 사람이다. 구사九四는 자칫 잘못하면 임금을 넘보는 자리에 있지만 이 괘의 한 효爻로 사물의 도리道理에 밝으며, 또 유柔한 자리이며, 상괘上卦의 아래 효爻이므로 지나치지 않으며, 자기 권력이나 세력을 심하게 사용하는 일이 없으며, 항상 겸손하게 근신하고 있음으로 나무랄 만한 잘못이 없게 된다. 이 대신은 신하의 분수를 지키며, 권력을 남용하지 않고 자기 공적을 자랑하는 일도 없으니 나무랄만한 잘못이 없게 된다. '주공周公'이 식사 중에 세 번씩이나 밥을 토해 놓고 손님을 접했으며, 머리를 감다가 세 번씩이나 젖은 머리를 움켜지고 현인을 만난 것이 이 효爻에 해당한다.

각설

비기방匪其彭 **무구**无咎 방彭은 성대盛大한 것이다. 비기방匪其彭은 지나치게 성대하지 않다고 하는 것은 자기의 권력과 세력을 지나치게 쓰지 않도록 하며 뒤로 물러나 있는 것이다. 달을 손으로 가린다는 말이다. 내가 죽어야 예수가 산다는 말이다. 이것은 교만을 철저히 경계하는 것이다.

소상사小象辭

비기방무구匪其彭无咎 **명변석야**明辨晳也 '석晳'은 명明이다. 구사九四는 리괘離卦의 한 효爻이므로 지혜가 밝아 명석하게 도리道理를 변별한다. 그러므로 스스로 권세를 부리지 않고 겸손하고 근심함으로 나무랄만한 잘못이 없게 된다. 방彭은 성할 방이다. 오효五爻의 성인聖人(군왕君王)이 나약하므로 근신하고 삼가하여 지나침이 없으면 허물이 없다.

[六五]는 厥孚交如ㅣ니 威如ㅣ면 吉하리라. (重天乾)
육오 궐부교여 위여 길 중천건

象曰, 厥孚交如는 信以發志也일새오
상왈 궐부교여 신이발지야

威如之吉은 易而无備也이니라.
위여지길 이이무비야

○ 厥(그 궐(=其)) 孚(미쁠 부) 交(사귈 교) 如(같을 여) 信(믿을 신) 發(쏠 발) 志(뜻 지) 威(위엄 위) 吉(길할 길) 易(쉬울 이) 備(갖출 비)

육오六五는 그 믿음으로 서로 사귀니, 위엄이 있으면 길하리라.

상象에 이르기를, '그 믿음으로 서로 사귀(아래에 미친다.)'는 것은 믿음으로 써 뜻을 드러낸다는 말이오, '위엄이 있으면 길하다.'는 것은 쉽게 하면 갖추지 못함이니라.

개요概要

육오六五는 이 괘의 주효主爻이다. 리괘離卦는 중앙이 음효陰爻로 공허하다. 마음이 비어 한 점의 사심私心도 없는 것이다. 사심私心이 없으면 진리가 스스로 쉽게 들어올 수 있다. 중앙이 충실한 감괘坎卦와 중앙이 공허한 리괘離卦가 모두 부孚의 상象이다. 이것은 역易의 중요한 원리의 하나이다.

각설

궐부厥孚 부孚는 남을 감동시킬 수 있는 진심이 안에 충만해 있는 것이다. 그러므로 믿음으로 사귀는 것이다. 부孚는 리괘離卦의 상象이며, 감괘坎卦의 상象이다. 감괘坎卦는 중앙이 양효陽爻로 안에 충실한 믿음이 있다.

교여交如 '교여交如'는 서로 사귀는 것이다. 육오六五 성인聖人이 진심으로 구이九二 군자를 믿으니, 구이九二 군자도 이에 감응感應해서 육오六五 성인聖人에게 진심을 다하여 서로의 진심이 사귀게 된다. 구이九二 군자가 진심으로 육오六五 성인聖人을 섬기니 상하上下의 다른 양효陽爻들도 다 같이 진심으로 육오六五 성인聖人을 따르게 된다.

위여威如 **길**吉 '위여威如'는 위엄있는 모양을 말한다. 다시 말하면 육오六五 성인聖人은 유순하고 마음이 비어 있는 군주로서 유순하면서도 위엄이 가식과 꾸밈이 없이 자연으로 갖추어져 있어 상하上下의 현인賢人들의 도움으로 태평성대를 이루니 길吉하다는 것이다.[639]

---

639 육오六五는 이와 같은 성인聖人로 천하를 감동시킬 수 있는 성誠을 가지며, 이 성誠이 구이九二 현인에게 감통感通하여 구이九二 군자가 진심으로 육오六五 성인聖人를 섬기며 군주의 진심과 신하의 진심이 서로 섞이고 통하게 된다. 그리하여 성인聖人의 위엄이 자연으로 갖추어지며 길吉하고 큰 복福을 얻게 된다. 육오六五는 음효陰爻로 유순하며 중덕中德을 가지며 마음을 비우고 착한 사람들을 잘 받아들인다. 구이九二 현인과 서로 응應하고 있음으로 구이九二 군자를 깊이 신임하고 있다. 이것으로 상하上下에 있는 양효陽爻가 모두 육오六五 성인聖人를 진심으로 섬기고 육오六五 성인聖人의 자신은 재능才能이 부족하지만 구이九二 현인의 도움으로 구이九二 현인의 재능才能이 성인聖人의 재능才能으로 활동하게 된다.

소상사小象辭

신이발지야信以發志也 ❶'신信'은 육오六五 성인聖人의 신실한 진심을 말한다. ❷'발지發志'는 상하上下가 서로 믿고 있는 마음을 발동시키는 것이다. 신실한 진심은 모든 사람들 감동시킨다. 육오六五 성인聖人의 진심으로 군신상하의 사이에 서로 믿는 마음이 일어나게 된다.

이이무비야易而无備也 역易는 쉬울 이자로 쉬운 것이다. '무비无備'는 설비(준비)하는 것이 없는 것이다.[640] 육오六五 「효사」에 '궐부교여厥孚交如'라 한 것은 육오六五 성인聖人이 진심으로 구이九二 군자를 믿으니 상하上下 현인賢人들이 모두 서로 믿는 마음이 일어나 이것으로 군신상하의 진심이 서로 통하게 된다. 육오六五 성인聖人는 아주 쉽게 아주 편하고, 아무런 형식과 꾸밈이 없이 자연으로 있는 그 가운데에 위엄이 있게 된다.

[上九]는 **自天祐之**라 **吉无不利**로다. (雷天大壯)
상구 자천우지 길무불리 뇌천대장

象曰, 大有上吉은 **自天祐也**이니라.
상왈 대유상길 자천우야

○ 自(~부터 자, 스스로 자) 祐(도울 우)

상구上九는 하늘로부터 도움이라, 길吉하고 이롭지 않은 것이 없음이로다.
상象에 이르기를, 대유大有의 상길上吉은 하늘로부터 도움이니라.

개요概要

상구上九는 성인聖人이 스승으로 모시는 현인이다. 음양상비陰陽相比하며 성인聖人을 보좌하여 천하의 현인賢人들을 등용하도록 지도한다.

---

640 스스로 존엄을 보이기 위하여 호위병을 많이 세우는 것과 같은 여러 가지 시설을 하지 않는 것이다.

각설

자천우지自天祐之 길무불리吉无不利 상구上九는 천명天命에 순종하여야 하늘로부터 도움을 받아 길吉하며, 어떤 경우에도 복福을 받는다는 것이다.

소상사小象辭

대우상길大有上吉 자천우야自天祐也 대유괘大有卦의 상구효上九爻가 큰 길吉을 얻는 상象이다.[641]

✎ 대유大有란? 진리를 자각한 자가 천하의 모든 것을 다 가진 것이다. 대유괘大有卦에서는 크게 가지기 위해서는 다음과 같은 원칙을 제시하고 있다. '첫째, 진리가 아닌 소인지도와는 사귀지 말아야 하며, 둘째, 사심私心을 버리고, 진리 앞에 겸손하며, 셋째, 중정지덕을 쌓아야 한다.'라고 말한다.
이렇게 하면 하늘로 부터 도움이 있어 길하여 이롭지 아니함이 없다고 말한다.

641 이것은 상구上九를 벼슬이 없는 성인聖人의 스승으로 보고 한 말이다. 일설에는 상구上九 효사를 육오효六五爻의 뜻을 보강한 말로 해석하는 사람도 있다.

지산겸괘
15 地山謙卦

雷地豫卦 天澤履卦 山地剝卦 雷水解卦

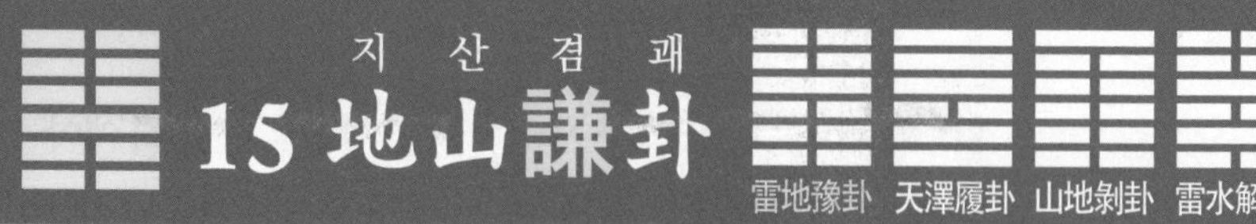

도전괘 倒顚卦	지산겸괘 地山謙卦	뇌지예괘 雷地豫卦
음양대응괘 陰陽對應卦	지산겸괘 地山謙卦	천택이괘 天澤履卦
상하교역괘 上下交易卦	지산겸괘 地山謙卦	산지박괘 山地剝卦
호괘 互卦	지산겸괘 地山謙卦	뇌수해괘 雷水解卦

효변 爻變	初爻變 而爲明夷卦	二爻變 而爲升卦	三爻變 而爲坤卦	四爻變 而爲小過卦	五爻變 而爲蹇卦	上爻變 而爲艮卦
지산겸괘 地山謙卦	지화명이괘 地火明夷卦	지풍승괘 地風升卦	중지곤괘 重地坤卦	뇌산소과괘 雷山小過卦	수산건괘 水山蹇卦	중산간괘 重山艮卦

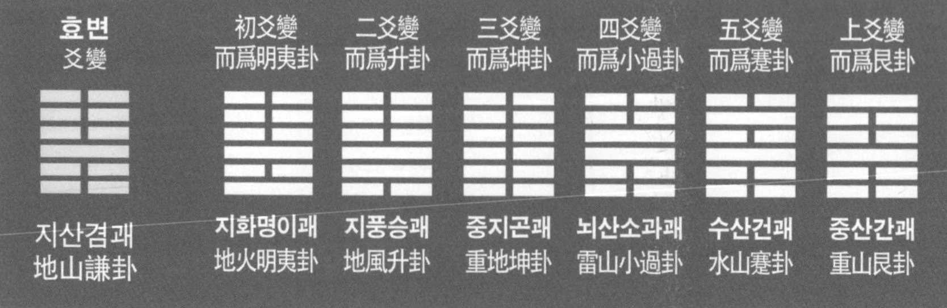

요지要旨

괘명卦名 이 괘는 상곤上坤의 지地(☷) + 하간下艮의 산山(☶) = 지산겸괘地山謙卦(䷎)이다.

괘의卦意 겸손에 대한 설명이다. '겸謙'은 겸손한 것이다. 자기한테 도덕과 재능才能이 있어도 도덕과 재능才能이 있다고 생각지 않는 것이고, 큰 공적을 세우고도 자신이 공적이 있다고 생각지 않는 것이다. 만약 겸손이 좋은 도덕인 것을 알고 겸손하게 보이려고 하거나, 자기의 공적으로 성취했다고 생각하면서 겸손하게 보이려고 외면만 겸손하게 하는 것은 진정한 겸손이 아니다. 이것은 안으로 만심慢心을 가지고 밖으로 비하卑下하는 비하만卑下慢이다.[642]

괘서卦序 「서괘序卦」에서 "크게 가지고 있는 것을 가히 넘치게 못함이라, 이런 까닭에 겸괘로 받았다.(有大者, 不可以盈, 故 受之以謙.)"(유대자 불가이영 고 수지이겸)라고 하였다. 화천대유火天大有(䷍)로 재산도 많고 백성도 많고 나라도 커서 성대부유盛大富有한 자는 자칫 잘못하면 교만으로 기울어지기 쉬우니 방심할 수가 없다. 커질수록 많아질수록 내 몸을 낮추고 겸손하여야 된다. 그러므로 대유괘大有卦(䷍) 다음에 겸괘謙卦(䷎)가 놓여 있다. 겸謙은 대유大有를 잘 보존하고 잃지 않도록 하는 길이다.

괘상卦象 겸괘謙卦(䷎)는 곤괘坤卦의 땅 밑에 간괘艮卦의 산山이 있는 모양이다. 산은 높고 큰 것인데 낮은 땅 밑에 있는 이것이 겸괘謙卦의 상象이다.[643] 또 상하괘上下卦의 덕德으로 말하면 하간下艮의 덕德은 지止이며, 상곤上坤의 덕德은 순順이다. 간艮은 위로 올라가지 않고 머무는 것

---

642 세상에는 이와 같은 비하만卑下慢이 많이 있다. 군자는 결코 자기가 위대하다고 생각지 않는다. 높은 도덕과 큰 공적을 이루어도 자기는 항상 부족하다고 생각한다. 군자의 뜻은 다른 사람이 볼 때 위대하게 보이지만 본인은 조금도 위대하다고 생각하지 않으며 오히려 부족하고 부끄럽게 생각함으로 겸손하게 있는 것이다. 이것이 이 괘에서 말하는 겸謙이다. 가지고 있으면서도 자기는 가진 것이 없다고 생각하는 것이다.

643 큰 도덕과 재능才能을 가지고 있으면서도 몸을 낮추어 남 밑에 있는 것이다.

이며, 곤坤은 유순하게 상대에게 복종하는 것이다.[644] 겸손은 좋은 덕이므로 이 괘는 초효初爻부터 상효上爻까지 흉凶하거나 화禍를 받는 효爻가 없다. 다른 괘에서는 회悔·린吝과 같은 말이 나오는데 여기서는 그런 말이 전혀 없다. 겸손의 덕으로 모든 결점이 다 없어지게 된다. 어려움이 닥쳐도 잘 극복한다. 겸괘謙卦(䷎)는 구삼九三이 주효主爻이다. 구삼九三은 「단사」에서 말한 "尊而光(존이광)"이며, 초육初六은 "卑而不可踰(비이불가유)"에 해당된다.

謙은 亨하니 君子ㅣ 有終이니라.
겸 형 군자 유종

겸손謙遜함은 (모든 일에) 형통하니, 군자는 끝이 있음이니라.

개요概要[645]

'겸형謙亨'은 한 괘의 뜻을 총괄해서 말한 것이며, 군자유종君子有終은 구삼효九三爻를 말한 것이다. 구삼九三은 이 괘의 주효主爻이다. 이 괘는 일양오음一陽五陰의 괘이다. 양효陽爻는 구삼九三 한 효爻 뿐이고, 다른 다섯爻는

---

644 '주자朱子'는 『주역본의』에서 "안에 머물고 밖에 순順한 것이 겸謙의 뜻이다. 산山은 극히 높고 땅은 극히 낮다. 높은 산山이 몸을 굽혀 낮은 땅 아래에 머무는 것이 겸謙의 상象이라(止乎內而順乎外, 謙之意也, 山至高而地至卑, 乃屈而止於其下, 謙之象也)"라고 하였다. 지금까지의 「단사」의 예例를 보면 상하 두 괘의 덕德으로서 卦의 뜻을 설명하는 글이 「단사」에 적혀 있는데 여기는 그러한 글이 없다. 여기서는 누구나 쉽게 '지이순겸止而順謙'이라고 생각할 수 있음으로 적지 않을 뿐이지 그런 뜻이 없는 것은 아니다.

645 (觀中) 겸괘謙卦는 곤괘坤卦 3효를 그대로 옮겨 온 괘다. 그리고 '겸謙'은 '형亨'에 있다. 군자지도를 깨닫는데(형亨) 있다. 이치를 깨닫기 위해서는 우선 먼저 학문을 통해서 이치를 깨닫게 된다. 건괘乾卦 3효에 종일건건석척약終日乾乾夕惕若이라고 했는가? 『주역』을 공부한다는 말이다. '석척약夕惕若'이란 내가 공부하면서 성인聖人의 뜻을 생각을 한 공부 잘못 생각하지는 않았는가? 하고 반성하는 공부하면서 군자가 학문하는 원리를 체계적으로 설명하면서 학문적 문제에 초점을 찍어 놓고 겸괘謙卦의 「괘사」가 쓰여졌기 때문에 겸謙은 형亨이라고 하여 형亨자만을 가지고 해석한 것이다.

음효陰爻이다. 구삼九三 양효陽爻는 겸손의 미덕을 가지고 있으며 다섯 음효陰爻는 모두 심복心服하고 있는 모양이다.[646]

각설

겸형謙亨 자기 자신이 겸손하면 어디에 있든, 무슨 일을 하든, 반드시 통하며 크게 성장한다. 이것이 겸형謙亨이다.[647]

군자유종君子有終 군자는 끝을 잘 마무리 할 수 있다는 뜻이다. 도덕이 훌륭한 군자라야 비로소 끝을 온전히 할 수 있는 것이다.[648] '유종有終'은 끝을 마무리 할 수 있다는 말이다. 시작은 쉽지만 끝맺음은 어렵다는 뜻이다. '겸손'은 보통 사람들도 할 수 있는 일이지만 끝까지 지속할 수는 없다. 따라서 '군자유종君子有終이라'한 것은 군자君子는 그의 마음이 천리天理에 통달해 있음으로 낙천지명樂天知命으로 하늘의 이치를 즐기며, 경쟁하지 않고 편안하게 겸손을 실천하며, 종신토록 변하지 않는다. 그러나 소인小人은 욕심이 생기면 반드시 경쟁하고 덕德이 있으면 반드시 자랑하고 겸손하게 보이려고 노력하지만 편안하게 끝까지 겸손하지를 못한다는 것이다.

---

646 송宋나라의 '빙기憑琦'는 "일양오음一陽五陰의 괘 중에서 일양一陽이 상하上下에 있는 것은 양기陽氣의 소장消長을 본 뜬 것으로 박괘剝卦와 복괘復卦로 하였으며, 가운데에 있는 것은 사괘師卦와 비괘比卦로 하였으며, 대중大衆이 돌아가는 것을 본 뜬 것이다."라고 하였다.

647 『이천역전伊川易傳』에서 "겸謙은 형통하는 힘이 있다.(謙有亨之道也)"라고 하였다. 덕德을 가지고 있으면서도 본인은 가지고 있다고 생각하지 않는 이것을 겸謙이라 한다. 사람이 겸손으로 처신하면 어디를 가나 잘 통할 것이다.

648 군자와 소인은 신분으로 말할 때와 덕德으로 말할 때의 두 종류가 있다. 또 때로는 신분과 덕德을 합쳐 말할 때도 있지만 옛날에는 주로 신분이 높은 사람을 군자라 하고 신분이 낮은 사람을 소인이라 하였다. 후세에는 도덕이 높은 사람을 군자라고 하고 도덕이 낮은 사람을 소인이라 하였다. 이러한 변화가 어느 시대부터 라고 확실히 구분지울 수는 없지만 『논어』나 『맹자』에 나오는 군자와 소인은 대체로 덕德으로서 구별하였다고 보아진다.

[彖曰] 謙亨은 天道ㅣ 下濟而光明하고
단왈 겸형 천도 하제이광명

地道ㅣ 卑而上行이라
지도 비이상행

天道는 虧盈而益謙하고 地道는 變盈而流謙하고
천도 휴영이익겸 지도 변영이류겸

鬼神은 害盈而福謙하고 人道는 惡盈而好謙하나니
귀신 해영이복겸 인도 오영이호겸

謙은 尊而光하고 卑而不可踰ㅣ니 君子之終也ㅣ라.
겸 존이광 비이불가유 군자지종야

❍ 天(하늘 천) 道(길 도) 虧(이지러질 휴) 盈(찰 영) 而(말 이을 이) 益(더할 익) 謙(겸손할 겸) 地(땅 지) 變(변할 변) 流(흐를 유{류}) 鬼(귀신 귀) 神(귀신 신) 害(해칠 해) 福(복 복) 人(사람 인) 道(길 도) 惡(미워할 오) 好(좋을 호) 尊(높을 존) 光(빛 광) 卑(낮을 비) 踰(넘을 유) 君(임금 군) 終(끝날 종.)

단彖에 이르기를, '겸謙은 형통한다.'는 것은 천도天道는 아래로 만물을 다스려 빛나고, 지도地道는 낮은 데 있으면서 바르게 행行함이라, 천도天道는 가득함을 덜고 겸손의 곳에 더하게 하고, 지도地道는 가득한 것을 변하게 하고 겸손을 좋아하고, 귀신은 가득찬 것을 해하여 겸손에 복주고, 인도人道는 가득찬 것을 싫어하고 겸손을 좋아하나니, 겸손은 존경하여 빛내고, (겸손한 사람은 스스로) 몸을 낮추지만 그 높은 덕德을 넘어 설 수는 없으니, 이것은 군자의 유종有終이라.

각설

천도하제이광명天道下濟而光明 **지도비이상행**地道卑而上行 천도天道는 구삼九三 양효陽爻를 보고 말한 것이다. 「단사彖辭」에 하제下濟는 내려와 이루는 것이다. '제濟'는 기제旣濟, 미제未濟의 제濟와 같은 뜻이다. 천도天道는 그 기氣가 내려와 땅에 섞여서 만물을 자라나게 하니 천하가 모두 밝고 빛나는 천도天道를 우러러 보게 된다. ❶하제下濟는 겸謙의 뜻이고, 광명光明은 형亨의 뜻이다. 지도地道는 본래 낮고 아래에 있는 것이지만 그의 기氣는 올라가 하늘의 기氣와 섞여서 만물이 나고 자라게 된다. 지地는 상곤괘上坤卦를 말하며 비卑는 겸謙의 뜻이다. ❷상행上行은 형亨에 해당된다. 겸謙은 사람이 지켜야 할 도리道理일 뿐 아니라 하늘도 땅도 모두 겸謙의 도道에 의하여 만물을 생성화육生成化育한다.

천도天道 휴영이익겸虧盈而益謙[649] 영盈은 겸謙의 반대로 충분히 만족한 것이다. 천도天道는 꽉 차 있는 것을 줄여서 부족한 곳에 보탠다.

지도地道 변영이유겸變盈而流謙 지도地道는 천도天道와 같이 충분히 차 있는 것을 변화시켜 남는 것을 모자라는 곳으로 가도록 한다. 즉 높은 산山은 점점 무너져 내리고 깊은 골짜기는 묻히고 쌓여 결국 동산이 되는 것과 같다.

귀신鬼神 해영이복겸害盈而福謙 귀신鬼神은 충분히 꽉찬 것에 화禍를 내리고 겸손하게 자기 몸을 낮추고 부족한 사람에게는 복福을 준다.

인도人道 오양이익겸惡盈而好謙 인도人道는 일이 뜻대로 되어 만족한 사람을 미워하고 겸허한 사람을 좋아한다.

겸존이광謙尊而光 비이불가유卑而不可踰 군자지종야君子之終也[650] 유踰는 과過이다. 겸謙은 아름다운 덕德이므로 고귀한 사람이 이을 행하면 그의 덕德이 더욱 빛나게 된다. 즉 신분이 낮은 사람이 겸손을 행行해도 아무도 그를 업신여기거나 뛰어 넘을 수가 없다는 것이다. 이것이 군자가 끝을 잘 마무리하게 되는 것이다.

---

649 해가 중천中天에 오르면 서쪽으로 기운氣運다. 달이 만월이 되면 차츰 기울어진다. 추위도 더위도 정상頂上을 지나면 누그러지는 것이 천도天道의 운행運行이다.

650 존이광尊而光은 타인他人을 높이면 자신이 빛이 난다는 의미다. 군자지종야君子之終也는 군자는 도道를 마친다는 의미이다.

[象曰] 地中有山이 謙이니
상왈 지중유산 겸

君子ㅣ 以하야 裒多益寡하야 稱物平施하나니라.
군자 이 부다익과 칭물평시

○ 裒(덜어낼 부, 모을 부) 多(많을 다) 益(더할 익) 寡(적을 과) 稱(저울 칭, 일컬을 칭) 物(만물 물) 平(평평할 평) 施(베풀 시)

상象에 이르기를, 땅 속에 산山이 있는 것이 겸謙이니, 군자는 이로써 많은 것을 덜고 적은 것은 더해서 만물萬物을 저울질하고 고르게 베푸느니라.

각설

부다익과裒多益寡 칭물평시稱物平施 부裒는 덜어낼 부로 덜고 줄이는 것이다. 땅속에 높은 산이 들어가 있는 것은 겸謙의 상象이다. 군자는 높은 것이 낮게 있는 겸謙의 상象을 보고 이것을 본받아 많이 있는 것을 줄여서 적게 있는 곳에 더하고 사물의 정상情狀을 잘 저울질해서 주고 베푸는 것을 공평公平하게 한다는 것이다. 칭물평시稱物平施는 공평 분배의 원리이며, 왕도정치의 기본원리이다.

[初六]은 謙謙君子ㅣ니 用涉大川이라야 吉하니라. (地火明夷)
초육 겸겸군자 용섭대천 길 지화명이

象曰, 謙謙君子는 卑以自牧也이니라.
상왈 겸겸군자 비이자목야

○ 謙(겸손할 겸) 卑(낮을 비) 自(스스로 자) 牧(칠 목)

초육初六은 지극히 겸손한 군자이니, 큰 내를 건너는데 사용함이라야 길하니라.

상象에 이르기를, 겸손한 군자는 몸을 낮춤으로써 스스로 기름 이니라.

개요概要

이 괘는 겸괘謙卦인데 초효初爻는 음효陰爻로 유순하며 가장 낮은 효爻이므로 겸손한 위에 더욱 겸손하다.[651]

각설

겸겸군자謙謙君子 『주역』에서는 건건乾乾, 겸겸謙謙, 감감坎坎 등 두 글자를 겹친 것이 있다. 이것은 그 뜻을 강조한 것으로 '겸겸謙謙'은 겸손한 위에 더욱 겸손하다는 것이다.

용섭대천用涉大川 길吉 내호괘內互卦 2효·3효·4효로 감괘坎卦가 되고, 감坎은 물이며, 대천大川이다. 험난한 일로 비유된다. 외호괘外互卦 3효·4효·5효로 진괘震卦가 된다. '진震'은 목木으로 배이다. 이것은 대천大川을 건너는 상象이다. 군자는 겸손한 위에 더욱 겸손한 덕德으로 대천大川을 건넌다. 즉 험난한 곳을 극복하고 길吉하며 복을 얻는다.

소상사小象辭

겸겸군자謙謙君子 비이자목야卑以自牧也 목牧은 양養이다. 자기의 도덕과 재능才能을 수양하는 것이다. 겸손하고 또 겸손한 군자는 자기 몸을 낮추고 자기의 도덕과 재능才能을 가르고 있다. 그러므로 인망人望이 많이 모여 큰 강江을 건너는 것과 같은 험난과 고난을 극복할 수 있게 된다.

---

651 『구약성서』「잠언서」 17:18절에서 "교만은 패망의 선물이요, 거만한 마음은 넘어짐의 앞잡이이니라."라고 하였다.

[六二]는 鳴謙이니 貞코 吉하니라. (地風升)
육이 명겸 정 길 지풍승

象曰, 鳴謙貞吉은 中心得也이니라.
상왈 명겸정길 중심득야

○ 鳴(울 명) 謙(겸손할 겸) 貞(곧을 정) 吉(길할 길) 中(가운데 중) 心(마음 심) 得(얻을 득)

육이六二는 겸손한 이름이 밖에 들림이니, 곧으면 길吉하니라.

상象에 이르기를, 겸손한 이름이 밖에 들린다는 것은 마음으로 중도를 얻음이니라.

개요概要

육이六二는 유순중정柔順中正한 겸손의 덕德이 안으로 충만하다. 육이六二 음효陰爻는 구삼九三 양효陽爻와 상비相比한다. 구삼九三 양효陽爻는 세상에 많은 일을 하고 공을 세우고도 몹시 겸손한 군자이다.

각설[652]

명겸鳴謙 정길貞吉 '명겸鳴謙'은 말소리나 얼굴빛으로 나타나 있는 겸손이다. 이 효는 유순중정柔順中正의 덕德이 안에 차 있음으로 그것이 언행에 나타난다. 이것을 '명겸鳴謙'이라고 한다. 외면치레로 하는 겸손이 아니고 안에서 우러나오는 겸손이다. 그러므로 바른길을 굳게 지키고 있음으로 길吉하며 복福을 얻게 된다는 것이다.

652 육이효六二爻는 유순중정柔順中正이다. 육이효六二爻가 중정中正으로 세상에 겸손을 올리며(명겸鳴謙)사는 것이다.

소상사小象辭

중심득야中心得也 육이六二는 구삼九三 군자의 겸손에 응화應和해서 겸손한다. 이것을 명겸鳴謙이라고 한다는 설이다. 그러나 육이六二의 겸손은 겉치레가 아니라 마음으로 중도中道를 얻고 있는 것이다.[653]

[九三]은 勞謙이니 君子ㅣ 有終이니 吉하니라. (重地坤)
구삼 노겸 군자 유종 길 중지곤

象曰, 勞謙君子는 萬民의 服也이니라.
상왈 노겸군자 만민 복야

○ 服(옷 복, 입을 복, 복종할 복)

구삼九三은 수고로워도 겸손함이니, 군자는 마침이 있으니 길하니라.

상象에 이르기를, 노겸군자는 만 백성이 복종하니라.

개요概要

구삼九三은 양강陽剛한 덕德을 가지며 다섯 음효陰爻의 중심이 되어 있다. 그리고 큰 공로가 있으면서도 자랑하는 일이 없으며 겸손의 미덕美德을 지키고 있다. 그러므로 끝을 온전히 할 수 있으며 길吉하고 복을 얻게 된다.

각설[654]

노겸勞謙 구삼九三은 호괘互卦인 감괘坎卦의 가장 중요한 효爻이므로 노

---

653 '주자朱子'는 겸손하다는 소문이 세상에 널리 알려진 것을 명겸鳴謙이라 하였다. 또 다른 일설一說이 있다. 역易에서는 양효陽爻가 주主가 되고 음효陰爻가 이에 응應하고 화답하는 것을 명鳴이라고도 한다.

654 구삼九三은 겸괘謙卦의 유일한 양효陽爻로서 주효主爻다. 강건剛健한 정위正位이며 상육효上六爻와 정응正應관계이다.

勞자가 나온다.[655] 노겸勞謙은 많은 수고로움으로 큰 공적이 있으면서도 몹시 겸손한 것이다.

군자유종君子有終 군자라야 비로소 겸손의 덕德을 끝까지 지킬 수 있으며 일이 끝맺음을 온전히 할 수 있다는 것이다.

소상사小象辭

노겸군자勞謙君子 만민복야萬民服也 큰 공로가 있으면서도 자랑하지 않고 겸손한 군자는 만민이 신복信服하게 된다.[656] 이 효爻는 「단사」에서 말한 '존이광尊而光'에 해당된다.[657]

[六四]는 无不利撝謙이니라. 육사 무불리휘겸	(雷山小過) 뇌산소과
象曰, 无不利撝謙은 不違則也이니라. 상왈 무불리휘겸 불위칙야	

○ 无(없을 무) 利(이로울 리{이}) 撝(희두를 휘, 찢을 휘) 謙(겸손할 겸) 不(아닐 불) 違(어길 위) 則(법칙 칙)

육사六四는 겸손을 발휘하니 이롭지 아니함이 없느니라.

상象에 이르기를, '겸손을 발휘하니 이롭지 아니함이 없다는 것은 법칙을 어기지 않음이니라.

---

655 구삼九三은 이 괘의 주효主爻이다. 노勞는 수고로움이다. 2효·3효·4효로 감괘坎卦가 된다. 「설괘」편에 "감坎은 노괘勞卦"라 하였다. 감괘坎卦는 몹시 고생하는 괘이다. 감坎은 물이다. 물은 산속 물줄기로부터 흘러 나와 낮은 곳으로 밤낮없이 흘러내린다. 정말 물은 수고가 많다. 그러므로 감괘坎卦를 노괘勞卦로 한다.

656 '만민萬民의 복야服也라.' 모든 사람이 감복하고 순종한다. 복服은 의복衣服, 먹는다(복종), 일하다(복역服役), 감복하다(귀복歸復) 등의 의미가 있다.

657 노겸군자勞謙君子는 (건삼乾三)종일건건終日乾乾, (곤삼坤三)무성유종无成有終이다.

개요概要

육사六四는 음효陰爻로 유순하며 바른 자리에 있다.[658]

각설

무불리휘겸无不利撝謙 휘撝는 '휘두를 휘 자字'로 발휘한다는 뜻이다.[659] 즉 '휘겸撝謙'은 남을 높이고 나를 낮추는 겸덕謙德을 발휘하여 모든 행동을 더욱 겸손하게 하는 것이다.[660]

소상사小象辭[661]

불위칙야不違則也 천칙天則에 어긋나지 않는다.[662]

[六五]는 不富以其隣이나 利用侵伐이니
육오 불부이기린 이용침벌

无不利하니라.
무불리

(水山蹇)
수산건

象曰, 利用侵伐이나 征不服也이니라.
상왈 이용침벌 정불복야

○ 不(아닐 불) 富(부유할 부) 隣(이웃 린) 利(이로울 리{이}) 用(쓸 용) 侵(침노할 침) 伐(칠 벌)

---

658 육사六四는 임금 자리에 가까운 대신의 자리이다. 구삼九三은 큰 공로가 있어 많은 사람들의 존경을 받는 君子이다. 육사六四는 그러한 구삼九三 위에 있으니 모든 일에 겸양을 발휘해야 한다. 그러므로 어떤 경우에도 좋지 않는 일이 없다.

659 (집설) '이천伊川'은 베풀고 펴는 것이라 하였다. '주자朱子'는 발휘하는 것이라 말하고 있다. 그의 겸謙을 발휘하여 전후좌우로 이를 펴고 베푸는 것이다.

660 이 효의 「효사」를 '이천伊川'은 '무불리휘겸无不利撝謙이라' 읽는데 '주자朱子'는 '무불리无不利나 휘겸撝謙'으로 읽고 있다. 다시 말하면, '이천伊川'은 겸謙을 발휘하니 이롭지 않는 것이 없다고 하고, '주자朱子'는 이롭지 않은 것이 없는데도 더욱 謙을 발휘한다고 말하고 있다.

661 불위칙야不違則也는 천칙天則에 어긋나지 않는다.

662 육사六四 大臣은 임금 밑에 있고 공로가 큰 구삼九三 위에 있음으로 육오六五나 구삼九三에 대하여 겸손의 덕德을 발휘하여 말과 행동을 조심함으로 어떤 경우에도 좋지 않은 일이 없다는 것은 그의 하는 일이 모두 바른 길에 합당하기 때문이다.

육오六五는 부富로써 이웃하지 않음이나, 무력으로 치는 것이 이로우니, 이롭지 않은 것이 없느니라.
상象에 이르기를, '이용침벌'은 복종치 않는 것을 치는 것이니라.

개요概要

육오六五는 유순중덕柔順中德하고 겸손한 성인聖人이며, 공로 있는 신하를 존중하는 밝은 임금이다.

각설

불부이기린不富以其鄰鄰 겸손하고 삼가함으로써 이웃하는 것이다. '불부不富'는 육오六五가 성인聖人의 자리에 있으면서도 자기가 부자라고 생각하지 않으며, 겸손하게 마음을 비우고 아래에 있는 현인을 존경한다.[663] 또한 인鄰이라고 한 것은 가까이 있는 그의 동류同類로 육사六四와 상육上六을 말한다.

이용침벌利用侵伐 무불리无不利 육오六五 성인聖人은 자신이 생각하지 않고(不富以其鄰 불부이기린), 겸손하게 자기 마음을 비우고 육사六四·상육上六하고 같이 구삼九三 현인賢人을 존경하고 신임한다. 이와 같이 자신의 교만을 치고, 겸손으로 하면 이롭지 아니함이 없다는 것이다.

소상사小象辭

정불복야征不服也 성인聖人이 유순중덕柔順中德을 가지며, 겸허하게 자기의 높은 지위를 잊어버리고, 동류同類와 같이 공로있는 현인을 존경하고 신임하면 천하 사람들이 모두 복종하게 될 것이다. 만약 복종하지 않는 자가 있으면 겸손의 덕德으로 이들을 정복征服하라는 것이다.

---

663 불부不富는 음효陰爻의 상象이다. 충실하지 못함으로 음효陰爻를 불부不富라고 한다. 풍천소축괘風天小畜卦의 구오九五는 양효陽爻이므로 '부이기린富以其隣'이라 하였다.

[上六]은 鳴謙이라 利用行師니 征邑國이니라. (重山艮)
상육 명겸 이용행사 정읍국 중산간

象曰, 鳴謙은 志未得也니 可用行師하야 征邑國也ㅣ니라.
상왈 명겸 지미득야 가용행사 정읍국야

○ 鳴(울 명) 謙(겸손할 겸) 利(이로울 리{이}) 用(쓸 용) 行(갈 행) 사師(스승 사) 志(뜻 지) 未 (아닐 미) 得(얻을 득) 征(칠 정) 邑(고을 읍) 國(나라 국)

상육上六은 겸손한 이름이 밖에 들림이라, 무리(스승=성인지도)를 움직여서 읍국을 정복하는 것이 이로우니라.

상象에 이르기를, '우는 겸謙은 (겸손한 이름이 밖에 들림은)' 아직 뜻을 얻지 못함이니, 가히 무리(스승=성인지도)를 이용해서 자기의 읍을 치는 것이니라.

개요概要

상육上六의 명겸鳴謙은 육이六二의 명겸鳴謙과는 다르다.

각설[664]

명겸鳴謙 육이六二의 명겸鳴謙은 유순정위득중柔順正位得中으로 만인萬人의 존경을 받으나, 상육上六은 정위正位나 부득중不得中이다. 그러므로 중정中正으로 겸손이 되지 않아서 답답해서 우는 것이다. 즉 겸손이 되지 않는 내 자신을 치는 것이다.

이용행사利用行師 스승 사師이다. 공부를 해서 행함에 사용하는 것이 이롭다는 것이다.

664 겸괘謙卦와 용用 : 겸괘謙卦에 '용用'이 세 번 나오는데 이는 모두 '겸謙의 도道를 써서'라는 뜻이다. 이를 각효마다 구분하면, ❶초육初六 (용섭대천用涉大川) : 겸謙의 도道를 써서 자신이 처한 상황을 바꾸는 것. ❷육오六五 (이용침벌利用侵伐) : 겸謙의 도道를 써서 남을 다스리는 것. ❸상육上六 (이용행사利用行師) : 겸謙의 도道를 써서 자기 자신을 다스리는 것이다.

정읍국征邑國 '읍국邑國'은 자기의 영지領地로 내 자신을 의미한다. 그러므로 정읍국征邑國이란 자기 마음속의 교만과 인욕人慾을 정벌하는 것이다.[665]

소상사小象辭

명겸鳴謙 지미득야志未得也 가용행사可用行師 정읍국야征邑國也 상육上六의 명겸鳴謙은 겸손이나 음효陰爻라 힘이 부족하여 뜻을 충분히 펼 수 없다. 이것 아직도 내 마음속에 교만이 남아 겸손이 안된다는 것이다. 그러므로 자기 자신속의 교만함을 정벌한다는 것이다. 지미득야志未得也는 심득心得(중정지덕中正之德)이 되지 않음을 말한다.

665 (집설) 상육上六에 대하여 ❶이천伊川는 지극히 겸손한 덕德을 사용하여 자기 영내領內의 복종하지 않는 사람들을 정벌한다. 이 효爻는 음효陰爻로서 유약하며 재능才能과 권력이 모자람으로 천하를 정벌할 수는 없고 자기 영지領地에서만 정벌할 수 있다고 해석한다. ❷주자朱子는 명겸鳴謙을 겸손의 덕德이 지극함으로 그것이 자연으로 세상에 알려져 겸손한 사람이라는 소문이 높다는 뜻으로 해석하였다.

✎ 겸謙은 겸손謙遜한 것이다.

겸손은 대유大有를 잘 보존하고 잃지 않도록 하는 유일한 길이다.

왜 겸손해야 되는가에 대하여 『단사』에서는 하늘도, 땅도, 귀신도, 사람도 교만한 것은 이그러지게 하고, 변하게 하고, 해하고, 미워하며, 겸손한 곳에는 보태주고, 흐르게 해주고, 복을 주고, 좋아한다고 말한다.

그러므로 군자는 상대방을 높여 더불어 빛나게 하고, 많은 것은 덜고 적은 것은 보태며, 물건을 저울질한 것처럼 공평하게 베풀어라고 말한다.

뇌지예괘
16.雷地豫卦

地山謙卦 風天小畜卦 地雷復卦 水山蹇卦

도전괘
倒顚卦

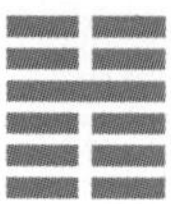

뇌지예괘
雷地豫卦

지산겸괘
地山謙卦

음양대응괘
陰陽對應卦

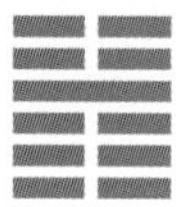

뇌지예괘
雷地豫卦

풍천소축괘
風天小畜卦

상하교역괘
上下交易卦

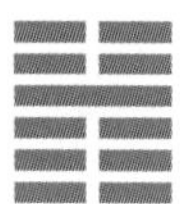

뇌지예괘
雷地豫卦

지뢰복괘
地雷復卦

호괘
互卦

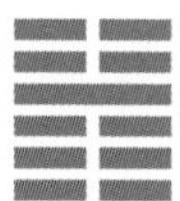

뇌지예괘
雷地豫卦

수산건괘
水山蹇卦

효변
爻變

뇌지예괘
雷地豫卦

初爻變 而爲震卦	二爻變 而爲解卦	三爻變 而爲小過卦	四爻變 而爲坤卦	五爻變 而爲萃卦	上爻變 而爲晉卦
중뢰진괘 重雷震卦	**뇌수해괘** 雷水解卦	**뇌산소과괘** 雷山小過卦	**중지곤괘** 重地坤卦	**택지췌괘** 澤地萃卦	**화지진괘** 火地晉卦

요지要旨[666]

괘명卦名 이 괘는 상진上震의 뢰雷(☳) + 하곤下坤의 지地(☷) = 뇌지예괘雷地豫卦(䷏)이다.

괘의卦意 진정한 기쁨이 무엇인가를 설명하고 있다. '예豫'는 '여予' (스스로) + 상象(형상形象) = 드러냄을 의미한다. '예豫'는 육효중괘六爻重卦와 「서괘序卦」로 보면 안화열락安和悅樂의 뜻이다. 즉 편안하고 온화하고 기뻐하고 즐거워하는 것이다. 따라서 '예豫'는 열락悅樂을 말한다고 하였다.[667]

괘서卦序 「서괘序卦」에서 "만물은 끝내 비색否塞할 수 없으므로 동인同人으로 받았다.(物不可以終否, 故 受之以同人.)"라고 하였다. 자기 가진 것이 크고 많으면(대유大有)서도 겸손하면(겸謙) 그의 크고 많은 것을 잃어버리는 일이 없으니 내 몸은 더욱 편안하고 열락悅樂하게 된다. 그러므로 겸괘謙卦(䷎) 다음에 이 예괘豫卦(䷏)가 놓여 있다는 것이다.[668]

(물불가이종비 고 수지이동인)

괘상卦象 상진上震의 뢰雷와 하곤下坤의 지地이다. 땅속의 기운이 우레로써 드러난다. 성인聖人의 말씀이 지표위로 솟아 올라왔다는 것이다.

잡괘雜卦 「잡괘雜卦」에서 "예豫를 태怠라고" 한 것은 열락悅樂이 지나쳐 놀고 즐기고 게으르게 되었다고 보는 것이다. 그러므로 예괘豫卦는 ❶미리 준비하는 것(예비豫備) ❷기뻐하고 즐거워하는 즐거움(열예悅豫) ❸놀고 즐기고 게으른 것이다(일예佚豫). 이들 셋은 모두 편안의 뜻을[669] 가지

---

666 '예豫'를 파자하면 스스로 (여予)의 모습(형形)이 나타나는 것이며, 문을 열고 밖으로 나오는 象이 있다.

667 육효중괘로 보면 양효陽爻는 구사九四의 한 효爻뿐이고, 다른 효爻는 모두 음陰이다. 구사九四의 양효陽爻가 상하의 다섯 음효陰爻를 통솔하고 있으며, 상하上下의 다섯 음효陰爻는 구사九四의 양효陽爻를 중심으로 하여 서로 응應하고 있다. 이것으로 상하上下가 모두 화순和順하고, 만민이 모두 기뻐하고 즐거워한다.

668 『주역』, 「서괘」편,에서 "유대이능겸有大而能謙 필예必豫, 고故 수지이예受之以豫"라고 하였다.

669 '예豫'의 본뜻은 편안한 것이다. '예豫'는 세 가지 뜻으로 쓰인다. ❶비예備豫라 하여 닥쳐올 일을 위해서 미리 예비하는 것이다. 「계사」편에 '중문격탁重門擊柝하야 이대폭객以待暴客하니 개취제예蓋取諸豫'라 하였는데 문門을 이중삼중으로 하고 딱다기를 쳐서 경계하고 도

며, 서로가 원인이 되고 결과가 되어 연결되어 있다고 할 수 있다.[670]

豫는 利建侯行師하니라.
예　이건후행사

○ 豫(즐거울 예, 미리 예) 利(이로울 리) 建(세울 건) 侯(제후 후, 과녁 후) 行(갈 행) 師(무리 사, 군사 사)

예豫는 제후(군자)를 세우고 무리를 행함이 이롭다 하니라.

각설

이건후利建侯 제후諸侯(군자)를 세우는 것이 좋다.[671] ❶후侯를 과녁 후로 보면 중中으로 해석할 수 있다. ❷제후諸侯(군자)를 세우는 것은 천하天下를 화평하게 하고 만민萬民을 즐겁게 하기 위해서이다. 이 괘는 중도中道에 순順으로 동動함으로서 어떤 일을 하여도 사람들은 모두 즐거워한다. 그러므로 "순이동順而動"하는 것이 이 괘의 요점이다.

행사行師 무리(군대軍隊)를 동원하여 포악한 자(소인지도)를 토벌하는 것이다. 무리(군대軍隊)로써 행함에도 중도中道에 순종하며 해야 된다는

적과 같은 난폭한 사람의 습격에 대비하는 것은 예괘豫卦의 뜻에 의한 것이다. 「단사」에 '이건후利建侯라' 한 것도 제후를 세워 세상의 어지러움을 미리 예방하는 뜻이 있다. ❷열예悅豫라 하여 기뻐하고 즐거워하는 뜻으로 쓰인다. 「서괘」에 예괘豫卦에서 수괘隨卦·고괘蠱卦로 옮겨가는 설명으로 '이희수인자필유사以喜隨人者必有事라' 기쁨으로 사람을 따르는 자 반드시 일이 있다고 하였는데 예괘豫卦를 주로 기뻐하고 즐거워하는 뜻으로 보고 있다. ❸일예佚豫라 하여 놀고 즐기고 게으른 뜻으로 쓰인다. 이것은 열예悅豫가 지나쳐서 방심한 상태를 말한다.

670 '비예備豫'가 있음으로 일이 잘 되며 여기서 열예悅豫가 나오고 이것이 심하면 일예佚豫가 된다. 일예佚豫가 심하면 일이 실패하고 다시 비예備豫로 돌아간다. 예豫의 뜻은 큰 코끼리이다. 「설문說文」에 보면 '코끼리는 크고 넉넉하다.'고 하였다. 마음이 넓고 여유가 있어 일에 앞서 미리 준비도 할 수 있으며, 기뻐하고 즐거워 할 수도 있다. 마음이 좁고 성급한 사람은 미리 준비할 수 없으며 기뻐하고 즐거워 할 수 도 없다

671 성인聖人(군왕君王) 한사람으로 넓은 천하를 다스릴 수는 없음으로 적당한 사람을 제후로 삼아 멀리 떨어진 곳을 다스리도록 한다.

것이다.[672]

[彖曰] 豫는 剛應而志行하고 順以動이 豫라
단왈 예 강응이지행 순이동 예

豫順以動故로 天地도 如之온 而況建侯行師乎여
예순이동고 천지 여지 이황건후행사호

天地ㅣ 以順動이라
천지 이순동

故로 日月이 不過而四時ㅣ 不忒하고 聖人이 以順動이라
고 일월 불과이사시 불특 성인 이순동

則刑罰이 清而民이 服하나니 豫之時義ㅣ 大矣哉라.
즉형벌 청이민 복 예지시의 대의재

○ 豫(즐거울 예) 剛(굳셀 강) 應(응할 응) 志(뜻 지) 行(갈 행) 順(순할 순) 動(움직일 동) 故(옛 고) 天(하늘 천) 地(땅 지) 況(하물며 황, 어찌 황) 建(세울 건) 侯(과녁 후) 師(스승 사) 不(아닐 불) 過(지나칠 과, 지날 과) 四(넉 사) 時(때 시) 忒(변할 특) 則(법칙 칙, 곧 즉) 刑(형벌 형) 罰(죄 벌) 清(맑을 청) 民(백성 민) 服(복종할 복, 옷 복)

단彖에 이르기를, 예豫는 강剛이 응應해서 뜻이 행行해지고, 유순함으로 움직이는 것이 예豫라. 예豫는 순종함으로써 움직이는 고로 천지도 그러하거든 하물며 제후를 세우고 군사를 움직이는 것이랴. 천지가 이치를 따라 움직이므로 해와 달이 지나치지 (틀리지) 않고, 사시四時가 어긋나지 아니하고, 성인聖人이 순종하며 움직인 즉 형벌이 맑아 백성이 복종하나니, 예괘豫卦의 때와 뜻이 크도다.

개요概要

하下 곤坤(☷)은 순順이고, 상上 진震(☳)은 동動이다. 즉 천도天道에 순종하며 지도地道와 인도人道를 따라 움직이는 것이다.(중정지도中正之道, 순이

672 시대의 정세에 따라 국민의 상태에 따라 당연의 이법理法을 따라 제후를 세우고 군대를 동원한다. 그렇게 하면 상하上下가 모두 순조로우며 만민이 다 기뻐하고 즐거워하게 된다.

동順以動) 이렇게 하면 천하만민이 모두 즐겁게 된다. 이것이 예괘豫卦이다. 다시 말하면 순이동順以動의 덕德으로 예괘豫卦의 열락悅樂이 생긴다는 것이다. 그러므로 순이동順以動이 예豫의 원인原因이다.

각설

예豫 강응이지행剛應而志行 '강剛'은 구사九四 양효陽爻를 말한다. 응應은 상하上下의 다섯 음효陰爻가 모두 양강陽剛한 구사효九四爻에 응應하고 있는 것을 말한다. '지행志行'은 구사九四 양효陽爻(군자君子)의 뜻이 크게 행行해지는 것을 말하다.[673]

순이동順以動 '순順'은 하곤괘下坤卦의 덕德이다. '동動'은 상진괘上震卦의 덕德이다. '순이동順以動'은 중도中道에 순종하며, 정도正道를 행行하는 것이다. 순이동順以動으로 만민萬民이 모두 기뻐하고 즐거워한다.[674]

천지여지이황건후행사호天地如之而况建侯行師乎 넓고 넓은 천지天地의 운행運行도 이와같이 순이동順以動 이외에 다른 길은 없다. 하물며 제후諸侯를 세우는 것과 무리를 행하는 것은 예괘豫卦의 도道인 순이동順以動을 따라야 한다는 것이다.

일월日月 불과이사시不過而四時 불특不忒 순이동順以動의 뜻은 몹시 넓고 크다. 이 세 글자만 잘 사용하면 모든 일이 잘 이루어진다. 넓고 넓은 천지天地도 순順으로서 움직이고 자연自然 이법理法에 따라 활동活動한다. 그러므로 해와 달의 움직임은 틀리는 일이 없고 춘하추동春夏秋冬 사계절四季節의 변화變化도 어긋나는 일이 없다. 그리하여 만물萬物이 나고

673 이 예괘豫卦는 구사효九四爻만 양효陽爻이고 상하上下의 다섯爻는 모두 음효陰爻로서 구사九四와 응應하고 있음으로 구사九四가 하고 싶어하는 것은 다 크게 잘 된다.

674 '래지덕來知德'은 『래주역경도해來註易經圖解』에서 "모든 일이 천리天理에 맞으면 순順이고, 천리天理에 맞지 않으면 역逆이다. 순이동順以動하면 모두가 천리天理라.(人事合乎天理則順, 背乎天理則逆. 順而動, 則一念一事皆天理矣.)"라고 하였다.

자라게 되는 것이다.[675]

성인이순동聖人以順動 **즉형벌청이민복**則刑罰淸而民服 성인聖人이 순順으로서 움직이고 당연한 이치에 따라 일을 한다. 그러므로 형벌을 사용하는 것이 맑고 깨끗함으로 만민이 모두 진심으로 복종한다는 것이다.

예지시의대의재豫之時義大矣哉 예豫의 때는 순이동順以動이다. 만민萬民이 모두 기뻐하고 즐거워하는 때에 그 뜻은 위대한 것이다.

[象曰] 雷出地奮이 豫니 先王이 以하야 作樂崇德하야
상왈 뇌출지분 예 선왕 이 작악숭덕
殷薦之上帝하야 以配祖考하니라.
은천지상제 이배조고

○ 雷(우레 뢰) 出(날 출) 地(땅 지) 奮(떨칠 분) 豫(미리 예) 作(지을 작) 樂(풍류 악) 崇(높을 숭) 德(덕 덕) 殷(성할 은) 薦(천거할 천) 帝(임금 제) 配(짝 배, 아내 배) 祖(조상 조) 考(죽은애비 고, 상고할 고)

상에 이르기를, 우레가 땅에서 나와 떨침이 예이니, 선왕이 이로써 예악을 짓고 덕을 숭상하여 성대하게 상제께 제사를 올리고, 조상의 제사를 함께 하니라.

개요概要

이 괘는 하下 곤괘坤卦의 땅이 있고, 상上 진괘震卦의 천둥이 있다. 천둥이 땅위로 올라와 울려 퍼지는 모양이다. 이것이 예괘豫卦의 상象이다.

각설

뇌출지분雷出地奮 뇌지예괘雷地豫卦(䷏)의 상하교역괘上下交易卦는 지뢰복괘地雷復卦(䷗)이다. 그러므로 우레가 땅에서 분출을 한다는 것은 땅

675 천지이순동天地以順動 고일월불과이사시故日月不過而四時-불특不忒에 대하여 『논어』 「양화」편 19장에서 "공자가 이르기를, 하늘이 무슨 말씀을 하시드냐? 사시가 운행되고, 만물이 생겨나지만 하늘이 무슨 말씀을 하시드냐?"라고 하였다.

밑에 있는 양기陽氣가 위로 올라온다는 것을 말한다. 자연현상으로 말하면 싹이 트고 꽃이 피어 지상만물이 모두 기뻐하고 즐거워하는 상이다.

선왕이작악숭덕先王以作樂崇德 선왕先王은 이러한 예괘豫卦의 상象을 보고 이것을 본받아 예악을 만들고 덕德을 숭상한다.

은천지상제殷薦之上帝 **이배조고**以配祖考 정성을 다해서 상제上帝께 성대하게 제사를 올리며, 이로써 조상과 함께 제사를 지낸다는 것이다. 은殷은 성盛이다. 천薦은 천거할 천으로 하늘에 제사를 올린다는 의미이다.

[初六]은 鳴豫ㅣ니 凶하니라. (重雷震)
초육 명예 흉 중뢰진

象曰, 初六鳴豫는 志窮하야 凶也ㅣ라.
상왈 초육명예 지궁 흉야

○ 鳴(울 명) 豫(즐거울 예) 志(뜻 지) 窮(다할 궁)

초육初六은 즐거움을 밖으로 드러냄이니 , 흉하니라.

상에 가로되 '초육初六의 명예'는 뜻이 궁해서 흉함이라.

개요概要

초육初六은 부정위不正位·부중不中한 효爻로써 교만하고 음효陰爻인 구사九四로 인하여 생긴 안일한 즐거움을 말한다.

각설

명예鳴豫 **흉**凶 명예鳴豫은 즐거움을 드러내는 것이다. 초육初六은 부중不中·부정위不正位한 효爻로 도덕과 재능才能이 부족한 소인小人이다. 그러나 구사九四의 응효應爻이다. 구사九四는 양효陽爻로 강강剛强하며 큰 도덕과 재능才能을 가지고 있어 만민이 기뻐하고 즐겁게 한다. 초육初六도 구사九四의 도움으로 기뻐하고 즐거워한다. 그러나 명예鳴豫로 즐거움과 편안함에 안주하고 경거망동하며, 교만함으로써 흉凶하다는 것이다.[676]

소상사小象辭

지궁志窮 **흉야**凶也 궁窮은 함부로 나아가다가 막히는 것이다. 초육初六은 구사九四의 힘을 믿고, 기뻐하고 즐거워하면서 교만하게 되면 흉凶하여 반드시 화禍를 입게 된다.

[六二]는 介于石이라 不終日이니 貞코 吉하니라. (雷水解) 육 이 개 우 석 부 종 일 정 길 뇌 수 해 象曰, 不終日貞吉은 以中正也이니라. 상 왈 부 종 일 정 길 이 중 정 야

○ 介(절개 개, 끼일 개, 사이 개) 石(돌 석) 終(끝날 종) 貞(곧을 정) 吉(길할 길)

육이六二는 절개가 돌같음이라 날을 마치지 않으니 바르고 길하니라.

상에 가로되 '부종일정길'은 중정함 이니라.

개요概要

육이六二는 정위正位·득중得中한 효爻로서 중도中道에 대한 믿음이 돌과 같음이라, 바르게 실천하면 길吉함을 말하고 있다.

각설[677]

---

676 명예鳴豫의 명鳴자는 겸괘謙卦의 육이六二와 상육上六에 있는 명겸鳴謙의 명자鳴字와 같은 뜻이다. 그러므로 여기서도 두 가지 설이 있다. 그 하나는 진심으로 기뻐하고 즐거워함으로 그것이 말이나 행동에 나타난다는 열說이다. 또 하나는 초육初六은 구사九四와 서로 응應하고 있음으로 초육初六이 구사九四에게 응화應和해서 기뻐하고 즐거워한다고 해석하는 것이다.

677 (觀中) 뇌지예괘雷地豫卦 2효가 동動하면 뇌수해괘雷水解卦가 되는데 도리어 깨진 돌이라고 한다. 개介는 갈라진다는 뜻인데, 돌이 깨진다는 의미가 아니라 올바른 판단이 간다는

개우석介于石 절개가 돌과 같다는 것이다. 예괘豫卦의 육효六爻는 대부분 바르지 못하다. 그러나 육이六二는 유순중정柔順中正한 덕德을 가지며, 자기가 지켜야할 도道를 돌과 같이 굳게 지키고 있다.

부종일不終日 일을 한다고 결심하면 그 날을 넘기지 않고 실행한다.

정길貞吉 많은 사람들이 기뻐하고 즐거워하는데 깊이 빠져있지만 오직 육이효六二爻만은 분수를 지키며, 중정中正의 길을 돌과 같이 굳게 지키고 있다. 그러므로 길吉하며 복을 얻게 된다.[678]

소상사小象辭

부종일정길不終日貞吉 **이중정야**以中正也 육이효六二爻는 할 일이 있으면 그날 안에 실천하고, 행해서는 안 될 일이면 그 날이 끝나기 전에 떠나며 바른 길을 굳게 지키고 있음으로 길吉을 얻게 되는 것은 이 효爻가 중정中正의 덕德을 가지고 있기 때문이다.

[六三]은 盱豫ㅣ라 悔며 遲하야도 有悔리라. (雷山小過)
육삼 우예 회 지 유회 뇌산소과

象曰, 盱豫有悔는 位不當也이니라.
상왈 우예유회 위부당야

○ 盱(쳐다볼 우) 豫(즐거울 예) 悔(뉘우칠 회) 遲(늦을 지) 有(있을 유) 悔(후회할 회)

뜻이다. 택수곤괘澤水困卦 3효 음효陰爻가 도리어 양효陽爻로 변한다. 쪼개어지는 것이 아니라 한 덩어리로 되면서 눌러져 버린다. 양효陽爻로 변하면서 택풍대과괘澤風大過卦가 된다.

678 송나라의 구행가丘行可는 말하기를 "예괘豫卦의 제효諸爻는 계응係應하는 곳이 없는 것이 길吉하다. 초初는 사四에 응應하고, 삼三과 사四에 응應하고, 삼三과 오五는 사四와 비比한다. 모두 걸리는 것이 있다. 그러므로 흉凶이라 하고, 회悔라 하고, 질疾이라"라고 하였다. 그러나 육이六二만이 사四와 걸림이 없다. 그러므로 동정간動靜間에 바르지 않는 것이 없으며, 길吉함을 알 수 있다.

육삼六三은 (눈을 부릅뜨고) 바라보는 즐거움이라, 뉘우침(후회함)이 있으며, 더딜수록 더욱 뉘우침(후회함)이 있으리라.
상에 이르기를, '우예유회盱豫有悔'는 자리가 마땅하지 않음이니라.

개요概要

육삼六三은 음효陰爻로 약하고 중정中正의 덕德이 없다. 그리고 위에 있는 구사九四와 음양陰陽상비相比하여 구사九四의 친함이 있다. 그리하여 육삼六三은 구사九四를 쳐다보고 아첨하며 그의 힘을 믿고 기뻐하고 즐거워하고 있다.

각설

우예盱豫 우예盱豫는 구사九四를 쳐다보고 즐거워 한다는 뜻이다.[679] 육삼六三은 즐거움에 빠져 우물쭈물하고 있는 효爻이다.
회지유회悔遲有悔 육삼六三은 도덕과 재능才能이 없는 소인小人인데도 불구하고 구사九四를 믿고 기쁨과 즐거움에 빠져 있다. 그러나 육삼六三은 깨닫는 것이 늦어 자신의 잘못을 고치지를 못한다. 그러므로 후회할 일이 생긴다.

소상사小象辭

우예유회盱豫有悔 **위부당야**位不當也 육삼六三이 자기 위에 있는 구사九四를 쳐다보고 즐거움에 빠져 있다가 후회할 일이 생기는 것은 육삼六三의 자리가 부정위不正位로 바르지 못하기 때문이다.[680]

---

679 '우盱(쳐다볼 우)는 ❶눈을 부릅뜨다. ❷눈웃음을 치다의 뜻이 있다. 그 가운데 ❷의 뜻이 더 부합된다고 보여진다.

680 위에 있는 회悔자는 개회改悔의 회悔로 가르치고 경계하는 말이며 아래에 있는 회悔자는 회린悔吝의 회悔이다. "상에 이르기를 우예유회盱豫有悔는 위부당야位不當也이니라." 육삼六三이 자기 위에 있는 구사九四를 쳐다보고 아첨하며 그의 사랑을 믿고 즐거움에 빠져 있다가 후회할 일이 생기는 것은 육삼六三의 자리가 바르지 못하기 때문이다.

[九四]는 由豫ㅣ라 大有得이니 勿疑라
구사 유예 대유득 물의

朋이 盍簪하리라.
붕 합잠

(重地坤)
중지곤

象曰, 由豫大有得은 志大行也이니라.
상왈 유예대유득 지대행야

○ 由(말미암을 유) 豫(즐거울 예) 得(얻을 득) 勿(말 물) 疑(의심할 의) 朋(벗 붕) 盍(모일 합, 덮을 합) 簪(비녀 잠) 由(말미암을 유) 豫(미리 예) 志(뜻 지) 行(갈 행)

구사九四는 말미암은 예라 크게 얻음이 있으니, 의심치 않으면 벗이 비녀를 합하리라.

상象에 이르기를, '유예대유득由豫大有得'은 뜻이 크게 행해지는 것이니라.

개요概要

구사九四는 뇌지예괘雷地豫卦의 주효主爻이다. 모든 음陰들이 구사九四로 인해 즐거워 하고 있다.

각설

유예由豫 대유득大有得 유예由豫란, 예괘豫卦는 모든 효爻가 구사九四의 힘으로 열락悅樂할 수 있다. 양효陽爻로서 강강剛強한 힘과 도덕과 재능才能을 가지고 있다. 하늘로부터 득得이 있어 천하天下가 태평하게 되며, 만민萬民이 기뻐하고 즐거움을 얻게 된다.

물의勿疑 붕합잠朋盍簪 상하上下의 다섯 음효陰爻는 구사효九四爻를 믿고 의심하지 말라는 것이다. 구사九四는 큰 뜻을 펴서 천하를 화평하고 열락悅樂하게 한다.[681] 비녀('잠簪'은 비녀 잠 자字이다.)는 몇 만개의 머리털

681 이런 좋은 자리에 있으면 생각지도 않은 화禍를 받을 수 있음으로 조심하여야 되는데

을 모아 쥐고(합盍은 모일 합 자字이다.) 있는 것이다. 이것은 구사九四 한 효爻가 천하 만민을 쥐고 있을 의미한다.

소상사小象辭 682

유예대유득由豫大有得 지대행야志大行也 모두가 이 효爻의 힘으로 말미암아 화평和平 열락悅樂을 얻게 된다. 대유득大有得은 구사효九四爻의 뜻이 크게 행行해지는 것을 말한다. 「단사」에 '강응이지행剛應而志行'이라 한 것은 이 효爻를 말한 것이다.

[六五]는 貞호대 疾하나 恒不死ㅣ로다. (澤地萃)
육오 정 질 항불사 택지췌

象曰, 六五貞疾은 乘剛也일새오
상왈 육오정질 승강야

恒不死는 中未亡也이니라.
항불사 중미망야

○ 貞(곧을 정) 疾(병 질) 乘(탈 승) 剛(굳셀 강) 恒(항상 항) 不(아닐 불) 死(죽을 사) 未(아닐 미) 亡(망할 망)

육오六五는 바르되 병이 들었다 하나 항상(항도恒道로 하면) 죽는 것이 아님이로다.

상象에 이르기를, 육오六五는 바르되 병이 들었다는 것은 강剛을 탄 것이오, 언제나 죽지 아니하는 것은 중中을 잃어버리지 않음이니라.

이 효爻는 오직 천하 만민을 화평하게 하는 것만이 그의 뜻이므로 의심하거나 겁낼 필요 없이 자기 소신대로 밀고 나가면 많은 동지들이 모여 자기를 도와주게 될 것이다.

682 기름을 준비하여 신랑이 올 때를 준비하고 있다가 신랑을 옳게 맞으려면 마음속에 남을 위해서 죽을 수 있는 투철한 정신을 가지고 살아야 한다. 그것이 진정 마음이라는 등잔에 성령의 불을 준비하는 것이며, 기름을 가득 채우는 것이다.

개요概要

육오六五는 부정위不正位·득중得中의 유순柔順한 성인聖人의 자리이다. 구사九四에 의존하는 병이 있다. 그러나 항도恒道를 지키고 순종하면서 움직이면 죽지 않는다고 말한다.

각설[683]

정질貞疾 성인聖人은 정貞하여 정도正道를 굳게 지키고 있지만 유약한 효爻로서 아래에 있는 구사九四가 양강陽剛한 재능才能으로 천하의 만민萬民이 따르고 있으니, 마음의 병(근심)이 있다. ❶질疾은 마음속의 병이다. ❷정貞은 빈마지정牝馬之貞의 정貞이다.

항불사恒不死 항恒은 성인지도를 말한다. 오효五爻가 중덕中德을 가지고 있으니 죽거나 망하지는 않는다는 것이다.

소상사小象辭

육오정질승강야六五貞疾乘剛也 승乘은 음효陰爻가 양효陽爻 위에 있는 것을 말한다. 이 괘의 육오六五 성인聖人이 바른 길을 지키고 있는데도 마음

---

683 (觀中) ❶육오六五는 정도貞道를 빨리하려 들기 때문에 병이 들었다. 병이 들었지만 항도恒道(성인지도)는 절대로 사라지는 법이 없다. 성인지도는 절대로 죽는 법이 없다. 승강乘剛이란 천도天道(성인지도)를 무시했다. 왜 오효五爻가 정질貞疾인가? 오효五爻가 음효陰爻인데 사효四爻가 주효主爻이면서 사효四爻가 성인지도를 표상하는 효爻다. 음효陰爻가 사효四爻 성인지도聖人之道를 올라탔기 때문에 승강乘剛이라고 한 것이다. 즉 고장이 난 것이다. 군자가 학문을 해나가다가 약간 감기가 걸렸다는 의미다. 바로 낫기는 할 것이다. 왜냐하면 뇌지예괘雷地豫卦 오효五爻는 중中을 얻고 있기 때문이다. 중도中道는 영원히 사라지는 법이 없다(恒不死中未亡也) ❷5효가 음효陰爻인데 어떻게 '병疾'字가 들어있는가? 뇌지예괘는 사효가 주효主爻(성인지도 표상)이면서 성인지도를 표상하는 효이다. 음효陰爻가 사효 성인지도를 올라탄 것이다. 즉 고장이 나 것이다. 군자가 학문을 해나가다가 감기가 걸렸다. 그러나 바로 고쳐진다. 왜냐하면 뇌지예괘 오효가 중中을 얻었기 때문이다. 지풍승地風升, 화지진火地震, 지화명이地火明夷, 뇌수해괘雷水解卦 등이 다 관련이 있다. 뇌지예괘雷地豫卦 오효五爻와 지화명이괘地火明夷卦 삼효三爻와 다 관련이 있다. 왜 그러한가? 지회명이괘地火明夷卦 삼효三爻가 동動하면 지뢰복괘가 되기 때문이다. ❸항불사恒不死는 뇌풍항괘雷風恒卦를 가리킨다. 후천后天 성인지도聖人之道(=군자지도君子之道, 항恒)가 영원히 존속한다. "항자恒者는 구야久也". 후천세계로 넘어가면 성인지도는 영원불멸이다.

가운데 병이 있다는 것은 성인聖人이 음효陰爻로 유약하며, 양강陽剛한 구사九四를 타고 있기 때문이다.

항불사중미망야恒不死中未亡也 구사九四가 천하의 화평 열락悅樂을 이루는 제후(군자)가 되니, 천하 만민이 모두 구사九四를 믿고 따른다. 성인聖人은 이러한 일로 항상 걱정한다. 이 마음의 병이 오래 지속되는 데도 죽지 않고 망하지 않는다는 것은 이 효爻가 중효中爻로써 중정지덕中正之德을 가지고 있기 때문이다.[684]

[上六]은 冥豫니 成하나 有渝이면 无咎ㅣ리라. (火地晉)
상육 명예 성 유유 무구 화지진

象曰, 冥豫在上이어니 何可長也ㅣ리오.
상왈 명예재상 하가장야

○冥(어두울 명) 豫(즐거울 예) 成(이룰 성) 有(있을 유) 渝(변할 유, 달라질 투)

상육上六은 (즐거움에) 눈이 어두운 것이니, 비록 이루어졌으나 변함이 있으면 허물이 없느니라.

상象에 이르기를, (즐거움에) 눈이 어두운 예가 위에 있으니, 어찌 길할 수가 있으리오.

개요概要

상육上六은 안일한 즐거움의 극極에 처해 있다.

각설

명예冥豫 '명예冥豫'는 어둡게 즐기는 것이다. 기뻐하고 즐기는데 빠져 마음이 어두워지고, 안일한 마음을 가지고 있다. 방심하다 극단에 이른 상

684 여기 질疾이라고 한 것은 감괘坎卦의 상象이다. 외호괘外互卦(3·4·5爻)에 감괘坎卦가 있다. 감괘坎卦는 설괘說卦에서 심병心病이라 하였다. 그러므로 마음의 병이다.

태를 말한다.

성成 유유有渝 **무구**无咎 상육上六은 음효陰爻로 예괘豫卦의 정상에 앉아 교만과 열락悅樂에 빠져 마음이 한밤중 같이 어두워져 있다. 이렇게 되면 반드시 흉凶하며 화禍를 입게 될 것이다. 그러나 만약 지금까지 잘못을 깨닫고 뉘우치면서 행동을 바꾸면 화禍를 면하게 될 것이다. 사람들에게 개과천선을 권하는 말이다.[685]

소상사小象辭[686]

명예재상冥豫在上 **하가장야**何可長也[687] 상육上六은 부족한 재능才能과 어두워진 마음으로 즐거움에 빠져 윗자리에 있으니 가히 오래 견딜 수 없다. 그러므로 빨리 잘못을 깨닫고 행동을 고쳐야 한다는 것이다.[688]

---

685 주자朱子는 『주역본의』에서는 "음유陰柔로서 예豫의 극極에 거하여 즐거움에 빠져 어두운 상象이 되며, 동체動體이기 때문에 또 그 일이 비록 이루어졌으나 변함이 있는 상象이 된다. 점치는 자가 이와 같이 하면 잘못을 보충하여 허물이 없다고 경계한 것이니, 천선遷善의 문을 넓힌 것이다.(以陰柔, 居豫極, 爲昏冥於豫之象, 以其動體, 故又爲其事雖成而能有之象, 戒占者如是, 則能補過而无咎, 所以廣遷善之門也.)"라고 하였다.

686 (觀中) 하가장야何可長也는 ❶지도자, 어른, ❷미래의 생명이 없다. 생명은 시간적 지속성을 가지고 있어야 한다. "시간의 지속성이 생명이다."라고 베르그송이 규정한 것이다.

687 『이천역전』에서는 "즐거움에 어두우면서 종극終極에 이르렀으니, 재앙災殃과 허물이 장차 미칠 것이다. 어찌 장구長久히 그러하겠는가. 마땅히 속히 변하여야 한다.(昏冥於豫, 至於終極, 災咎行及矣. 其可長然乎, 當速也.)"라고 하였다.

688 '호병문胡炳文'은 『주역본의통석』에서 "초육初六에서 명예鳴豫니 흉하다고 한 것은 그 악惡을 처음부터 막는 것이며, 상효上爻에서 유유有渝면 무구无咎라 한 것은 그 선善을 끝에서 여는 것이라."라고 하였다. 이는 초효初爻에서는 즐거움에 빠지는 것을 경계하고, 상효上爻는 빨리 잘못을 깨닫고 고칠 것을 권하고 있는 것이다.

✎ 예豫는 안화열락安和悅樂이다. 즉 진정한 열락悅樂이 무엇인가를 말하고 있다.

편안하고 온화하고 기뻐하고 즐거워하는 것이다. 예괘豫卦에서는 순이동順以動의 덕德으로 열락悅樂이 생긴다고 말한다. 즉 천도天道에 순종順從하면 지도地道와 인도人道를 따라 움직이는 것이다. 따라서 만민萬民이 모두 즐겁게 된다는 것이다.

군자는 양기陽氣가 위로 올라와 지상만물地上萬物이 모두 기뻐하고 즐거워하는 상을 본받아 예악禮樂을 만들고 덕德을 숭상하여 만민을 편안하게 하라고 말한다. 물질적인 욕망과 즐거움에 몰입되어 있는 우리에게 진정한 기쁨, 즐거움, 편안함이 무엇인가를 가르쳐주고 있다.

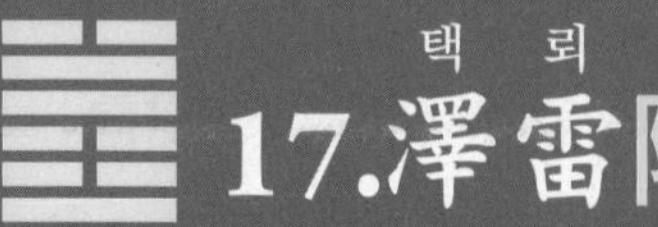

택 뢰 수 괘
17.澤雷隨卦

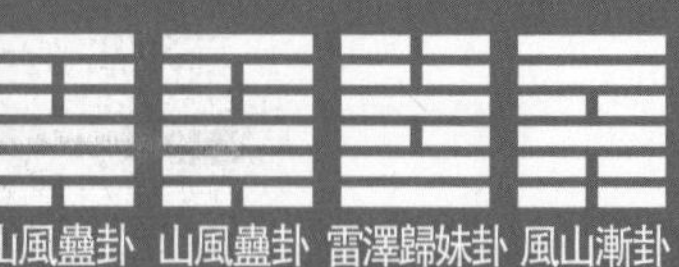

山風蠱卦 山風蠱卦 雷澤歸妹卦 風山漸卦

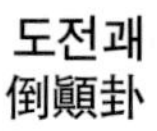

도전괘
倒顚卦

택뢰수괘
澤雷隨卦

산풍고괘
山風蠱卦

음양대응괘
陰陽對應卦

택뢰수괘
澤雷隨卦

산풍고괘
山風蠱卦

상하교역괘
上下交易卦

택뢰수괘
澤雷隨卦

뇌택귀매괘
雷澤歸妹卦

호괘
互卦

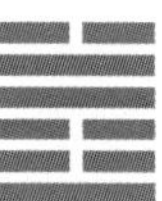

택뢰수괘
澤雷隨卦

풍산점괘
風山漸卦

효변
爻變

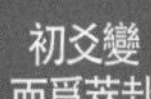

初爻變 而爲萃卦 | 二爻變 而爲兌卦 | 三爻變 而爲革卦 | 四爻變 而爲屯卦 | 五爻變 而爲震卦 | 上爻變 而爲无妄卦

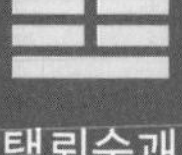

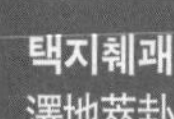

택뢰수괘
澤雷隨卦

택지췌괘 澤地萃卦 | 중택태괘 重澤兌卦 | 택화혁괘 澤火革卦 | 수뢰둔괘 水雷屯卦 | 중뢰진괘 重雷震卦 | 천뢰무망괘 天雷无妄卦

요지要旨

괘명卦名 이 괘는 상태上兌의 택澤(☱) + 하진下震의 뢰雷(☳) = 택뢰수괘澤雷隨卦(䷐)이다.

괘의卦意 수괘隨卦는 사람이 따라야 하는 길을 말하고 있다.[689] 그 유형에는 ❶사람을 따르는 것, ❷물건物件을 따르는 것, ❸일을 따르는 것, ❹진리를 따르는 것 등이 있다. 그러나 수괘隨卦에서 말하는 수도隨道는 나를 버리고 진리를 따라가는 것이다. (我舍而聖人之道順也)
아 사 이 성 인 지 도 순 야

괘서卦序 「서괘序卦」에서 "즐거우면 반드시 따르는 사람이 있기 때문에 수괘로 받고(豫必有隨, 故 受之以隨.)"라고 하였다. 자기가 기뻐하고
예 필 유 수 고 수 지 이 수
즐거워하면 많은 사람이 따르게 된다는 것이다. ❶위 아래가 서로 따르고, ❷자기와 남이 서로 따르는 것으로 상수相隨가 핵심이다. 그러므로 예괘豫卦 다음에 수괘隨卦가 놓여 있다고 하였다. 성내거나 울고 있으면 사람들이 따라오지 않는다. 기뻐하고 즐거워하며 웃고 있을 때는 많은 사람들이 모여든다.

괘상卦象 진하震下(☳) 태상兌上(☱)의 괘卦로써 상上은 태소녀兌小女(음陰)이며, 하下는 진장남震長男(양陽)이다. 하下 진괘震卦(장남)가 상上 태괘兌卦(소녀)를 따르고 있으며 태괘兌卦(소녀)는 이것을 기뻐하며 진장남震長男을 따르게 된다는 것이다.[690]

---

689 『이천역전伊川易傳』에서는 "수隨의 도道는 크게 형통亨通함을 이룰 수 있다. 군자 도道가 사람들에게 따르는 바가 됨과 자기가 남을 따름과 일을 당하여 따를 바를 선택함이 모두 따름이니, 따름이 그 도道를 얻으면 크게 형통亨通함을 이룰 수 있다. (隨之道可以致大亨也, 君子之道, 爲衆所隨, 與己隨於人, 及臨事擇所隨皆隨也, 隨得其道, 則可以致大亨也.)"라고 하였다.

690 육효六爻로서 말하면 초구初九 양효陽爻가 육이六二의 음효陰爻 밑에 있다. 초구初九는 도덕과 재능才能이 많은 효로서 육이六二 음효陰爻를 따라가고 있다. 또 구오九五의 양효陽爻도 상육上六의 음효陰爻 밑에 있다. 구오九五도 강건중정剛健中正한 중덕中德을 가진 효爻임에도 불구하고 상육上六음효陰爻를 아래에서 따라가고 있다.

隨는 元亨코 利貞이라 无咎ㅣ리라.
수 원형 이정 무구

○ 隨(따를 수)

수隨는 크게 형통하고 곧으면 이로움이라, 허물이 없으리라.

각설

수隨 원형이정元亨利貞 수隨는 천도天道를 따르는 것이다. 수隨는 옛 습관에 얽매이지 않고 때에 따라 변동하되 그 도道에 따르는 것이 '수隨'인 것이다. 그러므로 형통하다는 것이다. 수괘隨卦(䷐)는 양陽이 음陰의 아래에 있어 움직이며, 음陰이 양陽의 위에 있어 기뻐하니, 음양陰陽이 서로 따르니 크게 형통亨通한 것이다. 다만 음양陰陽에는 그 존비尊卑와 선후先後의 차례가 있으니 바르게 해야 이롭다는 것이다.
무구无咎 움직임에 기쁨으로 따르는 것이니 허물이 없는 것이다.

[彖曰] 隨는 剛來而下柔하고 動而說이 隨ㅣ니
단왈 수 강래이하유 동이열 수
大亨코 貞하야 无咎하야 而天下ㅣ 隨時하나니
대형 정 무구 이천하 수시
隨時之義ㅣ 大矣哉라.
수시지의 대의재

○ 隨(따를 수) 剛(굳셀 강) 來(올 래{내}) 柔(부드러울 유) 動(움직일 동) 說(기꺼울 열{말씀 설, 달랠 세}) 隨(따를 수) 亨(형통할 형) 貞(곧을 정)

단彖에 이르기를, 수隨는 강剛이 와서 유柔로 내려가 유柔를 움직여서 기뻐 따르게 하는 것이니, 크게 형통하고 곧으면 허물이 없어 이로써 천하가 때를 따르니 때를 따르는 뜻이 크도다.

각설[691]

강래이하유剛來而下柔 두 가지 뜻이 있다. 먼저, 양강陽剛한 진괘震卦(☳)가 음유陰柔한 태괘兌卦(☱) 아래에 있는 것과 다음으로, 양강陽剛한 초구효初九爻가 음유陰柔한 육이효六二爻 아래에 있는 것이다.[692] 따라서 강래이하유剛來而下柔를 괘卦의 모양으로 설명하면 이와 같이 여러 가지가 되지만 그 뜻은 귀한 사람이 몸을 굽혀 천한 사람의 뒤를 따라가는 것이다(이귀하천以貴下賤).

동이열動而說 수隨 하下 진괘震卦가 동動하고, 상上 태괘兌卦가 즐거워하는 것이다. 이쪽이 움직여 일하면 저쪽이 좋아하는 것이다. 이것이 수隨이다.

천하수시天下隨時 수시지의대의재隨時之義大矣哉 남을 따라가는 수隨의 덕德은 크게 통하며 천하 만민이 모두 알맞은 때에 일을 하므로 실패가 없다. 시時라는 것은 대단히 중요하다. 비록 좋은 일, 바른 일이라도 시의성이 없으면 일은 이루어지지 않는다. 알맞은 시時를 따른다는 것은 정말 중요한 일이다.

---

691 때를 기다려 시의성에 맞게 움직여라는 말이다. 수괘隨卦는 '오직 의인義人은 믿음으로 말미암아 살리라.'(로마서1:17) 진리에 대한 믿음 바로 그것이다.

692 '래지덕來知德'은 『래주역경도해來註易經圖解』에서 "택뢰수괘澤雷隨卦(䷐)는 산풍고괘산풍고괘山風蠱卦(䷑)를 거꾸로 한 것이다. 산풍고山風蠱의 하괘下卦는 음유陰柔한 손괘巽卦인데 이것이 거꾸로 되어 상괘上卦로 올라가 태괘兌卦가 되고, 산풍고山風蠱의 상괘上卦는 양강陽剛한 간괘艮卦인데 이것을 '강래이하유剛來而下柔'라 한다.(隨无故也. 蠱則飭也. 言蠱下卦原是柔, 今艮剛來居于下, 而爲震, 是剛來而下于柔也)"라고 하였다.

[象曰] 澤中有雷ㅣ 隨ㅣ니
상왈 택중유뢰 수

君子ㅣ 以하야 嚮晦入宴息하나니라.
군자 이 향회입연식

○ 嚮(향할 향) 晦(그믐 회) 宴(잔치 연) 息(숨 쉴 식)

상象에 이르기를, 연못 속에 우레가 수隨이니, 군자君子는 이로써 날이 저물면 들어가 편히 쉰다 하나니라.

각설

택중유뢰澤中有雷 수隨 이 괘는 위에 태괘兌卦 택澤이 있고, 아래에 진괘震卦 뇌雷가 있다. 이것은 연못 속에 천둥이 들어가 있는 모양이다. 이것이 수괘隨卦의 상象이다. 천둥은 3월말 경에 비로소 움직여 땅위로 나와 9월에 연못 속으로 숨어 들어간다. 즉 알맞은 때에 따라 나아가고 물러서는 수괘隨卦의 상象이다.[693]

향회입연식嚮晦入宴息 향회嚮晦는 해가 져서 어두워지려는 것이다. 즉 날이 저무는 것이다. 연식宴息은 휴식이다. 편안히 쉬는 것이다. 군자는 날이 밝으면 일을 시작하고 해가 져서 어두우면 집으로 돌아가 편안히 쉰다.[694]

693 이것은 가을에 양기陽氣가 점점 쇠衰하여 천둥이 소리를 거두어 못 속으로 숨는다고 해석한다.

694 군자는 천둥이 때에 따라 나왔다 들어갔다 하는 수괘隨卦의 상象을 보고 그것을 본받아 일을 하는데 해가 지고 어두우면 집으로 돌아가 쉬게 된다.

[初九]는 官有渝ㅣ면 貞하야 吉하니
초구 관유유 정 길

出門交ㅣ면 有功하리라.
출문교 유공

(澤地萃)
택지췌

象曰, 官有渝에 從正이면 吉也ㅣ니
상왈 관유유 종정 길야

出門交有功은 不失也이니라.
출문교유공 부실야

○ 官(벼슬 관) 有(있을 유) 渝(변할 유, 달라질 투) 貞(곧을 정) 吉(길할 길) 出(날 출) 門(문 문) 交(사귈 교) 有(있을 유) 功(공 공)

초구初九는 (자기가) 주관하고 지키는 것에 변함이 있으니, 곧으면(바르게 하면) 길吉하니 문門을 나가서 사귀면 공이 있으리라.

상象에 이르기를, (자기가) 주관하고 지키는 것에 변함이 있으니, 곧으면(바르게 하면) 길吉하니 문門을 나가서 사귀면 공이 있다는 것은 바름을 잃지 아니함이라.

개요概要

초구初九는 수괘隨卦의 처음이며, 또 이 효爻가 육이六二의 뒤를 따라감으로 이 괘卦가 성립된다. 즉 남을 따라가는데 대한 길을 말하고 있다. 초구初九는 정위正位로서 뜻이 바르다. 서로 응應하는 효爻가 없으나 위에 유순중정柔順中正한 육이六二와 상비상친相比相親함으로 육이六二를 따라간다.[695] 교交는 동인괘同人卦의 출문동인出門同人이다. 이것은 수隨의 시작은 사사로움과 편견이 없이 공명정대해야 함을 말한다.

---

695 육이六二는 이 괘의 주효主爻인 구오九五와 서로 응應하고 있다. 초구初九는 육이六二의 소개로 구오九五와 연락이 된다. 이 초구初九는 수괘隨卦의 시대이므로 때로는 다른 사람을 따라가서 자기의 지위와 직분이 변할 수도 있지만 바른 길을 굳게 지키고 있음으로 길吉을 얻게 된다.

각설

관유유官有渝 초구初九는 낮은 자리에 있지만 수괘隨卦의 때이므로 남을 따라감으로 자기 직분이 움직이고, 변하여 자기가 지켜야 할 일(주관해 할 일)이 변화하는 것이다. ❶관官은 직분에 따라 일을 주관하고, 지키는 일이다.[696] 개인적으로는 자신의 주관을 지키는 것이다. ❷유渝는 변變하는 것이다.

정길貞吉 다른 사람을 따라 변화할 때는 변화하는 것도 좋지만 바른 길은 꼭 굳게 지키고 있어야 한다. 이 효爻가 바른 길을 굳게 지키고 있음으로 길吉을 얻게 된다.

출문교出門交 **유공**有功 '출문교出文交'는 남을 사귀는데 자기와 연고가 있는 사람만을 골라 사귀는 것이 아니고 문 밖에서 공명정대하게 천하 사람들을 널리 사귄다. 동인괘同人卦(䷌)의 초구初九에 동인우문同人于門이라 한 말과 뜻이 비슷하다.

소상사小象辭

관유유官有渝 **종정길야**從正吉也 초구初九가 남을 따라감으로 지금까지의 자기 직분이 바뀔 수 있지만 그의 자리와 뜻이 바르다. 그리고 바른 길을 따라감으로 길吉하며 복을 얻는다.

출문교유공出門交有功 **불실야**不失也 초구初九가 문 밖으로 나가서 공명정대하게 남과 사귀면서 큰 공적을 이룰 수 있는 것은 그가 바른 길을 잃지 않고 지키며, 사귀어야 할 사람과 사귀며 따라가야 할 사람을 따라가기 때문이다.

---

696 공영달은 ❶『주역정의周易正義』에서는 "'관官'은 "마음을 주관하는 것(인심소주위지관人心所主謂之官)"으로 주관적으로 자기의 주장을 지키는 것이다."고 하고, 정이천은 ❷『이천역전伊川易傳』에서는 "관官은 주장하고 지킨다.(관官, 주수야主守也)"라고 하였다.

[六二]는 係小子ㅣ면 失丈夫하리라. (重澤兌)
육이 계소자 실장부 중택태

象曰, 係小子하면 弗兼與也이니라.
상왈 계소자 불겸여야

○ 係(걸릴 계) 弗(아닐 불) 兼(겸할 겸) 與(줄 여)

육이六二는 소인小人에게 얽매이면 장부(군자)를 잃는다 하니라.

상象에 이르기를, 소인小人에게 얽매이면 겸하여 함께 할 수는 없음이니라.

개요概要

육이六二는 정위正位·득중得中한 유순한 爻이다. 육이六二는 초구初九와 사귀며, 구오九五와 응應한다.

각설

계소자係小子 실장부失丈夫 장부丈夫는 구오九五를 말하고 소자小子는 초구初九를 말한다. 육이六二는 유순중정柔順中正한 효爻이다. 육이六二는 초구初九와 사귀며, 구오九五와 응應한다. 육이六二가 소자小子(초구初九)에 잡혀 있으면 장부丈夫(구오九五)를 잃게 된다. 그러나 육이六二는 유순중정柔順中正한 효爻이므로 바른 길을 벗어나는 일은 없을 것이다.[697]

697 (집설) 육이효六二爻에 대한 「주역본의」와 「이천역전」의 주석註釋 비교
❶『이천역전伊川易傳』 "이二는 오五와 응應하는데 초初와 가까우니, 따름은 가까움을 먼저 하고 유柔는 굳게 지키지 못한다. 그러므로 경계하기를 "만약 소자小子에 매이면 장부丈夫를 잃는다."고 한 것이다. 초양初陽은 아래에 있으니 소자小子이고, 오五는 정응正應으로 위에 있으니 장부丈夫이다. 이二가 만약 뜻이 초初에 매어 있으면 구오九五의 정응正應을 잃으니, 이는 장부丈夫를 잃는 것이다. 소자小子에 얽매여 장부丈夫를 잃음은 정응正應을 버리고 부정不正을 따르는 것이니, 잘못이 크다. 이二는 중정中正의 덕德이 있으니, 반드시 이와 같음에 이르지 않을 것이나 수隨의 때에 있어서는 마땅히 경계하여야 한다. (二應五而比初, 隨先於

소상사小象辭

계소자係小子 불겸여야弗兼與也 소자小子(초구初九)에 잡혀 있으면 장부丈夫(구오九五)를 잃는다는 것은 장부丈夫와 소자小子의 양쪽을 같이 사귈 수 없기 때문이다. 소자小子와 장부丈夫는 양립할 수 없는 것이므로 양쪽(소인지도와 군자지도)을 겸해서 사귀고 친할 수 없다.[698]

[六三]은 **係丈夫**하고 **失小子**하니
육삼 계장부 실소자

隨에 **有求**를 **得**하나 **利居貞**하니라. (澤火革)
수 유구 득 이거정 택화혁

象曰, 係丈夫는 **志舍下也**이니라.
상왈 계장부 지사하야

○ 係(걸릴 계) 丈(어른 장) 夫(지아비 부) 失(잃을 실) 隨(따를 수) 有(있을 유) 求(구할 구) 得(얻을 득) 利(이로울 리{이}) 居(있을 거) 貞(곧을 정) 舍(버릴 사)

육삼六三은 군자와 사귀고 소인小人을 멀리하니 (군자를) 따르며 구하면 얻는 것이 있다 하나 바르게 머물러야 이로우니라.

상象에 이르기를, 군자와 사귄다는 것은 뜻이 아래를 버림이니라.

近, 柔不能固守, 故爲之戒云, 若係小子則失丈夫也. 初陽在下, 小子也. 五正應在[一作居], 上 丈夫也. 二若志係於初, 則失九五之正應, 是失丈夫也[一无也字]. 係小子而失丈夫, 捨正應而從不正, 其咎大矣. 二有中正之德, 非必至如是也. 在隨之時, 當爲之戒也.) 라고 하였다.

❷『주역본의周易本義』에서는 "초양初陽은 아래에 있어서 가깝고 오양五陽은 정응正應인데, 이二는 음유陰柔여서 스스로 지켜 정응正應을 기다리지 못한다. 그러므로 그 상象이 이와 같으니, 흉린凶吝을 알 수 있으니, 굳이 말할 것이 없다. (初陽 在下而近, 五陽 正應而遠, 二陰柔, 不能自守以須正應, 故其象如此, 凶吝可知, 不假言矣.)"라고 하였다.

698 '불겸여야弗兼與也'는, 육이六二가 초구初九와 구오九五를 아울러 더불어 하지 못한다는 뜻이다. 즉 소인지도小人之道와 군자지도를 겸해서 사귈 수는 없다. 『이천역전伊川易傳』에서는 '상에 이르기를 계소자係小子ㅡ면 불겸여야弗兼與也리라'라고 해석했다. 즉 초구初九에 매이면 구오九五와 더불 수 없을 것이라는 뜻이다. 외호괘外互卦가 손巽(노끈) 내호괘內互卦가 간艮(수手)이니 손으로 맨다는 '계係'가 된다.

개요概要

육삼六三은 과중過中·부정위不正位한 효爻로서 소인지도이다. 특히 수괘隨卦는 주로 음효陰爻에서 계係 자字를 사용하고 있다.

각설 699

계장부係丈夫 **실소자**失小子 구오九五가 장부丈夫이며, 초구初九는 소자小子이다.

수隨 **유구득**有求得 육삼六三은 부중不中·부정위不正位한 효爻이다. 상육上六과는 서로 응應하지 못한다. 위에 있는 구사九四와 서로 비比하고 있음으로 이를 따르고 있다.

이거정利居貞 육삼六三은 호괘互卦에(3·4·5爻) 손괘巽卦가 있다. 육삼六三은 이 수괘隨卦의 주효主爻로 욕심慾心이 많은 사람이며, 구사九四 대신에게 아첨하여 부귀영달을 바라는 소인小人이다. 그러나 바른 길을 굳게 지키는 것이 좋다.

소상사小象辭 700

계장부係丈夫 **지사하야**志舍下也 육삼六三이 구오九五 장부丈夫에게 매달

---

699 (觀中) '장부丈夫'는 지수사괘地水師卦의 '장자長子'요, 여기의 '소자小子'는 지수사괘地水師卦에서는 '제자弟子'로 표현이 된다. 왜 그러한가? 삼효三爻는 상효上爻와 상응이 되기 때문이다. 내괘內卦가 진괘震卦이다. 진괘震卦는 장남이다. 삼효三爻에 '계장부系丈夫하고 실소자失小子'라 한 것이다. '수隨에 유구有求를 득得하나 이거정利居貞하니라'이란 "구하는 바를 얻기는 얻는다."는 말이다. 그러면 여기서 구하는 바는 무엇인가? 삼효三爻는 선천先天이다. 어디에다 무엇을 구하는 것인가? 하늘에다 성인지도를 깨닫게 되기를 갈구하는 것이다. 그러므로 이는 산뢰이괘山雷頤卦의 '자구구실自求口實'이다. 자구구실自求口實하는, 즉 성인지도에 대한 갈구다. 행할 때가 되면 곧을 정貞자를 쓰지 않고, 칠 정征자를 쓴다.

700 「상사象辭」의 '지사하야志舍下也'는 육삼六三의 뜻이 초구初九 (하)를 버리는 것을 의미한다. 사도 바울의 믿음이다. 「사도행전」 20장 22절에서 "'보라 이제 나는 심령에 매임을 받아 예루살렘으로 가는데 거기서 부슨 일을 만날는지 알지 못하노라 오직 성령이 '각 성에서 내게 증거證據하여 결박과 환난患難이 나를 기다린다. 하시나 나의 달려갈 길과 주 예수께 받은 사명 곧 하나님의 은혜의 복음 증거證據하는 일을 마치려 함에는 나의 생명을 조금도 귀한 것으로 여기진 아니하노라."라고 하였다.

려 있는 것은 그의 뜻이 아래의 초구初九를 버리고 높은 자를 따라가려는 생각이다.

사하舍下 소인지도小人之道를 버림이다.

[九四]는 隨에 有獲이면 貞이라도 凶하니
구사 수 유획 정 흉

有孚코 在道코 以明이면 何咎ㅣ리오. (水雷屯)
유부 재도 이명 하구 수뢰둔

象曰, 隨有獲은 其義ㅣ 凶也일새오
상왈 수유획 기의 흉야

有孚在道는 明功也이니라.
유부재도 명공야

○ 隨(따를 수) 有(있을 유) 獲(얻을 획) 義(옳을 의) 孚(미쁠 부) 在(있을 재) 道(길 도) 明(밝을 명) 功(공 공)

구사九四는 따름으로 얻는 것이(손에 들어오는 것이) 있다면 곧아도 흉하니, 믿음이 있고, 도道에 입각해서 자각하여 이로써 밝힌다면 무슨 허물이 있으랴.

상에 가로되 '수유획'은 그 뜻이 흉함이오, '유부재도'는 밝은 공이니라.

개요概要

구사九四는 부정위不正位로 부당하게 얻은 것을 가지고 있으면 비록 바른 일을 하고 있어도 흉凶하며 화禍를 입게 된다.

각설[701]

701 여기의 획獲이란 무엇을 얻는다는 말인가? 새를 잡는다는 말이다. "좇아 가서 유획有獲한다면 흉하기 때문에 좇아다니지 말라."는 말이다. 어린 여자아이를 좇아 다니면서 혼인하려 하지 말라. 아무리 정도正道를 좇아 혼인을 했다고 해도 흉하다는 것이다. 그러니까 믿음을 가지고 도道에 처處하라는 말이다(유부재도有孚在道).

수隨 유획有獲 정흉貞凶 '수隨'는 구오九五 성인聖人을 따르는 것이다. 그러나 유획有獲은 자기 뜻을 얻는 것으로 천하의 많은 사람들이 자기를 따르게 된 것을 말한다. 이것은 교만이다. 성인聖人, 진리보다 내가 앞서니 흉한 것이다. 구사九四는 위태로운 자리이다. 그러므로 '유부재도有孚在道'해야한다는 것이다. 인사적으로는 구사九四가 임금에 가까운 위태로운 자리이다. 그러므로 더욱 더 유부재도有孚在道해야한다.

유부재도이명有孚在道以明 하구何咎 성실한 믿음이 있고 바른 길(정도正道)을 행하며, 총명한 지혜를 가지고 있으면 허물이 없게 된다. ❶'유부有孚'는 성실한 믿음을 의미하고, ❷'재도在道'는 천도天道의 주체적 자각을 통해서 모든 일이 진리에 합당한 것을 말한다. ❸'이명以明'은 사물의 이치를 밝게 아는 것이다.

소상사小象辭[702]

수유획기의흉야隨有獲其義凶也 구사九四는 내 생각으로 성인聖人의 이름을 부당하게 천하의 인심을 얻는 것은 교만으로써 흉凶하고 화禍를 입을 일이다.[703]

유부재도有孚在道 명공야明功也 성실한 믿음으로 정도正道로 가면 화禍를 면하고 밝음이 있을 것이다.[704]

---

702 (觀中) 기의흉야其義凶也는 시의時宜에 맞지 않기 때문에 흉凶하다는 말이다. 명공明功은 공덕功德이 한없이 드러난다. 드러난다. 때를 기다려 혼인하면 생산능력이 있다. 산수몽괘山水蒙卦에서는 "몽이양정성공야蒙以養正聖功也"라고 했다. 유획有獲은 자기 희생이 없이 아집我執을 버리지 않는 것이다.

703 『이천역전』에서는 "군주君主와 가까운 자리에 거하여 얻음이 있으면 의리상義理上 진실로 흉할 것이나 정성이 있고 도道에 있으면 허물이 없으니, 이는 명철明哲한 공功이다.(居近君之位而有獲, 其義固凶, 能有孚而在道則无咎, 蓋明哲之功也.)"라고 하였다.

704 겉모양은 그럴 듯하나 속이 올바르지 않은 사람을 가리켜 위선자라고 한다. '회칠한 무덤'이란, 이런 사람처럼 겉모양은 겸손하고 어질지만, 속으로 자신의 욕심을 채우기 위하여 권모술수를 쓰며, 남을 생각지 않고 악한 행동을 하는 사람을 말한다.

[九五]는 孚于嘉ㅣ니 吉하니라. (重雷震)
구오 부우가 길 중뇌진

象曰, 孚于嘉吉은 位正中也이니라.
상왈 부우가길 위정중야

○ 孚(미쁠 부) 嘉(아름다울 가) 吉(길할 길) 位(자리 위)

구오九五는 아름다운 믿음이니 길하니라.
상象에 이르기를, '아름다운 믿음이 있으면 길하다.'는 것은 자리가 바름으로 중도를 행함이니라.

개요概要

양강중정陽剛中正한 구오九五 성인聖人은 유순중정柔順中正한 육이六二 군자과 서로 응應하며 바른 자리에 있는 상육上六 현인賢人과 서로 비比한다.

각설

부우가孚于嘉 **길**吉 성인聖人은 진심으로 천하의 현인들을 따르니 길吉하며 크게 복을 얻는다. 아름답고 성실한 믿음으로 따르는 것이다.[705]

소상사小象辭

부우가길孚于嘉吉 **위정중야**位正中也 구오九五 성인聖人이 (육이六二와 상육上六을) 진심으로 믿으니, 길吉하며 복을 얻는다는 것은 구오九五를 통해서 중도中道가 드러나기 때문이다.

705 가嘉를 높은 덕으로 해석하기도 한다.

[上六]은 拘係之오 乃從維之니
상육 구계지 내종유지

王用亨于西山이로다. (天雷无妄)
왕용향우서산 천뢰무망

象曰, 拘係之는 上窮也이니라.
상왈 구계지 상궁야

○ 拘(잡을 구) 係(걸릴 계) 乃(이에 내) 從(좇을 종) 維(얽을 유) 王(임금 왕) 用(쓸 용) 亨(제사지낼 향, 형통할 형) 于(어조사 우) 西(서녘 서) 窮(다할 궁)

상육上六은 붙잡아서 묶고 이에 얽매어 따르는 것이니, 왕이 (정성을 다해) 서산西山에 제사 지냄이로다.

상象에 이르기를, '붙잡아서 묶는다.'는 것은 수隨의 길이 위로 극極에 이름이니라.

개요概要

상육上六은 정위正位로 수괘隨卦의 극極이다.

각설[706]

구계지拘係之 **내종유지**乃從維之[707] 천도天道와 하나가 되어야 한다는 것이다. 하나로 꽁꽁 묶는다. 즉 진리를 좇아서 얽어매라는 말이다.[708] 구계拘係는 백성을 손으로 잡고 매어두는 것은 강제로 따르게 함이다. 내

---

706 천도天道와 하나가 되어야 한다. 하나로 꽁꽁 묶는다. 이에 또 좇아서 얽어매라는 말이다. 서산西山에 올라가 하나님께 제사를 지낸다. 서산西山은 기산을 가리킨다. 하늘과 통한 것이다. 무왕이나 성왕이 기산에 올라가 제사를 지낸 것을 의미한다.

707 『이천역전伊川易傳』 "따름의 견고함이 붙잡아 묶어놓고 다시 동여맴과 같이 하니, 따름의 도道에 궁극한 것이다. (隨之固如拘係[一无係字], 維持[一无持字], 隨道之窮極也.)"라고 하였다.

708 민심을 억지로 얽어매어둔다는 것이다. 역사적으로는 은말殷末 주왕紂王시절에 악화된 민심을 말한다.

종乃從은 마침내 좇는다는 말이다. 유維는 끈으로 거듭해서 묶어 두는 것이다.

왕용형우서산王用亨于西山[709] 왕이 정성을 다하여 서산西山에 제사 지낸다.[710] '향亨'은 제물祭物을 받혀놓고 제사를 모시는 것이다.[711]

소상사小象辭

구계지拘係之 **상궁야**上窮也 성인지도聖人之道에 매일려고 하는 상육上六의 덕德을 천하 사람들이 몹시 따른다. 이것은 수괘隨卦의 상효上爻로서 수隨의 도道가 극極에 있기 때문에 다함이 없는 것이다.[712]

✎ 수隨는 나를 버리고 진리眞理를 따라 가는 것이다.

수괘隨卦가 제시한 이치는 동이열動而說이다. 즉 움직여서 기쁨으로 진리를 따르는 것이다.

---

709 『이천역전伊川易傳』에서는 형亨을 형통亨通으로 주역본의에서는 제사바칠 향으로 주석하였다.

710 역사적으로는 '왕王'은 주문왕周文王이고, 서산西山은 주周나라 수도 서쪽에 있는 '기산岐山'을 말한다.

711 이 효爻는 수괘隨卦의 끝으로 수隨의 도道가 지극한 것을 말한다. '문왕文王'은 천하의 대부분이 자기를 따르고 있지만 그래도 신하의 도리道理를 버리지 않고 자기 영내領內의 서산에서 제사를 모시는 제후諸侯의 예禮를 지키니 수隨의 도道가 지극한 사람이라 할 수 있다.

712 왕필은 "위에서 궁함이 있다."라고 하였다.

산풍고괘
18. 山風蠱卦

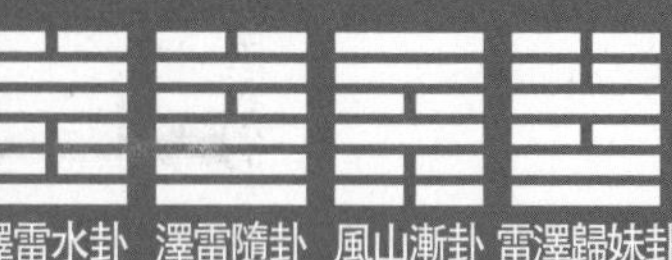

도전괘
倒顚卦

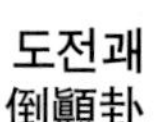

산풍고괘
山風蠱卦

택뢰수괘
澤雷水卦

음양대응괘
陰陽對應卦

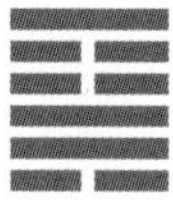

산풍고괘
山風蠱卦

택뢰수괘
澤雷隨卦

상하교역괘
上下交易卦

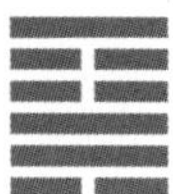

산풍고괘
山風蠱卦

풍산점괘
風山漸卦

호괘
互卦

산풍고괘
山風蠱卦

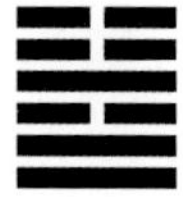

뇌택귀매괘
雷澤歸妹卦

효변 爻變	初爻變 而爲大畜卦	二爻變 而爲艮卦	三爻變 而爲蒙卦	四爻變 而爲鼎卦	五爻變 而爲巽卦	上爻變 而爲升卦

산풍고괘 山風蠱卦	산천대축괘 山天大畜卦	중산간괘 重山艮卦	산수몽괘 山水蒙卦	화풍정괘 火風鼎卦	중풍손괘 重風巽卦	지풍승괘 地風升卦

요지要旨

괘명卦名 이 괘는 상간上艮의 산山(☶) + 하손下巽의 풍風(☴) = 산풍고괘山風蠱卦(䷑)이다.

괘의卦意 개혁과 수정 보완을 통한 변화의 길에 대한 말이다. 고괘蠱卦의 고蠱는 벌레 고蠱로 사물이 오래되어 부패, 무질서, 혼란 등이 일어나는 것을 말한다. 이는 태평세월이 오래 계속되면 나라 안이 문란해진다. 어떤 정치제도도 오래가면 폐단이 나온다. 좀을 먹었다는 것은 부패되었다는 뜻이다. 이러한 부패가 만연하면 반드시 변화가 일어나기 마련이며, 이것을 개혁, 변화, 수정, 보완하기 위한 원칙과 방법을 고괘蠱卦에서 말하고 있다.

괘서卦序 「서괘序卦」에서 "큰 것을 가지고도 겸손하면 반드시 즐겁기 때문에 예괘로 받았다.(有大而能謙 必豫, 故 受之以豫.)"라고 하였다. 예
유대이능겸 필예 고 수지이예
괘豫卦는 기뻐하고 즐거워하는 괘卦이다. 수괘隨卦는 남을 따라가는 卦이다. 기뻐하고 즐거워하면서 남을 따라가면 반드시 좋은 일 나쁜 일 등 여러 가지 사고가 생긴다는 것이다.

괘상卦象 고괘蠱卦의 상象은 상上 간괘艮卦(☶)는 산山이고, 하下 손괘巽卦(☴)는 바람으로 산 밑에서 바람이 불고 있다. 그 의미는 먼저, 바람이 산에 부딪혀 초목이 어지럽게 흔들리는 것이고, 다음으로 상上 간괘艮卦(☶)는 머물고 쉬고 있으며, 일을 하지 않는다는 것이다. 하下 손괘巽卦(☴)는 손순巽順하며, 위와 다투는 일이 없다. 이는 위에 있는 군주는 쉬고 일을 하지 않으며, 아래에 있는 신하는 오직 윗 사람에게 유순柔順하기만 하여 직언하는 일이 없다. 이렇게 두면 국가의 규율은 점점 문란해지고 정치는 날로 어지럽게 된다. 이것이 바로 고蠱이다.

蠱는 元亨하니 利涉大川이니 先甲三日하며 後甲三日이니라.
고 원형 이섭대천 선갑삼일 후갑삼일

○ 蠱(벌레 고, 독 고) 元(으뜸 원) 亨(형통할 형) 利(이로울 리) 涉(건널 섭) 先(먼저 선) 甲(첫째 천간 갑) 後(뒤 후)

고蠱는 크게 형통亨通하니, 큰 내를 건너는 것이 이로우니, 갑일甲日보다 사흘 먼저 하고, 갑일甲日보다 사흘 뒤이니라.

각설

고蠱 원형元亨 이섭대천利涉大川 고蠱는 일이 오래되면 태만과 방심으로 폐단이 생긴다. 이것을 바로 잡기 위해서 천도天道로서 일을 주관하면 크게 형통하다는 것이다. 그러므로 큰 일을 주관하거나, 대천大川을 건너도 이롭다는 것이다.[713]

선갑삼일先甲三日 후갑삼일後甲三日[714] 고蠱의 경우 크게 형통하다. 그러

---

713 「계사」편에 "역易 궁즉변窮則變, 변즉통變則通, 통즉구通則久"라 하였다. 치治가 극極하면 난亂이 생기고 난亂이 극極하면 치治가 생긴다.

714 (집설集說) 선갑삼일 후갑삼일에 대한 『주역본의』와 『이천역전』
❶『주역본의』에서는 "갑甲은 일신日辰의 시작이요 일의 단서이다. 갑甲보다 앞서 3일은 신辛이요 갑甲보다 뒤에 3일은 정丁이니, 앞의 일이 중中을 지나 장차 파괴되려하면 스스로 새롭게 하여 뒷일의 단서를 만들어서 크게 파괴됨에 이르지 않게 하여야 하고 뒷일이 막 시작되어 새로우나 다시 정녕丁寧한 뜻을 지극히 하여 앞일의 잘못을 거울삼아 속히 파괴됨에 이르지 않게 하여야 하니, 성인聖人의 경계하심이 깊다(甲 日之始, 事之端也. 先甲三日, 辛也. 後甲三日, 丁也. 前事過中而將壞, 則可自新以爲後事之端, 而不使至於大壞, 後事方始而尙新, 然更當致其丁寧之意, 以監其前事之失而不使至於速壞, 聖人之戒深也)"라고 하였다.
❷『이천역전』"갑甲은 수數의 첫 번째이고 일의 시작이니, 일신日辰의 갑을甲乙과 갑제甲第·갑령甲令과 같은 것이 모두 첫 번째를 이르니, 일의 단서이다. 혼란함을 다스리는 방법은 마땅히 그 앞뒤 3일을 사려思慮하여야 하니, 앞뒤를 미루어 근원해서 병폐를 바로잡고 장구히 할 수 있는 방도를 마련하여야 한다. '선갑先甲'은 이보다 앞서함을 이르니 그 소이연所以然을 연구하는 것이요, '후갑後甲'은 이보다 뒤에 함을 이르니 장차 그러할 것을 염려하는 것이다. 1일, 2일로부터 3일에 이름은 생각함이 깊고 추원推原함이 멂을 말한 것이다. 소이연(所以然)을 연구하면 '병폐를' 바로잡을 방법을 알고 장차 그러할 것을 염려하면 대비할 방법을 알 것이니, 잘 바로잡으면 전일의 병폐를 개혁할 수 있고 잘 대비하면 후일의 이익을 장구히 할 수

선갑삼일先甲三日 후갑삼일後甲三日

(선천先天) (후천後天)
(선갑삼일先甲三日) (후갑삼일後甲三日)
신辛 —임任 —계癸 — 갑甲 — 을乙 —병丙 —정丁(산풍고山風蠱)
(과거過去) ⇨ (현재現在) ⇨ (미래未來)

·거슬러 올라가서 전일의 병폐에 대한 원인을 살피고,
오늘(甲)을 고쳐서 대비하면서 후일의 어떤 결과를 추정하는 것이다.

(선경삼일先庚三日) (후경삼일後庚三日)
정丁—무戊—기己— 경庚 —신辛 —임壬 —계癸(중풍손重風巽)

·경庚은 변경變更의 첫 번째이다. 새롭게 시작할 경庚이다.*

선갑삼일先甲三日은 갑甲의 앞선 삼일三日 즉 신辛, 임壬, 계癸로 십산十干의 마지막 삼일三日이다. 즉 일의 끝을 의미한다. 갑甲은 문란한 규율을 고치고 새로운 기강紀綱을 세우고자 하는 날이다. 즉 오늘이다. ❶선갑삼일은 규율이 점점 문란하게 된 내력(과거, 선천)을 말한다. 즉, 규율이 점점 문란하게 한 오늘까지의 내력을 수년 또는 십수년전까지 거슬러 올라가 잘 살피는 것을 말한다. ❷후갑삼일後甲三日은 갑甲 다음의 삼일三日 즉 을乙, 병丙, 정丁의 삼일三日이다. 오늘 이후의 결과(미래, 후천)를 말한다. 오늘 규율을 바르게 고치면 수년 또는 십수년 뒤에 어떤 결과가 올 것이라는 것을 신중히 고려하는 것을 후갑삼일後甲三日이라 한다. 따라서 인간사로 보면 선후천의 변화를 통해 세상을 일신日新하려면 지나온 몇 일 또는 몇 달, 몇 년, 몇 십년 전으로 거슬러 올라가 지금의 나쁜 풍습이 오게 된 원인을 살피고 어떻게 고쳐나갈지를 정한다. 또 오늘의 개혁으로 생길 앞날의 결과를 고려해서 단행해야 된다는 것이 선갑삼일先甲三日, 후갑삼일後甲三日의 일반적인 의미이다.

---

* 정령이행丁寧已行은 만사가 틀림없이 된다는 의미이며, 정일丁日은 정성으로 이행, 새롭게 출발하는 의미이다.

나 가만히 기다리는 것이 아니다. 기다리기만 하면 되는 것은 아니다. 전일前日의 병폐에 대한 원인을 살피고, 오늘(갑甲)을 고쳐서 대비하면 후일에 세상을 새롭게 하는 이치理致가 선갑삼일先甲三日 후갑삼일後甲三日이다. 갑甲은 십간十干의 첫 자로써 일의 시작이며, 하루의 처음을 의미한다.

[彖曰] 蠱는 剛上而柔下하고 巽而止蠱ㅣ라,
단왈 고 강상이유하 손이지고

蠱ㅣ 元亨而 天下治也ㅣ오 利涉大川은 往有事也일새오
고 원형이 천하치야 이섭대천 왕유사야

先甲三日後甲三日은 終則有始ㅣ 天行也ㅣ라.
선갑삼일후갑삼일 종즉유시 천행야

○ 剛(굳셀 강) 柔(부드러울 유) 巽(손괘 손) 治(다스릴 치) 往(갈 왕) 有(있을 유) 事(일 사) 終(끝날 종) 始(처음 시) 天(하늘 천) 行(갈 행)

단彖에 이르기를, 고蠱는 강剛이 위에 있고, 유柔가 아래에 있다하고, (아래는) 유순柔順하고 (위는) 그친 것이 고蠱이라, 고蠱는 크게 형통하여 천하가 다스려질 것이오. '큰 내를 건너는 것이 이롭다'는 것은 가면 일이 있다는 말이다. '갑일甲日보다 사흘 먼저 하고, 갑일甲日보다 사흘 뒤에 한다.'는 것은 일이 끝나면 시작이 있는 것이니, 이것이 천도天道의 운행법칙이라.

있으니, 이는 옛날 성왕聖王이 천하天下를 새롭게 하고 후세에 드리워준 것이다. 후세에 혼란을 다스리는 자들은 성인聖人의 선갑先甲하고 후갑後甲하는 경계를 알지 못하여 생각이 얕고 일이 천근淺近하기 때문에 세상을 구제함에 수고로우나 혼란함이 개혁되지 못하고, 공功이 이루어지기도 전에 병폐가 이미 생겼던 것이다. 갑甲은 일의 첫 번째이고, 경庚은 변경變更의 첫 번째이다. 제작制作과 정교政教 따위는 갑甲이라고 말하니 첫 번째를 든 것이요, 호령號令을 발하는 일은 경庚이라고 말하니 경庚은 경更과 같아서 변경變更하는 바가 있는 것이다.(甲 數之首, 事之始也, 如辰之甲乙, 甲第甲令, 皆謂首也, 事之端也, 治蠱之道, 當思慮其先後三日, 蓋推原先後, 爲救弊可久之道, 先甲 謂先於此, 究其所以然也, 後甲 謂後於此, 慮其將然也, 一日二日, 至於三日, 言慮之深, 推之遠也, 究其所以然則知救之之道, 慮其將然則知備之之方, 善救則前弊可革, 善備則後利可久, 此古之聖王, 所以新天下而垂後世也, 後之治蠱者, 不明聖人先甲後甲之誡, 慮淺而事近, 故勞於救世而亂不革, 功未及成而弊已生矣. 甲者 事之首, 庚者 變更之首, 制作政教之類則云甲, 擧其首也, 發號施令之事則云庚, 庚 猶更也, 有所更變也.)"라고 하였다.

각설

고蠱 강상이유하剛上而柔下 상괘上卦는 양간陽艮(소남少男)으로 위에 있고, 하괘下卦는 유손柔巽(장녀長女)으로 아래에 있다.[715]

손이지고巽而止蠱 하괘下卦는 손괘巽卦(☴)로 손순巽順하고, 상괘上卦는 간괘艮卦(☶)로 머물고 있다. 다시 말하면 상괘上卦는 현재에 만족하여 머물러 쉬고 나아갈 생각이 없으며 하괘下卦 오직 위에 아첨하고 순종할 뿐 직언을 하지 않으니 상하上下가 서로 떨어져 산풍고山風蠱의 어지러움이 나온다.

고蠱 원형이천하치야元亨而天下治也 '고蠱'가 생기는 원인은 양강陽剛한 자가 위에 머물러 있고, 그 사정이 아래로 통하지 않으며 음유陰柔한 자者는 아래에 움츠리고 있어 그 사정이 위에 통하지 않는 것이다. 그러나 이때에 천도天道로서 다스리면 반드시 문란한 상태가 다스려 진다는 것이다. 반면 인간의 생각과 욕심으로 다스리면 민심이 천심이니, 양들의 저항에[716] 직면하게 된다.

이섭대천利涉大川 왕유사야往有事也 큰 강江을 건너는 것처럼 많은 어려움을 극복하고 용감하게 나아가 성인지사聖人之事, 군자지사君子之事로 천하을 주관하여야 한다.

선갑삼일후갑삼일先甲三日後甲三日 종즉유시천행야終則有始天行也 '선갑삼일先甲三日 ,후갑삼일后甲三日'은 선천先天이 종終하면 후천後天이 시작한다는 순환적인 시간관에 입각한 천도운행원리를 말한다. ❶신辛에는 '처음(신新)'의 뜻이 있고, ❷정丁에는 '끝(정녕)'의 뜻이 있으니 「단사彖辭」

---

715 '래지덕來知德'은 『래주역경도해來註易經圖解』에서 "이 괘는 앞의 택뢰수괘澤雷隨卦를 거꾸로 한 것이며, 수괘隨卦의 하下 진괘震卦가 올라가 상上 간괘艮卦가 되고, 상上 태괘兌卦가 내려와 손괘巽卦가 된 것이라 생각하며 그러므로 상하上下가 사귀지를 못한다고 해석한다.(剛上而柔下者, 蠱綜隨, 隨初震之剛上而爲艮, 上六兌之柔下而爲巽也. 剛上則太尊而情不下達)"라고 하였다.

716 『서경』의 천명사상天命思想 참조.

에 '종즉유시천행야終卽有始天行也'라고 한 것이다.

[象曰] 山下有風이 蠱ㅣ니 君子ㅣ 以하야 振民育德하나니라.
상왈 산하유풍 고 군자 이 진민육덕

○ 振(떨칠 진) 民(백성 민) 育(기를 육) 德(덕 덕)

상象에 이르기를, 산 밑에 바람이 있는 것이 고蠱이니, 군자는 이로써 백성을 깨우고 덕德을 기르니라.

개요概要

바람이 불어 초목이 움직이는 것에서 진민振民의 뜻이 나온다. 왜냐하면 오래두면 부패하니 손巽바람으로 변화를 가져온다는 것이다. 육덕育德은 상上 간산艮山의 상象에서 나온 것이다. 산山이 초목을 기르는 것에서 덕德을 기르는 뜻이 나온 것이다.[717]

각설

산하유풍山下有風 고蠱 산 밑에서 바람이 불어와 나뭇가지가 꺾이고 산 아래의 먼지를 불어 올리는 고괘蠱卦의 상象이다. 지금까지 있었던 규율이 문란해져서 새로운 기강을 세워야 할 변화의 시점이 된 것이다.

진민육덕振民育德 군자는 이 상象을 보고 이것을 본받아 국민을 격려하여 떨치고 일어나도록(형이상학적인 세계로 나아가도록)하며, 덕德을 기르도록 한다.[718]

---

717 산하유풍山下有風을 나쁜 방면으로 보면 고蠱의 상象이 되고, 좋은 방면으로 보면 진민육덕振民育德의 상象이 된다.

718 '진민振民'은 『대학』의 신민新民에 해당되고, 육덕育德은 명명덕明明德에 해당한다고 보고, '육덕育德'을 수신修身으로 보기도 한다. 진민振民과 육덕育德 둘 다 국민에 대한 말로 보

[初六]은 **幹父之蠱**ㅣ니 **有子**ㅣ면 **考**ㅣ **无咎**하리니
초육 간부지고 유자 고 무구

厲하나 **終吉**이리라. (山天大畜)
려 종길 산천대축

象曰, 幹父之蠱는 **意承考也**이니라.
상왈 간부지고 의승고야

○ 幹(주관할 간, 줄기 간) 父(아비 부) 子(아들 자) 考(죽은 애비 고, 상고할 고) 无(없을 무) 咎(허물 구) 厲(위태로울 려) 終(끝날 종) 吉(길할 길) 意(뜻 의) 承(받들 승)

초육初六은 아버지의 일을 주관함이니, 아들이 있으면 죽은 아버지(선성인先聖人)의 허물이 없다 하리니, 위태로우나 마침내 길하리라.

상象에 이르기를, '아버지의 일을 주관한다'는 것은 아버지의 뜻을 계승함이니라.

개요概要

부자父子의 관계를 통해서 성인聖人·군자 관계를 설명하고 있다. 또한 앞의 것과 뒤의 것은 과거와 현재를 비유하여 말한 것이다.

각설

간부지고幹父之蠱 간幹은 나무의 줄기 간이다. 나무의 가지와 잎은 모두 줄기에서 나오니 줄기는 가지와 잎의 몸통이다. 이것은 일을 하는데 그 주인이 되거나 중심이 되어 온 힘을 다하는 것을 간幹이라 한다. '부지고父之蠱'는 아버지(성인聖人) 시대부터 시작된 일들이다. 그것을 이 초육初六이 주主가 되고 중심이 되어 잘 처리한다. 이것이 간부지고幹父之蠱이

고 국민의 뜻을 진기振起하고 국민의 도덕을 양육한다고 해석할 수도 있다. 만약 육덕育德을 군주 자기의 것이라고 하면 육덕育德을 진민振民의 위에 놓아 육덕진민育德振民이라 할 것이다. 또 진민振民은 하손괘下巽卦의 풍風의 상象에서 나온 것이다.

다.[719] 간부지고幹父之蠱는 선천지사先天之事, 선조지사先祖之事, 선왕지사先王之事이다

유자고무구有子考无咎 려厲 종길終吉 '고考'는 돌아가신 아버지를 말한다. 만약 착한 아들(군자君子)이 있어 선대先代부터 내려온 일을 주관하면 돌아가신 아버지(성인聖人)가 허물이 없게 된다.

소상사小象辭[720]

간부지고幹父之蠱 의승고야意承考也 아버지(성인聖人) 때의 일을 주관하는 것(아버지의 연원이나 미처 못한 일)은 돌아가신 아버지의 뜻을 이어받는 것이다.

---

719 아버지시대부터 문란한 일이 있었다고 해도 그것이 꼭 아버지의 잘못이라는 것은 아니다. 왜냐하면 아무리 좋은 방법이라도 그것이 오래 지속되면 반드시 문란한 일이 나오게 되기 때문이다. 어떤 좋은 제도라도 오래가면 폐단이 나옴으로 때때로 이것을 혁신하지 않으면 안 된다. 이렇게 혁신한 새로운 제도도 오래가면 역시 폐단이 나온다. 그러므로 또 혁신하지 않을 수 없게 된다. 그러나 부지고父之蠱 즉 선대로부터 내려오는 문란한 어느 때 어느 곳에서도 항상 있는 것이다. 선대부터 내려온 잘못을 잘 처리하는 것을 '간부지고幹父之蠱'라고 한다.

720 (觀中) '고考'는 이미 돌아간 성인聖人의 뜻이다(성인지의聖人之意). 돌아간 부모(천지부모天地父母), 스승의 뜻(무유사보无有師保 여임부모如臨父母)을 철저하게 받들어야 한다. '유자有子면 고무구考無咎'의 자子는 단순히 자식이라는 의미가 아니라 성인聖人의 제자인 군자라는 의미를 강하게 표현하는 '아들 자子' 자字이다. 수괘需卦와 산풍고괘山風蠱卦에서는 순전히 성인聖人과 군자간의 관계를 가지고 육갑원리를 설명하고 있다. 여기서 육갑원리가 나온다. '유자有子면 고무구考無咎'의 자子는 육갑六甲에 있어서 갑자甲子라는 아들 자子와 직통한다. 유자有子는 생자生子이다. 아들을 낳았어야 한다. 학역군자가 거기에서 탄생되어야 한다. 그렇기 때문에 산풍고괘에서는 갑자도수甲子度數를 중심으로 하여 선갑삼일先甲三日, 후갑삼일後甲三日이라고 한 것이다. 선갑삼일先甲三日, 후갑삼일後甲三日 도수度數에서 탄생된 성인聖人의 제자로서의 학역군자는 어디에서 성덕成德이 되어지는가? 선경삼일先庚三日, 후경삼일後庚三日, 경자도수에서 성덕成德이 된다. 그러므로 중풍손괘, 5효에 선경삼일先庚三日, 후경삼일後庚三日이라고 했다.

[九二]는 幹母之蠱ㅣ니 不可貞이니라. (重山艮)
구이 간모지고 불가정 중산간

象曰, 幹母之蠱는 得中道也이니라.
상왈 간모지고 득중도야

○可(옳을 가) 貞(곧을 정) 得(얻을 득) 中(가운데 중) 道(길 도)

구이九二는 어머니의 일을 주관함이니, 가히 곧게만 (하는 것은) 아님이니라. 상象에 이르기를, '어머니의 일을 주관한다'는 것은 중도中道를 얻는 것(중도中道로써 정도正道에 맞게 하는 것)이니라.

개요概要

구이九二는 양강陽剛·중덕中德한 효爻로써 육오六五와 서로 응應한다.

각설

간모지고幹母之蠱 육오六五는 음효陰爻라 모母로 본다. 자식子息이 어머니의 일을 주관하는 것이다. 육오六五를 유약柔弱한 임금이다. 양강陽剛·중덕中德을 가진 신하가 유약柔弱한 임금을 도와 일을 잘 처리하는 것이다.

불가정不可貞 구이九二가 도와서 육오六五의 일을 주관함이라 가히 중도中道에 대하여 너무 지나치게 고집해서는 안된다는 것이다.[721] 왜냐하면 이효二爻가 군자의 위치로써 육오六五의 일을 주관하기 때문이다. 엄격함만으로는 육오六五의 일을 수정 보완하기가 곤란하다는 것이다.

---

721 '래지덕來知德'은 『래주역경도해來註易經圖解』에서 "만약 군신으로서 말하면 '주공周公'이 '성왕成王'을 섬기는데 '성왕'에게 잘못이 있으면 '주공周公'은 자기 아들 '백금伯禽'을 매질했다고 하는 것이 이 효에 해당된다.(若以君臣論, 周公之事成王, 成王有過則撻伯禽, 皆此意也)"라고 하였다. 이것은 유약한 임금을 모시는 것이므로 지나치게 엄정할 수 없다. 즉 부드러운 말과 얼굴로 너그럽게 천천히 좋은 길로 인도하여야 한다는 것이다.

소상사小象辭 [722]

간모지고幹母之蠱 **득중도야**得中道也 어머니의 일을 주관함에 있어서 군자는 중도中道에 맞게 정도正道를 행해야 한다는 것이다.

[九三]은 幹父之蠱ㅣ니 小有悔나 无大咎ㅣ리라. (山水蒙)
구삼 간부지고 소유회 무대구 산수몽

象曰, 幹父之蠱는 終无咎也이니라.
상왈 간부지고 종무구야

ㅇ 小(작을 소) 有(있을 유) 悔(후회할 회) 終(끝날 종) 无(없을 무) 咎(허물 구)

구삼九三은 아버지의 일 주장함이니, 조금 후회함이 있을 것이나. 크게 허물은 없느니라.

상象에 이르기를, '아버지의 일을 주장한다'는 것은 마침내 허물이 없느니라.

개요概要

구삼九三은 정위正位·과중過中한 효爻로 너무 지나쳐 있다.

각설

간부지고幹父之蠱 **소유회**小有悔 **무대구**无大咎 구삼九三은 양강陽剛으로 아버지 때의 일을 주관하고 개혁하는데 있어서 구삼九三은 호동好動이라 너무 지나치게 하는 결점이 있다는 것이다. 따라서 약간 후회할 일이 있

722 (觀中) 중도中道를 깨닫는데 매진하라. 득得은 체득體得, 자득自得의 의미. '불가정不可貞'의 정貞은 중도中道를 깨닫는 위치에 있기 때문에 밖으로 나가 도道를 행하려고 하지 말라. 안심하고 있지 말라의 뜻도 있다. 왜냐하면 아직 섭대천涉大川을 하지 않았기 때문이다. 이효二爻가 동動하면 중산간괘重山艮卦가 된다. 간괘艮卦 이효二爻에 "간기배艮其腓 부증기수不拯其隨"라고 했다. '부증기수不拯其隨'(자신의 몸의 안일을 경계警戒)는 택뢰수괘澤雷隨卦를 가리킨다. 처녀 궁뎅이를 좇아 다니는 노총각을 구제하지 못했다는 말이다. 이회수인以喜隨人하는 소인小人을 구제하지 못했다는 말이다. 수시隨時하면 군자요, 수인隨人하면 소인小人으로 전락할 확률이 높다. 고괘蠱卦 이효二爻의 간모지고幹母之蠱는 중中을 얻었는데 불가정不可貞이라고 했다. 정고간사貞固幹事하는데 이롭지 못하다. 정조를 지키는데 불가하다.

으나, 구삼九三은 뜻이 바른 효爻이므로 큰 허물은 없다는 것이다.

소상사小象辭

간부지고幹父之蠱 **종무구야**終无咎也 아버지 때의 문란한 일을 고치는 것은 좋은 일이므로 결국은 큰 허물이 없다는 것이다.

[六四]는 裕父之蠱는 往하면 見吝하리라. (火風鼎)
육사 유부지고 왕 견인 화풍정

象曰, 裕父之蠱는 往앤 未得也이니라.
상왈 유부지고 왕 미득야

○ 裕(넉넉할 유) 往(갈 왕) 見(볼 견) 吝(아낄 린{인}, 인색할 인) 未(아닐 미) 得(얻을 득)

육사六四는 아버지의 일을 너그럽게 함이니, 그대로 나가면 부끄러움을 당하리라.

상象에 이르기를, '아버지의 일을 너그럽게 대한다'는 것은 나아가려해도 얻지 못하니라.

개요概要

육사六四**는 정위**正位**지만 유약**柔弱**한 음효**陰爻**이다. 선갑삼일과 후갑삼일로 문제를 해결해야 함에도 불구하고 태만과 방심, 복지부동으로 일관한다면 인색하다는 것이다.**

각설[723]

---

723 (觀中) ❶유뷰지고裕父之蠱 : 구덕괘九德卦에 있어서 풍뢰익괘風雷益卦를 덕지유德之裕라고 했다. 왜 하필이면 사효四爻에 유부지고裕父之蠱라고 했는가? 풍뢰익風雷益은 자천우지원리自天佑之原理를 그대로 표상한 괘다. '자상하하自上下下'이다. 풍뢰익괘風雷益卦는 갑진을사도수甲辰乙巳度數이다. 사효四爻의 시위성時位性을 표상하는 육갑도수六甲度數와 결부가 되어 있다. 건괘乾卦 사효四爻도 혹약재연或躍在淵 진퇴무항進退无恒이다. ❷왕견인往見吝 : 이 효

유부지고裕父之蠱 '유裕'는 넉넉할 유, 너그러울 유자로 태만하고 방심함을 의미한다. 세상의 폐풍을 제거하려면 강건剛健한 양효陽爻라야 한다. 지나치게 겸손하고 유약柔弱한 음효陰爻로서 오래 동안 쌓인 폐풍을 제거할 수는 없다.

왕견린往見吝 육삼六三은 아버지시대부터 쌓인 폐풍을 제거하려 하는데 육사六四는 그대로 두고 방심하여 서두르지 않으니 인색하다는 비난을 받는다.[724]

소상사小象辭[725]

유부지고裕父之蠱 **왕미득야**往未得也 앞의 구삼효九三爻는 강剛이 지나친 결점이 있지만 결국 큰 허물은 된다. 그러나 이 육사효六四爻는 우유부단으로 우물쭈물하고 있다가 나중에는 손도 댈 수 없는 상태에 떨어지고 만다. 강剛이 지나친 것은 오히려 나은 편이고 여기서는 유柔가 지나친 것을 가장 경계하고 있다.

가 동하면 화풍정괘火風鼎卦가 된다. 화풍정괘火風鼎卦 사효四爻가 가장 고약한 효爻다. 솥다리를 부러뜨려 공公이 먹을 밥(장차 군자가 먹을 밥)을 둘러 엎어버렸다. 밥은 무엇을 상징하는가? 성인지도다. 즉 소인小人이 성인지도를 둘러엎었다. 악渥은 추접할 악자(지저분할 악자다.)다. 집안을 오염시켜 놓았다는 뜻이다. 집안에 똥물을 흘려 놓은 것이다. 이에 군자가 살 수 없게 만든 것이다.

724 결국 구제할 수 없는 상태로 떨어지고 만다. 천하의 폐풍을 제거하려면 강한 힘으로 과감하게 결행決行하여야 한다. 육사六四가 선대의 문란을 바로 잡는데 과단결행할 힘이 얻어優柔不斷한 것은 나아가 보아도 아직 그의 뜻을 얻을 수 없기 때문이다. 그의 힘으로서 문란을 다스릴 수 없기 때문이다.

725 미득未得은 행할려고 할 때는 뜻을 이루지 못한다. 조급하게 역도易道를 행하려고 하지 않아야한다. 역도를 깨닫게 되지 못하는 것이다. 아버지의 잘못은 영적인 삶의 잘못을 의미하고, 어머니의 잘못은 이 세상世上에 나와서 몸으로 벌린 잘못을 말한다. 언제나 하늘의 이치에 부합되게 살라는 그 말이다. '나'에게 좋게만 사는 것이 아니고 '나'를 없애고 살아가기를 이렇게 어렵게 말하고 있다.

[六五]는 幹父之蠱ㅣ니 用譽리라. (重風巽)
육오 간부지고 용예 중풍손

象曰, 幹父用譽는 承以德也이니라.
상왈 간부용예 승이덕야

○用(쓸 용) 譽(기릴 예) 承(받들 승) 以(써 이) 德(덕 덕)

육오六五는 아버지의 일을 주관함이니, 명예로 해야 하리라.

상象에 이르기를, '아버지의 일을 주관함이니 명예로 해야 한다.'는 것은 덕德으로써 이어받음이니라.

개요概要

육오六五는 부정위不正位이지만 이 효爻는 고괘蠱卦의 주효主爻이다. 유순중덕柔順中德을 가진 성인이다.

각설

간부지고幹父之蠱 용예用譽 육오六五 성인聖人은 아래에 양강중덕陽剛中德을 가진 구이九二 현인賢人과 서로 응應하고, 이를 신임하며, 또한 도움을 받고 있다. 구이九二의 보좌로 육오六五는 선대先代로부터 내려온 부父의 고蠱를 일신一新할 수 있으며, 그것으로 큰 명예를 얻게 된다.

소상사小象辭[726]

726 (觀中) '승이덕承以德'이라고 한 것은 중풍손괘重風巽卦 오효五爻 「효사爻辭」를 가리킨다. 선후경삼일원리先后後庚三日原理가 곤도坤道요, 군자지도다. 선후갑삼일원리先后甲三日原理는 성인지도요, 건도乾道다. 덕德을 행하여 명예를 얻어라. 초효初爻에서는 부모의 뜻을 뜻으로 계승했던 것을 오효五爻에 와서 부모의 뜻을 이루는 일을 행行할 수 있게 된다. 오효五爻가 동動하면 중풍손괘重風巽卦가 된다. 즉 신명행사申命行事를 해도 좋다는 말이다. 신도神道를 천하에 행하여 왕사에 종사하는데서 명예를 얻으라는 말이다. '승이덕承以德'이란 천지부모

승이덕야承以德也 '승承'은 선대先代의 뒤를 이어받는 것이다. 그러므로 높은 덕德으로서 아버지의 뒤를 이어받는 것이다. 육오六五 성인聖人이 선대로부터 내려온 폐단을 고치고 바로 잡아 큰 명예를 얻는 것은 육오六五가 유순중덕柔順中德으로써 선대의 덕을 이어받아 그의 결점을 바로 잡기 때문이다.[727]

[上九]는 不事王侯하고 高尙其事ㅣ로다. (地風升)
상구 불사왕후 고상기사 지풍승

象曰, 不事王侯는 志可則也이니라.
상왈 불사왕후 지가칙야

○ 不(아닐 불) 王(임금 왕) 侯(제후 후, 과녁 후) 高(높을 고) 尙(숭상할 상) 事(일 사, 섬길 사)

상구上九는 왕후를 섬기지 아니하고, 그 일을 높이 숭상함이로다.

상象에 이르기를, 왕후王侯를 섬기지 않음은 뜻이 가히 법칙이 될 만하니라.

개요概要

상구上九는 출사出仕를 하지 않고 돈세무민遯世无悶하는 군자이다.

개혁의 역할을 마치면 낙향하여 후학을 양성하고, 명命이 있으면 나아가서 백성을 편안하게 하는 선비문화로 정착되었다.

각설

불사왕후不事王侯 고상기사高尙其事 고蠱는 문란한 것을 바로 잡는 것

의 뜻을 이어 받들어 행하라는 말이다. 행위의 주체가 덕德이다. 선성善性이 없이는 사덕四德을 行할 수 없다.

727 『주역절중周易折中』에서는 정유약의 말을 인용하여, "아버지의 명예를 잃치 않게해야 한다.(幹蠱而親不失于令名)"라고 하였다.

이다. 그러나 상구上九는 출사를 하여 성인聖人이나 제후를 섬기지 않고, 세상 밖으로 나가 초야에 머물면서 수기修己에 충실함으로써 높은 덕을 존중받고 있는 군자를 말한다.[728] 그러므로 고상高尙이다. 상괘上卦 간艮(☶)은 그치는 것이니 '불사不事'이고, 하괘下卦 손巽(☴)은 '고高'요, 또 간艮이 손巽의 위에 있으니 '고상高尙'이 된다. 따라서 왕후를[729] 섬기지 아니하고 간산艮山에 들어가는 '蠱高尙其事'의 상象이 된다.[730]
고 고 상 기 사

소상사小象辭

지가칙야志可則也 그 진퇴를 알아서 출사出仕할 때는 왕를 섬겨 백성을 편안히 하고, 물러나서는 자신의 덕德을 닦는 것이니 그 뜻을 본받을만한 것이다.[731]

---

728 불사왕후不事王侯, 고상기사高尙其事에 관한 이야기들
❶애초부터 은거함. ❷탕湯을 도와 은殷을 세운 이윤伊尹과 무武를 도와 주周를 세운 태공망의 벼슬하기 전前의 모습, 그리고 조선 때 격물치지格物致知를 하지 못했는데 어찌 세상을 다스리겠냐고 하면서 평생을 벼슬하지 않은 서화담 선생이 그러하다. 모두가 일을 다 처리하고 은거한 것이다. (명예名譽와 벼슬을 버린 것은 숭상할만한 일이다.) 이 효는 고蠱의 일을 모두 마쳐, 백성을 편안히 한 후 본래의 자기 본분으로 돌아가는 것으로 풀이할 수 있다. 나라가 진시황秦始皇에게 망하자, 장간(장자방)이 그 원수를 갚기 위해 한고조漢高祖를 도와 진秦을 멸하고, 한漢을 세운 후, '불사왕후不事王侯, 고상기사高尙其事'라고 말하고는 물러난 사실이 그러하다.

729 상괘上卦 간艮을 도전挑戰하면 진震 왕후王后가 된다.

730 상구上九가 동動하면 지풍승地風升이니 위로 올라가는 것이다.

731 『대학大學』에 "군자는 집을 나가지 않고 나라에 가르침을 이루는 것이다.(『大學』, 傳9章, "군자君子 불출가이성교어국不出家而成教於國)"라고 하였다. 이것은 제가齊家를 잘하는 사람이 밖에서 정치를 잘 한다는 것이다. 초육初六·구이九二·구삼九三·육사六四·육오六五는 모두 가정家庭을 두고 말하였는데, 상구上九는 사실상 정치권을 벗어난 자리임에도 불구하고 '왕후王候'를 쓴 것은, '불사부모不事父母'로 썼다면 부모父母를 버리고 집을 나간 사람밖에 되지 않으므로 '왕후王侯'라고 정치를 빗대어 말한 것이 할 수 있을 것이다. 즉 초육初六－육오六五까지는 가정을 빗대어 말할 수 있으나 상구上九는 곤란하다.

✐ 고蠱는 사물事物이 오래되어 부패, 무질서, 혼란하게 됨을 말한다. 고괘蠱卦에서는 이러한 문제점을 개혁改革과 수정및 보완을 위한 원칙과 방법으로 선갑삼일先甲三日, 후갑삼일後甲三日 원리을 제시하고 있다.

새로운 개혁과 변화를 위해서는 과거로 거슬러 올라가 지금의 나쁜 풍습이 오게 된 원인原因을 살펴서 이것을 어떻게 고쳐나갈지를 정하고, 또한 오늘의 개혁改革으로 생길 앞날의 결과를 고려해서 신중하게 단행해야 된다는 것이다. 이것은 무질서와 혼란의 선천先天이 종終하면 후천後天이 시작한다는 선후천원리에 입각한 순환적인 시간관의 천도운행원리를 말한다. 그러므로 군자는 사람들을 격려하여 떨치고 일어나 진리의 자각을 통해 거듭남으로 후천인 도덕적인 세계에 나아가도록 덕德을 기르도록 해야 한다는 것이다.

지택임괘
19.地澤臨卦

도전괘
倒顚卦

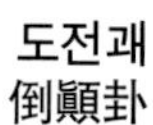
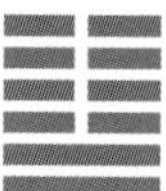

지택임괘
地澤臨卦

풍지관괘
風地觀卦

음양대응괘
陰陽對應卦

지택임괘
地澤臨卦

천산돈괘
天山遯卦

상하교역괘
上下交易卦

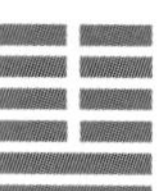

지택임괘
地澤臨卦

택지췌괘
澤地萃卦

호괘
互卦

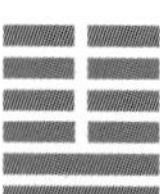

지택임괘
地澤臨卦

지뢰복괘
地雷復卦

효변 爻變	初爻變 而爲師卦	二爻變 而爲復卦	三爻變 而爲泰卦	四爻變 而爲歸妹卦	五爻變 而爲節卦	上爻變 而爲損卦
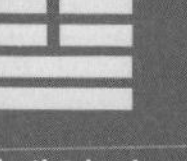						
지택임괘 地澤臨卦	지수사괘 地水師卦	지뢰복괘 地雷復卦	지천태괘 地天泰卦	뇌택귀매괘 雷澤歸妹卦	수택절괘 水澤節卦	산택손괘 山澤損卦

요지要旨

괘명卦名 이 괘는 상上 곤괘坤卦의 지地(☷) + 하下 태괘兌卦의 택澤(☱) = 지택임괘地澤臨卦(䷒)이다.

괘의卦意 하늘의 은택을 기다리는 군자의 도리를 설명하고 있다. 인臨의 의미는 ❶~도달했다, ~임했다. ❷임괘臨卦는 12월괘로 한 해의 종終과 새해의 시始로 종시終始원리를 의미하기도 한다.

임臨의 시기는 인위人爲로 알 수 없고, 하늘의 뜻에 따라 천도天道(원형이정)가 임臨하는 것이다. 『설문해자』에서는 임臨은 살피는 것이다. 임臨은 위에서 군자가 아래 백성을 살피는 것이요, 높은 곳에서 낮은 곳으로 임臨하는 것이다. 하괘下卦의 덕德은 태열兌悅이고, 상괘上卦의 덕德은 곤순坤順이다. 하늘의 은택이 기쁨과 순종하는 덕德으로 아래에 임臨한다. 화열유순和悅柔順한 덕德으로 임臨하여 만민이 모두 심복心服하게 된다는 것이다.[732]

괘서卦序 「서괘序卦」에서 "고란 일이니, 일이 있은 연후에 큰 것을 받을 수 있기 때문에 임괘로 받았다.(蠱者事也(고자사야), 有事而後(유사이후) 可大(가대), 故(고) 受之以臨(수지이고).)"라고 하였다. 산풍고괘山風蠱卦는 세상의 낡은 병폐를 처리하는 일을 말하며, 이것을 잘 주관함으로서 비로소 ❶하늘의 은총이 임한다. ❷종시終始의 변화가 온다. 그러므로 고괘蠱卦 다음에 임괘臨卦가 놓여 있다는 것이다.

---

732 아랫사람은 화열和悅의 덕德을 가지며, 윗사람은 유순柔順의 덕德을 가지고 있다고 보아도 좋다. 아래에 있는 양효陽爻가 화열和悅의 덕德으로 부드럽게 올라가며 위에 있는 음효陰爻는 유순柔順하게 그들을 받아들인다고 보는 것이다. 양효陽爻가 화열유순和悅柔順의 덕德을 가지고 알맞은 때에 理에 맞도록 부드럽게 나아간다고 보는 것이다. 즉, 첫째는 윗사람이 화열유순和悅柔順의 덕德으로 아랫사람에 임臨하는 것이고, 둘째는 아랫사람이 화열和悅의 덕德으로 나아가고 윗 사람이 유순柔順하게 잘 받아들인다고 보는 것이며, 셋째는 아래에 있는 양효陽爻가 화열유순和悅柔順의 덕德으로 나아가는 것이다. 이들 셋은 다 버릴 수 없으며 그때마다 알맞은 것을 골라 사용할 것이다. 이 괘를 육효六爻로 나누어 보면 구이효九二爻는 중덕中德을 가진 양강陽剛한 효이다. 중中을 가지며 위에 있는 유순柔順한 육오六五 성인聖人(군왕君王)와 서로 응應한다. 즉 구이九二 현인賢人이 육오六五 성인聖人(군왕君王)로부터 깊은 신임을 받고 있으며 이것으로 임괘臨卦의 도道가 잘 운행이 된다.

괘상卦象 상곤上坤(☷)과 하태下兌(☱)가 지택임괘地澤臨卦의 상象이다. 이것은 땅 아래에 기쁨이 있는 것이다.[733] 군자의 덕목과 왕도정치원리를 말한다.

> **臨**은 元亨코 利貞하니 至于八月하얀 有凶하리라.
> 임 원형 이정 지우팔월 유흉

○ 臨(임할 림{임}) 元(으뜸 원) 亨(형통할 형) 利(이로울 리{이}) 貞(곧을 정) 至(이를 지) 于(어조사 우)

임臨은 크게 형통하고, 곧으면 이롭다하니, 8월에 이르러 흉이 있느니라.

각설

임臨 원형이정元亨利貞 원형리정元亨利貞은 사상四象으로 천도天道이다. 천도天道가 백성에게 임臨하는데는 원형이정元亨利貞의 사상四象이 인예의지仁禮義智의 사덕四德으로 드러나는 것이다.[734]

---

733 육효중괘六爻重卦로 말하면 육삼六三, 육사六四, 육오六五, 상육上六의 네 음효陰爻는 덕德이 적지만 자리가 높음으로 초구初九, 구이九二에 임臨하며 이들을 통솔하고 있다. 즉 음효陰爻는 자리로서 양효陽爻에 임臨하고 양효陽爻는 덕德으로서 음효陰爻에 임臨하고 있다. 이 卦는 아래에 있는 두 양효陽爻가 점점 성盛해져서 세략勢力을 더해 가는데 그 처음은 일양一陽으로 된 지뢰복괘地雷復卦이다 지뢰복괘地雷復卦는 음력陰曆 십일월十一月의 괘卦이다. 두 양陽으로 된 지택임괘地澤臨卦는 12월의 괘이다. 정월正月은 지천태괘地天泰卦이며 2월은 뇌천대장雷天大壯, 3월은 천택리天澤履, 4월은 중천건重天乾이 되어 순양純陽의 달이 되었다가 5월은 일음一陰이 나와 천풍구天風姤가 되고, 6월에 이음二陰이 나와 천산돈天山遯, 7월은 천지비天地否, 8월은 풍지관괘風地觀卦가 된다. 풍지관괘風地觀卦는 임괘臨卦를 거꾸로 세운 모양의 괘卦이며 양陽이 몹시 쇠약衰弱한 괘卦이다. 다음 9월은 산지박괘山地剝卦이고 10월은 곤괘坤卦로 순수한 음陰의 달이다. 이와 같이 지택임괘地澤臨卦는 지뢰복괘地雷復卦의 다음 달로 12월이며 양陽이 대단한 기운으로 성장하는 괘이다.

11월	12월	1월	2월	3월	4월	5월	6월	7월	8월	9월	10월
䷗	䷒	䷊	䷡	䷪	䷀	䷫	䷠	䷋	䷓	䷖	䷁
지뢰복 地雷復	지택임 地澤臨	지천태 地天泰	뇌천대장 雷天大壯	택천쾌 澤天夬	중천건 重天乾	천풍구 天風姤	천산돈 天山遯	천지비 天地否	풍지관 風地觀	산지박 山地剝	중지곤 重地坤

734 원형이정과 사덕四德 : 「괘사」에 원형이정이 다 들어 있는 괘는 건乾, 곤坤, 수隨, 임臨, 무망

지우팔월至于八月 유흉有凶 12월은 양陽이 세勢를 얻어가는 임괘臨卦(䷒)의 시대이므로 양강陽剛한 군자를 위해서는 좋은 때이다. 그러나 앞으로 양쇠음성陽衰陰盛하는 때가(10월)오니 늘 삼가고 미리 조심하라는 경계이다. 다시 말하면 지금은 지택임地澤臨(䷒)으로 양陽의 세勢가 점점 더해가는 때이지만 다음에는 반드시 양陽이 쇠衰하고 음陰이 성盛하여 소인들이 득세할 때가 오니 미리 조심하고 경계하면 혹 풍지관괘風地觀卦(䷓)인 팔월八月이 되어도 흉凶이 없다는 것이다.

[彖曰] 臨은 剛浸而長하며 說而順하고 剛中而應하야
단왈 임 강침이장 열이순 강중이응

大亨以正하니 天之道也이니라.
대형이정 천지도야

至于八月有凶은 消不久也이니라.
지우팔월유흉 소불구야

○ 剛(굳셀 강) 浸(스며들 침, 점차 침, 담글 침) 長(길 장) 說(기꺼울 열) 順(순할 순) 剛(굳셀 강) 應(응할 응) 消(사라질 소) 不(아닐 불) 久(오랠 구)

단彖에 이르기를, 임臨은 강이 점점 자라나며, 기뻐하며 따르고 구이九二 강중剛中이 바르게 호응하여 크게 형통하니 하늘의 도道이니라. '8월에 이르러 흉凶이 있다.' 함은 양陽이 사라질 날이 멀지 않음이니라.

각설

임臨 강침이장剛浸而長 물이 스며들듯이 차츰 나아가는 것이다.(침浸=점漸) 양강陽剛의 기氣가 차츰 나아가서 성盛해지는 것이다. 인사로 말하면 양강陽剛한 군자가 점차로 나아가서 세력을 얻는 것이다.

无妄, 돈遯, 혁革의 7괘이나, 사덕四德의 뜻으로 쓰는 것은 건괘乾卦와 곤괘坤卦 뿐이다. 이 두 괘에서도 곤坤의 정貞은 '빈마지정牝馬之貞'이라 하여 완전한 사덕四德으로 보지는 않는다. 즉 나머지 괘에 있어서는 '크게 형통하고 바르게 함이 이롭다'고 점차적으로 풀이한다.

열이순說而順 하태下兌의 덕德은 화열和悅이며, 상곤坤卦의 덕德은 유순柔順이다.

강중이응剛中而應 이것은 하괘下卦의 구이九二가 양강중덕陽剛中德한 효로 육오六五와 서로 응應한다. 그러므로 유순중덕柔順中德한 육오六五 성인聖人의 깊은 신임을 받고 있다.

대형이정大亨以正 천지도야天之道也 임괘臨卦는 하늘의 뜻으로 형통하고 바름으로써 천도天道이다.

지우팔월유흉至于八月有凶 소불구야消不久也 지금은 양陽이 성盛한 때이지만 언제까지나 양陽이 성盛할 수는 없다. 뒤에 8월이 되면 풍지관괘風地觀卦(䷓)가 되고 음陰이 성盛한 시기가 되어 흉凶하다고 한 것은 머지않아 양陽이 소멸할 시기가 온다는 것이다.

[象曰] 澤上有地ㅣ **臨**이니 **君子**ㅣ **以**하야
상왈 택상유지 임 군자 이

教思无窮하며 **容保民**이 **无疆**하나니라.
교사무궁 용보민 무강

○ 教(가르침 교) 思(생각할 사) 无(없을 무) 窮(다할 궁) 容(얼굴 용) 保(지킬 보) 民(백성 민) 无(없을 무) 疆(지경 강)

상象에 이르기를, 못 위에 땅이 있는 것이 임이니, 군자는 이로써 백성을 가르치려는 생각이 다함이 없고, 백성을 포용하여 보호하는 것이 지경地境이 없다 하니라.

개요概要[735]

군자는 땅 아래 못(기쁨)있는 임괘臨卦의 상象을 보고 이것을 본받아 사람

---

735 못 위에 땅이 있는 것은 임괘臨卦의 상象이다. 못은 낮은 곳에 있고 그 곁에 있는 약간 높은 곳이 땅이다. 그러므로 땅에서 못을 내려다 볼 수 있다. 이것이 임괘臨卦의 象이다.

들을 가르치고, 인도하며, 백성을 깊이 생각하는 마음이 끝도 없이 한도 없다는 것이다.[736] 땅은 끝없이 넓어 세상만물을 다 싣고 있다. 군자가 국민을 끝없이 포용하며, 편안하도록 하는 것은 땅이 만물을 싣고 있는 것을 본받은 것이다. 이것이 군자가 백성에게 임臨하는 도道이다.

각설

택상유지澤上有地 연못위에 땅이 있다. 큰 땅이 많은 물을 포용하고 있다. 군자는 만물을 포용하는 땅의 덕德을 본받아 사람들을 교화하고, 양육한다는 것이다. 이때, 물은 백성이요, 땅은 군자이다. 친민親民의 방법이 교화敎化, 보민保民, 교사무궁敎思无窮이다.

교사무궁敎思无窮 '교敎'는 백성을 가르치고 인도하는 것이다. '사思'는 백성을 충분히 생각하는 것이다.

용보민容保民 무강无疆 '용容'은 포용하는 것이다. 넓은 도량으로 사람들을 감싸고 안아 들이는 것이다. '보保'는 편안하게 하는 것이다. 사람들을 편안하게 하여 각각 그들의 마땅한 자리를 얻도록 하는 것이다.

[初九]는 咸臨이니 貞하야 吉하니라. (地水師)
초구 함임 정 길 (지수사)

象曰, 咸臨貞吉은 志行正也이니라.
상왈 함임정길 지행정야

○ 咸(다 함) 臨(임할 임) 貞(곧을 정) 吉(길할 길) 志(뜻 지) 行(갈 행) 正(바를 정)

초구初九는 감응하여 임臨하는 것이니, 곧으면 이롭다.

---

736 국민을 포용하고 그들이 마땅한 자리를 얻어 편안히 지낼 수 있도록 무한히 노력한다. 못에는 물이 고여 있고, 이 물은 오래토록 근방의 땅을 적셔준다. 군자가 끝없이 국민을 가르치고 생각하는 것은 못이 근방의 땅을 항상 적시고 있는 것을 본받은 것이다.

상象에 이르기를, 감응하여 임臨하는 것이니, 곧으면 이롭다는 것은 뜻이 바른 길을 행하는 것이다.

개요概要

초구初九의 함咸은 느끼는 것이다. 함咸과 감感은 옛날에는 서로 통용하여 쓰였다.

각설[737]

함임咸臨 함咸은 느끼는 것이다. '함임咸臨'은 느끼고 임臨하다는 뜻이다. 초구初九는 양효陽爻로 양강陽强한 도덕과 재능才能을 가지고 있다. 초구初九는 정위正位로서 뜻이 바르고, 위의 육사六四와 서로 응應하고 있다.[738]

정길貞吉 초구初九는 바른 길을 굳게 지키고 있음으로 길吉하며, 복을 얻는다. 초구初九와 구이九二는 자리가 낮지만 도덕과 재능才能이 우수함으로 덕德으로서 위에 있는 음효陰爻에 임臨하고 있다.[739]

소상사小象辭

지행정야志行正也 초구初九가 바른 자리에 있는 유순柔順한 육사六四와

---

737 (觀中) 함임咸臨의 임咸은 감야感也이다. 성인聖人의 마음속에 천도天道(하나님의 뜻)가 감응이 된 것이다. 이에 성학聖學은 학문적 차원에 머무는 것이 아니라 종교적 차원까지 관통하는 것이다. 이러한 원리를 『정역』 서문序文에 이론적으로 밝히고 있다. 신명神明원리가 내 마음속에 감응이 되는 원리를 구체적으로 표상한 괘가 택지췌괘澤地萃卦다(지택임괘地澤臨卦의 상하교역괘上下交易卦).

738 육사六四는 음효陰爻로서 음陰의 자리에 있으니 자리도 바르며 뜻이 바르다. 그리고 大臣의 자리에 있다. 즉 초구初九는 양강陽剛한 재능才能을 가지며 위에 있는 유순柔順한 육사六四와 서로 응應하고 있음으로 육사六四의 신임을 얻어 세상에 임臨하고 있다. 감임咸臨이라고 한 것은 초구初九가 육사六四에게 감동하여 세상에 임臨하고 있는 것을 말한다.

739 "함咸은 감感이다. '초양初陽'은 아래에 있으면서 앞에 있는 사음四陰에 임臨한다. 초구初九는 높은 덕德과 바른 마음을 가지고 있음으로 사람들이 믿고 따른다. 바른 마음으로 서로 감응感應하는 것이 임臨의 길이다.

서로 감응感應하여 그의 신임을 받고 세상에 임臨하며, 바른 길을 굳게 지키고 있음으로 길을 얻는다는 것은 초구初九가 바른 자리에 있고 정도正道를 행하려는 뜻이 있기 때문이다. 그러므로 길吉하다.

[九二]는 咸臨이니 吉无不利하리라. (地雷復)
구이 함임 길무불리 지뢰복

象曰, 咸臨吉无不利는 未順命也이니라.
상왈 함임길무불리 미순명야

○ 未(아닐 미) 順(순할 순) 命(목숨 명)

구이九二는 느끼면서 임臨하는 것이니, 길吉하고 이롭지 않은 것이 없느니라.

상象에 이르기를, 감동하여 임하는 것이니, 길吉하고 이롭지 않은 것이 없다는 것은 명을 따르지 못하니라.

개요概要

육이六二는 초구初九의 함임咸臨과 같은 뜻으로 감응感應해서 임臨하는 것이다.

각설

함임咸臨 **길무불리**吉无不利 구이九二는 양효陽爻로 중덕中德을 가진 강강剛强한 도덕과 재능才能을 가지고 있다. 그리고 위에 있는 육오六五 성인聖人을 감동시켜 그의 깊은 신임을 얻어 세상에 임하고 있다. 그러므로 길吉하여 이롭지 아니함이 없다. 초구初九는 정길貞吉이라 하여 초구初九를 경계警戒하는 뜻을 담고 있는데 구이효九二爻를 길무불리吉无不利라 한 것은 구이九二가 중덕中德을 가지며 성인聖人과 서로 응應하고 있기 때문이다.

소상사小象辭[740]

미순명야未順命也 구이九二가 육오六五의 신임을 얻어 세상에 임臨하는데 길吉하여 이롭지 아니함이 없다는 것은 유순중덕柔順中德한 육오六五의 명命을 구이九二 군자가 잘 판단하여 부당한 명命이 있으면 직언을 하고 따르지 않는 것을 말한다. 비록 군주의 명命일지라도 부당한 명命은 받들지 않는 것이 신하의 도리道理이다.[741]

[六三]은 甘臨이나 无攸利하니
육삼 감임 무유리

既憂之라 无咎ㅣ리라. (地天泰)
기우지 무구 지천태

象曰, 甘臨은 位不當也일새오 既憂之하니 咎不長也이니라.
상왈 감임 위부당야 기우지 구부장야

○ 甘(달 감) 位(자리 위) 當(마땅할 당) 既(이미 기) 憂(근심할 우) 咎(허물 구) 長(길 장)

육삼六三은 감언이설로 임臨하나, 이로운 것이 없으니, 이미 근심하고 행함이라, 허물이 없느니라.

상象에 이르기를, '감임'은 위가 마땅치 아니함이요, 이미 근심하니 허물이 오래가지 않음이니라.

---

740 (觀中) 미순명야未順命也 : 아직 천명天命(역도)을 행할 때는 아니다.

741 필자는 '불순명不順命'과 미순명'未順命'은 서로 의미가 달라야 한다고 본다. 조선시대의 봉박권封駁權을 비교하면 적합한 논거가 되리라 사료된다. 권근權近은 『주역천견록周易淺見錄』에서 "이효二爻와 오효五爻가 감응하여 '길吉해서 이롭지 않음이 없다.'는 것은 구이九二가 아부하고 부당하게 굽실거리며 윗 사람의 명령에 순종하는 것이 아니라 강중剛中의 도道로써 감응할 뿐임을 말하는 것이다. 이른바'명령에 순종하는 것이 아니라'는 것은 아비지의 명령에 따르는 것만으로 어찌 효孝라고 할 수 있는가. 라는 말과 같은 의미이다. (言二五相感, 而'吉无不利'者, 非是九二阿諛曲從, 以順上命也. 但以剛中之道, 相感而已, 所謂'未順命'如從父之令, 焉得爲孝之意也)"라고 하였다.

개요概要

육삼六三은 하괘下卦의 상효上爻로 아래에 임臨하고 있다. 육삼六三은 음유陰柔하며 부정부중不正不中으로 단지 달콤한 말과 부드러운 얼굴로 사람들에게 아첨하며 즐겁게 하는 일에만 애쓰고 있다. 이렇게 하면 어떤 일을 해도 이로운 바가 없다는 것이다.[742]

각설

감임甘臨 무유리无攸利 '감임甘臨'은 감언이설로 달게 임臨하는 것이다. 사람을 즐겁게 하는 달콤한 말과 부드러운 얼굴로 아래에 임臨하며 성실한 진심이 없는 것이다. 소위 "교언영색巧言令色"을 말한다.

기우지무구旣憂之无咎 간사하고 바르지 못한 육삼六三의 개과천선을 바라는 말이다.

소상사小象辭

기우지旣憂之 구부장야咎不長也 육삼六三이 성실이 없고 입으로만 좋은 말로 사람을 즐겁게 하면서 윗자리에 있는 것은 자리가 바르지 못하기 때문이다. 그러나 그의 잘못을 고치고, 선善으로 옮기면 설령 허물이 있다고 해도 그 허물은 오래가지 않는다는 것이다.

> **[六四]**는 至臨이니 无咎하니라. (雷澤歸妹)
> 육사 지임 무구 뇌택귀매
>
> 象曰, 至臨无咎는 位當也이니라.
> 상왈 지임무구 위당야

742 성실한 진심이 없고 교언영색巧言令色으로 사람을 즐겁게 하여 일시적으로 영달할 수 있을지 모르지만 결코 오래 갈 수는 없다. 그러나 만약 육삼六三이 감임甘臨의 잘못을 깨닫고 선善으로 옮기면 허물을 면할 수 있다.

○ 至(지극할 지, 이를 지) 臨(임할 임{림})

육사六四는 지극하게 임함이니 허물이 없다 하니라.
상象에 이르기를, '지극하게 임臨하니, 허물이 없다.'는 것은 자리가 마땅하니라.

개요概要

육삼六三의 감임甘臨과는 정반대이다. 육사六四는 지극한 진심으로 사람에게 임臨한다.

각설

지임무구至臨无咎 지극至極한 진심으로 아래에 임臨한다. 그러므로 허물이 없다. 육사六四는 바른 자리에 있으면서 바른 자리에 있는 초구初九와 서로 응應하며 지극한 진심으로 초구初九를 신임하며, 아래로 임臨하니 허물이 있을 수 없다.[743]

소상사小象辭

지임무구至臨无咎 위당야位當也 육사六四 대신大臣의 자리에서 지극한 진심으로 아래에 임臨하니 허물이 없다는 것은 육사六四가 음효陰爻로서 그의 바른 자리인 음陰의 자리에 있기 때문이다.[744]

---

743 『주역술의周易述義』에서 말하기를 '육사六四는 음허陰虛해서 본시 성誠이 부족하다. 그러나 다행히 유정柔正으로 하下의 강정剛正에 응應하며 서로 사귀어 그 정의情意가 간절하니 고故로 지임至臨이라 한다. '감甘'을 버리고, 실實에 힘쓰며, 박薄을 고쳐, 충忠에 따르고, 문文을 떠나 질質로 돌아가니 육사六四는 그러므로 허물이 없다.'라고 하였다.

744 육삼六三은 육사六四와 정반대이다. 감임甘臨과 지임至臨도 반대이며, 「상사象辭」의 위부당야位不當也와 위당야位當也도 반대이다. 바른 자리를 얻고 있는 것과 얻지 못한 것의 차이差異가 이렇게 크다.

[六五]는 知臨이니 大君之宜니 吉하니라. (水澤節)
육오 지임 대군지의 길 수택절

象曰, 大君之宜는 行中之謂也이니라.
상왈 대군지의 행중지위야

○ 知(지혜로울 지, 알 지) 君(임금 군) 宜(마땅할 의)

육오六五는 지혜롭게 (백성에) 임하니, 큰 군주의 마땅한 일이니, 길하니라
상象에 이르기를, 큰 군주의 마땅한 일이라는 것은 중도中道를 행함을 말함이니라.

개요概要

육오六五는 유순중덕柔順中德한 음효陰爻이다. 그리고 성인聖人의 자리에 있으면서 아래에 있는 구이九二와 서로 응應하고 신임하고 있다. 이것이 지임知臨이다. 큰 지혜로써 천하天下에 임臨한다.

각설

지임知臨 지혜智慧롭게 임臨하는 것이다. 큰 지혜로서 국민을 다스리는 것이다.

대군지의大君之宜 길吉 군주君主가 지혜로써 임臨한다는 것은 자신의 지혜에 국한되지 않고, 천하의 모든 지혜를 모은다는 것이다. 이것이 성인聖人이 지혜로서 천하에 임臨하는 것이며, 대군大君의 마땅한 행동일 것이다. 이로서 길吉함을 얻는다.[745]

745 『중용』 제 6장에 공자께서 말씀하시기를 "순임금은 큰 지혜이시다. 순임금은 묻기를 좋아하시고, 가까운 말씀을 살피기 좋아하시되, 악을 숨겨주고 선은 드날려 주시며, 두 끝을 잡아 그 중中을 백성에게 쓰시니, 순임금이라는 성인聖人이 되신 이유이다."라 하였다. '지知'는 '지智'의 뜻이 있다.

소상사小象辭 [746]

행중지위야行中之謂也 군주의 마땅함은 중덕中德을 가진 현인賢人을 등용하여 중도中道를 행行함이 대군의 마땅한 길이다. 자기 지혜에 국한되지 않고 천하 현인의 지혜를 사용하는 것이 성인聖人의 훌륭한 점이다.

[上六]은 敦臨이니 吉하야 无咎하니라. (山澤損)
상육 돈임 길 무구 산택손

象曰, 敦臨之吉은 志在內也이니라.
상왈 돈임지길 지재내야

○ 敦(도타울 돈)

상육上六은 도타운 마음으로 임하니, 길吉하고 허물이 없다 하니라.

상象에 이르기를, 도탑게 임하는 것이 이롭다는 것은 뜻이 안에 있느니라.

개요概要

상육上六은 원래 초구初九와 구이九二의 두 양효陽爻와 응應이 없지만, 이들 두 양효陽爻가 현명함을 알고 이들을 따르고 싶어 하는 뜻이 두터움으로 길吉을 얻게 된다.

각설 [747]

돈임길敦臨吉 무구无咎 '돈임敦臨'은 몹시 두터운 덕德으로서 아래에 임臨하는 것이다. 상육上六은 임괘臨卦의 끝이다. 또 곤괘坤卦의 극極에 있음

---

746 행중지위야行中之謂也는 성인지도가 행해지는 것을 말함이다.

747 (觀中) 돈임敦臨은 성인지도가 내 마음속에 강림이 되는 것이 이중삼중으로 쌓였다는 말이다. 지재내야志在內也는 돈임지길敦臨之吉이지만 뜻은 안에 있다. 즉 돈임지길敦臨之吉은 마음속(內)에 있다. 삼효三爻의 감임甘臨상태가 누적이 되어 상효上爻에 가서는 돈임敦臨이 되었다.

으로 몹시 두텁게 사람에게 임臨한다. 상육上六은 높은 자리에 있으면서 두터운 덕德으로서 사람에 임함으로 길吉하여 허물이 없게 된다.[748]

소상사小象辭

지재내야志在內也 내內는 내괘內卦 즉 하괘下卦를 말하며, 초구初九와 구이九二의 두 양효陽爻를 말한다. 내괘內卦에 있는 초구初九와 구이九二의 두 현인賢人을 따르고 싶어하는 뜻이 있음을 말한다.

✎ 임臨은 하늘의 은택이 기쁨과 순종하는 덕德으로 아래에 임臨하는 것이고, 만민萬民이 모두 심복心服하게 된다는 것이다.
임괘臨卦에서는 군자君子가 백성에 임臨하는 자세로는 왕도정치원리에 입각하여 수기修己 이후에 덕德과 지혜, 혜심惠心 등으로 임臨해야 한다고 한다. 그 방법으로 첫째, 교사무궁敎思无窮이다. 즉 사람들을 가르치고, 인도하여 교화敎化시키려는 생각이 끝이 없어야 한다. 둘째, 용보민容保民 무강无疆이다. 즉 백성을 깊이 생각하는 마음이 경계가 없어야 한다고 말한다.

748 상육上六은 초구初九와 구이九二가 양강陽剛한 현인賢人임을 알고 서로 응應이 없는데도 그들을 따르고자 하는 뜻이 두터움으로 길吉하며, 허물이 없게 된다.

풍지관괘

20.風地觀卦

地澤臨卦 雷天大壯卦 地風升卦 山地剝卦

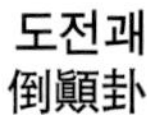

도전괘
倒顚卦

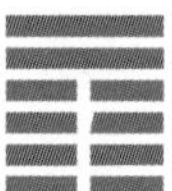

풍지관괘
風地觀卦

지택임괘
地澤臨卦

음양대응괘
陰陽對應卦

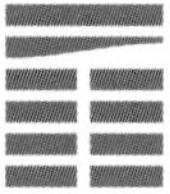

풍지관괘
風地觀卦

뇌천대장괘
雷天大壯卦

상하교역괘
上下交易卦

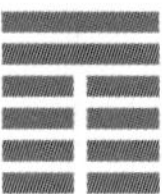

풍지관괘
風地觀卦

지풍승괘
地風升卦

호괘
互卦

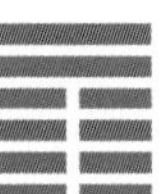

풍지관괘
風地觀卦

산지박괘
山地剝卦

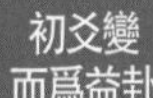

효변 爻變	初爻變 而爲益卦	二爻變 而爲渙卦	三爻變 而爲漸卦	四爻變 而爲否卦	五爻變 而爲剝卦	上爻變 而爲比卦
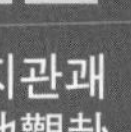		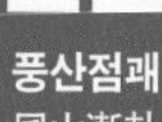				
풍지관괘 風地觀卦	풍뢰익괘 風雷益卦	풍수환괘 風水渙卦	풍산점괘 風山漸卦	천지비괘 天地否卦	산지박괘 山地剝卦	수지비괘 水地比卦

요지要旨

괘명卦名 이 괘는 상손上巽의 풍風(☴) + 하곤下坤의 지地(☷) = 풍지관괘風地觀卦(䷓)이다.[749]

괘의卦意 '관觀'은 진리의 본질과 핵심을 궤뚫어 보는 관觀공부를 성명하고 있다. 『설문해자』에서도 관觀은 상세히 보는 것으로 언급하고 있다. 반면에 '시視'는 통상적으로 바라보는 것을 말한다.

이 괘는 두 가지 의미로 볼 수 있다. 먼저, 사음四陰이 성盛하고, 이양二陽이 위에 남아 점점 쇠衰하여 머지않아 소멸될 상태에 있다. 이것은 소인지도小人之道가 득세하고, 군자지도가 위에 조금 남아 있는 상태를 말한다. 다음으로 목도木道의 바람이 지상에 불어오고, 8월 관괘觀卦의 달은 온 누리를 비추며, 『설문해자』로 보면 하늘의 천사인 황새(관雚)가 아래(지地)를 본다고(견見) 볼 수 있다. 후자로 보면 「단사彖辭」의 내용과 일치한다.

괘서卦序 「서괘序卦」에서 "임臨은 큼이니 물건物件이 커진 뒤 볼만하므로 고로 관觀으로 받았다.(臨者大也, 物大然後可觀, 故 受之以觀)"라고
(임자대야 물대연후가관 고 수지이관)
하였다. 임臨은 높고 크다. 높고 큰 물건物件(천덕天德이나 왕천하사업)은 사람들이 우러러 보게 된다. 그러므로 임괘臨卦 다음에 관괘觀卦가 놓여있다는 것이다.[750]

---

749 관觀은 주의하여 똑똑히 보는 것이다. 관괘觀卦는 주관周觀, 앙관仰觀이 있다. ❶'주관周觀'은 높은 곳에서 아래로 널리 사방四方을 둘러보는 것이다. ❶'앙관仰觀'은 높은 곳에서 있는 것을 낮은 곳에서 쳐다보는 것이다. 지택임地澤臨卦가 앙관仰觀에 해당한다고 볼 수 있겠다. 관괘觀卦는 위에 두 양효陽爻가 있고 아래에 네 음효陰爻가 있다. 위에 있는 두 양효陽爻는 하늘을 보는 덕德을 가지고 아래에 있는 네 음효陰爻를 관찰觀察하고 있다. 또 네 음효陰爻는 두 양효陽爻를 쳐다보고 있다. 구오九五가 아래의 네 음효陰爻를 주관하고 있으며, 초육初六·육이六二·육삼六三·육사六四의 네 음효陰爻는 양효陽爻를 앙관仰觀하고 있다. 즉 성인聖人(君王)는 국민을 널리 관찰하며, 국민은 성인聖人(군왕君王)를 우러러 보고 있다.

750 이 괘卦는 지택임地澤臨卦(䷒)를 뒤집어 세운 모양인데 임괘臨卦는 앞서 말한 바와 같이 음력陰曆 12월괘이다. 동지冬至때 一양陽이 생기고 임괘臨卦에서 이양二陽이 되며, 여기서부터 양효陽爻의 세력이 점점 더해진다. 이것이 지택임地澤臨卦(䷒)이다. 이 풍지관괘風地觀卦

괘상卦象 하괘下卦의 덕德은 곤유순坤柔順이며, 상괘上卦는 손순巽順이다. 관괘觀卦의 덕德은 유순柔順의 덕德으로 천도天道를 거슬리는 일이 없으며, 손순巽順의 덕德으로 겸손謙遜하다.

觀은 盥而不薦이면 有孚하야 顒若하리라.
관 관이불천 유부 옹약

○ 觀(볼 관) 盥(대야 관, 물댈 관, 술 쏟을 관) 不(아닐 불) 薦(제사바칠 천, 천거할 천) 有(있을 유) 孚(미쁠 부) 顒(공경할 옹) 若(같을 약)

관은 손을 씻고서 아직 제물을 올리기 직전처럼 하면, 진실한 믿음이 있다 하여 (백성들이)우러러볼 것이다.

개요概要

관觀은 몸을 깨끗이 씻고 제사를 올리기 직전과 같이 믿음이 있으면 공경받는다. 윗 사람이 만인의 존경을 받는 것은 법률이나 규칙으로 되는 것은 아니다. 마음 가운데 신실한 진심이 차 있으면 국민은 자연히 존경하며 믿고 따르게 된다.[751]

각설

관觀 관이불천盥而不薦 **관괘**觀卦는 위에 있는 두 양효陽爻, 특히 구오九五가 정위득중正位得中한 덕德을 가지며 성실誠實한 믿음과 진심으로 충실함으로써 천하天下의 사람들이 우러러 보고 존경한다. 그것을 제사에 비유하여 설명한다.[752] 불천不薦의 천薦은 제수祭需를 올리는 것이다. 그러

(䷁)의 도전괘倒顚卦가 지택임地澤臨卦(䷒)이다.

751 『서경書經』 참조.

752 관盥은 ❶대야 관 : 제사를 모시기 전에 몸과 마음을 깨끗이 하는 것이다. ❷술 쏟을

므로 불천不薦은 술잔을 올리기 직전直前의 마음씨를 말한다.

유부옹약有孚顒若 진실한 믿음으로 하면 공경을 받게 된다.[753] 옹약顒若은 공경하고 엄숙한 모양이다.

[彖曰] **大觀**으로 在上하야 順而巽하고
단왈 대관 재상 순이손

中正으로 以觀天下ㅣ니
중정 이관천하

觀盥而不薦有孚顒若은 下ㅣ 觀而化也이니라.
관관이불천유부옹약 하 관이화야

觀天之神道而四時ㅣ 不忒하니
관천지신도이사시 불특

聖人이 以神道設教而天下ㅣ 服矣니라.
성인 이신도설교이천하 복의

○ 顒(공경할 옹) 若(같을 약) 神(귀신 신) 道(길 도) 四(넉 사) 時(때 시) 忒(변할 특) 設(베풀 설) 教(가르침 교) 服(복종할 복)

단彖에 이르기를, 크게 보는 것으로 위에 있어 (백성이) 유순柔順해서 중정中正으로써 천하에 보는 것이니, 관觀은 '손을 씻고 아직 제물을 올리지 않았을 때처럼 하면 (백성들이) 마음속에 진실한 믿음을 가지고 우러러볼 것이라.'는 것은 아래에 있는 자가 감화感化(교화)를 받는 것이다. 하늘의 신묘한 도를 보니, 사시四時에 어긋남이 없으니, 성인聖人은 신묘한 도로써 가르침을 베푸니 천하가 복종하니라.

각설

대관大觀 성인지도聖人之道로 크게 보는 것이다. 효爻로서 말하면 구오

관 : 성실한 믿음과 정성으로 술을 따르는 것이다.

753 (集說) 주자朱子는 '존경지도尊敬之道'라고 하고, 이천伊川은 '앙관仰觀'으로 해석하였다.

九五 양효陽爻를 말한다.

손이손順而巽 이 괘는 곤하坤下 손상巽上으로 유순柔順하고 손순한 덕德을 가진다.[754]

중정이관천하中正以觀天下 중정지도中正之道로써 천하만민을 두루 관찰한다. 이관천하以觀天下는 천하의 상태를 관찰하는 것이다.

관관이불천유부옹약하관이화야觀盥而不薦有孚顒若下觀而化也 관도觀道는 제사祭祀때 성실한 마음과 엄숙한 몸가짐으로 강신降神을 기다리는 그 마음이라야 한다는 것이다. 윗 사람이 이와 같은 마음이면 국민들은 모두 우러러보고 감화感化된다. 말로 가르치고 법률도 막지 않아도 국민들은 그의 덕德을 우러러보고 감화된다.

관천지신도이사시불특觀天之神道而四時不忒 하늘의 신묘한 도道를 자세히 보면 하늘은 아무 말도 하지 않아도 춘하추동春夏秋冬의 사시四時 변화는 자연으로 조금도 틀리지 않고 바르게 운행이 된다.

성인이신도설교이천하복의聖人以神道設敎而天下服矣 성인聖人이 하늘의 신묘한 도道로서 가르침을 베푸니, 천하 만민이 모두 믿고 따른다는 것이다. 하늘의 신묘하고 불가사의한 도道의 실체實體는 알 수 없는 것이지만 그 근본은 성誠이다.[755] 성인聖人이 천도天道는 소리도 없고 형체도 없다고 했다. 그러나 성실한 믿음이 천하만국에 감통되면 만민이 따르게 된다. 즉 성인聖人은 하늘을 본받아 신묘한 도道로서 가르침을 베풀면 천하 만민이 모두 마음으로 믿고 따르게 된다는 것이다

754 '래지덕來知德'은 『래주역경도해來註易經圖解』에서 "순順은 마음이 이理에 있어서 어긋남이 없는 것이며, 손巽은 일이 있어서 이理에 맞지 않는 곳이 없는 것이다.(順者, 心于理无所乖. 巽者, 事于理无所彿)"라고 하였다"

755 하늘의 신묘神妙한 도道는 소리도 없고 형체도 없지만 영묘靈妙한 일을 한다. 우주 사이에 널리 퍼져있는 진실한 섭리이다. 지성至誠의 진심이 마음 안에 충만하면 하늘의 섭리로 신묘한 일이 이루어진다는 것이다.

[象曰] 風行地上이 觀이니
상왈 풍행지상 관

先王이 以하야 省方觀民하야 設教하니라.
선왕 이 성방관민 설교

○ 省(살필 성) 方(모 방) 觀(볼 관) 民(백성 민) 設(베풀 설) 敎(가르침 교)

상象에 이르기를, 바람이 땅 위를 지나가는 것이 관觀이니, 선왕先王은 이로써 사방을 살피고 백성을 살펴 가르침을 베푸니라.

각설

풍행지상風行地上 관觀 바람이 땅 위를 불고 지나는 것은 관괘觀卦의 상象이다. 즉 하늘의 섭리가 땅에 미친다는 것이다.

성방省方 사방四方에 있는 여러 나라를 돌아보는 것이다. 달리 말하면 성省은 자신을 성찰하는 것이다.

관민설교觀民設敎 천하의 여러 나라들은 풍속과 습관이 다르고, 문화의 정도에 차이가 있다. 그러므로 각각 그들의 실정에 맞는 왕도정치를 하여야한다는 것이다.[756]

[初六]은 童觀이니 小人은 无咎ㅣ코 君子는 吝하리라.(風雷益)
초육 동관 소인 무구 군자 인 풍뇌익

象曰, 初六童觀은 小人道也이니라.
상왈 초육동관 소인도야

○童(아이 동) 吝(인색할 인, 아낄 린{인})

---

756 옛날 제왕帝王은 이 상象을 보고 이것을 법法으로 삼아 사방四方의 여러 나라를 돌아보고 그들의 풍속과 인정을 살펴서 거기 알맞은 정치와 제도를 정하여 가르치고 지도했다고 한다.

초육初六은 어린애처럼 보는 것이니, 소인은 허물이 없지만 군자는 허물이 된다 하리라.
상象에 이르기를, 초육初六의 동관童觀은 소인의 길이니라.

개요概要

초육初六은 구오九五에서 가장 먼 낮은 자리에 있음으로 어린아이들처럼 보는 것이 비근 천박하다. 이것이 동관童觀이다. 초구初九와 같은 미천한 사람에게는 허물이 아니지만 높은 자리에 있고 도덕이 많은 군자가 이와 같으면 몹시 부끄러운 일이 될 것이다.

각설[757]

동관童觀 소인무구小人无咎 군자인君子吝 초육初六이 보는 것은 아이들이 보는 것과 같이 시각이 좁다. 그러므로 동관童觀이라 말한다.[758] 소인小人이면 자리가 낮고 도덕과 재능才能이 적음으로 아이들이 보는 것과 같이 천박하게 관찰하여 구오九五 성인聖人(군왕君王)의 도덕을 볼 수 없는 것도 당연한 일이다. 그러나 나무랄 수 만은 없다. 만약에 군자가 천박한 관찰을 한다면 그것은 정말 인색한 일이며, 부끄러워 할 일이다.

757 '동관童觀'은 아이들이 사물을 보는 것처럼 먼 것은 볼 수 없고, 단지 가까운 눈앞에 있는 것만 보는 것이다. 소인지도에서 벗어나지 못한다는 말이다. 관괘觀卦의 육효중六爻中 아래에 있는 네 음효陰爻는 위에 잇는 두 양효陽爻 특히 구오九五를 우러러 본다. 위에 있는 두 양효陽爻는 주로 아래에 있는 네 음효陰爻를 관찰한다. ❶구오九五 양효陽爻는 양강중정陽剛中正의 덕德을 가진 총명한 성인聖人(군왕君王)이므로 모두 이를 우러러 보고 있다. 그러나 초육初六은 음효陰爻로 유약柔弱하며 성인聖人(군왕)와 멀리 떨어진 낮은 자리에 있음으로 구오九五 성인聖人(군왕)를 관찰할 수가 없다. ❷관괘觀卦의 육효六爻는 다른 괘에서 보는 것과 같이 정正, 부정不正, 중中, 부중不中은 물론이고 응효應爻,비효比爻의 유무有無도 별로 중시하지 않는다. 여기서는 다만 자리의 높고 낮은 것이 중시될 뿐이다. 낮은 자리에 있는 사람은 세상을 널리 관찰할 수 없고 높은 자리에 있는 사람은 세상을 넓게 관찰할 수 있다는 것이 원칙이 되어 있다. ❸소인小人은 날마다 사용해도 모르기 때문에 진리에 대하여 관심이 없다.

758 『이천역전伊川易傳』에서는 "초육初六은 음유陰柔한 재질로 거한 자리가 양陽과 멀다. 이 때문에 보는 것이 천근하여 어린아이와 같으므로 '동관童觀'이라 한 것이다.(六以陰柔之質, 居遠於陽, 是以, 觀見者淺近, 如童稚然.)"라고 하였다.

소상사小象辭

초육동관初六童觀 소인도야小人道也 초육初六의 관찰은 아이들이 물건物件을 보는 것같이 천박비근淺薄卑近하다. 미천한 자리에 있는 소인小人으로서는 당연한 일이다.

[六二]는 闚觀이니 利女貞하니라. (風水渙)
육이 규관 이여정 풍수환

象曰, 闚觀女貞이 亦可醜也이니라.
상왈 규관여정 역가추야

○ 闚(엿볼 규) 觀(볼 관) 女(여자 녀{여}) 貞(곧을 정) 亦(또 역) 可(옳을 가) 醜(추할 추)

육이六二는 틈으로 엿보는 것이니, 여자(군자)는 곧아야 이로우니라.

상象에 이르기를, '틈으로 엿보는 것이니, 여자(군자)가 곧아야 이롭다'는 것은 또한 부끄러운 것이니라.

개요概要

육이六二는 정위正位·득중得中한 음효陰爻이다. 유순중정해야 길함을 말한다.

각설 [759]

759 (觀中) ❶이여정利女貞 : 여정지도女貞之道는 군자의 정도正道를 말한다. 이에 곤괘坤卦의 빈마지정牝馬之貞이다. 군자君子를 여자에 비유한 것이다. 진손괘震巽卦와 간태괘艮兌卦를 비교한다면 간태괘艮兌卦는 군자지도, 진손震巽은 대인지도大人之道을 상징하는 괘다. 천지天地관계에 결부시킨다면 지도地道는 군자지도를 상징한다. 학산 이정호선생은 "태괘兌卦는 서방군자西方君子를 의미한다."라고 했다. 그러나 진손震巽에 대해 간태괘艮兌卦는 군자지도君子之道를 상징하는 괘다. 혁정괘革鼎卦는 무엇인가? 여정如貞이 무엇인가? 가인괘家人卦를 가리키는 말이다. 문틈으로 몰래 훔쳐보지 말라. ❷규관여정闚觀女貞 : 훔쳐보는 것이다. 여정女貞은 풍화가인괘風火家人괘의 이여정利女貞이다. '처녀의 방을 엿본다.'라고 해석해서는 안된다. 역도易道(진리)를 규관睽觀(구멍으로 엿보지 말라는 말이다.)하고서 진리를 깨달았다고 자만하지 말라. 소인지도를 군자지도로 착각하지 말라. 통관천지무형지경通觀天地無

규관闚觀 문틈사이로 엿보는 것이다. 육이六二는 구오九五 성인聖人의 덕德을 충분히 우러러 볼 수 있는 자리는 못되는 상황이다. 그러나 집안에서 문틈으로 밖을 보는 것은 사물의 전체를 볼 수 없다.

이여정利女貞 육이六二는 규관闚觀으로 자리가 낮고 시야視野가 좁아 구오九五 성인聖人의 덕德을 충분히 볼 수 없어 세상 물정도 잘 알 수 없는 상황이다. 이와 같은 경우에는 부인들(군자)같이 유순柔順하게 정도正道를 굳게 지키고 있는 것이 이롭다.[760] (여정지도女貞之道 =군자의 정도正道 = 곤괘坤卦 빈마지정牝馬之貞)

소상사小象辭

규관여정闚觀女貞 역가추야亦可醜也 육이六二는 규관闚觀으로 낮은 자리에서 구오九五의 덕德을 우러러 볼 수도 없고, 세상世上 형편도 두루 살필 수가 없으니, 부인들 같이 유순柔順하게 정도正道를 지키고 있는 것은 또한 추하고 부끄러운 일이라고 할 수 있다. 왜냐하면 관괘觀卦의 관점에 보면 군자는 성인聖人의 덕德을 우러러 보고 중정中正으로 이관천하以觀天下해야 함에도 규관闚觀의 상태로 있는 것은 부끄러운 일이기 때문이다.[761] 이때 '역亦'은 초육初六도 동관童觀으로 부끄러운 일인데 육이六二도 또한 부끄러운 일이란 뜻이다.[762]

形之景의 경지에 도달해야 한다는 것이다. 가인괘家人卦 속에 가도家道만이 들어있는 것으로 착각할 염려가 있어 군신지도君臣之道(치국治國, 치천하治天下의 원리)의 원리가 있다고 한 것이다. 즉 우주만물을 다스리는 원리까지도 들어있다는 것이다.

760 만약 남자이거나 군자이면 널리 천하를 관찰하고 성인聖人(군왕)의 덕德을 우러러 보도록 힘써야 한다. 이 효爻는 다른 괘卦 같으면 유순중정柔順中正한 효爻로 구오九五와 상응相應하고 있음으로 좋은 효爻이지만 여기서는 관괘觀卦의 성질상 낮은 자리에 있어 멀리 볼 수 없는 나쁜 효爻로 되어 있다.

761 「효사」에 "이여정利女貞"이라 한 것은 부인들과 같이 규관闚觀밖에 할 수 없는 재능才能이 부족한 사람들은 함부로 세상에 나가려 하지 않고 유순柔順하게 정貞을 지키는 것이 좋다는 말이다.

762 (집설集說) ❶ 『이천역전伊川易傳』에서는 "군자가 강양중정剛陽中正한 대도大道를 보지 못

[六三]은 觀我生하되 進退로다. (風山漸)
육삼 관아생 진퇴 풍산점

象曰, 觀我生進退는 未失道也이니라.
상왈 관아생진퇴 미실도야

○ 觀(볼 관) 我(나 아) 生(날 생) 進(나아갈 진) 退(물러날 퇴) 未(아닐 미) 失(잃을 실)

육삼六三은 내가 한 일을 본다하되, 나아가고 물러남이로다.

상象에 이르기를, '내가 한 일을 보고 나아가고 물러난다.'는 것은 도道를 잃지 않음이로다.

개요概要

육삼六三은 부정위不正位·과중過中한 효爻로 자기성찰을 통해 진퇴무망 해야함을 말한다.

각설

관아생觀我生 내가 행行한 일에 대한 결과를 잘 관찰하는 것을 말한다. 즉 자기성찰이다.[763]

하고 겨우 그 방불彷佛한 것을 엿보니, 비록 순종하나 이는 여자의 정貞과 같으므로 또한 부끄럽고 추한 것이다.(君子不能觀見剛陽中正之大道, 而僅其彷佛, 雖能順從, 乃同女子之貞, 亦可羞醜也."라고 하였다. ❷『주역본의周易本義』에서는 "장부丈夫에게 있어서는 추악함이 되는 것이다.(在丈夫則爲醜也.)"라고 하였다.

763 (집설集說) 아생我生에 대하여 ❶『이천역전伊川易傳』에서는 "'관아생觀我生'은 내가 낸다는 것은 자기에게서 나오는 동작動作과 시위施爲를 이른다. (觀我生, 我之所生, 謂動作施爲出於己者.)"라고 하였고, ❷『주역본의周易本義』에서는 "'아생我生'은 내가 행하는 바이다.(我生, 我之所行也."라고 하였다. 그리고 ❸권근權近은 『주역천견록周易淺見錄』에서는 "내가 생각건대, '나의 삶을 관찰한다(觀我), 그 삶을 관찰한다(觀其)에 대하여 정(程)·주(朱)는 모두 스스로 자기의 삶을 관찰하는 것으로 보았다. 다만 『주자어록』에는 '나'란 저와 나를 대대待對로 하는 말로 저를 통해서 나를 관찰한다는 뜻이다. '그 삶을 관찰한다(觀其生).'는 것은 내가 스스로 관찰하는 것이라고 하였다. 따라서 나는 '나'라고 칭한 것은 나에게 나아가 스스로 관찰하는 것이라고 설명한다. 그러므로 육삼六三인 신하가 자신의 도를 군주에게 행할 만한지를 스스로 관찰하여 그럴 만하면 나아가 벼슬을 하고 그렇지 않으면 물러나니, 이것이 군주를 통하여 스스로를 관찰하는 것이다. 군주인 구오가 스스로의 정치가 백성에게 좋은지

진퇴進退 육삼六三은 자기가 한 일과 그 결과를 잘 관찰하여 나아갈 때에 나아가고 물러설 때에 물러선다.(進退无妄[진퇴무망])[764]

소상사小象辭

관아생진퇴觀我生進退 미실도야未失道也 육삼六三이 자기 업적을 잘 관찰하고 진퇴進退를 결정하는 것은 마땅한 시기를 얻으려는 것이지 아직도 그의 정도正道를 잃어버린 것은 아니다.

[六四]는 觀國之光이니 利用賓于王하니라. (天地否)
육사 관국지광 이용빈우왕 천지비

象曰, 觀國之光은 尙賓也이니라.
상왈 관국지광 상빈야

○ 觀(볼 관) 國(나라 국) 光(빛 광) 尙(오히려 상) 賓(손 빈)

육사六四는 나라의 빛남을 보는 것이니, 왕의 손님으로 가는 것이 이로우니라.

상象에 이르기를, '나라의 빛남을 본다.'는 것은 손님으로 숭상함이니라.

개요概要

육사六四는 유순정위柔順正位의 효爻로써 구오九五 성인聖人과 음양陰陽 상비相比하여 성인聖人의 깊은 신임을 받고 있다.

나쁜지를 관찰하는 것이다. 이것이 이른바 백성을 관찰하여 자기를 되돌아 본다는 것이다. 즉 상구上九가 스스로 행위의 득실을 자신에게서 관찰한다는 것이다. 이것이 정程·주朱의 생각이다.(愚按, '觀我', '觀其' 程朱皆並以 '自觀其所生' 但以『朱子語類』觀之, '我'者彼我待對之言, 是以彼觀此, 其生, 是以此自觀, 愚因爲之說曰, 稱'我'者, 對彼而自觀也. 稱'其'者, 卽已而自觀也. 故六二之臣, 自觀其道之可行於君, 則進而仕, 不然則退, 是對君而自觀也. 九五之君, 自觀其政之美惡於民, 是所謂觀民而察己也. 上九自觀所行之得失於其信也. 此程朱之意也.)"라고 하였다.

764 육삼六三이 행한 일과 그 결과는 그 자신의 도덕과 재능才能과 주위환경의 상태에 따라 좌우된다. 육삼六三은 자기 업적을 잘 관찰하여 나아갈 때에 나아가고 물러설 때에 물러선다. 나아가고 물러서는 것이 자기 업적에 따라 정해지는 것이지 일정한 것은 아니다.

각설

관국지광觀國之光 하늘의 이치에 군자가 순종하고, 나라가 잘 다스리며, 그 광명에 바라보는 것이다.

이용빈우왕利用賓于王 성인聖人(군주)의 손님으로 대접받는 것은 조정에 출사하는 것이다. 또 제후가 천자天子를 알현하는 것으로 볼 수도 있다.[765]

소상사小象辭

관국지광觀國之光 **상빈야**尙賓也 나라의 빛을 볼 수 있는 것은 육사六四 자신이 더욱 수양하고, 성인聖人을 도와 천하를 태평하게 함으로서 성인聖人의 빈객으로 대접받을 수 있는 자리에 이르는 것을 숭상하고 원하기 때문이다.[766]

[九五]는 **觀我生**호대 **君子**ㅣ면 **无咎**ㅣ리라. (山地剝)
구오 관아생 군자 무구 산지박

象曰, 觀我生은 **觀民也**이니라.
상왈 관아생 관민야

---

765 구오九五는 양강중정陽剛中正한 덕德을 가진 명군明君이다. 아래에 있는 네 음효陰爻는 모두 구오九五 성인聖人을 우러러보고 있는데 구오九五에 가까울수록 좋고 멀수록 좋지 않다. 초육初六을 동몽童蒙으로 보는 것 같고, 육이六二는 여자들이 집안에서 문틈으로 밖을 보는 것 같고, 육삼六三은 내괘內卦와 외괘外卦의 사이에 있어 나아가고 물러서는 경계이므로 자기업적을 관찰한 후에 진퇴를 결정한다. 이 육사六四는 대신의 자리에 있으며 성인聖人의 가까이에서 성인聖人의 도덕의 반영인 나라의 빛을 볼 수 있다. 육사六四 대신大臣은 더욱 자기의 도덕과 재능才能을 수양하여 성인聖人을 도와 큰 은택이 천하에 미치도록 노력할 것이다.

766 『이천역전伊川易傳』에서는 "이미 나라의 성덕盛德이 빛남을 보았다면 옛사람의 이른바 '비상한 만남'이니, 이 때문에 뜻이 왕조王朝에 올라 나아가서 그 도道를 행함을 원하는 것이다. 그러므로 '나라의 빛남을 봄은 손님이 되려는 뜻을 숭상하는 것이다'고 말한 것이다. 상尙은 뜻을 숭상함을 이르니, 그 뜻이 왕조王朝에 손님이 되기를 원하고 사모하는 것이다.(旣觀見國之盛德光華, 古人所謂非常之遇也. 所以志願登進王朝, 以行其道, 故云觀國之光, 尙賓也. 尙謂尙志, 其志意願慕賓于王朝也.)"라고 하였다.

구오九五는 내가 한 일을 본다 하되, 군자는 허물이 없느니라.
상象에 이르기를, '내가 한 일을 본다.'는 것은 백성을 보는 것이니라.

개요概要

구오九五는 관괘觀卦의 주효主爻이다. 아래 사음四陰이 구오효九五爻를 우러러보고, 구오九五와 상구上九는 아래의 네 음효陰爻를 관찰한다. 구오九五는 양강중정陽剛中正의 덕德을 가진 성인聖人이다. 천하의 치란治亂과 풍속의 선악善惡은 모두 성인지덕聖人之德 여하에 달려있다.

각설

관아생觀我生 군자무구君子无咎 구오九五 성인聖人은 아생我生, 즉 자기가 한 일과 그 결과를 관찰한다. 이것이 바로 천하의 치란治亂과 풍속의 선악善惡을 관찰하는 것이 된다. 만약 자기가 바른 도덕에 합당한 군자의 행동을 하였으면 천하는 잘 다스려지고, 만민의 풍속은 선량하게 되어 나무랄만한 잘못이 없게 된다. 그러므로 군자는 자신을 보려면 먼저 백성을 살펴야 하고, 그리고 백성을 살펴보면 스스로를 살펴 볼 수 있는 것이다.

소상사小象辭

관민야觀民也 군주君主의 행동은 천하 만민에게 영향을 주는 것이므로 천하의 정치여하와 만민萬民의 풍속 상태를 보면 자기 행위의 선악善惡을 곧 알 수 있다. 즉 국민을 관찰하는 것은 자기가 한 일을 관찰하는 것이 된다.[767]

767『주역본의周易本義』에서는 "구오九五가 양강중정陽剛中正으로 존위尊位에 거하여 아래에 있는 네 음陰이 우러러보니, 군자의 상象이다. 그러므로 이 지위에 거하고 이 점괘를 얻은 자는 마땅히 자기가 행한 바를 보아야 할 것이니, 반드시 양강중정陽剛中正함이 또한 이와 같

[上九]는 觀其生호대 君子 | 면 无咎 | 리라. (水地比)
상구 관기생 군자 무구 수지비

象曰, 觀其生은 志未平也이니라.
상왈 관기생 지미평야

상구上九는 그 한 일을 본다 하되, 군자이면 허물이 없느니라.

상象에 이르기를, 그 한 일을 본다는 것은 뜻이 편안치 못함이니라.

개요概要

상구上九는 양강陽剛한 덕德을 가진 현인賢人이며, 성인聖人의 고문이다.

각설

관기생觀其生 군자무구君子无咎 관기생觀其生의 기其는 구오九五 성인聖人을 말한다. 구오九五에서는 아생我生으로 되어 있고, 상구上九에서는 기생其生으로 되어 있다. 상구上九는 구오九五 성인聖人이 생生하는 곳, 즉 구오九五 성인聖人의 업적을 관찰하는 것이다. 상구上九가 군자지도에 맞도록 성인聖人을 보좌함으로 나무랄만한 잘못이 없는 것이다. 상구上九의 "관기생觀其生"도 구오九五의 관아생觀我生과 같이 천하 만민의 상태를 보는 것이다.[768]

소상사小象辭

관기생觀其生 지미평야志未平也 상구上九가 구오九五 성인聖人의 업적을 관찰하고 조언하는 고문이다. 아직 뜻이 이루어지지 못했다는 것은 관괘觀卦는 아래 네 음陰이 위의 두 양陽을 잠식해 가는 상황이다. 그 흐름

다면 허물이 없을 수 있다고 경계한 것이다.(九五陽剛中正, 以居尊位, 其下四陰, 仰而觀之, 君子之象也. 故戒居此位, 得此占者, 當觀己所行, 必其陽剛中正, 亦如是焉, 則得无咎也.)"라고 하였다.

768 『고자허자집석』에서는 "기其를 기己로 본다."고 하였다.(관기생觀其生 = 관기생觀己生)

을 막을 수는 없다. 다만 군자지도를 지키기 위한 노력과 더불어 백성들을 살피지만 아직은 뜻을 이루지는 못했다는 것이다.[769]

769 『주역본의』에서 "비록 위를 얻지 못했으나, 아직 경계함과 두려움을 잊어서는 안 된다.(志未平, 言雖不得位, 未可忘戒懼也.)"라고 하였다.

✎ 관觀은 사물事物의 본질과 핵심을 궤뚫어 보는 것이다.

관괘에서 나타난 유형은 백성은 성인聖人을 바라보고, 성인聖人은 백성을 바라본다.

관觀은 몸을 깨끗이 씻고 제사를 올리기 직전과 같은 성실한 믿음이 있으면 공경 받는다고 한다. 이러한 마음으로 성인聖人이 하늘의 신묘한 도道로써 가르침을 베푸니, 천하 만민이 모두 믿고 따른다는 것이다.

특히 육삼六三의 관아생觀我生은 내 자신을 되돌아보는 것이고, 구오九五의 관아생觀我生 세상의 풍속과 백성들의 삶속에 투영된 내 모습을 보고 성찰의 계기로 삼아야 한다는 것이다.

관괘觀卦의 덕德은 유순柔順의 덕德으로 천도天道를 거슬리는 일이 없으며, 손순巽順의 덕德으로 겸손謙遜해야 한다고 한다.

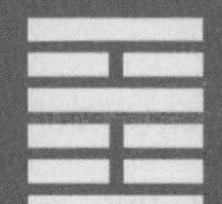

화 뢰 서 합 괘

21.火雷噬嗑卦

도전괘
倒顚卦

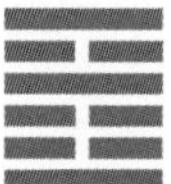

화뢰서합괘
火雷噬嗑卦

산화비괘
山火賁卦

음양대응괘
陰陽對應卦

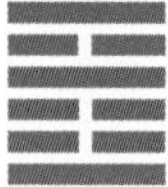

화뢰서합괘
火雷噬嗑卦

수풍정괘
水風井卦

상하교역괘
上下交易卦

화뢰서합괘
火雷噬嗑卦

뇌화풍괘
雷火豐卦

호괘
互卦

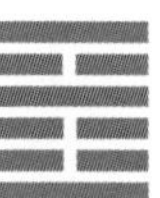

화뢰서합괘
火雷噬嗑卦

수산건괘
水山蹇卦

효변 爻變	初爻變 而爲晉卦	二爻變 而爲睽卦	三爻變 而爲離卦	四爻變 而爲頤卦	五爻變 而爲无妄卦	上爻變 而爲震卦
화뢰서합괘 火雷噬嗑卦	**화지진괘** 火地晉卦	**화택규괘** 火澤睽卦	**중화리괘** 重火離卦	**산뢰이괘** 山雷頤卦	**천뢰무망괘** 天雷无妄卦	**중뢰진괘** 重雷震卦

요지要旨[770]

괘명卦名 이 괘는 상이上離의 화火(☲) + 하진下震의 뢰雷(☳) = 화뢰서합火雷噬嗑(䷔)이다.

괘의卦意 진리의 자각이 어려움을 방해물이 든 음식과 죄인을 교화시키기 어려움에 비유하여 설명을 하고 있다. 서합噬嗑의 '서噬'는 깨물 '서噬' 자字이고, '합嗑'은 입다물 '합嗑'이다. 서噬은 윗니(상구上九)와 아랫니(초구初九)가 합하는 것이다. 그러므로 깨물어(서噬) 합치는(합噬) 것이다. 『잡괘雜卦』에서 "서합噬嗑은 먹는 것이다.(噬嗑 食也)"고 하였다.
서 합 식 야

괘서卦序 「서괘序卦」에서 "가히 바라본 이후에 합하는 것이 있음이라, 그러므로 서합으로 받았다.(可觀而後, 有所合, 故 受之以噬嗑)"라고
가 관 이 후 유 소 합 고 수 지 이 서 합
하였다. '서噬'은 합合이며, 합동合同이란 뜻이다. '서합噬嗑'은 입속에 있는 것을 깨물어 없애고 상하上下의 이頤가 합치는 것이다. 모든 방해를 물리치고 합동하는 것이 서합괘噬嗑卦의 뜻이다. 그러므로 풍지관괘風地觀卦(䷓) 다음에 '화뢰서합괘火雷噬嗑卦'(䷔)가 있다.

괘상卦象 산뢰이괘山雷頤卦(䷚)는 上下에 두 양효陽爻가 있고 그 사이에 네 음효陰爻가 있다. 이때, 두 양효陽爻는 턱이고 네 음효陰爻는 입안의 음식물이 된다. 상上 간괘艮卦(윗턱)는 머무는 것이며, 하下 진괘震卦는 아랫 턱으로 움직이는 입의 모양의 상象이다. 화뢰서합괘火雷噬嗑卦(䷔)는 상하上下의 사이에 들어온 방해꾼(구사九四=음식물)을 이빨(음효陰爻)로 깨물어 없애야 상하上下가 합쳐진다. 즉 천지합덕天地合德으로 천지지도를 자각하는 것이다.[771]

괘덕卦德 경문經文은 진리에 대한 자각과 예禮로써 아름답게 사회질서와

---

770 서합괘噬嗑卦(䷔)는 형벌원리를 통해서 천도天道의 변화원리를 깨닫는 것을 말하고 있다.

771 이 화뢰서합火雷噬嗑卦(䷔)는 四爻가 양효陽爻로서 산뢰이괘山雷頤卦(䷚)의 입안에 하나의 여문 것(단단한 것)이 있는 모양이다. 입속에 있는 방해물인 단단한 것을 물어 씹어야 上下의 이빨이 서로 합치게 되어 형통하게 된다. 이것이 서합噬嗑의 뜻이다.

제도의 확립하는 과정을 형벌과 방해자를 응징하는 것에 비유하여 설명하고 있다. 이 괘卦는 하진괘下震卦로 진震(☳)은 동動이며, 상上은 리괘離卦로써 리離(☲)는 지혜, 태양太陽으로 밝다는 의미이다. 그러므로 움직이는 밝은 덕德으로서 방해하려는 것을 교화敎化시켜 화합일치和合一致 할 수가 있다는 것이다.[772] 또한 서합괘噬嗑卦(䷔)는 강직하고 결단력 있는 위력(진震)과 총명聰明한 지혜(리離)의 두 덕德을 가지고 있다.[773]

噬嗑은 亨하니 利用獄하니라.
서 합 형 이 용 옥

○噬(씹을 서) 嗑(입다물 합, 말 많을 합) 亨(형통할 형) 獄(옥 옥)

서합噬嗑은 형통하니, 옥獄을 쓰는 게 이롭다하니라.

각설

서합噬嗑 형亨 서합噬嗑은 세상에서 화합和合을 방해하는 사람을 제거하는데 유순중덕柔順中德으로 교화하는 것이 형통한다는 것이다.[774]

---

772 아무 일도 하지 않고 가만히 있어서는 방해자를 물리칠 수 없다. 서합噬嗑을 이루기 위해서는 활동하는 것이 필요하다. 그러나 맹목적으로 활동만 하면 되는 것은 아니다. 밝은 지혜를 가지고 움직여야 한다. 즉 동動과 명明의 두 가지 덕德으로 서합噬嗑의 길이 잘 이루어진다.

773 이 괘의 하下 진괘震卦는 '뇌雷', 상上 리괘離卦는 화火, 또는 '전電'이다. '뇌雷'는 성대盛大한 위력을 가지고 있다. 밝은 지혜로서 서로의 화합和合 일치一致를 방해하는 상태를 알고 성대한 위력으로 방해자를 제거한다. 위威와 명明의 두 덕德을 가지고 있음으로 서합噬嗑의 도道가 잘 이루어진다.

774 이 괘를 한 괘 전체(䷔)로서 보면 구사九四의 양효陽爻가 상하上下의 괘卦 사이에 끼여 있는 방해자妨害者로 이것이 있음으로 상하上下의 치아齒牙가 맞지 않는다. 이것을 깨물어 없애야 상하上下의 이가 맞게 된다고 해석한다. 그러나 한 효爻 한 효爻에 걸려있는 말은 약간 다르다. 즉 초구初九와 상구上九는 형벌刑罰을 받는 사람이고, 그 밖의 육이六二·육삼六三·구사九四·육오六五의 네 爻는 형벌을 다스리는 사람들 이다. 육오六五는 서합괘噬嗑卦의 주효主爻로서 형옥刑獄을 다스리는 경卿이 된다. 구사九四는 대신으로 형옥刑獄을 다스리는 자리이다. 육삼六三과 육이六二는 형옥刑獄을 다스리는 관리官吏로 보고 있다.

괘卦 전체를 보면 방해물인 구사九四 양효陽爻를 분쇄함으로서 서로가 화합和合 일치一致할 수 있음을 나타내고 있다. 또한 방해물을 분쇄하는 데는 리괘離卦의 총명으로 방해물을 잘 관찰하는 지혜와 진괘震卦의 과단결행果斷決行으로 방해물을 교화하는 것을 말하고 있다. 이것은 진리 자각의 과정이 어렵다는 것을 나타낸다.

이용옥利用獄 방해물을 제거하는 데는 형옥刑獄을 사용하는 것이 좋다. 즉 강유剛柔의 병용을 말한다. 이는 예禮로써 사회질서와 제도를 확립하는 아름다운 규제가 이롭다는 것이다.

[彖曰] 頤中有物일새 曰噬嗑이니 噬嗑而亨하니라
단왈 이중유물 왈서합 서합이형

剛柔分하고 動而明하고 雷電이 合而章하고
강유분 동이명 뇌전 합이장

柔得中而上行하니 雖不當位나 利用獄也ㅣ니라.
유득중이상행 수부당위 이용옥야

❍ 頤(턱 이) 噬(씹을 서) 嗑(입다물 합, 말 많을 합) 亨(형통할 형) 剛(굳셀 강) 柔(부드러울 유) 動(움직일 동) 明(밝을 명) 雷(우레 뇌{뢰}) 電(번개 전) 章(빛날 장, 글 장) 雖(비록 수) 當(마땅할 당)

단彖에 이르기를, 물건物件이 입 속에 있는 것이 서합噬嗑이니, 씹어 먹으면 형통하니라. 강유剛柔가 나뉘고 움직이면 밝아지니, 우레와 번개가 합하여 빛나고, 유柔가 중中을 얻으면 위로 올라간다 하니, 비록 위(자리)는 마땅치 못하나, 옥을 쓰는 것이 이로우니라.

각설

이중유물頤中有物 왈서합曰噬嗑 서합이형噬嗑而亨 입안에 방해물이 있는 것이 서합괘噬嗑卦이다.[775] 이 방해물로 말미암아 상하上下의 턱이 합쳐지지를 않는다. 그러므로 이빨로 방해물을 깨물어 없애면 턱이 합쳐질 것이다. 그 결과 천지합일로 만사가 형통하고 성盛하게 될 것이다.[776]

강유분剛柔分 강剛과 유柔가 상하上下로 나누어지는 것을 말한다. 하괘下卦는 진장남震長男으로 강剛하고, 상괘上卦는 이중녀離中女로 유柔하여 강유剛柔가 상하上下로 나누어져 있다.[777]

동이명動而明 하下 진괘震卦의 덕德은 동動이고, 상上 리괘離卦의 덕德은 명明이다. 화뢰서합火雷噬嗑卦는 사물의 상태를 관찰할 수 있는 총명한 지혜를 가졌으며, 과단결행果斷決行할 수 있는 위력을 가졌다. 이들 동動과 명明의 힘으로 형옥刑獄을 사용하면 서합噬嗑의 도道가 잘 이루어진다.

뇌전합이장雷電合而章 서합噬嗑의 도道가 잘 이루어지기 위해서는 천둥과 같은 위력과 번갯불 같은 밝은 지혜를 가지고 형옥刑獄을 다스려야 한다는 것이다.

유득중이상행柔得中而上行 유柔는 육오효六五爻를 말한다. 득중得中은 육오六五의 득중得中을 말하며, 행行은 상괘上卦에 있다는 말이다.

수불당위雖不當位 이용옥야利用獄也 부당위不當位는 육오六五가 부정위不正位를 말한다. 그러나 유순득중柔順得中한 성인聖人이다. 그러므로 옥을 사용함이 이롭다는 것이다. 용형用刑과 용옥用獄은 다른 의미이다. 용옥用獄은 옳고 그름을 판단하는 내용이 들어있다.

---

775 산뢰이괘山雷頤卦는 상하의 두 양효陽爻가 턱이고, 그 사이에 있는 네 음효陰爻는 입안의 음식이 들어있는 상象이다. 서합괘噬嗑卦는 그 가운데 한 양효陽爻가 있어 입안에 방해물이 있는 모양이다.

776 『이천역전伊川易傳』에서는 "턱 안에 물건이 있기 때문에 서합噬嗑이라 하였으니, 물건이 턱 안에 끼어 있으면 해가 되는데 이것을 깨물어 합하면 그 해가 없어지니, 이는 바로 형통亨通한 것이다. 그러므로 깨물어 합하여 형통亨通하다고 말한 것이다.(中有物, 故爲, 有物間於中則爲害, 噬嗑而之則其害亡, 乃亨通也. 故云而亨)."라고 하였다.

777 하下 진괘震卦는 양강陽剛한 장남의 괘이며, 상上 리괘離卦는 음유陰柔한 중녀中女의 괘卦이다.

[象曰] 雷電이 噬嗑이니 先王이 以하야 明罰勅法하니라.
상왈 뇌전 서합 선왕 이 명벌칙법

❍ 明(밝을 명) 罰(죄 벌) 勅(조서 칙) 法(법 법)

상象에 이르기를, 우레와 번개가 서로 합쳤으니, 선왕은 이로써 형벌을 밝히고 법을 제정하니라.

각설[778]

뇌전雷電 동이명動而明이라 강력한 추진력과 명쾌한 판단력을 상징한다.
명벌칙법明罰勅法 서합괘噬嗑卦의 상象을 본받아 우레의 위력과 번개 불의 밝은 지혜로 법法을 제정하여 광명정대하게 시행하고 형벌을 밝혀 소인小人을 교화시키라는 의미이다.

[初九]는 屨校하야 滅趾니 无咎하니라. (火地晉)
초구 구교 멸지 무구 화지진

象曰, 屨校滅趾는 不行也이니라.
상왈 구교멸지 불행야

❍ 屨(신 구) 校(형틀 교) 滅(멸망할 멸) 趾(발 지, 발목 지)

778『주역』에 있어 송사訟事는 소인지도와 군자지도를 갈라 놓는 것을 말한다. 이에 대하여 「계사하」, 5장에서 다음과 같이 부연설명하고 있다. 먼저, 공자왈 "소인小人이 불의不義를 부끄러워하지 않고 불의를 두려워하지 않는다. 이익을 보지 않으면 권면되지 않고 위엄으로 두렵게 하지 않으면 징계가 되지 않으니 조금 경계하여 크게 경계시킴은 소인小人의 복이다. 역易에 이르기를 '자꼬는 신紳에 달아 발을 멸滅함이니 허물이 없다.' 하였으니 이것을 말함이다."(『周易』, 「繫辭下」 第五章, "子曰 小人, 不恥不仁, 不畏不義, 不見利, 不勸不威, 不懲, 小懲而大誡, 此小人之福也. 易曰, 屨校滅趾, 无咎, 此之謂也.)" 다음으로 "선이 쌓이지 않으면 이름을 이룰 수 없고, 악이 쌓이지 않으면 몸을 멸할 수 없으니, 소인小人은 작은 선을 무익하다 하여 행하지 않고 작은 악은 무방하다 하여 버리지 않는다. 그러므로 악惡이 쌓여서 가리울 수 없고 죄罪가 커져서 풀 수 없으니, 역에 이르기를 '차고로 매서 귀를 멸하니 흉하다'(『周易』, 「繫辭下」 第五章, "善不積, 不足以成名, 惡不積, 不足以滅身, 小人 以小善, 爲無益而弗爲也. 以小惡, 爲無傷而弗去也. 故 惡積而不可掩, 罪大而不可解, 易曰, 何校, 滅耳 凶.") 라고 하였다.

초구初九는 족쇄를 씌워 발목을 멸하니 허물이 없다하니라.

상象에 이르기를, 족쇄로 하여 발이 보이지 않는 다는 것은 행하지 못함이니라.

개요概要[779]

육효六爻 「효사」의 전체적 내용을 보면 「단사」와 「상사象辭」와는 달리 초구初九와 상구上九를 죄인으로 보고, 육이六二·육삼六三·구사九四·육오六五는 주로 죄인을 다스리는 수사관으로 보았다. 이것은 진리를 자각하기가 어려움을 비유하여 설명하고 있다.

초구初九는 서합괘噬嗑卦의 초효初爻로서 미천한 자리에서 처음으로 가벼운 죄罪(경범죄輕犯罪)를 범한 사람이다. 이런 사람에게는 족쇄를 걸어 자유로이 돌아다니지(경거망동) 못하게 함으로써 재범再犯을 방지할 수 있어 허물이 없다는 것이다.[780]

각설

구교屨校 형벌의 도구로 족쇄足鎖를 말한다.

멸지무구滅趾无咎 '구교屨校'는 발에 족쇄가 걸려있는 것이며, '멸지滅趾'는 발이 보이지 않는 것이다.

소상사小象辭

구교멸지屨校滅趾 불행야不行也 족쇄足鎖를 걸고 발끝이 보이지 않는 것은 자유로이 움직일 수 없게 된 것이다.[781] 이것은 발몽發蒙시키기 위해

---

779 (觀中) 구교멸지屨校滅趾는 때가 아닌데 자꾸 행할려고 한다. 이에 발목에다 고랑을 채운 것이다. 이 효가 동動하면 화지진괘火地晉卦가 된다. 진震은 양목陽木으로 '교校(나무로 만든 형틀)'의 뜻이 나온다.

780 「계사繫辭」편에서 이 「효사」를 설명하여 "적게 징벌懲罰하여 크게 경계警戒함이니 소인小人의 복福이다."라고 하였다.

781 지趾는 발 지로 복사뼈 밑의 발을 말한다. 족足은 허벅지에서 발끝까지를 말한다. 교校

서 함부로 경거망동하지 못하게 한 것이다. 특히, 초구初九는 천賤한 자리에 있으며, 초범初犯으로서 이 경미한 형벌刑罰로 징계가 되어 다시 나쁜 짓을 하지 않게 된다.[782]

[六二]는 噬膚滅鼻나 无咎하니라. (火澤睽)
육이 서부멸비 무구 화택규

象曰, 噬膚滅鼻는 乘剛也이니라.
상왈 서부멸비 승강야

❍ 噬(씹을 서) 膚(살갗 부) 滅(멸망할 멸) 鼻(코 비) 乘(탈 승) 剛(굳셀 강)

육이六二는 (다른 사람)살을 물어뜯다가 코를 멸하나, 허물이 없느니라.

상象에 이르기를, '살을 물어뜯어서 코를 다치나, 허물이 없다.'는 것은 강剛을 탔음이니라.

개요概要

육이六二는 정위正位·득중得中한 유순중정柔順中正한 관리이다.

각설

서부멸비噬膚滅鼻 초구강初九剛의 죄인을 다스림이라 단숨에 자백받기 위해서 코가 다칠(파묻힐) 정도로 깊이 물어서 단숨에 제압해야 한다는 의미가 있다. '부膚'는 살갗이란 뜻으로 뼈없는 연한 살을 말한다. '멸비

는 나무로 만든 형틀이다. 가枷(도리깨 가)는 목에 거는 것이다. 곡梏(쇠고랑 곡)는 수갑을 말하고, 질桎(차꼬 질)은 족쇄를 말한다.

782 『주역본의周易本義』에서는 "초初와 상上은 지위가 없으니 형벌刑罰을 받는 상象이 되고, 가운데의 네 효爻는 형벌刑罰을 쓰는 상象이 된다. 초初는 괘卦의 초기에 있어서 죄가 박하고 허물이 작으며, 또 괘卦의 아래에 있기 때문에 발에 차꼬를 채워서 발꿈치를 상하게 하는 상象이 되고, 악惡을 초기에 중지하기 때문에 무구无咎가 된 것이니, 점치는 자가 다소 상傷하나 허물은 없을 것이다(初上, 无位, 爲受刑之象, 中四爻, 爲用刑之象, 初在卦始, 罪薄過小, 又在卦下, 故爲校滅趾之象, 止惡於初, 故得无咎, 占者小傷而无咎也.)"라고 하였다.

滅鼻'는 코가 보이지 않을 정도로 깊이 물고 있는 것이다.

무구无咎 연한 고기라 코가 묻히도록 깊이 물게 되었다는 것이다. 그러나 육이六二는 유순중정柔順中正의 덕德을 가진 형리刑吏가 이와 같음이라 허물이 없다는 것이다.[783]

소상사小象辭

승강乘剛 초구初九를 타고 있다는 것이다.

[六三]은 噬腊肉하다가 遇毒이니
육삼 서석육 우독

小吝이나 无咎ㅣ리라. (重火離)
소린 무구 중화리

象曰, 遇毒은 位不當也이니라.
상왈 우독 위부당야

❍ 噬(씹을 서) 腊(포 석) 肉(고기 육) 遇(만날 우) 毒(독 독) 吝(아낄 린{인})

육삼六三은 마른고기를 씹다가 독毒을 만남이니, 조금 부끄러운 일이나 허물은 없느니라.

상象에 이르기를, '독毒을 만난다.'는 것은 자리가 합당合當하지 않음이니라.

개요概要[784]

육삼六三은 부종위부중不正位不中으로 바른 자리가 아니며, 지나쳐 있다.

---

783 래지덕來知德은 『래주역경도해來註易經圖解』에서 "초구初九와 상구上九는 형벌刑罰을 받는 사람이요, 중간의 4효는 형벌刑罰을 쓰는 사람이다.(初九, 上九, 受刑之人, 中四爻則用刑者)"라고 말하고, "육이六二는 초구初九를 다스리기 위해 형벌을 쓰기를 단호하게 해야 된다."라고 하였다.

784 (觀中) ❶육삼효六三爻 : 내괘內卦에서는 건乾자를 쓰지 않고, 외괘外卦에 가서야 비로소 건乾자가 등장한다. 왜냐하면 후천 군자지도를 상징하는 것이 외괘다. 후천군자가 깨달아야 할 것은 천도天道다. ❷우독遇毒 : 독毒은 화육化育한다. ❸ 위부당야位不當也 : 아직 때가 아니다. 소상小象의 우독遇毒은 부정적 의미이며, 「효사」에서의 우독遇毒은 긍정적 의미이다.

각설

서석육噬腊肉 **우독**遇毒 석육腊肉은 말린 고기로써 여물어 쉽게 물어뜯을 수가 없다. 말린 고기를 씹어 중독이 되었다는 것은 죄인을 조사하기가 어렵다는 것이다. 이것은 진리의 자각이 어렵다는 것을 비유한 말이다.

소린小吝 **무구**无咎 육삼六三은 부중부정不中不正한 음효陰爻로서 죄인을 조사하는데 어려움과 고충이 있음을 나타낸 것이다. 이것은 마치 말린 고기를 씹다가 독毒을 만나는 것과 같다. 이 일은 부끄러운 일이기는 하지만 나무랄만한 허물은 아니다.

소상사小象辭

우독遇毒 **위부당야**位不當也 육삼六三이 마른 고기를 씹다가 독毒을 만나는 것같이 죄인을 조사하다가 어려움을 겪는 것은 육삼六三의 자리가 부정위不正位로 마땅하지 않기 때문이다. '위부당位不當'은 아직은 천도天道 자각의 때(시의성時宜性)가 아님을 말한다.

[九四]는 噬乾胏하야 得金矢나
구사 서간치 득금시

利艱貞하니 吉하리라. (山雷頤)
이간정 길 산뢰이

象曰, 利艱貞吉은 未光也이니라.
상왈 이간정길 미광야

❍ 乾(마른 간) 胏(뼈가 붙어 있는 바른 고기 치{체}, 건 포, 밥찌끼 자) 得(얻을 득) 金(쇠 금) 矢(화살 시) 利(이로울 리) 艱(어려울 간) 貞(곧을 정)

구사九四는 뼈에 붙어 있는 마른 고기를 씹다가 금金으로 된 화살촉을 얻었다. 어려움 속에서도 곧으면 이롭다고 하니 길하리라.

상象에 이르기를, '어려움 속에서도 곧으면 이롭고 길하다.'는 것은 (아직도 덕德이) 빛나지 못함이니라.

개요概要[785]

구사九四는 서합噬嗑의 책임을 맡은 사람이다.[786] 이 효爻는 양강陽剛하며, 도덕과 재능才能이 있으나 부정위한 효爻이다.

각설

간치乾胏 뼈가 붙어있는 말린 고기로써 몹시 여물어서 쉽게 이빨로 끊을 수가 없다. 이것은 건도乾道가 깨우치기 어려운 것을 비유한 것이다.[787]

금시金矢 금속으로 만든 화살이다. 「설괘」편 11장에서 금金은 건도乾道로 밝히고 있다.

소상사小象辭

이간정길利艱貞吉 미광야未光也 구사九四는 부정부중不正不中한 효爻로서 아직 광대光大한 정도正道가 아님으로 정도正道를 굳게 지키고 조심하여야 한다.(외호괘外互卦가 감坎이다.) 구사九四는 부정부중不正不中한 위位로써 정도正道로 씹고 있으나 미광未光이라 아직은 천도天道를 자각自

---

785 (觀中) ❶구사효九四爻가 동動하면 산뢰이山雷頤다. ❷득금시得金矢 : 아무 음식이나 주워 먹지 말라. 황금黃金, 금시金矢가 무엇을 의미하겠는가? 금金은 건곤합덕원리乾坤合德原理를 말한다. 사실 화뢰서합火雷噬嗑은 산뢰이괘山雷頤卦의 원리를 근거로 한 것이다. 진변위간震變爲艮은 천지만물 생성원리를 말한다. 천지만물 생성원리를 밝힐 수 있는 군자는 화뢰서합火雷噬嗑卦에서 군자가 포태胞胎가 된다. 금시金矢는 천화동인괘天火同人卦다. 동인괘同人卦도 아직 때가 아니다. 동인괘同人卦 이효二爻 군자가 성인聖人의 말씀을 깨달아 이인이동심二人而同心이 된다. ❸이간정利艱貞 : 지화명이괘地火明夷卦를 가리킴. 어려운 고비를 깨달아야 한다.

786 형옥刑獄을 다스리는 방면에서 말하면 경험이 많은 노련한 수사관 자리이다.

787 초범初犯은 낮은 관리들도 조사가 되지만 누범累犯이나 중죄인重罪人은 노련한 수사관의 조사를 받는다.

覺할 때가 안됐다는 것이다

[六五]는 噬乾肉하야 得黃金이니
육오 서간육 득황금

貞하고 厲하면 无咎ㅣ니라. (天雷无妄)
정 려 무구 천뢰무망

象曰, 貞厲无咎는 得當也이니라.
상왈 정려무구 득당야

❍ 乾(마를 간, 하늘 건) 肉(고기 육) 厲(두려워할 려, 위태로울 려, 갈 려{여})

육오六五는 마른 고기를 씹다가 황금을 얻었으니, 바르게 하고 두려워하면 허물이 없느니라.
상象에 이르기를, '바르게 하고 두려워하면 허물이 없다.'는 것은 마땅함을 얻음이니라.

개요概要

이 괘의 주효主爻이다. 「단사彖辭」에 '유득중이상행有得中而上行'이라 한 것은 이 효爻를 말한 것이다. 육오六五는 중덕中德을 가진 유순柔順한 성인聖人이다.

각설

서간육噬乾肉 간육乾肉은 말린 고기이다. 육삼六三의 석육腊肉보다 여문 고기지만 구사九四의 간치乾胏보다 씹어 먹기 쉽다.
득황금得黃金 황금黃金이라 한 것은 구사九四의 금시金矢와 같은 것으로 사냥에서 쓴 화살촉이 살 속에 있는 것을 말한다. 육오六五는 득중得中이라 중앙 색인 황黃자를 붙였다.

정려貞厲 무구无咎 '정려貞厲'는 부정위不正位라 정도正道를 굳게 지켜서 방심하지 않고, 공구수신恐懼修身하는 것이다. 육오六五는 유순중덕柔順中德으로 재판함으로 그가 처리하는 것은 정도正道에 합당하지만 혹시 잘못이 있을까봐 조심하면 나무랄만한 잘못은 없다는 것이다.[788]

소상사小象辭

정려무구貞厲无咎 득당야得當也 육오효六五爻가 정도正道를 굳게 지키고, 조심하면 허물이 없다는 것은 성인聖人이 중정지도中正之道를 얻었기 때문이다. 당當은 천도天道원리, 성인지도, 중정지도의 마땅함을 말한다.

[上九]는 何校滅耳니 凶하니라. 상구 하교멸이 흉	(重雷震) 중뢰진
象曰, 何校滅耳는 聰不明也이니라. 상왈 하교멸이 총불명야	

○ 何(어찌 하) 校(형틀 교) 滅(멸망할 멸) 耳(귀 이) 聰(귀 밝을 총) 項(목 항) 鎖(쇠사슬 쇄)

상구上九는 항쇄에 (죄수의 목에 씌우는 틀을 등에 져서) 귀를 멸하니, 흉凶하니라.

상象에 이르기를, '항쇄에 (죄수의 목에 씌우는 틀을 등에 져서) 귀를 다친다.'는 것은 듣는 것이 밝지 못함이니라.

개요概要

상구上九는 서합괘噬嗑卦의 끝에 있다. 초구初九는 초범初犯의 가벼운 죄인인데 비해서 상구上九는 몇 번이고 죄罪를 범하는 중죄인重罪人이다.

788 구사九四 나은 점은 중中을 얻고 있는 점이다. 구사九四는 강剛과 직直의 덕德을 갖고 있고 육오六五는 유柔와 중덕中德을 가지고 있다.

각설

하교멸이何校滅耳 흉凶 무거운 항쇄項鎖를 씌워 귀가 보이지 않는다. 이와 같이 죄악罪惡이 쌓여 개선할 줄 모르는 자는 크게 흉凶하며, 무거운 벌罰을 받게 된다. '하교何校'는 항쇄項鎖로써 죄인의 목에 씌우던 형틀인 '칼'을 말한다.[789] '멸이滅耳'는 귀가 가리워져 보이지 않는다는 것은 천명天命과 성인지도聖人之道 혹은 진리의 소리가 ❶들리지 않는다는 것 ❷들을려고 하지 않는 것이다.

소상사小象辭

총불명야聽不明也 상구上九가 귀가 어두워 몇 번이나 징계를 받아도 그 말을 듣지 못하고 죄악이 쌓여 풀 수 없게 된 것이다. 이는 성인지도聖人之道가 들리지 않는다.[790]

✐ 서합筮嗑은 입안에 들어 있는 군자의 영양소인 음식(성인지도聖人之道)을 씹어서 합하여 천인합일天人合一을 이루는 것이다. 한편으로 서합괘筮嗑卦에서는 진리에 대한 자각이 어렵다는 것을 범죄인을 다루는 절차와 음식물인 석육腊肉, 간치乾胏, 간육乾肉 등에 비유하여 설명하고 있다.

---

789 하何는 하荷와 통용하여 짐을 진다는 동사動詞로도 쓰인다.

790 『주역본의周易本義』에서는 "'멸이滅耳'는 그 들음이 밝지 못함을 죄준 것이니, 만약 자세히 듣고 일찍 도모한다면 이러한 흉함이 없을 것이다.(滅耳, 蓋罪其聽之不聰也. 若能審聽而早圖之, 則无此凶矣.)"라고 하였다.

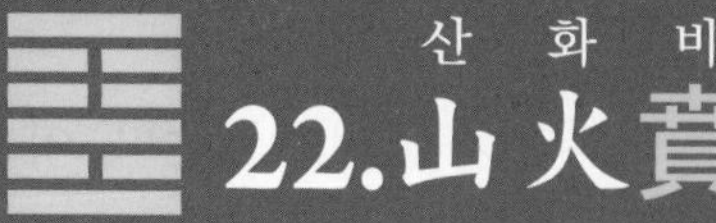

산화비괘
22.山火賁卦

火雷噬嗑卦 澤水困卦 火山旅卦 雷水解卦

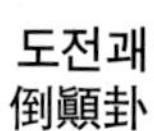

도전괘
倒顚卦

산화비괘
山火賁卦

화뢰서합괘
火雷噬嗑卦

음양대응괘
陰陽對應卦

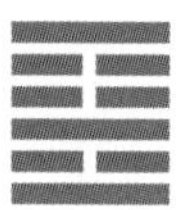

산화비괘
山火賁卦

택수곤괘
澤水困卦

상하교역괘
上下交易卦

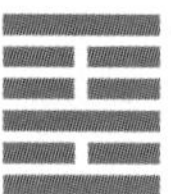

산화비괘
山火賁卦

화산여괘
火山旅卦

호괘
互卦

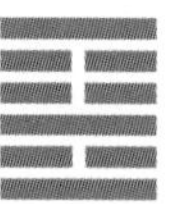

산화비괘
山火賁卦

뇌수해괘
雷水解卦

효변
爻變

初爻變 而爲艮卦 | 二爻變 而爲大畜卦 | 三爻變 而爲頤卦 | 四爻變 而爲離卦 | 五爻變 而爲家人卦 | 上爻變 而爲明夷卦

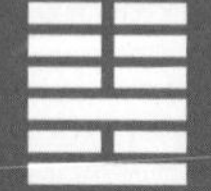

산화비괘
山火賁卦

중산간괘 重山艮卦 | **산천대축괘** 山天大畜卦 | **산뢰이괘** 山雷頤卦 | **중화리괘** 重火離卦 | **풍화가인괘** 風火家人卦 | **지화명이괘** 地火明夷卦

요지要旨

괘명卦名 이 괘는 상간上艮의 산山(☶) + 하리下離의 화火(☲) = 산화비괘山火賁卦(䷕)이다.

괘의卦意 꾸밈의 도에 대한 설명이다. '賁는 飾也라' 아름답게 꾸미는 것이다.[791] 간괘艮卦(☶) 산山은 초목이 무성하고, 리괘離卦(☲) 불은 산山 아래서 몹시 타고 있다. 이 불이 산을 비추어 초목들이 아름다운 빛을 낸다. 리괘離卦(☲)를 태양으로 보면 산 아래에 있는 석양이다. 산이 석양빛을 받아 아름답게 보이는 것이다. 이것이 비괘賁卦(䷕), 문식文飾의 괘상卦象이다. 음양陰陽과 강유剛柔가 조화를 이루어 아름답게 꾸밈을 완성하는 것이다. 그러므로 천지가 서로 사귀면서 꾸미는 이치를 알 수 있다.[792] 물건物件과 물건物件사이에 적당한 질서를 정하고, 사람과 사람 사이에 예법禮法을 정하여 사물을 문식文飾하는 괘이다. 사물事物을 꾸미는데 대한 길을 말하고 있다. 물건物件을 아름답게 꾸미는 데는 진실한 성誠이 없이 표면만 꾸며서는 좋지 않다. 그것은 허식虛飾에 불과하다.

괘서卦序 「서괘序卦」에서 "합이란 합하는 것이니, 물건을 구차하게 합할 수만은 없기 때문에 비괘로 받았다.(嗑者合也, 物不可以苟合而已, 故受之以賁.)"라고 하였다. 서합괘噬嗑卦는 사람이나 물건物件이 합동合同하는 것이다. 그러나 무조건 합동合同하는 것이 아니고, 합동하는 물건物件이나 사람 사이에 적당한 질서가 있어야 한다. 즉 사람과 사람이 합동하려면 그 사이의 순서를 정하고 아름다운 예의로서 규율을 정하여야

---

791 『논어』에서 말하는 문질과 관련되어 보인다. 즉 바탕과 장식의 대립과 조화를 말한다.

792 역易에서 양陽을 질質로 하고, 음陰을 문文으로 하며 질박質朴한 성誠이 본本이고, 아름다운 문식文飾은 말末이다. 질박한 성誠이 있고 여기에다 아름다운 문식文飾이 가해졌을 때 이상적인 꾸밈이 나온다. 역易에서는 양陽과 음陰의 조화를 이상적인 문식文飾으로 생각한다. 양陽이나 음陰만으로는 아름답지 못하다. 양陽속에 음陰이 알맞게 섞여 있어야 아름다운 꾸밈이 되는 것이다.

한다.[793] 그것으로 세상이 아름답게 꾸며지는 것이다. 그러므로 서합괘噬嗑卦 다음에 비괘賁卦가 놓여있다.

괘상卦象[794] 리괘離卦(☲)는 문명文明의 괘卦로 아름답게 꾸며진 괘이다. 리괘離卦는 두 양효陽爻 사이에 아름다운 음효陰爻가 있어 아름답게 꾸며진 것이다. 이것을 「단사」에서는 '유래이문강柔來而文剛'이라고 말하고 있다.

비괘賁卦의 상괘上卦는 간삼남艮三男(☶)이고, 하괘下卦는 이중녀離中女(☲)이다. 상감괘上艮卦(☶)에 하이괘下離卦(☲)가 와서 좋은 문식文飾를 이룬다.[795]

「단사彖辭」에는 '문명이지文明以止'라고 하였는데 문명文明으로 아름다운 문

---

793 윗사람은 윗사람으로서의 예의가 있고 아랫사람은 아랫사람으로서의 예의가 있다.

794 비괘賁卦의 상괘上卦는 간괘艮卦(☶)이다. 두 음효陰爻 위에 한 양효陽爻가 있다. 두 음효陰爻의 (문식文飾)에다 한 양효陽爻의 실질實質이 가해졌을 때 비로소 훌륭한 문식文飾이 완성되는 것이다. 이것을 「단사」에서는 '분강分剛하야 상이문유上而文柔라' 하였다. 문식文飾의 방면에서 비괘賁卦의 상하 두 괘를 보면 하下 리괘離卦(☲)는 두 양효陽爻 사이에 한 음효陰爻가 들어가서 양효陽爻를 아름답게 문식文飾한다. 상上 간괘艮卦(☶)는 두 음효陰爻 위에 한 양효陽爻가 올라가서 음효陰爻의 문식文飾을 완성한다. 상하上下 두 괘를 문식의 뜻으로 해석하는 것이 「단사」의 생각이다. 그러므로 리괘離卦는 소박한 실질實質에 문식文飾이 가해지는 것이고, 간괘艮卦는 아름다운 문식文飾이 있고 거기에 소박한 실질實質이 가해져 문식文飾이 완성된다. 모두 양陽과 음陰이 서로 섞이고 강剛과 유柔가 적당히 배치되어 아름다운 꾸밈이 완성된다. '색色'에 대해서도 마찬가지이다. 단지 화려한 색깔만 모아둔다고 아름다운 것이 아니다. 화려한 색깔 중에 화려하지 못한 수수한 색깔이 섞여 있을 때에 비로소 아름다운 것이 된다. 아름다운 색깔과 아름답지 못한 색깔이 섞여 있을 때에 이상적인 문식文飾이 된다. 이것이 비괘賁卦의 상象에서 본 문식文飾의 원리이다. 양陽과 음陰이 섞이고, 강剛과 유柔가 짜여져 문식文飾이 완성된다는 이 괘의 이치는 인간社會의 문물제도와 문학예술들에도 미루어 생각할 수 있을 것이다.

795 문식文飾의 원리는 크게 둘로 나눌 수 있다. 그 하나는 양陽의 본체本體가 되고, 음陰이 그것을 꾸미는 것이고(양체음용陽體陰用), 다른 하나는 음陰이 본체本體가 되고 양陽이 꾸미는 것이다(음체양용陰體陽用). 비괘賁卦에서는 리괘離卦(☲)와 간괘艮卦(☶)가 그러한데 양陽이 본체本體가 되고 음陰이 꾸미는 리괘離卦가 비교적 우수하며, 음陰이 본체本體가 양陽이 꾸미는 간괘艮卦는 리괘離卦보다 못하다. 또 하下 리괘離卦의 덕德은 문명文明이며, 상上 간괘艮卦의 덕德은 머무는 것이다. 말이나 문장에 있어서도 적당히 꾸며서 잘 표현하면 사람의 마음을 감동시킬 수 있는 것과 같이 국가, 사회에서도 적당한 제도와 예법으로 꾸미면 쉽게 잘 통할 수 있을 것이다. 이것이 문식文飾으로 뜻하는 바가 잘 통하고 성盛하는 것이다. 그러나 실질實質이 없이 문식文飾만으로 된 허식虛飾은 못쓴다.

식文飾이 있는 것은 좋은 일이지만 문식文飾이 지나치지 않도록 적당한 자리에 머물러야 한다.

賁는 亨하니 小利有攸往하니라.
비 형 소리유유왕

○ 賁(꾸밀 비. 클 분)

비賁은 형통하니, 갈 바가 있어 조금 이롭다 하니라.

개요概要

비賁, 즉 문식文飾으로 일이 잘 통하고 성盛하게 되지만 문식文飾의 효능에는 한도가 있다. 다시 말하면 작은 일이면 문식文飾으로 잘 통하지만 큰일은 문식文飾만으로는 잘 통하지 않는다. 아름다운 문장에 진실한 내용이 담기면 모든 일이 잘 통하지만 문식文飾만으로는 안 된다.

각설

비형賁亨 문식文飾의 도道로서 하는 일은 잘 통하며 성盛한다. 문식文飾이 적당하여 소위 문질文質이 빛나는 상태이면 그 일이 형통하다. 안으로 성실한 진심이 충만하면 비록 문식文飾이 없어도 크게 형통할 수 있지만 여기에 문식文飾이 가해지면 더욱 성하게 될 것이다.

소리유유왕小利有攸往 갈 바가 있으면 조금 이롭다 함은 문식文飾만으로는 나아가는데 조금 편리가 있을 뿐 성실한 진심(誠 : 孚+眞)이 없이는 크게 나아갈 수는 없다는 것이다

[彖曰] 賁亨은 柔來而文剛故로 亨하고
단왈 비형 유래이문강고 형

分剛하야 上而文柔故로 小利有攸往하니 天文也ㅣ오
분강 상이문유고 소리유유왕 천문야

文明以止하니 人文也ㅣ니 觀乎天文하야 以察時變하며
문명이지 인문야 관호천문 이찰시변

觀乎人文하야 以化成天下하나니라.
관호인문 이화성천하

○ 賁(클 분, 꾸밀 비) 亨(형통할 형) 柔(부드러울 유) 來(올 래) 剛(굳셀 강) 故(옛 고) 分(나눌 분) 文 (무늬 문, 채색 문, 글월 문) 利(이로울 리) 有(있을 유) 往(갈 왕) 天(하늘 천) 明(밝을 명) 止(발 지) 觀(볼 관) 察(살필 찰) 時(때 시) 變(변할 변) 成(이룰 성)

단彖에 이르기를, '비賁는 형통亨通한다.'는 것은 유柔(음陰)가 와서 강剛(양陽)을 장식하는 것이므로 형통하고 강剛(양陽)을 나누어 위로 올라가서 유柔(음陰)를 장식하는 고로 갈 바가 있으면 약간 이利가 있다하니, 천문天文(일월성신日月星辰의 배열)이오, 밝은 문으로서 머문다 하니 인문人文(인륜의 질서)이니, 천문天文을 보아 사시四時(봄 여름 가을 겨울)의 변화를 살피고, 인문人文을 본다하야, 이로써 천하天下의 교화敎化를 이룬다 하니라.

각설

유내이문강柔來而文剛 아래에 있는 리괘離卦(☲)는 본래 건괘乾卦(☰)로 순수한 양괘陽卦이던 것이 건곤乾坤이 서로 사귐으로서 곤괘坤卦(☷) 중中의 한 음효陰爻가 들어와 리괘離卦(☲)가 된 것이다. 즉 유柔한 음효陰爻가 내려와서 강한 양효陽爻를 꾸민 것이다. 내용이 충실한 질박한 양효陽爻속에 부드럽고 아름다운 음효陰爻가 들어와 문식文飾한 것이다. 내용이 충실한데 아름다운 꾸밈이 보태진 것이 이상적인 문식文飾이다. 그러므로 형통한다. 그러나 질박質樸한 내용만으로는 나아가기 힘이 든다. 하지만 여기 문식文飾이 가해지면 쉽게 나아갈 수 있게 된다. 그것을 '賁亨(비형)은 柔來而文剛故(유래이문강고)로 亨(형)'이라 하였다. 이것은 하下 리괘離卦를 주로 말한 것이다. 래來는 하괘下卦에 있는 것이다.

분강상이문유고分剛上而文柔故 주로 상上 간괘艮卦(☶)를 말한 것이다.[796] 상上은 올라간다는 동사動詞이며, 상괘上卦에 있는 것을 말한다.

소리유유왕小利有攸往 나아갈 바가 있어 약간 이롭다는 것은 문식文飾만으로는 약간 이롭고, 성실과 진심의 실질實質이 가해지면 큰일을 할 수 있다는 것이다. 이것은 실질實質에 문식文飾이 가해진 것과 문식文飾에 실질實質이 가해진 것의 차이를 말한 것이다.

천문야天文也 문文은 아름다움 문채文彩, 문식文飾을 말한다. 강유剛柔, 즉 음양陰陽이 여러 모양으로 섞이는 것이(착종錯綜) 하늘의 아름다운 색채(문식文飾)가 이루어진다.[797]

문명이지인문야文明以止人文也 하下 리괘離卦(☲)는 문명文明의 괘이며, 상上 간괘艮卦(☶)는 머무는 괘이다. 리괘離卦(☲)의 문명文明은 아름다운 문식文飾이다. 즉 ❶인륜의 아름다운 길, ❷예악禮樂의 길, ❸아름다운 문물제도 등 인간사회의 아름다운 색채色彩는 문명文明으로서 머무는 것으로 완성된다. 만약 문명文明의 덕德만 있고 멈출 수 있는 곳에 멈출 수 있는 덕德이 없으면 문명文明의 덕德은 완성되지 못하고 허식虛飾으로 흘러 머지않아 허물어지고 말 것이다. 그러므로 간괘艮卦의 머무는 덕德도 이와 같이 중요한 것이다. '인문人文'은 가인괘家人卦로서 용육원리用六原理이고, '천문天文'은 건괘乾卦로서 용구원리用九原理이다.

---

796 간괘艮卦는 본시 순수한 음陰으로 된 곤괘坤卦였는데 건괘乾卦에서 한 양효陽爻가 빠져나와 유柔를 문식文飾하여 간艮이 된 것이다. 「설괘」편 참조.

797 옛 사람들은 위에 강유剛柔에 교착交錯을 붙여 강유교착剛柔交錯은 천문야天文也라고 말한다. 또한 일설一說에는 강유교착剛柔交錯과 같은 뜻이니 강유교착剛柔交錯을 붙일 필요가 없다고 한다. 일월성신日月星辰의 운행과 춘하추동의 변화는 모두 음양강유陰陽剛柔가 교착交錯됨으로 오는 하늘의 문식文飾이라는 것이다.

관호천문觀乎天文 이찰시변以察時變 관호인문觀乎人文 이화성천하以化成天下 천문天文, 즉 일월성신日月星辰의 운행을 보고 그것으로 춘하추동 사시절의 변화를 알 수 있으며, 인문人文 즉 문물제도를 살펴보고 그것으로 천하 만민의 교화를 완성한다. 하늘도 아름다운 문식文飾이 있어 그것으로 사시四時가 잘 운행되며, 인간사회도 아름다운 문식文飾으로 아름답게 완성이 된다. [798]

[象曰] 山下有火ㅣ 賁니
상왈 산하유화 비

君子ㅣ 以하야 明庶政호대 无敢折獄하나니라.
군자 이 명서정 무감절옥

○ 明(밝을 명) 庶(여러 서) 政(정사 정) 无(없을 무) 敢(감히 감) 折(꺾을 절) 獄(옥 옥)

상象에 이르기를, 산(간艮) 밑에 불(리離)이 있는 것이 비賁니, 군자君子는 이로써 모든 정사政事를 밝히되, 형옥刑獄은 감히 (함부로) 손대려 하지 않느니라.

개요概要

군자는 이 상象을 보고 이것을 본받아 여러 가지 작은 정사政事를 처리한다. 그러나 형옥소송刑獄訴訟과 같은 중대한 일은 신중히 조사하여 가볍게 처리하지 않는다는 것이다.

각설

산하유화山下有火 분賁 산 아래에서 타오르는 불빛으로 산의 초목이 비

---

798 『이천역전伊川易傳』에서는 "인문人文은 인도人道의 차례이니, 인문人文을 관찰하여 천하天下를 교화해서 천하天下가 예禮스러운 풍속을 이룸은 바로 성인聖人이 비賁를 쓰는 도道이다.(人文, 人理之倫序, 觀人文, 以敎化天下, 天下成其禮俗, 乃聖人用賁之道也.)"라고 하였다.

추어져 아름답게 보이는 것이 비괘賁卦의 상象이다.

명서정明庶政 서정庶政은 비교적 작은 여러 가지 정사政事를 말한다.(소사小事)

무감절옥无敢折獄 '무감无敢'은 사건을 잘 조사하여 신중하게 판결하는 것을 말한다. '절옥折獄'은 죄인을 판결하고, 분쟁을 재판하는 국민의 생명에 관계되는 중대한 정사政事이다.

[初九]는 賁其趾니 舍車而徒 ㅣ로다. (重山艮)
초구 비기지 사거이도 중산간

象曰, 舍車而徒는 義弗乘也이니라.
상왈 사거이도 의불승야

○ 賁(꾸밀 비) 趾(발 지) 舍(집 사, 버릴 사) 車(수레 거) 徒(걷을 도, 무리 도) 義(옳을 의) 弗(아닐 불) 乘(탈 승)

초구初九는 그 발을 장식하니, 수레를 버리고 걷는 것이로다.

상象에 이르기를, '수레를 버리고 걷는다.'는 것은 의리(올바른 도리)로 보아 타지 않는 것이니라.

개요概要

하下 리괘離卦(☲)는 문명文明의 괘이다. 아름다운 색채가 있음으로 초구初九·구이九二·구삼九三의 세 효三爻는 위로 갈수록 문식文飾이 많아진다. 상上 간괘艮卦는 머무는 괘이다. 그러므로 육사六四·육오六五·상구上九는 올라갈수록 문식文飾이 줄어져 상구上九에서는 전혀 없게 된다.

각설

비기지賁其趾 **사거이도**舍車而徒 초구初九는 양효陽爻이므로 강명剛明한 덕德을 가진다. 미천한 자리지만 바른 자리이니 뜻이 바르다. '지趾'는 족足이다. 복사뼈 아래를 말한다. 족足은 나아간다는 뜻과 행실이라는 뜻이 있다. 초구初九는 자기 발을 꾸민다. 바른 행실을 한다는 것이다. 사람들은 수레를 타는 것을 명예로 생각하지만, 초구初九는 바른 길이 알거나 자신의 분수를 알고 수레를 타지 않는다. 이것은 초구初九가 스스로 그의 발을 꾸미고 행실을 바르게 닦는 것이다.[799]

소상사小象辭

사거이도舍車而徒 의불승야義弗乘也 초구初九가 수레를 버리고 걸어가는 것은 의義를 지키기 때문이다.[800 801]

[六二]는 賁其須ㅣ로다. (山天大畜)
육이 비기수 산천대축

象曰, 賁其須는 與上興也이니라.
상왈 비기수 여상흥야

○ 其(그 기) 須(모름지기 수, 기다릴 수, =턱수염 수鬚)

육이六二는 그 수염을 꾸밈이로다.

상象에 이르기를, '그 수염을 꾸민다.'는 것은 그 윗 사람과 함께 움직인다는 말이다.

---

799 초구初九는 육사六四와 상응相應하고 육이六二와 상비相比한다. 육이六二가 유혹하지만 상응相應하는 육사六四를 생각하며 육이六二의 권유를 듣지 않는다. 육이六二의 초대를 받으면 수레를 탈 수 있지만 초구初九는 이것을 버리고 맨발로 걸어간다.

800 자기 응효應爻인 육사六四를 버리고 육이六二의 초대에 응하는 것은 의義에 맞지 않는다. 초구初九는 강명剛明한 덕德을 가지고 있고 뜻이 바른 사람이라 불의不義의 입신영달을 하지 않는다.

801 『주역본의周易本義』에서는 "군자의 취하고 버림은 의義로 결단할 뿐이다. 君子之取舍, 決於義而已."라고 하였다.

개요概要

육이六二는 정위正位·득중得中한 음효陰爻이다. 그러나 육이六二는 구삼九三을 따라 움직이는 턱수염에 비유하고 있다.

각설

비기수賁其須 '수須'는 수야鬚也라 턱수염 수 자字와 같다. 비괘賁卦는 외호괘外互卦(구삼九三·육사六四·육오六五)는 진괘震卦(☳)가 되고, 상괘上卦는 간괘艮卦(☶)이니 이 둘을 합치면 산뢰이괘山雷頤卦가 된다. 이頤는 턱이다. 육이효六二爻는 구삼九三 아래에 있음으로 턱 밑에 있는 수염이다. 턱수염은 턱이 움직이는데 따라 움직일 뿐 자신의 힘으로는 움직일 수 없다. 자기 뜻은 조금도 없다. 육이六二는 꼭 턱수염과 같은 것이다.[802]

소상사小象辭

분기수賁其須 여상흥야與上興也 육이六二가 구삼九三의 턱에 붙어 수염과 같은 자리에 있어 유순중정柔順中正의 덕德으로 몸을 닦고 꾸미고 있는 것은 구삼九三과 같이 일어나 힘을 합쳐 비賁의 도道를 완성하고 싶은 것이다. 육이六二와 구삼九三이 서로 도와 비賁의 도道가 성립이 된다. 여與는 동動과 같은 의미이다.

[九三]은 賁如濡如니 永貞이면 吉하리라. (山雷頤)
구삼 비여유여 영정 길 산뢰이

象曰, 永貞之吉은 終莫之陵也이니라.
상왈 영정지길 종막지능야

802 육이六二는 유순중정柔順中正한 좋은 爻이다. 그러나 음효陰爻로 무력하여 양효陽爻를 따라 나아가고 물러선다. 육이六二는 상비相比한 양효陽爻 구삼九三을 따라 움직인다. 즉 육이六二는 구삼九三이라는 턱에 붙어있는 턱수염과 같다는 것이다.

○ 賁(클 분, 꾸밀 비) 濡(젖을 유) 如(같을 여) 永(길 영) 貞(곧을 정) 吉(길할 길) 終(끝날 종) 莫(없을 막, 저물 모,고요할 맥) 陵(업신여길 능, 큰 언덕 능{릉})

구삼九三은 꾸민듯이 젖은듯 빛나니, 영원히 곧아야 길하리라.

상에 이르기를 영원히 곧아서 길吉한 것은 끝내 업신여기지 못하니라.

개요概要

구삼九三은 리괘離卦의 상효上爻로 문식文飾이 가장 심한 자리이다.

각설

비여유여賁如濡如 비여유여賁如濡如의 여如는 조사助辭이다. 호괘互卦가 감괘坎卦(☵)로서 '젖을 유자濡'가 나온다. 즉 아름다워 마치 물에 젖어 있는 것처럼 보인다는 것이다. 구삼九三은 문식文飾이 최고로 아름답게 꾸며져 있어 빛이 있고, 젖어있는 윤택이 나는 것처럼 보이는 것이다. 구삼九三은 정위正位이지만 부득중不得中으로 지나쳐 있다. 그러므로 오래 동안 바른 길을 굳게 지키고 있어야만 길吉하다고 경고하고 있다.[803]

소상사小象辭

영정지길永貞之吉 종막지능야終莫之陵也 육삼六三이 꾸미기만 하고 바른 길을 지키지 않으면 사람들로부터 능멸凌蔑당하기 쉽다. 그러나 오래 동안 바른 길을 굳게 지키고 있음으로 아무도 끝까지 업신여기지를 못한다.[804]

---

803 문식文飾의 정상에 있음으로 자칫 잘못하면 본체本體인 실질實質을 잊어버릴까 염려하여 영정지길永貞之吉을 가르치고 있다.

804 『이천역전伊川易傳』에서는 "꾸미되 항상하지 못하고 또 정도正道가 아니면 사람들에게 능멸陵蔑과 업신여김을 당한다. 그러므로 영정永正하면 길吉하다고 경계한 것이다. 그 꾸밈이 이미 항상되고 올바르면 누가 능멸陵蔑하겠는가.(飾而不常, 且非正, 人所陵侮也, 故戒能永正則吉也. 其賁旣常而正, 誰能陵之乎.)"라고 하였다.

[六四]는 賁如皤如하며 白馬翰如하니
육사 비여파여 백마한여

匪寇ㅣ면 婚媾니라. (重火離)
비구 혼구 중화리

象曰, 六四는 當位疑也ㅣ니 匪寇婚媾는 終无咎也니라.
상왈 육사 당위의야 비구혼구 종무구야

○ 皤(머리 센 모양 파) 白(흰 백) 馬(말 마) 翰(날개 한) 匪(아닐 비) 寇(도둑 구) 婚(혼인할 혼) 媾(화친할 구)

육사六四는 꾸미는 듯이 꾸밈이 없게 하며,, 흰 말이 나는듯이 달려오니 도둑이 아니면 혼인을 청하는 것이다.

상象에 이르기를, 육사六四는 처해 있는 자리가 의심스러운 것이니, 도둑이 아니라 혼인을 청하는 것이므로 끝내 허물이 없을 것이다.

개요概要

육사六四는 정위正位로 뜻이 바르나 부득중不得中으로 지나치게 겸손하다. 구삼九三과 상비相比하고 초구初九와 상응하고 있다. 상괘上卦는 간괘艮卦(☶)이다. 간괘艮卦는 머무는 성질이 있다.[805]

각설

비여파여賁如皤如 '파여皤如'는 장식하지 않은 흰색을 말한다. '한여翰如'는 흰색의 형용사이다. 육사六四가 세상에 문식文飾이 너무 심한 것을 보고 적당한 곳에서 중지시키려 한다. 육사六四는 화려한 색色을 피하고 백색을 사용한다.

---

805 앞서 말한 구삼효九三爻까지는 리괘離卦의 문명文明의 괘卦이며, 구삼九三이 문식文飾의 정상頂上이라 구사九四부터는 문식文飾을 줄여나가야 한다. 즉 육사六四는 리괘離卦의 밖에 있고 간괘艮卦의 처음이라 문식文飾의 정상頂上에서 질박한 곳으로 돌아가려 한다.

백마한여白馬翰如 비구혼구匪寇婚媾 육사六四는 백마를 타고 서로 응應하는 초구初九를 찾아간다. 초구初九를 찾는 것은 싸우려는 것이 아니고 서로 혼인하여 초구初九와 힘을 모아 세상의 지나친 문식文飾을 바꾸려 한다. 육사六四는 바른 자리에 있어 뜻이 바르지만 음효陰爻로 유약柔弱하고 재능才能이 적음으로 자기 혼자 힘으로는 세상의 지나친 문식文飾을 바로잡을 수 없다. 그러므로 육사六四가 백마를 타고 초구初九를 찾아가서 그의 힘을 빌리려 한다. 구삼九三, 육사六四, 육오六五의 외호괘外互卦는 진괘震卦(☳)이다. 「설괘」편에 진괘震卦는 뒷발이 흰 말로 되어 있다. 육사六四는 그 말을 타고 있다.

소상사小象辭

당위의야當位疑也 '당위當位'는 바른 자리에 있다는 말이며, '의야疑也'는 차후 어떻게 될 것인지 의심한다는 말이다. 육사六四는 바른 자리에 앉아 바른 덕德으로서 실존적인 세상을 보고 차후 어떻게 될 것이며, 어떻게 할 것인가 염려하여 초구初九의 현인賢人을 방문하게 된다.

비구혼구匪寇婚媾 종무구야終无咎也 육사六四가 백마를 타고 초구初九를 방문하는 것은 초구初九를 원수로 삼으려는 것은 아니고 그와 혼인하여 세상을 교화敎化하려는 것이다. 그러므로 처음에는 모두 싫어할지 모르나 나중에는 허물이 없을 것이다.[806]

---

806 『이천역전伊川易傳』에서는 "사四는 초初와 서로 멀리 떨어져 있고 삼三이 그 사이에 끼어 있으니, 이는 당한 바의 자리가 의심스러울 만한 것이다. 비록 구수寇讐인 구삼九三에게 막힌 바가 되어 혼구를 가까이 할 수 없으나, 정응正應이 이치가 곧고 의리가 우세하여 끝내 반드시 합하게 된다. 그러므로 "끝내 원망이 없다."고 말한 것이다. 우(尤)는 원망이니, 끝내 서로 꾸밈을 얻기 때문에 원망이 없는 것이다.(四與初相遠而三介於其間, 是所當之位爲可疑也. 雖爲三寇讐所隔, 未得親於婚, 然其正應, 理直義勝, 終必得合, 故云終无尤也. 尤, 怨也. 終得相賁, 故无怨尤也.)"라고 하였다.

[六五]는 **賁于丘園**이니 **束帛**이 **戔戔**이면
육오 비우구원 속백 전전

吝하나 **終吉**이리라. (風火家人)
인 종길 풍화가인

象曰, 六五之吉은 **有喜也**이니라.
상왈 육오지길 유희야

○ 束(묶을 속) 帛(비단 백) 戔(쌓일 전, 모자랄 전, 도둑 잔, 해칠 잔, 상할 잔)

육오六五는 언덕의 동산을 장식하니, 비단 묶음이 얼마 안 되면(작으면, 상하면) 인색하나 마침내 길吉하리라.

상象에 이르기를, 육오六五의 길吉함은 기쁨이 있느니라.

개요概要

육오六五는 성인聖人의 자리이며, 이 괘 주괘主卦의 주효主爻이다. 그리고 음효陰爻로서 유순柔順·중덕中德을 가진 명군明君이다.

각설[807]

비우구원賁于丘園 '구丘'는 언덕 구자이고, 원園은 과원果園이다. 이 효爻는 간괘艮卦의 중앙이니 산의 중간 즉 언덕이다. 외호괘가 육오六五, 육사六四, 구삼九三으로 진괘震卦(☳)가 된다.[808]

속백전전束帛戔戔 인吝 종길終吉 육오六五 성인聖人은 간괘艮卦(☶)의 중

---

807 '전전戔戔'에 대하여 ❶오징吳澄은 '성대盛大한 모양' ❷주자朱子는 '근본을 돈독히 하고, 실질을 숭상하는 검약한 상'이다. ❸「주역천견록」에서는 '천천淺淺'으로 정성이 깊지 않다. ❹「설괘」편에서 '곤위백坤爲帛'이라고 하였으니, '속백束帛'을 후중厚重한 뜻으로 해석할 수도 있다.

808 진괘震卦는 「설괘」에서 죽竹, 위葦(갈대 위)라 하고, 간괘艮卦는 과물果物이라 하였으니 과원果園이 된다.

효中爻로서 머물게 하는 도道를 알고 있다. 성인聖人는 세상 사람들이 문식文飾을 좋아하여 지나치게 사치함을 염려하여 그 폐풍을 고치려고 동산을 꾸미고 논밭을 손질하여 농사일에 힘쓰도록 권한다. 속백束帛은 선물로 보내는 명주로서 다섯 필을 한 속束이라 한다. 전전戔戔은 얼마 안 되는 것을 말한다.[809]

육오六五 성인聖人은 세상이 문식文飾을 일삼는 화려한 시대인데도 불구하고 논밭과 과수원을 손질하여 농사를 권장하고 선물을 보내는 것도 명주 다섯 필로 속백束帛이 전전戔戔하여 검약을 몸소 실천한다. 이로서 세상 사람들로부터 인색하다는 비난을 받지만 그러나 결국 국민의 생활이 풍족해짐으로 길吉하며, 복을 얻는다.[810]

소상사小象辭

유희야有喜也 성인聖人이 검약한 것은 비괘賁卦와 맞지 않음으로 한동안 비난을 받지만 나중에는 국민 생활이 윤택해지고 풍속이 순박해짐으로 큰 기쁨이 있게 된다.[811]

[上九]는 白賁니 无咎ㅣ리라. (地火明夷)
상구 백비 무구 지화명이

象曰, 白賁无咎는 上得志也이니라.
상왈 백비무구 상득지야

○ 白(흰 백) 賁(클 분) 无(없을 무) 咎(허물 구) 得(얻을 득) 志(뜻 지)

---

809 『주역천견록周易淺見錄』에서는 '구원丘園'을 상구上九 현자賢者의 거처로 보았다.

810 이것은 '주자朱子'의 설說에 따르는 것이다. 일설一說에는 '구원丘園'은 상구上九 현인賢人이 숨어 살고 있는 동산을 말한다고 한다. '속백束帛'으로 상구上九 현인賢人을 모시려 하니 선물이 너무 약소하다고 비난을 받지만 성심誠心으로 현인賢人을 초빙하여 바른 길을 따라 일을 함으로 결국에는 길吉을 얻는다고 해석한다

811 공영달은 『주역정의』에서 "구丘는 언덕을 말하고, 원園은 채마밭을 말한다. 오직 초목이 자랄 수 있는 것은 질박한 땅이지 화려하고 아름다운 것은 아니다."라고 하였다.

상구上九는 꾸밈이 없으니 허물이 없느니라.
상象에 이르기를, '꾸밈이 없으면 허물이 없다.'는 것은 위에 있어서 뜻을 얻은 것이니라.

개요概要

상구효는 문식文飾의 극極은 문식(文飾)이 전혀 없는 것이다. '백비白賁'는 문식이 전혀 없는 것과 같다. 다시 말하면 '백비白賁'는 전혀 꾸미지 않고 자연의 본질로 돌아가는 것이다.

각설

백비무구白賁无咎 '백白'은 육사六四의 파皤보다 더욱 꾸밈이 없는 것이다. 자연 그대로 인위人爲가 조금도 없다. 그러므로 허식虛飾에 떨어질 염려가 없으니. 허물이 없는 것이다.

소상사小象辭[812]

백비무구白賁无咎 상득지야上得志也[813] 상구上九가 문식文飾을 버리고 자연의 본질로 돌아가 있음으로 잘못이 없다는 것은 위의 성인聖人의 뜻이나 하느님의 뜻을 얻었기 때문이다.

---

812 아래에 있는 세 효爻는 문명文明의 괘卦로서 위로 갈수록 문식文飾이 심하고, 위에 있는 세 爻는 위로 갈수록 문식文飾이 적어져 상구上九에서는 전혀 문식文飾이 없는 본질로 돌아간다.

813 상득지야上得志也는 군자의 생각이 위에까지 미침. 이에 하나님의 뜻(성인聖人의 뜻, 즉 역도易道)을 깨달음. 천도天道변화가 이루어짐.

✐ 비賁는 아름답게 꾸미는 것이다.

음양陰陽과 강유剛柔의 조화로 만물萬物의 질서와 예법禮法을 정하여 세상을 아름답게 꾸미는데 대한 길을 말하고 있다.

비괘賁卦에서는 사물事物을 아름답게 꾸미는 원칙으로 천지음양의 조화와 진실한 성誠이 있어야 함을 말한다.

천문天文, 즉 일월성신日月星辰의 운행을 보고 그것으로 춘하추동 사시四時의 변화를 알 수 있으며, 인문人文, 즉 문물제도를 살펴보고 그것으로 천하 만민萬民의 교화敎化를 완성한다. 하늘도 아름다운 문식文飾이 있어 그것으로 사시四時가 운행되며, 인간사회도 아름다운 문식文飾으로 문물제도가 아름답게 완성이 된다.

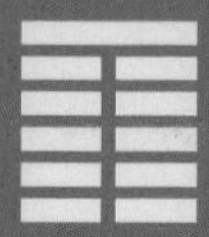

산 지 박 괘
23. 山地剝卦

도전괘
倒顚卦

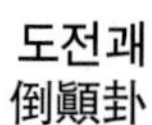

산지박괘
山地剝卦

지뢰복괘
地雷復卦

음양대응괘
陰陽對應卦

산지박괘
山地剝卦

택천쾌괘
澤天夬卦

상하교역괘
上下交易卦

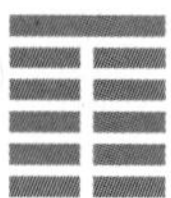

산지박괘
山地剝卦

지산겸괘
地山謙卦

호괘
互卦

산지박괘
山地剝卦

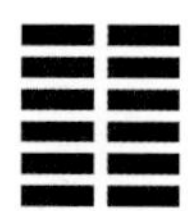

중지곤괘
重地坤卦

효변 爻變	初爻變 而爲頤卦	二爻變 而爲蒙卦	三爻變 而爲艮卦	四爻變 而爲晉卦	五爻變 而爲觀卦	上爻變 而爲**坤**卦
산지박괘 山地剝卦	산뢰이괘 山雷頤卦	산수몽괘 山水蒙卦	중산간괘 重山艮卦	화지진괘 火地晉卦	풍지관괘 風地觀卦	중지곤괘 **重地坤卦**

요지要旨

괘명卦名 이 괘는 상간上艮의 산山(☶) + 하곤下坤의 지地(☷) = 산지박괘山地剝卦(䷖)이다.

괘의卦意 소인이 성盛하는 세상에서의 군자의 도리를 말하고 있다. '박剝'은 벗길 박, 깎을 박 자字로 벗기고 까는 것이다. 깍아내리고, 허무는 것이다. 이 괘는 음효陰爻가 양효陽爻를 깎아서 줄이는 것이다. 이 괘는 음력陰曆 9월괘이다. 하지夏至가 지나면 일음一陰이 생生하여 천풍구괘天風姤卦(䷫)가 되고, 4월에 이음二陰인 천산돈괘天山遯卦(䷠)가 되고, 7월에는 삼음三陰인 천지비괘天地否卦(䷋)가 되고, 8월에는 사음四陰인 풍지관괘風地觀卦(䷓)가 되고, 9월에는 오음五陰인 산지박괘山地剝卦(䷖)가 된다. 그리하여 10월에는 육음六陰이 되어 순음純陰의 괘인 중지곤괘重地坤卦(䷁)가 된다. 동지冬至를 기점으로 11월괘月卦는 지뢰복괘地雷復卦(䷗) 양陽이 성盛해진다.[814]

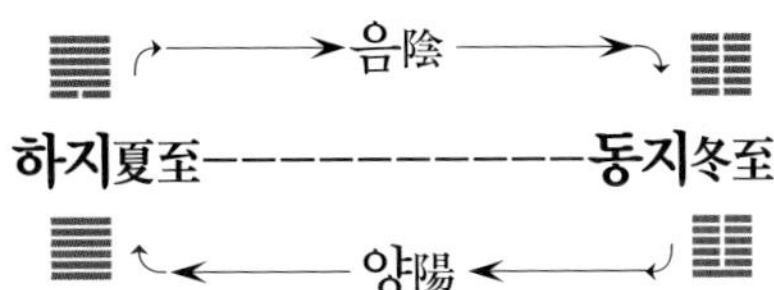

이것을 인사人事로 보면 소인의 세勢(음효陰爻)가 크게 성盛하여 군자의 세(양효陽爻)가 몹시 약해진 상태이다. 이러한 쇠락과 소멸의 때에 어떻게 처신할 것인가를 말하는 것이 산지박괘山地剝卦(䷖)이다.

---

814 12벽괘설

구분	11월	12월	1월	2월	3월	4월	5월	6월	7월	8월	9월	10월
	大雪 冬至	小寒 大寒	立春 雨水	驚蟄 春分	清明 穀雨	立夏 小滿	芒種 夏至	小暑 大暑	立秋 處暑	白露 秋分	寒露 霜降	立冬 小雪
卦名	復	臨	泰	大壯	夬	乾	姤	遯	否	觀	剝	坤
四時	겨울		봄			여름			가을			겨울
卦象	䷗	䷒	䷊	䷡	䷪	䷀	䷫	䷠	䷋	䷓	䷖	䷁

괘서卦序 「서괘序卦」에서 "비괘는 꾸미는 괘이니, 문식을 꾸민 연후에 형통한즉 다함이라 그러므로 박괘剝卦로 받았다.(**賁卦飾也, 致飾然後,**
비 괘 식 야 치 식 연 후
亨則盡矣, 故 受之以剝)"라고 하였다. 산화비괘山火賁卦(䷕)는 문식文飾
형 즉 진 의 고 수 지 이 박
하는 괘卦이다. 예의와 문물제도로 세상을 꾸미는 괘이다. 예의와 문물제도로서 아름답게 꾸민 뒤에 잘 통하며 신장하게 된다. 그러나 꾸미는 것이 너무 지나치면 사치와 형식으로 흘러 파국을 맞게 되는 것이다. 그러므로 산화비괘山火賁卦(䷕) 다음에 산지박괘山地剝卦(䷖)가 놓여 있다. 따라서 문식文飾의 극極, 사치의 極은 상하上下가 모두 곤궁하게 된다. 결국은 다 깎여 나가고 없게 된다.

괘상卦象 괘상 전체를 보면 천풍구괘天風姤卦(䷫)에서 발생한 일음一陰이 아래의 양陽을 하나씩 깎아 줄여서 이 산지박괘山地剝卦(䷖)가 되면 아래의 다섯 양효陽爻는 다 깎여 떨어지고 위에 한 양효陽爻가 남을 뿐이다. 이 때 양효陽爻의 세력이 극도로 쇠약하게 된 것이 이 산지박괘山地剝卦(䷖)의 상象이다.(12벽괘설 참조)

剝은 不利有攸往하니라.
박 불리유유왕

○ 剝(벗길 박)

박剝은 갈 데가 있는 것이 이롭지 않다.

각설

박剝 불리유유왕不利有攸往 산지박괘山地剝卦(䷖)는 일양오음一陽五陰의 괘卦이다. 하나 남은 양효陽爻로 보면 군자의 도道가 몹시 쇠약한 때이다. 이런 시대에는 천도天道를 따르고 시세時勢에 따라 머물고 있으며, 자기의 도道를 지키는 것이 좋다. 나아가 일을 하면 좋지 않다는 것이다.[815] 왜냐하면 군자지도를 행할 수 없는 시기이기 때문이다. 그러나 근신하고 조심하면 회복의 기회는 있다.

[彖曰] 剝은 剝也ㅣ니 柔ㅣ 變剛也ㅣ니
단왈 박 박야 유 변강야

不利有攸往은 小人이 長也이니라
불리유유왕 소인 장야

順而止之는 觀象也ㅣ니 君子ㅣ 尙消息盈虛ㅣ 天行也ㅣ라.
순이지지 관상야 군자 상소식영허 천행야

○ 剝(벗길 박) 柔(부드러울 유) 變(변할 변) 往(갈 왕) 止(발 지) 尙(오히려 상) 消(사라질 소) 息(살 식, 생할 식) 盈(찰 영) 虛(빌 허)

단彖에 이르기를, 박剝은 벗기는 것이니, 유柔가 강剛을 변하게 하는 것이다. '갈 데가 있는 것이 이롭지 않다.'는 것은 소인小人의 (세勢가) 성盛함이니라. 순응해서 그치는 것은 괘상卦象을 보는 것이니, 군자가 소장영허消長盈虛의 이치를 숭상하는 것은 하늘의 운행 법칙이라.

각설

박야剝也 유변강야柔變剛也 불리유유왕不利有攸往 '박剝'은 벗겨지는 것이다. 박괘剝卦(䷖)는 음효陰爻의 세勢가 성盛해져서 양효陽爻를 벗겨내고 깎아 줄이는 것이다. 박괘剝卦(䷖)는 소인小人인 음효陰爻가 다섯이고, 군자인 양효陽爻는 하나뿐으로 소인의 세勢가 몹시 커져 있음으로 군자

---

815 『주역본의』에서는 "박剝은 떨어짐이다. 다섯 음陰이 아래에 있으면서 막 자라나고 한 양陽이 위에 있으면서 장차 다하려고 하여 음陰은 성하게 자라나고 양陽은 사라져 떨어지니, 9월의 괘卦이다. 음陰이 성하고 양陽이 쇠하니 소인小人이 건장하고 군자君子가 병든 것이며, 또 안은 곤坤이고 밖은 간艮이니 때에 순히 하여 그치는 상象이 있다. (剝, 落也. 五陰在下而方生, 一陽在上而將盡, 陰盛長而陽消落, 九月之卦也. 陰盛陽衰, 小人壯而君子病, 又內坤而外艮, 有順時而止之象.)"라고 하였다.

가 나아가 일을 하는 것은 좋지 못할 때에는 시세時勢에 따라 머물 곳에 머물러 바른 길을 지키고 있어야 한다.

순이지지順而止之 관상야觀象也 순이지지順而止之에서 순順의 의미는 ❶ '순順으로서 여기 머문다'. ❷'순順으로서 이것을 머물게 한다.'로 해석할 수 있다.

군자君子 상소식영허尙消息盈虛 천행야天行也 ❶시간적 상황에서는 '소消'는 점점 줄어서 쇠衰하는 것이고, '식息'은 점점 더하여 성盛해지는 것이다. 반면 ❷공간적 상황에서는 '영盈'은 충실해지는 것이고, '허虛'는 공허空虛한 것이다. 군자는 음양陰陽 이기二氣가 혹은 줄고 혹은 충실하고 혹은 공허하게 되는 것은 천도天道의 운행이다. 성盛한 것이라 해도 언제까지고 성盛할 수는 없다. 항상 성쇠盛衰는 교대交代되는 것이다. 군자는 이 도리道理를 존중하여 천도天道의 운행을 따라 나아가고 물러선다.[816]

[象曰] 山附於地ㅣ 剝이니 上이 以하야 厚下하야 安宅하나니라.
상왈 산부어지 박 상 이 후하 안택

○ 附(붙을 부) 地(땅 지) 剝(벗길 박) 厚(두터울 후) 安(편안할 안) 宅(집 택)

상象에 이르기를, 산山이 땅에 붙어 있는 것이 박剝이니, 상上은 이로써 아래 있는 자에게 후하게 하고 지위를 편안케 하니라.

개요概要

간괘艮卦 산山이 곤괘坤卦 지地에 붙어있는 것이 박괘剝卦의 상象이다. 산山

816 송宋의 '양성제楊誠齊'는 "불리유유왕不利有攸往"이라 하여 천하가 어지러워지도록 버려둘 것인가 그렇지 않다. '곤坤'은 순順, '간艮'은 지止 어지러움을 머물게 하는 것도 '순順'으로서 하고, 소인小人을 머물게 하는 것도 '순順'으로 한다. 소인小人을 거슬러서 격하게 하는 것이 아니다. 이것이 군자가 박剝을 다스리는 길이다."라고 하였다.

은 지상 높이 솟아있어야 할 것인데 땅에 붙어있다. 이것은 산이 무너져 평지가 되려는 것이다. 그것이 산지박괘山地剝卦(䷖)의 괘상卦象이다.

각설

후하안택厚下安宅 위에 있는 사람은 이 산지박괘山地剝卦(䷖)의 괘상卦象을 보고 이렇게 해서는 안 된다고 생각한다. 그러므로 땅은 가능한 두텁게 하여 높은 산을 넉넉히 실어야 하며, 산山은 높이 솟아 있어야 한다는 것을 깨우친다. 따라서 군왕은 아래에 있는 사람들의 생활을 두텁고 편하게 하고(후하厚下) 자기 자리를 안전하게 한다.(안택安宅)[817] ❶후하厚下는 하곤下坤의 땅이 두터운데서 나온 말이다. 백성들에게 때를 알려 생명과 재산을 보호하고, 세금을 적게 징수하고, 부역은 농번기를 피하여 국민의 생활(삶의 근본)을 편하게 한다. ❷안택安宅은 '택宅'은 윗사람이 있는 자리이다. 민본정치를 하면 태평성대를 이루며, 군왕의 자리가 안전하여 사직을 유지하게 된다는 것이다.(안택安宅은 상간上艮의 산山은 움직이지 않은데서 나온 말이다.)[818]

[初六]은 剝牀以足이니 蔑貞이라 凶토다. (山雷頤)
초육 박상이족 멸정 흉 산뢰이

象曰, 剝牀以足은 以滅下也이니라.
상왈 박상이족 이멸하야

○ 剝(벗길 박) 牀(평상 상, 마루 상) 足(발 족) 蔑(업신여길 멸) 雷(우레 뇌{뢰}) 頤(턱 이) 庚(일곱째 천간 경) 寅(셋째 지지 인) 滅(멸망할 멸)

---

817 『주역절중周易折中』에서는 "군주는 백성을 근본으로 하기 때문에 아래를 두텁게 하면 군주는 위에서 편안질 것이다.(군이민위본君以民爲本, 후기하후기하厚其下厚其下, 즉군안우지則君安于上.)"라고 하였다.

818 '래지덕來知德'은 『래주역경도해來註易經圖解』에서 "상象은 상上이 하下를 두텁게 하는 생민生民의 길을 말하고 있다.(象以上厚下取義, 乃人君厚生民, 則治剝之道也.)"라고 하였다.

초육初六은 침상을 깎는데 다리에서부터 시작함이니, 정도正道(정貞)를 없애려는 것이라, 흉凶하다.
상象에 이르기를, ‘침상寢牀을 깎는데 다리에서부터 시작한다.’ 함은 이로써 아래에서부터 없앤다는 것이니라.

개요概要

초육初六의 박상이족剝牀以足은 현재의 상태이고, 멸정흉蔑貞凶은 장래의 일이다. 즉 지금은 음陰이 미약하지만 점차 막을 수 없음을 경계하고 있다. 그러므로 곤괘坤卦 초육初六 ‘履霜 堅氷至’(이상 견빙지)라 함이 여기 해당된다.

각설

박상이족剝牀以足 음陰이 양陽을 깎아내리는 것은 아래로부터 시작하여 위로 올라간다. 상牀은 평상 상, 마루 상 자字이다. 사람이 누어있는 평상을 깎는 데는 우선 평상平床 발부터 시작한다. 초효初爻이니 평상平床의 발이라 하였다.[819]

멸정蔑貞 흉凶 ‘정貞’은 바른 것이다. 멸蔑은 멸滅과 같다. 바른 것을 소홀히 하고 멸滅하는 것이다. 바른 길은 이 괘에서는 상구上九의 양효陽爻를 말한다. 음陰이 양陽을 깎아 없애고 유柔가 강剛을 바꾸어 바른 것을 멸한다. 소인小人이 군자를 무시하고 멸滅하니 흉凶하다. 박괘剝卦(䷖)는 전체로서 보면 한 양효陽爻가 다섯 음효陰爻 위에 누워있어 평상平床의 모양을 하고 있다. 상上은 충실하고 하下는 공허하다. ❶초육初六은 평상平床다리이며, ❷육이六二는 평상平床다리 상부上部이고, ❸육삼六三은 평상平床 윗면이고, ❹사효四爻 이상은 평상위에 있는 사람들이다.

---

819 초육初六은 음효陰爻가 양효陽爻를 깎아내리지만 나중에는 바른 길을 무시하고 멸滅하여 흉凶하고 화禍를 입게 된다. 이 효爻는 곤괘坤卦의 초육初六과 같은 것으로 현재는 음陰이 미약하지만 뒤에는 점점 성盛해져서 얼음이 두텁게 얼어 어찌할 수 없게 된다. 그러므로 음陰이 미약할 때에 미리 조심하도록 경고하고 있다.

소상사小象辭

박상이족剝牀以足 **이멸하야**以滅下也 평상平床다리를 깎아버리는 것은 음陰이 양陽을 깎아 줄이는데 우선 아래에서 멸滅하여 나가는 것을 말한다.

[六二]는 剝牀以辨이니 蔑貞이라 凶토다. (山水蒙)
육이 박상이변 멸정 흉 산수몽

象曰, 剝牀以辨은 未有與也이니라.
상왈 박상이변 미유여야

○ 剝(벗길 박) 牀(평상 상) 以(써 이) 辨(분별할 변, 판대기 변, 언저리 전) 蔑(업신여길 멸) 貞(곧을 정) 未(아닐 미) 有(있을 유) 與(줄 여)

육이六二는 침상의 허리를(다리의 윗부분을) 깎는 것이니, 정도正道를 없애는 것이라 흉凶하다.

상象에 이르기를, '침상寢牀의 다리 윗부분을 깎는다'는 것은 더불어 같이하지 않음이니라.

개요概要

육이六二는 곤괘坤卦의 육이효六二爻와 같은 자리이다. 곤괘坤卦의 육이六二「효사爻辭」에서 "直方大라 不習이라도 无不利하다고"라고 하여, 곤괘坤卦의 덕德을 찬탄하고 있다. 육이六二는 음陰의 세력이 점점 나아가는 방면으로 보고 한 말이다. 곤괘坤卦의 육이효六二爻도 음양소장陰陽消長의 이치理致로 본다면 이 효爻와 같은 말을 할 수 있을 것이다.
(직방대 불습 무불리)

각설

박상이변剝牀以辨 **멸정흉**蔑貞凶 '변辨'은 분변分辨하는 곳이다. 상하上下

를 나누는 곳 평상平床다리 윗 부분이다.[820] 육이六二가 양陽을 깎아버리는 것은 초육初六보다 많이 나아가 있다. 이를 테면 평상다리 윗 부분을 깎아 없애는 것과 같다. 아직은 사람의 신체를 깎는 수준은 아니다. 그러나 음陰이 앞으로 나아가면 결국에는 바른 것을 무시하고 멸滅하여 흉凶하며, 화禍를 입게 될 것이다.

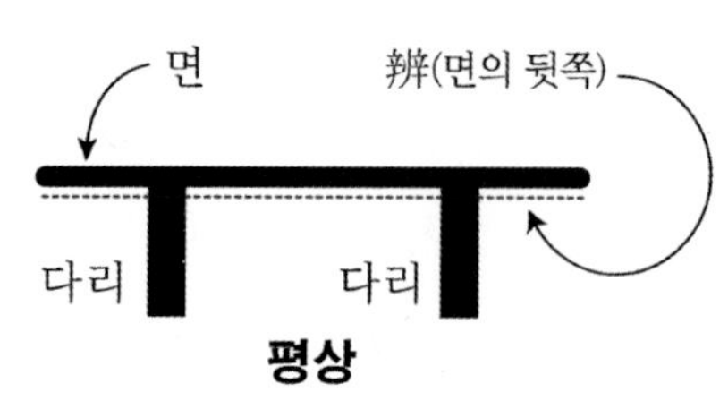

소상사小象辭

박상이변剝牀以辨 미유여야未有與也 육이六二 음효陰爻가 양효陽爻를 깎아 내리는 일이 점점 나아가 평상平床다리 상부까지 깎아서 올라가게 되는 것은 그를 잘 지도할 만한 응효應爻가 없기 때문이다. ❶'여與'는 자기와 응應할 수 있는 짝을 말하고, ❷'미未'는 응효應爻가 없다는 것이다.

[六三]은 剝之无咎ㅣ니라. (重山艮)
육삼 박지무구 중산간

象曰, 剝之无咎는 失上下也이니라.
상왈 박지무구 실상하야

○ 剝(벗길 박, 떨어질 박) 无(없을 무) 咎(허물 구) 失(잃을 실)

육삼六三은 깎는데 허물이 없느니라.

상象에 이르기를, '박지무구'는 상과 하를 잃음이니라.

---

820 (집설集說) 변辨에 대하여 ❶왕필王弼은 침상 발위(足之上也)라고 하고, ❷이천伊川과 주자朱子는 상牀의 위 아래를 나누는 침상의 본체本體(牀之幹也)라고 하며, ❸정현鄭玄은 발 윗 부분으로 무릎 근처의 아래 부분을 말한다.(足以稱辨, 近膝之下)고 하였다.

개요概要

육삼효六三爻는 부중不中 부정위不正位의 효爻이지만, 다행히 상구上九와 서로 응應하여 바른 것에 벗어나는 일이 없다고 한다.

각설[821]

박지무구剝之无咎 지금은 음효陰爻가 양효陽爻를 깎아 버리는 때이지만 육삼六三은 상구上九와 응應하여 그의 지도를 받게되어 허물이 없다는 것이다. 많은 소인小人이 군자를 손상하는데 육삼六三 혼자 군자를 편든다. 육이六二는 유순중정柔順中正의 효爻이나 불행하게도 지도받을 응효應爻가 없음으로 다른 소인小人들과 같이 움직이고 있다.[822]

소상사小象辭

박지무구剝之无咎 **실상하야**失上下也 상하上下는 육삼六三 위에 있는 육사六四와 육오六五와 아래에 있는 초육初六과 육이六二등 네 음효陰爻를 말한다. 상하上下 음효陰爻를 버리고, 상구上九와 짝이 되는 것이다. 육삼六三이 박剝의 시대에 살면서도 허물없이 지낼 수 있는 것은 상하上下의 네 음효陰爻를 떠나 혼자 상구上九 양효陽爻가 응應하고 있기 때문이다. 그러므로 이 효爻는 소인지도小人之道로부터 벗어나는 것이다.

---

821 (觀中) 박지剝之는 '떨군다'는 뜻이다. 지之는 동사이다. 상효上爻를 석과碩果라고 한 까닭이 거기에 있다. 완숙된 위대한 열매가 맺혀 성숙된 다음의 열매가 떨어진다. 왜 삼효사三爻辭만이 동사적動詞的 의미의 지之자를 쓰고 있는가? 오효五爻와 상효上爻에는 박剝(떨어질 박)자를 쓰지 않고 있다.

822 『이천역전伊川易傳』에서는 "여러 음陰이 양陽을 침멸侵蔑할 때에 삼三이 홀로 강위剛位에 거하고 강剛과 응應하니 상하上下의 음陰과는 다르다. 뜻이 정도正道를 따르니, 박剝의 때에 있어서 무구无咎함이 된다.(衆陰剝陽之時而三獨居剛應剛, 與上下之陰異矣. 志從於正, 在剝之時, 爲无咎者也.)"라고 하였다.

[六四]는 剝牀以膚ㅣ니 凶하니라. (火地晉)
육사 박상이부 흉 화지진

象曰, 剝牀以膚는 切近災也이니라.
상왈 박상이부 절근재야

○ 剝(벗길 박) 牀(평상 상) 以(써 이) 膚(살갗 부) 切(끊을 절) 近(가까울 근) 災(재앙 재))

육사六四는 침상을 깍는데 피부(몸)에 미치니, 흉凶 하니라.

상象에 이르기를, '침상을 깍는데 피부(몸)에 미친다'는 것은 재앙災殃이 절박하게 가까워 졌음이니라.

개요概要

박괘剝卦는 초육初六 · 육이六二 · 육삼六三이 평상平床이고 육사六四 · 육오六五 · 상구上九는 평상위에 있는 사람이다.

각설

박상이부剝牀以膚 **흉**凶 육사六四는 이 사람의 피부이다. 음陰이 양陽을 깎아 없애는 일이 초육初六의 평상다리로부터 시작하여 육이六二의 평상다리 윗부분에 미치고 다음 육삼六三의 평상 표면으로 올라가 육사六四의 평상위에 있는 사람의 피부까지 미치게 되었다. 이미 평상위에 있는 사람의 살갗까지 상해가 미쳐 흉하여 화禍를 입게 된다.

소상사小象辭

박상이부剝牀以膚 **절근재야**切近災也 음陰이 양陽을 깎아 없애는 것이 점점 심하여져서 이미 사람의 피부까지 미치게 된다. 즉 아주 가까운 곳에까지 재앙이 온 것이다.

[六五]는 貫魚하야 以宮人寵이면 无不利리라. (風地觀)
육오 관어 이궁인총 무불리 풍지관

象曰, 以宮人寵은 終无尤也이니라.
상왈 이궁인총 종무우야

○ 貫(꿸 관) 魚(고기 어) 宮(집 궁) 寵(괼 총) 无(없을 무) 終(마침내 종) 尤(허물 우, 더욱 우)

육오六五는 관어貫魚처럼 궁인宮人을 거느리며 총애를 받음이면, 이롭지 않은 것이 없으리라.

상象에 이르기를, '궁인宮人을 거느리고 총애寵愛를 받는다'는 것은 마침내 허물이 없느니라.

개요概要

다른 음陰은 양陽을 깍아 내리는 반면 육오六五는 음陰을 거느리고 속죄하여, 어떻게 양陽을 이어받을 것인가를 말하고 있다.

각설 [823]

관어이궁인총貫魚以宮人寵 무불리无不利 육오六五는 유순중덕柔順中德을 가지고 왕후의 귀貴한 자리에 앉아 많은 음효陰爻(백성)를 거느리고 있다. ❶'관어貫魚'(백성)는 물고기를 새끼줄에 끼워 가져가기 좋게 한 것이다.

823 (觀中) 관어貫魚 이궁인총以宮人寵 의 어魚는 백성을 상징한다. 어魚는 돈어豚魚의 어魚다. 만물에까지 미쳐야 한다. 성인聖人의 덕화德化가 만물에까지 미치는 것을 말한다. 그러한 의미의 '견시부도見豕負塗'다. 견시부도見豕負塗가 뇌수해괘雷水解卦를 가리킨다. '재귀일거載鬼一車'는 어느 괘卦를 가리키는가? 풍화가인괘風火家人卦 아니면 화택규괘火澤睽卦이다. 궁인宮人으로서 총애를 받는다는 말이다. 산지박괘山地剝卦 오효五爻가 동動하면 풍지관괘風地觀卦가 된다. '관민觀民'이라고 하는 것은 백성을 의미한다. 천풍구괘天風姤卦에도 '어魚'가 등장. 왕王의 총애를 받았다. 왕자王子를 잉태했다. 왕王의 총애를 받는 이는 군자君子다. 위(上爻=임금, 상제上帝, 하나님, 오효五爻까지는 전부 아래 사람이다.)에서 내려주는 은총을 받는다.

❷'이以'는 거느릴 솔率과 동일한 의미이다. ❸'총寵'은 상구上九의 양효陽爻의 총애를 받는 것을 말한다. 육오六五는 유순중덕柔順中德한 효爻로써 귀貴한 자리에 앉아 많은 음효陰爻를 거느리고 상구上九 양효陽爻의 총애를 받으며, 유순하게 복종한다.[824]

소상사小象辭

이궁인총以宮人寵 종무우야終无尤也 왕후王后가 궁중여인宮中女人들을 데리고 성인聖人의 총애를 받고 유순柔順하게 복종하는 것 같이 육오六五는 음효陰爻를 데리고 상구上九에게 복종하고 있다. 그러므로 큰 잘못이 없게 된다.

[上九]는 碩果不食이니
상구 석과불식

君子는 得輿하고 小人은 剝廬ㅣ리라. (重地坤)
군자 득여 소인 박려 중지곤

象曰, 君子得輿는 民所載也일새오
상왈 군자득여 민소재야

剝廬는 終不可用也이니라.
박려 종불가용야

○ 碩(클 석) 果(실과 과) 不(아닐 불) 食(밥 식) 得(얻을 득) 輿(수레 여) 廬(오두막집 려{여}) 得(얻을 득) 民(백성 민) 所(바 소) 載(실을 재) 剝(벗길 박) 終(끝날 종)

824 육오六五가 아래에 있는 많은 음효陰爻를 인솔하는 것은 이를테면 새끼줄에 많은 생선이 끼워져 있는 것과 같다. 이들 음효陰爻를 데리고 상구上九에 복종하는 것은 왕후가 궁중여관들을 데리고 성인聖人의 총애를 받는 것과 같이 상구上九 양효陽爻에 유순柔順할 때는 좋지 않는 것이 없다. 박괘剝卦는 음陰의 세勢가 몹시 성盛하여 양陽을 깎아 없애는 것이다. 소인의 세가 성盛하고 군자의 쇠勢가 쇠약한 것이다. 王后의 勢가 성인聖人을 능가하고 신하의 세가 군주를 넘어섰다. 육오효六五爻의 시대는 음陰의 勢가 정상에 도달했을 때이다. 그러므로 성인聖人은 이 사실을 차마 말할 수가 없어서 다른 방면으로 보고 양陽에게 유순柔順할 것을 음陰에게 가르치고 있다. 양陽을 도와 음陰을 억제하려는 생각이다.

상구上九는 큰 과일은 먹지 않으니, 군자는 수레를 얻고, 소인小人은 오막집 지붕마저 벗기리라.
상象에 이르기를, '군자가 수레를 얻는다'는 것은 백성들에게 추대되는 것을 말하는 것이요, '소인小人은 지붕마저 헐린다'는 것은 끝내 쓰이지 못함이니라.

개요概要

큰 열매는 다음 해에 씨앗으로 쓰는 종자를 의미한다. 만약 먹어 없앤다면 생생生生의 도道가 이어지지 않을 것이다. 상구上九가 동動하면 곤坤(☷)이니 석과碩果가 종자로써 땅(坤)에 들어가 복괘復卦(☷)의 때를 기다리는 것이고, 소인小人은 이 석과碩果를 땅에 심지 않고 깎아 먹는 것이다.

각설[825]

석과불식碩果不食 선천적 입장에서는 석과碩果요, 후천적 입장에서는 지뢰복괘地雷復卦(☷)의 씨가 된 것이다. 석과碩果(하늘의 은총)를 얻는 자者는 군자다. 석과碩果란 위대한 열매다.

---

825 (觀中) ❶석과불식碩果不食 : 선천적 입장에서는 석과碩果요, 후천적 입장에서는 지뢰복괘地雷復卦의 씨가 된 것이다. 후천적인 씨의 역할을 띠고 인류 역사속에 나타난 군자를 상징하는 것이 안자요, 성인聖人은 공자다. 안자顏子에게 주어진 사명은 후천에 있다. 석과碩果(하느님의 은총)를 얻는 자는 군자다. 석과碩果란 위대한 열매다. 수산건괘水山蹇卦에 왕건래석往蹇來碩이라했다. 왕건래석往蹇來碩의 '석碩'은 십수원리十數原理(하도·낙서원리는 천지의 인격성을 표상함을 의미. 택산함괘는 인간에 있어서는 그것이 마음(정신)이다. 동동왕래봉종이사憧憧往來朋從爾思의 생각은 마음으로 하는 것. ❷군자득여君子得輿의 여輿는 곤괘坤卦를 상징象徵. "백성을 얻는다"(민심民心을 얻는다.)는 말이다. 수레는 백성을 상징. 백성을 다스릴 수 있는 치민지도治民之道(왕도王道)를 깨닫는다는 말이다. 민심을 얻으면 어떻게 되겠는가? 도道를 행할 수가 있다(도제천하道濟天下가 가능하다.). 『주역』은 왕도정치원리에 초점을 맞추어 군자지도를 표현해 놓은 것이다. 천하를 다스리는 능력을 받는다. 상제上帝가 그 능력을 내려준다. ❸민심을 얻으면 도道를 행할 수 있다. 「주역」은 백성 민民자가 인人자보다 많이 나온다. 군자가 천하에 도道를 펴려면 어떻게 해야 하는가? 수레를 타고 다녀야 한다. 수레는 백성을 상징. '박려剝廬'란 집이 없어진다.

군자득여君子得輿 천하가 소인들로 충만하여도 천하의 도덕을 회복할 수 있게 된다. 왜냐하면 음陰이 양陽을 깎아 없애도 양陽의 씨앗이 땅속에 떨어져 묻혀있어 모두 없어지는 일은 결코 없기 때문이다. 이것이 '석과불식碩果不食'이다. 천하의 어지러움이 극極에 미치면 국민들은 수레(군자)를 원한다.(득여得輿)

소인박려소인小人剝廬 '려廬'는 오두막 집(려)이다. 이 괘는 아래의 다섯 음효陰爻 위에 한 양효陽爻(상구上九)가 있어 안이 공허하고 위에 지붕이 있는 집의 모양이다. 소인들은 자기 잘못을 고치지 않고 계속 나아가 상구上九의 양효陽爻도 깎아 버림으로 지붕이(상구上九) 없어져 자기가 있을 곳(안거安居)을 잃게 된다.

소상사小象辭

군자득여君子得輿 **민소재야**民所載也 군자가 위에 있으면 천하를 잘 다스림으로 국민들이 존중하여 수레에 태운다.

박려剝廬 **종불가용야**終不可用也 소인은 자기 집 지붕과 같은 군자를 깎아버려 천하 사람들이 모두 그 화를 입게 만든다. 그러므로 소인은 결코 중용重用해서는 안 된다는 것이다.

✐ 박剝은 깍아내리고, 허무는 것이다.

음효陰爻(소인지도)가 양효陽爻(군자지도)를 깎아서 없에는 것이다. 그러므로 박괘剝卦에서는 군자지도의 쇠락과 소멸의 때에 어떻게 처신할 것인가를 말한다.

음양陰陽의 기氣가 혹은 줄고, 살아나고, 충실하고, 공허하게 되는 것은 천도天道의 운행이다. 항상 성쇠盛衰는 교대交代되는 것이다. 그러므로 군자는 이 도리道理를 존중하여 나아가고 물러서라는 것이다.

박剝의 시대에도 성인지도에 대한 확신을 가지고 육삼六三과 육오六五처럼 군자지도를 지키면 허물이 없다고 한다. 왜냐하면 상구上九의 석과碩果가 지뢰복地雷復(䷗)으로 군자지도가 돌아오기때문이다.

지 뢰 복 괘

24.地雷復卦

도전괘
倒顚卦

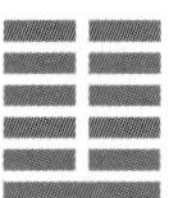

지뢰복괘
水天需卦

산지박괘
山地剝卦

음양대응괘
陰陽對應卦

지뢰복괘
水天需卦

천풍구괘
天風姤卦

상하교역괘
上下交易卦

지뢰복괘
水天需卦

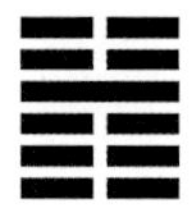

뇌지예괘
雷地豫卦

호괘
互卦

지뢰복괘
水天需卦

중지곤괘
重地坤卦

효변
爻變

지뢰복괘
水天需卦

初爻變 而爲坤卦	二爻變 而爲臨卦	三爻變 而爲明夷卦	四爻變 而爲震卦	五爻變 而爲屯卦	上爻變 而爲頤卦

중지곤괘 重地坤卦	지택임괘 地澤臨卦	지화명이괘 地火明夷卦	중뢰진괘 重雷震卦	수뢰둔괘 水雷屯卦	산뢰이괘 山雷頤卦

요지要旨 [826]

괘명卦名 이 괘는 상곤上坤의 지地(☷) + 하진下震의 뢰雷(☳) = 지뢰복괘地雷復卦(䷗)이다.

괘의卦意 복復은 군자지도인 양陽이 돌아오는 것이다. 산지박괘山地剝卦(䷖)에서 음陰이 양陽을 침범하여 음陰뿐인 곤괘坤卦(䷁)가 되고, 양陽이 초구初九의 자리에 돌아온 것이 지뢰복地雷復(䷗)이다. 복괘復卦는 박괘剝卦(䷖)를 거꾸로 세운 모양으로 상구上九의 '석과불식碩果不食'이라고 한 양효陽爻가 복괘復卦(䷗)의 초구初九로 돌아온 것이다.[827] (12벽괘설 참조.) 지뢰복괘地雷復卦(䷗)가 되어도 곧 양陽氣이 성해지는 것은 아니

---

826 (觀中) 지뢰복괘地雷復卦는 내괘內卦가 진괘震卦이고, 外卦는 곤괘坤卦로 초효初爻가 양陽이고, 나머지는 음陰으로 초효初爻부터 양陽이 점점 자라는 형국을 나타내고 있다. 이와는 反對로 산지박괘山地剝卦는 초효初爻부터 五爻까지 음효陰爻이고 上爻만 양효陽爻이다. 이러한 산지박괘山地剝卦의 상효上爻와 지뢰복괘地雷復卦의 초효初爻의 관계를 보면 '존재론적'으로는 천도天道가 인간의 본래성으로 내재화함을 나타내고 있는 것이다. '자각론自覺論'의 측면에서는 구방심求放心을 표현한 것이다. 그러므로 이 괘의 상효에 대하여 석과불식碩果不食이라고 하여 장차 씨로 사용해할 '석과碩果'는 먹지 않음을 나타내고 있다. 바로 이러한 석과碩果가 씨로서 뿌려졌음을 나타내는 것이다. 복괘復卦의 이효二爻에 대해서 소상小象의 설명으로 '휴복休復'이 길吉함은 씨(仁)를 뿌린 것이다. 라고 설명하고 있다. 반면에 복괘復卦「단사彖辭」을 보면 " 그 도道를 반복하여 칠일七日이면 다시 돌아옴은 천행天行이다. 이러한 복復으로부터 천지天地의 마음을 본다"라고 하여 복復이 천도天道의 자각의 원리임을 논하고 있다. 이러한 천도天道 자각의 방법으로서 복復은 군자가 수행의 과정에게 때로는 자신의 본래성을 벗어날 수도 있으나 이를 자각하고 다시 본성에 순응順應함을 의미한다. '공자'는 '안자顔子'의 예를 들어 복復에 관해서 논하고 있다. "안회顔回는 거의 도道에 가깝구나. 善하지 않음이 있으면 이를 모르는 경우가 없으며, 알면 다시는 앞의 실수를 반복하지 않는다. 역易에서는 멀리 벗어나지 않으려고 다시 돌아와 후회함에까지 이르지 않아서 크게 길吉하다"라고 하였다. 이는 안자顔子의 경우의 예例를 들어 복復의 구체적인 방법에 대하여 논한 것으로 자신의 행위에 대하여 항상 反省하고 만약 잘못이 있을 때 마음에 새겨서 다시는 앞의 잘못을 반복하지 않는 것이다. 이것이 바로 구방심으로 '이신사호순履信思乎順'의 방법을 언급한 것이다.

827『주역』64괘로 세상의 변화를 다 나타내게 되는데 그 중 12괘를 뽑아 12개월에 배당하여 음양소장陰陽消長의 이치를 표상하고 있다. 한 괘를 편의상 한 달에 배당한 것이지 사실은 우주변화, 인생의 변화는 한 순간도 머무는 일이 없다. 동지冬至의 순간이 순음純陰의 때이고, 순음純陰의 순간에 일양一陽이 래복來復한다. 박괘剝卦는 소인의 세勢가 성盛하고 군자의 세勢가 몹시 약한 괘이다. 이들 소인의 세勢가 더욱 성盛하여 극極에 달하는 그 순간에 군자의 세가 일어날 조짐이 생기는 것이다. 그러나 곧 군자가 성盛하고 소인小人이 쇠衰하는 것은 아니며, 당분간은 소인의 세가 계속된다. 이러한 조짐이 보이는 상태가 복괘復卦이다.

다. 동지冬至 이후에 동지冬至보다 더 추운 소한小寒과 대한大寒이 온다. 동지冬至보다 더 심한 추위가 오지만 양기陽氣는 점점 성盛해져 머지않아 봄이 오게 되는 것이다.[828]

괘서卦序 「서괘序卦」에서 "박剝은 깍여서 다하는 것인 바 사물은 끝내 다할 수 없어니, 박剝은 위에서 다하면 아래로 돌아오기 때문에 복復으로 받았다. (剝者 剝也, 物不可以終盡, 剝 窮上反下, 故 受之以復.)"라고
박자 박야 물불가이종진 박 궁상반하 고 수지이박
하였다. 박괘剝卦는 물건物件이 벗겨져 나가 다 된 것을 말한다. 음기陰氣가 천하의 충만하고 양기陽氣는 거의 다 벗겨져 나가고 위에 조금 남았을 뿐이다.[829] 그러므로 산지박괘山地剝卦(䷖) 다음에 지뢰복괘地雷復卦(䷗)가 받았다는 것이다.

괘상卦象 복괘復卦(䷗)는 상괘는 곤지坤地(☷)이고, 하괘는 진뢰震雷(☳)이다. 이 괘는 천둥이 땅 속에 숨어 있는 상象이다. 천둥 번개가 되어 울려 퍼질 양기陽氣가 땅속에 깊이 숨어있는 것이다.

> 復은 亨하니 出入에 无疾하야 朋來라야 无咎ㅣ리라.
> 복 형 출입 무질 붕래 무구
>
> 反復其道하야 七日에 來復하니 利有攸往이니라.
> 반복기도 칠일 래복 이유유왕

○ 復(돌아올 복) 亨(형통할 형) 疾(병 질) 朋(벗 붕) 來(올 래{내}) 无(없을 무) 咎(허물 구) 反(되돌릴 반) 其(그 기) 道(길 도) 有(있을 유) 攸(바 유) 往(갈 왕)

복은 형통하니, 출입하는데 병이 없으며 벗이 와야 허물이 없으리라. 그 도

---

828 지뢰복괘地雷復卦는 미묘한 일양래복一陽來復을 나타낸 괘이다. 이론적으로는 그런 줄 알지만 실생활에서 그 미묘한 조짐을 알아내기는 정말 어렵다. 과거 역사상에서는 어느 정도 설명이 되지만 현실생활에서는 좀처럼 알 수가 없다.

829 하층사회는 몹시 곤난하며 중간층은 없어지고 상류층는 조금 남아 있는 그런 상태이다. 그러나 세상일은 언제까지고 깍여 나가기만 할 수는 없다. 다 깎여 나가면 곧 아래에 한 양陽이 생긴다.

道를 반복하여 7일이면 돌아온다. 갈 데가 있는 것이 이로우니라.

개요概要

'복復(䷗)'은 일양一陽이 돌아온 것이다. 양陽이 지금은 미약하지만 앞으로 점점 성盛해질 것이다. '양陽'은 때로는 음陰속에 숨어있고 때로는 밖으로 나타나 점점 성盛하게 되는데 그 어느 때에도 음陰으로부터 상처를 받는 일은 없다. 일양一陽 이미 돌아오게 되면 많은 동류同類 즉 양陽이 모여와 점차 성盛하게 되어 아무런 잘못이 없게 된다. 양陽은 자연 변화의 길을 따라 돌아오게 된 것이며, 그 기간은 칠일七日이다. 복괘復卦(䷗)는 양陽이 점점 성해져가는 때이므로 나아가 일을 하는 것이 좋다. 「단사彖辭」에서도 천도天道의 변화를 말함으로서 중정지도中正之道의 마땅한 바를 밝힌 것이라 하였다.

각설 [830]

---

830 (觀中) ❶형亨은 인간이 천도지덕원리(천지의 인격성)를 성인군자가 깨닫는 다는 형亨자다. 즉 본래성을 깨닫는다. 출입무질出入无疾의 출出(生해 나옴) 입入(巽者 入也)이란 내외內外를 출입한다는 말이다. 안에서 밖으로(出), 밖에서 안으로(入) 들어간다는 말이다. 수산건괘水山蹇卦에서 온다는 것이다. 택산함괘澤山咸卦 4효의 붕朋이 만나는 것이다. ❷'무질无疾'이란 항괘恒卦와 관련이 있다. 붕래무구朋來无咎의 '붕朋'은 군자를 가리킨다(동북상붕東北喪朋에서부터 나오는 붕朋이다.). 벗이 오기를 기다리는 자는 누구인가? 성인聖人이다. 도덕성의 회복원리를 가지고 중생을 제도하는 것이다. 이것이 선진성학先秦聖學의 종교성이다. 벗이 어디로부터 오는가? 밖에서 우리 집으로 온다. 상하관계가 무엇으로 상하의 합덕현상을 설명하고 있는가? 내외관계로 바꾸어 설명하고 있다. 가인家人·규괘睽卦다. 64卦 가운데 '내외성內外性'을 전형적으로 표상하는 괘가 가인家人(내內)·규괘睽卦(외外)다. ❸'칠일래복七日來復'이란 육갑원리六甲原理에 있어서 핵심적核心的인 문제다. 산풍고괘山風蠱卦의 칠일래복원리七日來復原理(천도운행天道運行의 근본원리다. 선갑삼일후갑삼일=선천도수원리원리와 선경삼일후경三日=후천도수원리)를 철학적 의미에서 규정한다면 "종즉유시終則有始 천행天行"이라고 한 것이다. (지뢰복괘地雷復卦에 나오지 않는 군자가)산지박괘山地剝卦의 「단사彖辭」속에 어떻게 군자라는 말이 나오는가? 천지天地의 심성원리를 역수로 표상하는 역수적 개념이 위주가 된 수적 개념으로써의 칠일七日이다. ❹이유유왕利有攸往은 수산건괘水山蹇卦와 뇌수해雷水解에 '이유유왕利有攸往'이란 말이 나온다. 상하합덕上下合德(박剝), 내외內外(복復), 태비괘泰否卦를 중심으로 전후前後 10개의 괘卦속에서는 천지지심天地之心(천지天地의 인격성)이 자세히 표상하지 못하고 있다. 쾌구괘夬姤卦(현상적인 사물적 존재를 위주로 천지지도를 표

복형復亨 이 괘卦는 산지박괘山地剝卦(䷖)를 거꾸로 한 모양으로 산지박괘山地剝卦 상구上九의 양효陽爻가 벗겨져 나가 그것이 아래로 내려와 일양一陽이 발생한 것이다. 이 양효陽爻가 지금은 미약하지만 시시각각으로 성장하여 뒤에 크게 성盛하게 될 힘을 가지고 있다. 그러므로 복復은 형亨한다고 하였다.

출입무질出入无疾 ❶출出은 양陽이 발생하여 밖으로 나타나는 것이다. ❷입入은 양陽이 음陰속에 숨어있는 것을 말한다. ❸무질无疾은 병이 없는 것이다. 상해傷害를 받지 않는 것이다. 양陽이 음陰속에 숨어있을 때도 음陰이 양陽을 상傷하게 할 수 없다. 그것이 나타나 진괘震卦(䷲)가 되었을 때에는 더욱이 손상損傷을 받지 않는다.[831]

붕래무구朋來无咎 붕朋은 같은 짝을 말한다. 여기서는 양陽의 동류同類를 말한다. 일양一陽이 아래에 생기면 차츰 같은 종류의 양陽이 모이게 된다. 일양一陽이 돌아오면 곧 이양二陽이 되어 지택임地澤臨卦(䷒)가 되고 다음은 삼양三陽이 되어 지천태괘地天泰卦(䷊)가 되고, 다음에 사양四陽의 뇌천대장괘雷天大壯卦(䷡)가 되는 것처럼 많은 동류同類의 양陽이 모이게 되니 나무랄만한 잘못이 없게 된다.[832]

상)보다는 박복剝復(天地의 인격성으로서의 천지지심성天地之心性을 직접 표상하고 있다.)괘卦가 인격성 자체를 표상한다.

831 음陰이 전성全盛을 부릴 때도 양陽이 다 없어지는 것은 아니다. 양陽이 음陰속에 숨어 밖으로 나타나지 않을 뿐이지 없어지는 것은 아니다. 이 일은 음陰도 마찬가지다. 양陽이 아무리 성해도 음陰이 전멸하는 일은 절대로 없다. 세상에 악인이 아무리 극성을 부려도 善한 사람의 씨를 말릴 수는 없다. 이것이 바로 출입무질出入无疾이며, 음양소장陰陽消長의 이치이다.

832 이것은 이 괘가 순順으로 동動하는 덕德이 있기 때문이다. 음陰11月이 지뢰복괘地雷復卦(䷗), 12월이 지택임地澤臨(䷒), 정월正月이 지천태地天泰(䷊), 2월이 뇌천대장괘雷天大壯卦(䷡)로 배당되어 있지만 한달동안 가만히 있다가 달이 바뀌면서 갑자기 다른 괘로 바뀌는 것이 아니다. 변화는 시시각각으로 일어난다. 시시각각으로 양陽이 성해져간다. 인사人事로 말하면 선善한 덕德이 돌아오면 그 덕德이 커가면서 점차 같은 류類의 선덕善德이 모여 그 힘이 더해진다. 한 사람의 착한 사람이 등용되면 그 사람으로 하여 많은 착한 사람이 모이게 된다. 같은 류類의 선인善人과 선덕善德이 많이 모이게 됨으로 잘못이 있을 수 없다. 이것은 인사人事에 대한 "붕래무구朋來无咎"이다.

반복기도反復其道 칠일내복七日來復 칠일七日은 한 효爻를 일일一日로 보고 말한 것이다. 처음에 순수 양陽인 건괘乾卦(䷀)이던 것이 음陰5월에 일양一陽이 처음으로 깎여 나가 ❶천풍구天風姤卦(䷫)가 되고 '6月에는 ❷천산돈괘天山遯卦(䷠)'가 되고 '7월에 ❸천지비괘天地否卦(䷋)' '8月에 ❹풍지관괘風地觀卦(䷓)' '9月에 ❺산지박괘山地剝卦(䷖)' '10월에 ❻중지곤괘重地坤卦(䷁)' '11월에 ❼지뢰복괘地雷復卦(䷗)'가 되기까지 7개월이 된다.

구분	11월	12월	1월	2월	3월	4월	5월	6월	7월	8월	9월	10월
괘명 卦名	복復	임臨	태泰	대장 大壯	쾌夬	건乾	구姤	돈遯	비否	관觀	박剝	곤坤
괘상 卦象	䷗	䷒	䷊	䷡	䷪	䷀	䷫	䷠	䷋	䷓	䷖	䷁

일년 12개월을 말할 때는 한 효爻를 한 달로 하였는데 여기서는 1일로 하였다. 처음 일양一陽이 깎여 나간 후 일곱 번 변화하여 양陽이 돌아온 것이다. 즉 7일이 지나 양효陽爻가 제자리로 돌아온 것이다. 양효陽爻는 자연변화의 이법理法에 따라 돌아온 것이다. 그리고 그 변화가 일어나는데 7일이 걸린 것이다. ❶기도其道는 자기가 나아가고 물러서는 길이다. ❷반反은 저쪽에서 이쪽으로 돌아오는 것이다. ❸복復은 돌아와 자기 있을 곳에 이른 것이다.

이유유왕利有攸往 복괘復卦(䷗)의 시대는 양陽이 점점 성盛해지고, 음陰이 점점 약해져가는 때이다. 인사人事로 말하면 군자지도는 점점 상傷해지고, 소인지도는 점점 약弱해져 가는 때이므로 나아가 일을 하면 좋다는 것이다.

[彖曰] 復亨은 剛反이니
단왈 복형 강반

動而以順行이라 是以出入无疾朋來无咎ㅣ니라.
동이이순행 시이출입무질붕래무구

反復其道七日來復은 天行也일새오 利有攸往은
반복기도칠일래복 천행야 이유유왕

剛長也일새니 復에 其見天地之心乎인뎌
강장야 복 기견천지지심호

○ 剛(굳셀 강) 動(움직일 동) 順(순할 순) 行(갈 행) 是(옳을 시) 疾(병 질) 朋(벗 붕) 咎(허물 구) 復(돌아올 복) 道(길 도) 利(이로울 이{리}) 有(있을 유) 攸(바 유) 往(갈 왕) 剛(굳셀 강) 長(길 장) 復(돌아올 복) 見(볼 견) 乎(어조사 호)

단彖에 이르기를, '복復은 형통亨通한다.'는 것은 강이 돌아온 것이니, 움직여서 순종으로써 행行함이라. 그러므로 출입하는데 병이 없고 벗이 와도 허물이 없느니라. 그 도가 반복하여 칠일七日에 돌아온다는 것은 하늘의 운행법칙이오, '갈 바가 있는 것이 이롭다.'는 것은 강剛이 자라남이니, 복復에는 천지天地의 마음을 볼 수 있음인져.

각설 833

833 (觀中) ❶동이이순행動而以順行 : 강剛은 어디까지 자란 것인가? 산지박괘山地剝卦다. 내 심성心性이 하늘의 뜻을 깨달을 수 있는 경지까지 도달해야 한다. "행동으로 옮겨서도 순리로써 행동할 수 있게 된다." ❷무질无疾 : 도의지문道義之門(건곤乾坤의 역지문易之門=박복무망대축剝復无妄大畜, 3효와 4효사이에 역지문易之門이 달려있다.)의 밖의 세계는 야생의 세계요, 안의 세계는 인간의 세계다. 이에 맹자는 "인仁은 인지안택야人之安宅也."이라고 한 것이다. ❸천행天行 : 천행(천지의 성정의 작용원리)은 천도운행의 원리이다. 역수운행법칙이 아니라 역수운행원리이다. 6효의 과정을 거쳐 7일에는 다시 돌아온다는 말이다. 칠일래복七日來復의 '일日'이란 천지天地의 인격성의 원리를 역수원리로 규정하자니까 '날 일日'자가 등장된 것이다. ❹복復 기견천지지심호其見天地之心乎 : 여기의 '견見'은 주체적으로 마음속으로 천지의 뜻(마음, 인격성)을 내 주체성의 자각과 일체화시켜 가지고 천지의 인격성을 깨닫는다는 뜻이다. 즉 천지의 종시성終始性으로서의 천지의 의지, 천지의 인격성으로서의 마음을, 마음의 내용구조는 의지적 체계로 되어있다. 마음이란 무엇인가? 생각할 수 있는 존재이기 때문에 마음이라고 한 것이다.(사思=田+心, 덕德. 마음속에 목표를 정해 놓은 것을 의지라고 한다.)

복형復亨 **강반**剛反 복復(䷗)은 형통한다는 것은 강剛, 즉 양陽이 돌아오기 때문이다. 一양陽이 돌아와 점점 성盛해지기 때문이다. 이 괘는 하下 진괘震卦의 동動이 있고 상上 곤괘坤卦의 순順이 있다. 그러므로 순順으로서 움직인다.

동이이순행動而以順行 **시이출입무질붕래무구**是以出入无疾朋來无咎 중도中道로써 순順하게 움직인다. 그러므로 이 양陽은 때로는 음陰속에 숨어 있고 때로는 나타나지만 어느 때에도 상처를 받는 일이 없다. 또 양陽이 돌아오면 같은 양陽이 모이게 되어 잘못이 없게 된다. 이것은 모두 이 괘卦가 가지고 있는 순順과 동動의 덕德으로 되는 것이다. 양陽은 양陽의 나아가고 돌아가는 길을 따라 돌아온 것이다.

반복기도칠일래복反復其道七日來復 **천행야**天行也 순양純陽의 건괘乾卦(䷀)에서 양陽이 하나 깎여 나가 천풍구괘天風姤卦(䷫)가 된 뒤로 일곱 번 변화하여 이 괘卦가 되었다. 이것은 천天의 운행 순서가 그렇게 되어 있다.

이유유왕利有攸往 강剛이 점점 성해져 가는 때이므로 그렇게 된다.[834]

강장야복剛長也復 **기견천지지심호**其見天地之心乎 복復에서 천지의 마음을 본다고 한 것은 양陽이 전멸하지 않고 다시 돌아와 만물을 생성화육하는 천지天地의 마음을 보는 것 같다는 말이다.[835]

834『주역본의周易本義』에서는 "음양陰陽의 사라지고 자라남은 하늘의 운행運行이 그러한 것이다.(陰陽消息, 天運然也.)"라고 하였다.

835 (집설集說) ❶『이천역전』에서는 "일양래복一陽來復이 곧 천지생물지심天地生物之心이다. 선유先儒는 모두 정靜을 천지天地의 마음이라 생각했다. 이것은 동動의 끝이 곧 천지天地의 마음임을 알지 못했기 때문이다. 도道를 알지 못하면 누가 능히 이것을 알 수 있을 것인가?(一陽復於下, 乃天地生物之心也. 先儒皆以靜爲見天地之心, 蓋不知動之端, 乃天地之心也. 非知道者, 孰能識之.)"라고 하였다. ❷'래지덕來知德'은『래주역경도해來註易經圖解』에서 "천지天地는 마음이 없다. 만물을 발생시키는 것이 천지天地의 마음이다. 박괘剝卦의 때에 천지天地의 마음은 거의 쉬고 있다. 그러나 곧 일양一陽이 래복來復하는 것은 천지생물지심天地生物之心이 한 순간도 쉴 수 없음을 보여준 것이라(天地无心, 生之不息者乃其心也, 剝落之時, 天地之心凡于滅 息矣. 今一陽來復, 可見天地生物之心, 无一息之同斷矣.)"라고 하였다.

[象曰] 雷在地中이 復이니 先王이 以하야 至日에 閉關하야
상왈 뇌재지중 복 선왕 이 지일 폐관

商旅ㅣ 不行하며 后不省方하니라.
상여 불행 후불성방

○ 雷(우레 뇌) 在(있을 재) 地(땅 지) 中(가운데 중) 先(먼저 선) 王(임금 왕) 至(이를 지) 閉(닫을 폐) 關(빗장 관) 商(헤아릴 상) 旅(움직일 여, 군사 려{여}) 后(임금 후, 제후 후) 不(아닐 불) 省(살필 성) 方(모 방)

상象에 이르기를, 우레가 땅 속에 있는 것이 복復이니, 선왕은 이로써 동짓날에 관문을 닫아서 상려를 금하며, 제후들도 지방을 순시하지 않느니라.

개요概要

복괘復卦는 하下 진괘震卦의 뢰雷(☳)가 있고, 상上 곤괘坤卦의 지地(☷)가 있어 천둥이 땅속에 있는 상象이며, 이것이 복괘의 상象이다.

각설

뇌재지중雷在地中 **복**復 천둥이 처음으로 땅속에 온 것이니 힘이 몹시 약하다. 양陽이 처음으로 돌아온 것이니 힘이 약하다. 양陽의 힘이 약함으로 양육하여야 한다.

선왕이先王以 **지일폐관**至日閉關 **상려불행**商旅不行 선왕先王이 이 상象을 보고 지일至日, 즉 동지冬至날은 관소館所를 닫아 상인商人, 여행자旅行者의 출입을 금한다. 동지날冬至날 하루는 비록 왕王이라 할지라도 출입을 금하고 조용히 쉬게 한다는 것이다.

후불성방后不省方 '성방省方'은 성인聖人이 동서남북 사방四方을 순시하는 것이다. 동지날은 성인聖人도 이 성방省方을 쉬고 안정하면서 미약한 양陽을 양육한다. 이 말은 건乾초구初九의 '잠용물용潛龍勿用'으로 자신을

성찰省察하는 의미와 거의 같은 뜻이다

[初九]는 不遠復이라 无祇悔니 元吉하니라. 초구 불원복 무지회 원길	(重地坤) 중지곤
象曰, 不遠之復은 以脩身也이니라. 상왈 불원지복 이수신야	

○ 不(아닐 불) 遠(멀 원) 復(돌아올 복) 无(없을 무) 祇(미칠 지(至), 공경할 지) 悔(후회할 회) 元(으뜸 원) 吉(길할 길) 脩(포 수, 닦을 수) 身(몸 신)

초구는 멀지 않아서 돌아옴이라, 후회함에 이르는 일이 없을 것이니, 크게 길하니라.
상象에 이르기를, (잘못 들어온 길을) 멀리 가지 않고 바른 길로 돌아온다는 것은 이로써 자기 몸을 닦는 것이니라.

개요概要

이 괘의 「단사」에서는 천지음양天地陰陽의 소장消長을 보고 말을 하였는데, 「효사」는 인사人事로서 말을 달고 있다. 초구初九는 이 괘卦의 주효主爻이며, 가장 중요한 효爻이다.

각설

불원복不遠復 초구初九는 강강剛強 정위正位의 효爻이다. 복괘復卦의 처음이므로 잘못이 있으면 곧 고쳐서 바른 길로 돌아온다. 그것이 '불원복不遠復'이다.

무지회无祇悔 원길元吉 사람은 잘못이 있을 수 있는데 그것을 알면 멀리 가기 전에 곧 바른 길로 돌아간다. 그래서 후회가 없으며 크게 길吉함을

얻는다.[836]

소상사小象辭

이수신야以修身也 잘못 들어온 길을 멀리 가지 않고 바른 길로 돌아온다는 것은(불원지복不遠之復) 자기 몸을 닦는 것이다. 몸을 닦는 것(수신修身)이 사람 사는 근본根本이다.

[六二]는 休復이니 吉하니라. (地澤臨)
육 이 휴 복 길 지 택 임

象曰, 休復之吉은 以下仁也이니라.
상 왈 휴 복 지 길 이 하 인 야

○ 休(아름다울 휴, 쉴 휴), 復(돌아올 복)

육이六二는 아름답게 돌아옴이니 길하니라.

상象에 이르기를, 아름답게 돌아옴이니 길하다는 것은 인仁에 몸을 낮춤이니라.

개요槪要

육이六二는 유순柔順·정위正位·득중得中한 효爻로써 중덕中德을 가진다.

각설[837]

---

836 '공자'는 이 효爻를 '안회顔回'에 비교하였는데, '안회顔回'는 만약 나쁜 일이 있으면 곧 이것을 알고 고쳐서 바른 길로 돌아왔다. 요컨대 자기가 한 일이나 생각이 잘못 되었을 때는 멀리 가지 말고 곧 바른 길로 돌아오는 것이다. 이렇게 하면 후회할 곳까지 가지 않으며 큰 길吉을 얻는다.

837 (觀中) 휴복休復은 화천대유괘火天大有卦의 '순천휴명順天休命'의 휴休다. 선성善性을 핵심적인 내용으로 하고 있는 인격성으로서의 천지의 성정性情이다. ☞ 복천지지심復天地之心으로 규정하였다. 인간의 본래성으로 규정하지 않고 천지지심으로 규정한 것이다. 천지의 마음은 이하인以下仁이다. 천지天地의 성정性情도 인성인정仁性人情이다.

휴복지길休復之吉 육이六二는 음효陰爻로 재능才能이 부족하고 응효應爻도 없지만 초구初九의 현인賢人과 서로 친함으로 그의 지도를 받아 바른 길로 돌아간다. 그러므로 '휴복休復'이다. 아름답게 착하게 돌아가 길吉함을 얻는다.

소상사小象辭

이하인야以下仁也 '인仁'은 초구初九의 현인賢人을 말한다. 육이효六二爻가 유순중정柔順中正의 덕德으로서 초구初九 현인賢人의 가르침을 순順하게 받아들이므로 착하고 아름답게 돌아온 것이다.

> **[六三]**은 頻復이니 厲하나 无咎ㅣ리라. (地火明夷)
> 육삼 빈복 려 무구 (지화명이)
>
> 象曰, 頻復之厲는 義无咎也이니라.
> 상왈 빈복지려 의무구야

○ 頻(자주 빈) 復(돌아올 복) 厲(위태로울 여, 갈 려{여})

육삼六三은 자주 돌아오니, 위태로우나 허물이 없으리라.
상象에 이르기를, '빈복지려'는 의리로 보아 허물이 없느니라.

개요槪要

육삼六三은 부중不中·부정위不正位한 음효陰爻로 재능才能이 부족하고 의지가 약해 마음이 자주 흔들려 선善을 잘 볼 수 없다. 그러나 복괘復卦의 한 효爻로 바른 길로 돌아가는 덕德은 있다.

각설

빈복頻復 복괘復卦의 한 효爻로 바른 길로 돌아가는 덕德은 있다.[838] 그

838 『주역본의周易本義』에서는 "음陰으로서 양위陽位에 거하여 중정中正하지 못하고 또 동動

러므로 이 효爻는 경망한 행동으로 종종 잘못을 저지르지만 그때 마다 바른 길로 잘 돌아온다. 다시 말하면 자신의 과오를 깨닫고 후회하며 바른 길로 돌아오는 것을 여러 번 반복한다는 것이다. 그러므로 위태롭지만 바른 길로 돌아오려고 함이라 허물은 없다.[839]

소상사小象辭

빈복지려頻復之厲 **의무구야**義无咎也 육삼六三이 간혹 바른 길을 잃어버리고 헤매다가 자주 자주 바른 길로 돌아오는 것은 위험한 일이지만 결국 바른 길로 돌아오는 것이니 의리상 허물이 없다.[840]

[六四]는 中行호대 獨復이로다. (重雷震)
육사 중행 독복 중뢰진

象曰, 中行獨復은 以從道也이니라.
상왈 중행독복 이종도야

○ 中(가운데 중) 行(갈 행) 獨(홀로 독) 復(돌아올 복) 以(써 이) 從(좇을 종) 道(길 도)

육사六四는 중도를 행하되 혼자 돌아옴이로다.

상象에 이르기를, '함께 행하되 혼자 돌아온다.'는 것은 이로써 도道를 따름이니라.

개요概要

육사六四는 정위正位로 초구初九와 응효應爻이다.

의 극極에 처하여 돌아오나 견고하지 못하니, 자주 잃고 자주 돌아오는 상象이다. 자주 잃으므로 위태롭고 돌아오면 허물이 없으므로 그 점占이 또 이와 같은 것이다. (以陰居陽, 不中不正, 又處動極, 復而不固, 屢失屢復之象, 屢失故危, 復則无咎, 故其占又如此.)"라고 하였다.

839 『논어』에 '안회顔回'의 마음은 3개월의 오랜 사이에도 인仁을 어기는 일이 한 번도 없다. 그러나 그 밖의 제자들은 하루에 한번 혹은 한 달의 한번 인仁으로 돌아온다고 한 이 제자들이 빈복頻復이다.

840 명이괘明夷卦 구삼九三의 남수지지南狩之志와 대조적이다.

각설

중행中行 중정지도를 말한다.[841] 중도中道를 행한다는 것이다.

독복獨復 육사六四는 바른 자리에 있고 유순하며 중정지도를 지키고 있다. 많은 음효陰爻 중中에서 오직 혼자 초구初九의 현인賢人과 응應하고 있으며, 초구初九의 지도를 받아 바른 길로 돌아오게 되는 것이다.[842]

소상사小象辭[843]

중행독복中行獨復 이종도야以從道也 육사六四가 중정지도를 지키고 있으면서 혼자 초구初九의 지도를 받아 바른 길로 돌아가는 것은 육사六四가 도道를 따르기 때문이다.

[六五]는 敦復이니 无悔하니라. (水雷屯)
육오 돈복 무회 수뢰둔

象曰, 敦復无悔는 中以自考也이니라.
상왈 돈복무회 중이자고야

○ 敦(도타울 돈) 復(돌아올 복) 无(없을 무) 悔(후회할 회) 中(가운데 중) 以(써 이) 自(스스로 자) 考(이룰 고(成), 상고할 고)

육오六五는 돈독하게 돌아오니, 후회함이 없느니라.

상象에 이르기를, '돈독하게 돌아와서 뉘우침이 없다.'고 한 것은 중도中道로써 스스로 이루는 것이니라.

---

841 중中은 보통 이효二爻와 오효五爻에 사용되며 3효·4효에는 사용되지 않는데 풍뢰익괘風雷益卦의 3·4효에 사용되고 있다. 역易의 경문중에서 중행中行이 사용된 것은 지천태괘地天泰卦의 구이九二와 택천쾌괘의 구오九五, 풍뢰익괘의 육삼六三·육사六四, 그리고 이 爻 다섯 곳이다.

842 이 효爻는 육이六二와 많이 닮았다. 육이六二는 초구初九와 상비相比하여 그의 지도를 받는다.

843 (觀中) ❶이종도야以從道也는 순종順從의 종從이다. 박괘剝卦는 "순이지지順而止之는 관상야觀象也"라고 했다. 초효初爻에서부터 상효上爻까지는 복復자로 일관하고 있다. 6효「효사」를 회복할 복復자로 관통하고 있다. 그런데 산지박괘山地剝卦에서는 4효까지 박剝 자字를 쓰고 있다. ❷도道 : 초효初爻, 본성자리.

개요概要

오효五爻는 득중得中한 효爻이다. 스스로 바른 길로 잘 돌아온다. 곤덕坤德은 두텁다. 그러므로 돈敦이다.

각설

돈복敦復 육오六五는 유순柔順·중덕中德한 효爻이다. 아래에는 응효應爻가 없고 가까이에 상비相比하는 효爻도 없다. 그러나 유순柔順·중덕中德을 가짐으로 바른 길로 돌아가는 것이 돈독하다. 이것이 돈복敦復이다. 도道를 굳게 믿고 덕德을 잘 지키니 바른 길로 돌아가는 것이 돈독하다. 그러므로 후회할만한 잘못은 없다. 돈敦은 곤괘坤卦의 상象이다. 이 효爻는 초구初九와 관계가 없음으로 가볍게 보아 넘기기 쉬운데 사실은 중요한 효爻이므로 주의해서 보아야 한다. 왜냐하면 유순柔順·중덕中德을 가진 현인賢人의 지도를 받지 않아도 스스로 도道를 알고 몸으로 닦아 도道를 실천하기 때문이다.

무회无悔 오효五爻는 중中을 얻고 있음으로 바른 길로 잘 돌아온다. 곤덕坤德은 두텁다. 그러므로 돈敦이다. 육오六五의 허명虛明함으로서 안으로 중中을 지키고 스스로 잘못을 깨닫고 바른 길로 돌아온다. 이미 바른 길로 돌아와 그것을 쌓아서 두텁게 되었으며 한 번 돌아온 것은 다시 잃지 않았으니 후회할 것이 없다. 초구初九는 이것을 밝게 알고 육오六五는 이것을 굳게 지킨다. 따라서 항상 휴복休復의 길吉이 있고 빈복頻復의 염려가 없다.

소상사小象辭

돈복무회敦復无悔 **중이자고야**中以自考也 육오六五가 바른 길로 돌아와 후회할 일이 없는 것은 다른 사람으로부터 도움을 받아 되는 것이 아니고 자기가 중덕中德을 가지고 있음으로 스스로 복復의 도道를 완성한다.

'고考'는 성취하는 것이며, 믿음으로 이룬다. 이 효爻는 응효應爻도 없고 비효比爻도 없어 도와줄 사람이 아무도 없다. 그러나 유순柔順하고 중덕中德을 가짐으로 스스로 좋은 길로 돌아오며 바른 덕德을 이루게 된다.[844]

[上六]은 迷復이라 凶하니 有災眚하고
상육 미복 흉 유재생

用行師ㅣ면 終有大敗하고 以其國君이면 凶하야
용행사 종유대패 이기국군 흉

至于十年히 不克征하리라. (山雷頤)
지우십년 불극정 산뢰이

象曰, 迷復之凶은 反君道也이니라.
상왈 미복지흉 반군도야

○ 迷(미혹할 미) 復(돌아올 복) 災(재앙 재) 眚(눈에 백태 낄 생) 師(무리 사, 군사 사) 終(끝날 종) 敗(깨뜨릴 패) 君(임금 군) 凶(흉할 흉) 至(이를 지) 于(어조사 우) 年(해 년) 克(이길 극) 征(칠 정)

상육上六은 미혹하게 돌아옴이라. 흉하니 재앙이 있다 하고, 군사를 쓰면 끝내 크게 패함이 있을 것이고, 그 나라의 임금으로써 하면 흉하여 10년을 기다려도 능히 이기지 못하리라.

상象에 이르기를, "미복迷復의 흉함은 군자지도에 어긋남이니라."

개요概要[845]

844 고考는 이룰 고字이다. 말씀으로 이룸(성成).

845 (觀中) ❶미복迷復 : 군자지도에 있어서는 캄캄하다는 말이다. 3효의 빈복은 군자지도에서 벗어져 나갔다가도 다시 돌아오는 것을 말한다. 학문하는 과정에 있어서는 그럴 수밖에 없다. 철저하게 군자지도를 걸어가는 자는 소인지도小人之道로서의 迷復미복이다. ❷복괘復卦에 있어서는 상효만이 나쁜 효다. 복괘復卦가 서괘원리에 있어서 인도人道를 위주로 역도易道를 생각한다면 박博·복괘復卦의 원리는 역도易道로서의 종시원리를 직접 표상하는 괘가 64괘에 있어서는 박剝·복괘復卦다. 라고 말할 수밖에 없다. 산지박괘山地剝卦(上爻)는 선

상육上六은 복괘復卦의 끝으로 음효陰爻로서 도덕才能과 재능才能이 부족하여 도道를 밝게 볼 수도 없어 미복迷復이다. 응효應爻도 비효比爻도 없으니 그를 도와줄 사람이 없다. 초구初九는 불원복不遠復인데 상육上六은 가장 멀리 갔다가 돌아오는 원복遠復이다. 그러므로 끝까지 바른 길을 찾지 못하고 방황하니 흉凶하며 밖으로부터 오는 재난도 있고, 자기 잘못으로 생기는 재화災禍도 있다. 그러면서도 자기 잘못을 깨닫지 못하고 남을 책망한다.[846]

각설

미복迷復 상육上六은 복괘復卦의 마지막 효爻로 최후에 바른 길로 돌아온다. 끝까지 망설이다가 최후에 돌아옴을 의미한다.

유재생有災眚 재생災眚의 ❶재災는 천재지변과 같은 밖에서 오는 재앙이다. ❷'생眚'은 자기가 잘못해서 일어나는 재화이다.

이기국군以其國君 '이以'는 여與와 같은 뜻으로 그 나라 임금까지도 미친다는 것이다.

지우십년至于十年 불극정不克征 십十은 수數의 끝으로 지우십년至于十年은 끝까지란 뜻으로 오랜 세월이라는 의미이다. 많은 세월이 흘러도 이기지 못한다는 것이다.[847]

천도수가 끝나는 원리를 표상하는 괘라면 복괘復卦 초효初爻는 후천군자지도가 시작하는 원리를 직접 표상한다. 박博·복괘復卦는 산풍고괘山風蠱卦에 말씀한 선후갑삼일원리가 종칙유시원리다. 종즉유시終則有始라는 말이 고괘蠱卦에만 나오는 것은 아니다. 건괘乾卦에 대명종시大明終始라고 했다. 종시원리終始原理란 곤도坤道는 빈마지정牝馬之貞은 군자유종君子有終의 원리다. ❸내위호천덕乃位乎天德은 건원지덕乾元之德이다. 천덕원리가 시始하는 원리다. 이에 건원자시이형자야乾元者始而亨者也라고 한 것이다. 빈마지정牝馬之貞은 종終의 원리다. 곤괘坤卦 3효에 무성유종无成有終이라했다. 종終의 원리가 도리어 곤괘坤卦의 빈마지정牝馬之貞의 원리다(成終). 건원원리乾元原理는 성시원리成始原理다. 복괘復卦의 인仁은 건원지리乾元之理에서 유래된 인仁이다.

846 만약 이러한 사람이 장수가 되어 군대를 동원하여 적국을 공격하면 크게 패망하여 그 화禍가 자기 일신뿐 아니라 그 나라 임금에게까지 미치게 될 것이며 크게 흉할 것이고 오랜 세월이 지나도 국력을 회복하여 다시 적국을 정벌하지 못할 것이다.

847『이천역전伊川易傳』에서는 "10년이란 수數의 마지막이니, 10년에 이르도록 능히 가지 못

소상사小象辭 848

미복지흉迷復之凶 **반군도야**反君道也 상육上六이 몹시 방황하며 바른 길로 돌아오지 못하여 크게 흉凶한 것은 군주의 도道에 어긋나기 때문이다. 상육上六이 미복迷復으로 크게 흉한 것은 육오六五의 인군仁君의 덕德이나, 군자지도가 회복되는 초구初九의 덕德에 반反한다.

✐ 복復은 군자지도인 양陽이 비로소 돌아오는 것이다. 사물이 극단이 이르면 다시 돌아온다는 물극필반物極必反이다. 박괘剝卦 상구上九의 '석과불식碩果不食'이라고 한 양효陽爻가 복괘復卦의 초구初九가 칠일七日만 돌아온 것이다. 이것이 칠일래복七日來復 원리原理이며, 하늘의 운행법칙이라고 한 것이다.

복괘復卦에서는 '천지天地의 마음을 본다.'고 한 것이다. 왜냐하면 군자지도인 양陽이 전멸하지 않고 다시 돌아와 만물을 생성화육하는 것은 곧 천지天地의 마음을 보는 것 같다는 말이다. 군자는 이러한 복괘復卦의 이치理致를 자각해서 소인지도에 빠지지 말고 시의성時宜性에 맞게 바르게 처신해야함을 말한다.

한다는 것은 끝내 행하지 못함을 이른 것이다. 이미 도道에 혼미하니, 어느 때에 행할 수 있겠는가. (十年者, 數之終, 至於十年不克征, 謂終不能行, 旣迷於道, 何時而可行也.)"라고 하였다.

848 끝내 성인聖人의 대열에 들 수 없다는 말이다. 불가佛家에서는 아무리 어려운 고생을 하고, 인생의 무상함을 알아도 전생前生에 지어놓은 죄업罪業이 너무 많아서 다 갚지를 못하고 참다운 사람이 되지 못하고 만다는 것이다.

천 뢰 무 망 괘

25.天雷无妄卦

山天大畜卦 地風升卦 雷天大壯卦 風山漸卦

도전괘
倒顚卦

천뢰무망괘
天雷无妄卦

산천대축괘
山天大畜卦

음양대응괘
陰陽對應卦

천뢰무망괘
天雷无妄卦

지풍승괘
地風升卦

상하교역괘
上下交易卦

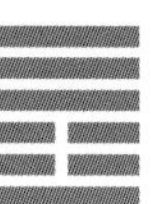

천뢰무망괘
天雷无妄卦

뇌천대장괘
雷天大壯卦

호괘
互卦

천뢰무망괘
天雷无妄卦

풍산점괘
風山漸卦

효변
爻變

천뢰무망괘
天雷无妄卦

初爻變 而爲否卦	二爻變 而爲履卦	三爻變 而爲同人卦	四爻變 而爲益卦	五爻變 而爲筮嗑卦	上爻變 而爲隨卦

천지비괘 天地否卦	**천택이괘** 天澤履卦	**천화동인괘** 天火同人卦	**풍뢰익괘** 風雷益卦	**화뢰서합괘** 火雷筮嗑卦	**택뢰수괘** 澤雷隨卦

요지要旨[849]

괘명卦名 이 괘는 상건上乾의 천天(☰) + 하진下震의 뢰雷(☳) = 천뢰무망괘天雷无妄卦(䷘)이다.

괘의卦意 무망지도无妄之道에 대한 설명이다. '무망无妄'이란? 거짓이 없고, 망령됨이 없는 것이다. 즉 진실하지 않은 것은 모두가 망심妄心이다. 무망无妄은 지극히 성실誠實하고 참된 것이다.[850] 그러나 인욕人欲(인위人爲)으로 움직이면 곧 망妄이다. 그러므로 무망无妄의 뜻이 이렇게 크다고 하였다. 무망괘无妄卦(䷘)는 천리天理대로 움직이는 것이다. 이것이 무망괘无妄卦의 가장 중요한 뜻이다.[851]

괘서卦序 「서괘序卦」에서 "(군자지도가)돌아오면 망령됨이 없으니, 고로 무망无妄으로 받았다.(復則不妄矣, 故 受之以无妄)"라고 하였다. '복復'
(복즉불망의 고 수지이무망)
은 근본으로 돌아가고 본심本心으로 돌아가고 바른 길로 돌아가는 것이다. 조금도 거짓이 없고 진실한 것이다. 그러므로 복괘復卦 다음에 무망괘无妄卦가 있다.[852]

---

849 (觀中) 성誠의 원리를 말하고 있다. 이인二人(인류역사 속에 나타났다가 말씀만 남겨 놓고 간 성인聖人과 군자가) 동심同心이 되어야 천명天命을 깨달을 수 있다. 천명을 거스리면 인재人災를 자초하게 된다는 것을 말하고 있다. ❶기비정其匪正 : 여기서부터는 군자에게 하는 말이다. 군자는 건원적乾元的 원리가 위주가 된 것이 아니라 정도貞道(이정지도利貞之道)가 위주. ❷불리유유왕不利有攸往 : 갈 바를 둠이 이롭지 않으니라. 행行할 때가 아니라 수덕修德할 때다.

850 『이천역전伊川易傳』에서 "지성至誠을 진실무망眞實无妄이라, 지성은 하늘의 도이다.(无妄者, 至誠也, 至誠者, 天之道也)"라고 하였다. 즉 무망无妄과 지성至誠은 같은 말이다.

851 이 괘의 내호괘는 2·3·4효로 간괘艮卦가 되는데 '간艮'은 지야止也(그치다)이다. 머물 곳에 편안하게 머무는 것이다. 천리天理대로 움직이고 이치를 따라 머문다. 이것이 이 괘의 중요한 성능이다. 또 「단사」에는 상하의 괘덕卦德으로 동이건動而健이라 하였으며, 움직이기를 천체天體의 운행과 같이 쉬지도 않고 지치지도 않는다. 이 괘卦는 이런 덕德이 있다. 또 六爻로 나누어 말하면 구오효九五爻는 양강중정陽剛中正의 덕德을 가진 주괘主卦의 주효主爻로서 유순중정柔順中正한 육이효六二爻와 상응하고 있다. 이들 두 효의 덕德으로 무망无妄의 도道가 잘 이루어진다. 이것이 무망괘无妄卦의 뜻의 요점이지만 무망괘无妄卦(䷘)의 도道를 체득하는 것은 그리 쉬운 일이 아니다. 무망无妄은 지성至誠과 같은 말이다. 지성至誠은 한 점 거짓이 없는 지극한 성誠으로 이상적인 성인聖人의 지경이다.

852 이천伊川은 『이천역전伊川易傳』에서 "복復은 도道로 돌아가는 것이다. 이미 도道로 돌아

괘상卦象 무망无妄은 하下 진괘震卦(☳)의 동動과 상上 건괘乾卦(☰)의 건健이다. 천명天命(천도天道, 진리)를 따라 움직인다. 그러므로 무망无妄이다. '무망无妄'은 거짓이 없고 진실한 것이다. 만약에 인욕人欲으로 움직인다면 망妄이 된다. 무망无妄은 천덕天德이다. 사람과 만물은 이것을 얻어서 성性이 된다. 그러므로 성性의 덕德은 모두 무망无妄이다.

无妄은 元亨하고 利貞하니 무 망 원 형 이 정 其匪正이면 有眚하릴새 不利有攸往하니라. 기 비 정 유 생 불 리 유 유 왕

○ 无(없을 무) 妄(망령될 망, 허망할 망) 元(으뜸 원) 亨(형통할 형) 利(이로울 리) 貞(곧을 정) 匪(아닐 비) 眚(눈에 백태 낄 생=殃) 攸(바 유) 往(갈 왕)

무망无妄은 크게 형통하고, 곧으면 이로우니, 그 바른 것이 아니면 재앙이 있을 것이다. 갈 바가 있는 것이 이롭지 않느니라.

개요概要

무망无妄은 천도를 근원으로 하는 것이며, 그 반대인 망심妄心은 곧 화禍라는 자초하게 됨을 경계하고 있다.

각설

무망无妄 원형이정元亨利貞 무망无妄(䷘)은 위대한 덕德이므로 만물이 시작되는 힘이 있고 사물이 성장하는 힘이 있고 각각 바른 자리에 견고하게 안주시킬 수 있는 힘이 있다. 왜냐하면 중정지도를 행하기 때문이다.

기비정유생其匪正有眚 불리유유왕不利有攸往 비정匪正은 바른 길이 아니

가는 것이다. 정리正理에 맞으며 무망无妄이다. 그러므로 복괘復卦 뒤에 무망괘无妄卦가 있다.(復者, 反於道也. 旣復於道, 則合正理而无妄, 故復之後, 受之以无妄也.)"라고 하였다.

다. 즉 무망无妄이 아니라 망심妄心이다. 생眚은 사람이 만든 화禍이다. 자신이 잘못해서 생긴 화禍이다. 즉 무망无妄이 아닌 망심妄心이기 때문에(비정匪正) 생긴 화禍이다. 그러므로 사심私心을 가지고 앞으로 나아가는 것은 이롭지 않다는 것이다.

[彖曰] 无妄은 剛自外來而爲主於內하니
단왈 무망 강자외래이위주어내

動而健하고 剛中而應하야 大亨以正하니 天之命也이니라.
동이건 강중이응 대형이정 천지명야

其匪正有眚不利有攸往은 无妄之往이 何之矣리오
기비정유생불리유유왕 무망지왕 하지의

天命不祐를 行矣哉아.
천명불우 행의재

○ 剛(굳셀 강) 爲(할 위) 健(튼튼할 건) 剛(굳셀 강) 應(응할 응) 祐(도울 우) 矣(어조사 의) 哉(어조사 재)

단彖에 이르기를, 무망无妄은 강剛이 밖에서 와서 내괘內卦(하괘下卦의 초구初九)의 주장主張이 되니. 움직임이 건실하고 강중剛中으로서 응하야, 크게 형통하고 바르게 하니, 하늘의 명이니라. 그 바른 것이 아니면 재앙災殃이 있고, 갈 데가 있는 것이 이롭지 않다는 것은 무망无妄을 벗어나서 어디로 가랴. 천명이 돕지 않는데 갈 수가 있을까.

개요概要

무망괘无妄卦(☰☳)는 산천대축괘山天大畜卦(☶☰)를 뒤집어 세운 모양이다. 대축괘大畜卦(☶☰)의 상구上九의 양효陽爻가 무망괘无妄卦의 초구初九가 된 것이다. 즉 초구初九는 대축괘大畜卦(☶☰)의 외괘外卦에서 와서 이 괘卦의 내괘內卦에서 주효主爻가 되어 있다. 그리고 이 초구初九는 무망괘无妄卦 성괘成

卦의 주효主爻이기도 하다.

각설

동이건動而健 하下 진괘震卦(☳)와 상上 건괘乾卦(☰)의 덕德이다. 천체天體의 운행처럼 조금도 쉬지 않고 움직이며, 지칠 줄 모른다.[853]

강중이응剛中而應 구오효九五爻에 대한 말이다. 구오九五는 양효陽爻로 강건剛健한 덕德을 가지며 상괘上卦의 중앙에 있어 중덕中德을 가진다. 또 양효陽爻로서 양陽의 자리에 있으니 정덕正德을 가진다. 구오효九五爻는 강건중정剛健中正의 덕德을 가진 이상적인 양효陽爻로서 아래에 있는 유순중정柔順中正한 육이六二와 응應하고 있다.

대형이정大亨以正 천지명야天之命也 무망괘无妄卦(䷘)는 여러 가지 미덕이 있음으로 바른 길에 맞으며 크게 형통하고 신장한다. 이것은 하늘이 명하는 것으로 곧 진실무망한 것이다.

기비정유생불리유유왕其匪正有眚不利有攸往 그것이 정도正道가 아니면 곧 망妄이며, 망妄은 화禍를 가져옴으로 갈 바가 있어도 이롭지 않다는 것이다.

무망지왕无妄之往 하지의何之矣 무망无妄을 벗어나서 어디로 갈 것인가?

천명불우天命不祐 행의재行矣哉 천리天理를 어기고, 천명天命을 거역하는 것이라 하늘도 이것을 돕지 않으니, 나아갈 수가 있겠는가.

[象曰] 天下雷行하야 物與无妄하니
상왈 천하뇌행 물여무망

先王이 以하야 茂對時하야 育萬物하나니라.
선왕 이 무대시 육만물

○天(하늘 천) 雷(우레 뇌{뢰}) 行(갈 행) 物(만물 물) 與(줄 여) 先(먼저 선) 以(써 이) 茂(무성할 무, 우거질 무, 성대할 무) 對(대답할 대, 마주할 대) 時(때 시) 育(기를 육)

853 『중용』에서도 "지성至誠은 쉬는 일이 없다."라고 하였다.

상象에 이르기를, 하늘 밑에 우레가 움직여서 만물과 더불어 망령됨이 없다고 하니, 선왕은 이로써 천시天時에 맞추어서 만물을 기른다 하니라.

각설 [854]

천하뢰행天下雷行 천하는 지상을 말한다. 땅위에 천둥이 울려 퍼지는 것을 천하뢰행天下雷行이라 하였다.

물여무망物與无妄 '여與'는 모두를 말한다. 부질없는 욕심을 내지 않는 것이 무망无妄이다.

무대시茂對時 육만물育萬物 하늘 밑에 천둥이 울려 퍼지는 것은 무망괘无妄卦(䷘)의 상象이다. 땅위에 천둥이 울려 퍼지고 만물이 성장하는 시기가 다르므로 각각 그들의 성질에 따라 무성한 때에 맞추어 바르게 발

---

854 (觀中) ❶천하뢰행天下雷行 : 하늘이 성인聖人을 통하여 말씀을 내려보냈다. 뇌행雷行은 성인지도聖人之道를 상징한다. 천수송괘天水訟卦보다 더 복잡하게 말씀하고 있다. 천여수위행天與水違行의 '수水'는 도道(眞理)를 상징한다. 송괘訟卦와는 반대적 의미이다. "하늘이 우레를 내려주었다." 이 우레는 어디에서 솟아오른 것인가? 땅속이다. 뇌출지분예雷出地奮豫이다. '천하뇌행天下雷行'의 하下를 동사로 해석해도 무방하다. 우레의 원 기운은 하늘에서부터 땅속에 주어진 뢰雷(진震)다. 명사로 해석한다면 "천하天下(인간과 만물이 존재하는 이 세계)에 뢰雷(=성인지도=장자지도)가 행한다." 하늘이 뇌행원리를 내려주었다고 동사적으로 해석해도 무방하다. 성인聖人은 천명을 받아 위에서 내려온 존재다.
❷물여무망物與无妄 : 사물까지도 참여하게 되어 있다. [1]여자與字는 만물이 거기에 참여한다는 뜻이다. 물物과 천도天道가 합덕이 되는 것이다. 즉 신물합덕神物合德이 이루어지는 것이다. 신물합덕神物合德은 성인聖人과 군자를 매개로 이루어진다. [2]물여物與란 "만물의 뜻이 거기에 호응했다." 성인지도가 운행하는데 공명公明(공감共感)을 느꼈다는 말이다. 성인지도를 행하는데 만물이 같이 참여하고 있다. "인모귀모人謀鬼謀에 백성여능百姓與能" 민심이 귀일된다. 이렇게 되어질 수 있는 원리가 성誠의 원리요, 무망无妄의 원리다.
❸선왕先王 이以 : 선성인先聖人을 말한다. 성인聖人의 심법心法을 그대로 계승하여 올바르게 살아가라. 학문적 사명은 무엇을 통하여 느끼게 되는가? 기회를 통해서다(인연이 맺어졌다). 하이데거의 '원역사'를 '계기'(인연, 기회)라고 번역한다.
❹무대시茂對時 육만물育萬物 : 천시天時에 순응한다. 인간을 교육하는 것도 무대시육茂對時育만물의 원리다. 만물이 생성하는 것과 인간이 교육을 통하여 인격이 형성되는 것도 모두 무망괘无妄卦의 원리다. 무대시茂對時(힘써서, 아주 성대하게, 무성하게 천시天時에 순응하여)하여 만물이 길러진다. 여기의 '육育'은 어디에 반영되어 언급되었는가? '치중화致中和면 천지위언天地位焉하고 만물육언萬物育焉하나리라'에 나타남. 만물이 천시天時에 순응하는 원리를 밝혀가지고 만물을 생육生育시켰다는 말이다. '무대시육茂對時育만물'의 진리眞理를 벗어나는 만물은 하나도 없다. 치중화致中和란 무대시茂對時함으로 중정지도가 성취되었다.

육한다. 선왕先王은 이 상象을 보고 본받아 힘써서 천시天時에 대응하여 만물을 양육하고 각각 그들이 마땅함을 얻도록 한다.[855] '대시對時'는 시의성에 맞게 대응하는 것이다. 시지즉지時止則止 시행즉행時行則行이다.[856]

[初九]는 无妄이니 往에 吉하리라. (天地否)
초구 무망 왕 길 천지비

象曰, 无妄之往은 得志也이니라.
상왈 무망지왕 득지야

초구初九는 무망无妄이니, 가면 길하리라.

상象에 이르기를, 무망无妄으로 가면 뜻을 얻음이니라.

개요概要

무망괘无妄卦 초구初九는 성인지도聖人之道이며, 지뢰복괘地雷復卦의 초효初爻는 군자지도이다. 「단사彖辭」에 강剛이 밖(하늘)에서 들어와 주효主爻가 된다. 이 괘卦는 건상진하乾上震下로 건乾은 천덕天德이 되고, 진震은 건乾의 초획初劃을 얻어 무망无妄의 상象이다.[857]

각설

무망왕길无妄往吉 초구효初九爻는 바른 자리에 있는 양효陽爻로서 지성至

---

855 '무茂'는 우거질 (무), 무성할 (무)자로 본다.

856 『이천역전伊川易傳』에서는 "천시天時에 순順하게 합하는 것이다.(순합천시順合天時)"라고 하였다.

857 『사기史記』의 「춘신군열전春申君列傳」중에는 '무망无妄을 무망无望'으로 적고 있다. 망望은 원하고 구하는 것이다. 또 이렇게 하면 이렇게 될 것이라고 기대하고 바라는 기망期望을 말한다. 무망无望은 원하고 구하는 일도 없고 앞으로 이렇게 될 것이라는 기대도 없고 단지 자기 할 일만 하고 사사로운 욕심慾心이 없는 것이다. 그것을 무망无望이라고 한다. 원願하고 구求하는 마음 기대하는 마음은 모두 사람의 욕심慾心이며, 허망한 것이다. 즉 망妄이다.

誠으로 조금도 거짓이 없는 천리天理에 따라 일을 하고 움직임으로 나아가서 길吉을 얻는다.[858] 그러므로 겸손하고, 공손하며, 진실한 모습이 무망의 진정한 모습이다.

소상사小象辭

무망지왕无妄之往 득지야得志也 무망지도无妄之道로 욕심이 없는 진심으로 나아가니 어디를 가더라도 뜻하는 바가 잘 이루어진다.[859]

[六二]는 不耕하야 穫하며
육 이 불 경 확

不菑하야 畬ㅣ니 則利有攸往하니라. (天澤履)
불 치 여 즉 리 유 유 왕 천 택 이

象曰, 不耕穫은 未富也이니라.
상 왈 불 경 확 미 부 야

○ 不(아닐 불) 耕(밭갈 경) 穫(벼 벨 확) 菑(묵정밭 치, 1년 묵은 밭 치) 畬(새밭 여, 3년 묵은 밭 여)

육이六二는 밭 갈지 않고도 거둔다고 하며, 갈지 않고도 새밭처럼 기름지니, 즉 갈 바가 있어 이로우니라.

상象에 이르기를, '불경확不耕穫'은 부富하게 하지 않아도 부유하니라.

개요槪要

육이六二는 유순중정柔順中正한 효爻로써 순리에 따라 사심私心이 없이 행한

---

858 이 효는 이 괘의 성괘成卦의 주효主爻이다. 「단사彖辭」에 강剛이 밖에서 들어와 안에서 주主가 된다는 효이다.

859 『이천역전伊川易傳』에서 "구九는 양강陽剛으로 안에서 주체가 되었으니 무망无妄의 상象이요, 강실剛實로 유柔를 변화시켜 안에 거하였으니 중심中心이 성실하여 망령되지 않은 자이다. 무망无妄으로 가면 어느 곳인들 길吉하지 않겠는가.(九以陽剛, 爲主於內, 无妄之象, 以剛實變柔而居內, 中誠不妄者也. 以无妄而往, 何所不吉.)"라고 하였다.

다면 무망无妄의 경지에 도달할 수 있다는 것이다.

각설

불경확불치여즉리유유왕不耕穫不菑畬則利有攸往 1년도 안 묵힌 밭에서 3년 묵은 밭(숙전熟田)처럼 수확을 얻을 수 있다. 즉 밭을 갈지도 않으면 수확도 바라지 않는다는 것이다. 노력한 것에 비해 지나친 수확을 기대하는 사람의 생각이 '망忘'이다. 때에 따라 밭을 갈고, 김을 매면서 노력한 이상의 지나친 수확을 바라지 않아야 그것이 무망지심无妄之心이다. 자연(바다가, 땅이)이 허락하는 만큼 감사하고, 순종하는 마음으로 수확해야 한다는 것이다.

소상사小象辭

불경확不耕穫 밭을 갈지 않아도 수확한다는 것은 무망지심无妄之心의 결과이다.

미부未富 부富하지 않으려 해도 부富가 된다는 것이다. 이는 무망지심无妄之心이면 가만히 있어도 이루어진다는 것이다.[860] 마음을 완전히 비우면 결과에 감사할 수 있다는 것이다.[861]

---

860 미未는 ~하지 않으려 해도 ~된다는 뜻이다.

861 (집설集說) 미부未富에 대하여 ❶『주역본의』에서 "부富는 천하를 합해서 아니라는 부富와 같으니 그 이익을 계산한 것이 아니라는 것이다.(富, 如非富天下之富, 言非計其利而爲之也.)"라고 하고, ❷『이천역전』에서는 "반드시 그렇게 하려고 하는 것은 아니지만(未者, 非必之辭=미필未必.)"라고 하였다. 결과적으로는 그렇게 되었다는 의미이다.(未者, 非必之辭, 臨卦曰未順命, 是也.)

[六三]은 无妄之災는 或繫之牛하나
육삼 무망지재 혹계지우

行人之得이 邑人之災로다. (天火同人)
행인지득 읍인지재 천화동인

象曰, 行人得牛ㅣ 邑人災也이니라.
상왈 행인득우 읍인재야

❍ 災(재앙 재) 或(혹 혹) 繫(맬 계) 牛(소 우) 行(갈 행) 得(얻을 득) 邑(고을 읍)

육삼六三은 무망无妄의 재앙은 혹(어떤 이가) 소를 매어놓았다 하나, (소를) 행인의 얻음이, 마을 사람의 재앙이로다.

상象에 이르기를, 행인行人이 소를 얻음은 읍인邑人의 재앙이니라.

개요概要

육삼六三은 흉이 많은 괘이다. 또한 유柔(소인지도)라서 재앙災殃이 있는 자리이다.

각설 [862]

---

862 (觀中) ❶무망지재无妄之災 : 무망지재无妄之災 때문에 기비정유생其匪正有眚이란 말이 나온 것이다. 무망지재无妄之災는 인간에게 주어지는 재앙이다. 기비정其匪正인 사람에게 무망지재无妄之災(실도失道)가 생겨난다. ❷혹계지우或繫之牛 : 혹或이 갖다 붙들어 매어 놓은 소다. 혹或은 특정하는 인간이 붙들어 맨 소가 아니다. 비특정적 존재는 전부 혹或자로 표현한 것이『주역』이다(혹약재연或躍在淵). 특정한 인간이나 사물을 가리키는 것이 아니라면 곧 하늘을 가리킨다. 천지의 인격성을 或자로 표현. 누가 붙들어 맨 것인가? 육갑원리와 괘효원리는 하늘이 정해 놓은 원리다. 성인聖人이 만들어 놓은 것이 아니다. 계우지사繫牛之辭이다. ❸행인지득行人之得 읍인지재邑人之災 : 행인이라고 하여 지나가는 사람이 소를 끌고 갔다는 말인가? 아니다. 행인은 군자를 상징하고, 읍인邑人은 백성을 의미한다. 문안에 들어앉은 사람, 방안에 갇혀있는 사람을 의미. 즉 문밖의 세계를 생각하지 못하는 캄캄한 암흑세계에 사는 사람에 비유한 것이다. 천택리天澤履, "구이九二, 이도탄탄履道坦坦, 유인정길幽人貞吉"(골방속에 갇혀있는 사람)이라고 하였다. 택수곤괘澤水困卦 3효가 그것을 의미한다. "곤우석困于石 거우질려據于蒺藜"(사면, 육면으로 막혀있다는 말이다.) '곤困'(口 + 木)이란 형무소 감방안에 갇혀 있는 목木(손괘巽卦)이다, 승목주허乘木舟虛(중부中孚, 「단사」, 군자가 배 위에 가득 타야한다.) 풍택중부괘風澤中孚卦 어느 효가 흉한가? 3효는 승강乘降을 했기 때문에 흉하다. 4효는 월기망月幾望이기 때문에 무구无咎다. '행인지득行人之得'이 무망괘无妄卦의 주된

무망지재无妄之災 육삼六三은 부정위不正位·부중不中한 효로써 중덕中德이 없다. 그러므로 바름이 없기 때문에 생각지도 않는 무망无妄의 재앙인 천재지변을 만나게 된다. 이것이 무망지재无妄之災이다.

혹계지우或繫之牛 혹或은 천天을 지칭한다. 진리의 말씀을 묶어 두었다는 것이다.

행인지득行人之得 **읍인지재**邑人之災 행인行人은 길가는 나그네로 천도天道, 천명, 진리를 자각한 군자를 말한다. '읍인邑人'은 고정관념에 갇혀있는 백성, 나 자신 혹은 골방에 갇혀있는 백성을 말한다.

소상사小象辭

행인득우行人得牛 **읍인재야**邑人災也 행인行人이 소를 얻었다는 것은 천명(진리眞理)을 깨달았다는 것이다. 그럼에도 불구하고 읍인邑人들은 (❶그 방안에 갇혀있는 사람, ❷고정관념에 갇혀 있는 사람, ❸골방속에 갇혀 있는 사람들로서) 진리를 따라 움직이지 않는다. 그러므로 생각하지도 않은 재앙을 만나게 된다. 괘덕卦德으로 보면 하괘下卦인 진동震動(☳)은 역도易道를 자각한 행인인 군자이며, 내호괘內互卦인 간지艮止(☶)는 그 방안에 갇혀있는 사람, 고정관념에 갇혀 있는 사람, 골방속에 갇혀 있는 사람으로 머물고 있거나 그쳐있는 사람들이다. 군자를 따라서 움직이지 않으니 의외의 재앙을 만나게 된다는 것이다.

원리다. 무망괘无妄卦의 핵심원리는 소 끌고 가는 원리다. 택화혁괘澤火革卦, 초구初九에 공용황우지혁 鞏用黃牛之革이라 하였다. 무망괘无妄卦의 행인은 발병이 난 행인이다. 이에 서괘원리에 있어서는 수산건괘水山蹇卦를 가리킨다. 소를 끌고간다는 말은 역을 공부(學問)한다는 말이다.

[九四]는 可貞이니 无咎ㅣ리라. (風雷益)
구사 가정 무구 풍뢰익

象曰, 可貞无咎는 固有之也이니라.
상왈 가정무구 고유지야

○ 固(굳을 고, 진실로 고)

구사九四는 바르게 하니, 허물이 없느니라.

상象에 이르기를, '바르게 하면 허물이 없다'는 것은 진실로 굳게 지킴이니라.

개요概要

이 효爻도 무망괘无妄卦의 한 효爻이므로 무망无妄의 덕德을 가진다. 그러나 부정위不正位한 효爻로써 응효應爻가 없으니 도와주는 사람이 없다. 이 경우에는 바른 길을 굳게 지키고 있어야 한다. 그렇게 하면 나무랄만한 잘못은 없게 된다는 것이다. 여기 내호괘內互卦(2·3·4爻)에 간괘艮卦가 있다. 간艮은 머무는 것(지止)이다. 이 효爻는 머물 곳에 머물러 바른 길을 굳게 지키고 있는 상象이다.[863]

각설

가정可貞 초구初九의 정길往吉은 마땅히 나아갈 곳에 나아간 것이다. 구사효九四爻에서 '가정可貞'이라 한 것은 머물 곳에 머물고 있는 것이다. 육이효六二爻에 '이유유왕利有攸往'이라 한 것은 나아가도 '공리功利'를 멀리하며, 구사효九四爻는 머물러 있지만 허무虛無에 빠지지 않는다.

---

863 「주역술의周易述義」에는 "초구初九에서 왕往에 길吉하다고 한 것은 마땅히 갈 곳으로 간 것이다. 육사六四에서 '가장可貞이라' 한 것은 마땅히 머물 곳에 머무는 것이다. 육이六二는 나아가도 공리功利를 멀리하며 물러서도 허무虛無에 빠지지 않으니 이 모두가 무망괘无妄卦의 덕德이라"라고 하였다.

무구无咎 무망无妄의 도道를 체득體得하고 나아갈 때 나아가고 물러설 때 물러선다. 이것이 천리天理를 따라 움직이는 것이다. 그러므로 꼭 나간다고 정하거나 꼭 물러선다고 고집하면 이것은 망심妄心이며, 무망无妄이 아니다. 따라서 구사九四는 머물 때에 머물고 있으면서 바른 길을 굳게 지키고 있으니 허물이 없게 된다.

소상사小象辭

고유지야固有之也 구사九四는 원래 무망无妄의 도道를 체득體得하고 있음으로 '가정可貞이니 무구无咎'라고 하였다.

[九五]는 无妄之疾은 勿藥이면 有喜리라. (火雷噬嗑)
구오 무망지질 물약 유희 화뢰서합

象曰, 无妄之藥은 不可試也이니라.
상왈 무망지약 불가시야

○ 勿(말 물) 藥(약 약) 喜(기쁠 희) 試(해볼 시, 시험할 시) 疾(작은 병 질)

구오九五는 무망无妄의 병病은 약藥을 쓰지 아니하면, 기쁨이 있으리라.
상象에 이르기를, 무망无妄의 약은 쓸 수 없음이니라.

개요概要

구오九五는 정위득중正位得中한 효爻로써 중덕中德을 가진 이상적인 효爻이다. 그리고 이와 응應하는 육이六二 음효陰爻도 유순중정柔順中正한 이상적인 효爻이다. 「단사」에 '강중이응剛中而應이라' 한 것은 이 구오효九五爻를 말한 것이다.

각설

무망지질无妄之疾 물약유희勿藥有喜 구오九五는 강건중정剛健中正의 미덕美德을 가지며, 유순중정柔順中正한 육이六二 음효陰爻와 서로 응應하고 있는 무망无妄이 지극한 효爻이다. 진실하며 한 점 거짓이 없는 효爻이다. 이와 같이 좋은 효爻도 때로는 생각지도 않는 병病에 걸릴 수 있다.[864] 그러나 그 병病은 하늘에 떠다니는 구름과 같이 한동안 병病같이 보일 뿐 정말 병은 아니다. 그러므로 무망지질无妄之疾에는 절대로 약藥을 쓰지 말아야 한다. 약藥을 쓰지 않아도 얼마간 지나면 자연적으로 회복되고, 또한 기쁨이 있다는 말이다.[865]

소상사小象辭

무망지약无妄之藥 불가시야不可試也 무망지질无妄之疾에는 결코 약藥을

864『맹자』「고자장告子章」하편下篇, 「천장강대임어시인天將降大任於是人」절節에서, "맹자왈, 순舜은 밭 가운데에서 기용되었고, 부열傅說은 성벽 쌓는 틈에서 등용되었고, 교력膠鬲은 생선과 소금 파는 데서 등용되었고, 관이오管夷吾는 옥관獄官에게 잡혀있는 데서 등용되었고, 손숙오孫叔敖는 바닷가에서 등용되었고, 백리해百里奚는 시정市井에서 등용되었다. 그러므로 하늘에서 그러한 사람들에게는 큰 일을 맡기는 명을 내리려면 반드시 먼저 그들의 심지를 괴롭히고, 그들의 근골筋骨을 수고롭게 하고, 그들의 육체를 굶주리게 하며, 그들 자신에게 아무 것도 없게 하여서, 그들의 하는 것이 그들이 해야 할 일과는 어긋나게 만드는데, 그것은 마음을 움직이고 자기의 성질을 참아서 그들이 해내지 못하던 일을 더 많이 할 수 있게 해주기 위해서이다. 사람들은 언제나 과오를 저지르고 난 후에야 고칠 수 있고, 마음속으로 번민하고 생각으로 달아 보고난 후에야 하고, 안색으로 나타내고 음성으로 발하고 난 후에야 안다. 들어가면 법도 있는 세가와 보필輔弼하는 선비가 없고, 나가면 적국과 우환이 없다면 그런 나라는 언제든 멸망한다. 그렇게 되고 난 후에야 우환 속에서는 살고, 안락속에서는 망한다는 것을 알게 된다.(孟子曰 : 舜發於 畎畝之中, 傅說擧於版築之閒, 膠 鬲 擧於魚鹽之中, 管夷吾擧於士, 孫叔敖擧於海, 百里奚擧於市. 故天將降大任於是人也, 必先苦其心志, 勞其筋骨, 餓其體膚, 空乏其身, 行拂亂其所爲, 所以動心忍性, 曾益其所不能. 人恒過, 然後能改; 困於心, 衡於慮, 而後作; 徵於色, 發於聲, 而後喩. 入則無法家拂士, 出則無敵國外患者, 國恒亡. 然後知生於憂患而死於安樂也.)"라고 하였다.

865 구오九五 천자天子는 유순중정柔順中正한 육이六二 군자君子의 도움을 받는 성인聖人이다. 그러나 모든 여건이 다 갖추어져 있고, 천하가 태평한 때에도 아무 근거와 예고도 없는 이외의 일이 생길 수 있다. 이런 때에는 서둘러 조처를 할 것이 아니고 조용히 기다리면 곧 진정되는 일이 많다. 왜냐하면 급하게 서두르면 나쁜 결과를 가져오는 일이 많기 때문이다.

쓰지 말아야 한다. 하늘의 능력을 시험하지 말아야 한다는 것이다.

[上九]는 无妄에 行이면 有眚하릴새
상구 무망 행 유생

无攸利하니라.
무 유 리

(澤雷隨卦)
택 뢰 수 괘

象曰, 无妄之行은 窮之災也이니라.
상 왈 무 망 지 행 궁 지 재 야

○ 妄(망령될 망) 眚(눈에 백태 낄 생) 攸(바 유) 窮(다할 궁) 災(재앙 재)

상구上九는 무망无妄에 나아가면 재앙이 있으니, 이로울 것이 없느니라.

상象에 이르기를, (바르지 않으면)무망无妄의 가는 곳은 궁진함의 재앙 뿐이니라.

개요概要

상구효上九爻는 무망无妄의 끝이다. 더 이상 나아가면 재난을 받게 된다. 건괘乾卦 상구上九의 항용유회亢龍有悔와 같은 것이다.

각설

무망행无妄行 **유생무유리**有眚无攸利 행行은 밖에 나가서 도道를 행하거나, 공부를 해서 출사를 하려는 망妄을 의미한다.[866]

소상사小象辭

무망지행无妄之行 **궁지재야**窮之災也 아무리 무망无妄의 길이라도 끝에 가면 멈추어야(머물러야) 한다.

866 남명 조식선생의 경의敬義정신

✎ '무망无妄'은 거짓이 없고, 망령됨이 없는 지극히 성실誠實하고 참된 것이다.

무망无妄은 천덕天德이라 위대한 덕德이므로 만물이 시생始生하는 힘이 있고, 각각 바른 자리에 견고하게 안주시킬 수 있는 힘이 있다라고 한다. 왜냐하면 중정지도를 행하기 때문이다.

무망괘无妄卦에서는 사심私心으로 나아가는 것은 이롭지 않다고 말한다. 이것은 모두가 망심妄心으로 결국은 재앙을 받게 된다는 것이다.

망심妄心을 버리고 무망지심无妄之心으로 행하면 밭을 갈지 않고도 수확을 얻게 된다고 한다. 그러므로 군자는 천시天時에 맞게 대응하여 만물萬物을 양육하고 각각 그들이 마땅함을 얻도록 하라고 말한다.

자연自然인 땅과 바다가 허락해 준만큼의 수확에 늘 감사하는 농심農心과 어부들의 마음이 무망지심无妄之心이 아닐까 한다.

산천대축괘

26. 山天大畜卦

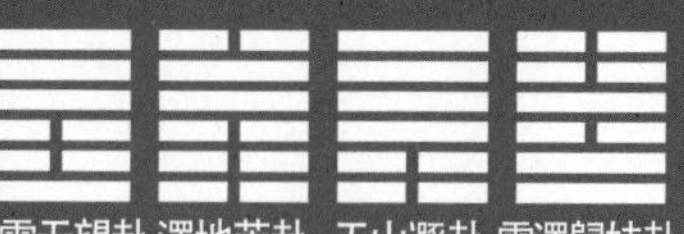

天雷无望卦 澤地萃卦 天山遯卦 雷澤歸妹卦

도전괘
倒顚卦

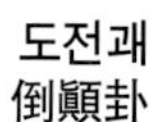

산천대축괘
山天大畜卦

천뢰무망괘
天雷无望卦

음양대응괘
陰陽對應卦

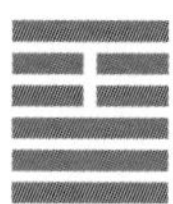

산천대축괘
山天大畜卦

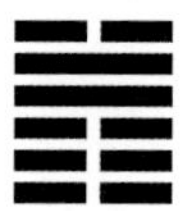

택지췌괘
澤地萃卦

상하교역괘
上下交易卦

산천대축괘
山天大畜卦

천산돈괘
天山遯卦

호괘
互卦

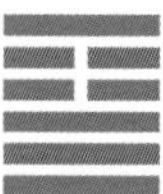

산천대축괘
山天大畜卦

뇌택귀매괘
雷澤歸妹卦

효변
爻變

산천대축괘
山天大畜卦

初爻變 而爲蠱卦	二爻變 而爲賁卦	三爻變 而爲損卦	四爻變 而爲大有卦	五爻變 而爲小畜卦	上爻變 而爲泰卦

산풍고괘 山風蠱卦	**산화비괘** 山火賁卦	**산택손괘** 山澤損卦	**화천대유괘** 火天大有卦	**풍천소축괘** 風天小畜卦	**지천태괘** 地天泰卦

요지要旨

괘명卦名 이 괘는 상간上艮의 산山(☶) + 하건下乾의 천天(☰) = 산천대축괘山天大畜卦(䷙)이다.

괘의卦意 크게 기르고 붙들기 위한 군자의 도리를 설명하고 있다. '축畜'은 풍천소축괘風天小畜卦(䷈)의 축畜과 같은 뜻으로 붙들 축(畜), 쌓을 축(畜)자字이다. 이들 셋은 서로 연관이 있다. 붙들고 있는 것은 쌓아놓고 있는 것이고, 붙들고 쌓아두면 기를 수 있다. 또한 기르는 것은 붙들고 있는 것이 되며, 붙들고 기르면 점점 그 수가 많아져서 쌓이게 된다. 이와 같이 붙들고 기르고 쌓이는 것은 서로 원인이 되고 결과가 된다.

대축괘大畜卦(䷙)의 대大는 양陽을 말한다. 역易에서는 양陽을 대大로 하고 음陰을 소小로 한다. 『주역』 64괘중에서 대大자가 붙어 있는 괘卦는 화천대유火天大有(䷍), 산천대축山天大畜(䷙), 택풍대과澤風大過(䷛), 뇌천대장雷天大壯(䷡)의 넷인데 대大는 모두 양陽을 말한다. 풍천소축괘風天小畜卦(䷈)는 작은 것이 붙들고 기르는 것이다. 작은 것, 즉 음陰이 큰 것(양陽)을 붙들어 두려하니 큰 것을 충분히 붙들 수가 없다.

괘서卦序 「서괘序卦」에서 "무망이 있은 연후에 가히 기를 수가 있으므로 대축괘가 받았다.(有无妄然後 可畜, 故 受之以大畜.)"(유무망연후 가축 고 수지이대축)라고 하였다. 거짓이 없고 지성진실至誠眞實한 덕德이 있어야 큰 것을 크게 쌓아둘 수 있다. 큰 것이란 큰 도덕, 큰 인물, 큰 사업, 큰 재산, 큰 지식 등이 포함된다. 이러한 큰 것은 모두 지성진실至誠眞實하여 한 점의 거짓도 없는 무망无妄의 덕德으로 이루어진다. 그러므로 무망괘无妄卦(䷘) 다음에 대축괘大畜卦(䷙)가 온다고 하였다.

괘상卦象 산천대축괘山天大畜卦(䷙)는 상간上艮이 하건下乾을 붙들고 있기 때문이다.[867] 대축大畜은 큰 것이 붙들고 기르는 것이다. ❶큰 것을 붙

---

867 산천대축山天大畜(䷙)은 인사적으로 말하면 군자가 도덕과 재능才能을 크게 쌓아두고

들고 ❷큰 것을 쌓아두고 ❸큰 것을 기른다고 해석할 수 있지만 여기서는 큰 것이 붙들고 기른다.

大畜은 利貞하니 不家食이라야 吉하니 利涉大川이니라. 대축 이정 불가식 길 이섭대천

○ 畜(기를 축, 쌓을 축, 기를 휵) 食(밥 식) 涉(건널 섭)

대축大畜은 곧으면 이롭다하니, 집에서 먹지 않는 것이 길하니, 큰 내를 건너는 것이 이롭다.

각설 868

대축이정大畜利貞 대축大畜(䷙)은 건하乾下(☰) 간상艮上(☶)으로 천天이 산중山中에 있다. 산山이 위에 있고 하늘이 아래에 붙들고 있다. 붙들고 쌓아두고 있는 것이 너무도 크다. 대축大畜, 즉 간괘艮卦가 큰 양괘陽卦인 건괘乾卦를 붙들고 있다는 것은 그 뜻이 크다. 군자가 큰 도덕을 붙드는 것으로 해석해도 좋다. 도덕과 재능才能을 붙드는 것도 반드시 바른 길

있는 것이며 군주가 큰 도덕과 재능才能을 가진 군자를 붙들고 있는 것과 같은 것이다. 간괘艮卦는 양陽의 괘卦, 즉 큰 괘卦이다. 산山이라는 큰 것이 큰 건괘乾卦, 즉 천天의 기氣를 붙들고 있다. 큰 산중에 하늘天의 원기元氣를 붙들고 쌓아두고 있다. 큰 산이 하늘의 원기元氣를 많이 붙들고 쌓아두고 있음으로 산위의 초목이 무성하게 자란다.

868 (觀中) ❶길吉 : 가도家道에 국한된 것으로 생각하지 말라. '가식家食'이란 일상적으로 쓰지 않는다. 선천에 현인賢人이요, 후천적 입장에서는 군자로 규정한다. 군자지도를 직접 표상한 괘가 가인괘家人卦다. 집안에 들어앉아 내 마음만을 닦는 원리가 아니다. 밖에서 내 인격성을 살찌울 수 있는 영양소를 섭취하라. 밖은 외괘外卦를 가리킨다. 성인지도를 가지고 내 인격을 축적해나가는데 영양소로 섭취하라. 성인聖人의 말씀을 떠나서는 군자는 양육되지 않는다. ❷이섭대천利涉大川 : 선후천변화기의 역사 내지는 선후천변화기에 나타나는 현상으로 인간에게 주어지는 길흉화복吉凶禍福 때문에 대천大川이라고 한 것이다. 대천大川은 배로 건넌다. 배는 나무로 만들고, 나무는 신도神道(성인지도)를 상징한다. 대천大川은 어느 괘에서 유래된 것인가? 감괘坎卦다. 둔몽괘屯蒙卦에서는 이섭대천利涉大川이란 말을 하지 않았는가? 산수몽괘山水蒙卦의 간괘艮卦는 샘물이요, 수뢰둔괘水雷屯卦의 감坎은 구름을 상징하는 감괘坎卦다. 불가식不家食은 성인聖人의 복음福音을 가사家事에만 머무르지 않고 천하天下를 유세遊世하여 백성을 구제救濟한다.

을 맞아야 한다. 그러므로 이정利貞이라 하였다.

불가식길不家食吉 이섭대천利涉大川 이는 바른 학문을 배우며 바른 재능才能과 도덕이 함양하여 장차 나라에 봉사하며 녹봉을 받고, 천하를 위하여 바른 도道를 행하면 길吉하고 복을 얻게 된다. 그러므로 '이섭대천利涉大川'이라 하였다.[869] 이섭대천利涉大川의 대천大川은 내호괘 2·3·4효로 태괘兌卦(☱)가 택澤이니 이것이 대천大川이다. 외호괘 3·4·5효로 진괘震卦(☳)가 되는데 진괘震卦는 위가 유柔(육이六二, 육삼六三)로 가벼운 배의 상象이다. 그러므로 진괘震卦의 배가 태괘兌卦의 못 위를 건너는 모양이다.[870]

[彖曰] 大畜은 剛健코 篤實코 輝光하야 日新其德이니
단왈 대축 강건 독실 휘광 일신기덕

剛上而尚賢하고 能止健이 大正也이니라.
강상이상현 능지건 대정야

不家食吉은 養賢也일새오 利涉大川은 應乎天也이니라.
불가식길 양현야 이섭대천 응호천야

○ 畜(쌓을 축) 剛(굳셀 강) 健(튼튼할 건) 篤(도타울 독) 實(열매 실) 輝(빛날 휘) 光(빛 광) 日(해 일) 新(새 신) 德(덕 덕) 剛(굳셀 강) 尙(숭상할 상) 賢(어질 현) 能(능할 능) 養(기를 양) 應(응할 응)

단彖에 이르기를, 대축大畜은 강건剛健하고 독실하고 빛나며, 날로 그 덕德

---

869 2·3·4효爻로서 태괘兌卦가 되는데 태괘兌卦는 입이다. 태괘兌卦의 가장 중요한 효爻가 위의 음효陰爻인데 이것이 4효爻에 있으니 외괘外卦에 있다. 즉 밖에서 식사하는 것이다. 자기 집에서 식사를 하지 않고 밖에서 하는 모양이라 불가식不家食이란 말이 나온다. 태괘兌卦의 중요한 4효爻가 성인聖人의 자리에 가까이 있으니 조정에 나아가 녹祿을 먹는 모양이라 이것도 불가식不家食의 상象이 된다.

870 3·4·5 상上의 네 효爻 중에서 3효爻와 상효上爻는 양효陽爻로 충실하며, 4·5효는 음효陰爻로 공허하니 외면은 충실하고 내면은 공허하여 배의 모양이다. 이 배가 태괘兌卦의 못 위에 있으니 이섭대천利涉大川이란 말이 나온다.

을 새롭게 함이니, 강剛으로 나아가 어진 이를 숭상하고, 능히 건乾(하늘)을 그치게 하니 크게 바른 것이다. '집에서 먹지 않는 것이 이롭다'는 것은 현인賢人을 기르기 때문이다. '큰 내를 건너는 것이 이롭다'는 것은 하늘에 응應함이다.

개요概要

단彖에 이르기를, 현인賢人이 도덕과 재능才能을 크게 기르고 쌓아 그것이 바른 길에 맞으면 조정에 나아가 바른 길을 행行할 수 있어 길吉하며, 천하의 큰 어려움을 구할 수 있다고 해석한다. 또 성인聖人이 바른 길로서 천하의 현인賢人을 길러 이들이 조정에 나아가 도道를 행하면 길吉하며, 복福을 얻고 천하의 큰 어려움을 구할 수 있다고 한다.

각설[871]

강건독실剛健篤實 '강剛'은 강强하여 어떤 일에도 굽히지 않는다. '건健'은 쉬지 않고 일을 해도 지칠 줄 모르는 것이다. 강건剛健은 하下 건괘乾卦(☰)의 덕德이다. '독실篤實'은 상上 간괘艮卦(☶)의 덕德이다. 간艮은 산山이며, 산은 흙이 몇 겹으로 쌓여 몹시 두텁고 실實하다. 그러므로 산에서 독실篤實한 덕德이 나온다.[872]

휘광輝光 일신기덕日新其德 도덕의 찬란한 빛이 나날이 새로워져 점점

---

871 (觀中) ❶독실篤實 : 군자의 심법은 독실해야 한다. 강건剛健은 군자에 있어서는 심법心法이 강건(자강불식自强不息)해야 된다. ❷능지건能止健 : 지선至善세계에서 산다. 지止=거居, 간괘艮卦에서 온 것이요, 건健은 건괘乾卦에서 왔다. ❸양현養賢 : 군자를 기르는 원리는 정명正名(풍화가인風火家人)원리다. 정명사상正名思想이라고 할 수 없다. 이는 역도易道를 모르는 자의 소치다. 선천에 있어서는 현인賢人이요, 후천에 있어서는 군자라고 한다. '불가식길不家食吉(성인聖人의 말씀을 통해 네 인격성을 길러 나가라.)은 '양현야養賢也'이라고 한 대목은 무엇을 가리키는가? 불가식不家食을 통해 신도神道를 깨닫는다는 말이다.

872 독실篤實은 지어지선止於至善에 머물러야 한다는 것이다.

빛을 더해가는 것이다.[873]

강상이상현剛上而尙賢 강상剛上은 양강陽剛한 덕德을 가지고 위에 있는 것을 말한다. 이 괘卦는 앞에서 나온 천뢰무망괘天雷无妄卦(☳)를 거꾸로 한 모양이다. 무망괘无妄卦의 초구初九 양효陽爻가 이 괘에서는 위로 올라와 상구上九가 된 것이다. 상현尙賢은 도덕과 재능才能이 있는 현인賢人을 존경尊敬하는 것이며, 여기서는 육오六五 군주가 상구上九 현인賢人의 아래에 있는 것을 말한다.

능지건대정야能止健大正也 이 괘는 강건剛健한 덕德이 있어 함부로 나아가지 않으며 머물 곳에 머물고 있다. 건健은 건괘乾卦의 덕德이며, 지止는 간괘艮卦의 덕德이다.[874] 대정大正은 크게 바르다. 바른 길에 합당하다는 것이다.

불가식길不家食吉 양현야養賢也 천자天子가 현인賢人을 존중하고 대접하면 현인賢人은 조정에 나와 일을 하게 되며 녹봉으로 살게 된다.[875] 어진이를 길러서 중용하면 길吉하는 것이다.

이섭대천利涉大川 응호천야應乎天也 큰 강을 건너는 것과 같이 어려운 천하의 대사를 잘 치룰 수 있는 것은 육오六五 성인聖人의 하는 일이 천도天道에 맞기 때문이다. 육오六五는 상괘上卦 중앙에 있어 중덕中德을 가지며, 하下 건괘乾卦의 구이九二와 상응相應하고 있다. 이것을 응호천應乎天이라 하였다. 즉 육오六五 성인聖人이 현인賢人을 존경하고 길러서 천하의 어려움을 구하는 것은 천도天道에 맞기 때문이다.

873『이천역전伊川易傳』에서는 "괘卦의 재질과 덕德으로 말하였다. 건체乾體는 강건剛健하고 간체艮體는 독실篤實하니, 사람의 재주가 강건剛健하고 독실篤實하면 쌓인 바가 커서 충실充實하고 빛남이 있으니, 쌓기를 그치지 않으면 덕德이 날로 새로워진다.(以卦之才德而言也. 乾體剛健, 艮體篤實, 人之才剛健篤實, 則所畜能大, 充實而有輝光, 畜之不已, 則其德日新也.)"라고 하였다.

874 능지건能止健은 능히 건健을 머물게 한다고 읽으며 하下 건괘乾卦가 강건剛健한 힘으로 올라오는 것을 상上 간괘艮卦가 눌려서 머물게 한다고 해석한다.

875 양현養賢은 성인聖人의 사명使命이다.

[象曰] 天在山中이 大畜이니
상왈 천재산중 대축

君子ㅣ 以하야 多識前言往行하야 以畜其德하나니라.
군자 이 다식전언왕행 이축기덕

○ 畜(붙들 축, 기를 휵, 쌓을 축)

상象에 이르기를, 하늘이 산속에 있는 것이 대축大畜이니, 군자는 이로써 옛날 성현聖賢의 말씀과 행동을 많이 알아서 그 덕德을 기른다.

각설

천재산중天在山中 대축大畜 천天이 산중에 있다는 것은 천도天道가 군자의 마음속에 있다는 것이다. 하늘의 기운이 산속에 쌓여있는 것이 대축괘大畜卦의 상象이다. 간괘艮卦의 산山이 건乾의 하늘 기운을 많이 쌓아놓고 있다. 이것으로 산위의 초목이 무성하며, 짐승들도 잘 자라고 번식한다.[876]

다식전언왕행多識前言往行 이축기덕以畜其德 군자는 이 상象을 보고 이것을 법法으로 삼아 옛 사람들의 말과 행동을 참고하면서 자기 덕德을 쌓고 기른다. 성인聖人의 언행言行을 말한다. 이를 깨달아 군자 자신의 덕德을 기르라는 말이다.[877] '전언왕행前言往行'은 경서經書 속에 있는 말씀

---

876 『주역본의周易本義』에서는 "하늘이 산山 가운데 있다는 것은 반드시 실제로 이러한 일이 있는 것이 아니요, 다만 괘卦의 상象을 가지고 말했을 뿐이다. (天在山中, 不必實有是事, 但以其象言之耳.)"라고 하였다.

877 '래지덕來知德'은 『래주역경도해來註易經圖解』에서 "옛 사람들의 좋은 말과 행실行實은 이理가 있는 것으로 모두 옛 사람들의 덕德이다. 군자는 이것을 많이 기록하여 그 이理를 살피면 나의 덕德이 쌓일 것이다. 이것이 군자가 대축大畜을 체득體得하는 공功이다.(古聖賢人嘉言善行, 皆理之所在, 皆古人之德也, 君子多識之, 考跡以觀其用, 察言以求其心, 則萬里會通于我, 而我之德大矣. 此君子體本大畜之功也)"라고 하였다.

과 성인聖人의 행동을 말한다.[878]

[初九]는 有厲ㅣ리니 利已니라. (山風蠱)
초구 유려 이이 산풍고

象曰, 有厲利已는 不犯災也이니라.
상왈 유려이이 불범재야

○ 利(이로울 리{이}) 已(이미 이, 그칠 이) 厲(위태로울 려{여}) 犯(범할 범) 災(재앙 재)

초구初九는 위험한 일이 있음이리니, 그만두는 것이 이롭다.

상象에 이르기를, '유려이이有厲利已'는 재앙을 범하지 않는 것이니라.

개요概要

초구初九는 정위正位로 자리는 바르지만 건괘乾卦의 초효初爻로서 "잠용물용潛龍勿用"이라 학문學問과 도덕道德이 아직도 미숙하다. 초구初九가 위를 보고 나아가려 하지만 나아가면 위험한 일이 있음으로 못하도록 막는 것이 좋다는 뜻이다. 따라서 초구初九의 응효應爻인 육사六四가 세상世上에 나아가는 것을 막고 있다.

각설

유려이이有厲利已 대축괘大畜卦의 아래에 있는 건괘乾卦는 강건剛健한 성능으로 위로 올라가려 하며, 위에 있는 간괘艮卦는 붙드는 성질이 있어 올라오는 것을 머물게 한다. 즉 아래의 세 양효陽爻는 위쪽으로 나아가려 하지만 위에 있는 간괘艮卦에 의하여 붙잡힌다. 위에 있는 간괘艮卦가 아

878 『이천역전伊川易傳』에서는 "위태로움이 있으면 마땅히 중지하여야 하니, 재앙과 위태로움을 범하고 가서는 안 된다. 형세를 헤아리지 않고 나아가면 재앙이 있을 것이 틀림없다.(有危則宜已, 不可犯災危而行也. 不度其勢而進, 有災必矣.)"라고 하였다.

래에서 올라오는 양효陽爻를 머물게 하는 것은 그들이 서둘러 나아가지 말고 도덕과 재능才能을 충분히 닦고 기르도록 바랄 뿐 나쁜 뜻이 있는 것이 아니다.[879]

소상사小象辭

불범재야不犯災也 이 효爻는 자리는 바르지만 건괘乾卦의 초효初爻로서 '잠룡물용潛龍勿用'이라 학문과 도덕이 아직도 미숙하여 그의 응효應爻인 육사六四가 세상에 나아가는 것을 막고 있다. 만약 그대로 밀고 나가면 실패할 것이며 위험하게 된다. 재災는 위태로운 것을 말한다. 위험이 있다고 그만 두는 것이 좋다는 것은 재災를 범犯하는 일이 없기 때문이다.

[九二]는 輿說輹이로다. (山火賁)
구이 여탈복 산화비

象曰, 輿說輹이나 中이라 无尤也이니라.
상왈 여탈복 중 무우야

○ 輿(수레 여) 說(말씀 설, 벗을 탈) 輹(복토 복, 바퀴통 복) 尤(근심할 우, 더욱 우, 허물 우)

구이九二는 수레의 바퀴 통이 벗겨졌다.
상象에 이르기를, '수레의 바퀴 통이 벗겨졌다.'는 것은 중도中道를 지킨 것이니, 허물이 없을 것이다.

개요槪要

초구初九와 구이九二는 대체로 같은 것이지만 초구初九는 육사六四의 제지制止로 머물며 구이九二는 육오六五의 뜻을 알고 자발적으로 머무는 차이점이

879 이 괘의 육효중 위의 세 효는 아래의 양효陽爻를 머물게 하는 것으로 되어 있으며 아래의 세 효는 위의 간괘艮卦에 의하여 붙들려 있는 것으로 되어 있다.

있다. 초구初九와 구이九二는 모두 수양이 부족한 사람이며, 이것을 완성하여 대축大畜의 도道를 이루기 위하여 머문다.

각설

여탈복輿說輹 '여輿'는 수레 여 자字이다. 설說은 탈脫과 같은 뜻이며, '복輹'은 바퀴통 복輹자(복토 복輹)로 수레와 차륜을 연결하는 것이다. 그러므로 수레와 차륜사이에 복토를 떼어내면 수레는 나아갈 수 없게 된다. 이 효爻는 부정위不正位한 효爻이나, 중덕中德을 가진다. 그리고 상응相應한 육오六五가 그의 길을 막고 있다. 이 육오六五와 구이九二의 관계는 육사六四와 초구初九의 관계처럼 좋은 뜻으로 막고 있다.[880]

소상사小象辭

여탈복輿說輹 중무우야中无尤也[881] 구이九二가 바퀴통을 떼어내고 나아가지 않는 것은 그가 중덕中德을 가지고 함부로 나아가려 하지 않기 때문이다. 그러므로 근심이 없다. 구이九二는 양효陽爻이므로 나아갈 뜻이 있다. 그러나 음陰의 자리로 마음이 약하며 또 중덕中德을 갖고 있어 함부로 나아가지 않는다. 육오六五가 자기의 학문과 도덕의 완성을 바라면서 호의로 막고 있는 것을 알고 수레의 바퀴통(복토)을 뽑아내고 당분간 나아가지 않으며, 수양에 힘쓴다. 그러므로 나무랄만한 잘못이 없게 된다.

---

880 『주역본의周易本義』에서는 "구이九二 또한 (초구初九와 마찬가지로) 육오六五에게 저지당하나 중中에 처하였기 때문에 능히 스스로 중지하고 나아가지 않아 이러한 상象이 있는 것이다. (九二亦爲六五所畜, 以其處中, 故能自止而不進, 有此象也.)"라고 하였다.

881 (觀中) 여탈복輿說輹은 바퀴통 복輹자다. 수레바퀴에 있어서의 중심이다. 복輻(풍천소축괘風天小畜卦 삼효三爻)은 바퀴 살을 의미. 왜 '여탈복輿說輹'이라고 했는가? 수레는 중생衆生을 싣고 가는 역도易道요, 군자지도이기 때문이다. 또한 중무우야中无尤也란 집중이 되었기 때문에 허물이 없다. 중도中道=성인지도, 정도正道=군자지도. 이효二爻에 무우无尤라고 한 까닭은 마음속으로 허물을 짓지 않는다. 중中을 잡고 있기 때문에 소인지도가 횡행하는 세계에서도 군자는 집중하기 때문에 허물을 범하지 않는다는 말이다.

[九三]은 良馬逐이니 利艱貞하니
구삼 양마축 이간정

日閑輿衛면 利有攸往하리라. (山澤損)
일한여위 이유유왕 산택손

象曰, 利有攸往은 上이 合志也이니라.
상왈 이유유왕 상 합지야

○ 良(좋을 양{량}) 馬(말 마) 逐(쫓을 축) 艱(어려울 간) 貞(곧을 정) 閑(익힐 한, 막을 한) 輿(수레 여) 衛(지킬 위) 攸(바 유)

구삼九三은 좋은 말이 달려가는 것이니, 어렵더라도 곧으면(貞) 이로우니, 날마다 수레타는 것과 몸을 지키는 것을 익히면 가는 바가 있어 이롭다 하리라.

상象에 이르기를, '갈 데가 있는 것이 이롭다.'는 것은 위와 뜻이 합해짐이니라.

개요概要

구삼九三은 대축괘大畜卦에서 붙들리는 효爻의 제일 위에 있는 것으로 도덕과 재능의 수양이 완성되었다. 그러므로 앞으로 나아가면 마치 준마駿馬로 달리는 것과 같이 빨리 갈 수 있을 것이다. 그러나 일이 쉽다고 방심해서는 안 된다. 일이 중대하고 어려운 것임을 알고 바른 길을 굳게 지키고 있어야 한다. 그리고 나날이 자기가 나아갈 길을 충분히 연구하고 또 실패하여 몸을 망치는 일이 없도록 주의해서 나아가면 잘 나아갈 수 있을 것이다. 윗사람들이 젊은 사람들의 가벼운 행동을 막고 있는 것은 젊은 사람들의 도덕과 재능才能을 수양시키기 위함이며 젊은 사람들도 자기 수양을 위해서 머물고 있었다. 그것이 이 효爻에서 완성되었음으로 기세 좋게 나아가는 것이다.

각설

양마축良馬逐 **이간정**利艱貞 구삼九三은 하下 건괘乾卦의 끝으로 건덕乾德, 천덕天德이 완성된 효爻이다. 도덕과 재능의 수양이 완성되었다. 그러므로 빨리 나아가는 것이다. 좋은 말이 끄는 차를 타고 달려 나가는 것처럼 기세 좋게 나아간다. 그러나 일이 중대하고 어려운 것을 알고 정도正道를 굳게 지키고 신중이 나아간다.

일한여위日閑輿衛 **이유유왕**利有攸往 일한여위日閑輿衛의 ❶'여輿'는 타고 다니는 수레이며, ❷'위衛'는 자기 몸을 지키는 것이다. ❸'한閑'은 연습하는 것이다. 성인지도聖人之道를 실은 수레에 백성을 가득 싣고 군자가 나아가면 갈 바가 있어 이롭다는 것이다.[882]

소상사小象辭

이유유왕利有攸往 **상합지야**上合志也 상上은 천天을 말한다. 하늘과 뜻이 하나로 일치됨을 말한다.[883]

[六四]는 童牛之牿이니 元吉하니라. (火天大有)
육사 동우지곡 원길 화천대유

象曰, 六四元吉은 有喜也이니라.
상왈 육사원길 유희야

○ 童(아이 동) 牛(소 우) 牿(우리 곡) 元(으뜸 원) 喜(기쁠 희)

---

882 상上을 상구上九로 보면 경우는 상구上九가 구삼九三과 같은 양효陽爻로서 다 같이 천하를 위하여 노력할 뜻을 가지고 있다. 대축괘大畜卦에서는 위의 삼효가 아래의 삼양효三陽爻를 막고 있는데 막는 쪽이나 머무는 쪽이 모두 인격수양을 완성하는데 뜻을 같이 하고 있다. 구삼九三을 붙들고 있는 상구上九는 구삼九三의 수양이 완성된 것을 알고 구삼九三과 같이 천하를 위하여 힘을 다한다. 이것이 상합지야上合志也이다.

883 『이천역전伊川易傳』에서는 "가는 바를 둠이 이로운 까닭은 위에 있는 자와 뜻이 합하기 때문이다. 상구上九는 양陽의 성질이라서 위로 나아가고 또 저지함이 이미 지극하므로 아래로 삼三을 저지하지 않고 뜻을 합하여 위로 나아가는 것이다.(所以利有攸往者, 以與在上者合志也. 上九, 陽性上進, 且畜已極, 故不下畜三而與, 合志上進也.)"라고 하였다.

육사六四는 송아지에게 빗장(곡)을 더하는 것이니, 크게 길하니라.
상象에 이르기를, 육사六四의 크게 길吉하다는 것은 기쁨이 있다.

개요概要 [884]

육사六四는 간산艮山의 효爻로써 아래의 초구初九와 서로 응應하며 경솔하게 나아가려는 초구初九를 막고 있다.

각설

동우지곡童牛之牿 원길元吉 동우童牛는 초구初九를 말한다. 초구初九가 젊어서 가볍게 나아가려는 것을 송아지가 외양간에서 못나오도록 빗장을 걸어 두듯이 육사六四가 붙들고 학문과 도덕을 크게 쌓도록 한다. 그러므로 초구初九는 자기 인격을 완성하여 뒤에 육사六四를 돕게 됨으로 육사六四가 크게 길하게 된다.

소상사小象辭

유희有喜 희喜는 후천원리, 가인괘家人卦의 세계가 미래의 세계다.

> **[六五]**는 豶豕之牙 | 니 吉하니라. (風天小畜)
> 육 오 분 시 지 아 길 풍 천 소 축
>
> 象曰, 六五之吉은 有慶也이니라.
> 상 왈 육 오 지 길 유 경 야

○ 豶(불 깐 돼지 분) 豕(돼지 시) 牙(어금니 아)

---

884 (觀中) 동우지곡童牛之牿는 초효初爻와 상응相應하는 효爻로, 초효初爻의 기己와 대응되는 축丑(우牛)이 등장한 것이다. 마굿간안에 빗장을 침. 왜 동童자를 썼는가? 장차 황우로 기를 송아지이기 때문이다. 지도地道는 유종有終이다. 원길元吉(대길大吉)은 하늘이 내려주는 복이다. 곡牿은 우리 곡으로 소가 사람을 받지 못하게 하기 위해서 쇠뿔에 가로 대는 나무이다. 이 말은 나쁜 버릇은 처음부터 바로 잡아 놓지 않으면 안 된다는 비유比喩이다. 한 편 이 말은 사람에게 바른 길을 깨닫게 하여 착하게 살도록 인도하는 것과 같다.

육오六五는 거세된 돼지의 어금니이니, 길하다.

상象에 이르기를, 육오六五의 길吉하다는 것은 경사가 있느니라.

개요概要 [885]

육오六五는 유순중덕柔順中德한 성인聖人이다.

각설

분시지아豶豕之牙 길吉 '분시豶豕'는 시豕의 자子, 즉 돼지의 어린 것이다. 육오六五의 응효應爻는 구이九二이다. 구이九二는 강중剛中의 덕德을 가진 좋은 효爻로 뒤에 훌륭한 인재가 되지만 지금은 아직 젊은 학생이니 가만히 붙들어 두고 학문을 높이고 인격을 수양시키려 한다. 또한 분시지아豶豕之牙는 거세된 돼지의 어금니. 돼지는 어금니가 특히 강하다. 수퇘지는 성질이 난폭하니, 거세시키면 온순해져서 어금니를 쓰지 않는다. 이것은 성인聖人·군자가 어리석은 백성들의 욕심을 제거하는 것이다.

소상사小象辭

유경야有慶也 육오六五 성인聖人이 길吉하며 복을 얻는 것은 성인聖人이 양성한 군자가 천하를 위하여 크게 노력한 덕분이며, 성인聖人에게 큰 경사가 있게 된 것이다.

885 (觀中) 분시지아豶豕之牙는 어금니 뺀 돼지, 거세했다. 산돼지에 물리면 죽는다. 불맞은 돼지에 물리면 꼼짝없이 죽는다. 험상궂은 돼지의 어금니를 제거했다. 즉 유순한 돼지다. 어떻게 길吉한가? 여기의 '분시豶豕'는 괘상卦象을 가리킨다. 수택절괘水澤節卦다. 음효陰爻이기 때문에 분시豶豕라고 한 것이다. 왜 돼지를 가지고 말하는가? 사효四爻는 소를 가지고 말했다. 소는 기축己丑이요, 돼지는 기해己亥(지화명이地火明夷)도수다.

[上九]는 何天之衢ㅣ니 亨하니라. (地天泰)
상구 하천지구 형 지천태

象曰, 何天之衢오 道ㅣ 大行也이니라.
상왈 하천지구 도 대행야

○ 衢(네거리 구)

상구上九는 저 하늘의 넓은 거리이니, 형통하니라.

상象에 이르기를, '저 하늘의 넓은 거리다.'함은 도道가 크게 행行해짐이니라.

개요概要

상효上爻는 간괘艮卦이기 때문에 천도天道를 깨닫는 것을 말한다.

각설[886]

하천지구何天之衢 형亨 하늘로 통하는 천도天道를 깨달았다는 말이다. 하천何天은 형이상학적인 하늘, 마음으로 보는 도통道通의 경지인 하늘이다. 하何는 하荷로 '어깨에 멘다'는 의미이다.[887] 구형衢亨은 구衢는 네거리 구자字로 사방이 트인 넓은 네거리를 말한다. 세상이 환하게 보인다는 것이다(도통의 경지). 그러므로 통달한 사람이 하늘을 보면 형亨하다고 하는 것이다.

---

886 (觀中) 하천지구何天之衢의 구衢 = 도道, 상효上爻는 간괘艮卦이기 때문에 천도天道를 깨닫는 것을 표상한다. 하늘로 통하는 천도天道를 깨달았다는 말이다. 구삼효九三爻, 군자가 천도天道는 장차 대행大行될 진리眞理이다.

887 『주역절중周易折中』에서는 "하何는 『이천역전伊川易傳』에서 잘못 덧붙였다고 보았고, 『주역본의周易本義』에서는 발어사로 보았다. 그런데 대부분 학자들은 모두 하荷로 풀었는데 따를만하다고 보았다.(何字, 程傳以爲誤加, 本義以爲發語而諸家皆以荷爲解, 義亦可徒)"라고 하였다.

소상사小象辭

도대행야道大行也 간상효艮上爻의 상구上九로 지어지선至於至善의 경지를 말한다. 지선至善이면 도대행道大行하는 것이며, 도통道通의 경지이다.

✎ 대축大畜은 무망지심无妄之心으로 큰 것을 붙들고 기르는 것이다. 『단사彖辭』에서 '현인賢人이 도덕과 재능才能을 크게 기르고 쌓아 그것이 바른 길에 맞으면 길吉하며, 천하의 큰 어려움을 구할 수 있다고 한다.' 또 성인聖人이 바른 길로서 천하의 현인賢人을 길러 이들이 세상에 나아가 도道를 행하면 길吉하며, 복福을 얻고 천하의 큰 어려움을 구할 수 있다고 한다.

「대상사大象辭」에서 '군자는 이것을 법法으로 삼아 옛 사람들의 말과 행동을 참고하면서 자기 덕德을 쌓고 기른다.'고 한다. 이것은 성인聖人의 언행言行을 깨달아 군자 자신의 덕德을 기르라는 말이다.

산뢰이괘
27. 山雷頤卦

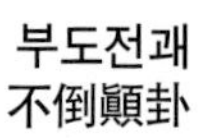

부도전괘 不倒顚卦	산뢰이괘 山雷頤卦	산뢰이괘 山雷頤卦

음양대응괘 陰陽對應卦	산뢰이괘 山雷頤卦	택풍대과괘 澤風大過卦

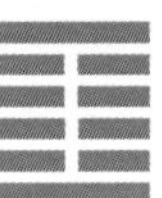

상하교역괘 上下交易卦	산뢰이괘 山雷頤卦	뇌산소과괘 雷山小過卦

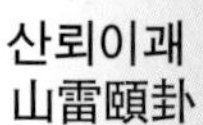

호괘 互卦	산뢰이괘 山雷頤卦	중지곤괘 重地坤卦

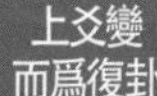
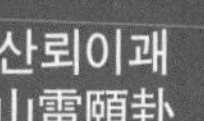

효변 爻變	初爻變 而爲剝卦	二爻變 而爲損卦	三爻變 而爲賁卦	四爻變 而爲筮嗑卦	五爻變 而爲益卦	上爻變 而爲復卦
산뢰이괘 山雷頤卦	**산지박괘** 山地剝卦	**산택손괘** 山澤損卦	**산화비괘** 山火賁卦	**화뢰서합괘** 火雷筮嗑卦	**풍뢰익괘** 風雷益卦	**지뢰복괘** 地雷復卦

요지要旨[888]

괘명卦名 이 괘는 상간上艮 산山(☶) + 하진下震의 뢰雷(☳) = 산뢰이괘山雷頤卦(䷚)이다.

괘의卦意 진리의 자각을 통한 양정養正의 원리를 말하고 있다. '이頤'는 턱(이)자字로 기른다는 뜻이 있다.[889] 사람은 턱을 움직여서 인격적 영양소인 음식을 먹고 몸을 기르므로 이頤자에서 기른다는 뜻이 나온다. 즉 이양頤養의 문제이다. 만물의 양육이다. 양養은 자신을 기르는(자양自養)과 사람들을 기르는(양인養人) 의미를 있다. 수기치인修己治人의 수기修己는 자양自養이며, 치인治人은 양인養人이다.

괘서卦序 「서괘序卦」에 "사물이 쌓인 후에 가히 기를 수가 있기 때문에 이괘로 받았다.(物畜然後 可養, 故 受之以頤.)"라고 하였다. 대축괘大畜卦(䷙)는 큰 것을 충분히 쌓아둔 후에 큰 것을 기를 수 있다. 그러므로 대축괘大畜卦(䷙) 다음에 이괘頤卦(䷚)가 온다. 이괘頤卦(䷚)는 기르는 것이다. 또한 기르는 것이 모두 중도中道에 맞고 정도正道를 굳게 지키고 있으면 길吉하다.

괘상卦象 위에 간괘艮卦(☶)가 있고 아래에 진괘震卦(☳)가 있다. 위의 간괘艮卦(☶)는 움직이지 않는 것이고 아래 진괘震卦(☳)는 움직이는 것이다. 턱의 상象이다. 음식을 먹을 때에는 윗 턱은 움직이지 않고 아랫 턱은 움직인다.[890] 이는 진리를 주체적으로 자각하여 내재화해야한다는

---

888 (觀中) ❶이頤의 반대괘反對卦가 택풍대과澤風大過卦다. 진손괘震艮卦가 상하上下로 합쳐진 괘卦이다. 이는 무엇을 상징하는가? 진손震巽은 성인聖人을 상징한다. 진손震巽은 성인聖人이 밝혀 놓은 신도神道를 상징한다. 그리고 간태艮兌는 군자(백성)를 상징한다. 실존적인 인간을 상징하는 것이 태괘兌卦이다. 이에 백성民자가 가장 많이 나온다. 군자는 실존적인 인간이요, 성인聖人은 이미 하늘로 돌아간 정신적天神的 존재存在이다. 경인庚寅(산뢰이山雷頤)은 은지말세殷之末世에 비유比喩할 수 있는 도수度數다. ❷장남이 소남少男을 양육하는 것. 즉, 성인지도를 따르는 군자지도를 말한다.

889 「잡괘雜卦」, "이頤, 양정야養正也"

890 이 괘는 상하上下에 양효陽爻가 있어 충실하고 가운데 四爻는 음효陰爻로서 공허하다. 사

것이다. 산뢰이괘山雷頤卦는 큰 리괘離卦의 상象이다.

頤는 貞이라야 吉하니 觀頤하며 自求口實이니라.
이 정 길 관이 자구구실

○ 頤(턱 이) 貞(곧을 정) 觀(볼 관) 求(구할 구) 實(열매 실)

이頤는 곧아야 길하니, 기르는 것을 본다하며, 스스로 먹을 것을 구함이니라.

각설

관이觀頤 자기가 기르는 것이 무엇인가를 보는(관觀) 것이다.[891]

자구구실自求口實 자신을 기르는 것을 스스로 구하는 것이다.[892]

자신의 도덕과 재능才能을 기르기 위해 스스로 수양하고 노력한다.

자신이 먹을 음식물(성인지도)은 스스로 구求한다(진리의 주체적 자각).

람이나 동물의 입도 上下의 턱이 있어 견고하고 중간이 비어있다. 즉 '이괘頤卦'는 사람의 입과 턱의 상象이다. 사람은 입과 턱으로서 음식을 먹음으로서 몸을 기른다. 그러므로 이괘頤卦는 기르는 것에 대한 길을 말하고 있다. 기르는 것도 여러 종류가 있다. ❶몸을 기르는 것과 마음을 기르는 것. ❷자신을 기르는 것과 남을 기르는 것. ❸크고 작은 것, 넓고 좁은 것. 여러 가지의 기르는 법이 다 이괘頤卦에 포함되어 있다. 천지가 만물을 기르는 것과 성인聖人이 만민을 기르는 것도 여기 포함되어 있다. 이와 같이 이괘頤卦의 뜻은 몹시 넓고 크지만「단사」는 몇 자 안되니 그 뜻을 다 여기 실을 수는 없다.

891 관觀은 관괘觀卦에서의 관觀공부를 의미한다고 볼 수 있다.

892 자구구실自求口實는 언행일치를 말하기도 한다. 이때 구口는 말이며, 큰 입이다. 실實은 행동이라고 할 수 있다. 따라서 관도觀道를 거쳐서 이頤의 원리를 깨달으면 언행일치言行一致의 경지로 갈 수 있다는 의미를 내포하고 있다고 할 수 있다.

[彖曰] 頤貞吉은 養正則吉也ㅣ니
단왈 이정길 양정즉길야

觀頤는 觀其所養也일새오
관이 관기소양야

自求口實은 觀其自養也이니라.
자구구실 관기자양야

天地ㅣ 養萬物하며 聖人이 養賢하야 以及萬民하나니
천지 양만물 성인 양현 이급만민

頤之時ㅣ 大矣哉라.
이지시 대의재

○ 養(기를 양) 賢(어질 현) 及(미칠 급) 頤(턱 이)

단彖에 이르기를, 이정길頤貞吉은 바르게 기른 즉 길한 것이니, '기르는 것을 본다(관이觀頤)'는 것은 (무엇을) 기르는 바를 본다는 것이다. '스스로 먹을 것을 구한다(자구구실自求口實)'는 것은 스스로 자신을 기르는 것을 보는 것이니라. 천지가 만물을 기른다하며, 성인聖人이 어진 이를 기른다 하야, 이로써(그 덕德이) 백성에게 미치게 하나니, 이頤의 때는 크도다.

개요概要 [893]

---

893 (觀中) ❶양정養正 : 양정養正은 누가 하는가? 정正으로써 기른다. 성인聖人이다. 몽괘蒙卦에서 "몽이양정蒙以養正하니 성공야聖功也이니라"라고 했다. 무엇으로 양정養正을 하는가? 「주역」을 말한다. 몽괘蒙卦의 양정養正은 스승이 하는 것이다. 정正은 대형이정大亨以正의 정正이다. ❷관이觀頤 : 본래성을 깨닫는다는 말이다. 역도易道를 통해서 '관이觀頤'를 해야 한다. ❸관기소양야觀其所養也 : 성인聖人의 말씀을 가려서 배우라는 말이다. 이 말속에는 도서원리圖書原理와 괘효원리卦爻原理가 들어있다. 도서원리圖書原理와 괘효원리를 중심으로 한 역도易道를 밝힌 성인聖人의 말씀이 들어있다. '관기소양야觀其所養也'란 (양養할 바란) 하늘을 쳐다보고 있는 것이다. '자구구실自求口實'(택산함澤山咸)은 자기 자신으로 돌아오는 것이다. 내가 소양할 곳은 어디인가? 밖으로는 내 인격성을 키울 수 있는 영양소가 어디에 있는가? 성인聖人의 말씀속에 있다. ❹자구구실自求口實 : 음식을 씹어 먹을 때에는 열매로서의 맛을 느껴야 한다. 여기의 열매(실實)는 어디에 들어와 있는 것을 말하는가? 내 몸속에 있는 것을 말한다. 즉 자아의 주체성으로 주어진 본래성(본래심本來心)을 말한다. 자기에게 주어

산뢰이괘山雷頤卦(☶☳)는 상간上艮(☶)이 머물고 있고 하진下震(☳)이 움직이는 상象으로 양육의 도道를 말한다. 위의 사람도 움직이고 아래 사람도 움직이면 기를 수가 없다. 또한 상하가 모두 머물러 있으면 기를 수가 없다. 한쪽은 가만히 움직이지 않고 다른 쪽이 활발하게 움직이므로 기르는 도道가 완성된다. 나무도 줄기는 움직이지 않고 잔뿌리와 잎이 움직이므로 길러진다. 개인이나 국가도 근본은 움직이지 않고, 지엽말절枝葉末節의 활동으로 길러진다. 양육의 도道로서 한쪽이 멎어 있고 다른 한 쪽이 움직이는 것이 필요하다. 이것이 이괘頤卦의 가장 중요한 성질의 하나이다. 이괘頤卦는 상하가 충실하고 중간이 공허하다. 중간이 공허함으로 기를 수 있는 음식물을 받아 드릴 수 있다. 이는 마음이 비어있지 않으면 어떤 가르침도 받아 드릴 수가 없다는 것이다. 위胃에 음식물이 들어있거나 마음에 사사로운 욕심이나 다른 생각이 들어 있으면 몸이나 마음을 기를 수 없다. 그러므로 '외실이내허外實而內虛'도 이 괘卦의 중요한 의미로 내포되어있다.

각설

이정길頤貞吉 양정즉길야養正則吉也 '이정頤貞'은 길吉이라 기르는 것은 정도正道에 맞아야 길吉하다.

관이觀頤 관기소양야觀其所養也 길러주는 것을 보는 것은 스스로 자기 몸을 양육하는 도道를 살핀다는 것이다.

천지양만물天地養萬物 성인양현聖人養賢 이급만민以及萬民 이괘頤卦 즉

진 본래성을 자각하여 길러 나가야 한다는 것이다. 이것을 길러 나가는 과정이 자신의 인격을 함양하는 과정이다. 자구구실自求口實 자체가 관기자양觀其自養하는 것이다. 구求자는 내게 주어진 성명지리를 스스로 갈구하여 자득한다. ❺관기자양야觀其自養也 : 자기에게 주어진 본래적 성명性命(심성心性)을 닦아 나가야 한다. ❻이지시대의제頤之時大矣哉 : 진변간위震變爲艮이 되는 시위를 파악하여 때를 안다. 대과지시大過之時와 이지시頤之時가 같은 시時다. 대과지시大過之時와 이지시頤之時는 혁革·해지시解之時(객관적인 때를 규정하는 말이다. 동요지시棟橈之時)다. 혁革·해지시解之時(진변간위震變爲艮)는 무엇을 통해 깨닫는가? 성인聖人의 언어를 통해서 깨닫는다.

양괘養卦의 도道는 정말 크고 넓다. 천지天地가 만물萬物을 기르는 것으로부터 성인聖人이 착한 사람을 길러 그의 도움으로 만민萬民을 기르는 것까지 모두 이괘頤卦의 도道이다.

이지시頤之時 대의재大矣哉 이괘頤卦의 시時는 정말 중대하다. 천지가 만물을 기르는 데는 춘하추동의 시간을 맞추는 것이 중요하다. 성인聖人이 현인賢人을 기르는 것도 때에 맞아야 한다는 것이다.

[象曰] 山下有雷ㅣ 頤니
상왈 상하유뢰 이
君子ㅣ 以하야 愼言語하며 節飮食하나니라.
군자 이 신언어 절음식

○ 愼(삼갈 신) 節(마디 절) 飮(마실 음) 食(밥 식)

상象에 이르기를, 산아래에 우뢰가 있는 것이 이頤이니, 군자는 이로써 언어를 삼가하며, 음식을 절제하나니라.

각설

산하유뢰山下有雷 이頤 산 밑에 천둥이 있다. 산중에 뇌雷의 기氣, 즉 만물을 나고 자라게 하는 양기陽氣가 꽉 차 있다. 그것으로 산위의 초목이 무성하게 자란다.

신언어愼言語 이頤는 턱이다. 턱에서 말과 음식이 나온다. 말을 조심하고 음식을 조절하는 것이 덕德을 기르고 몸을 돌보는 것 못지 않게 중요하다. 「주역」에서 맛을 전해주는 음식은 성인聖人의 말씀이요, 경전經典이다.

[初九]는 **舍爾靈龜**하고 **觀我**하야 **朶頤**니 **凶**하니라. (山地剝)
초구 사이영귀 관아 타이 흉 산지박

象曰, 觀我朶頤하니 **亦不足貴也**ㅣ로다.
상왈 관아타이 역부족귀야

○ 舍(버릴 사, 집 사) 爾(너 이) 靈(신령 령{영}) 龜(거북 구{귀}, 틀 균) 觀(볼 관) 我(나 아) 朶(늘어질 타) 亦(또 역) 不(아닐 불) 足(발 족) 貴(귀할 귀)

초구初九는 너의 신령스런 거북을 버리고 나를 보고 턱을 벌리니, 흉凶하니라.

상象에 이르기를, '나를 보고 턱을 벌린다(든다)' 하며, 또한 귀히 여길 것이 못됨이로다.

개요概要

이 괘의 초구初九와 상구上九의 두 양효陽爻는 사람을 기르는 자이다. 중간의 네 음효陰爻는 초구初九 또는 상구上九가 기르는 자들이다. 초구初九는 하괘下卦의 주主가 되고 상구上九는 상괘上卦의 주主가 된다. ❶초구初九는 상비相比한 육이六二와 상응한 육사六四를 기르고, ❷상구上九는 상응한 육삼六三과 상비相比한 육오六五를 기른다. 또한 초구初九는 낮은 자리로 힘이 부족하고 상구上九는 높은 자리에 있어 힘이 좋아 이 괘의 주효主爻가 되어 있다.

각설

사이영귀舍爾靈龜 초구初九는 양효陽爻로 강강剛强正位하며 도덕과 재능才能이 있고, 뜻이 바른 효爻이다. 그러나 자리가 낮으며, 진괘震卦의 한 효爻로서 밖으로 나아가려는 성질이 있다. 즉 이 효爻는 자기 자신이나 남을 기를 수 있는 충분한 힘을 가지고 있으면서도 자리가 낮아 힘을 충분히 발휘하지 못함으로 높은 자리에 있는 사람을 부러워하는 경향이 있다. 「효사」에서는 그것을 경계하고 있다. ❶이爾는 초구初九를 말한다. 영귀靈龜는 영묘한 덕德을 가진 거북이다. ❷귀龜는 리괘離卦(☲)의 상象이다. 리괘離卦는 밖은 양효陽爻로 견고하며 안은 음효陰爻로 부드럽다. 동물에 배당하면 밖이 갑甲으로 견고하며 안이 부드러운 거북이, 게, 조개 등이다.[894]

관아觀我 아我는 상구上九를 말한다. 즉 초구初九가 상구上九를 부러워한다.

타이朶頤 흉凶 타이朶頤는 입을 벌리고 턱이 늘어진 상태를 말한다. 자신(초구初九)이 가진 신령스러운 것은 버리고, 남의 것(상구上九)을 보고 입을 벌리고 침을 흘리며 부러워한다.[895] ❶초구初九는 신령神靈스러운 거북과 같이 귀중한 도덕과 재능才能을 가지고 자신과 남을 기를 수 있는 힘을 가지면서도 그 귀중한 것을 버리고, 상구上九의 높은 자리와 세도를 부러워하여 턱을 늘어뜨리고 침을 흘리면 흉凶하며 화를 받게 될 것이다. ❷초구初九는 자기 분수를 지키며, 힘이 미치는 범위 내에서 사람을 길러야 한다.

소상사小象辭[896]

역부족귀야亦不足貴也 자기의 귀한 것을 버리고 상구上九의 세력을 부러워하여 턱을 늘어뜨리고 침을 흘리는 것은 귀한 일은 아니다. 자신의 본분을 지킬 것을 가르치는 말이다.

---

894 『주역』, 「설괘」편, 제11장

895 이렇게 되면 판단력도 떨어지고, 말도 제대로 못하니 흉하고 화禍를 받게 될 것이다. 왜냐하면 관괘觀卦로 보면 관아생觀我生, 관광지국觀光之國, 관기생觀其生 중 하나만을 고집한다고 볼 수 있다. 육사六四을 전이顚頤로 칭하고 있다. "육사六四의 음陰과 상응하여 욕심을 내니 흉하다."

896 (觀中) ❶관아타이觀我朶頤 : 나를 보고 하늘만 쳐다보고 있다. ❷역부족귀야亦不足貴也 : 맹자는 존귀한 것은 인작人爵이 아니라 천작天爵이라고 하였다.

[六二]는 **顚頤**라 **拂經**이니
육 이 전 이 불 경

于丘頤라도 **征**하면 **凶**하리라. (山澤損)
우 구 이 정 흉 산 택 손

象曰, 六二征凶은 **行**이 **失類也**이니라.
상 왈 육 이 정 흉 행 실 류 야

○ 顚(꼭대기 전, 거슬릴 전, 거꾸로 전) 頤(턱 이) 拂(떨 불, 어긋날 불, 거슬릴 불) 經(날 경) 于(어조사 우) 丘(언덕 구) 征(칠 정(行)) 失(잃을 실) 類(무리 류{유})

육이六二는 거꾸로 부양을 (기름) 받음이라 상도常道에 어긋남이니, 위(상구上九)에 부양받으려고 나아간다면 흉하리라.

상象에 이르기를, '육이六二의 가면 흉하다.'는 것은 가는 것이 류類를 잃음이니라.

개요概要

육이六二는 음효陰爻로 유약柔弱하여 스스로 기를 수 있는 힘이 없다. 다행히 초구初九와 상비相比하고 있음으로 그의 양육을 받는다. 이것이 거꾸로 양육을 받는 것이다. 그러나 상도常道에는 어긋난다는 것이다.

각설 [897]

---

897 (觀中) ❶전이顚頤 : 아래와 윗 턱을 맞추어, 전顚은 나쁜 것을 의미한다. 도순원리倒順原理의 의미가 아니다. 성인聖人의 말씀에 어긋난다. ❷불경拂經. 1경經이란 무엇인가? 성인聖人의 말씀을 기록해 놓은 책이다. 그리고 길 경자다. 앞으로 내가 걸어가야할 길을 말하기도 한다. 불경佛經이란 성인聖人의 말씀을 거역했다. 2'거슬릴 불拂'자다. 인간의 입장에서는 거스리는(역逆)입장이다. 길을 걸어가는 존재는 인간이요, 위에서부터 아래로 도道를 드리워지는 존재는 하늘이요, 성인聖人이다. 인간의 입장에서는 불경拂經이다. 「정역」 제3장 전편에서는 "도순이도역度順而道逆, 도역이도순度逆而道順"이라 했다. 3여기의 도道는 걸어가는 입장이다. 도倒는 하늘의 입장(천지天地)에서 한 말이다. 도道를 운행運行시키는 주재자의 입장에서 한 말이다. 도수度數를 규정해 놓은 것이다. 도역이도순으로 하늘과 인간과의

전이顚頤 불경拂經 초구初九는 육이六二 밑에 있다. 대체로 윗자리에 있는 자가 아래 자리에 있는 자를 기르는 것이 상도常道인데 여기서는 거꾸로 양육을 받고 있다. 그러므로 불경拂經이라 하였다. 턱이 이마에 붙어 있다는 것이 '전이顚頤다.' 전顚은 거꾸로 할(전)이고, ❶경經은 상常이다. 즉 상도常道를 말한다. ❷도자倒字와 같다. 천天의 입장이다. 하늘과 인간의 관계이다. ❸불拂은 어기고 거스르는 것이니 불경拂經은 상도常道에 어긋난다는 것이다.

우구이于丘頤 정흉征凶 '구丘'는 언덕으로 상구上九를 말한다. 상구上九는 간괘艮卦의 주효主爻이며, 산山이고 언덕이다. 육이六二는 서로 친한 초구初九의 양육을 받는다. 이것은 윗 사람이 아래 사람을 기른다는 상도常道와는 다른 전도顚倒된 양육이지만 꼭 나쁘다고는 할 수 없다. 그러나 만약 육이六二가 초구初九를 버리고 세력이 좋은 상구上九를 보고 나아가면 흉하다. 자기와 아무런 연고도 없고 동류同類도 아닌데 부귀만을 보고 나아가는 것은 양육의 정도正道가 아니다.

소상사小象辭 [898]

관계는 순역順逆관계다. 인간이 살아가는 원리는 기본적으로 낙서원리다. ❸우구원于丘頤 : 구丘(언덕)에서 먹을 지라도, '우구원于丘頤'(=전이顚頤)는 간괘艮卦를 가리킨다. 에서 아래로 내려오는 원리이다. 이에 도생원리倒生原理, 진괘震卦는 시생원리始生原理요, 역생원리逆生原理다. 상효上爻에서 이頤했다는 말이다. 즉 전이적입장顚頤的立場, 즉 간괘艮卦의 원리를 깨달았다고 해도 정征이면 흉하다. 행行하는 때는 따로 있다는 것이다. 간괘艮卦의 원리를 깨달았다고 해도 흉하다. 왜냐면 내괘內卦이기 때문이다. 정征은 이단異端을 공격하지 말라. 시의時宜에 맞게 행정行征하라. ❹정흉征凶 : 아직 행할 때가 아니다. 라는 말이다. 산뢰이괘山雷頤卦 2효가 동動하면 산택손괘山澤損卦이다. 손괘損卦는 자신의 심성을 닦는 괘이다. 이에 손괘損卦 대상大象에 분심分心을 막고, 욕심을 막으라고 한 것이다(심성수양의 원리를 말한다). 풍뢰익괘에 가서야 "상에 이르기를 : 풍뢰風雷 익益, 군자이견선칙천君子以見善則遷 ,유과즉개有過則改."이라고 한 것이다(행위원리行爲原理).

898 (觀中) 행行하는데 있어 동류同類가 없다. 때가 아닌 때에 행하다가는 동류를 잃어버리게 된다. 만물이 호응呼應을 해주지 않는다. 소인지도를 정벌하려고 하면 안된다. 왜냐하면 무리가 응應해주지 않기 때문이다. "행동이 율律을 잃어버렸기 때문이다.

행실류야行失類也 육이六二가 높은 자리에 있고 세력이 좋은 상구上九의 양육을 받고 싶어서 나아가면 흉凶하다는 것은 육이六二가 나아갈 때는 자기 동류同類인 친구를 잃기 때문이다.[899]

[六三]은 **拂頤**면 **貞**이라도 **凶**하야
육삼 불이 정 흉

十年勿用이라 **无攸利**하니라. (山火賁)
십년물용 무유리 산화비

象曰, 十年勿用은 **道**ㅣ **大悖也**이니라.
상왈 십년물용 도 대패야

○ 拂(떨 불, 거스릴 불, 어긋날 불) 頤(턱 이) 无(없을 무) 攸(바 유) 悖(어그러질 패)

육삼六三은 기르는 길이 어긋남이라, 곧아도 흉凶하여, 십년 동안 쓰지 마라. 못함이라 이로울 바가 없다.
상象에 이르기를, '십년 동안 쓰지 말라.'는 것은 도리道理에 크게 어긋남이니라.

개요概要

육삼六三은 유약柔弱하고 부정위不正位·부중不中한 음효陰爻로써 지나치고, 어긋나며, 거스리는 소인小人이다. 또 진괘震卦의 위에 있어 많이 움직인다.

---

❶유복변물類族辨物이란 만물이 응應해주어야 된다. 천하백성의 마음이 응應해주어야 한다. 류類는 같다의 의미. 비괘否卦에서의 彙(무리 휘)와 같다. ❷실류失類 : 예禮에 어긋나게 행동함을 말한다.

899 육이六二는 상구上九와 아무런 연고도 없다. 그런데도 부귀와 세도를 보고 자기와 연고 있는 친구인 초구初九를 버리는 것은 흉凶하고 화禍를 받을 일이다. 높은 자리에 있는 勢力이 좋은 곳을 찾아가 실패한 예例도 옛부터 많이 있을 것이다.

각설 900

불이정拂頤貞 흉凶 이 효爻는 상구上九와 응應하고 있음으로 상구上九의 양육을 받는 것이 당연한 일이지만 가볍게 움직여서 서두르는 것이 좋지 않다. 그러므로 불이拂頤라 하였다.

십년물용十年勿用 무유리无攸利 육삼六三은 부중부정不中不正한 음효陰爻로서 가볍게 움직여 부富하고 귀貴한 사람에게 아첨하여 나아가는 것은 양도養道에 어긋나는 것이다. 비록 그 길이 서로 응應하는 곳으로 가는 길이라 할지라도 흉하며 화禍를 받게 된다. 십년十年은 긴 시간 오랜 세월을 말한다. 위와 같은 소인小人은 어떤 경우에도 영구히 쓸 수 없다.

소상사小象辭 901

십년물용十年勿用 육삼六三과 같은 소인小人은 부중부정不中不正한 음효陰爻로서 상구上九에게 아첨하여 정도正道를 벗어나 있다. 그러므로 영원히 쓸 수가 없다.

도대패야道大悖也 진리(도道), 성인지도聖人之道를 크게 훼손하는 소인小人이다.

---

900 (觀中) 십년十年(水雷屯)에 가서야 잉태할 수 있다는 것이다. 성덕이 된 다음에야 시집가서 아이도 낳고 올바르게 기를 수 있다. 남의 부인이 될 수 있다. 십년十年이란 십수원리十數原理(신도神道)가 깨달아진 그 때, 즉 궁신지화의 때까지 기다려야 한다는 것이다. 상효가 대유경이므로 여기서는 군자가 역도易道를 깨닫는 것이다. "이괘頤卦도 거스리면 흉하다(하도원리河圖原理를 거스린다=역도易道를 거스린다)." '불이정拂頤貞'은 소인지도다. 이頤면 길吉인데 불이拂頤이므로 흉하다는 것이다. 십년十年(선천先天)이 찰 때까지는 군자지도가 쓰여질 수 없다. 군자가 역도易道를 쓰지 말아야 한다. 선천先天에는 하도원리河圖原理가 작용하지 않는다.

901 (觀中) 십년十年이 될 때까지는 패도覇道가 극성하는 때다. 천지비天地否, 5효에 "구오九五, 휴비休否라 대인大人이 길吉이니 기망기망其亡其亡, 계우포상繫于苞桑."이라고 한 것이다. 은말주초殷末周初에 비유한다면 은지말세殷之末世에 해당한다. 성인지도聖人之道에서 크게 어긋나 있다.

[六四]는 顚頤나 吉하니
육사 전이 길

虎視眈眈하며 其欲逐逐하면 无咎ㅣ리라. (火雷噬嗑)
호시탐탐 기욕축축 무구 화뢰서합

象曰, 顚頤之吉은 上施ㅣ 光也일새니라.
상왈 전이지길 상시 광야

○ 虎(범 호) 視(볼 시) 眈(노려볼 탐) 欲(하고자 할 욕) 逐(쫓을 축) 施(베풀 시) 光(빛 광)

육사六四는 턱이 거꾸로 부양을 받아도 길하니, 호랑이가 아래를 흘겨보듯이 하여 그 하고자함을 쫓고, 쫓듯이 하면 허물이 없느니라.
상象에 이르기를, '턱이 거꾸로 부양을 받아도 길하다.' 함은 위에서 베풀어 주는 것이 빛이 남이니라.

개요概要

육사六四는 음효陰爻로 유약柔弱하며, 재능才能이 부족하여 자신의 힘으로는 천하만민을 기를 수 없다.

각설

전이顚頤 길吉 육사六四가 초구初九한테 양육을 받으니 거꾸로 받는 것이다. 그러나 다행이 응효應爻인 초구初九의 도움으로 천하에 덕德을 베풀 수 있어 길吉하게 된다.
호시탐탐虎視眈眈 범이 먹이를 덮치려고 가만히 노려보는 것처럼 초구初九 현인賢人을 열심히 쳐다보는 것이다.
기욕축축其欲逐逐 육사六四가 초구初九 현인賢人의 지도를 구하는 바램이 지속되는 것을 말한다.

소상사小象辭

상시광야上施光也 육사六四가 초구初九의 지도를 받고 길吉함을 얻는 것은 초구初九의 지도로 덕德을 천하에 널리 베풀 수 있기 때문이다.

[六五]는 拂經이나 居貞하면
육오 불경 거정

吉하려니와 不可涉大川이니라. (風雷益)
길 불가섭대천 풍뢰익

象曰, 居貞之吉은 順以從上也이니라.
상왈 거정지길 순이종상야

○ 拂(거슬릴 불) 居(있을 거) 貞(곧을 정) 吉(길할 길) 不(아닐 불) 可(옳을 가) 涉(건널 섭) 順(순할 순) 以(써 이) 從(좇을 종)

육오六五는 어긋남이나, 바르게 머물면 길하지만, 큰 내를 건너는 것이 불가하니라.

상象에 이르기를, '바르게 하면 길吉하다'는 것은 순종하여 위를 따름이니라.

개요概要 902

육오六五는 부정위不正位이나 득중得中한 유순중덕柔順中德을 가진 성인聖人

---

902 (觀中) ❶불경拂經 : 여기의 불경拂經은 어디에서 전이顚頤가 되었는가? 사효四爻에서 이미 전이顚頤되었다. 그런데 삼효三爻까지는 '불이拂頤'라고 했다. 이頤는 하도원리를 의미한다. 이頤의 원래 의미는 하도원리를, 경經은 낙서원리를 의미한다. 천도天道에 있어서는 아직 낙서원리가 떨어지지 않았기 때문에 실제생활은 낙서원리에 의거해야 한다. ❷불가섭대천不可涉大川 : 대천大川을 건널 때가 아니다. 경인도수庚寅(산뢰이山雷頤)度數는 군자가 학문을 할 때다. 독립불구돈세무민獨立不懼遯世無悶, 천산돈괘天山遯卦의 도수度數까지 학문을 해야 하는 때이다. 선후갑삼일도수先后甲三日度數가 완전히 끝나는 도수度數가 병신丙申(천산돈天山遯)이다. 경인신묘도수庚寅辛卯度數가 어디서 대충 끝나는가? 몽괘蒙卦의 어린 아이가 자라는 과정이 대체적으로 끝나는 것은 이頤·대과大過卦다. 이에 십오존공원리十五尊空原理와 사력변화원리四曆變化原理를 깨달아야 한다.

이다. 육오六五 성인聖人는 천하를 기르는 책임이 있지만 음효陰爻로 유약柔弱하며 재능才能이 부족하여 천하를 기를만한 힘이 없다. 그러므로 상비相比한 상구上九 현인賢人의 지도를 받아 그 임무를 다할 수 있게 된다.

각설

불경拂經 육오六五 성인聖人을 상구上九 현인賢人이 기르고 지도한다.[903] 성인聖人이 천하를 기를 힘이 부족하여 상구上九 현인賢人의 양육과 지도를 받음으로 성인聖人로서의 상도常道를 어기고 있다는 것이다.

거정居貞 길吉 육오六五 성인聖人는 자기의 도덕과 재능才能이 부족한 것을 알고 현명한 상구上九의 지도를 받아 바른 길을 굳게 지키고 있으면 성인聖人의 은택이 널리 퍼져 길吉하게 된다.

불가섭대천不可涉大川 성인聖人이 음효陰爻로 유약柔弱함으로 큰 어려움을 극복하고 나아갈 수 없다는 것이다.

소상사小象辭[904]

순이종상야順以從上也 육오六五 성인聖人이 상구上九 현인賢人의 지도를 받고 있는 것은 성인聖人로서의 상도常道는 아니지만 성인聖人이 유순하게 상구上九 현인賢人의 가르침을 받아 바른 길을 굳게 지키고 있음으로 길吉을 얻게 된다.

---

903 상구上九는 성인聖人의 스승이며, 고문으로 이 괘卦의 주효主爻이며 충분히 천하를 기를 수 있는 힘을 가진 현인賢人이다.

904 (觀中) 순리順理로써 성인聖人의 뜻에 좇아 살아가는 것이다. 하도원리를 좇아간다. 불경拂經인데 거정居貞이다. 사효四爻에서부터 전이轉移가 되었기 때문에 하도원리에 좇아서 살아간다. 천도天道에서는 아직 낙서원리가 떨어지지 않았기 때문에 실제 생활은 낙서원리로 살아가야 된다. 성인聖人에 순응한다는 것은 역리易理에 순응하는 삶을 살아간다는 말이다.

[上九]는 由頤니 厲하나 吉하니 利涉大川하니라. (地雷復)
상구 유이 려 길 이섭대천 지뢰복

象曰, 由頤厲吉은 大有慶也이니라.
상왈 유이여길 대유경야

○ 由(말미암을 유) 頤(턱 이) 厲(두려워할 려) 吉(길할 길) 有(있을 유) 慶(경사 경)

상구上九는 말미암아 길러지니, 위태롭다하나 길吉하니, 큰 내를 건너는 것이 이로우니라.

상象에 이르기를, '이로 말미암아 길러지니, 위태롭지만 길吉하다.'는 것은 크게 경사가 있느니라.

개요概要

상구上九는 강강剛强한 도덕과 재능才能을 가진 성인聖人의 스승으로 유순柔順한 성인聖人를 양육하며 지도하여 그의 덕德이 천하에 미치도록 한다. 그러므로 이 효爻가 주효主爻이다.

각설

유이由頤 천하天下가 모두 상구上九 현인賢人으로 말미암아 길러지고 있음으로 유이由頤라 하였다.[905]

유여길由厲吉 이섭대천利涉大川 상구上九가 높은 자리에 있고 또 이 괘의 끝에 있어 지나침으로 위험하지만 성인聖人의 신임을 얻어 은택이 천하에 퍼져 있음으로 길吉하며 복을 얻는다. 그러므로 상구上九는 주저하지 말고 나아가 천하의 어려움을 구해야 한다. 이것이 이섭대천利涉大川이다.

905 이 유由자는 앞에 나온 뇌지예괘雷地豫卦의 구사효九四爻에 있는 유예由豫와 같은 뜻이다.

소상사小象辭[906]

유이여길由頤厲吉 대유경야大有慶也 이 효爻로 말미암아 성인聖人과 천하가 양육을 받고 있음으로 그 자리는 몹시 높으며 책임이 중重하며 위험하다. 그런데도 길吉하다는 것은 상구上九가 나아가 천하의 어려움을 극복하고, 천하 만민이 그의 은택을 받게 됨으로 큰 즐거움이 있는 것이다.

---

906 (觀中) 화천대유괘火天大有卦에 경사가 있다는 것이다. 화천대유火天大有, 「대상大象」에 "군자이알악양선君子以遏惡揚善, 순천휴명順天休命. "이라고 한 것이다. "적선지가積善之家 필유여경必有餘慶"의 경慶이다. 화천대유火天大有의 '자천우지길무물리自天佑之吉無不利'의 생각하지 않은 경사慶事를 말한다. 경사慶事는 남녀가 시집가고 장가가는 것을 말한다. 대유괘大有卦의 경사慶事는 어디에서부터 주어지는 경사敬事인가? 상효上爻에서 주어지는 복福이다. '자천우지길무불리自天佑之吉無不利.' 대유괘大有卦(동인同人)의 원리에서부터 군자는 역도易道를 깨닫기 시작해야 한다. ❶유由 : 본래성本來性, 진리眞理, 신도神道에 말미암는 것. "민가사유지民可使由之, 불가사지지不可使知之"이다.

✎ '이頤'는 기른다는 말이다.

사람은 턱을 움직여서 인격적 영양소인 성인지도聖人之道를 음식으로 먹고 몸을 기른다는 것이다. 즉 기름(이양頤養)에 대한 이치를 설명하고 있다.

이괘頤卦에서는 만물萬物의 기름에 대하여 양정養正을 원칙으로 삼고 있다. 만물의 양육이다. 또한 양육養育의 유형은 자신을 기르는(자양自養)과 사람들을 기르는(양인養人)이 있다. 수기안인修己安人의 수기修己는 자양自養이며, 안인安人은 양인養人이라고 할 수 있다.

자신을 먼저 닦은 연후에 사람들을 편안하게 할 수 있는 것이 아닌가 싶다. 싹도 나지 못한 부족한 공부와 수양도 없이 주역周易 공부를 통해 세상 사람들과 소통하고 함께 편안함을 얻고자하는 내 자신이 부끄럽고 민망하기 짝이 없다.

택 풍 대 과 괘

28.澤風大過卦

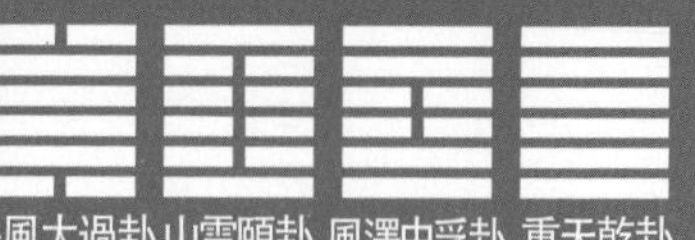

澤風大過卦 山雷頤卦 風澤中孚卦 重天乾卦

부도전괘
不倒顚卦

택풍대과괘
澤風大過卦

택풍대과괘
澤風大過卦

음양대응괘
陰陽對應卦

택풍대과괘
澤風大過卦

산뢰이괘
山雷頤卦

상하교역괘
上下交易卦

택풍대과괘
澤風大過卦

풍택중부괘
風澤中孚卦

호괘
互卦

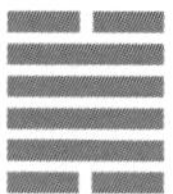

택풍대과괘
澤風大過卦

중천건괘
重天乾卦

효변
爻變

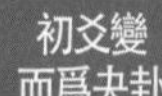

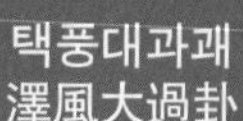

택풍대과괘
澤風大過卦

初爻變 而爲夬卦	二爻變 而爲咸卦	三爻變 而爲困卦	四爻變 而爲井卦	五爻變 而爲恒卦	上爻變 而爲姤卦
	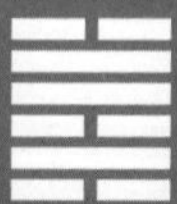				
택천쾌괘 澤天夬卦	택산함괘 澤山咸卦	택수곤괘 澤水困卦	수풍정괘 水風井卦	뇌풍항괘 雷風恒卦	천풍구괘 天風姤卦

요지要旨[907]

괘명卦名 이 괘는 상태上兌의 택澤(☱) + 하손下巽의 풍風(☴) = 택풍대과괘澤風大過卦(䷛)이다.

괘의卦意 큰 과실로 인해 대들보가 내려 앉는 어려움과 그 해법에 대해 말한다. '대과大過'는 크게 지나치다, 욕심이 과중한 것, 중정지도中正之道에 벗어난 것을 말한다.[908] 『주역』에서는 양陽은 대大, 음陰은 소小로 표현한다.[909] 대과괘大過卦(䷛)는 육효六爻중에서 양효陽爻(2·3·4·5爻)가 넷이며, 음효陰爻(초初·상효上爻)는 상하에 있다. 그러므로 양효陽爻(대大) 즉 큰 것이 지나침으로 많이 지나치고 상하上下의 본말本末(초효初爻와 상효上爻)이 약하다는 의미로 해석된다.

괘서卦序 「서괘序卦」에서 "이頤는 기르는 것이다. 기르지 않으면 움직일 수 없다. 그러므로 대과大過卦로 받았다.(頤者 養也, 不養則不可動, 故受之以大過)"라고 하였다. 몸을 기르고 마음을 기른다. 크게 기르면 크게 움직일 수 있고 크게 움직이면 지나치게 된다. 그러므로 대과大過卦로 받았다는 것이다.

괘상卦象 괘상卦象으로 보면 상괘上卦는 태괘兌卦(☱)이며, 하괘下卦는

---

907 (觀中) ❶크게 험난함을 상징하는 괘다. 송사지리訟事之理를 말한다. 3효가 동動하면 택수곤괘澤水困卦가 된다. 택풍대과澤風大過卦(䷛)의 전체모양이 감괘坎卦(☵)모양으로 되어있다. 그러므로 아주 험하다. ❷동요棟橈 자체는 흉사다. '이유유왕利有攸往'은 군자만이 가능하다. 천도天道(성인지도)를 형통할 수 있다. 이에 대과괘大過卦는 감坎 괘상卦象을 표상하고 있다. 대과괘大過卦 그 다음 감괘坎卦의 원리로 표상이 된다. 그러므로 "감坎은 형亨하니 유심형維心亨이니라."라고 했다. 대과괘大過卦의 형亨을 그대로 감괘坎卦가 이어 받은 것이다. 이에 감괘坎卦 「괘사卦辭」가 유심형維心亨이다. 마음으로써 성인지도를 깨닫는 원리를 표상하는 괘가 중수감괘重水坎卦다. 감괘坎卦는 긍정적인 의미만을 표상하는가? 아니다.(중수감괘 4효 참조.) ❸신명神明을 정성껏 받들어야 한다. 이頤·대과괘大過卦에서 완전무결한 감坎·리괘離卦의 상象이 중수감괘重水坎卦와 중화리괘重火離卦로서 완전무결하게 표상이 되어 나타난다. 중화리괘重火離卦는 대인지도大人之道를 위주로, 중수감괘重水坎卦는 군자가 성인지도를 깨닫는 것을 주로 표상하고 있다. 즉 성인지도를 공부하고 있는 것이 감괘坎卦다.

908 대과大過는 큰 것이 지나친 것과 많이 지나치다는 두 뜻으로 풀어나간다.

909 『주역』, 「계사상」편 제3장. '시고是故 괘유소대卦有小大.'라고 하였다.

손괘巽卦(☴)로써 손목巽木위에 택澤의 물이 덮여 있다.[910] 물은 나무를 위해서는 꼭 필요한 것이다. 그러나 나무가 물에 잠기면 죽는다. 아무리 필요한 것이라도 너무 많으면 그것으로 망亡하게 된다는 것이다. 이것이 대과大過이다.[911] 실존적인 삶에서도 음陰과 양陽은 모두 필요하다. 그러나 음양陰陽은 서로 조화되어야지 어느 한쪽이 너무 성盛하면 좋지 않다는 것이다. 대과大過卦의 경우도 양陽이 음陰보다 몹시 성盛함으로 좋지 못한 결과가 오는 것을 말하고 있다.

잡괘雜卦 「잡괘雜卦」에서 "大過는 顚也"라고 하여 본말本末이 전도顚倒되는 상象임을 표상하고 있다.[912]

(大過: 대과, 顚也: 전야)

大過는 棟이 橈ㅣ나 利有攸往이라야 亨하니라.
대과 동 요 이유유왕 형

○ 過(지날 과, 지나칠 과) 棟(용마루 동) 橈(꺾일 요{굽을 뇨}) 有(있을 유) 攸(바 유) 往(갈 왕) 亨(형통할 형)

대과大過는 대들보가 휘어진 것이나, 갈 바가 있어 이로움이라야 형통하니라.

각설

대과大過 동요棟橈 대과大過는 ❶크게 지나 친 것이다. ❷너무 커지고 성한 것이다. 그러나 대과大過는 용마루가 휘어져 있는 상태를 말한다. 이

---

910 「설괘」편에 따르면 태兌는 택澤, 손巽은 풍風인데 여기서는 목木으로 본다. 팔괘八卦를 오행에 배당하면 손巽은 목木이다. 진괘震卦도 목木인데 진震은 양목陽木으로 굳고 강한 목木이며, 손巽은 음목陰木으로 풀 같은 것이다.

911 세상에 해를 끼치는 악인만이 세상을 해롭게 하는 것이 아니고, 세상에 꼭 필요한 사람일지라도 너무 세도가 강하고 힘이 세면 세상에 큰 화가 될 수 있다.

912 顚(꼭대기 (전)은 꼭대기, 정수리, 산정山頂의 의미가 있다.

것은 용마루가 무게를 지탱할 수 없어 아래로 휘어져 있는 상태이다. 집이나 나라가 위급한 상태이다.[913]

이유유왕利有攸往 **형**亨 어떤 방법으로 처리되어야 한다. 잘 처리하면 형통하여 뻗어 나갈 수 있다. 화禍를 바꾸어 복福을 돌릴 수 있다. 다른 괘卦에서는 '형이유유왕亨利有攸往'이라 하였는데 여기서는 '이유유왕利有攸往'이 앞에 있고 '형亨'이 뒤에 있다. 이것은 나아가서 적당한 처치를 한 다음에 형통할 수 있다는 것을 표시한 것이다.[914]

[彖曰] 大過는 大者ㅣ 過也니 棟橈는 本末이 弱也이니라
단왈 대과 대자 과야 동요 본말 약야
剛過而中하고 巽而說行이라 利有攸往하야 乃亨하니
강과이중 손이열행 이유유왕 내형
大過之時ㅣ 大矣哉라.
대과지시 대의재

○ 過(지날 과) 棟(용마루 동) 橈(꺾일 요{굽을 뇨}) 本(밑 본) 末(끝 말) 弱(약할 약) 剛(굳셀 강) 巽(손괘 손) 說(기꺼울 열) 乃(이에 내) 亨(형통할 형) 時(때 시)

단彖에 이르기를, 대과大過는 큰 것이 지나친 것이니, 대들보가 휘는 것은 (사람의) 근본根本과 끝이 약함이니라. 강剛이 지나치나, 중도中道에 겸손하고 기쁜 마음으로 행함이라, 갈 바가 있는 것이 이롭다 하야 마침내 형통하니, 대과大過의 시의時宜는 크기도 하다.

---

913 이런 때에는 나아가서 적당한 처치를 하는 것이 좋다. 그리하면 화禍를 복福으로 바꾸고 잘 형통하여 크게 신장할 수 있다. 이런 때에 처하는 방법을 「단사彖辭」에서는 "강과이중剛過而中하고 손이열행巽而說行이라" 하여 상하 두 괘의 덕德으로 설명하고 있다. 이 괘는 양강陽剛한 것이 너무 많지만 구이九二와 구오九五는 중덕中德을 가지고 있다. 하괘下卦는 손순巽順의 덕德을 가진다. 상上은 태괘兌卦로서 화열和悅의 덕德을 가진다. 이들 덕德으로 나아가 일을 하니 형통할 수가 있다.

914 이 괘卦를 인사人事에 맞추어보면 위에 있는 군주는 재능才能이 부족하고 세력이 없으며 아래에 있는 국민은 피폐해 있고 중간에 있는 사람들이 권력을 쥐고 있다.

각설

대과大過 대자과야大者過也 대과大過는 양陽이 너무 많고 강한 것을 말한다.

동요棟橈 본말약야本末弱也 동요棟橈는 본말本末이 약야弱也라 하였는데, 초육初六은 본本이고 상육上六은 말末이다. 중간中間이 너무 크고 무거운데 본말本末이 작고 약弱하니 용마루를 지탱할 수 없어 용마루가 휘이게 된다. 중간층이 너무 강하고 상하층이 약하니 강剛한 중간층도 결국에는 기울어지고 넘어진다는 것이다.[915]

강과이중剛過而中 손이열행巽而說行 이 괘는 양강陽剛한 자가 너무 많아 지나치게 강剛하다. 그러나 구이九二와 구오九五가 중덕中德을 가지며, 하괘下卦는 손괘巽卦로 손순巽順한 덕德이 있고, 상괘上卦는 태괘兌卦로 화열和悅의 덕德을 가진다.

이유유왕利有攸往 내형乃亨 중도中道(천도天道)를 겸손하게 받아드리고, 기쁜 마음으로 행하면 나아갈 바가 있어 이롭고, 이에 만사萬事가 형통하게 된다는 것이다.

대과지시大過之時 대의재大矣哉 대과大過는 정말 중요한 시기이므로 신중히 일을 처리하여야 한다. 이때에 잘못하면 자기도 망하고, 나라도 망하는 중대한 때이다. 방심해서는 안 된다. 바꾸어 말하면 어려울수록 중도中道에 대한 믿음을 가지고 순종하고, 실천하면 대들보가 휘어지는 어려움에서 벗어나 만사가 형통하게 됨을 자각하게 되니, 대과大過의 때는 위대하다는 것이다.

---

915 대과大過卦는 상上은 태兌, 하下는 손巽, 중간이 사양四陽으로 강剛이 지나치다. 상하上下 모두 음陰으로 양끝(본말)이 약하다. 그러므로 동요棟橈의 상象이 있다. 이에 『맹자』 말하기를 민民은 중重하고 사직社稷은 이 다음이며, 군君은 가볍다. 즉 대과大過에서 민民을 본本으로 하고, 군君을 말末로 하는 연유라 하였다. 이는 민본주의에 입각한 맹자의 왕도정치를 말한다.

[象曰] 澤滅木이 大過ㅣ니
상왈 택멸목 대과

君子ㅣ 以하야 獨立不懼하며 遯世无悶하나니라.
군자 이 독립불구 돈세무민

○ 澤(못 택) 滅(멸망할 멸) 木(나무 목) 獨(홀로 독) 懼(두려워할 구) 遯(은둔할 둔{원음;돈}) 无(없을 무) 悶(번민할 민)

상象에 이르기를, 연못이 나무를 멸하는 것이 대과大過이니, 군자는 이로써 외로이 홀로 서도 두려워하지 않고, 세상을 피해서 숨어 살아도 근심하지 않느니라.

개요概要

택澤은 상上 태괘兌卦(☱)이며, 목木은 하下 손괘巽卦(☴)이다. 물은 나무를 적시고 기르는 것이지만 물이 너무 많으면 나무는 말라 죽는다. 이 괘는 태택兌澤의 물이 손목巽木 위에 있어 나무가 보이지 않을 정도로 물이 차 있다. 물이 너무 많은 것이 대과大過의 상象이다. 세상이 크게 어지러워 정도正道가 곧 멸망하려는 위급한 시대이다. 군자는 자기 뜻을 굳게 지키고 천하 만민이 다 자기를 비난하여도 조금도 겁내지 않는다. 자기를 알아줄 사람이 없어 세상을 피하여 산속에 숨어 살아도 스스로의 도道를 즐기고 살며 결코 걱정하고 괴로워하는 일이 없다는 것이다.

각설

독립불구獨立不懼 군자는 이 상象을 보고 굳게 자기 뜻을 지키고 우뚝하게 홀로서서 두려워하지 않는다.

둔세무민遯世无悶 상上 태괘兌卦의 화열和悅의 상象이라고 말한다. 우뚝하게 홀로서서 자기 뜻을 굳게 지키고 어떤 경우에도 두려워하지 않으며, 세상을 피하여 숲속에 숨어 살아도 화열和悅로서 도道를 즐기고 번민하는 일이 없는 것이 군자가 대과大過에 처하는 길이다.

[初六]은 藉用白茅니 无咎하니라. (澤天夬)
초육 자용백모 무구 택천쾌

象曰, 藉用白茅는 柔在下也이니라.
상왈 자용백모 유재하야

○ 藉(깔개 자) 用(쓸 용) 白(흰 백) 茅(띠 모) 柔(부드러울 유)

초육初六은 흰 띠풀을 까는데 씀이니, 허물이 없다 하니라.
상象에 이르기를, '흰 띠풀을 까는데 쓴다'는 것은 유柔가 밑에 있음이니라.

개요概要

대과大過의 때에는 강剛이 너무 지나침으로 유柔로서 이것을 도와야 한다. '강剛'으로서 이것을 구하려 하지 말라는 것이다. 그러므로 대과大過의 괘에서는 음陰에 있는 것을 모두 길吉로 하고, 반면 바른 자리에 있는 것을 좋다고 하지 않는다.[916] 그리고 대과괘大過卦의 내호괘內互卦(2·3·4爻)는 건괘乾卦(☰)가 되어 있다. 건괘乾卦는 금金과 옥玉이다. 금金과 옥玉은 그 밑에 백모白茅와 같은 부드러운 것을 깔고 놓는다. 일을 이와 같이 조심함으로 대과大過와 같이 위험한 시대에도 실패가 없다. 이 효爻의 중요성을 「계사상」 제8장에서 지극히 삼가해야 함을 말하고 있다.

---

916 일반적으로는 양효陽爻가 양陽의 자리에 있고 음효陰爻가 음陰의 자리에 있는 것이 바른 자리로 좋은 효爻라고 한다. 그러나 대과大過에서는 양陽이 지나친 괘로써 양효陽爻가 양陽의 자리에 있는 것은 양陽이 지나친 것으로 좋지 못한 효爻라고 하며, 음효陰爻가 음陰의 자리에 있는 것도 음陰이 지나쳐 나쁜 효爻로 설명되어 있다. 이와 반대로 양효陽爻가 음陰의 자리에 있고 음효陰爻가 양陽의 자리에 있는 것이 음양陰陽이 잘 조화된 좋은 효爻로 되어 있다. 그러므로 이 괘卦는 대과大過之卦로서 양효陽爻가 음陰의 자리에 있는 것이 길吉이고, 양陽의 자리에 있는 것이 흉凶이며, 음효陰爻가 양陽의 자리에 있는 것이 길吉이고 음陰의 자리에 있는 것이 흉凶이다. 또한 뇌천대장괘雷天大壯卦도 그렇게 되어 있다.

각설

자용백모藉用白茅 **무구**无咎 이 효爻는 음효陰爻로서 양陽의 자리에 있으니 허물이 없다. 초효初爻는 대과大過의 때를 맞아 음효陰爻로 유순하며, 손괘巽卦의 가장 낮은 자리로 몹시 근신하는 효爻로 신중하고 겸손하게 처신해야 허물이 없다. ❶'자藉'는 깔개(자), 깔(자)로 물건物件을 놓는데 그 밑에 까는 것을 말한다. 즉 겸손을 말하고 있다. ❷백모白茅는 깨끗하고 부드러운 흰 띠풀을 말한다. 이것은 손괘巽卦의 상象이다. 손괘巽卦는 흰색의 부드러운 나무이다. 백모白茅의 상象이다.

소상사小象辭

자용백모藉用白茅 **유재하야**柔在下也 흰 띠풀을 깔고 그 위에 물건物件을 둔다는 것은 부드럽고 유순柔順한 것이 낮은 자리에 있다는 말이다. 유재하柔在下는 음효陰爻가 하위下位에 있는 것, 즉 부드러운 띠를 물건物件 밑에 두는 것이다.

[九二]는 枯楊이 生稊하며
구 이 고 양 생 제

老夫ㅣ 得其女妻ㅣ니 无不利하니라. (澤山咸卦)
노 부 득 기 여 처 무 블 리 택 산 함 괘

象曰, 老夫女妻는 過以相與也이니라.
상 왈 노 부 여 처 과 이 상 여 야

○ 枯(마를 고) 楊(버들 양) 稊(돌피 제) 老(늙은이 노{로}) 得(얻을 득) 妻(아내 처) 過(지날 과) 與(줄 여)

구이九二는 마른 버들에 새싹이 나고 늙은이가 젊은 여자를 얻었음이니, 이롭지 않음이 없느니라.

상象에 이르기를, '늙은이가 젊은 여자를 얻었다'는 것은 (분수를) 지나쳐서 서로 더불어 함이니라.

개요概要

구이九二는 부정위不正位이나 득중得中으로 강강剛强하다. 대과大過의 시대의 양효陽爻이므로 특히 강하고 몹시 지나치다. 그러나 다행히 음陰의 자리에 있음으로 부드러워 지나친 것을 면免한다.[917] 또 하괘下卦의 중앙에 있어 중덕中德을 가진다. 이 효와 상효相爻는 없지만 초육初六과는 상비相比한다.[918]

각설

고양枯楊 양楊은 물가에 있는 나무이다. 하괘下卦인 손巽은 음목陰木이며, 상괘上卦는 택澤이다. 못 가까이에 있는 나무니까 양楊이라 생각한다. 양楊은 물을 좋아하지만 물속에 잠기면 죽는다. 이 괘는 대과大過이며, 양陽이 너무 많아 건조해도 죽는다.

생제生稊 대과大過의 양楊은 어느 쪽도 죽게 되어있다. '제稊'는 싹(제)字로 나무뿌리에서 나오는 싹이다. 고양생제枯楊生稊는 말라 죽어가던 양楊이 소생하여 뿌리에서 싹이 나오는 것이다. 말라죽던 것이 소생한 것이다.

노부老夫 득기여처得其女妻 무불리无不利' 노부老夫는 나이 많은 남편이

---

917 대과大過의 시대에 양강陽剛한 것은 말라 죽어가는 버드나무 같고 늙은 사나이 같지만 그것이 부드러운 것으로 도움을 받는 것과 같다. 구이九二가 양강陽剛하며서도 중용中庸의 덕德과 유순柔順의 덕德으로 초육初六 음효陰爻와 친한 것은 높은 자리에 있는 사람이 국민들과 친하며 그의 도움을 받는 것과 같다. 대과大過의 시대에 기울어진 나라를 구하는 길은 유柔로서 강剛을 부드럽게 하는 길 뿐이다.

918 초육初六의 젊은 음효陰爻와 서로 맺어진 그의 도움을 받는다. 이 효爻는 양효陽爻로 강하지만 음陰의 자리에 있으니 부드러워지고 또 중덕中德을 가지며 초육初六 음효陰爻와 상비相比하고 있어 마치 죽어가던 버드나무가 다시 살아나 뿌리에서 싹이 나오는 것처럼 사나이가 젊은 처를 얻어 그의 도움으로 자식을 생육할 수 있게 된다.

며, 구이九二를 말한다. '여처女妻'는 젊은 처妻인 초육初六을 말한다. 구이九二는 초육初六 위에 있어 나이 많은 남편으로 젊은 처妻를 얻어 그의 내조를 받아 자식들을 양육한다. 그러므로 이롭지 아니함이 없다.

소상사小象辭

노부여처老夫女妻 과이상여야過以相與也 나이 많은 남자가 젊은 처를 얻어 자손을 낳고 기를 수 있다는 것은 구이九二는 힘이 세고 초육初六은 힘이 약하고 구이九二는 높은 자리에 있으며 초육初六은 벼슬이 낮아 서로의 차가 심하지만 구이九二가 초육初六과 잘 화합함으로 초육初六의 도움을 얻을 수 있다.

[九三]은 棟이 橈ㅣ니 凶하니라. (澤水困)
구삼 동 요 흉 택수곤

象曰, 棟橈之凶은 不可以有輔也이니라.
상왈 동요지흉 불가이유보야

○ 棟(용마루 동) 橈(꺾일 요{굽을 뇨}) 輔(덧방나무 보, 도울 보)

구삼九三은 대들보가 휘어짐이니, 흉하니라.
상象에 이르기를, '대들보가 휘어짐이니. 흉하다.'는 것은 도와서 바로 잡을 수 없음이니라.

개요槪要

구삼효九三爻는 대과大過의 시대에 강剛이 지나친 탓으로 오는 화禍를 말한다. 강과剛過이기 때문에 자기 고집만 내세우다 융통하지 못하고 부러지는 것이다.

각설

동요棟橈 **흉**凶 구삼九三은 구이九二보다 지나치게 강강剛强하다. 구삼九三은 대과大過의 시대를 당하여 양효陽爻로서 양陽의 자리에 있으니 강강剛强이 지나치다. 그러므로 그의 기질이 너무 거칠고 시끄러워 대과大過의 시대를 잘 지낼 수가 없다. 이를테면 용마루가 휘어져 어쩔 수 없는 상황으로 흉凶하고 화禍를 입게 된다. 이것은 이 효爻가 너무 양陽으로 편중하여 생긴 화禍이다. 이런 상태에서는 반드시 실패한다. 「단사」에서 말한 "**剛過而中巽而說行**(강과이중손이열행)"이라 한 것과는 정반대이다.

소상사小象辭

동요지흉棟橈之凶 **불가이유보**不可以有輔 구삼九三이 용마루가 휘어지도록 흉하다는 것은 이 효爻가 지나치게 강하여 남의 의견을 일체 듣지 않고 단지 자기 힘만 믿고 일을 하기 때문이다. 대과大過의 시대에 이렇게 해서 잘 될 리가 없다. 이 효爻는 상육上六과 상응相應하나 상육上六은 음陰이 너무 지나쳐서 약하다. 그리고 구삼九三은 너무 강하여 자기 힘만 믿고 일을 함으로 돕는 사람이 없다.

> **[九四]**는 棟隆이니 吉커니와 有它ㅣ면 吝하리라. (水風井)
> 구사 동융 길 유타 인 수풍정
>
> 象曰, 棟隆之吉은 不橈乎下也이니라.
> 상왈 동융지길 불요호하야

○ 隆(클 륭{융}) 橈(꺾일 요{굽을 뇨}) 它(다를 타{뱀 사})

구사九四는 대들보가 높으니, 길하지만 다른 뜻이 있을 때는 부끄럽다 하리라.
상象에 이르기를, '대들보가 높아서 길하다.'는 것은 (용마루) 아래로 꺾이는 는 일이 없느니라.

개요概要[919]

동융棟隆은 용마루가 위에 높이 가로 놓여있는 것을 말한다. 괘 전체를 설명하는 「단사」에서는 이 괘 전체를 하나의 용마루로 보고 있지만 육효六爻로 나누어 보면 용마루는 집 중앙에 있음으로 3·4 두 효爻를 용마루로 볼 수 있다. 그리고 이 효爻의 가르침은 구이효九二爻의 가르침과 대체로 같다. 양강陽剛이 지나쳐 위급한 상태에 있는 대과괘大過卦에서는 강유剛柔 조화가 제일 바람직하다고 가르치고 있다.

각설

동융棟隆 길吉 구삼九三은 剛이 지나쳐 용마루가 아래로 휘어져 집이 기울고 넘어지지만 구사효九四爻는 양효陽爻로서 음陰의 자리에 있으니 강유剛柔가 조화되며, 또 초구初九와 상응함으로 남의 의견을 잘 듣고 사람을 잘 쓸 줄 알아서 많은 사람의 도움을 얻어 위에 높이 있는 용마루가 휘이는 일이 없다. 즉 유덕柔德으로 강덕剛德을 조화하여 지나치게 강剛한 일이 없도록 함으로써 대과大過의 시대에서도 그의 임무를 잘 감당할 수 있다.

유타有它 인吝 강유조화剛柔調和만이 대과大過의 시대를 무사히 지날 수 있는 길이다. 만약 그렇지 않고 강유조화剛柔調和의 덕德을 버리고 본래의 성질인 강剛으로 치우치면 업적은 작아지고 실패할 수도 있어 부끄러운 처지에 놓이게 된다.

소상사小象辭

동융지길棟隆之吉 불요호하야不橈乎下也 구사九四의 용마루가 높이 솟아 길吉하다는 것은 구사九四가 강유조화剛柔調和의 덕德으로 강剛의 단점

---

919 (觀中) ❶ 동륭棟隆 : 형이상적 세계 ❷유타有它 : 형이하적 세계.

을 보강하여 용마루가 아래로 휘이는 일이 없기 때문이다.

[九五]는 枯楊이 生華하며 老婦ㅣ 得其士夫ㅣ니
구오 고양 생화 노부 득기사부

无咎ㅣ나 无譽리라. (雷風恒)
무구 무예 뇌풍항

象曰, 枯楊生華ㅣ 何可久也ㅣ며
상왈 고양생화 하가구야

老婦士夫ㅣ 亦可醜也ㅣ로다.
노부사부 역가추야

○ 枯(마를 고) 楊(버들 양) 生(날 생) 華(꽃 화) 老(늙은이 노{로}) 婦(며느리 부) 得(얻을 득) 醜(추할 추)

구오九五는 마른 버들에 꽃이 피고, 늙은 부인이 젊은 남편을 얻었으니, 허물도 없고 명예도 없으리라.

상象에 이르기를, 마른 버들에 꽃이 피었으니, 어찌 오래 갈 수 있으며, 늙은 부인이 젊은 남편을 얻었으니, 또한 가히 추한 일이로다.

개요概要

구오九五가 유약柔弱한 상육上六과 서로 친하다는 것은 아무런 이득이 없다. 말라가는 버드나무에 꽃이 피는 것 같이 뿌리에는 생기가 없는데 가지 끝에는 꽃이 피었으니 이것은 멸망을 제촉하는 결과가 된다는 것이다. 이것은 마치 할머니가 젊은 남자한테 시집 간 것과 같으니 남편을 위해서 내조할 힘도 없고 아이도 생산生産 못하고 단지 구오九五의 방해가 될 뿐인 것과 같다.

각설 [920]

고양생화枯楊生華 말라가는 버드나무에 꽃이 피는 것은 겨우 조금 밖에 없는 생기를 발산하여 이 버드나무가 말라죽는 것을 촉진한 것이다.

노부득기사부老婦得其士夫 늙은 여인이 젊은 신랑을 얻는 것이다. 노부老婦는 상육上六이고, 사부士夫는 구오九五를 말한다. 젊은 남자가 늙은 여자를 처妻로 삼아도 내조의 공功도 없고, 출산出産도 못한다. 여자는 좋아하지만 남자에게는 아무런 이득도 없으며 방해될 뿐이다. 이는 구오九五가 망亡하려는 상육上六의 음陰과 상비相比로 친해도 아무런 도움이 안 된다는 것을 비유比喩한 말이다. 구오九五와 상육上六의 결합結合은 구오九五가 원하는 것이 아니고, 상육上六이 바라는 것이므로 사부득기노부士夫得其老婦가 아니고 노부득기사부老婦得其士夫라 하였다.

무구무예无咎无譽 아무런 득得도 없다는 말이다.[921]

소상사小象辭

고양생화枯楊生華 하가구야何可久也 구오九五가 상육上六과 서로 친한 것은 말라가는 버들가지에 꽃이 피는 것과 같아서 오래가지 못한다.

---

920 (觀中) 산풍고괘山風蠱卦를 가리킨다. 말 비틀어진 버드나무에 꽃이 피었다. '고양생화枯楊生華'를 인간에게 비유한다면 늙은 여자가 젊은 신랑을 얻었다는 뜻이다. 그러므로 공자孔子는 '역가추야亦可丑醜也'라고 해석함. 나이 많은 여자가 젊은 남자를 만났다 해도 늙은 여자는 생산능력이 없다. 이에 역가추亦可醜라고 함. 태괘兌卦의 중효中爻로 향락享樂에 빠진 것이므로 추醜라 한다. 규기호격기무인闚其戶闃其无人(가인지도를 깨닫지 못함)은 가인괘를 가리킨다.

921 구오효九五爻는 대과大過의 시대에 양陽이 너무 성하여 장차 쇠망하려 한다. 이 구오효九五爻는 성인聖人의 자리이지만 양효陽爻로서 양陽의 자리에 있으니 강剛이 너무 지나치다. 그러나 다행히 중中을 얻어 중용지덕中庸之德을 가진다. 그러나 아래에는 응효應爻가 없고 위에 있는 상육上六은 상비相比하지만 음陰이 지나쳐 유약柔弱이 과하다.
구오九五가 상육上六과 서로 친한 것은 나무랄만한 나쁜 일은 아니지만 명예로운 일도 아니며 아무런 득도 없다. 이것은 구오九五가 대과大過의 시대에 자기를 도와줄 좋은 신하도 없고 자기를 따르는 사람은 약하고 무능한 사람뿐이라는 것을 말한다. 구이효九二爻는 아래에 있어 초육初六과 서로 친하며 아래로 뿌리를 내리는 것이므로 싹이 나온다고 말하였지만 이 구오효九五爻는 위에 있고 상비相比한 상육上六이 그 위에 있어 꽃을 피운다고 하였다.

노부사부老婦士夫 **역가추야**亦可醜也 늙은 할머니가 젊은 신랑을 맞이한 것과 같이 추한 모양이다.

[上六]은 過涉滅頂이라 凶하나 无咎하니라. (天風姤)
상육 과섭멸정 흉 무구 천풍구

象曰, 過涉之凶은 不可咎也이니라.
상왈 과섭지흉 불가구야

○ 過(지날 과) 涉(건널 섭) 滅(멸망할 멸) 頂(정수리 정)

상육上六은 무리하게 물을 건너다가 이마까지 빠짐이라. 흉凶하나 허물할 수 가 없느니라.

상象에 이르기를, 무리하게 물을 건너서 흉함은 허물할 수 없느니라.

개요概要

상육上六은 음陰이 과過하며 무능하고 대과大過의 극極에 있어 몹시 지나쳐 있다.

각설[922]

과섭멸정過涉滅頂 **흉**凶 **무구**无咎 이 괘는 전체로서 보면 감괘坎卦(☵)의 모양이며, 상上 태괘兌卦는 택澤(☱)이다. 호괘互卦(3·4·5爻)는 건괘乾卦(☰)이며, 건괘乾卦(☰)는 수首이니 건괘乾卦 수首가 태괘兌卦(☱)로 덮여 머리끝이 태괘兌卦의 택중澤中에 잠겨 보이지 않는다. 그것으로 멸정滅頂이라 말하였다.[923]

---

922 (觀中) 이 상효上爻의 원리가 삼효三爻로 반영되어 나타난다.

923(집설集說) ❶『주역본의周易本義』에서는 "과극過極한 자리에 처하여 재주가 약해서 건널 수 없으나, 의리義理에는 무구无咎가 되니, 살신성인殺身成仁의 일이다.(處過極之地, 才弱不足以濟, 然於義爲无咎矣, 蓋殺身成仁之事.)"라고 하였다. ❷『이천역전伊川易傳』에서는 "지나치게 건

소상사小象辭

과섭지흉過涉之凶 **불가구야**不可咎也 상육上六은 타고 갈 배도 없고 수영도 못하면서 못 깊은 곳으로 들어가 머리끝까지 잠겨 빠지고 만다. 그러나 상육上六은 대과大過의 극極에 있으며, 능력도 없고 준비도 부족하면서도 과過하게 세상을 구하려 나가서 죽게 되었으니 의義에 있어서는 나무라기만 할수는 없다는 것이다.[924]

✎ 대과大過는 욕심이 지나쳐 대들보가 무너지는 어려움이다.

그러나 이러한 어려움을 극복하고 형통할 수 있는 지혜를 말하고 있다.

그 지혜에 대하여「단사」에서 '하늘이 지나칠 수 있다는 것이다. 그러나 중도中道(천도)를 겸손하게 받아드리고, 이를 기쁜 마음으로 행하면 나아갈 바가 있어 이롭고, 마침내 만사가 형통하게 된다.'고 말하고 있다. 그러므로 군자는 홀로서서 성인聖人의 뜻을 굳게 지키고 어떤 경우에도 두려워하지 않으며, 세상을 피하여 운둔하여 살아도 화열和悅로서 도道를 즐기고 번민하는 일이 없는 것이 군자가 대과大過에 처하는 길임을 말하고 있다.

너서 빠짐에 이름은 바로 자신이 한 짓이어서 탓할 데가 없으니, 원망하고 탓할 데가 없음을 말한 것이다.(過涉至溺, 乃自爲之, 不可以有咎也, 言无所怨咎."라고 하였다.

924 이 괘는 상하가 서로 반대의 상象을 보인다. 구삼九三은 동요棟橈, 구사九四는 동융棟隆, 구이九二는 생제生稊, 구오九五는 생화生華, 초육初六은 적백모藉白茅, 상육上六은 멸정滅頂으로 죽게 되니 상하가 모두 반대의 상象이다.

중 수 감 괘
29.重水坎卦

부도전괘
不倒顚卦

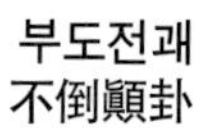

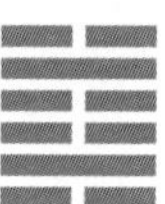

중수감괘
重水坎卦

중수감괘
重水坎卦

음양대응괘
陰陽對應卦

중수감괘
重水坎卦

중화리괘
重火離卦

상하교역괘
上下交易卦

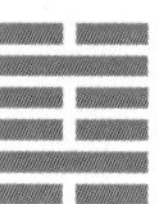

중수감괘
重水坎卦

중수감괘
重水坎卦

호괘
互卦

중수감괘
重水坎卦

산뢰이괘
山雷頤卦

효변 爻變	初爻變 而爲節卦	二爻變 而爲比卦	三爻變 而爲井卦	四爻變 而爲困卦	五爻變 而爲師卦	上爻變 而爲渙卦

중수감괘 重水坎卦	수택절괘 水澤節卦	수지비괘 水地比卦	수풍정괘 水風井卦	택수곤괘 澤水困卦	지수사괘 地水師卦	풍수환괘 風水渙卦

요지要旨[925]

괘명卦名 이 괘는 상하가 모두 감괘坎卦(☵)로 중수감괘重水坎卦(䷜)이다.

괘의卦意 거듭된 어려움에 대한 지혜를 말하고 있다. 감괘坎卦가 거듭됨으로 습감習坎이라 하였다. 감괘坎卦는 물이며, 건너기 어려운 큰 강이 겹쳐 있다. 그러므로 물을 건너는 것은 어렵고, 곤란한 일이 겹쳐 있는 상象이다. 감괘坎卦는 빠져 들어간 險의 성질이 있다. 감괘坎卦는 상하上下의 음효陰爻 사이에 한 양효陽爻가 빠져 들어간 모양이다. 그러므로 감괘坎卦를 험險으로 보는 것이다.

괘서卦序 「서괘序卦」에서 "물건이 끝내 지나칠 수 없기 때문에 감괘로 받았다.(物不可以終過, 故 受之以坎)"라고 하였다. 큰 것이 너무 크고 성盛하면 반드시 실패하여 어려운 곳으로 빠져들어 간다. 그러므로 대과괘大過卦 다음에 감괘坎卦가 온다고 하였다. 대과大過卦는 도덕과 재능과 사업이 크고 많은 것을 의미 하는데 언제까지고 계속될 수는 없어 꼭 막히고 어려움에 빠지게 됨으로 감괘坎卦가 온다고 하였다.[926]

괘상卦象 리괘離卦(☲)를 태양太陽으로 보는데 대하여 감괘坎卦를 달(月)로 본다. 감괘坎卦(䷜)를 월月, 리괘離卦를 일日로 본다는 것은「설괘」편에 적혀있다. 달은 매월 초하루에 어둡고 삼일三日에 빛이 나타나며 보름에 밝았다가 다시 어두워져 가는데 이 변화는 항상 일정하다. 감괘坎卦의 성誠은 물과 같이 달과 같이 거짓 없는 진실 그대로이다. 또 구이九二와

---

925 (觀中) ❶믿음을 간직하고 있어서 오직 마음으로 역도易道를 통한다. 유부有孚의 유有는 화천대유괘火天大有卦(천도天道)와 관련. 대유괘大有卦 상효上爻는 무엇을 가리키는가? 자천우지길무불리自天佑之吉無不利라 했다. 천신지도天神之道에 대한 믿음이 있어야 한다. ❷상尙은 윗 상上과 통용. 즉 하늘, 천도天道를 숭상한다는 복합적인 개념이다. 유有는 '또'라고 하는 의미와 '위대하다'의 뜻도 있다. "형이상학적 존재로서의 위대한 천도天道, 천지도덕원리를 숭상하라."는 말. 여기의 상尙자가 대상大象에 그대로 반영되어 나타남(상덕행습교사常德行習敎事)

926 감괘坎卦는 중앙에 양효陽爻가 있어 마음가운데 성실한 진심을 가지고 있음을 말한다. 천하만민을 감동시킬 수 있는 진심을 가지고 있다는 것이다.

구오九五는 강중剛中의 덕德을 가진다.[927]

習坎은 **有孚**하야 **維心亨**이니 **行有尙**이리라.
습감 유부 유심형 행유상

○ 習(익힐 습, 거듭 습(重)) 坎(구덩이 감) 孚(믿을 부, 성실할 부) 維(바 유) 心(마음 심) 亨(형통할 형) 行(갈 행) 有(있을 유) 尙(높일 상, 숭상할 상, 오히려 상)

습감은 믿음이 있으면 오직 마음으로 형통함이니, 행하면 높임(숭상함)이 있으리라.

각설

습감유부習坎有孚 습감習坎은 어려움이 몇 겹으로 겹쳐진 것이다. 이 괘卦는 이런 경우에 처하는 길을 말하고 있다. 삼획三劃의 괘(2·3·4효 내호괘內互卦)에서 한 양효陽爻가 두 음효陰爻밑에 있는 것은 진괘震卦(☳)로 움직임의 뜻이 있으며, 양효陽爻가 움직여서 위로 나아가려 한다. 한 양효陽爻가 두 음효陰爻 사이에 있는 것은 감괘坎卦(☵)이며, 움직여 위로 나아가려 한다. 이것은 험險의 뜻으로 양효陽爻가 음효陰爻 안에 떨어져 들어간 것이다.[928]

유심형행維心亨行 유상有尙 습감習坎의 괘는 진실한 진심이 마음속에 충만해 있다. 이 괘卦는 험난함이 몇 겹으로 겹쳐 있음으로 자기 몸이 어떻게 될지 알 수 없지만 마음만은 어떤 일이 있어도 흔들리지 않고 태연히

927 감괘坎卦를 좋은 방면에서 보면 물과 같은 지성至誠의 덕德과 구이九二·구오九五와 같이 강강剛强한 덕德과 중정지도로 이 험난함의 시대를 처리해 나간다.

928 한 양효陽爻가 두 음효陰爻 위에 있는 것은 간괘艮卦로 양효陽爻가 끝까지 올라가 더 이상 갈 수 없어 머물고 있는 것이다. 또 한 음효陰爻가 두 양효陽爻 밑에 있는 것은 ⑴손괘巽卦로 음陰이 양陽밑에 들어간 것이다. 한 음효陰爻가 두 양효陽爻 사이에 있는 것은 ⑵리괘離卦로 음陰이 양陽에 붙어 있는 것이다. 한 음효陰爻가 두 양효陽爻 위에 있는 것은 ⑶태괘兌卦로 열悅의 뜻이 있다.

중정지도를 지켜서 뜻을 관철시킨다. 소위 살신성인으로 몸을 버리고 인仁을 이루고자 하는 마음은 형통하게 된다. 이것이 유심형維心亨이다. 오직 마음만은 통한 것이다. 다른 괘의 형亨은 일이 잘 되는 것인데, 이 괘의 심형心亨은 뜻이 통하는 것이다. 이 괘는 험난함 속에 빠져 있다. 그 험난함을 벗어날 수 있을지 알 수 없지만 바른 길을 지키려는 뜻은 관철시킨다.

[彖曰] 習坎은 重險也ㅣ니
단왈 습감 중험야

水ㅣ流而不盈하며 行險而不失其信이니
수 류이불영 행험이불실기신

維心亨은 乃以剛中也일새오 行有尙은 往有功也이니라.
유심형 내이강중야 행유상 왕유공야

天險은 不可升也ㅣ오 地險은 山川丘陵也ㅣ니
천험 불가승야 지험 산천구릉야

王公이 設險하야 以守其國하나니 險之時用이 大矣哉라.
왕공 설험 이수기국 험지시용 대의재

단彖에 이르기를, 습감은 거듭 험한 것이니, 물은 흘러가나 넘치지 아니하며, 험한 곳에 가나 믿음을 잃지 않음이니 '오직 마음으로 형통亨通한다'는 것은 마침내 강중剛中으로써이오. '행하면 높임을 받으리라'는 것은 가면 공이 있음이니라. 하늘의 험함은 오를 수가 없는 것이고, 땅의 험함은 산천 구릉이니, 왕王은 험한 것을 설치하여, 그 나라를 지키니 험한 것을 때 맞춰 씀이 크도다.

개요概要 929

929 (觀中) ❶중험重險이란? 간괘艮卦가 포개어졌기 때문이다. 중重은 괘상卦象이 그렇게 되어있다. 험險을 상징象徵하는 괘卦로서의 감괘坎卦를 포개어 놓았다. 감괘坎卦의 이름이 습감習坎이라 붙였다. 감괘坎卦가 거듭되어 있기 때문이다. 이에 우주역사에 있어서 중대한 험한 고비다. '습감習坎은 중험야重險也'은 괘체卦體를 말한 것. ❷수류이불영水流而不盈 : 물이 흘러 들어가는데 아직 웅뎅이에 차지 않았다. 천도天道의 운행원리를 물이 흘러가는 것으로 비유하여 표현. 시간이 운행하는 것은 무엇으로 운행시키는가? 하늘은 일월日月로 한다. 이에 일월日月에는 영허소식상태盈虛消長現狀가 반드시 나타나게 되어있다. ❸유심정維心亨 내이강중야乃以剛中也 : 오효五爻와 이효二爻가 다 양효陽爻로써 중中을 얻고 있다. 이효二爻의 중中은 군자의 마음속에 강림(깨달아진 천도天道를 상징)함을 상징, 오효五爻는 어떠한가? 천도天道가 성인聖人의 말씀을 통해 군자의 마음속에 감응되기 시작한다. '수류리불영水流而不盈하며 행험行險하되 이불실기신而不失其信이니 유심정維心亨은 내이강중야乃以剛中也' 라고 한 것은 중수감괘重水坎卦가 가지고 있는 음양작용원리를 위주로 감괘坎卦의 뜻을 밝혀 놓은 것이다. 작용원리를 표상하는 爻의 원리를 중심으로 감괘坎卦의 뜻을 설명. ❹행유상行有尙 왕유공야往有功也 : '행유상行有尙'이란 그러한 길을 꾸준히 걸어갈 것 같으면, 학문을 숭상하는 길을 따라 쫓아가라. 그렇게 한다면 큰 공덕功德이 나타날 것이다('왕유공야往有功也'). ❺지험산천구릉야地險山川丘陵也 : 산천山川의 험한 땅을 잘 활용하라는 의미로서의 험險이다. 왕공王公이 설험設險한 것이 무엇인가? 외적의 침략에 대비하여 성城을 쌓은 것을 말한다. 그런데 대과괘大過卦의 동용지흉棟橈之凶은 그런 정도의 흉사凶事가 아니다. 대과괘大過卦의 어려운 고비에 대한 대비가 없다면 생명을 잃는다는 것이다. 이에 "사기장야死期將至"(「계사하」 5장)라는 말이 나온 것이다. 「주역」은 시위적으로도 3효의 군자다. 그런데 3효가 표상하는 시위성時位性에 해당하는 역사는 어느 때인가? 천天·지함地險의 장벽은 화택규괘火澤睽卦와 수산건괘水山蹇卦사이에 놓여져 있다는 것이다. 이에 건시용대의재蹇之時用大矣哉, 규지시용대의재睽之時用大矣哉라고 한 것이다. 이지시대의재頤之時大矣哉, 대과시대의재大過之時大矣哉는 해건지시대의재解蹇之時大矣哉이다. '지험산천구능야地險山川丘陵也'도 어떤 괘를 가리키고 있다. 수산건水山蹇. 수산건괘水山蹇卦의 합덕문合德門을 통해 화풍정괘火風鼎卦의 성인군자지도가 태어나게 되어있다. 이 합덕문合德門을 통과通過하는 고비가 험조險阻한 고비다. 산모가 아이를 낳는데 죽을 고비를 한번 넘기는 것이다. 태어나는 아이도 죽을 고비를 넘기는 것이다. 산천구릉은 넘어갈 수 있다. ❻시용時用이란 말이 본격적으로 등장한다. 감괘坎卦로 표현된 시용성時用性(그 때의 작용성이)이 아주 구체적으로 나타나는 도수度數는 어느 도수度數인가? 규睽·건괘蹇卦다. 감괘坎卦에서 말씀한 영허소장盈虛消長변화현상이 나타나는 작용성이 규건도수睽蹇度數(신축辛丑·임인壬寅)에서 나타난다. 후경삼일도수원리後庚三日度數原理가 선후천변화원리先后天變化原理를 표상하는 육갑도수六甲度數다. 그런데 거기에 험險이 있다. 선후천변화의 계기에는 험조險阻의 장벽이 가로 놓여있다. 그것을 무난히 건너가는 일을 이섭대천利涉大川이라 했다. 천도운행天道運行에 의하여 나타나는 험조險阻한 고비는 디디고 넘어갈 수 없다(꼭대기로 올라가 넘어갈 수 없다.). 그런데 여기에 승升자를 썼다. 그러면 어떻게 넘어가야 하는가? 우회해서 돌아가든지 아니면 정면 돌파를 해야하는 두 가지 길외는 없다. 정면 돌파의 길은 수시隨時하는 길이다. 자기의 심성을 닦아나가는 길. 피해가려고 한다면 위험하다. 시의성에 순응하여 행동하는 길이 순천順天의 길이다. 승升은 지풍승괘地風升卦를 가리킨다. 지중생목地中生木 순덕적소이고대順德積小以高大라했다. 왕王(=성인聖人) 군자를 직접 표상하는 괘는 이괘頤卦와 뇌산소과雷山小過, 택풍대과澤風大過 등이다. 설設은 설說과 통함. '기국其國'은 어떤 나라인가? 후천세계后天世界. 대군

「단사彖辭」의 전반前半은 「단사」를 설명하고, 후반後半은 괘卦의 뜻을 말한다. 또한 「단사彖辭」에서는 이 성誠을 물에 비유하여 말하고 있다. 샘물의 근원지에서 밤낮 쉬지 않고 흘러 내려 낮은 곳을 채워가며 결국에는 바다로 들어간다. 낮은 곳으로 쉬지 않고 흘러내리는 것이 물의 성실한 도道이다.

각설

습감習坎 중험重險 습감習坎의 험난함이 이중二重으로 겹쳐진 것이다.

수유이불영水流而不盈 행험이불실기신行險而不失其信 유심형維心亨 유부有孚를 물로 설명한 글이다. 감괘坎卦는 물이다. 물이 흐르면 넘치지 않는다. 막히면 넘치지만 물은 밤낮으로 어려움이 있지만 낮은 곳으로 흘러 결국 바다에 이르는 신실함을 잃지 않는다. 사람도 이와 같이 어떤 험난함을 만나도 정도正道를 굳게 지키고 신실信實을 잃지 않는다. 그러므로 마음이 통한다. 이것이 유심형維心亨이다. 이렇게 되는 것은 이 괘의 구이九二와 구오九五가 강중剛中의 덕德을 가지고 있기 때문이다.

내이강중야乃以剛中也 행유상왕유공야行有尙往有功也 험난함을 무릅쓰고 지성至誠의 덕德과 강중剛中의 덕德으로 앞으로 나아가면 결국에는 험난함을 극복하고 훌륭한 공적을 올릴 수 있게 될 것이다. 그러나 험난함을 겁내서 나아가지 않는다면 언제까지고 험난함 속에 있게 될 것이다.[930]

천험불가승야天險不可升也 하늘의 험난함은 몹시 높아 올라갈 수 없는 것이다.

지험산천구릉야地險山川丘陵也 땅의 험난함은 산과 강과 구릉이 있어 쉽

유명大君有命하여 개국승가開國乘家된 나라(풍화가인괘風火家人卦에 펼쳐져 있다.). 설험設險은 천지가 해 놓은 것이요, 성인聖人이 그것을 말씀으로 밝혀놓은 것이다.

930 감坎의 중中이 실實한 것은 성誠이고, 리離의 중中이 허虛한 것은 명明이다. 중中의 실實한 것은 감坎의 용用이고 중中이 허虛한 것은 리離의 용用이다. 역易을 만든 성인이 감리坎離의 중中으로 성명誠明을 말하였으니 이것이 옛 성인聖人의 심학心學이다.

게 넘을 수 없는 것이다. 구릉은 모두 흙으로 된 언덕인데, 능陵은 구丘보다 크다.

왕공설험이수기국王公設險以守其國 왕王은 천지天地의 험險을 보고 그것을 본받아 험난한 곳을 만들어 나라를 지키고 국민을 보호한다. ❶유형有形의 험險은 지험地險으로 형체가 있는 險이니 산, 바다, 내, 구릉 등이다. 즉, 높은 성벽을 쌓고, 깊은 도랑을 파고, 무기를 장만하여 도적을 막고 국민을 편하게 보호한다는 것이다. ❷무형의 험險은 천험天險으로 형체가 없는 험險으로 낮과 밤, 바람, 우뢰雨雷, 비등으로 천험天險은 넘어설 수도, 올라갈 수 없다고 하는 것이다. ❸왕공王公의 험險은 두 가지를 겸비하니 즉 무형의 험險은 법제, 율령 등이고, 유형의 험險은 성城, 군대軍隊 등이다. 바로 이러한 험險으로써 백성을 보존하고 나라를 지키는 것이니, 험險의 때와 씀이 큰 것이다. 특히 천험天險은 법을 엄정히 하고, 상하의 규칙을 정하여 서로 넘보지 못하도록 하는 것들이다.

험지시용險之時用 대의재大矣哉 이와 같이 험險을 사용하는 시기와 험險을 사용하는 방법은 대단히 중요하다. 험지시용險之時用이 대의재大矣哉라는 험險의 시時와 용用의 중대함을 찬탄한 말이다.

[象曰] 水洊至ㅣ 習坎이니
상왈 수천지 습감

君子以하야 常德行하며 習教事하나니라.
군자이 상덕행 습교사

○ 洊(연거푸(거듭) 천, 이를 천) 至(이를 지) 常(항상 상) 德(덕 덕) 教(가르침 교) 事(일 사)

상象에 이르기를, 물이 계속해 오는 것이 습감習坎이니 군자는 이로써 항상 덕德을 행하며, (백성을) 교화하는 일을 거듭하나니라.

각설[931]

수천지습감水洊至習坎 감坎은 유수流水이다. '천洊'는 연거푸(천)으로 잇달아 여러 번의 뜻이 있다. 감坎은 물이며, 감坎이 겹쳐 있음으로 물이 연거푸 이르는 것이 습감習坎이라 하였다.[932]

군자이君子以 군자는 이 상象을 보고 이것을 본받아 항상 덕행을 게을리 하지 않으며, 국민을 가르치고 또 가르친다.

상덕행常德行 습교사習教事 상덕행常德行은 자기 도덕을 기르는 것이며, 습교사習教事의 습習은 겹칠(습) 자字로 몇 번이고 되풀이 가르치는 것을 말한다. 이것은 물이 쉬지 않고 흐르는 물의 좋은 점을 보고 한 말이다.

[初六] 習坎에 入于坎窞이니 凶하니라. (水澤節)
초육 습감 입우감담 흉 수택절

象曰, 習坎入坎은 失道ㅣ라 凶也이니라.
상왈 습감입감 실도 흉야

○ 入(들 입) 于(어조사 우) 坎(구덩이 감) 窞(광 바닥의 작은 구덩이 담) 失(잃을 실) 道(길 도) 凶(흉할 흉)

초육初六은 구덩이를 거듭해서 깊은 구덩이 속으로 빠지는 것이니 흉하니라.

상象에 이르기를, '구덩이를 거듭해서 깊은 구덩이 속으로 빠진다'는 것은 길을 잃은 것이라 흉하다.

개요概要

초육初六은 자리도 바르지 못하며, 중덕中德도 없고 도와주는 사람도 없이

---

931 (觀中) ❶가르치는 일을 복습하라는 말이 아니라 성인聖人이 나에게 가르쳐 준 내용을 계속하여 익히라는 뜻이다. 관습화하라는 것이다. 「주역」을 공부한다는 말이다. ❷ '상常'은 무엇을 말하는가? 숭상할 상자로 해석. 상덕尙德을 행行한다.

932 습習은 중重으로 겹친다. 거듭한다의 의미로 사용된다.

약하고 외로우니 험난함을 빠져나올 수가 없으며, 더욱 깊은 험난함 속으로 들어가게 된다. 그러므로 흉凶하며, 화를 입게 된다.

각설

습감習坎 **입우감담**入于坎窞 **흉**凶 감담坎窞은 감중坎中의 소감小坎으로 구덩이 안에 또 구멍이 있는 것이다. 초육初六은 습감習坎 즉 험난함이 겹쳐진 때에 구멍바닥에 있는 작은 구멍 속으로 빠져 들어 갔으니 이 험난함을 면할 길이 없다. 그러므로 흉凶하다.

소상사小象辭

습감입감習坎入坎 **실도흉야**失道凶也 초육初六이 험난함이 겹쳐진 때에 더욱 깊은 험난함으로 떨어진다는 것은 초육初六이 도道를 잃고 있음으로 흉凶하다. 강중剛中과 지성至誠의 덕德이 있어야 험난함을 벗어날 수 있을 것인데, 이 효爻는 그것이 없으니 빠져나올 길을 잃고 흉凶하게 될 것이다.

[九二] 坎에 有險하나 求를 小得하리라. (水地比)
구이 감 유험 구 소득 수지비

象曰, 求小得은 未出中也이니라.
상왈 구소득 미출중야

○ 險(험할 험) 求(구할 구) 得(얻을 득) 未(아닐 미) 出(날 출)

구이九二는 구덩이에 험한 바가 있다하나 구하면 조금 얻는다 하리라.
상象에 이르기를, '구하면 조금 얻는다'는 것은 중도中道에서 벗어나지 않음이니라.

개요概要

이 효爻는 습감習坎의 험난한 때에 상하上下 두 음효陰爻 사이에 빠져있다. 이것을 감坎이 유험有險하다고 하였다. 그러나 이 효爻는 강강剛强·중덕中德이 있음으로 험난함을 완전히 벗어날 수는 없지만 그가 구하는 것을 얼마간 얻을 수 있다.

각설

감유험坎有險 초육初六같이 깊은 험난함의 구멍 속으로 빠져 들어가는 일은 없다. 이 효爻는 지성至誠과 강중剛中의 덕德을 가진 군자가 험난함 속에 떨어져 있는 상象이다.

구소득求小得 이 효爻는「단사」에서 말한 **'有孚維心亨'**(유부유심형)에 해당하는 효爻이다.「단사」에서 말한 **'維心亨'**(유심형)은 여기서 말한 **'求小得'**(구소득)에 해당된다. 자기 자신은 험난함 중에 떨어져 있어도 정도正道를 지키고 태연하게 천명天明에 안주하는 것도 **'求小得'**(구소득)의 하나이다.[933]

소상사小象辭

구소득求小得 **미출중야**未出中也 이 효爻는 깊은 험난함 중中에 있지만 강강剛强한 재능과 중정지덕中正之德을 가짐으로 구求하는 것을 약간 얻지만 험난함 속에서도 중도中道에서 벗어나지 않았기 때문이다. 아직도 벗어날 시기가 오지 않은 것이다.

---

933 이 괘卦의 육효중六爻中에서 강중剛中의 덕德을 가진 것은 구이九二와 구오九五이다. 구求한다는 것은 스스로 구求하는 것이다. 밖에 험난함이 있을지라도 마음은 항상 형통亨通한다. 그러므로 구求하여 조금은 얻는다고 하였다. 또 말하기를 일양一陽이 이음二陰 사이에 들어가 아직 빠져나오지를 못하였으니 강명剛明한 재주가 있다고 해도 천하의 험난함을 다스릴 수는 없다. 그러므로 구求하는 것을 조금 얻을 뿐이다.

[六三]은 **來之**애 **坎坎**하며 **險**애 **且枕**하야
육삼 래지 감감 험 차침

入于坎窞하니 **勿用**이니라. (水風井)
입우감담 물용 수풍정

象曰, 來之坎坎은 **終无功也**이니라.
상왈 래지감감 종무공야

○ 來(올 래{내}) 之(갈 지) 坎(구덩이 감) 險(험할 험) 且(또 차) 枕(베개 침) 于(어조사 우) 坎(구덩이 감) 窞(구덩이 바닥의 작은 구덩이 담) 勿(말 물) 終(끝날 종) 无(없을 무) 功(공 공)

육삼六三은 오고 감이 (물)구덩이며, 험함에 또한 베개하여 더 깊은 구덩이에 빠짐이니 함부로 움직이지 마라.
상象에 이르기를, '오고 감이 모두 구덩이 뿐이다'는 것은 끝내 공이 없느니라.

개요概要

육삼六三은 음효陰爻로서 유약하다. 재능과 도덕도 부족하고, 부정위不正位 부득중不得中으로 지나쳐 있다. 초효初爻는 미치지 못한 것이고, 육삼六三은 중中을 지나친 것이다. 즉 육삼六三은 도덕과 재능이 부족하고 약하여 중덕中德이 없다. 그러므로 육삼六三은 부중부정不中不正으로 지나친데서 오는 화禍이다.

각설

래지감감來之坎坎 습감習坎의 험난한 때에 이런 상태로서는 잘 될 리가 없다. 왜냐하면 '**來之坎坎**이라'(래지감감) 이것은 앞뒤가 모두 감괘坎卦로써 앞으로 나아가려 해도 위에 감괘坎卦의 험난함이 있고, 물러나 돌아가려 해도

아래에 감괘坎卦가 있기 때문이다. 역사발전에도 반드시 험난이 있다.

험險 차침且枕 침枕은 호괘互卦(2·3·4爻)가 진괘震卦(☳)로 진목震木에서 나온 말이다. 3·4·5爻는 간괘艮卦(☶)이며, 간艮은 머무는 것이다. 그러므로 진목震木으로 만든 목침木枕을 베고, 머물고 있어야 한다는 것이다.

입우감담入于坎窞 물용勿用 위도 아래도 감坎이며, 목침木枕을 베고, 험난함 속에 쉬고 있다. 이런 상태에서 움직이면 점점 깊은 구멍 속으로 빠져들어간다는 것이다.

소상사小象辭

내지감감來之坎坎 종무공야終无功也 래지來之는 왕래往來이다. 오고가는 것이 모두 감감坎坎으로 나아가도 물러서도 다 같이 험난하니 마침내 공을 이룰 수가 없다.

[六四]는 樽酒와 簋貳를 用缶하고
육사 준주 궤이 용부

納約自牖ㅣ면 終无咎하리라. (澤水困)
납약자유 종무구 택수곤

象曰, 樽酒簋貳는 剛柔際也이니라.
상왈 준주궤이 강유제야

○ 樽(술통 준) 酒(술 주) 簋(제기 이름 궤) 貳(두 이) 用(쓸 용) 缶(질그릇 부, 장군 부) 約(간략할 약, 묶을 약) 自(~의 자) 牖(바라지창 유) 際(사이 제)

육사六四는 한 사발(한 동이 혹은 한 통)의 술과 제기 두 개의 음식을 질그릇에 담아, 벽창(바라지창)으로부터 간략하게 드리면 마침내 허물이 없다 하리라.

상象에 이르기를, '한 그릇의 술과 두 그릇의 음식이란 강剛과 유柔가 사귀는 것이다.

개요概要

육사六四는 음효陰爻로 재능은 부족하지만 바른 자리에 있어서 뜻이 바르고, 구오九五 군주에게 진심으로 봉사한다. 그래서 잘못이 없다는 것이 이 爻의 대체적인 뜻이다. 이 괘卦의 주효主爻는 구이九二와 구오九五인데 이 육사六四도 중요한 효爻이다. 이 괘卦의 음효陰爻는 네 개 있는데 육사六四만이 바른 자리에 있으며, 구오九五와 상비相比하여 화禍가 없다. 그 밖의 음효陰爻는 모두 화禍를 입는다.

각설[934]

준주궤이樽酒簋貳 준주樽酒는 한단지의 술이다. '궤簋'는 제사 때에 기장을 담는 제기(제기이름 궤)로서 나무나 대로 되어 있다. '이貳'는 두 (二) 자字, 도울(이)자字로 해석하여 한 단지의 술과 기장으로 지은 밥을 곁에 두어 도운다고 해석하기도 하고 한 단지의 술과 두 궤의 음식飮食이라 해석한다. 즉 한 단지의 술과 기장 밥 한 그릇이다.[935]

용부用缶 '부缶'는 질그릇이며, 술을 담는 장군이다. 이는 세상이 험하고 어려운 상태를 표현하고 있는 말이다. 세상이 어려울 때 검소하게 차려 놓고 정성을 다하라는 말이다.

납약자유納約自牖 임금에게 밝은 창문 곁에서 보고 한다. 즉 군주가 잘 이해할 수 있는 점부터 친밀하고 간략하게 말씀드려서 스스로 깨우치도

---

934 「효사」 전체를 요약하면 육사六四는 음효陰爻로서 약弱하고, 재능才能이 부족하지만 바른 자리에 있어 뜻이 바르며 구오九五와 상비相比하여 서로 친親하고 군주에 대하여 허례虛禮를 버리고, 진심眞心으로 섬기며, 군주가 이해할 수 있는 명확한 것부터 간략하게 말씀드리면 결국에는 나무랄만한 실패가 없을 것이다. 육사六四의 대신大臣과 구오九五의 성인聖人이 서로 친해서 험난한 시국을 구하려고 노력하니 후일 험난함이 평정된다는 것이다.

935 험하고 어려운 때에 구오九五 성인聖人이 난국을 구할 생각으로 육사六四 대신의 집으로 미행微行을 하였을 때 육사六四 대신이 성인聖人에게 올린 식사가 검소한 것으로 질그릇으로 된 한 단지의 술과 기장밥 한 그릇이다.

록 한다는 것이다.[936] ❶'약約'은 간약簡約과 약속約束의 두 설이 있다. 여기서는 간약簡約으로 해석한다. ❷'유牖'는 들창 (유)자字로 벽에 구멍을 뚫고 빛이 들어오도록 한 창문이다. 즉, 밝음을 주기 위한 창문이다. 빛이 들어오고 밝은 곳으로 사람의 마음을 밝게 해주고 깨우쳐 주는 것을 말한다.

소상사小象辭

준주궤이樽酒簋貳 강유제야剛柔際也 육사六四가 구오九五 성인聖人를 대접하는데 한 단지의 술과 한 궤簋의 밥으로 성실하게 섬기니 이로 말미암아 양강陽剛한 구오九五와 음유陰柔한 육사六四 노부사부가 서로 잘 사귄다.

[九五]는 坎不盈이나 祗旣平하면 无咎ㅣ리라. (地水師)
구오 감불영 지기평 무구 지수사

象曰, 坎不盈은 中未大也이니라.
상왈 감불영 중미대야

○ 盈(찰 영) 祗(공경할 지, 이를 지(至)) 旣(이미 기) 平(평평할 평) 坎(구덩이 감) 不(아닐 불) 盈(찰 영)

구오九五는 구덩이에 물이 넘치지 않고 이미 구덩이의 물이 가득차서 (지표와) 평평(평면)하게 이르니, 허물이 없을 것이다.

상象에 이르기를, '구덩이에서 넘치지 않았다'는 것은 중덕中德이 있으나, 아직도 크지(광대하지) 못함이니라.

---

936 일의 시작과 끝을 일일이 다 말씀드린다면 복잡해서 이해가 힘들 것이므로 명백한 것부터 간략하게 말씀드린다. 그렇게 하면 결국 실패는 없을 것이다.

개요概要

구오九五는 이 괘卦의 주효主爻로써 성인聖人의 자리에 있고 양강중정陽剛中正의 덕德을 가지고 있다. 그러나 지금은 험난한 시대이므로 도덕을 충분히 발휘할 수가 없다. 그러므로 상비相比한 육사六四와 협의하여 적당한 처치를 하였음으로 점점 험난함이 적게 되어 '감불영坎不盈'이라 위험한 구덩이 속에 물이 넘치지 않고 지금은 물이 잘 다스려져 잘못이 없게 된다. 성인지덕으로 겨우 험난함을 벗어날 길이 열리게 된다는 것이다.

각설

감불영坎不盈 **지기평무구**祗既平无咎 구오九五는 구덩이의 물이 차지 않았다. 영盈과 평平은 지수止水이며, 불영不盈은 류수流水로 물이 차지 않고 물이 흐르는 것을 말한다.[937] 구덩이의 물이 지표면과 평면을 이루면 위험을 벗어날 수 있어 허물이 없다는 것이다. 이것은 누구에게나 공평하게 대하는 것(「계사」 하편의 기미幾微와 비교)이고, 음양陰陽의 균형이라고 할 수 있다.

소상사小象辭

감불영坎不盈 **중미대야**中未大也 구덩이 안에 물이 넘치지 않는다는 것은 중도中道의 덕德이 아직은 크게 행해지지 못했다는 것이다.

937 (집설) 지기평祗既平에 대하여 ❶『주역집해』는 우번의 말을 인용하여 "지祗를 안安으로 편안하다." ❷왕필은 지祗는 사辭로 해석하여 허사로 보고, "이미 평안하여 허물이 없다(기평내무구既平乃无咎)" ❸정이천은 지祗를 이른다(抵 손바닥 지)고 하여 "반드시 평평함에 이르며 허물이 없다."라고 하였다.

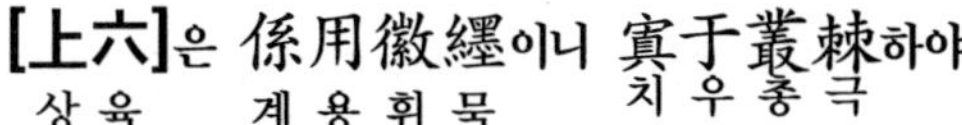

[上六]은 係用徽纆이니 寘于叢棘하야
상육 계용휘묵 치우총극

三歲라도 不得이니 凶하니라. (風水渙)
삼세 부득 흉 풍수환

象曰, 上六失道는 凶三歲也이니라.
상왈 상육실도 흉삼세야

○ 係(걸릴 계) 用(쓸 용) 徽(아름다울 휘, 세곱실 휘) 纆(노 묵, 두 곱실 묵) 寘(둘 치) 于(어조사 우) 叢(모일 총) 棘(멧대추나무 극) 歲(해 세)

상육上六은 노끈과 새끼로 묶어서 가시덤불 속에 둔다 하야, 삼년이 되도록 얻지(벗어나지) 못함이니 흉하니라.

상象에 이르기를, 상육上六은 바른 길을 잃어서 3년 동안 흉함이니라.

개요概要

상육上六은 중험重險의 극極이다. 감괘坎卦는 상하괘上下卦 모두가 감坎으로 감괘坎卦의 극極이다.

각설

계용휘묵係用徽纆 노끈과 새끼로 여러 번 묶어 두는 것이다. ❶휘徽는 아름다울 휘자字다. 세곱실 휘자字다. 한 올의 실이 아니라 세 올을 합쳐놓은 휘자字다. ❷묵纆은 노 묵 자字이다. 두 곱실을 합쳐 놓은 실 묵 자字다.

치우총극寘于叢棘 가시덤불 속에 둔다는 것은 소인小人이 경거망동하게 나아가 험한 곳에 깊이 빠지는 상태(重險 중험)를 말하는 것이다. 소인小人이 함부로 나아가 험한 곳에 깊히 빠지는 것이다.

삼세불득三歲不得 벗어나지 못한다는 것이다. 불가능하다 그러므로 흉凶하다는 것이다. 십년十年은 오래동안 혹은 불가능한 의미로 쓰인다.

소상사小象辭 [938]

상육실도上六失道 상육上六은 외괘外卦로서 유수流水가 아니고 지수止水이며, 험險이라 실도失道라는 뜻이다.

흉삼세야凶三歲也 여기에 중험重險을 첨부하여 흉凶 삼세三世라고 하였다.

---

938 선미실도先迷失道이다. 즉, 써먹었기 때문에 도를 잃어버린 것이다. 행하다보니까 미궁에 빠짐이다.

✎ 감坎은 험난함을 말한다.

감괘坎卦에서는 험난함이 거듭됨 습감習坎이라 하였다. 감괘坎卦는 이러한 험난한 어려움을 어떻게 극복할 것인가에 대하여 말하고 있다.

감괘坎卦에서는 성인지도聖人之道에 대한 절대적인 믿음으로 험난한 어려움을 인내하고 극복하라고 말한다. 감괘坎卦는 험난함이 몇 겹으로 겹쳐 있어 매우 어렵지만 마음만은 어떤 일이 있어도 흔들리지 않고 태연히 중정지도中正之道로 그 뜻을 관철시키라는 것이다. 소위 살신성인으로 몸을 버리고 인仁을 이루고자 하는 마음은 형통하게 된다. 이것이 유심형維心亨이다. 오직 마음만은 통한 것이다.

그러므로 군자는 항상 덕德을 기르고 행하며, 사람들 에게 몇 번이고 되풀이 하여 이러한 이치를 가르치라고 말하고 있다.

중화이괘
30.重火離卦

부도전괘
不倒顚卦

중화이괘
重火離卦

중화이괘
重火離卦

음양대응괘
陰陽對應卦

중화이괘
重火離卦

중수감괘
重水坎卦

상하교역괘
上下交易卦

중화이괘
重火離卦

중화이괘
重火離卦

호괘
互卦

중화이괘
重火離卦

택풍대과괘
澤風大過卦

효변
爻變

중화이괘
重火離卦

初爻變 而爲旅卦	二爻變 而爲大有卦	三爻變 而爲筮嗑卦	四爻變 而爲賁卦	五爻變 而爲同人卦	上爻變 而爲豐卦

화산여괘 火山旅卦	화천대유괘 火天大有卦	화뢰서합괘 火雷筮嗑卦	산화비괘 山火賁卦	천화동인괘 天火同人卦	뇌화풍괘 雷火豐卦

요지要旨[939]

괘명卦名 이 괘는 상하上下가 모두 리괘離卦(☲)로써 중화리괘重火離卦(䷝)이다.

괘의卦意 어려운 시련에 직면했을 때 어디에 의지해야 하는가를 설명하고 있다. '리離'는 ❶화火(불) ❷명明(밝은 것 = 일월지도日月之道, 진리眞理)·❸부附(붙는 것, 자리한다) ❹려麗(태양太陽)의 뜻으로서 해석한다.[940] 리離는 려麗(자리잡을 이)이다. 즉 어떤 것에 붙어있는 것이다. 천지간의 만물은 모두 어디엔가 자리잡고 있다. 마음은 우리 몸속에 자리잡고, 그 마음이 사람이나 어떤 물건物件에 붙어서 큰 작용을 나타내게 된다.[941] 인사적人事的으로는 어려움에 빠지면 반드시 어디엔가 몸을 의지하고 어떤 사람에게 보호를 받으려 한다.

괘서卦序 「서괘序卦」에서 "감坎은 빠짐이니 빠지면 반드시 걸리는 바가 있으므로 리離로써 받았으니 리離는 걸림이다. (**坎者陷也, 陷必有所麗, 故受之以離, 離者麗也**)"라고 하였다. 구덩이 속으로 빠지는 것이니, 빠지면 반드시 걸리는 것이 있기 때문에 감괘坎卦 다음에 리괘離卦로 받는다는 것이다.

(감자함야 함필유소려 고수지이이 이자여야)

괘상卦象 리괘離卦를 태양太陽으로 본다. 상하괘 모두가 리離로써 밝음이 거듭하는 것이다. 이 세상을 진리의 밝음으로 거듭 비춘다.

---

939 일월지도日月之道를 말하고 있다. 즉 천도天道요, 천지지도다.

940 한 음효陰爻가 두 양효陽爻 사이에 끼여 있으며 서로가 붙어 있다. 음효陰爻가 양효陽爻 사이에 들어가면 불이 붙고 빛이 나며 밝게 빛나는 것이다. 땔나무나 숯 같은 음陰의 物質이 열 속에 들어가 거기 붙어 버리면 타올라 불이 되고 빛을 발한다. 리괘離卦는 이와 같이 붙고 불타고 밝아지는 성질이 있다. 또 리괘離卦는 양효陽爻가 밖에 있고 음효陰爻가 안에 있다. 즉 밝은 부분이 밖에 있고 어두운 부분이 안에 있다. 불의 모양이 밖이 밝고 안이 어둡게 되어 있다. 불은 본시 모양이 없는 것이다. 어떤 물건物件에 붙어서 비로소 불의 모양이 나타나는 것이다.

941 형체가 없는 것은 형체가 있는 것에 붙어서 비로소 큰 작용을 나타낸다. 바둑 두는 사람의 마음은 바둑돌에 붙어서 묘수로 나타나고, 생각은 목소리에 붙어 말이 되고, 말은 전기傳記에 붙어 전어傳話를 할 수 있다.

離는 利貞하니 亨하니 畜牝牛하면 吉하리라.
리 이정 형 축빈우 길

○ 離(떼놓을 이{리}) 利(이로울 이{리}) 貞(곧을 정) 亨(형통할 형) 畜(쌓을 축, 기를 휵) 牝(암컷 빈) 牛(소 우)

리離는 곧으면 이롭다하니, 형통하니 암소를 기르면 길하리라.

개요概要

어떤 물건이나 일을 따르는 길은 어려울수록 반드시 정도正道를 굳게 지키고, 유순하게 따라야 한다. 그러면 길吉하고 복을 얻게 된다는 것이다.

각설

이이정離利貞 형亨 리離는 붙는다. 혹은 자리를 잡는 것이다.[942] 리離는 반드시 정도正道를 굳게 지키고 있는 것이 이롭고 형통하다는 것이다. 다른 괘에서는 형이정亨利貞으로 적고 있는데 여기서는 이정형利貞亨으로 되어있다. 이것은 붙어있는 것이 바른 것일 때에 좋고, 그것으로 잘 통하며 성盛한다는 것을 보여주기 위해서이다.

축빈우畜牝牛 길吉 소는 유순한 동물이며, 특히 암소는 더욱 유순한 것이다. 리괘離卦는 밖에 강剛한 양효陽爻가 둘 있고 안에 부드러운 음효陰爻가 있다. 밖에 나타난 힘은 강하고 내심內心이 유순柔順한 것이 빈우牝牛의 상象이다. 그리고 축빈우畜牝牛는 빈우牝牛와 같이 유순한 덕德을 기르는 것을 비유한 말이다. 이런 덕德을 기르면 길吉하다는 것이다.

942 인사人事로 말하면 사람이 친하게 붙어 따라가는 사람이나 사람이 믿고 따라가는 도道 또는 일로 삼고 붙어있는 사업 등이 모두 리離이다. 사람이 붙어있는 것은 정도正道를 굳게 지키고 있는 연후然後에 통通하며 크게 성장할 수 있다.

[彖曰] 離는 **麗也**ㅣ니
단왈 리 이야

日月이 **麗乎天**하며 **百穀草木**이 **麗乎土**하니
일월 이호천 백곡초목 이호토

重明으로 **以麗乎正**하야 **乃化成天下**하나니라.
중명 이이호정 내화성천하

柔ㅣ **麗乎中正故**로 **亨**하니 **是以畜牝牛吉也**ㅣ라.
유 이호중정고 형 시이축빈우길야

○ 離(떼놓을 이{리}) 麗(고울 려{여}, 걸릴 이, 자리잡을 이) 百(일백 백) 穀(곡식 곡) 草(풀 초) 木(나무 목) 重(거듭할 중) 明(밝을 명) 乃(이에 내) 化(될 화) 成(이룰 성)

단彖에 이르기를, 리離는 자리 잡는 것이니 (걸려 있다), 해와 달은 하늘에 자리잡고(걸리며), 백곡초목白穀草木은 땅에 자리 잡는다 하니, 거듭 밝음으로써 바르게 자리는 잡는다 하야, 마침내 천하를 (백성을)교화하여 풍속을 이루니라. 유柔는 중정中正에 자리함으로써 형통하니, 이런 까닭으로 '암소의 (유순柔順함)을 기르는 것이 길吉함'이라.

각설

이이야離麗也 일월려호천日月麗乎天 천지만물은 모두 그가 있어야 할 바른 곳에 자리잡고 있어야 큰 일을 할 수 있다. 해와 달은 높은 하늘에 붙어 있음으로 천하를 비출 수 있다.

백곡초목百穀草木 이호토麗乎土 각종 곡물과 초목은 흙에 자리잡아 자라서 꽃피고 열매를 맺는다. 이것은 모두 바른 자리에 붙어 있기 때문이다.

중명이이호정重明以麗乎正 내화성천하乃化成天下 리괘離卦의 덕德은 명明인데 그것이 둘 겹쳐 있으니 중명重明이다. 이 리괘離卦는 명明의 덕德이 둘 겹쳐있고, 또한 정도正道에 붙어 있음으로 천하天下를 교화敎化하고

아름답고 밝은 풍속을 이룰 수가 있다. '중명重明'은 리괘離卦가 둘로 겹쳐 있다는 의미로서 이는 성인聖人과 군자가 다같이 밝은 덕德을 가졌다는 것이다.

유이호중정柔麗乎中正 고형故亨 주로 육이六二를 말한 것이다. 육이六二는 음효陰爻로서 유순柔順하며 하괘下卦 중앙에 있어 중덕中德을 가지며 바른 자리에 있다. 그러므로 크게 통通하며 성盛하게 된다.

시이축빈우길야是以畜牝牛吉也 빈우牝牛와 같이 유순柔順한 덕德을 기르면 길吉하다.

[象曰] 明兩作이 離니 大人이 以하야
상왈 명양작 이 대인 이

繼明하야 照于四方하나니라.
계명 조우사방

○兩(두 양{량}) 作(일어날 작) 繼(이을 계) 照(비출 조)

상象에 이르기를, 밝은 것이 두번 일어난 것이 이괘離이니, 대인大人이 이로써 밝은 것을 계승하야 사방을 비춘다 하나니라.

각설

명양작明兩作 명明은 리괘離卦의 덕德이다. 작作은 일어나는 것이다.

대인이大人以 계명繼明 조우사방照于四方 리괘離卦는 상하上下가 모두 리괘離卦(☲)이므로 명明이 두 번 일어난다고 하였다. 대인大人은 덕德으로 말하면 성인聖人이고, 자리로 말해도 성인聖人이다. 그 대인大人이 이 상象을 보고 이것을 본받아 선대先代의 밝은 덕德을 이어받아 천하를 비추고 만국을 다스린다.

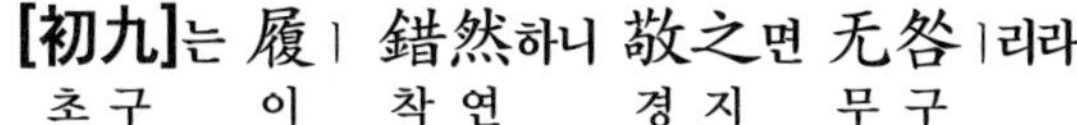

[初九]는 履ㅣ 錯然하니 敬之면 无咎ㅣ리라. (火山旅)
초구 이 착연 경지 무구 화산여

象曰, 履錯之敬은 以辟咎也이니라.
상왈 이착지경 이피구야

○ 履(밟을 리, 신 이) 錯(섞일 착) 然(그러할 연) 敬(공경할 경) 无(없을 무) 咎(허물 구) 敬(공경할 경) 辟(피할 피, 임금 벽)

초구初九는 밝는 것이 섞이니(행동이 착잡하니) 공경하면 허물이 없느니라.
상象에 이르기를, 착잡한 행동을 삼가하는 것은 허물을 피함이니라.

개요概要

이 괘의 여섯 효를 선후천先后天의 관점에서 보면 하삼효下三爻를 선천先天의 하루이요, 상삼효上三爻를 후천后天의 하루로 볼 수 있다. 따라서 선천先天의 아침으로 볼 수 있는 초구初九의 아침이 밝아오면 여러 사람들과 물건物件이 분주하게 움직이기 시작하고 여러 가지 복잡한 일들이 일어난다.[943] 이러한 때일수록 삼가고 조심하면 실패가 없다는 것을 가르치는 말이다.

각설

이착연履錯然 이履는 밟을 이履로 여러 가지 일들을 행行하는 것이다. 예禮로서 삼가고 공경함을 말한다, 실천實踐하는 모습이다. 착연錯然은 여러 가지 일들이 얽혀서 혼잡한 모양이다. 초구初九는 아침이 밝아오는 때이므로 여러 가지 일들이 움직이기 시작하고 서로가 얽혀 혼잡한 때이므로 이때에 조심하지 않고 함부로 움직이면 실패하기 쉽다.

943 하루로 보면 초구初九에서 구삼九三까지 하루가 끝나고 구사九四부터 다음날이 된다. 초구初九는 날이 밝아오는 아침이고 육이六二는 한낮이며, 구삼九三은 해가 서쪽으로 기우는 저녁이다. 즉, 초구初九는 성인聖人이 즉위한 직후이고 육이六二는 성인聖人의 정치가 가장 번창한 시대이며, 구삼九三은 성인聖人의 노경老境에 해당된다.

경지무구敬之无咎 초구初九는 바른 자리에 있어 뜻이 바르므로 신중히 일을 처리한다. 그러므로 과실이 없다. 날이 밝아서 일이 시작될 때는 몹시 복잡하다. 이때에 경敬으로 시작하면 반드시 끝이 좋을 것이다. 복록福祿의 기미幾微는 처음 움직일 때에 보인다. 그러므로 그 처음을 조심해야 한다.

소상사小象辭

이착지경履錯之敬 **이피구야**以辟咎也 초구初九가 일이 얽혀 있을 때에 깊이 조심하고 삼가는 것은 실패를 막기 위해서이다.

[六二]는 黃離니 元吉하니라. (火天大有)
육이 황리 원길 화천대유

象曰, 黃離元吉은 得中道也이니라.
상왈 황리원길 득중도야

육이六二는 누런 것이 걸려 있으니 크게 길吉하니라.
상象에 이르기를, 누런 것이 걸려 있으니 크게 길하다는 것은 중도中道를 얻음이니라.

개요概要

이 효爻는 하괘下卦를 하루로 보면 한낮이다. 즉 해가 중천에 떠올라 만물이 밝게 보이는 때이다. 사물의 모양을 밝게 볼 수 있고 사물의 도리를 확실히 알 수 있다. 그리고 중정中正 유순柔順 문명의 덕으로 처리함으로 원길元吉을 얻을 수 있다.

각설

황리黃離 육이효六二爻는 이 괘의 주효主爻로써 유순중정한 문명의 덕을 가진 좋은 효爻이다. 그러므로 황리黃離이다. ❶황黃은 중앙의 색色이다. ❷황黃은 오행五行으로는 토土이며, 중앙이고, 흙색이다. 그러므로 황黃은 곤도坤道의 유순중정柔順中德을 나타낸다.[944]

원길元吉 '황리黃離'는 중정유순中正柔順의 덕을 가진 것이므로 크게 원길元吉하다. 리괘離卦는 선천先天의 마지막 괘이다. 육이효六二爻는 유순중정柔順中正한 괘卦로써 이섭대천利涉大川할 수 있는 괘卦이다.

소상사小象辭

황리원길黃離元吉 득중도야得中道也 육오六五가 원길元吉한 것은 중정지도中正之道를 얻고 있기 때문이다.

[九三]은 日昃之離니 不鼓缶而歌ㅣ면 구삼 일측지리 불고부이가	
則大耋之嗟ㅣ라 凶하리라. 즉대노지차 흉	(火雷噬嗑) 화뢰서합
象曰, 日昃之離ㅣ 何可久也ㅣ리오. 상왈 일측지리 하가구야	

○日(해 일) 昃(기울 측) 離(떼놓을 리{이}) 鼓(북 고, 두드릴 고) 缶(장군 부, 장구 부, 질그릇 부) 歌(노래 가) 耋(늙은이 질) 嗟(탄식할 차)

구삼九三은 해가 기울어 걸려있으니(넘어갈 때의 빛남, 석양이니) 질 그릇을 두드리며 노래하지 않는다면 팔십 먹은 늙은이의 탄식(한숨, 슬픔)이라 흉凶하리라.

상象에 이르기를, 해가 기울어 걸려있으니 어찌 가히 오랠 수 있으리오.

---

944 곤괘坤卦 육오六五에 "황상원길黃裳元吉"이라 한 황黃과 같은 뜻이다.

개요概要

이 효爻는 바른 자리에 있지만 중中을 지나쳐 교만할 수 있는 자리이다. 그러므로 편안하게 안주安住하여 천명天命을 즐기지 못하니 흉凶하다는 것이다.

각설

일측지리日昃之離 구삼九三은 해가 서쪽으로 기울어진 일측지리日昃之離이다. 사람으로 보면 노인이다. 노인이면 노인답게 천명天命을 즐기고 살아야 하는데(樂天知命, 安貧樂道) 초조하게 서두는 것은 중덕中德을 가지지 못했다.
낙천지명 안빈낙도

불고부이가不鼓缶而歌 **즉대질지차**則大耋之嗟 **흉**凶 '부缶'는 질그릇으로 된 장군이다. 술이나 장을 담으며, 사람들은 이것을 악기로 삼아 두들기며 장단을 맞추었다고 한다. '질耋'은 80세 노인老人을 말한다. 대노大耋은 나이가 많은 노인을 비유한 대인大人을 의미한다.[945] 대인大人이 말세를 한탄하는 것으로 해가 서산에 기울어져 있듯이 말세가 오래가지는 않는다는 의미이다.[946]

소상사小象辭

일측지리日昃之離 **하가구야**何可久也 날이 저물고 있음으로 오래 지탱할 수가 없다. 날이 저물면 밝음이 오래가지 못한다는 것이다. 지혜가 있는 사람은 이러한 도리를 알고 즐겁게 순응해야 한다는 것이다. 이것이 이치이니, 어찌 흉凶을 기다리겠는가?[947]

---

945 『설문해자』에서도 80살로 해석한다.

946 구삼九三의 노인老人은 살고 있는 동안에 마시고 놀아야 한다면서 '부缶'를 두들기며 노래를 부르고 놀고 있거나 그렇지 않으면 너무 늙었다고 한탄만 하고 있다면 흉하다. 왜냐하면 환락歡樂에 빠지는 것도 정도正道가 아니며, 늙었다고 한탄하는 것도 정도正道가 아니기 때문이다.

947 『이천역전』에서는 "구삼九三은 하체下體의 종終에 거하였으니, 이는 앞의 밝음이 장차

[九四]는 突如其來如ㅣ라
구사 돌여기래여

焚如ㅣ니 死如ㅣ며 棄如ㅣ니라. (山火賁)
분여 사여 기여 산화비

象曰, 突如其來如는 无所容也이니라.
상왈 돌여기래여 무소용야

○ 突(갑자기 돌) 來(올 래{내}) 如(같을 여) 焚(불사를 분) 死(죽을 사) 棄(버릴 기) 突(갑자기 돌) 容(얼굴 용, 받아드릴 용)

구사九四는 돌연히 그것이 오는 듯함이라, 타는 듯함이니, 죽는 것과 같으며, 버리는 것과 같다 하니라.

상象에 이르기를, '돌연히 그것이 온다'는 것은 용납할 바가 없느니라.

개요概要

앞선 하루는 구삼九三에서 끝나고, 구사九四부터 다음날의 하루가 된다. 즉 선천先天은 구삼九三에서 끝나고 구사九四부터는 후천后天의 아침이다. 「단사」의 계명繼明의 원리이며, 선후천변화先后天變化라고 할 수 있다.

다하고 뒤의 밝음이 마땅히 계속하여야 할 때이니, 사람의 시종始終[종말]이요 때가 변역하는 것이다. 그러므로 기운 해가 걸려 있음이 되니, 해가 아래로 기울 때의 밝음이니, 해가 기울면 장차 지게 된다. 이치로 말하면 성하면 반드시 쇠함이 있고, 시작하면 반드시 종말終末이 있는 것이 떳떳한 도道이니, 이치를 통달한 자는 이치에 순종하여 즐거워한다. 부(缶)는 항상 쓰는 그릇이니, 질그릇을 두드리며 노래함은 그 떳떳함을 즐거워하는 것이다. 이와 같이 하지 못하면 대질大耋이 서글퍼하고 근심할 것이니, 마침내 흉함이 되는 것이다. 사람이 마칠 적에 이치를 통달한 자는 이치를 알아 천명天命을 즐거워할 뿐이어서 떳떳한 일을 만남에 모두 즐거워하니, 마치 질그릇을 두드리며 노래함과 같은 것이다. 이치를 통달하지 못한 자는 항상 장차 다하는 슬픔이 있을까 두려워하니, 이는 바로 대질大耋을 서글퍼하는 것으로 흉함이 되니, 이는 사생死生에 대처하는 방도이다. 더불어 같은 것이다.(九三, 居下體之終, 是前明將盡, 後明當繼之時, 人之始終, 時之革易也, 故爲日之離, 日下之明也. 則將沒矣, 以言之, 盛必有衰, 始必有終, 常道也. 達者, 順理爲樂. 缶 常用之器也, 鼓缶而歌, 樂其常也. 不能如是, 則以大爲嗟憂, 乃爲凶也. 大 傾沒也. 人之終盡, 達者則知其常理, 樂天而已, 遇常皆樂, 如鼓缶而歌. 不達者, 則恐[恒]有將盡之悲, 乃大之嗟, 爲其凶也. 此 處死生之道也. 與同.)"라고 하였다.

각설

돌여기래여突如其來如 초구初九는 하下 리괘離卦의 초효初爻이며, 이 구사九四는 상上 리괘離卦의 초효初爻이다. 하루가 시작되는 첫 새벽으로 여러 가지 일이 복잡한 때이다. 그리고 구사九四는 먼저, 부정不正한 자리에 있으니 마음이 바르지 못하다. 다음으로 양강陽剛한 효爻로 경거망동하게 나아가려고 한다. 그러므로 '突如其來如(돌여기래여)'라 돌연히 그것이 쫓아온다는 것이다. 그러므로 새로운 일이 시작되는 복잡한 때에는 특히 계명의 시기이므로 더욱 겸손과 순종으로 삼가야 한다는 것이다.[948]

분여焚如 사여死如 기여棄如 성급하게 경거망동하면 실패하고 불타고 죽어서 버려지게 되는 참혹한 흉凶이다. 이것은 소인지도와 말세末世에 대한 심판을 의미하기도 한다.[949]

소상사小象辭

돌여기래여突如其來如 무소용야无所容也 구사九四가 갑자기 나아가는 것은 도道에 어긋나는 일이며, 세상 어디에도 자기 몸을 둘 곳이 없어 크게 화禍를 입게 된다.[950]

948『이천역전伊川易傳』에서는 "사四의 행하는 바가 선善하지 못함이 이와 같으니, 반드시 화해禍害를 입을 것이므로 '사여死如'라고 말하였고, 계승하는 의리와 윗사람을 받드는 도道를 잃은 것은 모두 패역悖逆의 덕德이니, 사람들이 버리고 끊는 바이므로 '기여棄如'라고 말하였다. 죽고 버림받음에 이름은 화가 지극하다. 그러므로 흉함을 말할 필요가 없는 것이다.(四之所行, 不善如此, 必被禍害, 故曰死如, 失繼紹之義, 承上之道, 皆逆德也. 衆所棄絶, 故云棄如, 至於死棄, 禍之極矣. 故不假言凶也.)"라고 하였다.

949「요한계시록」 20:9~10절, "하늘에서 불이 내려와 그들을 태워버리고, 또 그들을 미혹하는 마귀가 불과 유황불에 던져지니라."라고 하였다.

950 (집설) ❶이천伊川은 『이천역전伊川易傳』에서 "위로 군주君主를 능멸하여 계승함을 순히 하지 않으니, 사람들이 미워하고 무리들이 버려서 천하天下가 용납하지 않는 것이다.(上陵其君, 不順所承, 人惡衆棄, 天下所不容也.)"라고 하고, ❷주자朱子는 『주역본의』에서 "용납할 곳이 없다는 것은 불타며 죽고 버림받음을 말한 것이다.(无所容, 言焚死棄也.)"라고 밝히고 있다.

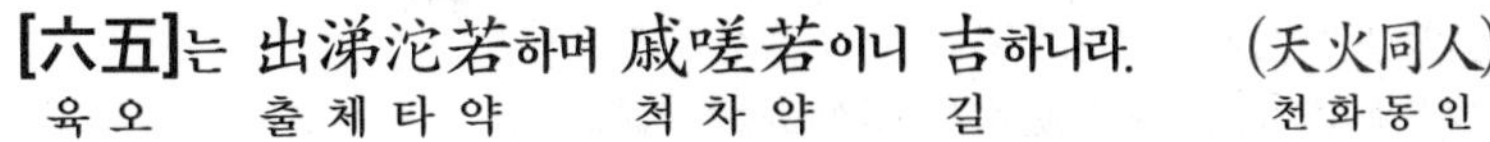

[六五]는 出涕沱若하며 戚嗟若이니 吉하니라. (天火同人)
육오 출체타약 척차약 길 천화동인

象曰, 六五之吉은 離王公也이니라.
상왈 육오지길 리왕공야

○ 涕(눈물 체), 沱(물 이름 타, 눈물이 흘러내리는 모양 타), 戚(슬퍼할 척, 겨레 척) 嗟(탄식할 차)

육오六五는 눈물이 비 오듯 하며, 슬퍼서 탄식하니(근심하니) 길吉 하니라.

상象에 이르기를, '육오六五의 길함'은 왕공王公의 자리에 앉아 있음이니라.

개요概要

육이六二는 정위正位에 있는데 육오六五는 부정위이다. 육오六五는 유순중득柔順中得하고 중덕中德을 가진 효爻이다. 외면적으로는 눈물이 비오듯이 하며, 내면적으로는 탄식하며 후회하는 반성을 통해서 화禍가 복福으로 바뀌어 길吉을 얻게 된다는 것이다.

각설

출체타약出涕沱若 육오효六五爻는 부정위不正位한 효爻로서 상하上下에 있는 양효陽爻의 핍박을 받아 눈물을 줄줄 흘리면서(타약沱若) 한탄하는 모양(차약嗟若)이다.

척차약戚嗟若 **길**吉 육오六五는 부정위한 효爻지만 득중得中한 효爻로써 비록 처한 상황은 어렵지만 두려워하고 경계하면서 반성하면 위험한 상황을 극복할 수 있다는 것이다.

소상사小象辭

이왕공야離王公也 육오六五가 왕공(聖人)의 위에 자리잡고 있기 때문에
성인

위험한 상황을 벗어날 수 있다는 것이다.

[上九]는 王用出征에 有嘉折首코
상구 왕용출정 유가절수

獲匪其醜ㅣ면 无咎ㅣ리라. (雷火豊)
획비기추 무구 뇌화풍

象曰, 王用出征은 以正邦也이니라.
상왈 왕용출정 이정방야

○ 征(칠 정) 嘉(아름다울 가) 折(꺾을 절) 首(머리 수) 獲(얻을 획) 匪(아닐 비) 醜(추할 추) 邦(나라 방)

상구上九는 왕이 써서 정벌하로 나감에 그 머리를 꺾고 (건도乾道를 자각하니) 좋은 일이 있을 것이고, 그 추한 것을 얻은 것이 아니면 허물이 없으리라.

상象에 이르기를, '왕이 써서 나아가 정벌한다'는 것은 나라를 바로 잡는 것이니라.

개요概要

육오六五 성인聖人은 이 상구上九를 등용하여 나아가 성인聖人의 명命에 복종하지 않는 자를 정벌하도록 한다. 그리하여 상구上九는 가상할만한 큰 공적을 이루고 적敵의 우두머리를 쳐서 없애고 그의 부하같은 작은 부류들은 관용을 베푸니 허물이 없다는 것이다. 이것은 건도乾道를 자각하여 기쁨이 있고, 건도乾道로써 나라를 바로 잡는다는 것을 비유한 말이다. 또한 선천先天의 총 결산을 의미한다. 왜냐하면 성인聖人이 소인지도를 정벌하고 군자지도가 성盛하는 도덕적인 세계를 이룩하는 것이기 때문이다.

각설

왕용출정王用出征 **유가절수**有嘉折首 성인聖人이 상구上九를 출정시키는 것은 소인지도를 없애고 나라를 바로 하기 위해서이다. 유가有嘉란 도통군자道通君子가 세상을 아름답게 한다는 의미이고, 절수折首는 천도天道의 자각, 건도乾道를 깨우침을 말한다.[951]

소상사小象辭

왕용출정王用出征 **이정방야**以正邦也 대인지도大人之道로 소인지도를 물리치고 도덕적인 세계를 이루는 것을 말한다. 이것이 우천하래세憂天下來世하는 것이 성인聖人의 사명이다.

951 「설괘」편, 제9장, "건위수乾爲首"라고 하였다.

✐ 리離는 어떤 것에 붙어있는 것이다.

어디에 의지할 것인가에 문제이다. 「단사彖辭」에서 해와 달은 하늘에 백곡초목은 땅에 자리 잡고, 거듭 밝음으로 바른 자리에 서서 천하를 교화하여 풍속을 이룬다. 유柔는 중정中正에 자리함으로써 형통한다고 한다. 올바른 곳에 자리잡아야 한다는 이치를 설명하고 있다.

또한 다른 괘에서는 통상 '형이정亨利貞'이라고 하는데, 리괘離卦의 「괘사」에서는 '이정형利貞亨'으로 되어있다. 이것은 붙어있는 것이 바른 것일 때에 좋고, 형통하며 성盛한다는 것을 보여주기 위해서이다. 그러므로 빈우牝牛와 같이 유순柔順한 덕德을 순종하면 길吉하다고 한다. 그러나 인간적인 생각으로 성급하게 경거망동하면 육사六四처럼 실패하고 불에 태워져 죽여저서 버려지게 되는 참혹한 흉凶을 초래한다는 것이다.

그러므로 대인大人은 선대先代의 밝은 덕德을 이어받아 천하天下를 비추고 만국萬國을 다스리라고 말한다.

| 참고문헌參考文獻 |

경전류經典類 |

『周易』,『書經』,『論語』,『孟子』,『大學』,『中庸』,『聖經』

단행본單行本 |

康學偉 外,『周易哲學史』, 예문서원, 서울, 1994

郭信煥,『周易의 理解』, 서광사, 서울, 1991.

高 亨, 김상섭 譯,『高亨의 周易』, 예문서원, 서울, 1996

高懷民 著, 鄭炳碩 譯,『周易哲學의 理解』, 문예출판사, 서울, 1995

孔穎達,『周易正義』, 北京大學出版部, 北京, 2000

金炳浩,『亞山周易講義(上˙中˙下)』, 소강, 大邱, 1999

金周成,『正易集住補解』, 태훈출판사, 부천, 1999

金在弘,『天之曆數와 中正之道』, 相生出版, 大田, 2013

來知德,『來註易經圖解』, 中央徧譯出版社, 北京, 2010

鈴木由次郞,『漢易硏究』, 明德出版社, 東京, 1963

成百曉,『周易傳義』(上, 下), 傳統文化硏究會, 서울, 2001

權近 著, 이광호외 譯,『三經淺見錄』,青溟文化財團, 서울, 1999

邵康節, 노영균역,『皇極經世書』, 大元出版, 2002

金奎榮,『時間論』, 西江大學校出版部, 서울, 1987

宋在國,『周易풀이』, 예문서원, 서울, 2001

王弼 著, 樓宇烈 教釋,『周易註』, 臺北, 華正書局, 1983

柳南相,『周·正易經合編』, 硏經院, 2009

李光地,『周易折中』, 四川出版集團, 成都, 2008

李鼎祚,『周易集解』, 九州出版社, 北京, 2003

李正浩,『正易句觧』, 國際大學校 人文社會科學硏究所, 서울, 1977

程 頤,『伊川易傳』

朱 熹 著·김상섭 解說,『易學啓蒙』, 예문서원, 서울, 1994

朱 熹,『周易本義』

朱伯崑 著·金學權 譯,『周易散策』, 예문서원, 서울, 2003

鄭炳碩,『周易 上·下』, 乙酉文化社, 서울, 2011

周振甫,『周易譯註』, 中華書局, 北京, 2011

崔英辰,『周易의 自然觀』, 民音社, 서울, 1992

韓東錫,『宇宙變化原理』, 대원기획, 서울, 2001

| 찾아보기 |

| ㄱ |

| ㄴ |

| ㄷ |

| ㄹ / ㅁ |

| ㅂ |

| ㅅ |

| ㅇ |

| ㅈ |

| ㅊ |

| ㅋ / ㅌ |

| ㅍ |

| ㅎ |